Bianca Többe Gonçalves

Entwicklungstheorie

D1717724

Politikwissenschaft

Band 120

LIT

Bianca Többe Gonçalves

ENTWICKLUNGSTHEORIE

Von der Modernisierung zum Antimodernismus

LIT

D 6

Bibliografische Information Der Deutschen Bibliothek
Die Deutsche Bibliothek verzeichnet diese Publikation in der Deutschen
Nationalbibliografie; detaillierte bibliografische Daten sind im Internet
über http://dnb.ddb.de abrufbar.

ISBN 3-8258-8922-x
Zugl.: Münster (Westf.), Univ., Diss., 2003

© LIT VERLAG Münster 2005
Grevener Str./Fresnostr. 2   48159 Münster
Tel. 0251–62 03 20   Fax 0251–23 19 72
e-Mail: lit@lit-verlag.de   http://www.lit-verlag.de

Die vorliegende Untersuchung wurde im Oktober 2003 als Dissertation an der Westfälischen Wilhelms-Universität Münster angenommen.

Für ihre Unterstützung danke ich João Többe Gonçalves, Prof. Dr. Dr. h.c. Reinhard Meyers, Prof. Dr. Hanns Wienold, Sandra Többe, Anne und Dr. Fritz Többe, Dalila und Dr. Gregório Gonçalves, Bekele Ayana, Christiane Becker, Andrea Eickmeier, Marko Heyse, John Kelly, Reinhold Korte, Dr. Christian Lütke Wöstmann, Andreas Preuß, Agnieszka Rodziewicz-Heimann, Michaela von Rüden, Mark David Smith, Dr. Momme von Sydow, Alberto Zuleta sowie der Graduiertenförderung der Westfälischen Wilhelms-Universität Münster.

Inhaltsverzeichnis

Einleitung

"European imperialism of the eighteenth and nineteenth centuries, formally dismantled in the twentieth but surviving in many forms, is in certain important ways unique. It wasn't simply a matter of one set of people dominating others, it involved a move from one kind of society to a profoundly different one. (...) Like the emperor who found Rome brick and left it marble, these conquerors found the world agrarian and left it industrial, or poised to become such." (Gellner 1993: 3)

"It was the global scope of 'aspiration and effort', (...), which made development and under-development new after 1945. Development was the name, as a slogan, for the attempt to confront world poverty which again was given the name, again as a slogan, of underdevelopment." (Cowen/Shenton 1996: 8)

"Over the past ten years there has been a turn to Foucault or Gandhi to develop a more fundamental critique of the will to power which informs The Development Discourse, or of the dehumanising consequences of a Development Project which fails to accord with common-sense and human-scale understanding of what it is to lead a good life. The label that is being attached to this critique is Post-Development." (Corbridge 1998: 138)

Für das moderne entwicklungstheoretische Denken spielen die in den Zitaten angesprochenen Themen eine wichtige Rolle. So beschäftigt sich Entwicklungs-theorie[1] vorrangig mit der Frage, wie aus agrarischen Gesellschaften industrielle werden. Entwicklungstheoretisches Denken hat somit seinen Ursprung in denjenigen Ländern, die zu den ersten Industrieländern gehören und reicht demzufolge bis in das achtzehnte Jahrhundert zurück. Es wurzelt geistesgeschichtlich betrachtet in den Ideen der Aufklärung. Im Rahmen der vorliegenden Untersuchung steht jedoch das sogenannte moderne Entwicklungsdenken im Vordergrund bzw. die Disziplin Entwicklungstheorie, wie sie sich seit 1945 entwickelt hat. Die sich etablierende Entwicklungstheorie bildet das Pendant zu der Disziplin Entwicklungspolitik, deren Ursprung oftmals auf die Rede des damaligen US-amerikanischen Präsidenten Harry S. Truman datiert wird.[2] Entwicklungs-politik sollte die Kolonialära beenden und den jungen unabhängigen Staaten des Trikonts[3] bei ihrer Industrialisierung helfen. Die sogenannte erste Generation

---

[1] Unter "Entwicklungstheorie" wird im Rahmen dieser Untersuchung die entwicklungstheoretische Disziplin verstanden, die sich aus verschiedenen, im Folgenden zu diskutierenden, Entwicklungstheorien bzw. Entwicklungsansätzen zusammensetzt.

[2] Truman hatte 1949 in einer Rede die Notwendigkeit internationaler Entwicklungspolitik hervorgehoben: "Wir müssen ein neues, kühnes Programm aufstellen, um die Segnungen unserer Wissenschaft und Technik für die Erschließung der unterentwickelten Weltgegenden zu verwenden. (...) Der alte Imperialismus – das heißt die Ausbeutung zugunsten ausländischer Geldgeber – hat mit diesem Konzept eines fairen Handelns auf demokratischer Basis nichts zu tun." (Truman 1956: 254 f)

[3] Im Rahmen dieser Arbeit wird der Begriff Trikont nicht als antiimperialistischer Kampfbegriff verstanden, sondern als Alternative zu der "Dritten Welt" bzw. den "Entwicklungsländern" benutzt. Trikont steht für die drei Kontinente – Afrika, Asien und Lateinamerika – und wird in diesem Zusammenhang als geographische Bezeichnung benutzt. In den fünfziger Jahren wurde zudem noch nicht von der Dritten Welt gesprochen. Diese politische Bezeichnung hat sich erst später ergeben, als die Blockfreienbewegung einen dritten Weg zwischen Liberalismus und Sozialismus propagierte. Da es

von Entwicklungstheorien war demzufolge nicht nur angetreten, um Erklärungen für Entwicklung bereitzustellen, sondern zudem Handlungsanweisungen für die Entwicklungspolitik zu bieten. Somit war in der Zeit der Ost-West-Systemkonkurrenz auch die Entwicklungspolitik ein Mittel, um eben diese Konkurrenz auszutragen.[4] Modernisierungs- sowie Wachstumstheorien, die in dieser Abhandlung als technokratische Entwicklungstheorien bezeichnet werden, bildeten in den fünfziger und sechziger Jahren den dominierenden Strang der Entwicklungstheorie. In den siebziger Jahren zeichnete sich erstmalig eine Verschiebung innerhalb der entwicklungstheoretischen Hegemonie ab, indem die Unterentwicklungstheorien, die gemeinhin als Dependenztheorien bezeichnet werden, ganz oben auf der Leiter des akademischen Forschungsinteresses standen. Sie verstanden sich als Gegenpol zu den bis dahin dominierenden technokratischen Entwicklungstheorien und sahen einen Kausalzusammenhang, wenn nicht gar ein Nullsummenspiel, zwischen der Entwicklung der Industrieländer und der Unterentwicklung des Trikonts. Ihre Dominanz war jedoch nicht von allzu langer Dauer, denn Ende der siebziger bzw. Anfang der achtziger Jahre begann dieses Interesse zu erlahmen: Der Erklärungsgehalt der beiden großen entwicklungstheoretischen Stränge, des technokratischen sowie des unterentwicklungstheoretischen, wurde in Frage gestellt. Insbesondere die Unterentwicklungstheorien sahen sich mit einer Reihe von "Nachrufen" konfrontiert, die ihre kurze entwicklungstheoretische Dominanz besiegelten.[5] Dies hatte zur Folge, dass die großen Entwicklungstheorien[6] zu Beginn der achtziger Jahre in einen teils hausgemachten, teils politisch bedingten Krisenzustand gerieten. Ihnen wurde ein Scheitern attestiert[7], welches neben den im Rahmen der vorliegenden Untersuchung herauszuarbeitenden Unzulänglichkeiten der großen Entwicklungstheorien weitere wissenschaftsimmanente als auch wissenschaftsexterne Ursachen hat. Zu den wissenschaftsimmanenten Krisenursachen zählt neben dem Erstarken der neoliberalen Entwicklungstheorie die ökologische Entwicklungskritik, die das westliche Wachstumsmodell, das den meisten Entwicklungstheorien zu eigen war, in Frage stellte. Des Weiteren führte das Aufkommen der Postmoderne innerhalb der Sozialwissenschaften zur Infragestellung der großen Entwicklungstheorien und des ihnen zugrundeliegenden Entwicklungsgedankens. Zu den wissenschaftsexternen Krisenursachen gehören dahingegen weltpoliti-

---

keinen unproblematischen Begriff für "die" Dritte Welt gibt und es zudem – bis auf die politische Dritte Welt Bezeichnung – keine einheitliche Dritte Welt gibt, finden sich im Rahmen der vorliegenden Untersuchung überwiegend die Begriffe Entwicklungsländer und Trikont wieder.
[4] Bezeichnend ist in diesem Zusammenhang die Entwicklungstheorie des US-Amerikaners Walter Whitman Rostow, die von ihm als "a non-communist manifesto" untertitelt wurde (Rostow 1971a).
[5] Vgl. u.a. Brenner 1983; Skocpol 1977; Boeckh 1985; Chirot/Hall 1982; Imbusch 1990.
[6] Unter großen Entwicklungstheorien werden sogenannte Megatheorien verstanden, d.h. Theorien mit einer großen Reichweite. Die Reichweite einer Theorie kann sich auf deren räumliche sowie auf deren sachliche Dimension beziehen. Große Entwicklungstheorien haben demzufolge den Anspruch universell und damit länderübergreifend Aussagen über Entwicklungsprozesse zu treffen. In sachlicher Hinsicht versuchen sie die Gesamtheit aller bezüglich ihres Untersuchungsgegenstandes relevanten Phänomene zu berücksichtigen, um Entwicklungsprozesse zu erklären.
[7] Vgl. u.a. Booth 1985; Corbridge 1989, 1990; Mouzelis 1988a, b; Schuurman 1993a; Sklair 1988; Vandergeest/Buttel 1988; Kiely 1995; Edwards, M. 1996.

sche und –ökonomische Veränderungen, die im Rahmen der "alten" Entwicklungstheorien nicht überzeugend erklärt werden konnten bzw. diesen widersprachen. Es handelt sich hier insbesondere um das Aufkommen der Schuldenkrise zu Beginn der achtziger Jahre sowie die Industrialisierungserfolge der südostasiatischen Tigerstaaten.

Mit der entwicklungstheoretischen Krise ging auch eine entwicklungspolitische einher: Entwicklungspraktiker stellten verstärkt die entwicklungspolitische Relevanz der entwicklungstheoretischen Forschung in Frage.[8] Eine neue große Entwicklungstheorie, eine Megatheorie, erschien jedoch bis dato nicht auf der entwicklungstheoretischen Bühne, die – ähnlich wie die technokratischen Entwicklungstheorien in den fünfziger/sechziger oder die Unterentwicklungstheorien in den siebziger Jahren – die Debatte dominieren könnte. Die Abkehr von den großen Entwicklungstheorien führte zu einer Reihe von neuen entwicklungstheoretischen Ansätzen, die größtenteils unter die Kategorie "Theorien mittlerer Reichweite"[9] fallen.

Vor diesem Hintergrund besteht das Erkenntnisinteresse der vorliegenden Untersuchung darin, sowohl Kontinuitäten als auch Neuansätze innerhalb der Entwicklungstheorie, wie sie sich seit den fünfziger Jahren bis heute entwickelt hat, aufzuzeigen. Es wird die These vertreten, dass die neueren entwicklungstheoretischen Ansätze einerseits weiterhin in der Kontinuität zu den "alten" Entwicklungstheorien stehen und andererseits verstärkt durch den Antimodernismus der Postmoderne sowie die Beschränkung auf thematische Teilaspekte der Entwicklungstheorie geprägt sind. Somit lassen sie sich zwar teilweise den jeweiligen "alten" Theoriesträngen zuordnen, aber unterscheiden sich insbesondere durch den mit dem Antimodernismus einhergehenden (kognitiven) Relativismus von den "alten" Entwicklungstheorien und die mit der Krise der Entwicklungstheorie einhergehenden thematischen Erneuerungen der entwicklungstheoretischen Debatte.

Es gibt zwar viele Abhandlungen über die Entwicklungstheorien, aber kaum systematische Untersuchungen über die Verknüpfungen der "alten" Entwicklungstheorien zur entwicklungstheoretischen Krise und den daraus resultierenden "Neuansätzen". Diese Forschungslücke soll mittels der vorliegenden Untersuchung geschlossen werden.[10] Die Entwicklungstheorie wird als eigenständiger

---

[8] Vgl. Edwards, M. 1989, 1993, 1994.

[9] Dabei handelt es sich um Theorien, die sich auf bestimmte entwicklungstheoretisch relevante Teilaspekte des Entwicklungsprozesses beziehen und somit keine umfassenden Erklärungsanspruch aufweisen, sondern nur eine sachliche Begrenzung vornehmen. Zudem werden diejenigen Entwicklungsansätze, die eine räumliche Begrenzung beinhalten, indem sie sich beispielsweise nur mit einer bestimmten Ländergruppe beschäftigen, ebenfalls als Theorien mittlerer Reichweite bezeichnet. Die Theorien mittlerer Reichweite sind des Weiteren abzugrenzen von "case studies", von entwicklungspolitischen Einzelfallstudien, da sie deren Reichweite übertreffen.

[10] So beschäftigen sich zwar viele Arbeiten mit moderner Entwicklungstheorie, aber beschränken sich zumeist entweder auf die "alten" Entwicklungstheorien oder die "Neuansätze". Insbesondere Publikationen zu den "Neuansätzen" finden sich überwiegend nur im angelsächsischen Raum und zeichnen sich teilweise durch einen Orientierungsverlust aus, der auf dem postmodernen Charakter und der Themenfülle vieler Neuansätze beruht (Vgl. beispielsweise Crush 1999; Marchand/Parpart 1999;

Forschungszweig betrachtet, der sich von anderen angrenzenden Gebieten wie beispielsweise der Entwicklungspolitik, der Internationalen Beziehungen, der Ökonomie etc. abgrenzen lässt. Nichtsdestotrotz werden sowohl die gesellschaftspolitischen Einflüsse als auch die aus angrenzenden Disziplinen kommenden Einflüsse ggf. berücksichtigt. Ein Anliegen der Untersuchung ist es jedoch gerade, der oftmals üblichen Vermischung von Entwicklungstheorie und Entwicklungspolitik nicht nachzukommen. Um einen Überblick über ältere und neuere entwicklungstheoretische Forschung zu geben, ist die klare analytische Trennung zur Entwicklungspolitik sinnvoll, da das ohnehin sehr breite Forschungsfeld "Entwicklungstheorie" sonst weiter ausufern würde und den Rahmen der vorliegenden Untersuchung sprengen würde. Ebenso wie es beispielsweise im Bereich der Internationalen Beziehungen legitim ist, die Theorie der IB von der Außenpolitik zu trennen und die konkurrierenden Theorien zu systematisieren, verfährt die vorliegende Untersuchung mit der Entwicklungstheorie. Das Ziel der Untersuchung besteht in der notwendigerweise schematisierten Bestandsaufnahme dessen, was "Entwicklungstheorie" seit den fünfziger Jahren ausgemacht hat und in welche vier Grundausrichtungen sich die Disziplin einteilen lässt. Die Relevanz der Untersuchung liegt unter anderem darin, dass der jeweilige Entwicklungsforscher bei der Beschäftigung mit entwicklungspolitischen Problemen von bestimmten entwicklungstheoretischen Prämissen ausgeht, die zumeist nicht thematisiert werden. Die Beschäftigung mit Entwicklungstheorie dient der Sichtbarmachung derjenigen Prämissen, die das Denken über Entwicklungsprobleme aber auch das Handeln im Bereich der Entwicklungspolitik sowie angrenzender Politikfelder mitbestimmen. Angesichts der Tatsache, dass in neueren Entwicklungsansätzen der Antimodernismus und ein mit ihm verbundener Relativismus auf dem Vormarsch sind, wird die politische Brisanz der Beschäftigung mit der möglicherweise als "abgehoben" erscheinenden Thematik vielleicht deutlich. Das Neue der vorliegenden Untersuchung liegt neben der Systematisierung der entwicklungstheoretischen Forschung in der Sichtbarmachung der thematischen und ideologischen Kontinuitäten und Brüche zwischen "alter" und "neuer" Forschung. Zu diesem Zweck wird die sogenannte entwicklungstheoretische Krise als "Wendepunkt" innerhalb der Entwicklungstheorie eingehend beleuchtet. Mit diesem Forschungsinteresse unterscheidet sich die vorliegende Untersuchung von anderen Arbeiten im Bereich der Entwicklungstheorie. So gewährt die Arbeit von Richard Peet und Elaine Hartwick (1999)[11] einen guten thematisch gegliederten Überblick über die Entwicklungstheorie, ohne jedoch die entwicklungstheoretische Krise als theorieübergreifendes Phänomen zu thematisieren. Zudem wird der (neo-)populistische Theoriezweig nur am Rand erwähnt, obwohl er, wie im Folgenden zu zeigen sein wird, für das Verständnis und die ideengeschichtliche Einordnung einiger Neuansätze von

---

Munck/O'Hearn 1999; Nederveen Pieterse/Parekh 1995; Nederveen Pieterse 2001). Einen guten Überblick über entwicklungstheoretische "Neuansätze" bieten hingegen u.a. Schuurman 1993a, Kiely 1995. Zu den Arbeiten, die "alte" und "neue" Entwicklungstheorie miteinander verknüpfen, zählen u.a. Preston 2000; Brohman 2000; Moore 1995; Peet/Hartwick 1999; Leys 1996.

[11] Peet und Hartwick lehren und forschen an der Graduate School of Geography, Clark University, Worcester, Massachusetts. Vgl.> http://www.clarku.edu/departments/geography/faculty/peet.shtml<.

besonderer Bedeutung ist. Auch John Brohman (2000)[12] liefert einen guten Überblick über die Entwicklungstheorien und stellt dabei die Verknüpfung zwischen Theorie und Praxis in den Vordergrund. Sein Augenmerk gilt jedoch schwerpunktmäßig neueren Entwicklungsansätzen, deren Zusammenhang zu den "alten" Entwicklungstheorien nicht näher beleuchtet wird. Demgegenüber orientiert sich Peter Wallace Preston (2000)[13] bei seiner Darstellung des modernen entwicklungstheoretischen Denkens an dessen soziologischen Grundlagen sowie an der Verknüpfung zwischen den Entwicklungstheorien und neuerer sozialwissenschaftlicher Forschung, die sich vorrangig mit Veränderungen auf der entwicklungspolitischen Mikroebene sowie der Globalisierung befasst. Im Gegensatz zu diesen Herangehensweisen liegt der vorliegenden in drei Hauptteilen gegliederten Untersuchung die Überzeugung zugrunde, dass "neue" Entwicklungsansätze vor dem Hintergrund der "alten" Entwicklungstheorien betrachtet werden sollten, um eventuelle Kontinuitäten zu diesen Schulen zu erkennen. Der "Knotenpunkt" im Übergang zu den "Neuansätzen" bildet die zu Beginn der achtziger Jahre einsetzende Entwicklungskrise, der aus diesem Grund der zweite Hauptteil der Untersuchung gewidmet ist.

Einteilung in vier Entwicklungsschulen

Im Gegensatz zu der, insbesondere in der deutschsprachigen Debatte, üblichen Zweiteilung der großen Entwicklungstheorien in Modernisierungs- und Wachstumstheorien (hier: technokratische Entwicklungstheorien) auf der einen und Dependenztheorien (hier: Unterentwicklungstheorien) auf der anderen Seite[14] wird in der vorliegenden Untersuchung eine Vierteilung der entwicklungstheoretischen Ideen wie folgt vorgenommen:

1. Technokratische Entwicklungstheorien
2. Unterentwicklungstheorien
3. (Neo-)Populistische Entwicklungstheorien
4. Marxistische Entwicklungstheorien

Diese Einteilung lehnt sich an die Arbeiten angelsächsischer Entwicklungsforscher[15] an und wird deshalb favorisiert, weil die Einbeziehung (neo-)populistischer und marxistischer Entwicklungsvorstellungen einen besseren Überblick über modernes Entwicklungsdenken vermittelt. Im Rahmen der Zweiteilung werden viele entwicklungstheoretische Fragestellungen, die gerade auch in der

---

[12] Brohman ist Professor für Geographie und Lateinamerikanistik an der Simon Fraser University in British Columbia/Kanada.

[13] Preston lehrt Politikwissenschaft am Department of Political Science and International Relations an der University of Birmingham/Großbritannien. Vgl. >http://www.bham.ac.uk/POLSIS/department/staff/profiles/preston.htm<.

[14] Vgl. Boeckh (1993); Nuscheler (1996, 1997); Nohlen/Nuscheler (1993a, b); Harrison (1988); Brohman (2000) u.a.

[15] Hier sei insbesondere der derzeitig an der UTAD (Universidade de Trás-os-Montes e Alto Douro) in Vila Real/Portugal lehrende britische Entwicklungsökonom Chris Gerry (1987) zu nennen. Des Weiteren Kitching (1989); Kiely (1995); Brass (2000); Toye (1993); Brookfield (1975); Leys (1996); Schuurman (1993a); Moore (1995); Skarstein (1997); Nederveen Pieterse (2001) u.a.

neueren Debatte wieder auftauchen, nicht berücksichtigt.[16] Zudem suggeriert die Zweiteilung ein Schwarz-Weiß-Schema bzw. einen großen ideologischen Gegensatz, der allerdings, wie zu zeigen sein wird, an vielen analytischen Punkten zwischen den technokratischen Entwicklungstheorien und den Unterentwicklungstheorien nicht gegeben ist.

Zudem wird die Kritik an den Dependenztheorien, die im Rahmen dieser Arbeit unter die Kategorie Unterentwicklungstheorien fallen, in der gängigen Debatte überwiegend als modernisierungstheoretische Kritik dargestellt. Im Gegenzug zu dieser Einschätzung ist es ein Ziel der vorliegenden Untersuchung – unter Einbeziehung der (neo-)populistischen sowie marxistischen Entwicklungsschulen – zu zeigen, dass es sich bei den Unterentwicklungstheorien keineswegs um marxistische Theorien handelt. So haben in den siebziger Jahren insbesondere marxistische Entwicklungstheoretiker das unterentwicklungstheoretische Denken kritisiert. Diese größtenteils in Vergessenheit geratene Kritik wird in Kapitel I/4 behandelt, denn sie ist für das Verständnis der Unterentwicklungstheorien bedeutsam. Anderenfalls bliebe eine Analyse der Unterentwicklungstheorien dem Eindruck ausgesetzt, es handle sich um eine marxistische Theorierichtung. Wenngleich beispielsweise der Dependenztheoretiker Andre Gunder Frank sich explizit nicht als Marxist bezeichnete[17], so wurde im Zuge der politischen Debatten um die Entwicklungstheorien nicht nur von Gegnern, sondern auch Befürwortern der Unterentwicklungstheorien die Überzeugung geäußert, es handle sich hier um marxistische Entwicklungsvorstellungen. Insbesondere die marxistischen Kritikern haben jedoch gezeigt, dass die Unterentwicklungstheorien weitaus größere Affinitäten zum (Neo-)Populismus als zum Marxismus haben.

Neben der marxistischen Entwicklungsschule wird im Rahmen der vorliegenden Untersuchung auch die oftmals unterbelichtete (neo-)populistische Theorierichtung miteinbezogen. In Anlehnung an die Untersuchung Gavin Kitchings über Populismus, Nationalismus und Industrialisierung in "Development and Underdevelopment in Historical Perspective"(1989) soll die Bedeutung dieser Denkrichtung für die modernen Entwicklungsvorstellungen hervorgehoben werden. Insbesondere im Hinblick auf den (neo-)populistischen Gehalt vieler neuerer Entwicklungsansätze ist die Einbeziehung der (neo-)populistischen Entwicklungsschule im Rahmen der Untersuchung modernen entwicklungstheoretischen Denkens von besonderer Bedeutung. Zudem lassen sich innerhalb der populistischen Tradition auch Vorstellungen wiederfinden, die unterentwicklungstheoretisches Denken beeinflusst haben. Diese Parallele verwundert weniger, wenn man berücksichtigt, dass beispielsweise der Populismus des neunzehnten Jahrhunderts in Russland als Reaktion auf Industrialisierung und Verstädterung zu

---

[16] Als Beispiele lassen sich an dieser Stelle die Frage nach dem Kapitalismusverständnis (aufgeworfen durch die marxistische Entwicklungskritik) sowie nach der Beziehung zwischen Stadt und Land in Entwicklungsländern (aufgeworfen durch die neopopulistische Entwicklungskritik) benennen.

[17] Frank bemerkt diesbezüglich: "As for Marxism and Trotskyism, I have newer claimed to be or to represent one or the other nor to divide them, counterpose them or otherwise." (Frank, A.G. 1977: 362)

verstehen ist und diese Veränderungsprozesse als etwas Bedrohliches für die ländliche Bevölkerung empfunden wurden. Auch das Aufkommen der Unterentwicklungstheorien, insbesondere der lateinamerikanischen *Dependencia*, stellt in Teilen eine populistische Reaktion auf Industrialisierungsprozesse bzw. deren Scheitern in Entwicklungsländern dar.[18] Es wird zu untersuchen sein, inwieweit und an welchen Stellen unterentwicklungstheoretisches Denken ideengeschichtlich an populistische Vorstellungen anknüpft. Diese Fragestellung wird in Kapitel I/2 behandelt werden, welches den ersten Hauptteil der vorliegenden Untersuchung darstellt. Um den Untersuchungsaufbau zu präzisieren, soll nun ein inhaltlicher Überblick über die in die folgenden drei Hauptteile gegliederte Untersuchung gegeben werden:

1. Moderne Entwicklungstheorien
2. Die entwicklungstheoretische Krise
3. "Neuere" entwicklungstheoretische Ansätze

Moderne Entwicklungstheorien

Den ersten Hauptteil stellt Kapitel I dar, in dem ausführlich die vier entwicklungstheoretischen Schulen, wie sie sich seit den fünfziger Jahren herausgebildet haben, dargestellt und diskutiert werden. Dabei werden auch analytische Parallelen zwischen den Schulen sowie ihre jeweiligen ideengeschichtlichen Vorläufer berücksichtigt. Zudem wird der politische und ökonomische Kontext, in welchem diese Theorien entstanden sind, aufgezeigt. Wenngleich es allen zu untersuchenden Schulen wissenschaftstheoretisch darum ging, Entwicklungs- sowie Unterentwicklungsprozesse zu analysieren und Problemlösungen aufzuzeigen, so darf nicht übersehen werden, dass mit diesem Erkenntnisinteresse auch ökonomische und politische Interessen verbunden waren. Insbesondere unterentwicklungstheoretische Autoren sahen bei den technokratischen Entwicklungstheoretikern lediglich die wissenschaftlichen Repräsentanten der politischen und ökonomischen Interessen der Industrieländer am Werk. Das von dem US-amerikanischen Ökonomen Walter Whitman Rostow als "A non-communist Manifesto" untertitelte Werk über "The Stages of Economic Growth" (1971a) schien diese Vorstellungen zu bestätigen. Derartige offenkundig politische Aussagen finden sich jedoch nicht in allen wachstums- und modernisierungstheoretischen Arbeiten. Zudem müssen sich jene Akademiker, die sich in den siebziger Jahren dem unterentwicklungstheoretischen Spektrum zuordneten, die Frage

---

[18] Der folgende Ausschnitt aus der Charakterisierung des Populismus im Rahmen der vergleichenden Studie "Populism – Its Meanings and National Characteristics", herausgegeben von Ghiţa Ionescu und Ernest Gellner (1969), verweist bereits auf den populistischen Gehalt der Unterentwicklungstheorien: "(...), populism worshipped the *people* (Hervorh. im Orig.). But the people the populists worshipped were the meek and the miserable, and *the populists worshipped them because they were miserable and because they were persecuted by the conspirators* (Hervorh., d. Verf.). The fact is that the people were more often than not identified in the peasants who were and are, in underdeveloped societies especially, the most miserable of the lot – and the more miserable they were the more worshipped should they be." (Ionescu/Gellner 1969: 4)

gefallen lassen, ob nicht die Unterentwicklungstheorien eigene politische Interessen bedienten, insbesondere das *Gefühl*, auf der "richtigen" Seite zu stehen.
In diesem Zusammenhang ist die von Frans J. Schuurman gemachte Beobachtung über die Relevanz der Entwicklungstheorien für das Selbstverständnis sich
als kritisch verstehender Intellektueller bzw. Akademiker nicht von der Hand zu
weisen:

"Back in the 1960s and 1970s, lecturing on development theories was a rather well-defined
domain of knowledge transfer. Authors on the subject used to be divided into 'the good' (neo-
Marxists), 'the bad' (modernisation theorists) and 'the ugly' (the computerised doomsday spe-
cialists). Students were tuned in to the often-ritualized discussions and voluntarily read the
classical Marxist or neo-Marxist texts which were popular at the time. (…) Now, well into the
1990s, things have changed. The good feel bad, the bad feel good, and the ugly underwent
plastic surgery." (Schuurman 1993a: ix)

In diesem Sinne werden im Rahmen der vorliegenden Untersuchung die politischen Interessen der jeweiligen entwicklungstheoretischen Lager berücksichtigt,
aber das vorrangige Ziel der Untersuchung besteht darin, den *Erklärungsgehalt*
der jeweiligen Theorien zu untersuchen. Die in Kapitel I zu diskutierenden vier
entwicklungstheoretischen Schulen sollen im Folgenden kurz umrissen werden.

Hinter dem technokratischen Entwicklungsdenken verbergen sich zwei
entwicklungstheoretische Strömungen, die Wachstums- sowie die Modernisierungstheorien. Zu den Wachstumstheorien zählen diejenigen Entwicklungstheorien, die vorrangig ökonomisch ausgerichtet sind und aus diesem Blickwinkel
Wachstumsprozesse zu erklären versuchen. Die Modernisierungstheorien beziehen sich in ihrer Untersuchung von Wachstumsprozessen in Entwicklungsländern demgegenüber stärker auf die gesamtgesellschaftlichen Veränderungsprozesse und kontrastieren die traditionalen mit den modernen Sektoren in Entwicklungsländern. Im Mittelpunkt steht demzufolge die Frage, wie sogenannte traditionale, agrarisch geprägte Gesellschaften zu modernen, industrialisierten Gesellschaften werden. In ökonomischer Hinsicht lassen sich die technokratischen
Entwicklungstheorien der fünfziger und sechziger Jahre insgesamt als keynesianisch beschreiben.

Zu den Unterentwicklungstheorien wurden bereits einige Bemerkungen gemacht. Diese zweite Entwicklungsschule lässt sich in vier Bereiche untergliе-
dern:

1. die Theorie des sich als marxistisch verstehenden US-
    amerikanischen Ökonomen **Paul Baran**, die im akademi-
    schen Bereich zur Grundsteinlegung des unterentwick-
    lungstheoretischen Denkens beigetragen hat,

2. die Arbeiten der frühen **ECLA (span.: CEPAL)**, der UN-
    Wirtschaftskommission für Lateinamerika und die Karibik, in
    denen die klassische Außenhandelstheorie kritisiert und die
    Strategie der importsubstituierenden Industrialisierung favo-
    risiert wurde,

3.   die **Dependenztheorien**, die mit unterschiedlichen Akzen-
      tuierungen in dem Abhängigkeitsverhältnis des Trikonts zu
      den industriellen Metropolen *den* Grund für die Unterent-
      wicklung des Trikonts sehen,

4.   die **Weltsystemtheorie** von Immanuel Wallerstein, die de-
      pendenztheoretisches Denken auf die globale Ebene ver-
      schoben hat.

Im sogenannten Kern unterentwicklungstheoretischen Denkens befinden sich die Dependenztheorien, deren Darstellung deshalb auch den größten Raum einnehmen wird. Wie im Rahmen der Untersuchung zu zeigen sein wird, lassen sich auch innerhalb der Kategorie "Dependenztheorien" unterschiedliche Argumentationsstränge feststellen, die sich sowohl in der jeweiligen Gewichtung der Abhängigkeitsverhältnisse als auch in ihrem Entwicklungsprinzip und ihren Lösungsstrategien unterscheiden.

Als dritte entwicklungstheoretische Schule wird in Kapitel I/3 die bereits in einigen Punkten angesprochene (neo-)populistische Entwicklungstheorie behandelt. Es stellt sich die Frage, wie sich diese entwicklungstheoretische Schule, die im Rahmen der deutschsprachigen entwicklungstheoretischen Literatur kaum explizit als solche erwähnt wird, definieren lässt. Bevor auf den entwicklungstheoretischen (Neo-)Populismus eingegangen wird, sollen kurz einige grundsätzliche Aussagen zu dem schillernden Begriff "Populismus" gemacht werden. Laut Sir Isaiah Berlin lässt sich die Ideologie "Populismus" als "the belief in the value of belonging to a group or a culture" (Berlin 1965a: 32) definieren. Mit der Betonung der Zugehörigkeit wendet sich der Populismus insbesondere gegen "Wurzellosigkeit" (Vgl. MacRae 1969: 156). Das Phänomen "Populismus" lässt sich einerseits als gesellschaftliche Bewegung betrachten und andererseits als Denkschule. Da es sich bei der vorliegenden Untersuchung um eine entwicklungs*theoretische* handelt, liegt der Schwerpunkt auf letzterer Betrachtungsweise. In diesem Sinne wird Populismus als eine Denkrichtung betrachtet, die sich seit dem frühen neunzehnten Jahrhundert gegen eine große und konzentrierte Produktion gewandt hat und stattdessen für eine Entwicklung auf der Basis von kleinen Betrieben, sei es im Bereich der Industrie oder der Landwirtschaft, plädiert hat (Vgl. Kitching 1989: 19). Mit der aus dieser Sichtweise resultierenden Positivbewertung "überschaubarer" Produktionsstrukturen geht bei den (Neo-)Populisten eine Option für die "einfache Bevölkerung" und insbesondere für die "Landbevölkerung" einher. Damit wird die obige Definition Berlins sinnvoll ergänzt.

Im Hinblick auf den entwicklungstheoretischen (Neo-)Populismus in der zweiten Hälfte des zwanzigsten Jahrhunderts wurden die Arbeiten von zwei Entwicklungstheoretikern für die vorliegende Untersuchung ausgewählt: Es handelt sich um die Arbeiten des Briten Michael Lipton, der den Begriff *Urban Bias* geprägt hat, sowie um die Arbeiten des Briten Ernst Friedrich Schumacher, der für eine buddhistische Ökonomie plädiert. Es soll herausgearbeitet werden, welche Analyse, aber auch welche Lösungsvorschläge die genannten Autoren hinsichtlich der Entwicklungsprobleme anbieten.

In Kapitel I/4 wird schließlich die marxistische Entwicklungstheorie vorgestellt. Wie zu zeigen sein wird, handelt es sich hier jedoch teilweise eher um eine Entwicklungskritik als um eine Entwicklungstheorie, da sich die zu diskutierenden Vertreter dieser Denkrichtung vorrangig mit einer marxistischen Kritik der Unterentwicklungstheorien befassen. Die im ersten Teil dieses Kapitels zu diskutierenden Arbeiten von Pierre-Philippe Rey und Giovanni Arrighi können jedoch durchaus auch als marxistische Entwicklungstheorie gesehen werden. Die Autoren setzen sich, basierend auf Feldforschungsergebnissen, mit der Frage nach dem Zusammenhang von Produktionsweisen und dem Entwicklungsstand von Ländern des Trikonts auseinander. In den Bereich der Kritik fallen demgegenüber die Arbeiten des britischen Marxisten, dessen Name als Synonym für marxistische Entwicklungskritik angesehen werden kann: Bill Warren. Mit seiner erstmalig 1980 veröffentlichten Monographie "Imperialism – Pioneer of Capitalism" stellte er die auf Lenins Imperialismustheorie fußende Annahme der Unterentwicklungstheoretiker in Frage, wonach es sich beim Imperialismus um das höchste Stadium kapitalistischer Ausbeutung handle. Wie zu zeigen sein wird, vertrat Warren die Meinung, dass die Einführung des Kapitalismus im Trikont erst die Voraussetzungen für eine sozialistische Gesellschaftsform schaffen könnte. Neben Warren gab es eine Reihe weiterer marxistischer Entwicklungstheoretiker, wie beispielsweise Henry Bernstein, die die modernisierungstheoretische Kritik an den Unterentwicklungstheorien um eine marxistische ergänzten und damit, wie bereits erwähnt, die intellektuellen Vorläufer der Unterentwicklungstheorien im (neo-)populistischen und nicht im marxistischen Spektrum verorteten.

Diese hier kurz umrissenen entwicklungstheoretischen Schulen sollen schließlich in Kapitel I/5 zusammenfassend dargestellt und verglichen werden.

Die entwicklungstheoretische Krise

Kapitel II stellt den zweiten Hauptteil dieser Untersuchung dar. Hier sollen sowohl die eingangs bereits erwähnten wissenschaftsimmanenten als auch wissenschaftsexternen Ursachen der seit Ende der siebziger/Anfang der achtziger Jahre einsetzenden entwicklungstheoretischen Krise untersucht werden. Im Zuge der entwicklungstheoretischen Krise wurde der Erklärungsgehalt der großen Entwicklungstheorien, insbesondere der technokratischen wie auch der unterentwicklungstheoretischen, in Abrede gestellt. Im Hinblick auf das Forschungsfeld "Entwicklungstheorie" mündete die Krise im entwicklungspolitischen Bereich in einer Dominanz neoliberaler Entwicklungsvorstellungen, die prägnant von John Toye (1993) als "Counter-Revolution" bezeichnet wurde. Die Counter-Revolution, welche im Rahmen dieser Arbeit als Counter-Reformism (Gegenreformismus) benannt wird[19], gründete ihren Siegeszug über die herkömmlichen

---

[19] In der entwicklungstheoretischen Diskussion wird überwiegend von counter-revolution gesprochen. So titelte beispielsweise *The Times* am 9. September 1983 "Third World Theories face a Counter-

entwicklungstheoretischen Vorstellungen jedoch weniger in der von ihr postulierten argumentativen Überlegenheit, sondern in ihrer (entwicklungs-)politischen Dominanz, die als Folge weltpolitischer Veränderungen zu verstehen ist.[20] Im Rahmen der Diskussion der wissenschaftsimmanenten Krisenursachen liegt der Schwerpunkt der Darstellung auf den inhaltlichen Unterschieden zwischen den technokratischen, keynesianisch beeinflussten, Entwicklungstheorien und ihren neuen Gegenspielern, den neoliberalen Entwicklungstheoretikern. Während die neoliberalen Entwicklungstheoretiker wie Lord Peter T. Bauer, Deepak Lal, Ian Little und Bela Balassa fortan den neuen entwicklungstheoretischen Common Sense mit der im entwicklungspolitischen Bereich sich etablierenden Strukturanpassungspolitik verkörperten, zeichneten sich auch im Bereich der kritischen Entwicklungsvorstellungen Verschiebungen ab. Insbesondere zwei Themenkomplexe haben die entwicklungstheoretischen Diskussionen seitdem beeinflusst und Anstöße für Neuansätze gegeben. Es handelt sich einerseits um die aus dem wachsenden westlichen Umweltbewusstsein resultierende ökologische Entwicklungskritik sowie andererseits um die postmoderne Infragestellung des modernen Entwicklungsgedankens. Während die ökologische Kritik vorrangig zu einer thematischen Erweiterung der Entwicklungstheorien beitrug, bedeutete die postmoderne Entwicklungskritik eine grundlegende Absage an die bis dahin theorieübergreifenden Entwicklungsvorstellungen. In anderen Worten ausgedrückt: Mittels der postmodernen Kritik wurden die modernen Sozialwissenschaften im Allgemeinen und daraus folgend die Entwicklungsvorstellungen im Besonderen in Frage gestellt.

Neuere entwicklungstheoretische Ansätze

Im Rahmen der entwicklungstheoretischen Debatte lässt sich eine Abkehr von den großen Entwicklungstheorien konstatieren. Fortan dominierten neuere entwicklungstheoretische Ansätze die Debatte, die teilweise noch in der Tradition der "alten" Entwicklungsschulen stehen. Die ausgewählten neueren Ansätze, die in Kapitel III behandelt werden, beziehen sich vorrangig auf das interdisziplinäre Fach *Development Studies* und ihre Auswahl hegt keinen Anspruch auf Vollständigkeit, denn gerade im Bereich der Theorien mittlerer Reichweite gibt es eine Fülle von Neuansätzen, so dass wegen der Quantität eine Beschränkung erforderlich war. Mit der getroffenen Auswahl können jedoch die derzeitig im Bereich der *Development Studies* dominierenden Ausrichtungen abgedeckt wer-

---

Revolution" (Vgl. Toye 1993: 94). Der Begriff "counter-reformism" entspricht jedoch eher dem Charakter der neoliberalen Attacke gegen die innerhalb der Entwicklungsforschung vorherrschenden technokratischen (keynesianischen) Entwicklungstheorien, die nicht als revolutionär, sondern als reformistisch bezeichnet werden müssen, wie in Kapitel II/1.1 zu zeigen sein wird. "Revolutionär" mögen die technokratischen Entwicklungstheorien lediglich aus der Sicht ihrer neoliberalen Kontrahenten erscheinen

[20] Leys bemerkt hierzu: "What made possible the triumph of neo-liberalism in mainstream development thinking was material, not ideal: the radical transformation in both structure and the management of the world economy that had begun in the 1960s, and which finally seemed to offer the possibility of creating for the first time in history a truly unified global capitalist economy – and one regulated, if at all, only by institutions reflecting the interests of transnational capital." (Leys 1996: 19)

den.[21] Es lassen sich in Anlehnung an Schuurman (1994b: 2) verschiedene Kategorien von entwicklungstheoretischen Neuansätzen benennen, denen im Rahmen dieser Untersuchung ein weiterer hinzugefügt wurde:

1. ***Die Arbeiten der französischen Regulationisten***, die als einzige in Richtung der Etablierung einer neuen Megatheorie weisen.
2. ***Neue methodologische Ansätze***, die insbesondere um eine stärkere Verknüpfung zwischen entwicklungstheoretischer und –politischer Forschung bemüht sind.
3. ***Theorien mittlerer Reichweite***, die sich mit bestimmten Teilaspekten von Entwicklung befassen.
4. ***Antimodernes Entwicklungsdenken***, welches postmodern beeinflusst ist und den modernen Entwicklungsgedanken ablehnt.

Der für die vorliegende Untersuchung ausgewählte neue methodologische Ansatz ist der von Norman Long et al. entwickelte Akteursansatz, der sich explizit um eine Verknüpfung zwischen entwicklungspolitischer Mikro- und Mesoebene bemüht. Aus dem Bereich der Theorien mittlerer Reichweite werden in der vorliegenden Untersuchung die feministischen, die ökologischen Ansätze sowie der postimperialistische Ansatz vorgestellt. Als eine vierte Kategorie wird im Rahmen dieser Untersuchung das antimoderne Entwicklungsdenken betrachtet, was sich im Gegensatz zu Schuurmans Einschätzung nicht im Bereich der Theorien mittlerer Reichweite einordnen lässt. Diese Theorierichtung entspringt der postmodernen Entwicklungskritik, wie sie im Rahmen der wissenschaftsimmanenten Krisenphänomene zu diskutieren sein wird. Sie bildet eine eigene Kategorie, da sie sich gegen den Entwicklungsgedanken ausspricht und ihren Untersuchungsgegenstand vorrangig im Diskurs sieht. Mit ihrer Absage an moderne Entwicklungsvorstellungen stellt sie das herkömmliche Entwicklungsdenken grundlegend in Frage. Die antimoderne Entwicklungskritik weist zwar auch thematische Affinitäten zu einigen der alten Großtheorien auf, die es zu untersuchen gilt, aber ihr wichtigstes Merkmal liegt in ihrer radikalen Abkehr von universalistischen Vorstellungen.

Zu dieser Entwicklung hat insbesondere das Ende der Ost-West-Systemkonkurrenz beigetragen, welches auch innerhalb der entwicklungstheoretischen Debatte zu Verschiebungen geführt hat, die ebenfalls zu untersuchen sein werden. Es soll gezeigt werden, dass auch an diesem Punkt die Entwicklungstheorien Ausdruck allgemeiner ideologischer und konkret sozialwissenschaftlicher Verschiebungen sind. In Anlehnung an die Arbeiten von Ernest Gellner soll, insbesondere im Hinblick auf die durch postmodernes Denken beeinflussten Entwicklungsvorstellungen, untersucht werden, inwieweit innerhalb der entwicklungstheoretischen Forschung ein Erstarken relativistischer Ansätze

---

[21] Vgl. Peet/Hartwick 1999.

zu verzeichnen ist.[22] Es bleibt zu diskutieren, welche politischen Konsequenzen ein akademischer Relativismus im Bereich der Entwicklungstheorien nach sich zieht. So wird zu klären sein, inwieweit postmoderne Entwicklungsvorstellungen an die Stelle der unterentwicklungstheoretischen getreten sind. Zudem wird zu zeigen sein, ob der Relativismus vorrangig wissenschaftsimmanent zu erklären ist oder er, ähnlich dem Aufkommen bzw. der Dominanz unterentwicklungstheoretischer Vorstellungen in den siebziger Jahren, auf weltpolitischen Machtverschiebungen fußt.

Diese Themen werden in dem Kapitel III/6 über antimoderne Entwicklungsvorstellungen sowie in dem Überblick über neuere Entwicklungsansätze und der abschließenden Schlussfolgerung behandelt werden. Zuerst wird allerdings zu beantworten sein, wie aus agrarischen Gesellschaften industrialisierte werden und welche Antworten technokratische Entwicklungstheorien anbieten.

---

[22] Während alle großen intellektuellen Konflikte der Menschheitsgeschichte die Tendenz zur Bipolarität aufweisen würden, wie beispielsweise Liberalismus versus Sozialismus zur Zeit der Ost-West-Systemkonkurrenz, so vertritt Gellner (1992) die Auffassung, dass man heutzutage von drei großen ideologischen Optionen sprechen könne: 1. religiöser Fundamentalismus, 2. Relativismus (insbesondere verkörpert im Postmodernismus) und 3. "Aufklärungsfundamentalismus" oder "rationalistischer Fundamentalismus" (Vgl. Gellner 1992: 1 f).
Dass sich innerhalb der entwicklungstheoretischen Debatte ein Trend zu relativistischen Vorstellungen abzeichnet, ist offenkundig (Vgl. Nederveen Pieterse 2001: 10 ff; Watts 1999: 45, 60 f; Kiely 1995: 153 ff). Das Entscheidende an diesem Phänomen wird im Rahmen dieser Untersuchung jedoch seine Bewertung sowohl in entwicklungstheoretischer als auch entwicklungspolitischer Hinsicht sein.

I Moderne Entwicklungstheorien

In diesem Kapitel sollen die modernen Entwicklungstheorien, wie sie sich seit Ende des Zweiten Weltkrieges herausgebildet haben, dargestellt und diskutiert werden. Dabei sollen die jeweiligen "Schwachpunkte" moderner Entwicklungstheorien herausgearbeitet werden, die dann später zur entwicklungstheoretischen Krise geführt haben. Zu diesem Zweck werden ebenfalls die politischen Hintergründe beleuchtet, die den jeweiligen Entwicklungstheorien zum Aufschwung verholfen haben.

1 Modernes technokratisches Entwicklungsdenken

1.1 Politische Hintergründe technokratischer Entwicklungstheorien

Die in den fünfziger Jahren entstehende Disziplin Entwicklungstheorie war insbesondere durch zwei Faktoren bestimmt: die Entkolonialisierung sowie den Kalten Krieg. Beide Faktoren erforderten eine Entwicklungstheorie, die nicht nur Erklärungen für Ent- und Unterentwicklungsprozesse bereitstellte, sondern konkrete Strategien benannte, um die Situation der Entwicklungsländer vorrangig in ökonomischer Hinsicht zu verbessern. Der Hauptakteur waren die USA, die gegen den europäischen Widerstand die weitere Entkolonialisierung des Trikonts unterstützten und angesichts der sich verschärfenden Ost-West-Systemkonkurrenz ein Interesse an der erfolgreichen kapitalistischen Entwicklung des Trikonts hatten.

Der nach dem Zweiten Weltkrieg in Asien und in den sechziger Jahren in Afrika voranschreitenden Entkolonialisierung lag nicht nur das Bestreben nach politischer, sondern auch ökonomischer Unabhängigkeit zugrunde. Die jungen Nationalstaaten des Trikonts hatten ein großes Interesse an Entwicklungsstrategien, die ihnen den Übergang von der kolonialen Ökonomie zu einer eigenständigen Industrialisierung ermöglichen könnten. Der in den Industrieländern zu dieser Zeit vorherrschende Keynesianismus bot mit der Betonung der staatlichen Politik einen attraktiven Ausgangspunkt für die Forcierung der ökonomischen Entwicklung mittels einer interventionistischen Wirtschaftspolitik. Die westlichen Industrieländer hatten ebenfalls ein großes Interesse ihre wirtschaftspolitischen Konzepte im Trikont zu verbreiten, um ihre politische Einflusssphäre abzusichern und den sowjetischen Bestrebungen nach dem Ausbau der ihrigen entgegenzutreten. So wurde der Ost-West-Konflikt vermehrt in den Ländern des Trikonts ausgetragen und führte dazu, dass der Entwicklungspolitik eine hohe Priorität beigemessen wurde.

Von dem vorrangig aufgrund der Systemkonkurrenz vorhandenen Interesse an entwicklungspolitischen Interventionen im Trikont ist demnach die Etablierung der Entwicklungstheorie zu sehen. Die ersten Entwicklungstheorien waren in der Nachkriegszeit ökonomische Wachstumstheorien, die zugleich die Grundlage für die Modernisierungstheorien darstellten. Die Wachstumstheorien waren somit die ersten "Wegbereiter" internationaler Entwicklungspolitik und sind insbesondere durch das Interesse Europas und Nordamerikas an politischen Interventionen im Trikont bestimmt worden. Die Wachstumstheorien sind als Teil eines technokratischen Entwicklungsdenkens zu verstehen, welches nicht allein auf die Marktkräfte, sondern auch auf gezielte (wirtschafts-)politische Interventionen setzt. Dieses Denken basierte auf den Ideen von John Maynard Keynes (1883 – 1946), dessen Arbeiten in den dreißiger Jahren die von Adam Smith (1723 – 1790) begründete und bis dato vorherrschende klassische Nationalökonomie erschüttert hatten. So war vor dem Hintergrund der Weltwirtschaftskrise die ökonomische "Laissez-faire"-Position in den USA verstärkt in die Kritik geraten. Der ökonomische Liberalismus wurde für die negativen Folgen einer Politik kritisiert, die zu einer Verschärfung der Arbeitslosigkeit, zur Ressourcenverschwendung und zu einer steigenden Monopolisierung unter den Unternehmen geführt hatte (Vgl. Preston 2000: 154). Keynes' interventionistisches Konzept lautete: Erhöhung der Staatsausgaben, um wieder für Vollbeschäftigung zu sorgen. Die dadurch entstehende Staatsverschuldung würde durch die positiven Wirkungen der erhöhten Nachfrage und damit zusammenhängenden größeren Steuereinnahmen wieder wettgemacht werden. Der Einfluss seiner Ideen wirkte sich nicht nur wirtschaftspolitisch, sondern auch weltpolitisch positiv auf die Ambitionen der USA aus, die in der Nachkriegszeit und später auch in der Phase der Dekolonialisierung ihren (wirtschafts-)politischen Einfluss durch gezielte politische Planung weltweit ausbauen wollten. So sollte diese Politik einerseits der Sicherung und Erweiterung der eigenen Absatzmärkte dienen und andererseits wurde Entwicklungspolitik als Präventionsmaßnahme gegen den Kommunismus gesehen. Die internationale Finanz- und Handelspolitik war auf diese Aufgabe eingestellt: Unter dem Einfluss keynesianischer Ideen waren bereits 1944 auf der Bretton Woods-Konferenz die Entschlüsse zum Aufbau zweier internationaler Interventionsinstrumente gefallen. So wurden 1945 der Internationale Weltwährungsfonds (IWF) und 1946 die Weltbank gegründet. Der IWF war eingerichtet worden, um Ländern Unterstützungskredite zur Behebung von Zahlungsbilanzproblemen zur Verfügung zu stellen, während die Weltbank mit relativ günstigen Krediten zu langen Laufzeiten helfen sollte, die strukturellen Probleme der Länder des Trikonts aber auch Europas zu beseitigen. In diesem Sinne unterstützte der Marshall-Plan den europäischen Wiederaufbau und war insbesondere aufgrund der US-amerikanischen Kommunismus-Furcht zustande gekommen. Aber auch wirtschaftliche Erwägungen spielten eine Rolle, denn Europas Kaufkraft war wichtig für die US-amerikanische Exportwirtschaft.

In den neu entstehenden Planungsstäben und entwicklungspolitischen Organisationen manifestierte sich der keynesianisch geprägte Wechsel vom puren Marktliberalismus zu technokratischen Wachstumstheorien:

"National and international economic planners and strategists were a breed that had hardly existed as an identifiable group in the United States of 1929." (Szreter 1993: 665)

1.2   Wachstumstheorien

1.2.1 Das Harrod-Domar-Modell

Die handlungsleitende Grundlage für diese neue Berufsgruppe bildeten die sogenannten Wachstumstheorien, die vorrangig ökonomisch orientiert waren. Insbesondere das Harrod-Domar-Modell über Ersparnisse und Investitionen war in
den vierziger und fünfziger Jahren einflussreich. Laut Mehmet Ozay war dieses
Modell

"(...) the ultimate expression of Eurocentric, pro-capital modelling, popularizing and legiti-
mizing the view that capital constraint is the only important constraint on economic development. It became a tool of capitalization by assigning top priority to economic development to
expanding the capital base in the developing country by all means and at all costs." (Ozay
1995: 95)

Entwickelt worden war dieses Modell unabhängig voneinander zur gleichen Zeit
von den Ökonomen Roy Harrod in England und Evsey D. Domar in den USA.
Sie gingen davon aus, dass jede Nationalökonomie einen bestimmten Anteil des
nationalen Einkommens sparen muss, um wenigstens für die Instandhaltung der
Infrastruktur sorgen zu können. Um jedoch wirtschaftliches Wachstum zu gewährleisten, seien neue Investitionen und somit ein höherer Kapitalstock nötig
(Vgl. Todaro 1985: 64). Harrods und Domars Ausgangsfrage lautete vor diesem
Hintergrund: In welcher Höhe muss die Einkommensrate wachsen, um ungehindertes ökonomisches Wachstum zu gewährleisten? Ihre Ergebnisse drückten sie
in Formeln aus, die auf den folgenden Grundannahmen über die Modellgesell-
schaft basierten: (1) Es gibt "perfekten" Wettbewerb. (2) Es gibt Vollbeschäftigung. (3) Es handelt sich um eine "geschlossene" Gesellschaft. (4) Es gibt keine
staatliche Regulation. (5) Es wird nur ein Produkt erzeugt.

   Diese sehr realitätsfremden Annahmen ließen es jedoch zu, mathematische Gleichungen über ökonomische Entwicklung zu bilden. Domar kommt in
seinem erstmalig 1948 verfassten Essay "The problem of capital accumulation"
zu dem folgenden Schluss:

"The reader has undoubtedly sensed already that this rate of growth is a function of two factors: the propensity to save (α) and the ratio of output to capital (s). The higher is α, the larger
must be the fraction of income invested (to maintain full employment), and the greater should
be the subsequent rise in income. Similarly, the larger is s, the more output can be produced
with a given amount of capital and the faster income should increase. Thus the required rate
of growth of income is directly proportional to both α and s. If income is indicated by Y, the
amount invested will be $Y\alpha$. Since each dollar of new capital increases possible annual output
by s, the total increase in output which is required to utilize the new investment fully is $Y\alpha s$.
To get a relative rate of growth (which is more meaningful), we divide the absolute rise in
income by Y and get αs. The expression αs *is the required rate of growth of income* which is
needed to prevent an excessive accumulation of capital." (Domar 1957: 113 f)

Auch Harrod (Orig. 1939, hier: 1972) verfolgte mit seinen Arbeiten das
Ziel, die Bedingungen für ein Gleichgewicht zwischen der gesamtgesellschaftlichen Sparquote und den Investitionen in einer dynamischen Wirtschaft zu eruie-
ren. Er kam zu dem Schluss, dass die Wachstumsrate des nationalen Einkom-

mens gleichbedeutend mit dem Quotienten aus der gesamtgesellschaftlichen Sparquote und der Profitrate sei. Wenn demnach die Bereitschaft zum Sparen größer ist als die Profitrate, kommt es zu einem Wachsen des nationalen Einkommens:

"A unique warranted line of growth is determined jointly by the propensity to save and the quantity of capital required by technological and other considerations per unit increment of total output." (Harrod 1972: 265)

Somit ergibt sich aus den Ergebnissen von Harrod und Domar, dass Entwicklung lediglich auf Investitionsentscheidungen zugunsten von Kapitalakkumulation in Entwicklungsländern reduziert werden kann.

Kritik am Harrod-Domar-Modell

Alle weiteren Faktoren, die abgesehen von den Investitionen für ökonomische Entwicklung von Bedeutung sein könnten, wie beispielsweise administrative, institutionelle und weltwirtschaftliche Rahmenbedingungen, werden in dem Modell von Harrod und Domar ignoriert. Somit ist ihr Modell sehr statisch und beruht lediglich auf den Erfahrungen des Marshall-Plans, die sich jedoch nicht einfach auf die Länder des Trikonts übertragen lassen, da diese Länder nicht die administrativen und institutionellen Strukturen der damaligen europäischen Staaten besitzen. Demzufolge reduzieren Harrod und Domar mit ihrer Fixierung auf die monetäre Sphäre den Marshall-Plan auf die Hilfsleistungen und übersehen die strukturellen Elemente des Marshall-Plans. So weisen Kunibert Raffer und Hans Wolfgang Singer in ihrer Untersuchung über internationale Entwicklungshilfe darauf hin, dass der Marshall-Plan die deutliche Aufforderung zur regionalen Kooperation der Nehmerländer beinhaltet. Zudem sollten sich die Nehmerländer gegenseitig in der Verwendung der finanziellen Mittel überwachen:

"Each Western European government submitted a plan which was inspected, vetted and monitored by other European recipient governments in OEEC." (Raffer/Singer 1996: 60)

Diese Politik der regionalen Kooperation und gegenseitiger Kontrolle hat allerdings keinen Eingang in die Nord-Süd-Entwicklungshilfe gefunden, was sich insbesondere aus den politischen Interessen der Geberländer erklären lässt. Mit der Fixierung auf Länderprogramme und den damit zusammenhängenden hierarchischen Strukturen zwischen Geber- und Nehmerland ist auch eine größere (wirtschafts-)politische Konditionierung verbunden. Raffer und Singer sehen in der Komponente der regionalen Kooperation und auch der verstärkten Einbeziehung von Nichtregierungsorganisationen (NROs) einen wichtigen Handlungsbedarf für eine veränderte Entwicklungspolitik und betonen:

"This would not mean the end of any donor influence but this influence would be counterbalanced. The pursuit of narrow donor self-interests would become next to impossible because of the participatory and people-centred nature of this model of new and improved Marshall Plan procedures." (Raffer/Singer 1996: 198)

In der Logik des Harrod-Domar-Modells tauchen derartige politische Überlegungen jedoch nicht auf. Auch ein anderer wichtiger entwicklungspolitischer Bereich findet bei Harrod und Domar keine Erwähnung: die weltwirtschaftlichen und -politischen Verflechtungen und Abhängigkeiten. So hat die Verschuldung vieler Länder des Trikonts gezeigt, dass das Rezept des ungehinderten Kapitalzuflusses auf Seiten der Nehmerländer mit enormen Risiken verbunden ist, die sich besonders negativ auf die armen Bevölkerungsschichten im Rahmen der aus der Verschuldungskrise resultierten Strukturanpassungspolitik ausgewirkt haben. Der ecuadorianische Ökonom Eduardo Valencia beschreibt den Verschuldungsmechanismus wie folgt:

"Die damals vorherrschenden Wirtschaftstheorien behaupteten, dass eine der Hauptursachen für die Rückständigkeit dieser (der armen, Anm. d. Verf.) Länder ihre beschränkte Fähigkeit war, ausreichende interne Ersparnisse zu erzeugen, um die unerlässlichen Investitionsprogramme zur Förderung ihres wirtschaftlichen Wachstums zu verwirklichen. Demzufolge riet man ihnen, auf die Auslandsersparnisse (Außenschuld) zurückzugreifen, um sie zu finanzieren. Es war daher nicht verwunderlich, wenn die Wirtschaftsminister und Großunternehmer der armen Länder begierig danach waren, frische Geldmittel in Fülle zu beschaffen. Sie wurden in ihren Ländern zu einer Art Finanzmagier." (Valencia 2000: 1)

Die großzügige Kreditvergabe an die "unterentwickelten" Ländern in den siebziger Jahren war jedoch nicht nur auf wachstumstheoretische Überlegungen zurückzuführen, sondern resultierte auch aus den Liquiditätsüberschüssen der Industrieländer. Und Michael P. Todaro gibt zu bedenken, dass der Ruf nach finanzieller Anschubhilfe für den Trikont als politisches Interventionselement in Zeiten der Ost-West-Systemkonkurrenz eine willkommene Legitimation bot, den blockfreien Staaten finanzielle und technische "Hilfe" zukommen zu lassen, um damit ihre politische Loyalität sicherzustellen (Todaro 1985: 66).

Eine weitere Annahme des Harrod-Domar-Modells hat sich ebenfalls als realitätsfern erwiesen: Harrod und Domar gehen in ihren Untersuchungen von perfekten Wettbewerbsbedingungen aus und ignorieren damit die ungleichen Chancen der Weltmarktteilnehmer. Die Zollbarrieren der Industrieländer für Produkte aus dem Trikont führen die Theorie ad absurdum, denn solange die Länder des Trikonts nicht die Möglichkeit besitzen, einen besseren Zugang zu den Absatzmärkten der Industrieländer zu bekommen, nützt auch der Aufbau eigener Unternehmen nicht viel. Dieses Problem ist auch in den folgenden Untersuchungen von Chenery nicht berücksichtigt worden. Chenery hat jedoch im Laufe seiner Untersuchungen über Ent- und Unterentwicklung – mindestens rhetorisch – keinen reinen Wachstumseuphorismus mehr gepredigt.

1.2.2 Chenerys entwicklungstheoretische "snapshots"[23]

Hollis B. Chenery[24] war sowohl akademisch als auch wirtschaftspolitisch mit Entwicklungsländern beschäftigt: als Ökonomieprofessor in Harvard und als

---

[23] K.P. Jameson (1982) bezeichnet Chenerys "cross-section-analysis" als snapshots.

Mitarbeiter bei der US-amerikanischen Entwicklungsbehörde USAID (United States Agency for International Development) sowie Vizepräsident der Weltbank. Seine Arbeiten drehten sich um die Untersuchung der "basic development processes" (BDPs), der ausschlaggebenden Faktoren für die Entwicklung von der traditionalen zur modernen Gesellschaftsform. Zu diesem Zweck hatte Chenery zusammen mit seinen Kollegen Lance Taylor und Moshe Syrquin großangelegte statistische Untersuchungen über verschiedene zu beobachtende ökonomische, soziale und andere Faktoren während der Industrialisierungsphase angestellt. Aus diesen zeitgleichen Datenerhebungen in verschiedenen Ländern leitete er verallgemeinerbare Schlüsse über *den* Entwicklungsprozess ab.

Seine technokratische Herangehensweise an Entwicklungsprobleme erlebte zu Beginn der siebziger Jahre einen Linksruck. Seit dieser Zeit fallen Chenerys Arbeiten unter das Label "Linker Reformismus" bzw. "Neopopulismus", was sich insbesondere in seiner Mitarbeit an der Weltbank-Veröffentlichung "Redistribution with Growth" (Chenery et al. 1974) widerspiegelt, die Abstand von der puren Wachstumslogik nimmt und für Entwicklungsstrategien plädiert, die Einkommensumverteilung in den Entwicklungsländern anstreben.

Im Folgenden soll jedoch exemplarisch an Chenerys "patterns of development" sein Beitrag zur Wachstumstheorie der späten fünfziger Jahre beleuchtet werden. Im Anschluss daran werden seine zu Beginn der siebziger Jahre entwickelten "basic development processes" dargestellt und in ihrer entwicklungstheoretischen Bedeutung diskutiert.

In seinen Arbeiten zu "Entwicklungsmustern" hat Chenery die Beziehung zwischen der Höhe des Pro-Kopf-Einkommens und der aus unterschiedlichen Sektoren zusammengesetzten Profitrate analysiert. Somit war für ihn zum einen die Höhe des Durchschnittseinkommens wichtig und zum anderen die Höhe des jeweiligen Profits, den die einzelnen industriellen Sektoren zur vollständigen Profitrate beitrugen. Er ging davon aus, dass diese beiden Faktoren gesetzmäßig miteinander verbunden sind: Wenn das Pro-Kopf-Einkommen steigt, ändert sich die sektorale Zusammensetzung der Industrie dahingehend, dass sich der Schwerpunkt vom landwirtschaftlichen Sektor in den industriellen Sektor verschiebt. Demzufolge bedeutet ökonomisches Wachstum für Chenery eine graduelle Diversifizierung und Verbesserung der industriellen Produktion. Diesen Prozess sieht er zudem als quantifizierbar an und beschreibt ihn als den *normalen* Weg in eine moderne Wirtschaftsstruktur. Die "patterns of development", die Entwicklungsmuster, sind sowohl durch den Entwicklungsstand der Technologie bestimmt als auch durch das Konsumverhalten beziehungsweise durch die Konsumbedürfnisse (Vgl. Chenery 1960: 637 ff).

Seine analytische Untersuchungsmethode ist dabei die "cross-sectional regression analysis": Er sammelte in vielen verschiedenen Ländern Daten über

---

[24] Der Ökonom Hollis B. Chenery (1918 – 1994) ist seit Anfang der siebziger Jahre bis 1983 Vizepräsident für Ökonomie und Forschung bei der Weltbank gewesen. Er hat dazu beigetragen, die Entwicklungsökonomie stärker in der Weltbank zu verankern. Des Weiteren ist sein Name mit der Hinwendung zur Armutsbekämpfung durch die Weltbank verbunden.

das Pro-Kopf-Einkommen und über die nach Sektoren aufgegliederte industrielle Profitrate. Aus diesen Daten konstruierte er eine Entwicklungstheorie, die somit auf den Beobachtungen von Unterschieden zwischen Ländern beruhte. Diese Methode hat Chenery in seinen späteren Arbeiten in den sechziger Jahren erweitert: Neben dem Vergleich unterschiedlicher Sektoren fügte er einen Vergleich unterschiedlicher Zeiträume hinzu. Damit vergrößerte sich sein Datenpool und er begegnete der Kritik, die an der "Begrenztheit" seiner vorherigen Untersuchungen der sektoralen Unterschiede gemacht worden war. Zudem kam er mit dieser neuen Methode auch zu einer Änderung seiner vorherigen Ergebnisse, indem er nicht mehr nur *ein* Entwicklungsmuster à la Rostow herauskristallisierte, sondern *verschiedene* Entwicklungsmuster entdeckte. Laut Chenery sind diese unterschiedlichen Entwicklungsmuster an bestimmte Wirtschaftstypen gebunden, die sich in drei Rubriken aufteilen lassen: große Länder; kleine, an der Industrie orientierte Länder; kleine, an Rohstoffen orientierte Länder (Chenery 1979: 23). Er folgerte daraus, dass *das* Konsumverhalten als Entwicklungskategorie nicht existiert und anstelle dessen auf der Nachfrageseite von "varying social objectives" gesprochen werden müsse. Auch die "supply side" sah er nicht mehr als homogen an: unterschiedliche Länder hätten auch unterschiedliche "possibilities for production and trade".

In den siebziger Jahren hat er seine Untersuchungen weiter verfeinert, blieb dabei jedoch nichtsdestotrotz sehr ökonomistisch. In diesen Zeitraum fällt seine Formulierung der "Basic Development Processes", der BDPs (Vgl. Chenery/Syrquin 1975: 6 ff). Diese grundlegenden Entwicklungsprozesse hatte er aus Datenerhebungen über die Industrialisierung von Israel, Pakistan, Japan und Chile herausgearbeitet. Seine Hauptaussage lautete wie folgt:

"Economic development can be viewed as a set of interrelated changes in the structure of an economy that are required for its continued growth. They involve the composition of demand, production, and employment as well as the external structure of trade and capital flows. Taken together, these structural changes define the transformation of a traditional to a modern economic system." (Chenery 1979: xvi)

Mit seinen empirischen Untersuchungen wollte er die Bedingungen für ökonomisches Wachstum herausfinden. Diese Bedingungen nannte er BDPs, die er an anderer Stelle als "universal technological and behavioral relations" (Chenery/Syrquin 1975: 6) bezeichnet. Er ging davon aus, dass sie für allgemeingültige Kontinuitäten im Entwicklungsprozess stünden und die "different dimensions of the overall structural transformation of a poor country into a rich one" (Chenery/Syrquin 1975: 8) liefern würden.

Die BDPs teilt er in drei Kategorien ein: die "A"-Prozesse als Akkumulation, die "R"-Prozesse als Ressourcenzuteilung und die "D"-Prozesse als Bevölkerungsentwicklung und Verteilung (Vgl. Chenery/Syrquin 1975: 9). Diese Kategorien bestehen wiederum aus Unterkategorien, die im Folgenden kurz skizziert werden sollen.

Unter den Akkumulationsprozessen versteht Chenery (1979) sowohl Investitionen als auch Staatseinkünfte und Ausgaben im Bildungsbereich. Für die-

se Bereiche macht er basierend auf vergleichenden Länderstudien[25] Zahlenanga-
ben darüber, wie sich der Entwicklungsprozess manifestieren würde. Der Anteil
der Investitionen am Bruttosozialprodukt steigt im Zuge des Entwicklungsprozesses durchschnittlich von zehn auf zwanzig Prozent, entsprechend das Pro-
Kopf-Einkommen von 70 auf 1.500 US-Dollar (Chenery 1979: 12 f). Auch die
Staatseinnahmen steigen von 12,5 auf 30 Prozent des Bruttosozialprodukts, e-
benso die Bildungsausgaben von 3,5 auf 4,5 Prozent. Ähnliche Zahlenaussagen
macht Chenery für die Ressourcenzuteilung, worunter er nationale Ausgaben,
industrielle Profite und die Handelsstruktur versteht: So würde der Anteil des
privaten Konsums am Bruttosozialprodukt von achtzig auf sechzig Prozent fallen (Chenery 1979: 15). Der Anteil des Sektors mit Primärgütern an der nationalen Produktion sinke drastisch von fünfzig auf fünfzehn Prozent (Chenery 1979:
17). Die Handelsstruktur des sich entwickelnden Landes würde mehr verarbeitete Exportprodukte aufweisen. Bei den "D"-Prozessen, Bevölkerungsentwicklung
und Verteilung, macht Chenery ebenfalls messbare Veränderungen aus. In diesen Bereich fallen die Beschäftigungsstruktur, der Grad der Urbanisierung, der
"demographische Übergang" und die Einkommensverteilung. Ohne auch hier
die Zahlenaussagen zu wiederholen, kann festgehalten werden, dass sich eine
Dominanz des urbanen über den ländlichen Raum abzeichnet, begleitet von sinkenden Geburten- und Sterberaten sowie mehr Beschäftigung im verarbeitenden
Gewerbe als in der Landwirtschaft (Chenery 1979: 19 ff).

Kritik an Chenerys Modell

Chenerys Untersuchungen über unterschiedliche Einkommenshöhen zwischen
Ländern in einem bestimmten Zeitraum sind ein analytisch gesehen gefährliches
Unternehmen, denn er konvertiert die jeweiligen Währungen in US-Dollar und
orientiert sich dabei am offiziellen Wechselkurs. Dadurch ignoriert er beispiels-
weise die unterschiedlichen Konsummuster zwischen den Ländern oder auch die
Unterschiede in der Steuerpolitik.

    Zudem hat Chenery zu relativ wenigen Ländern Daten gesammelt, was
Kenneth P. Jameson dazu veranlasst hat, Chenerys "Patterns of Development" in
Frage zu stellen. Jameson stellt fest:

"(...) 45 per cent of the individual countries deviate from the expected time series pattern.
Thus such patterns certainly do appear in cross-sections, but their existence across countries
over time is not confirmed." (Jameson, K.P. 1982: 431)

Jameson weist in seiner Untersuchung nach, dass die von Chenery untersuchten
Länderbeispiele keineswegs homogene Entwicklungsmuster aufweisen, sondern

---

[25] Die zugrundeliegenden Länderstudien beziehen sich insbesondere auf die für die Weltbank publi-
zierte Studie "Patterns of Development, 1950 – 1970" (Chenery/Syrquin 1975). Chenery und Syrquin
hatten empirische Daten von 101 Ländern (von Afghanistan bis Sambia) gesammelt, um deren Entwicklungsprozesse zu untersuchen (Vgl. Chenery/Syrquin 1975: 12 ff). Chenerys Angaben zu den
BDPs basieren auf diesen Untersuchungen und dienen vornehmlich der Klassifizierung von Entwicklungsländern und nicht als Erklärung für Entwicklungserfolge.

sich als sehr heterogen entpuppen. Somit kommt Jameson zu dem Schluss, dass sich Chenerys Annahme von länderübergreifend gleichen sektoralen Veränderungen bei steigenden Einkommen nicht aufrecht halten lässt, wenn die Länder zu unterschiedlichen Zeitpunkten verglichen werden, also sogenannte "time-series" Berücksichtigung finden würden:

"The conclusion is that the evidence in favor of such patterns over time is open to question. Across countries at a point in time, the empirical regularity of patterns does exist. But in the case of time-series for different countries, tests of homogeneity of slopes and of intercepts and for full regressions almost without exception reject the claim." (Jameson, K.P. 1982: 444)

Neben Chenerys empirisch fragwürdiger Vorgehensweise sind seine Untersuchungen durch einen offenkundigen Urban Bias gekennzeichnet, indem er einen unilinearen Entwicklungsweg weg von der Landwirtschaft postuliert. Dieses Entwicklungsmodell ist insbesondere von Michael Lipton (1977) in Frage gestellt worden, der die Relevanz des landwirtschaftlichen Sektors für eine bessere Verteilungsgerechtigkeit innerhalb eines Landes hervorhob. Diese neopopulistische Sichtweise auf den Entwicklungsprozess wird an späterer Stelle ausführlich diskutiert. Vorerst sollen die aus wachstumstheoretischen Überlegungen resultierenden Modernisierungstheorien näher beleuchtet werden.

1.3   Modernisierungstheorien

Um den Ökonomismus der Wachstumstheorien zu überwinden, wurden sie seit den sechziger/siebziger Jahren um andere/nicht-ökonomische Elemente erweitert. Insbesondere Theorien über sozialen und institutionellen Wandel fanden Eingang in technokratisches Entwicklungsdenken, dass dadurch seinen Blickwinkel vergrößerte, aber dennoch seinen "harten" ökonomischen Kern bewahrte. Mit dieser Erweiterung und Vertiefung der Wachstumstheorien reagierte die technokratische Schule auf die vermehrte Kritik, die an ihrem puren Ökonomismus geübt worden war. Zudem hatte sich in den bis dato etablierten Entwicklungsinstitutionen die Meinung durchgesetzt, dass Entwicklungsprojekte ohne eine Berücksichtigung der sozialen, kulturellen und politischen Rahmenbedingungen zu kurz greifen. Aus den somit erweiterten Wachstumstheorien bildete sich der Theoriestrang, der unter dem Label "Modernisierungstheorien" steht. Im Gegensatz zu den strukturalistischen Entwicklungstheorien, den Dependenztheorien, verbergen sich hinter der Bezeichnung Modernisierungstheorien keine klar abgrenzbaren Theoriestränge, so dass David Harrison von einem "mish-mash of ideas that came to be known as modernization theory" (Harrison 1988: 1) spricht.

Es lassen sich jedoch einige modernisierungstheoretische Charakteristika benennen, die im Folgenden dargestellt und diskutiert werden sollen. Im Anschluss daran werden die modernisierungstheoretischen Modelle von Walter Whitman Rostow und W. Arthur Lewis untersucht, die sowohl in entwicklungspolitischen Institutionen einflussreich waren als auch in der entwicklungstheoretischen Literatur. als herausragende Beispiele modernisierungstheoretischen Denkens gelten.

1.3.1 Kontinuitäten im modernisierungstheoretischen "mish-mash"

"Entwicklung" wird im modernisierungstheoretischen Denken mit "Modernisierung" gleichgesetzt. Dabei umfasst "Modernisierung" eine Reihe von gesellschaftlichen und ökonomischen Transformationsprozessen wie technologischen Wandel, Kapitalakkumulation, veränderte Wertvorstellungen und Ansichten etc.. In Erweiterung der Wachstumstheorien wird dem sozialen Wandel als Voraussetzung für Entwicklung eine wichtige Rolle zugewiesen: Durch veränderte Wertvorstellungen, Normen, Bräuche usw. könne der Entwicklungsprozess in Gang gesetzt werden. Brohman hebt hervor, dass diese Vorstellungen der klassischen Soziologie entspringen. Insbesondere die protestantische Ethik Max Webers (1981) als auch Emile Durkheims "Über die Teilung der sozialen Arbeit" (1977) spielen für das Hauptmerkmal modernisierungstheoretischen Denkens, die Einteilung in traditionale und moderne Gesellschaften, eine wichtige Rolle. So sind nach Ansicht von Durkheim traditionale Gesellschaften durch eine auf Gruppenzugehörigkeit beruhende "mechanische Solidarität" gekennzeichnet, die sich an traditionalen Werten und Normen orientiere. Die Individuen der traditionalen Gesellschaft würden sich in ihren Ansichten, Bräuchen und wirtschaftlichen Aktivitäten kaum voneinander unterscheiden und dadurch einen Gruppenzusammenhalt entwickeln, der sich laut Durkheim in "Segmenten", in kleinen Gruppen, manifestiere. So wird beispielsweise eine bäuerliche Gemeinschaft als Segment betrachtet. Verschiedene solcher gesellschaftlich zwar ähnlichen, aber voneinander unabhängigen Segmente würden eine segmentierte Gesellschaft bilden. Diesem Bild entspräche eine Gesellschaft, die aus verschiedenen bäuerlichen Gemeinschaften mit Subsistenzproduktion besteht. Durch wachsende soziale Interaktion zwischen den Segmenten würde sich die ihnen eigene mechanische Solidarität langsam auflösen. Durch die Interaktion erfolge eine komplexere und spezialisiertere Arbeitsteilung. Aus wachsender Interdependenz würde sich schließlich eine Gesellschaft modernen Typus entwickeln, die sich durch Spezialisierung und Institutionalisierung auszeichne. Durch ihre höhere soziale Differenzierung sei sie in der Lage, eine "organische Solidarität" herauszubilden, die auf der Anerkennung der gegenseitigen Interdependenz der individuellen Gesellschaftsmitglieder beruhe.

Webers Arbeiten zielen in die gleiche Richtung: Er sieht das herausragende Merkmal moderner Gesellschaften in ihrer "Rationalisierung" und in ihrer protestantischen Arbeitsethik, die sich durch Sparsamkeit, Einfachheit etc. auszeichnet. Wenngleich diese dualistischen Gesellschaftsbilder für die Modernisierungstheorie eine wichtige Bedeutung haben, muss zudem festgehalten werden, dass sowohl Durkheim als auch Weber auch über negative Aspekte moderner Gesellschaftsformen geschrieben haben. So implizierte für Durkheim der Umbruch von der mechanischen zur organischen Solidarität soziale Probleme und

Spannungen. Webers Skepsis galt der Zukunft der politischen Stärke von modernen Gesellschaften (Hulme/Turner 1990: 37).

Der Dualismus "traditional vs. modern" impliziert eine klare Hierarchisierung innerhalb der Modernisierungstheorien. Das Rostowsche Wachstumsmodell ist ein deutlicher Ausdruck dieser Denkweise: In dem "Zeitalter des Massenkonsums" ist die jeweilige Gesellschaft endgültig und vollkommen "modern", ihre "traditionalen" Elemente gehören der Vergangenheit an. Das Entwicklungsmodell von Lewis liefert ein weiteres anschauliches Beispiel für diese dualistische Denkweise.

Der Entwicklungs- beziehungsweise Modernisierungsprozess soll im Endeffekt eine Kopie der Industrialisierungsgeschichte der sogenannten westlichen Länder darstellen. Modernisierung wird somit als kapitalistische Industrialisierung begriffen. Dieser Prozess wird von vielen antimodernistisch argumentierenden Entwicklungstheoretikern wie beispielsweise Ozay Mehmet (1995) als "Westernization of the Third World" kritisiert.

Das eigentliche Entwicklungshindernis liegt aus modernisierungstheoretischer Perspektive in internen Entwicklungshemmnissen: Veränderte Einstellungen, technologische Innovationen und erhöhte Kapitalinvestitionen sind demnach einige der Voraussetzungen für den Weg aus der Unterentwicklung. John Brohman (2000) hebt hervor, dass insbesondere aus soziologischer modernisierungstheoretischer Sichtweise die Komponente "veränderte Einstellungen" als ausschlaggebend für den Wandel von traditionalen zu modernen Gesellschaften gesehen wurde. Diese Sichtweise wurzelt in Talcott Parsons'[26] (1951) Überlegungen zu "pattern variables" in traditionalen und modernen Gesellschaften. Parsons versteht unter "pattern variables" diejenigen soziologischen Faktoren und Eigenschaften, die die Richtung des Handelns der individuellen sowie gesellschaftlichen Akteure bestimmen. Die "pattern variables" sind dichotomisch und lassen sich der übergeordneten Dichotomie traditional vs. modern zuordnen:

(1) Zuschreibung *("ascription")* vs. Leistung *("achievement")*. Mit dieser Dichotomie ist der Unterschied in der Erlangung von sozialem Status gemeint. Modernisierungstheoretiker gehen davon aus, dass sich sozialer Status in sogenannten traditionalen Gesellschaften an der Familie/der Ethnie, an "vererbten" Zuschreibungen, orientiert und nicht – wie in den modernen Gesellschaften – an der jeweils individuellen Leistung.

(2) Weitschweifigkeit/Zerstreuung *("diffuseness")* vs. Bestimmtheit/Eigentümlichkeit *("specificity")*. Bei dieser Gegenüberstellung wird davon ausgegangen, dass gesellschaftliche Rollenzuschreibungen in "traditionalen" Gesellschaften sehr eng gefasst seien und eine diffuse Aufgabenteilung vorherrsche, während "moderne" Gesellschaften eine spezifischere Organisationsstruktur aufweisen würden.

---

[26] Talcott Parsons (1902 – 1979) war in den fünfziger Jahren der einflussreichste US-amerikanische Soziologe und gehörte der strukturalistisch-funktionalistischen Schule an. Er vertrat die Auffassung, dass sich Gesellschaften evolutionär entwickeln würden und betrachtete demnach das einzelne Gesellschaftsmitglied als Teil eines organischen Ganzen (Vgl. Peet/Hartwick 1999: 71 ff).

(3) Partikularismus vs. Universalismus. Diese Dichotomie bezieht sich auf die Unterschiede zwischen "modernen" und "traditionalen" Organisationsformen. Sogenannte moderne Institutionen/Organisationen würden die Gesellschaftsmitglieder auf der Grundlage allgemeingültiger Regeln und Verordnungen behandeln und sich somit effizient und legitim verhalten. Demgegenüber verhält sich nach modernisierungstheoretischer Logik das sogenannte traditionale Pendant partikularistisch, indem es aufgrund der oben genannten gesellschaftlichen Zuschreibungen bestimmte Gesellschaftsmitglieder per definitionem anderen gegenüber bevorzugt behandelt.

(4) Affektivität vs. affektiver Neutralität und

(5) Orientierung am Kollektiv vs. Orientierung am Eigennutz. Die letztere Nennung steht jeweils für das "Endstadium" der Entwicklung von der traditionalen zur modernen Gesellschaft. Unter "moderner Gesellschaft" wird das US-amerikanische Modell verstanden, das in Parsons' Darstellung – als Vertreter der strukturalistisch-funktionalistischen Schule – als "gegeben", als "natürlich", verstanden wird. Laut Preston stellt diese Sichtweise "the modernization, industrialism, convergence, end-of-ideology package deal" (Preston 2000: 95) dar.

Die Akteure dieses "end-of-ideology package deals" setzen sich aus Experten der internationalen Entwicklungsorganisationen und aus nationalen "modernisierungswilligen" Eliten der Mittel- und Oberschicht zusammen. Letzteren kommt die entscheidende Bedeutung für die Implementierung "moderner" Strukturen zu, indem sie sich bestimmte moderne Eigenschaften, insbesondere unternehmerischer Art, zu eigen machen. Um den gesellschaftlichen Einfluss dieser Elite zu stärken, wird der Verbreitung des westlichen Bildungssystems von modernisierungstheoretischer Seite eine bedeutende Rolle zugesprochen. Die unteren sozialen Schichten werden nach diesem Verständnis nicht als Akteure des Entwicklungsprozesses, sondern als Personifizierung der "Traditionalität" gesehen. Brohman bemerkt dazu:

"The stress placed on individual rationality and entrepreneurship, as well as the concepts of innovation and diffusion by which the modernization process would spread, were all aimed at inducing a top-down, centre-outward process of capitalist development via a modernising elite." (Brohman 2000: 22)

Durch die ökonomische Modernisierung der Gesellschaft sei aus modernisierungstheoretischer Perspektive schließlich auch der Aufbau eines liberal-demokratischen politischen Systems möglich. Diese Annahme kollidierte allerdings mit den politischen Realitäten in vielen Ländern des Trikonts, die oftmals durch instabile politische Systeme gekennzeichnet waren, wodurch es eher zu revolutionären (Befreiungs-)Bewegungen und dem damit verbundenen Ruf nach Unabhängigkeit von kolonialen und neokolonialen Abhängigkeiten kam. Vor diesem Hintergrund plädierte beispielsweise Samuel Huntington für die Priorität von sogenannter politischer Stabilität gegenüber der Unterstützung des Aufbaus von liberal-demokratischen Strukturen (Vgl. Hulme/Turner 1990: 42). Diese Sichtweise bedeutete im Klartext: lieber diktatorische als (von außen) unkontrollierbare politische – oder gar kommunistische – Verhältnisse. Der postulierte

"starke Staat" erfuhr somit als modernisierungstheoretischer Garant für den in-
dustriell-kapitalistischen Entwicklungsweg – ungeachtet seiner fehlenden demokratischen Legitimierung und seiner Menschenrechtsverletzungen – entwicklungspolitische Unterstützung. Hinter der puren ökonomischen Argumentation
standen somit auch geostrategische Interessen der westlichen Staaten. Aber auch
die ökonomische Modernisierungsrezeptur geriet seit den späten sechziger Jahren zunehmend in Kritik, indem ihr vorgeworfen wurde, mehr zur sich vertiefenden Unterentwicklung als Entwicklung beigetragen zu haben. Bevor jedoch
die sich in den Dependenztheorien manifestierende Kritik an der Modernisierungstheorie näher beleuchtet wird, sollen die Arbeiten von Walter Whitman
Rostow und W. Arthur Lewis als wichtige Vertreter der Modernisierungstheorie
untersucht werden.

1.3.2 Rostows antikommunistisches Manifest und die "Gefahr der Langeweile"

Walter Whitman Rostow[27] bezeichnete es explizit als ein "antikommunistisches
Manifest", seine 1960 herausgegebene Veröffentlichung der von ihm entwickelten Theorie über die "Stadien ökonomischer Entwicklung". Er benennt fünf Stadien, die ein Land zu durchgehen habe, um schließlich im letzten Stadium den
materiellen Fortschritt vollends genießen zu können: "traditional society, preconditions for take-off, take-off, drive to maturity" und "age of high mass-
consumption" (Rostow 1971a: vii).
    Die traditionale Gesellschaft ist laut Rostow durch begrenzte Produktions-
funktionen gekennzeichnet. In diesem Stadium werde die Gesellschaft durch die
Landwirtschaft bestimmt. Damit zusammenhängend sei die soziale Struktur von
Clans und Familien dominiert. Die politische Struktur sei fragmentiert und die
Weltsicht dieser Gesellschaften durch Fatalismus geprägt (Rostow 1971a: 4 ff).
    Im nächsten Stadium, den "preconditions for take-off", findet teilweise
eine Transformation statt, und zwar vom rein landwirtschaftlichen Produktions-
sektor in den industriellen und den landwirtschaftlichen Sektor. Diese sektorale
Aufteilung geschieht durch "social overhead capital" (Rostow 1971a: 17 f), womit Rostow den Bau von Eisenbahnverbindungen, Häfen und Straßen meint.
Dem landwirtschaftlichen Sektor kommt in diesem Stadium eine wichtige Rolle
zu: Er muss mehr Nahrung produzieren und dafür sorgen, dass die realen Einkommen in der Landwirtschaft durch eine erhöhte Produktivität steigen. Somit
sei laut Rostow der landwirtschaftliche Sektor "an important stimulus to new
modern industrial sectors essential to the take-off" (Rostow 1971a: 23). Der
landwirtschaftliche Sektor müsse in diesem Stadium einen Großteil seiner Einnahmen in den modernen, den industriellen, Sektor investieren. Die Regierung

---

[27] Walter Whitman Rostow wurde 1916 in New York City geboren. Er war Professor für Politische
Ökonomie an der University of Texas at Austin. Zudem ist er als Berater von Kennedy und Johnson
tätig gewesen. Des Weiteren war er Mitbegründer des *Austin Project*, das die Bildung von Kindern
und Jugendlichen fördert. Er ist im Februar 2003 gestorben.

hat ebenfalls "(...) an extremely important role in the process of building social overhead capital (...) in the preconditions period." (Rostow 1971a: 25). Staatliches Eigentum darf es allerdings nicht geben, da dadurch die Privatinitiative blockiert werden würde. Der Staat soll lediglich Garant für die Rahmenbedingungen der Etablierung kommerzieller Märkte sein. Zu diesem Zweck habe er ein Steuer- und Finanzsystem aufzubauen. Zudem müsse sich eine neue Führungselite etablieren, um den industriellen Wandel zu forcieren, der in dieser Phase des Nationalismus bedürfe, um sich gegen die wirtschaftliche Dominanz ökonomisch weiterentwickelter Länder durchsetzen zu können.

Jetzt kann es zum "take-off" kommen, ausgelöst durch einen "sharp stimulus": beispielsweise durch eine politische Revolution, eine technische Innovation, ein neues begünstigendes internationales Umfeld etc. (Rostow 1971a: 36). Diese verschiedenen Ereignisse würden für mehr potentielle Innovationen sowie eine höhere Investitionsrate sorgen. Ein *richtiger* "take-off" zeichnet sich durch drei Merkmale aus. Erstens müsse der Anteil der Nettoinvestitionen am nationalen Einkommen von ungefähr fünf auf über zehn Prozent steigen und auch zum Ansteigen des Nettosozialprodukts beitragen. Zweitens müssen mindestens ein bis zwei industrielle Sektoren mit hohen Wachstumsraten entstehen. Und drittens muss ein politischer, sozialer und institutioneller Rahmen aufgebaut werden, um dem wirtschaftlichen Wachstum Kontinuität zu verleihen (Rostow 1971a: 39).

Eine neue unternehmerisch denkende Klasse habe sich nach Ansicht von Rostow in dieser Phase zu etablieren. Sie übe einen Großteil an Kontrolle über die industriellen Investitionsentscheidungen aus. Neben dem industriellen Sektor sei nun auch der landwirtschaftliche Sektor radikalen Veränderungen im Hinblick auf Techniken und Vermarktung unterworfen (Rostow 1971a: 51).

Ungefähr sechzig Jahre nach dem "take-off", wenn die jeweilige Gesellschaft möglichst effektiv eine Reihe von bis dato "modernen" Technologien angewandt und in ihre Produktionsabläufe aufgenommen hat, beginnt der "drive to maturity". Während dieses Stadiums ist nicht nur die Technologie, sondern insbesondere die Art der Ressourcen des Landes wichtig. Es fließen regelmäßig zehn bis zwanzig Prozent des nationalen Einkommens in Investitionen[28], und die Ökonomie des Landes wird zum "gleichberechtigten" Teil der internationalen Ökonomie. Zu diesem Zeitpunkt ist die Ökonomie in der Lage, ihre Ressourcen effektiv einzusetzen, welche "the most advanced fruits of (then) modern technology" (Rostow 1971a: 10) darstellen. In diesem Stadium hat das Land seine Unabhängigkeit erreicht, da es nun nach ökonomischen und politischen Prioritätssetzungen handeln kann und nicht mehr technologischen oder institutionellen Notwendigkeiten verpflichtet ist.

Mit dem letzten Stadium ökonomischer Entwicklung, dem Zeitalter des großen Massenkonsums ("age of high mass-consumption"), hat sich das Land schließlich als eine Industrienation etabliert. Nun stehen Probleme des Konsums und der Wohlfahrt an erster Stelle. Um den materiellen Fortschritt weiter zu vergrößern, bieten sich – laut Rostow – drei Wege an:

---

[28] Siehe Harrod und Domar, Kapitel I/1.2.1.

durch militärische Expansion, durch den Wohlfahrtsstaat (Einkommensverteilung, Besteuerung) und schließlich durch die Erweiterung des Konsums in Richtung von Massenkonsum, denn

"(...), the decisive element has been the cheap mass automobile with its quite revolutionary
effects – social as well as economic – (...)." (Rostow 1971a: 11)

Diese Phase des großen Massenkonsums und dem damit verbundenen materiellen Fortschritt beinhaltet nach Ansicht von Rostow auch Gefahren. Insbesondere
könnten die Menschen gelangweilt werden, wenn immer mehr Arbeiten maschi-
nell verrichtet werden:

"(...), we had better turn our minds if we are to have the chance to see whether secular spiritual stagnation – or boredom – can be conquered." (Rostow 1971a: 92)

Rostow ist davon überzeugt, dass jede Gesellschaft diese fünf Stadien
durchgehen muss, um sich zu entwickeln. Keines dieser fünf Stadien darf über-
sprungen werden und auch ihre Chronologie muss beibehalten werden. Rostow
erlaubt jedoch "Pausen" zwischen den einzelnen Stadien und auch "zyklische
Fluktuationen" innerhalb der Stadien (so wie die Große Weltwirtschaftskrise der
dreißiger Jahre). Diese Sichtweise stimmt mit den Vorstellungen der technokratischen Schule des neunzehnten Jahrhunderts überein. Der Wandel von einem
Stadium zum nächsten kann in zweierlei Hinsicht von Land zu Land variieren.
So hängt erstens der Zeitpunkt des Wandels von der traditionalen zur prekondi-
tionalen Gesellschaft sehr stark von endogenen Faktoren ab und gestaltet sich
demnach von Gesellschaft zu Gesellschaft unterschiedlich. Und zweitens variieren die konkreten historischen Umstände und Rahmenbedingungen der Länder.

Rostows Unterschied zu der technokratischen Schule des neunzehnten
Jahrhunderts besteht darin, dass er jedes Entwicklungsstadium nach dem traditionalen Stadium als "age of science" sieht und nicht nur das letzte Stadium. Nach
seiner Auffassung ist die traditionale Gesellschaft durch ihre einfachen Produk-
tionstechniken und ihr einfaches Denken begrenzt. Ihre Wissenschaft und Technologie ordnet er zeitlich vor Newton ein. Das Ende dieses Stadiums ist laut
Rostow durch eine "systematic, regular and progressive application of science
and technology to the production of goods and services" (Rostow 1971b: 26)
markiert. Er definiert ökonomisches Wachstum als einen Prozess über den "Ei-
nigkeit unter den Analysten" herrsche

"(...) that modern economic growth, at its core, consists in the progressive generation and
diffusion of new technologies linked, in one way or another, to the prior build-up of the stock
of basic science." (Rostow 1978: 367)

Die wichtigen gesellschaftlichen Akteure sind für ihn Ökonomen und Planer, die
"a powerful kind of freemasonry among those dedicated to the study and practice of economic growth " (Rostow 1978: 285 f) bilden würden. Neben nationalen Eliten sind auch globale Eliten in Rostows Modell vorgesehen, um den nationalen Eliten zu "helfen", auf dem *richtigen* ökonomischen Pfad zu bleiben. Das
"Hilfsmittel" ist dabei "the flow of intergovernmental capital" (Rostow 1978:
286), welches somit sicherstellen soll, dass die Entwicklungsziele auch durch

"rationales Planen" angestrebt werden. Neben der Elite misst Rostow ebenso auch dem Rest der Bevölkerung eine aktive Rolle im Entwicklungsprozess zu: "The modernization of a society requires strong leadership and, even, a measure of planning at the centre; but it will not succeed unless it engages the energies and the commitment of the citizens themselves." (Rostow 1971b: 298)

Diese demokratischen Ambitionen stehen jedoch offenkundig hinter seinen kapitalistischen und beziehen sich eher auf seine längerfristigen Überlegungen zur politischen Stabilisierung der Gesellschaften des Trikonts. Rostow benennt auch hier einen Fünf-Punkte-Katalog, wie dem Ziel der repräsentativen Demokratie im Trikont näher zu kommen sei.

Erstens müsse das wirtschaftliche Wachstum möglichst groß sein, um Ressourcen für öffentliche Aufgaben bereitstellen zu können. Diese Ressourcen müssten wiederum auf eine soziale Modernisierung ausgerichtet sein. Zweitens müssten kulturelle und traditionelle Werte gewahrt bleiben, ohne allerdings der Bildung einer nötigen modernen nationalen Ideologie entgegenzusteuern. Drittens sollte sich eine führende (aber nicht einzige) nationale politische Partei(enkoalition) bilden, die alle gesellschaftlich relevanten Gruppen repräsentiere. Dadurch sollten Kompromisse bereits im Vorfeld von politischen Entscheidungen gefunden werden. Viertens sollte die demokratische Partizipation und damit zusammenhängende Pflichten ausgeweitet werden, um insbesondere die ländliche Bevölkerung stärker in das demokratische System zu integrieren. Fünftens sollten ausländische Politikinitiativen sich auf den regionalen Bereich konzentrieren.

Dieser Forderungskatalog stellt offenkundig die Rostowschen Eliten – nationale wie internationale – als die handlungsleitenden Akteure in den Mittelpunkt. Dabei spielen die internationalen Eliten jedoch die größere Rolle. Sie müssen den nationalen Akteuren auf ihrem Entwicklungsweg *helfen*, denn "few of (them) (...) spent much time in the villages of their nations. They had feelings of guilt towards their own people, a mixture of hostility and attraction for the world outside. They were vulnerable to xenophobic, nationalist, and Marxist slogans and doctrines which eased their sense of guilt and ambivalence." (Rostow 1971b: 300)

Diese Sichtweise auf (Unter-)Entwicklung hat insbesondere Kritik im linken politischen Spektrum provoziert, denn Rostows Theorie hatte einen klaren legitimatorischen Charakter für die damalige US-amerikanische Außenpolitik, auch wenn Rostow seinem Modell einen demokratischen Anstrich verpassen wollte: "(...) the central phenomenon of the world of post-traditional societies is not the economy – and whether it is capitalist or not – it is the total procedure by which choices are made." (Rostow 1971a: 150)

Kritik an Rostows "coffee-house sociology"[29]

Das Stichwort "choices" bietet sich geradezu an für die Kritik an Rostows Entwicklungsmodell: Seine klare Stufeneinteilung und insbesondere sein Entwicklungsziel lassen seine Rhetorik über Wahlmöglichkeiten bzw. –freiheiten stark verblassen.

Das später zu diskutierende Metropolen-Satelliten-Modell von Andre Gunder Frank ist auch in der kritischen Auseinandersetzung mit dem teleologischen Charakter des Rostowschen Modells entstanden. Frank kritisiert Rostows Modell in erster Linie als historisch nicht zutreffend, da sich nach seiner Auffassung keine Gesellschaft finden lasse, die der Rostowschen traditionalen Gesellschaft entspreche. Jede Gesellschaft – abgesehen von den Staaten des damaligen "real existierenden Sozialismus" – sei in das kapitalistische Weltsystem integriert. Somit ergibt sich für Frank eine Interdependenz zwischen entwickelten und "unterentwickelten" Staaten, wohingegen Rostow die Staaten isoliert betrachtet und nur von internen Entwicklungshemmnissen spricht.

Für Paul Baran und Eric Hobsbawm ist das Rostowsche Modell aus ökonomischer Sicht zwar nicht der intensiven Beschäftigung wert, aber dennoch ein Indikator des damaligen Zeitgeistes:

"We owe the reader an apology. Taken by itself Rostow's Manifesto does not call for a lenghty review. If we have undertaken to write one nevertheless, it is because of considerations from the realm of the sociology of knowledge. His is an important document. It demonstrates in a particularly striking way the low estate to which Western social thought has declined in the current era of the cold war." (Baran/Hobsbawm 1961: 242)

Sie kritisieren ebenfalls die Eindimensionalität von Rostows Modell, das alle Länder – seien es die USA, die damalige UdSSR, China oder auch Brasilien – ohne Berücksichtigung der unterschiedlichen sozialen Typen ihrer Ökonomien auf eine analytische Stufe stellt, um sie dann den fünf Stadien des Modells zuzuordnen. Das im Modell entscheidende Stadium, der "take-off", ist lediglich ein anderer Name für "Industrialisierung", wobei Rostow erst im nachhinein einzelnen Länderbeispielen ihre "take-offs" zuordnet, so dass sein Modell keine Voraussagen über potentielle "take-offs" zulässt. Diese analytische Schwäche ist mit der insgesamten Oberflächlichkeit seines Modells verknüpft: Rostow benennt keine stichhaltigen Gründe, *warum* ein Land von einem zum nächsten Stadium übergeht, wie seine folgende Aussage verdeutlicht:

"Perhaps the most important thing to be said about the behaviour of these variables in historical cases of take-off is that they have assumed many different forms. There is no single pattern. The rate and productivity of investment can rise, and the consequences of this rise can be diffused into a self-reinforcing general growth process by many different political, social and cultural settings, driven along by a wide variety of human motivations." (Rostow 1971a: 46)

"Or, we may add, they may not rise, and may not be diffused..." (Baran/Hobsbawm 1961: 236) lautet der Kommentar seiner Kritiker. Denn wie lässt sich beispielsweise beweisen, dass Indiens "drive to maturity" 1963 einsetzte und China

---

[29] Ausdruck von Baran und Hobsbawm (1961: 236)

erst fünf Jahre später in dieses Stadium eintrat (Vgl. Rostow 1978: 521 & 533). Zudem stellt sich die Frage, welchen Stellenwert Rostows Theorie besitzt, wenn ihm nicht einmal der Versuch gelingt, den ersten historischen "take-off", also die Industrialisierung Großbritanniens, in seiner Theorie glaubhaft zu erklären.[30] Rostow sieht als ausschlaggebenden Faktor für Großbritanniens "take-off" seinen "reactive nationalism". Unter diesem Kriterium versteht er die Fähigkeit eines Landes, sich erfolgreich gegen die Einmischung weiterentwickelter *(more advanced)* Länder (sei sie faktischer oder potentieller Art) zur Wehr zu setzen. Er erläutert den "reactive nationalism" auch anhand verschiedener anderer Länderbeispiele wie Deutschland, den Niederlanden und Frankreich (Rostow 1971a: 27 ff). Dabei bleibt er jedoch den Beweis schuldig, wieso schließlich der britische "reactive nationalism" zum ersten "take-off" geführt haben soll (Rostow 1971a: 34 f). Nach dieser Logik stellt sich zudem die Frage, weshalb nicht alle sich sehr nationalistisch gebärenden Staaten eine erfolgreiche Industrialisierungsphase aufweisen können. Laut Baran und Hobsbawm zeigt sich an diesem Punkt der zirkuläre Charakter der Rostowschen Argumentation. Wenn ein Land Wirtschaftswachstum aufweist, ist es nach Rostows Auffassung durch einen "reactive nationalism" dorthin gelangt, aber wenn es einen "reactive nationalism" ohne ökonomischen Fortschritt besitzt, dann wird der zuvor als ausschlaggebend betitelte Faktor von Rostow für relativ erklärt: "Nationalism can be turned in any one of several directions." (Rostow 1971a: 29).

Zurück zum alles entscheidenden Stadium in Rostows Modell, dem "take-off"[31]: Einerseits meint Rostow genaue Zeitpunkte zurückliegender "take-offs" benennen zu können – beispielsweise für Indien und China 1950 (Rostow 1971a: 45) – und andererseits führt er nicht deutlich genug aus, ob ein "take-off" in jedem Fall zu dauerhaftem wirtschaftlichen Wachstum führt. Inwieweit ist nicht auch ein "Absturz", ein wirtschaftliches Tief/eine Krise, nach einem "take-off" möglich? Somit ist die Aussagekraft seines Stadienmodells über die zukünftige Entwicklung eines Landes nicht besonders hoch. Im Endeffekt liefert er mit seinem Modell lediglich eine Schablone – gegossen aus Teilstücken europäischer und nordamerikanischer Industrialisierungsgeschichte – die er dem "Rest" der Welt überstülpt und dann durch die technokratische Brille betrachtet. Mit dieser Methode wird er den Realitäten in den unterentwickelten (und auch "entwickelten") Ländern nicht gerecht, da er ihre politischen, historischen und kulturellen Merkmale nicht berücksichtigt, wenn sie nicht in seiner Schablone sichtbar sind. Baran und Hobsbawm sprechen deshalb bei Rostows Vorgehensweise von bloßem "pigeonholing":   .

"Consider for instance any one of the many existing underdeveloped countries. Pigeonholing it in one of Rostow's "stages" does not bring us any closer to an understanding of the country's economic and social condition or give us a clue to the country's developmental possibilities

---

[30] Aufgrund dieses Mangels sei – laut Baran und Hobsbawm – Rostows Theorie "little more than scrap-paper, though Professor Rostow does not seem too keenly aware of this." (Baran/Hobsbawm 1961: 236).
[31] Welches in Anbetracht der kolonialen Vergangenheit des Gros der Industrieländer eher als "take-all"-Phase bezeichnet werden könnte – ohne an dieser Stelle den Kolonialismus als *den* ausschlaggebenden und alleinigen Faktor für die europäische Industrialisierung darstellen zu wollen.

and prospects. What is required for that is as accurate as possible an assessment of the social and political forces in the country pressing for change and for development (...)." (Baran/Hobsbawm 1961: 240)

Baran und Hobsbawm plädieren für eine historisch-materialistische Analyse von Unterentwicklung und werfen Rostow vor, lediglich den Status quo zu legitimieren:

"(But) Professor Rostow offers us his alternative: to assign the country in question to one of his "stages", and then to speculate on the "two possibilities" with which that country is confronted: it will either move on to the next "stage" – or it won't. and if it should move to the next "stage", it will again face two possibilities: it will either stay there for a while, or it will slide back again." (Baran/Hobsbawm 1961: 240 f)

Inwieweit Barans antiimperialistischer Ansatz zur Erklärung von Unterentwicklung weiterführt, soll an späterer Stelle ausführlich diskutiert werden.

Das dualistische Modell von Lewis unterscheidet sich von Rostows Stadien in seinem Schwerpunkt auf die internen Strukturen eines unterentwickelten Landes und ist somit weniger ökonomistisch als Rostows Modell und zudem weniger unilinear. Während Rostow noch sehr in wachstumstheoretischem Vokabular argumentiert, kann Lewis' Dualismus-Theorie demgegenüber als Theorie sozialen Wandels bezeichnet werden. Wie sich Lewis den sozialen Wandel von der Subsistenz- in die kapitalistische Marktwirtschaft konkret vorstellt, soll im Folgenden diskutiert werden.

1.3.3 Lewis' Dualismus-Theorie

Das dualistische Entwicklungsmodell von W. Arthur Lewis[32] diente der internationalen interventionistischen Politik als wichtige Legitimationsgrundlage. Lewis war in den fünfziger und sechziger Jahren als ökonomischer Berater für zahlreiche internationale Entwicklungsorganisationen tätig. Seine Theorie ist insbesondere deshalb bedeutend, weil sie die Grundlage für Projekteinschätzungen in Entwicklungsländern bildet, wie sie von vielen Entwicklungsorganisationen gefordert werden. So ist beispielsweise die Methode der sozialen Evaluation von Kosten und Nutzen der Arbeit in verschiedenen Produktionssektoren wie der Landwirtschaft gegenüber der Industrie auf Lewis' Studien zur Landflucht zurückzuführen. Er diskutierte in seinem 1954 erschienenen Aufsatz "Economic Growth with Unlimited Supplies of Labour", wie die Arbeitskräfte aus der

---

[32] W. Arthur Lewis wurde 1915 auf der Antilleninsel St. Lucia geboren. Er hat an der London School of Economics (LSE) studiert, wo u.a. Friedrich August von Hayek zu seinen Lehrern zählte. Lewis stand dem Wirtschaftliberalismus Hayeks jedoch kritisch gegenüber und war politisch der britischen Labour Party nahestehend. Er beendete sein Studium an der LSE 1937 als bis dato bester Student dieser Universität. Er hat dann an verschiedenen Universitäten gelehrt und war seit 1948 Professor für Politische Ökonomie an der Universität Manchester. Seit Mitte der fünfziger Jahre hat er in diversen entwicklungspolitischen Institutionen gearbeitet sowie an US-amerikanischen Universitäten. Zu Beginn der siebziger Jahre hat er in Barbados als Gründungspräsident der Karibischen Entwicklungsbank gearbeitet. 1983 wurde er in Princeton emeritiert und starb 1991 in Barbados (Vgl. Sieberg 1999: 176).

Landwirtschaft in höhere produktive industrielle Arbeiten abwandern beziehungsweise wie dazu beigetragen werden könne, dass sie die stagnierende Landwirtschaft zugunsten des industriellen Sektors verlassen. Grundlage seiner Überlegungen war also der dualistisch-ökonomistische Blick auf die Gesellschaft. Diese wurde insofern als dualistisch beschrieben, als dass sie aus zwei – sich kaum überlappenden – Bereichen bestehen würde: dem modernen und dem traditionalen. Lewis benennt verschiedene ökonomische Dichotomien dieses Dualismus: Beschäftigung/Unterbeschäftigung, hohe Einkommen/Subsistenz (überwiegend nicht-monetäre Einkommen), hochtechnologische industrielle Produktion/Handarbeit, Supermärkte/Kleinhändler, Plantagenwirtschaft/bäuerliche Landwirtschaft. Daneben benennt er eine geographische und kulturelle Dichotomie. Erstere beschreibt er wie folgt:

"(...) there are one or two modern towns, with the finest architecture, water supplies, communications and the like, into which most people drift from other towns and villages which might almost belong to another planet." (Lewis 1954: 140)

Seine Vorstellungen von einer kulturellen Dichotomie spiegeln sich in folgender Aussage wider:

"(...) the few highly westernized, trousered natives, educated in western universities, speaking western languages and glorifying in Beethoven, Mill, Marx or Einstein and the great mass of their countrymen who live in quite other worlds." (Lewis 1954: 140)

Sein dichotomisches Denken bezeichnete Lewis selbst als eine primäre Unterscheidung zwischen kapitalistischem und subsistentem Sektor. Diese Unterscheidung ist zwar ökonomistisch, aber entspricht im Endeffekt der bekannten Unterscheidung zwischen traditionalem und modernem Sektor. Lewis benennt in seinem dualistischen Modell zwar explizit keine verschiedenen Stadien ökonomischer Entwicklung, wie es beispielsweise bei dem bereits diskutierten Modell von Rostow ganz klar der Fall ist, aber implizit beinhaltet auch sein Modell Entwicklungsstufen. Die erste Stufe wäre die universelle Subsistenzwirtschaft, gefolgt von der zweiten, den "islands of capitalist expansion, surrounded by a sea of subsistence" (Lewis 1954: 142), die sich in einer Nationalökonomie befinden. Daraufhin folgt die dritte Stufe, in der Lewis von einer Koexistenz zwischen Nationalökonomien mit einem Überangebot und mit einer Knappheit von Arbeitskräften spricht. Und viertens sieht Lewis das Entwicklungsziel im universellen Kapitalismus verwirklicht. Sein Interesse gilt vorrangig dem Weg von der Subsistenzwirtschaft zum Kapitalismus, so dass insbesondere die zweite und dritte Stufe den Untersuchungsgegenstand seiner Arbeiten bilden. Die Hauptargumente seiner Arbeit lauten wie folgt:

- Die industrielle Revolution kann nicht erklärt werden, wenn nicht berücksichtigt wird, warum die Ersparnisse als Teil des nationalen Einkommens steigen.
- Der entscheidende Faktor für ökonomische Entwicklung liegt in der Einkommensverbesserung für die Klasse mit den höchsten Ersparnissen.

- Die Einkommensverbesserung ist auf die steigenden Profite im Rahmen des nationalen Einkommens zurückzuführen.

- Die Profitrate steigt, weil die Subsistenzproduktion während des Entwicklungsprozesses gleich bleibt und die "überschüssigen" Arbeitskräfte aus der subsistenten in die kapitalistische Produktion abwandern.

- Es kam zur ersten (britischen) industriellen Revolution, weil eine Reihe von Erfindungen enorme Profite hervorrief, die den Kapitalstock für die weitere Entwicklung legten.

Den Hauptgrund für Unterentwicklung sieht Lewis in fehlender Bildung. Entwicklung werde durch eine Kombination von wissenschaftlichem Fleiß und wirtschaftlicher Sparsamkeit ermöglicht. So benötige die Anwendung neuer Technologien auch neue Investitionen, die allerdings in Gesellschaften ohne technische Weiterentwicklung entweder fehlen oder in "unproduktive" Bereiche fließen würden. Darunter versteht Lewis unter anderem den Bau von Kirchen und Pyramiden, die somit die "produktiven" Investitionen in die Güterproduktion verhindern würden (Lewis 1954: 159).

In der Wissensproduktion, also im heute gängigen "Humankapital", sieht Lewis den Schlüssel zur Transformation einer subsistenten in eine kapitalistische Gesellschaft. Während des Transformationsprozesses hebt sich der moderne Sektor insbesondere durch Bildung vom traditionalen Sektor ab. Die Kapitalbesitzer haben laut Lewis großes Interesse an der Aufrechterhaltung dieser Diskrepanz im Bildungsniveau zwischen modernem und traditionalem Sektor, um die Arbeitsproduktivität im traditionalen Sektor niedrig zu halten. Wenn sie steigen würde, dann würden höhere Einkommen die Folge sein, und es würden auch die Löhne im modernen Sektor steigen. Die Folge seien sinkende Profite und damit auch sinkende Investitionen. So arbeiten laut Lewis aber innerhalb des kapitalistischen Sektors Wissen und Kapital in die gleiche Richtung: Beide tragen zu höheren Profiten und höherer Produktivität bei.

Lewis misst insbesondere bestimmten gesellschaftlichen Gruppen eine besondere Bedeutung und Verantwortung zu: den Sparern, Investoren und Kapitalisten. Da für ihn Entwicklung nur in einem kapitalistischen System möglich ist, sind die Akteure dieses Prozesses – wie er unumwunden zugibt – nur in den höheren Einkommensschichten zu finden. Zum einen handelt es sich um die indigenen privaten Kapitalisten, die das Resultat eines durch technischen Wandel erweiterten Marktes darstellen. Zum anderen können finanzkräftige private Kapitalisten aus dem Ausland "importiert" werden, nicht zuletzt durch gezielte staatliche Politik, die auf die indigenen "Staatskapitalisten" zurückzuführen ist. Sie spielen auch eine wichtige Rolle, um mittels gezielter wirtschaftspolitischer Interventionen, wie beispielsweise Steuerpolitik aber auch staatlicher Repression, den subsistenten Sektor für den kapitalistischen nutzbar zu machen. Um das Kapital der privaten Kapitalisten in die "richtige" Richtung zu leiten, stehen den Staatskapitalisten Planer und Beamte sowie Experten aus Hilfsorganisationen und/oder ehemaligen Kolonialverwaltungen zur Seite. Ihre Funktion besteht

primär darin, die Menschen vom Kapitalismus und seinen Wohltaten zu überzeugen. So dienen Planer beispielsweise dazu, Landwirte von der Effizienz bestimmter Anbaumethoden (beispielsweise Monokultur oder Einsatz von Pestizi-
den) zu überzeugen, um ihre Erträge zu steigern (Lewis 1954: 169). Nach Ansicht von Lewis sollten Planer Ordnung und Weitsicht sowie bestimmte Prioritätssetzungen in das System öffentlicher Ausgaben bringen. Zudem sollten sie
alternative politische Handlungsräume bewerten und vergleichen sowie für den
Auf- und Ausbau einer angemessenen Infrastruktur und von Bildungsmöglichkeiten sorgen. Daneben haben sie sich um die rechtliche Absicherung wirtschaftlicher Aktivitäten und die Verbesserung und Erweiterung von Märkten zu
kümmern. Zu diesem Zweck sollten sie bereits existierende und potentielle Unternehmer unterstützen. Um eine erhöhte Kapitalakkumulation zu gewährleisten,
sieht Lewis die Aufgabe der Planer auch darin, einen Beitrag zur Erhöhung der
privaten und öffentlichen Sparquote zu leisten. Um diesem Anforderungskatalog
nachkommen zu können, wird vorausgesetzt, dass die Spezies "Planer" gewisse
"kapitalistische Eigenschaften" mit sich bringt. Was versteht Lewis jedoch unter
"kapitalistisch", also unter dem Wesensmerkmal, welches die Akteure in seinem
Entwicklungsmodell unbedingt besitzen sollten? Zuallererst ist "kapitalistisch
sein" eine Einstellungsfrage für Lewis. Um also zum Akteur in Lewis' Entwicklungsmodell zu werden, empfiehlt er das folgende Rezept: Man sollte "more
commercially-minded, more conscious of efficiency, cost and profitability"
(Lewis 1954: 171) sein. Lewis plädiert somit für eine mentale Revolution.

Kritik an Lewis' Modell

Lewis geht in seinem dualistischen Modell davon aus, dass die kapitalistischen
Inseln immer größer werden und die sie umgebende See immer weiter austrock-
net, so dass sich am Ende alles im "Trockenen", sprich: im modernen kapitalistischen Sektor, wiederfindet. Insbesondere die in Kapitel I/3 noch zu diskutierende (neo-)populistische Schule widerspricht der Auffassung, dass sich der landwirtschaftlich subsistente Sektor im Rahmen des Entwicklungsprozesses immer
stärker verkleinert bzw. verkleinern sollte. Aus (neo-)populistischer[33] Sicht verweist die Fortdauer der Subsistenzwirtschaft auf ihren Widerstand gegen eine
kapitalistische Modernisierung. Dieser Kritik würden Lewis und die technokratische Schule mit der Feststellung entgegnen, dass das Fortdauern der Subsistenzwirtschaft spätestens mit der Einführung neuer Technologien ein Ende
finden werde, da dadurch die Rückständigkeit der Subsistenzwirtschaft bewie-
sen würde. Aber wie passt die dann technologisierte und kommerzialisierte
Landwirtschaft noch in das klare dualistische Bild von Lewis? Das Nebeneinan-

---

[33] Die neopopulistischen Theorien werden in Kapitel I/3 sowie in Kapitel III ausführlich diskutieren
werden. In diesem Zusammenhang erscheint insbesondere der Bielefelder Subsistenzansatz erwäh-
nenswert. Eine ihrer Vertreterinnen, die Soziologin Maria Mies, betont (bzw. überbetont) die positive
Rolle der Subsistenzwirtschaft und sieht im Fortdauern dieser Wirtschaftsweise eine Form des konkreten Widerstands gegen den Kapitalismus (Vgl. Bennholdt-Thomsen/Mies 1997).

der von Subsistenz- und Exportwirtschaft im ländlichen Raum vieler Entwicklungsländer lässt sich nicht in diesen Dualismus einordnen. Insofern ist das Modell viel zu statisch.

Der Subsistenzsektor wird von Lewis als rückständig und einheitlich beschrieben. Sein Bild vom ländlichen Sektor zeichnet sich durch Passivität und Naivität aus. Diese Beschreibung lässt sich jedoch empirisch nicht aufrecht erhalten, denn sogenannte "moderne" Entwicklung ist kein Phänomen, welches sich nur im urbanen Sektor wiederfindet. Der Subsistenzsektor ist direkt von nationalen Investitionsentscheidungen, Weltmarktpreisen etc. betroffen und somit auch ökonomischem und sozialem Wandel unterworfen. Zudem haben die oberen Klassen der ländlichen Gebiete eine nicht zu unterschätzende Kontrolle über die Versorgung der städtischen Gebiete mit Grundnahrungsmitteln und Rohstoffen.

Auch das Bild, das Lewis vom modernen Sektor, also den urbanen Gebieten zeichnet, deckt und deckte sich nicht mit der Realität, denn auch hier existieren sogenannte moderne und traditionale Elemente nebeneinander, so beispielsweise Hochtechnologie und traditionelles Handwerk. Zudem führt die Landflucht von Teilen der verarmten Landbevölkerung nicht zu deren automatischer Eingliederung in die urban-kapitalistischen Inseln. Die Slums der Megastädte passen nicht in Lewis' dualistisches Bild. Seine pure geographische Sicht auf die Gesellschaften ist somit nicht besonders hilfreich für die Erklärung von Entwicklungsprozessen. Eine Analyse der unterschiedlichen sozialen Klassen wäre sinnvoller, aber nach Ansicht von Lewis gibt es keine "städtischen Traditionalen". Diese Gruppe macht aus seiner klassisch ökonomischen Sicht keinen "Sinn" und wird demzufolge ignoriert. Sie macht keinen Sinn, weil sein ökonomisches Modell davon ausgeht, dass alle überschüssigen Arbeitskräfte, die vom traditionalen in den modernen, also vom ländlichen in den städtischen, Sektor migrieren, von dem urban-industriellen Sektor aufgenommen werden würden. Es ist vielmehr der Fall, dass der städtische Sektor nicht per se auf die Zuwanderung von Arbeitskräften aus den ländlichen Gebieten angewiesen ist. Eine schnell wachsende Kapitalakkumulation ist somit auch ohne Migration und räumliche Vergrößerung des städtischen Sektors möglich.

2   Unterentwicklungstheorien

Das Pendant zu den Modernisierungstheorien wird überwiegend mit dem Begriff der Dependenztheorien bezeichnet und als Reaktion zu den Modernisierungstheorien beschrieben. Der Dependenzbegriff entstammt der lateinamerikanischen Dependencia-Schule der sechziger Jahre und resultierte aus neomarxistischen Überlegungen zur Unterentwicklung der Länder des Trikonts. Daneben ist eine weitere neomarxistische Entwicklungsschule in den Weltsystemtheorien zu finden, die ebenfalls Unterentwicklung zu ihrem Untersuchungsgegenstand haben, aber auch Unterschiede zur lateinamerikanischen Dependencia-Schule aufweisen, die in diesem Kapital diskutiert werden sollen. Die neomarxistischen

Entwicklungstheorien stellen einen Bruch mit marxistischem Entwicklungsdenken dar, das "Entwicklung" und nicht "Unterentwicklung" als Folge des kapitalistischen Imperialismus ansieht. Die Unterschiede zur marxistischen (Entwicklungs-)Theorie werden im Rahmen der Kritik an dem neomarxistischen "Unterentwicklungsdenken" näher betrachtet. Ein Vertreter der marxistischen Entwicklungsposition war in den siebziger Jahren der Brite Bill Warren, der Kritik am Weltsystemansatz geübt hat und dessen Arbeiten ebenfalls in diesem Kapitel zur Sprache kommen sollen. Das entwicklungstheoretische Denken war jedoch von den neomarxistischen Positionen dominiert, also den Dependenz- und Weltsystemtheorien, die der Soziologe David Harrison unter dem Begriff "Unterentwicklungstheorien" subsumiert.

2.1   Politökonomische Hintergründe der Unterentwicklungstheorien

Marxistische Theorie wurde sowohl in den europäischen als auch nordamerikanischen Sozialwissenschaften bis in die sechziger Jahre hinein kaum rezipiert. Eine der wenigen Ausnahmen bildete der US-Amerikaner Paul Baran, der bereits 1957 – also vor der Veröffentlichung von Rostows antikommunistischem Manifest – den ersten dependenztheoretischen Ansatz veröffentlicht hatte: "The Political Economy of Growth". Die Marx-Rezeption weitete sich schließlich Ende der sechziger Jahre durch das Aufkommen der Bürgerbewegungen und insbesondere der Studierendenbewegung weiter aus. Die Menschen auf den Strassen protestierten insbesondere gegen den Vietnamkrieg sowie für Bürgerrechte und für eine Reform der Universitäten. In Europa wurden zudem auch die eigenen Kolonialkriege angeprangert. Der Protest gegen den Algerienkrieg bildete auch in der Bundesrepublik den Beginn der Solidaritätsbewegung für die Länder des Trikonts beziehungsweise für die marginalisierten Menschen in diesen Ländern. Die Solidaritätsbewegung hatte zudem erkannt, dass auch die formelle Unabhängigkeit von Ländern im Trikont nicht die erhoffte Demokratisierung und ökonomische Verbesserung gebracht hatte. So symbolisierte die Ermordung des demokratisch gewählten Präsidenten des Kongo, Patrice Lumumba, das Fortbestehen neokolonialer Strukturen: Lumumba war kurz nach seinem Amtsantritt im Auftrag Belgiens ermordet worden.

Auch in Lateinamerika wurde Kritik an der herrschenden Politik und Ökonomie laut. So hatten Raúl Prebisch und andere Sozialwissenschaftler der ECLA (Economic Commission for Latin America) bereits nach dem Zweiten Weltkrieg die ungleichen Handelsbeziehungen zwischen der Nord- und Südhalbkugel kritisiert. Ihnen folgten die Arbeiten verschiedener lateinamerikanischer Neomarxisten, wie die von Andre Gunder Frank, Celso Furtado, Henrique Cardoso und anderen, die in diesem Kapitel diskutiert werden sollen.

Auf der politischen Ebene war marxistisches Denken über europäische Immigranten gegen Ende des neunzehnten Jahrhunderts nach Lateinamerika gekommen und trug laut Victor Alba anfangs eher anarchistische als marxistische

Züge (Alba 1968: 37).[34] Magnus Blomström und Björn Hettne heben hervor, dass Marxismus in Lateinamerika als auch in anderen Teilen des Trikonts über die Kommunistische Internationale, die Komintern, Verbreitung fand (Blomström/Hettne 1984: 30), deren erster Kongress zur lateinamerikanischen Situation 1928 stattfand. Die daraus erfolgte Komintern-Politik zeichnete sich durch einen "revolutionary puritanism" (Blomström/Hettne 1984: 30) aus und lehnte jegliche Kooperation mit als "bürgerlich" identifizierten Kräften ab, was unter anderem zu scharfer Kritik an den Sandinisten in Nicaragua führte. Die Folge dieser Komintern-Politik waren sich verschlechternde Beziehungen zwischen der Sowjetunion und Lateinamerika. Ab 1935 wurde die Komintern-Politik aufgrund ihrer mangelnden Akzeptanz in Lateinamerika weniger restriktiv gehandhabt und führte bis zu ihrer Auflösung im Jahr 1943 zu dem politischen Erstarken der kommunistischen Kräfte Lateinamerikas (Blomström/Hettne 1984: 30). Dennoch blieben die kommunistischen Parteien und Bewegungen insgesamt gesehen eine Minderheit und hatten bis auf den Peruaner José Carlos Mariátegui keine bekannten Intellektuellen hervorgebracht. Mariátegui hatte 1927 "Siete ensayos de interpretación de la realidad peruana" (Sieben Essays über die peruanische Realität) veröffentlicht, das von Luis E. Aguilar als "the most serious attempt to understand a Latin American national problem from a Marxist standpoint" (Aguilar 1978b: 12) bezeichnet wird. Mariátegui beschreibt in den sieben Essays die peruanische Geschichte als einen dialektischen Prozess, der vom primitiven Kommunismus der Inkas bis zum zukünftigen Sozialismus reiche. Die spanischen Eroberungen hätten zur Verzögerung in der Errichtung feudaler Institutionen geführt und der nachfolgende Kapitalismus sei sowohl durch ausländischen wirtschaftlichen Einfluss als auch durch die einheimische Allianz zwischen Bourgeoisie und Aristokratie pervertiert worden. Das Proletariat verkörperte in Peru laut Mariátegui die indianische Bevölkerung, dessen kollektivistische Traditionen den Grundstein für das neue, das sozialistische, Peru bilden würden. Blomström und Hettne schreiben über Mariáteguis Marxismus und sein Verhältnis zur Komintern:

"His homespun, nationalistic Marxism (somewhat reminiscent of Mao Zedong) was consistent with the Comintern line up until the tightening of the reins in 1928; after that he turned into an eccentric in an increasingly streamlined communist movement. Towards the end of his life Mariátegui became more and more isolated. (...) The Comintern agents had tried to persuade Mariátegui to change his Peruvian Socialist Party (PSP) into a communist party in 1928, but to no avail. The Comintern did not, at that time, permit any independent interpretations of the Marxist-Leninist doctrine. In the spring of 1929 the first Latin American communist congress met in Buenos Aires to come to grips with the 'Mariátegui problem'. After a

---

[34] Des Weiteren schreibt Alba über die Anziehungskraft anarchistischer Bewegungen in Lateinamerika: "Why the proletariat should also for a time have been drawn to the anarchist movement is easily demonstrated. Latin American political life was until recently, and in some countries still is, essentially a fiction. The cult of personality, and the electoral mechanism (whether of the government or of political parties), discouraged confidence in the integrity of the elections. Such tactics as vote buying, threats, and document forgery estranged many workers from politics, and convinced them of the futility of seeking anything through democratic means. The energies of socialist and populist political parties were often drained off in combating these vices, and in trying to pass electoral laws that would guarantee the integrity of the vote. Thus the appeal of anarchism – with its promise of direct action, its extreme ethical severity." (Alba 1968: 37 f)

stormy discussion, the congress criticized Mariátegui for his 'Trotskyist' views. After his death, the PSP was changed into an orthodox communist party and a tool of the Comintern." (Blomström/Hettne 1984: 31)

Diese Divergenzen zwischen der orthodoxen Komintern-Politik und einem weniger orthodoxen sowie revolutionären Politikverständnis traten auch in Kuba zutage. Die dortige kommunistische Partei war 1925 mit Unterstützung der Komintern sowie der mexikanischen kommunistischen Partei gegründet worden. Zuvor hatte sich in Kuba bereits eine militante, nicht-marxistische und radikal-nationalistische Bewegung unter José Martí etabliert, der den Aufstand gegen Spanien 1895 angeführt hatte und dabei getötet worden war. Sein politisches Vermächtnis gilt bis dato als einflussreich:

"Those who claim that Fidel Castro was influenced more by José Martí than by Marx are probably right." (Blomström/Hettne 1984: 31)

Da Kubas Wirtschaft in den dreißiger Jahren in großem Maße von den USA abhängig war, bekam es auch ebenso große soziale Probleme während der Weltwirtschaftskrise, die 1933 in einem erfolgreichen Aufstand unter Leitung von Fulgencio Batistá gegen den damaligen kubanischen Diktator Gerardo Machado mündeten. Batistás Bewegung wurzelte zwar in weiten Teilen der Bevölkerung, erfuhr jedoch keine Unterstützung seitens der kommunistischen Partei, die zu Beginn von Batistás Amtszeit als Präsident illegal blieb. Sie spielte allerdings mit ihrem Vorsitzenden Blas Roca eine wichtige Rolle innerhalb der Arbeiterbewegung, wollte sich jedoch nicht der Komintern-Politik unterordnen und wurde somit auf der Suche nach anderen Verbündeten im linken politischen Lager zu einer Unterstützerin der Batistá-Regierung. Als Gegenleistung legalisierte Batistá die kommunistische Partei und bedachte zwei ihrer Vertreter mit Ministerposten. Einige Jahre später, 1952, wurde die kommunistische Partei aufgrund von Batistás Rechtsruck erneut verboten. An dem von Fidel Castro angeführten Aufstand gegen das Batistá-Regime war sie nicht beteiligt:

"The course of events is well known: in December 1956, 82 revolutionaries landed in Cuba from the boat *Granma*, 19 of them reached the Sierra Maestra Mountains and began the guerrilla war which led to Batistá's fall a few years later." (Blomström/Hettne 1984: 31 f)

Die kubanische Revolution stand der orthodox kommunistischen Position entgegen, wonach die lateinamerikanischen Länder erst die Erfahrung bürgerlicher Revolutionen machen müssten, um sozialistische Revolutionen vollziehen zu können. Somit kommen Blomström und Hettne zu dem Schluss, dass der Marxismus in Lateinamerika bis zu Beginn der sechziger Jahre keine bedeutende Rolle spielte. Während der sechziger Jahre gewannen marxistische Diskussionen in Lateinamerika jedoch verstärkt an politischem Boden, allerdings mit deutlichen Unterschieden zu den "traditionellen" marxistischen Positionen:

"The peasants were more inclined to revolt than the workers, and the rural guerrilla appeared to be an alternative to organizational work within the labour movement. (...) Furthermore, there was now a Marxist-inspired debate that did not necessarily have any connections with the Communist Party. The underlying reason for this may be sought in the Cuban Revolution." (Blomström/Hettne 1984: 33)

Nach der traditionell-marxistischen Auffassung der kommunistischen Parteien Lateinamerikas wäre die kubanische Revolution nicht möglich gewesen, Castro erschien ihnen anfangs als bürgerlicher Abenteurer. Der Erfolg der kubanischen Revolution sowie die wachsende Popularität von Che Guevara führten schließlich zu einer Neuorientierung bisheriger kommunistischer Politik. Die neue lateinamerikanische Linke hob die Rolle der Bauern für die Revolution sowie die Fähigkeit des menschlichen Willens zur Veränderung hervor und berief sich darin auf ihr eigenes Marxismus-Verständnis: Hier und Jetzt sei die Revolution bereits möglich (Blomström/Hettne 1984: 33). Unter dem Motto "Die Pflicht eines Revolutionärs besteht darin, eine Revolution zu machen" fand 1967 die Lateinamerikanische Solidaritätskonferenz in Havanna statt. Auch hier zeigten sich Meinungsunterschiede bezüglich der Frage, was "revolutionär" bedeutet, die in den zwei Tendenzen der revolutionären Bewegungen Lateinamerikas wurzelten: der proletarischen und der bürgerlich-nationalistischen. Nach der Ermordung Che Guevaras durch die bolivianische Armee im Oktober 1967 sowie der Verhaftung des "Guerilla-Theoretikers" Regis Debray und seiner Verurteilung zu dreißig Jahren Gefängnis, wurden die revolutionären Strategien vorsichtiger (Blomström/Hettne 1984: 34). Seit diesem Zeitpunkt kann auch von einer Aufspaltung zwischen der kubanischen Sichtweise und dem sogenannten Guevarismus gesprochen werden. Während sich die kubanische Politik in die sowjetische Richtung orientierte, zeichnete sich der "Guevarismus" durch folgende Merkmale aus:

"1. The people's army (i.e. guerrilla army) is capable of winning a war against a regular army.
2. It is not necessary to wait for the objective conditions for the revolution to develop; they can be created by the guerrilla army, which thus becomes an embryonic revolutionary centre (*foco insurreccional*).
3. The armed struggle in the underdeveloped countries should primarily take place in rural areas." (Blomström/Hettne 1984: 34)

Mit diesen Merkmalen stand der "Guevarismus" der lateinamerikanischen kommunistischen Politik entgegen. Hauptstreitpunkt bildeten die unterschiedlichen Vorstellungen über den "foco" (das revolutionäre Zentrum, siehe oben) und über die Partei: Während Che Guevara dem ersteren die Priorität einräumte und dabei insbesondere die ländliche Guerilla-Bewegungen vor Augen hatte, waren die "alten" Marxisten von der politischen Priorität der Avantgardepartei überzeugt. Der "Guevarismus" bildete somit eine theoretische und ideologische Herausforderung für die lateinamerikanische Linke und trug damit auch zum Nährboden für dependenztheoretisches Denken bei.

2.2 Unterschiede zwischen marxistischem und neomarxistischem Entwicklungsdenken

Innerhalb der entwicklungstheoretischen Literatur führten die sich etablierenden unterentwicklungstheoretischen Ansätze zu der Frage, ob es und wenn ja in welchen Punkten es Unterschiede gibt zwischen marxistischen und neomarxistischen Entwicklungstheorien. Bevor also die einzelnen Unterentwicklungstheorien zum Untersuchungsgegenstand werden, soll diese Debatte hier kurz dargestellt werden, um schließlich auch in den folgenden Kapiteln die Unterscheidung in marxistische und neomarxistische Ansätze zu verteidigen. Es soll gezeigt werden, dass es durchaus eine analytische Berechtigung hat, zwischen den beiden Ansätzen zu unterteilen, da sowohl Dependenz- als auch Weltsystemtheorien offenkundige Unterschiede zu "herkömmlicher" marxistischer Entwicklungstheorie aufweisen, die nicht zuletzt in den beschriebenen politökonomischen Hintergründen der Theorien wurzeln.

Zwei der bekanntesten Vertreter der Streitfrage "Gibt es neomarxistische Entwicklungstheorien?" waren die Soziologen Aidan Foster-Carter[35] und John Taylor[36]. Während ersterer für eine Unterscheidung zwischen Marxismus und Neomarxismus plädierte, sieht letzterer in diesem Unternehmen lediglich "sociological phantasy" verwirklicht und befindet es als "not only inadequate, but erroneous" (Taylor 1974: 5).

Foster-Carter beschreibt die Unterschiede zwischen Neo- und Paläo-Marxismus zuallererst wie folgt:

"(...) the former open-minded, viewing the world inductively and bringing in Marxian elements by way of explanation, the latter clinging dogmatically to a Marxist *weltanschauung* and deducing scholastically from this what the world "must be" like. But empirical strength may be theoretical weakness." (Foster-Carter 1973: 25)

Im Folgenden zeigt er anhand verschiedener Themen die kontrastierenden Auffassungen zwischen Marxismus und Neomarxismus auf. Während der Marxismus aus der Perspektive der Zentren, der Industrieländer, entwickelt wurde, nehmen die als neomarxistisch bezeichneten Dependenz- und Weltsystemansätze die Perspektive des Trikonts ein. Mit dieser Perspektivverschiebung hat sich auch der Untersuchungsgegenstand verändert: nicht mehr Entwicklung, sondern Unterentwicklung steht im Mittelpunkt. Aus dieser "neuen" Perspektive liegt das zentrale Problem des Kapitalismus nicht in der Produktion von permanent anwachsendem Überschuss, sondern in dem "net capital *out*flow from poor countries to rich, i.e. "aid in reverse"." (Foster-Carter 1973: 25).

Im Hinblick auf das Thema Nationalismus weist Foster-Carter darauf hin, dass Marxisten aus den Industrieländern Nationalismus hauptsächlich im Rahmen von gesellschaftlichem Überbau diskutieren würden. Aus der Sicht des Trikonts sei dieses Thema jedoch eng mit den nationalen Befreiungskämpfen gegen die Kolonialmächte verbunden und somit von besonderer Bedeutung. Nationalismus wird aus der neomarxistischen Perspektive des Trikonts nicht als engstirniger Chauvinismus, sondern als Wiederentdeckung der eigenen Geschichte gesehen, die seitens der Kolonialmächte negiert wurde (Foster-Carter 1973: 26 ff).

Eine ganze Reihe von Unterschieden zwischen marxistischen und neomarxistischen Unterentwicklungsansätzen findet sich bei der Klassenanalyse.

---

[35] Aidan Foster Carter war damals (1973) in Daressalam/Tansania als Soziologe tätig. Daressalam galt als eines der "secondary centres" der Dependenztheorien (Blomström/Hettne 1984: 53).

[36] John Taylor hat zu Beginn der siebziger Jahre als Dozent für Soziologie und Sozialanthropologie an der Thames Polytechnic in London gearbeitet.

Während die marxistische Klassenanalyse aus der europäischen Geschichte entstanden ist, resultieren neomarxistische Vorstellungen über die Rolle gesellschaftlicher Klassen aus den Erfahrungen im Kampf gegen den Kolonialismus. Somit ist nach neomarxistischer Auffassung nicht das industrielle Proletariat *die* entscheidende Klasse für die Überwindung des Kapitalismus, sondern es gibt verschiedene gesellschaftliche Gruppen, denen ein revolutionäres Potential zugestanden wird, insbesondere werden jedoch die Bauern/Landarbeiter hervorgehoben:

"In a situation characterised by uneven development and negative underdevelopment – as well as by much planned intervention by all sorts of social forces affecting the "secular" evolution of capitalism, (...) – some of the specific qualities and vices claimed for workers and peasants respectively seem less fixed." (Foster-Carter 1973: 29)

Auch die Vorstellungen über die Klasse der nationalen Bourgeoisie gehen auseinander: Während Marxisten von der Existenz beziehungsweise dem Aufkommen von nationalen Bourgeoisien im Trikont ausgehen, handelt es sich nach neomarxistischer Auffassung bei dieser Klasse lediglich um eine Lumpenbourgeoisie, eine Marionette der Industrieländer, die unfähig sei, ihre Rolle als "spearhead of change" wahrzunehmen (Foster-Carter 1973: 28). Diese Lumpenbourgeoisie kann somit nicht die klassische progressive Rolle der europäischen Bourgeoisie nachahmen, da sie durch externe kapitalistische Einflüsse daran gehindert werde. Somit sprechen Neomarxisten auch nicht von nationalen Bourgeoisien im Trikont, denn diese Klasse gibt es nur als ein verzerrtes und politisch handlungsunfähiges Zerrbild der Zentren, der Industrieländer: als Lumpenbourgeoisie.

Aus neomarxistischer Perspektive werden die Chancen für revolutionäre Veränderungen weitaus optimistischer eingeschätzt als aus marxistischer Perspektive. Wichtiger als die Parteiarbeit ist aus neomarxistischer Sicht der *foco*, der Ort der Guerilla:

"And since in fact most revolutions in this century have been peasant ones, the reflexes of orthodoxy on the part of both friends who call them "proletarian" and foes who call them "unMarxist" are equally misplaced." (Foster-Carter 1973: 30)

Der Optimismus der Neomarxisten im Hinblick auf Revolutionen hängt auch mit ihren veränderten Einstellungen hinsichtlich des Stellenwerts der politischen Praxis und der Relevanz der individuellen Akteure zusammen:

"In other words, the neo-Marxists emphasize the role of the subjective factors, moral stimuli, the 'new' man, etc. Marxists retain materialism and the emphasis on 'objective conditions' that gave Marx his distinctive mark as a social scientist." (Blomström/Hettne 1984: 37)

Ein weiterer aus neomarxistischer Sicht vernachlässigter Faktor innerhalb der marxistischen Forschung ist das Verhältnis zwischen Stadt und Land. Wie an anderer Stelle ausführlicher diskutiert werden soll, hat der Dependenztheoretiker Andre Gunder Frank die ausbeuterische Funktion der lateinamerikanischen Großstädte als wichtige Verbindungsstücke zu den industriellen Metropolen angeprangert. Marx hatte sich kaum zu diesem Thema geäußert und seine abschätzige Bemerkung über die "idiocy of rural life" offenbart eher einen Urban Bias.

Foster-Carter betont jedoch, dass sich diese Auffassung in Zeiten verbesserter Kommunikationsmittel nicht aufrecht erhalten lasse (Foster-Carter 1973: 32). Zudem gibt es im Zusammenhang mit dem Thema "Ökologie" in den neomarxistischen Entwicklungsansätzen eher eine Tendenz zur Idealisierung des Ländlichen und insbesondere der Subsistenzproduktion. Zu Recht weisen Neomarxisten jedoch auf die Engstirnigkeit marxistischer Wachstumsvorstellungen hin, die die ökologisch verheerenden Folgen ihrer Wachstumslogik übersehen haben:

"For Marxists, abundance is out: arguably it was always an ultimately meaningless notion, but henceforth "scarcity" will have to be accepted as more than just a bugbear of bourgeois economics defending unequal social relations. Industry is out too, in some sense; certainly centralised heavy industrialisation as a socialist strategy is no longer feasible, which may be no bad thing; and paleo-Marxists will have to learn to love the peasants after all." (Foster-Carter 1973: 32)

Die hier skizzierten Unterschiede zwischen marxistischen und neomarxistischen Entwicklungsansätzen werden im Einzelnen noch bei der Darstellung und Kritik der Dependenz- und Weltsystemansätze detaillierter zur Sprache kommen. Sie verdeutlichen bereits, dass die Unterentwicklungstheorien nicht nur in Auseinandersetzung mit modernisierungstheoretischem Denken zu verstehen sind, sondern ebenso in der Auseinandersetzung mit "marxistischen Importen" aus Europa verstanden werden müssen. Nach Ansicht von Blomström und Hettne stehen marxistische und neomarxistische Theorien in einem dialektischen Verhältnis zueinander: Marxismus ist die These und Neomarxismus (in Form der Dependenz- und Weltsystemtheorien) die Antithese. Der systemkritische Mainstream während der achtziger Jahre stellt für sie die Synthese beider Ansätze dar (Blomström/Hettne 1984: 54). Zunächst soll jedoch die Antithese diskutiert werden, die in ihrer Anfangsphase "in the usually more relaxed atmosphere of the university" im Gegensatz zur lateinamerikanischen "brutal political reality" (Blomström/Hettne 1984: 34) eng mit dem US-Amerikaner Paul A. Baran verknüpft ist.

2.3   Der akademische Pioneer: Paul Barans "voice crying in the wilderness"[37]

Paul A. Baran[38] gilt als einer der ersten Unterentwicklungstheoretiker, da er mit seiner Veröffentlichung "The Political Economy of Growth" 1957 die Probleme

---

[37] Ausdruck von David Harrison (1988: 75), der sich auf die Rezension von Barans neomarxistischem Ansatz im Westen der fünfziger Jahre bezieht.

[38] Paul Alexander Baran (1910 – 1964) wuchs in der Ukraine, Polen und Deutschland auf. Er hat am Plechanow-Institut für Wirtschaft an der Moskauer Universität studiert und in Berlin bei dem sozialistischen Ökonom Prof. Emil Lederer promoviert. Nach der Machtübernahme der Nationalsozialisten und dem Verbot der Kommunisten sowie dem Ende der sozialdemokratischen Partei, begann er als Geschäftsmann in Polen und Großbritannien zu arbeiten. Kurz vor Ausbruch des Zweiten Weltkrieges wanderte er in die USA aus, wo er sich erneut der Wissenschaft widmen wollte. Zunächst wurde er jedoch nach Washington berufen, um während des Krieges im "Office of Price Administration" sowie im "Office of Strategic Services" zu arbeiten. Nach dem Krieg war er zunächst als leitender Wirt-

der Entwicklungsländer erstmalig aus einer (neo-)marxistischen Position heraus analysierte. Seinen Überlegungen lag die marxistische Ideologietheorie zugrunde, wonach die herrschende Lehrmeinung in den Sozialwissenschaften kein "authentisches Wissen" darstelle, sondern ein den ökonomischen und sozialen Interessen der herrschenden kapitalistischen Klasse genehmes Wissen verkörpere.[39] Laut Baran sei den bürgerlichen Sozialwissenschaften die Kritikfähigkeit abhanden gekommen, nachdem der Kapitalismus zur herrschenden sozialen Ordnung wurde:

"(...) when reason and the study of history began revealing the irrationality, the limitations, and the merely transitory nature of the capitalist order, bourgeois ideology as a whole and with it bourgeois economics began abandoning both reason and history. (...) bourgeois thought (and economics as a part of it) turned ever more into a neatly packed kit of assorted ideological gadgets required for the functioning and the preservation of the existing social order." (Baran 1973: 111)

Während die bürgerliche Kritik im Kampf gegen den Feudalismus ein revolutionär-intellektuelles Moment innehatte, so sei ihm dieses nach Ansicht von Baran im Kapitalismus abhanden gekommen. So hätten weder die zwei Weltkriege noch die Große Depression die bürgerlichen Sozialwissenschaften von ihrer Überzeugung abbringen können, dass die Entwicklung des Kapitalismus im Grunde genommen "normal" beziehungsweise "harmonisch" verlaufe und bei Problemen lediglich keynesianischer "Medikamente" bedürfe. In dieser Tradition stehend würden Sozialwissenschaftler in ihren entwicklungspolitischen Empfehlungen lediglich den Interessen der Industrieländer dienen. Die Länder des Trikonts – auch die formell unabhängigen – seien weiterhin in ihrer Rolle als billige Rohstofflieferanten von den Industrieländern abhängig. Dieses Abhängigkeitsverhältnis werde laut Baran von den Sozialwissenschaften legitimiert, indem diese eine ideologische Kampagne führen würden, die er in vier Elemente aufteilt. Erstens würden die Sozialwissenschaften die ökonomische Geschichte der Industrieländer "neu(wieder)schreiben", um sie als einen Prozess eines plötzlichen und langsamen Wachstums darzustellen, also als etwas evolutionäres. Damit würden Fabrikbesitzer und Räuberbarone als progressive Unternehmer erscheinen und es werde unterschlagen, dass die primäre Kapitalakkumulation der Ausbeutung der heutigen unterentwickelten Länder bedurfte. Die Kolonialmächte waren – abgesehen von ihren Kolonien Australien, Neuseeland und Nordamerika – "rapidly determined to extract the largest possible gains from the host countries, and to take their loot home" (Baran 1973: 274). Zweitens würden die Sozialwissenschaften eine besondere Betonung auf die sogenannten internen Entwicklungshindernisse der am wenigsten entwickelten Länder legen, also auf ungelernte Arbeitskräfte, mangelnde Managementfähigkeiten, Zahlungsbilanzprobleme, fehlende Investitionsanreize. Drittens würde im Rückgriff auf Malt-

---

schaftsexperte für die Federal Reserve Bank in New York tätig und wurde schließlich 1949 Professor an der Wirtschaftsfakultät der Stanford University in Kalifornien, wo er seine Unterentwicklungstheorie erarbeitete (Vgl. Sweezy 1966: 443 ff).

[39] Da Baran jedoch kein Angehöriger der Arbeiterklasse war, stellt sich die Frage, wie er zu dem "wahren" Bewusstsein gekommen ist.

hus die Anzahl der Armen und nicht die Armut zum Problem deklariert, obwohl die Theorie des demographischen Übergangs nur bei sinkender Armut auch sinkende Geburtenraten verheiße. Viertens würden sich die bürgerlichen Sozialwissenschaften einer relativistischen Philosophie bedienen, die vorgibt nicht ethnozentristisch zu sein, indem sie den Status quo von Unterentwicklung im Trikont als bewusst gewählten Zustand der dort lebenden Menschen verkaufe.

Die vorherrschende kapitalistische Produktionsweise ist laut Baran die des Monopolkapitalismus – im Gegensatz zum Wettbewerbskapitalismus. Während beide Formen der kapitalistischen Produktionsweise einen ökonomischen Mehrwert hervorbringen würden, indem sie die Arbeitskraft ausbeuten würden, vollziehe sich der Prozess des Übergangs vom Wettbewerbs- zum Monopolkapitalismus durch eine steigende Technologisierung. Nach Ansicht von Baran zeichne sich der Monopolkapitalismus der fünfziger Jahre durch einen fehlenden Wettbewerb aus: Wenige Firmen würden den (Welt-)Markt kontrollieren und ihre Monopolposition benutzen, um den Status quo von ungleichen Wettbewerbsbedingungen weiter aufrecht zu erhalten.

Bei Barans Überlegungen zu den unterentwickelten Ländern spielt seine Vorstellung vom Mehrwert eine vorrangige Rolle. Seine Definition vom Mehrwert wurzelt nicht in der Marxschen Werttheorie über die Arbeit, sondern er versteht unter Mehrwert die gesamten materiellen Leistungen einer Wirtschaft. Er unterscheidet drei Formen des Mehrwerts: den tatsächlichen, den potentiellen und den geplanten Mehrwert. Bedingt durch den technischen Fortschritt wachse der tatsächliche Mehrwert immer weiter an. Er wird allerdings immer unter dem potentiellen Mehrwert liegen, da im Monopolkapitalismus keine Vollbeschäftigung gewährleistet ist und der exzessive Konsum der Kapitalisten nicht gezügelt werden kann. Die Unternehmensmonopole haben zudem keinen Anreiz, ihre großen Gewinne in ihren Firmen zu reinvestieren und haben kaum Chancen, die hohen Barrieren in anderen Branchen zu überwinden. Somit ergebe sich nach Ansicht von Baran ein permanenter Mangel an Investitionen in Relation zu den verfügbaren Arbeitskräften, also eine Situation von chronischen "Unterinvestitionen". Baran vertritt die Auffassung, dass Monopole und Oligopole einst "a *progressive* phenomenon *furthering* the advance of productivity and science (Hervorh. im Orig.)" waren und heute zur "*retrograde* force hindering and perverting further development (Hervorh. im Orig.)" (Baran 1973: 208) geworden seien. Diese Krisentendenz (fehlende Investitionen) innerhalb des Monopolkapitalismus werde zeitweilig durch eine große (staatliche) Nachfrage nach Rüstungsgütern sowie Investitionen in Ländern des Trikonts überdeckt. Damit werde der Klassenkonflikt in den Industrieländern mittels Imperialismus und nach formeller Unabhängigkeit der Trikontländer mittels Neokolonialismus "abgemildert".

Der in den Ländern des Trikonts generierte Mehrwert werde größtenteils verschwendet, indem ein Teil der einheimischen "Lumpenbourgeoisie"[40] zugute komme und ein weiterer Teil bei den industriellen Kapitalbesitzern, die Mono-

---

[40] Unter "Lumpenbourgeoisie" versteht Baran Händler, Geldverleiher, Immobilienmakler und andere, die er als unproduktiv und parasitär ansieht (Baran 1973 309 ff).

polstellungen innehaben und sich hinter hohen Zollbarrieren verschanzen würden, lande. Diese Gruppe der indigenen Kapitalisten würde ihre Gewinne entweder ins Ausland transferieren oder in importierten Luxuskonsum umsetzen. Und die dritte Gruppe von Nutznießern des Mehrwerts findet sich in den ausländischen Unternehmen. Baran kritisiert die ausländischen Investitionen als "negativ" für das Gros der Bevölkerung in dem jeweiligen Trikontland, da auch sie ihre Gewinne in ihre Heimatländer transferieren und für ihre Produktion auf importierte Kapitalgüter zurückgreifen würden. Die einheimischen Menschen würden lediglich als billige Arbeitskräfte fungieren:

"While it may well be true that the natives' reluctance to perform adequately for starvation wages is due to a 'cultural lag' and to insufficient insight into what is good for them, the chances are that their resistance is caused by the simple fact that they are much better off in their traditional ways of life, by comparison with what foreign capital is pushing and pulling them into." (Baran 1973: 330)

Mit dieser Einschätzung ausländischer Investitionen hebt sich Baran deutlich von den Modernisierungstheorien ab, die darin eine wichtige Voraussetzung *für* Entwicklung sehen.

Auch der Staat bedient sich laut Baran am Mehrwert, wobei es allerdings Unterschiede gibt, die in der jeweiligen Staatsform wurzeln. Baran benennt drei Staatstypen im Trikont: (1) die direkt verwaltete Kolonie, die ihre Einkünfte benutzt um ihre Rohstoffvorkommen weiter zu erschließen;[41] (2) die "comprador"-Regierung, die im Namen des westlichen Kapitalismus herrscht, sich primär um ihren militärischen und ideologischen Apparat kümmert und vorrangig die Reichen und weniger die Interessen der Mehrheit vertritt;[42] (3) die Regierung des "New Deal", die der Austragungsort für gesellschaftliche Konflikte zwischen der nationalen Bourgeoisie, den feudalen und den "comprador"-Interessen ist und deren einzige Gemeinsamkeit ihr Nationalismus ist (Baran 1973: 346).[43]

Mit der Extraktion des Mehrwertes vom Trikont in die Industrieländer gehen zudem strukturelle Veränderungen im Trikont einher: in der Landwirtschaft führt die steigende Exportorientierung zu immer mehr "cash crops" und damit zu Monokulturen; das traditionelle Handwerk wird aufgrund billiger Importware immer mehr verdrängt; es bildet sich eine große Anzahl verarmter Arbeitskräfte; die entstehende Infrastruktur ist primär exportorientiert. Baran resümiert, dass der Kapitalismus im Trikont eine Entwicklung verkörpere, die "distorted and crippled to suit the purposes of Western imperialism" (Baran 1973: 276) sei.

Seine Lösungsvorschläge lauten Abkoppelung und Sozialismus. Erste Empfehlung beruht neben seinen obigen Thesen auf der Beobachtung der unterschiedlichen Entwicklungschancen von Ländern mit kolonialer oder anderweiti-

---

[41] Baran verweist diesbezüglich auf fast den gesamten afrikanischen Kontinent, Teile von Asien sowie einige – relativ kleine – Gebiete in Amerika (Baran 1973: 346).

[42] Hierbei handelt es sich laut Baran um die Mehrheit der Länder des Trikonts (Baran 1973: 346).

[43] Zu dieser Gruppe zählt Baran in erster Linie Indien, Indonesien und Burma. Auch Mexiko unter Lázaro Cárdenas sowie Guatemala und Chile hätten zeitweilig dieser Gruppe angehört, wären dann aber erneut unter die zweite Kategorie gefallen (Baran 1973: 346).

ger Abhängigkeit vom Westen und Ländern (beziehungsweise einem Land) ohne diese Abhängigkeitsverhältnisse:

"(...) Japan is the only country in Asia (and in Africa and in Latin America) that escaped being turned into a colony or dependency of Western European or American capitalism, that had a chance of independent national development." (Baran 1973: 294)

Baran sieht im Sozialismus einen Ausweg aus der Unterentwicklung des Trikonts. Er fordert keine soziale Revolution, sondern betont, dass die unterentwickelten Ländern ihre sozialen Revolutionen bereits begonnen hätten und hebt die Bedeutung der Implementierung einer Planwirtschaft hervor:

"The establishment of a socialist planned economy is an essential, indeed indispensable, condition for the attainment of economic and social progress in underdeveloped countries." (Baran 1973: 416)

Zu diesem Zweck müssten ausländische und einheimische Kapital- und Landbesitzer enteignet, ihr exzessiver Konsum beschränkt und die Kapitalflucht unterbunden werden. In der Übergangsphase von der Markt- zur Planwirtschaft können Probleme in der Produktion und der gesellschaftlichen Umverteilung auftreten, die von den Protagonisten der sozialen Revolution gemeistert werden müssen, um die Revolution nicht im Sande verlaufen zu lassen. Baran sieht die Überlegenheit einer sozialistischen Gesellschaft in ihrer geplanten Schaffung von einem Mehrwert, der an den Bedürfnissen der Gesellschaft orientiert ist und an dem alle Gesellschaftsmitglieder gleichberechtigt teilhaben. Zudem würde der erzielte Mehrwert so genutzt, dass alle menschlichen und materiellen Ressourcen langfristig einem Entwicklungsprozess ausgesetzt sind. Aber eine sozialistische Gesellschaftsform ist für Baran kein bloßer Selbstzweck und auch nicht das Endstadium gesellschaftlicher Entwicklung:

"It is (...) impossible to generalize even on the magnitude of aggregate material output that a socialist society will wish to strive for, once a certain level of advancement has been reached. Nor is it possible to formulate abstract principles concerning the division of the aggregate output as between consumption and investment." (Baran 1973: 426 f)

Aber im Hinblick auf das Zusammenleben werde es eine deutliche Veränderung geben, und zwar die Abkehr vom bürgerlichen Wertgesetz:

"To reach this state, the only state worthy of the dignity and potentialities of man, will take decades – decades in which new generations of human beings will be educated as members of a socialist co-operative society, rather than as competitive wolves in the jungle of the capitalist market. (...) it is only on the basis of a cultural revolution (...) that the abolition of classes and a socialist commonwealth can be attained *intra-nationally* (Hervorh. im Orig.)." (Baran 1973: 457 f)

Baran erachtet es nicht für notwendig, dass die unterentwickelten Länder den gleichen Entwicklungsweg gehen wie die Industrieländer, um zum Sozialismus zu gelangen. Der Erfolg der sozialistischen Revolution sei jedoch auch von der Unterstützung bereits bestehender sozialistischer Regime abhängig. Aus der gegenseitigen Unterstützung sozialistischer Länder könne schließlich ein sozialistischer Commonwealth entstehen, der im Gegensatz zu internationalen kapitalistischen Organisationen nicht von dem wirtschaftlich stärksten Staat do-

miniert sei. Die jeweiligen Nationalismen würden zugunsten gemeinsamer Interessen an Einfluss verlieren:

"The political and economic phenomenon of the *nation* (Hervorh. im Orig.) will slowly but
certainly follow the demise of the economic and social order to which it owes its genesis and
crystallization." (Baran 1973: 455 f)

Somit sieht Baran im schwindenden Nationalismus und in ökonomischem
Wachstum der unterentwickelten Länder die Voraussetzungen für die Anglei-
chung der Lebensstandards auf ein für alle Menschen ausreichendes Maß.
Schließlich liege das Ziel in der Erschaffung einer Gesellschaft "in which reason
has been made the governing principle of social relations" (Baran 1973: 461).

Kritik an Barans Theorie

Insbesondere das Kernstück von Barans Theorie, seine Ausführungen zum
Mehrwert, bieten einen guten Ausgangspunkt für die Kritik an seinem Modell.
Laut Baran zeichnet sich die Unterentwicklung eines Landes neben seiner
(neo-)kolonialen Vergangenheit/Gegenwart in der externen Aneignung und dem
internen Missbrauch des ökonomischen Mehrwerts aus. Das derzeitige Entwicklungsstadium wird in Barans Ausführungen mit dem Verweis auf die potentielle
Nutzung des Mehrwerts erklärt. Damit bietet er jedoch keine Erklärung für die
aktuelle Situation, sondern zeigt lediglich auf, dass der Imperialismus der Industrieländer zu einer teilweisen Aneignung des ökonomischen Mehrwerts der
Länder des Trikonts geführt hat und führt. John Taylor kritisiert Barans Fixierung auf den Imperialismus als alleiniges Erklärungsmuster für Unterentwicklung:

"In analysing the contemporary concrete situation in a peripheral social formation, we are
confronted with a very complex 'phenomenon'. Not only the economic structure, but also the
different elements of the 'superstructure' (the class structure, the state, the various ideologies,
etc.) are the result of a whole series of determinations; they can be determined not only by the
effects of imperialist penetration itself, but by the 'survivals' of the effects produced by earlier
forms of capitalist penetration (under the dominance of merchant's capital or, later during the
period of 'competitive capitalism') and, indeed, by survivals from the social formation that
existed prior to capitalist penetration." (Taylor, J. 1974: 8)

Vor dem Hintergrund dieser Kritik fehlt in Barans Theorie die Analyse des Zusammenhangs zwischen den sozialen Strukturen und dem Einfluss der verschiedenen Formen des Kapitalismus (in den Phasen des Merkantilismus und "Wettbewerbskapitalismus"). Baran beschränkt seine Ausführungen jedoch auf die
Frage, wie der ökonomische Mehrwert verwendet wird und teilt den unterschiedlichen historischen Perioden jeweils ihre besondere Form der Mehrwert-
nutzung zu. Er erläutert jedoch nicht, *wieso* der Mehrwert in einer bestimmten
historischen Periode in einer bestimmten Form genutzt wird. Taylor gibt diesbezüglich zu bedenken: "(...) very different systems of economic production can,
in fact, have very similar modes of utilisation." (Taylor, J. 1974: 9). Als Beispiel
benennt Taylor nicht-feudale, vorkapitalistische Produktionsweisen, die oftmals

ähnliche ökonomische Merkmale wie feudale Gesellschaften aufweisen würden, beispielsweise auch in der Verwendung des ökonomischen Mehrwerts. Die Fokussierung auf die Verwendung des Mehrwerts erlaubt jedoch noch keine Aussage über die zugrundeliegende Produktionsweise. Somit lassen Barans Ausführungen auch keine Rückschlüsse über die spezielle kapitalistische Produktionsweise im imperialistischen Rahmen zu. Baran verweist lediglich auf den im Rahmen der kapitalistischen Produktionsweise auftretenden Mangel an Nachfrage und erklärt mit diesem allgemeinen Merkmal kapitalistischer Produktionsweise nicht, welche speziellen Charakteristika der imperialistische Kapitalismus aufweist.

Auch seine alternativen Überlegungen zum Sozialismus bleiben ungenau, denn er führt nicht aus, wieso es sowohl in als auch zwischen sozialistischen Ländern keine Ungleichheit geben sollte. Harrison bemerkt in diesem Zusammenhang, dass Baran sich in seinen Vorstellungen vom Sozialismus sehr stark an dem sowjetischen Entwicklungsmodell orientiert, welches sich durch die Schwerindustrie, Kapitalgüter und mechanisierte Produktion auszeichnete. Demnach steht Baran der Industrialisierung nicht feindselig gegenüber, aber verortet die Verantwortung für ihre erfolgreiche Realisierung ausschließlich in exogenen Kräften:

"A peaceful transplantation of Western culture, science, and technology to the less advanced countries would have served everywhere as a powerful catalyst of economic progress. The violent, destructive, and predatory opening-up of the weaker countries by Western capitalism immeasurably distorted their development. A comparison of the role played by British science and British technology in the development of the United States with the role played by British opium in the development of China fully epitomizes this difference." (Baran 1973: 299)

Wie bereits in der Beschäftigung mit den Unterschieden zwischen marxistischen und neomarxistischen Ansätzen deutlich geworden ist, findet sich bei den neomarxistischen Ansätzen eine Hervorhebung der internationalen Ungleichheit, während der Marxismus die intranationalen Ungleichheiten, also die Klassenunterschiede, hervorhebt. Der neomarxistische Ansatz von Baran et al. kommt mit dieser geographischen Unterscheidung sehr nah an neopopulistische Überlegungen, wie am Beispiel von Michael Liptons Urban Bias an anderer Stelle gezeigt werden soll. Baran stellt die international ungleiche Verteilung von Einkommen und Reichtum als Ursache von ungleicher Entwicklung im Trikont dar und nicht als eine Folge von Ungleichheit im intranationalen Rahmen. Der Interessensgegensatz besteht aus seiner Sicht vorrangig zwischen den Nationalstaaten und demnach steht seine Unterentwicklungstheorie in der Gefahr, nationalistische Politikvorstellungen zu begünstigen.

2.4   Die Dependenztheorien

Die Dependenztheorien seien "very much a product of a particular historical period" (Seers 1981b: 13) schrieb der britische Entwicklungsexperte Dudley Seers über die lateinamerikanische *Dependencia*-Schule.[44] Ihre ideologischen Wurzeln reichen jedoch weit hinter die siebziger Jahre zurück und liegen in einem Zusammenschmelzen von marxistischen und populistischen Ideen. Wie der brasilianische Soziologe José G. Merquior in seinen Arbeiten überzeugend darlegt, bestand das Problem der lateinamerikanischen Identität seit jeher darin, einerseits politisch und kulturell Teil des Westens zu sein und andererseits im Vergleich zum nördlichen Teil des amerikanischen Kontinents "hinterherzuhinken". Die lateinamerikanische Reaktion auf dieses Spannungsfeld kulminierte in dem Mythos, eine andere, nicht-westliche Identität zu besitzen, die der westlichen, wenn schon nicht ökonomisch, dann moralisch überlegen sei. Merquior sieht darin eine Verweigerungsstrategie angesichts der Modernisierungsprobleme, die Lateinamerika zu bewältigen habe. Die Vorstellung vom *Anderssein* war anfänglich jedoch nicht in der politischen Linken, sondern der Rechten zu Hause. Die vermeintlich kollektive "Authentizität" Lateinamerikas fungierte für die politische Rechte als ideologische Barriere gegen ökonomische und soziale Modernisierung. Demgegenüber war die marxistisch geprägte Linke in Lateinamerika wie anderswo bis zum Aufkommen der Studentenbewegung und der Neuen Linken in Europa sowie der Dependenztheorie in Lateinamerika nicht antiwestlich eingestellt. Sie vertrat einen marxistischen Fortschrittsoptimismus, der allerdings der Realität immer weniger standhielt. Vor diesem Hintergrund begann der linke Antikapitalismus sich unter Beibehaltung eines marxistischen Vokabulars mit dem insbesondere katholisch begründeten *Anderssein* gegenüber dem als materialistisch verpönten Nordamerika zu verbinden. Merquior kommentierte diese Fusion wie folgt:

"The current appropriation of the Latin American ideology – a brainchild of conservatives (...) – by the Left is a telling instance of the willingness of today's 'radical' thought to absorb irrationalist and 'decadent' beliefs once upheld by the traditional Right." (Merquior 1984: 241)

Die Dependenztheorie lässt sich demnach als Fortführung der lateinamerikanischen Identitätssuche mit ökonomischen Mitteln beschreiben, indem die Schuld für die Unterentwicklung von den Dependenztheoretiker in den Metropolen und hier insbesondere den USA verortet wird.

Den wirtschaftspolitischen Anstoß für die Dependenztheorien bildeten die Erfahrungen Lateinamerikas während der Weltwirtschaftskrise: Die bis dato verfolgte exportorientierte Wirtschaftspolitik erwies sich in dieser Phase der drastisch sinkenden Auslandsnachfrage als falsche Wachstumsstrategie und führte zu einem Stagnieren der lateinamerikanischen Wirtschaften. Zudem verloren die landwirtschaftlichen Exportgüter durch die fortschreitende Mechanisierung der westlichen Landwirtschaft und den damit zusammenhängenden Produktivitäts-

---

[44] Neben Lateinamerika gab es auch dependenztheoretische Beiträge aus anderen Kontinenten, wobei insbesondere der Ägypter Samir Amin hervorzuheben ist, dessen Arbeiten im Westen stark rezipiert worden sind, was sicherlich auch mit damit zusammenhängt, dass er in einer europäischen Sprache – auf Französisch – geschrieben hat. Gleiches trifft auf den Lateinamerikaner Andre Gunder Frank zu, der hauptsächlich in Englisch geschrieben hat und somit im angelsächsischen Sprachraum bevorzugt rezipiert wurde. Die Arbeiten der vielen anderen lateinamerikanischen Dependenztheoretiker waren überwiegend in Spanisch und zu einem geringeren Teil in Portugiesisch verfasst worden.

steigerungen an Bedeutung, was sich in den sich verschlechternden terms of trade (ToT) niederschlug. Die wirtschaftspolitische Reaktion auf diese Entwicklungen lautete: importsubstituierende Industrialisierung, was die Forcierung der
einheimischen Produktion vormals importierter Güter bedeutet. Diese Strategie
musste während des Zweiten Weltkriegs aufgrund der kriegsbedingt unterbro-
chenen Handelsbeziehungen weiter intensiviert werden bis schließlich die Nachkriegszeit zu einer Wiederbelebung der Welthandelsbeziehungen führte und
auch Lateinamerika steigende Wachstumszahlen bescherte. Vor diesem Hintergrund sind die im Folgenden zu diskutierenden Arbeiten der Economic Commission for Latin America, der ECLA[45], zu verstehen, die sich insbesondere mit
den Vor- und später auch Nachteilen der Strategie der importsubstituierenden
Industrialisierung auseinander gesetzt haben.

2.4.1 Das trojanische Pferd des Marxismus[46] oder nur ein keynesianisches Fohlen?– Die frühe ECLA

Während der fünfziger Jahre arbeitete die ECLA unter Leitung des Argentiniers
Raúl Prebisch[47] im Rahmen der strukturalistischen Theorie, dem "fore-runner of
'dependency' theory" (Seers 1981: 14), an einer Neuformulierung ökonomischer
Theorie. Diese Arbeiten waren keynesianisch beeinflusst, mit anderen Worten:
Die Marktwirtschaft wurde als wirtschaftspolitisch "behandlungsbedürftig" betrachtet. Nach Ansicht von Keynes besitzt sie die Tendenz zu Instabilität, ökonomischer Stagnation und chronischer Unterbeschäftigung sowohl der menschlichen als auch materiellen Ressourcen. Da es sich bei diesen Phänomenen jedoch laut Keynes nur um Tendenzen handelt, sieht er innerhalb der Marktwirtschaft den Handlungsspielraum für Gegenmaßnahmen gegeben, um diese Tendenzen auszugleichen. Mittels der Einrichtung von zentralen staatlichen Institutionen könnten diese Probleme der Marktwirtschaft gemeistert werden (Vgl.
Keynes 1952: 318).

Die ECLA ist zwar von keynesianischem Denken inspiriert worden, hat in
ihren Analysen jedoch erstmalig einen originären lateinamerikanischen Beitrag

---

[45] Die ECLA ist eine regionale UN-Kommission, wurde 1948 gegründet und hat ihren Sitz in Santiago de Chile. Ihre spanische Abkürzung lautet CEPAL (Comisión Económica para América Latina y el Caribe).

[46] Gabriel Palma schreibt über die Einschätzung der ECLA durch die politische Rechte: "On the poli-tical front, the liberal right accused ECLA of being the 'Trojan horse of Marxism', on the strength of the degree of coincidence between both analyses. Without doubt there was a significant degree of co-incidence – both ideological and analytical – between the thought of ECLA and the post-1920 Marxist view of the obstacles facing capitalist development in the periphery, despite the fact that the language that they used and the premises from which they started were different." (Palma 1978: 907)

[47] Raúl Prebisch war von 1935 bis 1943 Generaldirektor der argentinischen Zentralbank, also in dem Zeitraum der Weltwirtschaftskrise, von der Argentinien besonders nachteilig betroffen war. 1950 wur-de er Direktor der ECLA (Blomström/Hettne 1984: 38). Joseph L. Love schreibt über Prebisch und die ECLA: "But ECLA was not yet ECLA, without Prebisch's leadership. His personality, theses, and programs so dominated the agency in its formative phase that it stood in sharp relief to the Economic Commission for Asia and Far East (established in 1947) and the Economic Commission for Africa (1958), agencies with more purely technical orientations." (Love 1980: 57)

zur Situation Lateinamerikas und zur Entwicklung eigener politischer Strategien geliefert. Ausgehend von den strukturellen Ungleichheiten zwischen Industrie- und Entwicklungsländern war die ECLA zudem bemüht, eine eigene Theorie über Ent- und Unterentwicklungsprozesse zu erarbeiten:

"Their approach not only dealt with questions related to the theory of trade and the strategy of Industrialization, but also encompassed the entire complex of development. ECLA attempted to show that underdevelopment is not the same as undevelopment, i.e. lack of development. Underdevelopment was instead to be thought of as the result of a specific process that led to underdevelopment in one part of the world and development in another." (Blomström/Hettne 1984: 43)

Der Beitrag, den die ECLA in den fünfziger Jahren zur Entwicklungstheorie geleistet hat, lag jedoch nicht in einer eigenen Megatheorie, sondern in einer neuen Methodologie für die Analyse von Unterentwicklung: der strukturalistischen Methode. Im Zentrum dieser Methode steht die bereits erwähnte strukturelle Ungleichheit zwischen den Industrie- und Entwicklungsländern, im Vokabular der ECLA: zwischen Zentrum und Peripherie. Davon ausgehend sollte die lokale Situation des Trikonts realistisch und nicht formell dargestellt werden. Zu diesem Zweck war die ECLA bemüht, die historisch begründeten Entwicklungsmuster der jeweiligen Länder zu erarbeiten:

"As soon as this procedural change in strategies of social scientific explanation is made a very different story in respect of the economies of Latin America emerges. The putative single national economy is seen as split into a loosely integrated set of quasi-autonomous sectors. In place of the smooth interaction of the various elements of the single economy there is a diverse spread of conflicts of interest between the various sectors." (Preston 2000: 183 f)

Somit sah die ECLA in der konventionellen Theorie mit ihrer Betonung der Preistheorie und des "general equilibrium" die unterschiedlichen Strukturelemente der lateinamerikanischen Länder vernachlässigt (Vgl. O'Brien, P.J. 1975: 9). Den Ausgangspunkt der Analysen von ECLA bildet ihre Kritik an der internationalen Handelstheorie der klassischen Ökonomie, verkörpert im Heckscher-Ohlin-Samuelson-Modell, welches die internationale Arbeitsteilung als ein quasi natürliches Produkt des Welthandels auffasst. Nach dieser Logik spezialisiert sich jedes Land in der Herstellung und dem Export der Produkte, bei denen es einen komparativen Kostenvorteil besitzt. Es sind die Produkte, die es am günstigsten und besten produzieren kann. Die ECLA-Kritik setzte an dieser Annahme an und wies darauf hin, dass die internationale Arbeitsteilung keineswegs "natürlich" sei, sondern für die Industrieländer mit ihrem Export verarbeiteter Güter einen klaren Vorteil vor den Entwicklungsländern, die primär Rohstoffe exportierten, bedeutete. Prebisch schrieb dazu in dem sogenannten ECLA-Manifest, welches er Ende der vierziger Jahre verfasst hatte:

"In Latin America, reality is undermining the out-dated schema of the international division of labour, which achieved great importance in the nineteenth century and, as a theoretical concept, continued to exert considerable influence until very recently. Under that schema, the specific task that fell to Latin America, as part of the periphery of the world economic system, was that of producing food and raw materials for the great industrial centres. There was no place within it for the industrialization of the new countries. It is nevertheless being forced upon them by events. Two world wars in a single generation and a great economic crisis between them have shown the Latin-American countries their opportunities, clearly pointing the way to industrial activity." (Prebisch 1950: 1)

Nach dieser Argumentation wurden die Gründe für Lateinamerikas Unterentwicklung extern, in der internationalen Arbeitsteilung, verortet. Prebisch kritisierte auch die neoklassische Auffassung über die für alle Marktteilnehmer positiven Folgen von Produktivitätssteigerungen: Er zeigte anhand empirischer Untersuchungen über die britischen ToT, dass sich diese seit 1880 stetig gebessert hätten, während die ToT ihrer "unterentwickelten" Handelspartner sich verschlechtert hätten. Somit resümierte er, dass lediglich die Industrieländer von Produktivitätssteigerungen profitieren würden, aber nicht die Länder des Trikonts. Die durch Produktivitätssteigerungen erzielten höheren Gewinne würden sich nicht automatisch – wie nach neoklassischer Logik – in niedrigeren Preisen niederschlagen, da die Industrieländer aufgrund des fehlenden Wettbewerbs mit ihrer Monopolstellung im Bereich der Warenproduktion nicht zu sinkenden Preisen gezwungen seien. Lediglich die Gewerkschaften der Industrieländer könnten von den Produktivitätssteigerungen in Form von Lohnerhöhungen profitieren. Im Trikont würden sich Produktivitätssteigerungen nach Ansicht von Prebisch jedoch aufgrund des Wettbewerbs unter den Produzenten von Primärgütern in sinkenden Preisen manifestieren. Und davon würden schließlich die Industrieländer profitieren, so dass sie die eigentlichen Nutznießer jeglicher weltweiter Produktivitätssteigerung seien. Eine durch Einkommenserhöhungen bedingte erhöhte Nachfrage würde laut Prebisch ebenfalls hauptsächlich den Industrieländer mit ihrem Export von verarbeiteten Gütern zugute kommen, da die Nachfrage nach Primärgütern relativ stabil sei, so dass sich eine erhöhte Kaufkraft vorrangig im verarbeiteten Gewerbe niederschlagen würde (Prebisch 1950: 8 ff). Das Zentrum verkörperten in ECLAs Untersuchungen insbesondere die USA, die nach dem Zweiten Weltkrieg die internationale Vormachtstellung Großbritanniens abgelöst hatten. Die ECLA beschrieb die USA als ein Land mit relativ großer Selbstversorgung und demzufolge geringerem ökonomischen Interesse an Lateinamerika. Somit bedeutete die internationale Machtverschiebung für Lateinamerika eine veränderte Exportwirtschaft. Zudem sah die ECLA in der Dollarknappheit der Nachkriegszeit die Unfähigkeit der USA – im Gegensatz zu Großbritannien – ihrer Rolle als führender Weltmacht nachzukommen, was mit negativen wirtschaftlichen Folgen für den Trikont verbunden sei (Prebisch 1950: 19 ff). Preston resümiert ECLAs Befürchtungen wie folgt:

"Overall, the ECLA analysis of the situation of the peripheries in relation to the new metropolitan centre of the USA was pessimistic in that the new centre was seen to be both powerful and unsympathetic." (Preston 2000: 185)

Diese ablehnende Haltung gegenüber den USA wurde durch die Etablierung der Bretton-Woods-Zwillinge, IWF und Weltbank, noch weiter verstärkt, die nach Ansicht der ECLA mit ihren undemokratischen Strukturen die Ungleichheit zwischen Zentrum und Peripherie im Finanzbereich weiter zementieren würden.

Aus diesen Gründen kam Prebisch zeitgleich mit dem Ökonomen Hans Singer 1950 zu dem Schluss, dass die Unterentwicklung Lateinamerikas die

Folge der internationalen Arbeitsteilung sei, in der Lateinamerika lediglich auf den Export von Primärgütern spezialisiert sei: Damit war die Prebisch-Singer-Theorie geboren.[48] Eine fortdauernde Spezialisierung in dem Export von Primärgütern würde nach Prebischs Überzeugung eine weitere Verschlechterung der lateinamerikanischen ToT mit sich bringen und somit langfristig die einheimische Kapitalakkumulation behindern. Prebisch erachtete die internationale Handelstheorie über komparative Kostenvorteile nur dann als zutreffend, wenn sie sich auf den Bereich einer bestimmten Güterart bezieht, also beispielsweise dann, wenn alle Länder industriell verarbeitete Güter produzieren und exportieren würden. Vor diesem Hintergrund konnte die ökonomische Strategie für Lateinamerika nur eines bedeuten: Industrialisierung. Aber wie sollten sich die lateinamerikanischen Länder angesichts der internationalen Arbeitsteilung und der internen fehlenden Strukturen plötzlich industrialisieren? Um das Ziel der importsubstituierenden Industrialisierung erreichen zu können, empfahl die ECLA den lateinamerikanischen Staaten eine protektionistische Wirtschaftspolitik, um hinter den Zollbarrieren wettbewerbsfähige eigene Industrien aufbauen zu können. Zudem sollte der Export von Rohstoffen weitergeführt werden, um die erwirtschafteten Devisen für den Aufbau der eigenen Industrien zu nutzen. Trotz teilweiser Bedenken innerhalb der ECLA gegenüber einer potentiell erhöhten Abhängigkeit von den Industrieländern, wurde die Anwerbung ausländischer Firmen mit dem Ziel der Erhöhung des einheimischen Kapitals angestrebt. Auch den Regierungen wurde eine wichtige Rolle als Koordinatoren der Industrialisierungsprogramme zugesprochen. Gegen Ende der fünfziger Jahre machte sich die ECLA zudem für eine Etablierung eines gemeinsamen lateinamerikanischen Marktes stark (Vgl. Blomström/Hettne 1984: 41 f).

Die Implementierung der ECLA-Politikvorschläge wurde erstmalig auf einer Konferenz in Rio de Janeiro 1953 gefordert und die ECLA begann nun die Regierungen von der Notwendigkeit der importsubstituierenden Industrialisierung und der damit zusammenhängenden Wirtschaftspolitik zu überzeugen. Die Reaktionen fielen anfangs eher mager aus:

"This resistance to its (ECLA's, Anm. d. Verf.) ideas explains why the ECLA could not, and should not, propose measures that were too radical, of affected internal problems. Land reforms and other basic, structural changes never received a high priority on the list of necessary changes." (Blomström/Hettne 1984: 42)

Einige Jahre später begannen jedoch die Regierungen von Argentinien, Brasilien, Kolumbien und Peru mit der ECLA zusammenzuarbeiten. Damit bekamen

---

[48] "In an article published in 1950, the year after the ECLA manifesto, another United Nations economist, Hans Singer, argued that technical progress in manufacturing was shown in a rise in incomes in developed countries, while that in the production of food and raw materials in underdeveloped countries was expressed in a fall in prices. (...) This idea was linked to Prebisch's and the two men's theories were quickly dubbed the Prebisch-Singer thesis, though both economists state that there was no direct exchange of ideas at the time the related sets of propositions, based on the same U.N. data, were developed. (Prebisch of course was in Santiago, and Singer in New York.)." (Love 1980: 58) Der besagte Artikel von Hans W. Singer lautet "The Distribution of Gains between Distributing and Borrowing Countries" und ist 1950 im American Economic Review, Vol. 40 (May), 472 – 499, erschienen.

die Ideen der ECLA einerseits Einfluss im Bereich der Entwicklungsstrategien dieser Länder und andererseits verbreiteten sie sich über die Ausbildung von Entwicklungsplanern auf der lokalen Ebene. Die von Prebisch auch als "healthy protectionism" (Vgl. Harris, N. 1986: 17) bezeichnete ECLA-Strategie der importsubstituierenden Industrialisierung war – wie bereits an anderer Stelle erwähnt – nicht neu und auch nicht revolutionär. Ihr kritisches Potential lag in ihrer keynesianischen Ausrichtung und der damit verbundenen Absage an eine liberale Wirtschaftspolitik. Die ECLA sprach dem Staat eine entscheidende Bedeutung im Entwicklungsprozess zu, wehrte sich jedoch gegen eine Gleichsetzung ihrer Politik mit sozialistischer Planwirtschaft (Blomström/Hettne 1984: 44). Die während des Zweiten Weltkriegs praktizierte unfreiwillige Variante der importsubstituierenden Industrialisierung wurde unter dem Einfluss der ECLA in den fünfziger Jahren freiwillig praktiziert und schien erfolgreich zu sein. Ab Mitte der sechziger Jahre änderte sich diese positive Einschätzung jedoch:

"Import substitution industrialization had not lessened dependence. Income distribution seemed to be growing more unequal, and a large segment of the population remained marginal. Cultural alienation was widespread, and Latin American societies still continued divided and unstable. National policies for industrialization had succumbed to the multinational corporations, and industrialization in Latin America was primarily undertaken by foreign investors. Finally, the military were entrenched in power in many Latin American countries." (O'Brien 1975: 11)

   Zudem bedeutete die Strategie der importsubstituierenden Industrialisierung, dass diese Länder auf steigende Kapitalimporte angewiesen waren. Daneben mussten bestimmte Rohstoffe, Maschinen etc. eingeführt werden, um überhaupt mit dem Aufbau eigener Industrien beginnen zu können. Diese Erfordernisse führten oftmals zu neuen Abhängigkeiten gegenüber transnationalen Unternehmen. Mit der Fixierung auf den industriellen Sektor ging eine Vernachlässigung des landwirtschaftlichen Sektors einher, so dass der Anteil der importierten Nahrungsmittel stieg. Diese neuen Abhängigkeiten hätten laut Seers zu einer Neuformulierung und Radikalisierung der ECLA-Thesen geführt, also vom strukturalistischen zum dependenztheoretischen Denken (Seers 1981: 14 f).

Kritik an der ECLA-Position

Für O'Brien ist die ECLA nicht das trojanische Pferd des Marxismus – wie die neoliberale Kritik zu beweisen versuchte – sondern eine Mischung aus antiimperialistischem und antimarxistischem Denken, allerdings in einer abgemilderten Form (O'Brien 1975: 9). Diese beiden Pole spiegeln sich in der Einschätzung der ECLA in fast allen kritischen Beiträgen wider und deuten das politische Spannungsfeld an, in dem die ECLA agierte. Gabriel Palma (1978) schreibt, dass das ECLA-Denken durchaus eine sowohl ideologische als auch analytische Nähe zu marxistischem Denken nach 1920 besaß. Wie bereits in Kapitel I/2.2 über die Unterschiede zwischen marxistischem und neomarxistischem Denken gezeigt wurde, ist die kapitalistische Entwicklung aus marxistischer Perspektive im Trikont für notwendig erachtet worden. Das Entwicklungshindernis lag aus dieser Sicht in der feudal-imperialistischen Allianz, die durch die nationale Bourgeoisie und den Staat überwunden werden musste. Somit stimmten Marxisten und ECLA-Vertreter darin überein, dass der Prozess der Industrialisierung, der kapitalistischen Entwicklung, nur durch eine Überwindung der traditionalen Strukturen, die als feudal angesehen wurden, möglich sei (Palma 1978: 907).

Die Analysen der ECLA blendeten jedoch mit ihrer Fixierung auf die ökonomischen Probleme der betreffenden Nationalstaaten die internen Verteilungsprobleme aus und vernachlässigten auch die sozialen und politischen Komponenten von Unterentwicklung. Dadurch haben sie zwar an Einfluss auf die konservativen Regierungen Lateinamerikas gewinnen können; sie mussten aber politisch brisante Themen wie beispielsweise die Frage der Landverteilung in den Hintergrund stellen (Blomström/Hettne 1984: 56).

In praktischer Hinsicht hat sich die von der ECLA inspirierte Politik als zweischneidig erwiesen: Während in der ersten Phase der unfreiwilligen und später freiwilligen importsubstituierenden Industrialisierung wirtschaftliche Wachstumserfolge erzielt worden sind, so wurde ab Mitte der sechziger Jahre die bereits erwähnte Verschlechterung der wirtschaftlichen Situation deutlich. Die Ursachen dafür sind zum einen in den sich weiter verschlechternden ToT für lateinamerikanische Exportprodukte zu finden, zum anderen hat auch die Politik der importsubstituierenden Industrialisierung dazu beigetragen. Die ökonomische Abhängigkeit Lateinamerikas von den Industrieländern hatte sich nicht verringern können, sondern war weiter fortgeschritten, da für den Aufbau der eigenen Industrien technisches Material und auch Kapital importiert werden mussten. Um diese Importe bezahlen zu können, waren entweder Exporteinnahmen nötig, die allerdings nicht in die Höhe gekurbelt werden konnten und den schwankenden Weltmarktpreisen unterlagen, oder es mussten Kredite aufgenommen werden. Mit letzterem begannen die lateinamerikanischen Staaten sich gegenüber den Industrieländern weiter zu verschulden. Die Investitionen in den Aufbau eigener Industrien führten zudem zu sich verschärfenden Ungleichheiten in der städtischen Einkommensstruktur, da die Beschäftigten der neu entstehenden Industriezweige wesentlich mehr verdienten als ihre Kollegen in den "alten" Unternehmen. Bedingt durch die Inflation wuchs die Armut insbesondere in den ländlichen Gebieten stark an, was eine Landflucht zur Folge hatte. Da jedoch nicht genügend Arbeitsplätze im formellen Sektor zur Verfügung standen, weitete sich der informelle Sektor[49] weiter aus. Zudem betont Preston, dass sowohl der Staat als auch der industrielle Sektor sowie der ländliche Exportsektor von Primärgütern in steigendem Maße ausländisches Kapital anforderten und damit in größere Abhängigkeit gerieten (Preston 2000: 187 f). Insgesamt haben die

---

[49] Zum informellen Sektor siehe insbesondere Chris Gerry (1987): Developing Economies and the Informal Sector in Historical Perspective, In: The Annals of the American Academy of Political and Social Sciences, No. 493 (September), 100 – 119.

ökonomischen, sozialen und politischen Instabilitäten die Militärherrschaft in vielen lateinamerikanischen Staaten begünstigen können.[50]

Vor dem Hintergrund des Versagens der Strategie der importsubstituierenden Industrialisierung in Form wachsender Abhängigkeiten Lateinamerikas von den Industrieländern und einer sich vergrößernden Ungleichheit innerhalb der lateinamerikanischen Staaten ist das Aufkommen radikalerer Theorien, der Dependenztheorien, zu verstehen.

2.4.2 Vom ECLA-Strukturalismus zur Dependenztheorie – Furtado und Sunkel

Die Probleme der ECLA-Politik führten auch dazu, dass Wissenschaftler aus dem Umfeld der ECLA ihre Positionen radikalisierten und sich stärker mit den politischen und sozialen Problemen Lateinamerikas auseinander setzten. Der brasilianische Ökonom Celso Furtado und sein chilenischer Kollege Osvaldo Sunkel gehörten zu den Wissenschaftlern, deren Analysen sich ausgehend von den ECLA inspirierten strukturalistischen zu dependenztheoretischen gewandelt haben (O'Brien 1975: 11).

Furtado vertrat Ende der fünfziger/Anfang der sechziger Jahre noch die klassischen ökonomischen Vorstellungen zur Unterentwicklung: Unterentwicklung wurde primär als Kapitalmangel definiert. Er führte – wie viele andere aus dem Umfeld der ECLA – den Kapitalmangel der lateinamerikanischen Staaten auf die ungleichen ToT zurück und setzte sich für die Implementierung der Strategie der importsubstituierenden Industrialisierung ein. Die Industrialisierung Brasiliens während der fünfziger Jahre schien Furtados Ansichten zu bestätigen (Brookfield 1975: 143 f). Durch seine Tätigkeit als Planungsdirektor für die ärmsten Regionen Brasiliens in der unmittelbaren Phase vor dem 1964 stattgefundenen Militärputsch haben sich seine Ansichten jedoch gewandelt:

"Economic development, being fundamentally a process of incorporating and diffusing new techniques, implies changes of a structural nature in both the systems of production and distribution of income. The way in which these changes take place depends, to a large extent, on the degree of flexibility of the institutional framework within which the economy operates." (Furtado 1965: 47)

Damit wandte sich Furtado zum einem dem internen Verteilungsproblem zu und zum anderen wies er auf die Unterschiede der kapitalistischen Entwicklung zwischen den Industrie- und Entwicklungsländern hin. Die Ursache für letzteres verortete er in der kolonialen Vergangenheit der jeweiligen Länder, die rigide interne Strukturen hervorgebracht hatte, welche seiner Ansicht nach auch zum Scheitern der keynesianischen ECLA-Politik geführt hätten[51]. Furtado sah im

---

[50] Beispiele (Argentinien, Kolumbien, Venezuela, Brasilien und Peru) dafür finden sich in dem Sammelband der Herausgeber Juan J. Linz und Alfred Stepan (1978): The Breakdown of Democratic Regimes – Latin America, Baltimore/London.

[51] Harold Brookfield beschreibt diesen Mechanismus am Beispiel Brasiliens nach der Großen Depression wie folgt: "However, the (Brazilian, Anm. d. Verf.) government then took action to sustain the system by buying and destroying surplus coffee, thus defending the level of employment while capac-

gemeinsamen Interesse am Profit das Bindeglied zwischen der einheimischen Oligarchie und den ausländischen Unternehmen, denn schließlich würden beide von den in kolonialer Vergangenheit erschaffenen sozialen Strukturen profitieren. Am Beispiel Brasiliens beschreibt er die Gesellschaftsstruktur wie folgt:

"(...) at the top is a ruling class composed of various groups of interests, in many respects antagonistic to each other, therefore unable to form a plan for national developments, and holding the monopoly of power unchallenged; lower down we have a great mass of salaried urban workers employed in services, which forms a social strata rather than a proper class; beneath this is the class of industrial workers, which hardly represents one-tenth of the active population of the country but constitutes its most homogenous sector; and finally, the peasant masses, (...)." (Furtado 1965: 68)

In der Auseinandersetzung mit den sozialen Strukturen der lateinamerikanischen Staaten hatte Furtado die "ECLA-Schiene" verlassen, die sich immer um politische Neutralität bemüht hatte und den Nationalstaat und seine vermeintlich einheitliche ökonomische Interessenslage als Ausgangspunkt für ihre Analysen genommen hatte. Im Rückgriff auf Elemente sowohl aus der marxistischen als auch keynesianischen Schule stellte Furtado die sozialen Strukturen in den Mittelpunkt seiner Analyse und verband die Klassenanalyse des Marxismus mit der keynesianischen Staatsanalyse (Brookfield 1975: 145 f)[52]. Blomström und Hettne betonen, dass Furtado mit seinen Arbeiten nicht in das vorherrschende Bild über die Dependenztheorien passt, wonach diese nur von externen Entwicklungshindernissen handeln würden:

"Instead, he (Furtado, Anm. d. Verf.) believed in some sort of interaction between external and internal factors, with the emphasis on the latter." (Blomström/Hettne 1984: 58)

Sein Buch "Economic Development of Latin America" (1970) hatte er in Paris verfasst, wohin er nach dem Militärputsch von 1964 geflohen war. Darin plädierte er für strukturelle Reformen innerhalb der lateinamerikanischen Staaten, um zu einer gerechteren Einkommensverteilung zu gelangen und der Marginalisierung von Teilen der Bevölkerung entgegen zu wirken. Er empfahl eine staatliche Restrukturierung der gesamten Wirtschaft, um alle Sektoren von neuen technischen Errungenschaften profitieren zu lassen. Daneben erachtete er die Intensivierung des intraregionalen Handels für wichtig (Vgl. Furtado 1970: 250 ff).

---

ity to import was declining. This created conditions for accumulation, and incentives for import-substitution industrialization. But the failure to transform the land management system led to continued agricultural inefficiency, continued constraints on the capacity to import, and hence early saturation of industrial possibilities. The export sector financed early industrialization, but in turn siphoned off the benefits, as the inflation resulting from rising but unsatisfied demand benefited those in command of internal supply – who continued to be the established oligarchy. The possible emergence of a new industrial class was further weakened by dependence on foreign technology, and by foreign investment; inflation enabled foreign lenders and investors to appropriate national savings at negative rates of interest, thus adding external strangulation to internal constraints." (Brookfield 1975: 146)

[52] Hierzu heißt es bei Brookfield: "This book (Furtado's "Diagnosis of the Brazilian crisis" 1965, Anm. d. Verf.), written largely in Marxist language and employing a dialectical form of analysis, none the less departs substantially from Marxist conclusions. It seems to represent a high point in the struggle between Marxist and liberal approaches that is evident throughout Furtado's writing, and which makes his work of particular interest." (Brookfield 1975: 145)

Der Chilene Osvaldo Sunkel entwickelte ebenfalls ausgehend von den Positionen der frühen ECLA radikalere Analysen, die weniger strukturalistisch als dependenztheoretisch orientiert waren. Sunkel hatte bis zu Beginn der sechziger Jahre für die ECLA gearbeitet und war dann als Professor an der Universität von Chile tätig. Dort versuchte er dependenztheoretisches Denken akademisch hoffähig zu machen. Er wies darauf hin, dass außerhalb der Universitäten bereits viel über das Abhängigkeitsverhältnis zwischen Zentren und Peripherien diskutiert wurde, distanzierte sich aber von den damit verbundenen revolutionären Lösungsvorschlägen:

"(...) a radical-socialist revolution, seems to me a very improbable historical event in the near future in Latin America, (...)." (Sunkel 1969: 32)

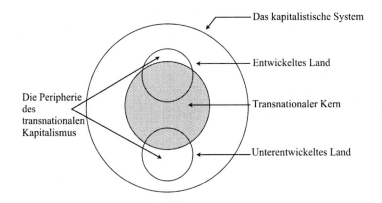

Abbildung 1: Sunkels Modell des globalen Dualismus (Vgl. Blomström/Hettne 1984: 60)

Sunkel vertrat die Auffassung, dass politische Allianzen zwischen Teilen der Mittelklasse und der ländlichen und städtischen armen Bevölkerungsschichten möglich seien und zu Lösungen der Entwicklungsprobleme führen würden. Die gemeinsame ideologische Basis dieser unterschiedlichen gesellschaftlichen Gruppen verortete er im Nationalismus, in den Entwicklungsbestrebungen und in der organisierten Massenbeteiligung am politischen Geschehen (Sunkel 1969: 27). Ausgehend von diesen gesellschaftlichen Koalitionen sieht Sunkel die Möglichkeit zu nationaler Entwicklungspolitik gegeben, die er sich wie folgt vorstellt:

"The nationalism of development is a force of national affirmation, an aspiration to self-determination and sovereignty, a desire to participate in the benefits and creation of modern and universal culture and science, the desire to attain liberty, democracy, equality of opportunities and well-being, which the more industrialized countries enjoy to a greater or lesser extent." (Sunkel 1969: 32)

Mit seiner Betonung der Gesellschaftsstruktur für die erfolgreiche Realisierung nationaler Politik unterschied sich Sunkel – wie der zuvor diskutierte Furtado – von der frühen ECLA-Politik, die stets um innenpolitische Neutralität bemüht war. Sunkel hatte zusammen mit seinem Kollegen Pedro Paz ein Modell des globalen Dualismus entwickelt, das an die Vorstellungen von Gunnar Myrdal erinnert. Sunkel und Paz sehen im globalen System die Tendenz zu transnationaler Integration und nationaler Desintegration, sowohl bezogen auf die entwickelten als auch auf die unterentwickelten Länder.

Nach diesem Modell (siehe Abbildung 1) sehen Sunkel und Paz nicht die Nationalstaaten als die entscheidenden Akteure in der internationalen Ökonomie an, sondern den transnationalen Kapitalismus. Dieser werde zum größten Teil von der Mehrheit der industriellen Ökonomien verkörpert und zu einem kleineren Teil aber auch von den modernen Sektoren der unterentwickelten Ökonomien. Außerhalb des transnationalen Zentrums stehen die Peripherien des Nordens und Südens, wobei letztere wesentlich größer sind. Das Zentrum und die Peripherie sind durch Polarisierung auf der nationalen und internationalen Ebene gekennzeichnet (Vgl. Blomström/Hettne 1984: 61). Wie an anderer Stelle zu zeigen sein wird, ähnelt dieses Modell bereits sehr stark dem Metropolen-Satelliten-Modell von Andre Gunder Frank.

2.4.3 Zwischen Strukturalismus und Marxismus – Cardosos und Falettos "Abhängige Entwicklung"

Die dritte dependenztheoretische Strömung ist eng mit dem brasilianischen Soziologen Henrique Cardoso und dem chilenischen Historiker Enzo Faletto verbunden und stellt ein "Mittelding" zwischen strukturalistisch und neomarxistisch beeinflusster Dependenztheorie dar.

Cardoso und Faletto hatten sich Mitte der sechziger Jahre in dem der ECLA nahestehenden Lateinamerikanischen Zentrum für Wirtschafts- und Sozialplanung (ILPES) in Chile kennen gelernt, wohin Cardoso nach dem Militärputsch in Brasilien geflohen war (Preston 1982: 255). Ihre bekannteste dependenztheoretische Arbeit ist die 1967 abgeschlossene Studie "Dependencia y Desarrollo en America Latina"[53].

Im Gegensatz zu dem puren ökonomischen Ansatz der ECLA legten Cardoso und Faletto in ihren Arbeiten ein besonderes Gewicht auf die soziopolitischen Aspekte von Abhängigkeit. Auch verabschiedeten sie sich in den siebziger Jahren von der Frankschen These der "Entwicklung der Unterentwicklung" und kamen zu dem Schluss, dass Entwicklung im Trikont durchaus möglich sei, wenngleich in einem Abhängigkeitsverhältnis zu den industriellen Zentren des Nordens. Der Schwerpunkt ihrer dependenztheoretischen Arbeiten lag ausgehend von dieser Beobachtung in der Analyse von konkreten Situationen der Abhängigkeit. Die diesbezüglich durchgeführten Länderanalysen wurden durch die

---

[53] Der vorliegenden Untersuchung liegt die englische Fassung (Cardoso/Faletto 1979) zugrunde.

Tatsache begünstigt, dass sich bei ILPES Sozialwissenschaftler aus ganz Lateinamerika trafen, die ihre jeweiligen länderspezifischen Erfahrungen in die dependenztheoretischen Diskussionen einfließen ließen.

Palma benennt drei Merkmale dieses dependenztheoretischen Ansatzes,
den er für den stichhaltigsten hält (Palma 1978: 911). Erstens werden die lateinamerikanischen Ökonomien (wie in den bereits zuvor diskutierten Dependenztheorien) als Teil der Weltwirtschaft betrachtet, wobei die zentrale Dynamik der
Weltwirtschaft von den Industrieländern ausgeht und demzufolge der Handlungsspielraum der peripheren Länder ein begrenzter ist, aber es existiert nach
Ansicht von Cardoso und Faletto (im Gegensatz zu Franks Dependenztheorie)
ein Handlungsspielraum. Ausgehend von der zuvor benannten allgemeinen dependenztheoretischen These der Dominanz der industriellen Zentren im Weltsystem, verorten auch sie ihren primären Untersuchungsgegenstand in den damaligen Merkmalen des kapitalistischen Weltsystems. Die von Lenin zu diesem
Zweck entwickelte Imperialismustheorie "(...) had remained practically 'frozen'
where it was at the time of the death of Lenin until the end of the 1950s." (Palma
1978: 909). Somit erwies sich die Leninsche Imperialismustheorie als ungeeignet, um die veränderten weltpolitischen und –ökonomischen Rahmenbedingungen zu erklären. Vor diesem Hintergrund waren Cardoso und Faletto bemüht,
die weltwirtschaftlichen und –politischen Veränderungen in ihre Analyse der
Transformationsprozesse Lateinamerikas aufzunehmen. Insbesondere das Aufkommen multinationaler Unternehmen hatte in den fünfziger Jahren zu veränderten Nord-Süd-Beziehungen geführt:

"As foreign capital has increasingly been directed towards manufacturing industry in the periphery, the struggle for industrialization, which was previously seen as an anti-imperialist
struggle, has become increasingly the goal of foreign capital. Thus dependency and industrialization cease to be contradictory, and a path of 'dependent development' becomes possible."
(Palma 1978: 909)

Das zweite Merkmal dieser dependenztheoretischen Richtung sieht Palma
in der Einbeziehung der länderspezifischen Faktoren von Abhängigkeit (Palma
1978: 909 f). So beschreiben Cardoso und Faletto die jeweiligen Muster sozialer
Asymmetrien der lateinamerikanischen Gesellschaften und beziehen daneben
auch geographische Faktoren in ihre Analyse mit ein.

Das wichtigste und eigentliche Merkmal der Arbeiten von Cardoso und
Faletto besteht – im Unterschied zu den zuvor diskutierten Dependenztheorien –
jedoch in ihrer Verknüpfung von externen und internen Faktoren des Abhängig-
keitsverhältnisses. Diese werden von Cardoso und Faletto in einem dialektischen
Verhältnis zueinander stehend gesehen, da sich ihrer Ansicht nach nur so die jeweiligen sozialen, politischen und ökonomischen Prozesse der verschiedenen
lateinamerikanischen Staaten verstehen lassen (Palma 1978: 910). So hat die koloniale Erweiterung des Merkantilismus in den Ländern Lateinamerikas zu Sklavenarbeit, der Ausbeutung der indigenen Bevölkerung und den ersten Formen
von Lohnarbeit geführt, aber mit jeweils unterschiedlichen Manifestierungen,
die auf interne Strukturen der Länder zurückzuführen sind, denn

"(...) sectors of local classes allied or clashed with foreign interests, organized different forms of state, sustained distinct ideologies, or tried to implement various policies or defined alternative strategies to cope with imperialist challenges in diverse moments of history." (Cardoso/Faletto 1979: xvii)

Palma betont, dass das kapitalistische Weltsystem nach dieser Argumentation nicht bestimmte interne Effekte in den lateinamerikanischen Staaten hervorruft, sondern einen bestimmten Ausdruck in den jeweiligen internen Strukturen findet (Palma 1978: 910). Somit sehen Cardoso und Faletto sowohl gesellschaftlich bedingte gemeinsame als auch gegensätzliche Interessen im Hinblick auf die externen Einflüsse des Weltsystems gegeben:

"We conceive the relationship between external and internal forces as forming a complex whole whose structural links are not based on mere external forms of exploitation and coercion, but are rooted in coincidences of interests between local dominant classes and international ones, and, on the other side, are challenged by local dominated groups and classes. In some circumstances, the networks of coincident or reconciled interests might expand to include segments of the middle class, if not even of alienated parts of working classes. In other circumstances, segments of dominant classes might seek internal alliance with middle classes, working classes, and even peasants, aiming to protect themselves from foreign penetration that contradicts their interests." (Cardoso/Faletto 1979: xvi)

Nach der Unabhängigkeit der lateinamerikanischen Staaten war die politische Macht in den Händen der Vertreter des modernen kommerziellen Landwirtschaftssektors und der alten Oligarchie der Großgrundbesitzer. Aufgrund der Dominanz der zuerst genannten Gruppe bildete sich eine exportorientierte Wirtschaftspolitik heraus, die sogenannte "desarrollo hacia afuera". Wie bereits an anderer Stelle erwähnt, wandelte sich diese Politik seit der Weltwirtschaftskrise in eine "desarrollo hacia adentro", eine nach innen ausgerichtete Wirtschaftspolitik der importsubstituierenden Industrialisierung. Als Beispiel für die mit der Wirtschaftspolitik verknüpften jeweiligen Klasseninteressen benennen Cardoso und Faletto Brasilien unter dem Präsidenten Getúlio Vargas in den dreißiger Jahren: Es gab eine Machtaufteilung zwischen der Oligarchie der Zucker- und Kaffeeproduzenten und der neuen städtischen Bourgeoisie. Vargas unterstützte mit seiner Politik beide gesellschaftlichen Klassen und subventionierte insbesondere die Kaffeeproduzenten. Vor diesem Hintergrund sehen Cardoso und Faletto die Wirtschaftspolitik, in diesem Fall die Politik der importsubstituierenden Industrialisierung, als primäres Resultat von innergesellschaftlichen Interessenkonflikten und –allianzen, das einem unbeabsichtigtem Keynesianismus gleichkam. Das Scheitern der importsubstituierenden Industrialisierung hatte auch das Auseinanderbrechen der gesellschaftlichen Allianz der Großgrundbesitzer und der Bourgeoisie sowie der "populistischen Allianz" der Bourgeoisie mit den Gewerkschaften zur Folge, die als zerbrechliche Basis der Demokratie in Lateinamerika fungiert hatte. Durch die Dominanz der multinationalen Unternehmen und der verstärkt international ausgerichteten Wirtschaftspolitik waren die alten Klassengegensätze und –allianzen einer neuen sektoralen Aufteilung gewichen. Cardoso und Faletto sahen in den Klassenallianzen und ihrem Scheitern angesichts ökonomischer Krisen den Hauptgrund für das Aufkommen diktatorischer Regimes in Lateinamerika (Vgl. Cardoso/Faletto 1979: 127 ff).

Mit ihrer Fokussierung auf die Klasseninteressen innerhalb der lateinamerikanischen Staaten sind Cardoso und Faletto eher im marxistischen als im neomarxistischen Spektrum der Dependenztheorien anzusiedeln.

2.4.4 Neomarxistische Dependenztheorie – die Variante Frank

Da er überwiegend in Englisch geschrieben hat und als Vertreter einer "crystallized theory of dependence" (Blomström/Hettne 1984: 66), also der vielleicht plakativsten Form der Dependenztheorie[54], gilt, wurde und wird Andre Gunder Frank[55] außerhalb Lateinamerikas als der bekannteste Vertreter dependenztheoretischen Denkens gesehen.

Frank war in Chicago zum Ökonomen ausgebildet worden und vertrat dementsprechend die Vorstellungen der neoklassischen Ökonomie[56]. Während er in den sechziger Jahren in Lateinamerika lehrte und forschte, wandelte er sich jedoch – insbesondere bedingt durch die Erfahrungen der kubanischen Revolution – zu einem dependenztheoretischen Kritiker der Modernisierungstheorien (Vgl. Randall/Theobald 1985: 104). Neben der Kritik an der neoklassischen Ökonomie der Modernisierungstheorien setzte er sich noch stärker als die zuvor diskutierten Dependenztheoretiker von dem ECLA-Reformismus ab. Frank war

---

[54] David Booth schreibt in diesem Zusammenhang über Frank: "On a more popular level and for the non-economist, however, nobody has done more to advance the cause of economics as the study of economies among English readers than Andre Gunder Frank. Whereas today the typical development economist may be expected with some degree of confidence to be familiar with the theories of Raúl Prebisch and Celso Furtado, the general reader or mere sociologist concerned with the 'Third World', is far more likely to have encountered some of Frank's leading ideas." (Booth 1975: 51).

[55] Andre Gunder Frank wurde 1929 in Berlin geboren. Sein Vater, Leonhard Frank, war ein radikalpazifistisch eingestellter Schriftsteller. 1933 emigrierte die Familie Frank und ließ sich 1940 in den USA nieder. A.G. Frank hat an der University of Chicago Ökonomie studiert und 1957 promoviert. Nach seinem Studienabschluss war er zunächst einige Jahre als Dozent an der Michigan State University tätig und verbrachte dann jeweils zwei Jahre in Brasilien sowie Mexiko. Während dieser Auslandsaufenthalte entwickelte er seine Dependenztheorie. Von 1968 bis 1973 hat A.G. Frank in Chile Ökonomie und Soziologie gelehrt und ist nach dem Putsch nach Europa exiliert, wo seitdem er an verschiedenen deutschen, britischen und niederländischen Universitäten und Instituten gearbeitet hat. Seit seiner Emeritierung lebte A.G. Frank in Toronto und gehörte der Graduate Faculty der University of Toronto an. Des Weiteren ist er als Gastforscher an verschiedenen US-amerikanischen Universitäten tätig gewesen (Vgl. Hein 2000: 80). A.G. Frank starb im April 2005.

[56] Frank schreibt über seinen persönlichen Hintergrund: "My own social and intellectual background is that of middle-class North America, and my professional formation that of the most reactionary wing of the American bourgeoisie. (…) When I came to Latin America some three years ago, I thought of the problems of development here in terms of largely domestic problems of capital scarcity, feudal and traditional institutions which impede saving and investment, concentration of political power in the hands of rural oligarchies, and many of the other universally known supposed obstacles to the economic development of supposedly traditionally underdeveloped societies. I had read Paul Baran, but I did not really understand him or any part of the world. The development policies, such as investment in human capital and discontinuous strategies of economic development, which my academic research had led me to publish in professional journals, were more or less of a piece with those of my colleagues, even if I did not go to extremes of classical monetary policy and pseudo-Weberian and neo-Freudian attitudinal and motivational analyses and policy." (Frank, A.G. 1967: xiii)

zudem sehr stark durch die Arbeiten von Baran beeinflusst und baute dessen Theorie über den von den Metropolen angeeigneten Mehrwert aus den Peripherien weiter aus.

Franks Ausgangspunkt bildete die Überzeugung, dass Unterentwicklung im Trikont komplementär mit Entwicklung in den industriellen Metropolen verbunden sei:

"Economic development and underdevelopment are the opposite faces of the same coin. Both are the necessary result and contemporary manifestation of internal contradictions in the world capitalist system. Economic development and underdevelopment are not just relative and quantitative, in that one represents more economic development than the other; economic development and underdevelopment are relational and qualitative, in that each is structurally different from, yet caused by its relation with, the other. Yet development and underdevelopment are the same in that they are the product of a single, but dialectically contradictory, economic structure and process of capitalism. (...) One and the same historical process of the expansion and development of capitalism throughout the world has simultaneously generated – and continues to generate – both economic development and structural underdevelopment." (Frank, A.G. 1967: 9)

Nach dieser Auffassung ist Unterentwicklung die Folge der Integration in das kapitalistische Weltsystem und keineswegs auf eine mangelnde Integration – wie von modernisierungstheoretischer Seite behauptet wird – zurückzuführen. Die Grundannahme der Modernisierungstheorien, wonach es sogenannte traditionale und moderne Länder/Sektoren gibt, die sich nach dem Grad ihrer Eingliederung in das kapitalistische Weltsystem durch die Übernahme bestimmter moderner Charakteristika unterscheiden, weist Frank als eurozentristisch und somit im Hinblick auf den Trikont als historisch nicht haltbar zurück. Frank versucht diese These anhand des Vergleichs von Nord- und Südamerika zu untermauern. Ausgehend von der Frage, wie sich das ökonomische Gefälle zwischen den beiden Teilen des amerikanischen Kontinents erklären lässt, bestreitet Frank die Webersche These von der primären Relevanz der unterschiedlichen Kolonialmächte für die Entwicklung des einen und die Unterentwicklung des anderen Teils von Amerika. Laut Weber hat Nordamerika von der Einführung fortschrittlicher Institutionen des britischen Kapitalismus profitiert, während Lateinamerika unter der Einführung feudaler Institutionen der iberischen Halbinsel zu leiden hatte. Auch die unterschiedlichen Charaktereigenschaften der Kolonialherren hätten laut Weber zur ungleichen Entwicklung beigetragen: Während sich im Norden Amerikas unternehmerische Protestanten ansiedelten, sah Weber den Süden von der weniger individualistisch orientierten katholischen Kultur geprägt. Frank entgegnet der ersten Begründung mit dem Verweis auf die Unterentwicklung in den Südstaaten Nordamerikas sowie der Karibik, die ebenfalls von Großbritannien kolonisiert worden waren (Frank, A.G. 1972: 17). Aus der Sicht von Frank zeichnen sich gerade die Regionen Amerikas durch Unterentwicklung aus, die besonders große Rohstoffvorkommen und günstige klimatische Bedingungen für die Plantagenwirtschaft aufweisen[57]. Da diese Eigenschaf-

---

[57] Zu den unterentwickeltsten Regionen Lateinamerikas zählt Frank Teile von Zentralamerika und der Karibik, den Nordosten Brasiliens und Teile der Andengebiete und Mexikos, in denen die indigene

ten nicht auf den Norden der USA und Kanada zutreffen, diese Regionen aber am entwickeltsten sind, folgert Frank:

"Thus, a comparative study of the varieties of European colonies established in the New World leads us to a fundamental conclusion which may at first seem paradoxical, but is nevertheless an accurate reflection of the dialectic of capitalist development: the greater the wealth available for exploitation, the poorer and more underdeveloped the region today; and the poorer the region was as a colony, the richer and more developed it is today. There is only one basic reason for this: underdevelopment is the result of exploitation of the colonial and class structure based on ultraexploitation; development was achieved where this structure of underdevelopment was not established because it was impossible to establish." (Frank, A.G. 1972: 19)[58]

Frank vertritt die Auffassung, dass es bereits seit dem Beginn der Eroberung Lateinamerikas durch Portugal und Spanien im sechzehnten Jahrhundert ein kapitalistisches Weltsystem gegeben habe, welches sich durch Monopolisierung und Ausbeutung auszeichne. Darüber hinaus liefert er keine genauere Kapitalismusdefinition, somit beruhen seine Vorstellungen – wie auch die vom bereits diskutierten Baran – auf einer Zentrierung auf den (internationalen) Handel und der damit verbundenen Vorstellung über die Aneignung des Mehrwerts durch die Metropolen[59]. Frank verwehrt sich gegen die sowohl von modernisierungstheoretischer als auch teils marxistischer Seite geäußerte Überzeugung, dass feudale Strukturen – hier verdeutlicht am Beispiel Brasiliens – ursächlich für die dortige Unterentwicklung seien. Laut Frank habe es in Lateinamerika seit der Kolonialisierung keine nennenswerten feudalen, sondern lediglich kapitalistische Strukturen gegeben[60]. Diese kapitalistischen Strukturen hätten alle gesellschaftlichen Bereiche durchdrungen, wie Frank auch im Hinblick auf die Unterdrückung der indigenen Bevölkerung betont:

"The "Indian problem" (...) does not lie in any *lack* of cultural or economic integration of the Indian into society. His problem, like that of the majority of people, lies rather in his very exploitative metropolis-satellite *integration* into the structure and development of the capitalist system which produces underdevelopment in general." (Frank, A.G. 1967: 142)

Vor diesem Hintergrund entwickelte Frank sein eigenes Unterentwicklungsmodell, das sogenannte Satelliten-Metropolen-Modell, welches auf den Überlegungen von Baran zum Mehrwert aufbaute[61]. Laut Frank lag in der exter-

---

Bevölkerung dominiert sowie die Bergbaugebiete Brasiliens, Boliviens und Zentralmexikos (Frank, A.G. 1972: 22).

[58] Unter dem Begriff "ultraexploitation" und damit zusammenhängend "ultra-underdevelopment" versteht Frank "(...) regions where contemporary rather than past colonialism assumes its most extreme forms" (Frank, A.G. 1972: 22). Als Beispiel benennt er Venezuela, das durch den Ölboom und die damit verbundene Exportwirtschaft sozusagen aktiv in die Unterentwicklungsspirale hineingeriet (Frank, A.G. 1972: 22).

[59] Für Marx war jedoch der primäre Untersuchungsgegenstand nicht der Handel, sondern die Produktion.

[60] Über das Beispiel Brasilien äußert Frank sich in diesem Zusammenhang wie folgt: "The Brazilian economy, including ist agriculture, is part of a capitalist system. It is the development and functioning of this system which produce both development and underdevelopment and which account for the terrible reality of agriculture in Brazil – and elsewhere." (Frank, A.G. 1967: 221)

[61] Frank schrieb dazu: "I believe, with Paul Baran, that it is capitalism, both world and national, which produced underdevelopment in the past and still generates underdevelopment in the present." (Frank, A.G. 1967: vii)

nen Aneignung des Mehrwerts durch die industriellen Metropolen die Ursache von Unterentwicklung in den Ländern des Trikonts und im Umkehrschluss auch die Entwicklung in den Metropolen begründet (Frank, A.G. 1967: 3). Frank sah das Weltsystem eingeteilt in eine Kette von Metropolen, Metropolen/Satelliten und Satelliten, wobei erstere letztere ausbeuteten. Anhand der Länderbeispiele von Chile und Brasilien zeigt er die Funktionsweise dieser Ausbeutungskette auf und schreibt über Chile:

"The monopoly capitalist structure and the surplus expropriation/appropriation contradiction run through the entire Chilenean economy, past and present. Indeed, it is this exploitative relation which in chain-like fashion extends the capitalist link between the capitalist world and national metropolises to the regional centers (part of whose surplus they appropriate), and from these to local centers, and so on to large landowners or merchants who expropriate surplus from small peasants or tenants, and sometimes even from these latter to landless laborers exploited by them in turn. At each step along the way, the relatively few capitalists above exercise monopoly power over the many below, expropriating some or all of their economic surplus and, to the extent that they are not expropriated in turn by the still fewer above them, appropriating it for their own use. Thus at each point, the international, national, and local capitalist system generates economic development for the few and underdevelopment for the many." (Frank, A.G. 1967: 7 f)

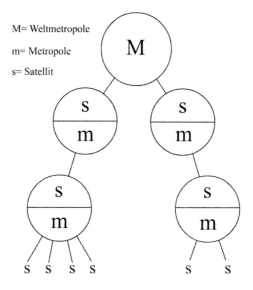

M= Weltmetropole

m= Metropole

s= Satellit

Abbildung 2: Franks Metropolen-Satelliten-Modell

Das Modell von Frank lässt sich wie in Abbildung 2 veranschaulichen. Die mit "M" bezeichnete Metropole steht für die jeweilige Weltmacht, in diesem Fall die USA, die für Frank die *eigentliche* Metropole darstellt und somit die Nutznießerin des gesamten Weltsystems ist. Daran anschließend finden sich nationale, re-

gionale, lokale und "enterprise"-Metropolen-Satelliten, die durch ihre Integration in das kapitalistische Weltsystem jeweils die globalen Ungleichheiten in sich
verkörpern und somit sowohl die Funktion von Metropolen ("m") als auch Satelliten ("s") innehaben (Frank, A.G. 1967: 10). Ihr metropolenstatus (sic!) ist jedoch nur ein Zerrbild der eigentlichen Metropole, denn

"The development of the national metropolis necessarily suffers from limitations, stultifica-
tion, or underdevelopment unknown in the world capitalist metropolis – because the national
metropolis is simultaneously also a satellite itself, while the world metropolis is not." (Frank,
A.G. 1967: 11)

Somit sind alle Teile dieser Kette – bis auf die Metropole – unterentwickelt, und
am untersten Ende der Kette stehen schließlich die *eigentlichen* Satelliten ("s"),
die ärmsten landlosen Arbeiter des Trikonts. Nach der Logik dieses Modells
sind die Entwicklungschancen der Länder des Trikonts dann am größten, wenn
die Anbindung an die Metropolen am geringsten ist. Wie bereits Baran die Existenz einer lateinamerikanischen Bourgeoisie infrage stellte, so spricht auch
Frank lediglich von einer vermeintlichen Bourgeoisie, einer Lumpenbourgeoisie[62], die als eine Art "Brückenkopf" für die Aneignung des Mehrwerts von den
Satelliten in die Metropolen fungiert. Vor diesem Hintergrund zieht Frank seine
politischen Schlussfolgerungen: (1) Entwicklung ist lediglich in einer sozialistischen Gesellschaft möglich. (2) Die USA sind demzufolge gegen Entwicklung
im Trikont. (3) Der direkte Gegner von Entwicklung und somit auch Sozialismus ist aus taktischen Erwägungen die nationale Lumpenbourgeoisie, aber strategisch gesehen ist der *eigentliche* Gegner die USA.[63] (4) Die Loslösung von der
neokolonialen Abhängigkeit und der damit verbundenen internen Klassenstruktur kann somit nur revolutionär und nicht reformerisch erfolgen. Eine Revolution muss nach Ansicht von Frank jedoch zwei notwendige Merkmale aufweisen:
Sie muss zum einen zu einer internen Machtverschiebung führen und eine damit
verbundene Erweiterung der Partizipationsmöglichkeiten bieten und zum anderen muss sie zu einer Unabhängigkeit nach außen führen, also zu einer Abkoppelung vom kapitalistischen Weltsystem.[64] Frank betont die Relevanz der Interdependenz dieser beiden Aspekte, denn

---

[62] In seiner Veröffentlichung "Lumpenbourgeoisie: Lumpendevelopment" (1972) stellt Frank bezüglich seiner Wortwahl fest: "I have been told that I ought never to use the word "bourgeoisie" because it
denotes a social process which has never existed and will never exist in colonial and neo-colonial
Latin America. But I have been unable to replace it with another term. I find "dominant class" unsatisfactory; "oligarchy" has even more ambiguous implications in connection with the Latin American
reality; and I cannot even consider "aristocracy" or "middle class", which are terms used by the ide-
ologists of imperialism and their Latin American counterparts. Thus, I have chosen to retain "bourgeoisie" and to add "lumpen" to it." (Frank, A.G. 1972: 9)
[63] Frank (1972) schreibt dazu abschließend in seinem Kapitel "Alternatives and Options": "The realities of the lumpenbourgeoisie and lumpendevelopment of Latin America force me to conclude this
study with the words I used to begin my statement at the Cultural Congress of Havana in 1968: 'The
immediate tactical enemy of national liberation in Latin America is the bourgeoisie itself...in spite of
the undeniable fact that, strategically, the principal enemy is imperialism.'" (Frank, A.G. 1972: 145)
[64] Frank weist darauf hin, dass innerhalb des Trikonts des öfteren nur die Verfolgung einer dieser beiden Komponenten des revolutionären Prozesses zu beobachten gewesen sei. So hätten sich Ägypten
unter Nasser sowie Burma zwar zeitweilig abgekoppelt, aber keine weitreichenden inneren sozialen
und politischen Veränderungen angestoßen. Demgegenüber hätten sich Ghana unter N'Krumah und

"(...) to try neither delinking nor popular participation gets you nowhere. To try only external delinking without internal participation also gets you nowhere and leads back to rapid delinking. To try only internal participation without external delinking is extremely dangerous, very difficult to do, and likely to lead to disaster. External delinking and internal participation, social and political mobilization, reinforce each other and are necessary in order to be able to pursue rapid structural change to a threshold from which one would not immediately slide backward." (Frank, A.G. 1983b: 195)

Franks Dependenztheorie hat ein breites Spektrum an Kritik hervorgerufen, das im Folgenden dargestellt und diskutiert werden soll.

Adam Smith im Kopfstand – Kritik an Franks Modell

Die grundlegende Kritik an der neomarxistischen Variante der Unterentwicklungstheorien trifft auch auf Frank sowie den bereits diskutierten Baran und die noch zu diskutierende Weltsystemschule von Wallerstein zu: Ihre Modelle und die ihnen zugrundeliegende Kapitalismusdefinition unterscheiden sich nicht *strukturell* von den modernisierungstheoretischen Vorstellungen, lediglich ihre *moralischen Wertungen* von Ent- und Unterentwicklungsprozessen liegen weit auseinander. Analytisch gesehen bewegen sie sich auf gleichem Terrain: Beide verorten – entweder positiv oder negativ bewertet – Ent- und Unterentwicklung in einem abstrakt definierten Prozess von kapitalistischer Ausweitung. Während also die Modernisierungstheoretiker bzw. die (neo-)klassische ökonomische Schule davon ausgehen, dass die weltweite Verbreitung des Kapitalismus – definiert als "freier" Markt – zu einer internationalen Arbeitsteilung und damit zu größerer Produktivität und Effizienz führen würde, stellen Frank et al. diese Vorstellung einfach auf den Kopf, in den Worten von Robert Brenner:

"It has been their (entire line of writers in the Marxist tradition: Sweezy, Frank, Wallerstein et al., Anm. d. Verf.) intention to negate the optimistic model of economic advance derived from Adam Smith, whereby the development of trade and the division of labour unfailingly bring about economic development. Because they have failed, however, to discard the underlying individualistic-mechanist presuppositions of this model, they have ended up by erecting an alternative theory of capitalist development which is, in its central aspects, the mirror image of the 'progressist' thesis they wish to surpass. Thus, very much like those they criticize, they conceive of (changing) class relations as emerging more or less directly from the (changing) requirements for the generation of surplus and development of production, under the pressures and opportunities engendered by a growing world market. Only, whereas their opponents tend to see such market-determined processes as setting off, automatically, a dynamic of economic development, they see them as enforcing the rise of economic backwardness." (Brenner 1977: 27)

Franks Kritik an der herkömmlichen modernisierungstheoretischen Sichtweise lautet schlicht und einfach, dass die Vorzüge der kommerziellen Zivilisation

---

Chile unter Allende zwar einem inneren Transformationsprozess unterzogen, aber sich nicht vom kapitalistischen Weltmarkt abgekoppelt. Lediglich die sozialistischen Länder sieht Frank als das erfolgreiche Produkt der Realisierung beider Komponenten des revolutionären Prozesses an (Frank, A.G. 1983b: 195).

nicht universell spürbar sein können, da sie lediglich in den Zentren als Folge der internationalen Ausbeutung zu finden sind. Der systematische Abfluss des Mehrwertes hindert laut Frank die Peripherie an der Nutzung ihrer eigenen Mittel, so dass mit Hilfe von ausländischen Kapitalanleihen wiederum neue Abhängigkeiten geschaffen werden, die Frank mit dem Zusatz *Lumpen*- umschreibt. Demzufolge ist seine Unterentwicklungstheorie eher eine Theorie der Pathologie des merkantilen Kapitalismus und bietet ihrer Logik zufolge nur die Abkoppelung vom Weltmarkt als Lösungsweg an. Damit lenkt Frank jedoch die Aufmerksamkeit und die Analyse von *Entwicklungs*prozessen im Trikont weg, die er ausnahmslos negiert. Sein Fokus auf den merkantilen Kapitalismus blendet die Industrialisierungsprozesse, die auch im Trikont stattfinden, einfach aus.

Frank deutet die Kapitalismusdefinition in seinem Modell lediglich an, so dass man vergeblich nach einer klaren Eingrenzung seines Untersuchungsgegenstandes sucht. Es finden sich nur einige vage Aussagen über sein Kapitalismusverständnis, so schreibt er beispielsweise:

"Capitalism's essential internal contradiction between the exploiting and exploited appears within nations no less than between them." (Frank, A.G. 1969: 227)

Mit seiner allgemeinen Fixierung auf das Gegensatzpaar Ausgebeutete und Ausbeuter steht Frank in Opposition zu den Marxisten, die im Kapitalismus eine bestimmte Produktionsweise sehen, die auf der Ausbeutung der Arbeitskraft der Arbeiter beruht, weil sie – getrennt von ihren Produktionsmitteln – dazu gezwungen sind selbige zu verkaufen. Der Marxist Ernesto Laclau kommentiert Franks Vorstellungen wie folgt:

"Therefore, we could conclude that from the neolithic revolution onwards there has never been anything but capitalism." (Laclau 1971: 25)

Franks Verweis auf die in der Kolonialzeit wurzelnde Spezialisierung auf den Export bestimmter Produkte in den Ländern des Trikonts, ist in bestimmten Fällen zutreffend (so beispielsweise im Hinblick auf Zucker in Kuba, Bananen in Zentralamerika, Bergbau in Zaire und Sambia), aber nicht alle Formen der Produktspezialisierung sind erzwungen worden. Wieso sollte jedes Land – wie es Frank nahe legt – seine gesamten Konsumgüter selbst produzieren? Bereits die Unterschiede in der weltweiten Verteilung der Bodenschätze und anderer natürlicher Ressourcen machen einen bestimmten Grad an Spezialisierung sinnvoll. Selbst dann, wenn sowohl Kapital als auch technisches Know-how international und national gleichmäßig verteilt wären, würde es somit "unerzwungene" Formen der Spezialisierung geben.

Das Argument des ungleichen Tauschs und dem damit verbundenen Abfluss von Mehrwert von den Peripherien in die Metropolen ist in Franks Ausführungen erstens auf die koloniale Ausbeutung bezogen, zweitens auf die Marxsche Werttheorie und drittens auf die sich verschlechternden ToT wie die ECLA sie beschrieben hatte. Der erste Aspekt ist zwar historisch zutreffend, aber die von Frank daraus gefolgerte permanente und unabdingbare Ausbeutung lässt sich nicht aufrecht erhalten. Frank spricht mit dieser Argumentation jeglichen sozialen Wandlungsprozessen ihre Chance ab und zeigt insofern einen Bruch in seiner Argumentation: Vor *der* Revolution und Abkoppelung ist keine emanzipative Politik möglich und danach ist alles machbar. Mit dieser Vorstellung, wonach sozialer Wandel nur unter festgelegten Bedingungen nach großen Ereignisse möglich ist, zeigt Frank ein sehr dichotomes Geschichtsverständnis. Angesichts der Tatsache, dass *die* Revolution zumeist in *dem* Terror kulminiert(e), stellt Franks Revolutionsphantasie keine politisch verantwortbare Rezeptur dar. Merquior bemerkt treffend zur lateinamerikanischen Revolutionsromantik:

"(...) while elsewhere in the so-called Third World, in state- and nation-building situations, radicalism actually means revolution without class struggle, in most of Latin America, at a stage of industrialisation not unlike that of France or Japan 25 years ago, the sheer size of the middle classes would almost certainly meet revolution with class war and authoritarian backlashes. If only for this reason, it is all the more important not to flirt with radical posturing under the frivolous pretext that anything is better than disenchanted industrial democracies." (Merquior 1991: 159)

Franks Ausführungen zur Werttheorie sind entgegen anderslautender Behauptungen nicht marxistisch, da er den Wert der Güter über die Preise definiert. Laut marxistischer Werttheorie wird der Wert jedoch über die benötigte Arbeitskraft und nicht über den Preis ermittelt. Franks dritter Begründungszusammenhang für seine These des Mehrwertabflusses und des ungleichen Handels beruht auf den von der ECLA festgestellten ungleichen ToT zwischen Entwicklungs- und Industrieländern. Wie bereits erwähnt, lassen sich keine überzeugenden empirischen Belege für stetig sinkende ToT der Entwicklungsländer finden.

Die Ausbeuter und die Ausgebeuteten sind in Franks Theorie geographisch unterscheidbar: erstere finden sich im Norden und letztere im Süden. Als Analyseeinheiten dienen ihm bei dieser Unterscheidung Nationen und Regionen, denen er ihre jeweilige Satelliten und/oder Metropolenfunktion zuordnet. Demgegenüber wurde insbesondere von marxistischer Seite die Kritik geäußert, dass Frank die Kategorie soziale Klasse nur untergeordnet betrachtet, aber sie nicht in den Mittelpunkt der Analyse rückt. So heben John Weeks und Elizabeth Dore hervor, dass der Begriff des Mehrwerts bei Frank zu einem "mysterious thing" geworden sei, denn

"(...), if exploitation is treated as a relationship between countries, it becomes a characteristic of capitalism, but not a necessary condition for that mode of production. Further, it becomes a characteristic which is not unique to capitalism, but of all modes of production (except socialism). (...) the important issue is not that he (Frank, Anm. d. Verf.) is obscuring Marx's analysis (though he is), but that he is obscuring reality. A surplus product arises in production and appears in circulation (if exchanged). By dealing with countries only, one considers the appearance of reality, not reality itself. What is missing here is the concept of mode of production." (Weeks/Dore 1979: 64 f)

Damit steht die von Frank et al. entwickelte neomarxistische Dependenztheorie in der Gefahr, eine Ideologie des Nationalismus und des regionalen Chauvinismus zu werden. Zudem bewegt sich die Dependenztheorie mit ihren Analyseeinheiten teilweise auf dem noch zu diskutierenden neopopulistischen

Terrain, welches beispielsweise die Arbeiten von Michael Lipton kennzeichnet. Indem Frank die geographische Ausbeutung in dem Faktor Arbeit (Generierung von Mehrwert) verortet, werden auch die Gewerkschaften der industriellen Metropolen zu Ausbeutern erklärt, da sie in der Lage seien, höhere Löhne aus Produktivitätsgewinnen zu fordern, *weil* ihre Kollegen im Trikont dazu nicht in der Lage seien.

2.4.5 Blockierter peripherer Kapitalismus – Samir Amins Analyse

Als afrikanische Variante der Unterentwicklungstheorie gelten die Arbeiten des Ägypters Samir Amin[65], dessen frühe Veröffentlichungen in den fünfziger Jahren insbesondere von Raúl Prebisch und der ECLA beeinflusst waren. Somit heben Blomström und Hettne hervor, dass sich Amin in dieser Hinsicht kaum von seinen lateinamerikanischen Kollegen unterschied, aber zudem auch von den Diskussionen innerhalb der ägyptischen kommunistischen Partei beeinflusst war (Blomström/Hettne 1984: 142).

Amin geht von zwei Kategorien im Rahmen des kapitalistischen Weltsystems aus: Zentrum und Peripherie. Der Hauptunterschied zwischen diesen Kategorien besteht laut Amin darin, dass die kapitalistischen Verhältnisse im Zentrum ein Resultat innergesellschaftlicher Prozesse darstellen, während sie in der Peripherie von außen induziert worden seien. Demzufolge sind die Zentrumsökonomien autozentriert, was nach Amins Überzeugung ein Gleichgewicht in der internen Beziehung zwischen dem Sektor der Massengüterproduktion und dem Sektor der Kapitalgüterproduktion bedeutet. Die peripheren Ökonomien unterstehen jedoch der Akkumulationslogik des Zentrums und können somit nur eine abhängige Entwicklung aufweisen. Diese Abhängigkeit hat sich von der kolonialen zu einer neokolonialen verschoben, also in eine technologische Abhängigkeit und eine Abhängigkeit von multinationalen Konzernen etc.. Die neokolonialen Formen der Abhängigkeit stellen nach Ansicht von Amin eine Vertiefung der Unterentwicklungsprozesse dar. Im Gegensatz zu Frank und Wallerstein bezieht Amin den Faktor Produktivität in seine Überlegungen mit ein, und kommt davon ausgehend zu dem Schluss, dass insbesondere in Teilen des Exportsektors der peripheren Ökonomien neueste Technologien angewandt werden – somit also eine vergleichbare Situation wie in den Industrien der Zentrumsökonomien vorliegt, aber sich dennoch ein krasses Lohngefälle konstatieren lässt. Seine Definition vom ungleichen Tausch lautet demzufolge:

"(...) the exchange of products whose production involves wage differentials greater than those of productivity." (Amin 1977: 211)

---

[65] Samir Amin, geboren 1931, ist Wirtschaftswissenschaftler und hat an verschiedenen französischen und afrikanischen Universitäten gelehrt. Zudem war er von 1957 bis 1960 Mitarbeiter der ägyptischen Behörde für ökonomische Entwicklung, von 1960 bis 1963 Berater der Regierung Malis, danach Direktor des Afrikanischen Instituts für ökonomische Entwicklung und Planung. Zur Zeit leitet er das Afrika-Büro des Dritte-Welt-Forums in Dakar.

Amin betont in diesem Zusammenhang, dass nicht nur die kapitalistische Produktionsweise im Exportsektor der peripheren Ökonomien anzutreffen sei, sondern ebenso andere Produktionsweisen. Somit würden in den peripheren Ökonomien niedrige Löhne, moderne Technologie und eine damit verbundene hohe Arbeitsproduktivität die Grundlage für den ungleichen Tausch und die daraus erwachsende Ausbeutung bilden.

Amin sieht seine zwei "Kapitalismen" – den autozentrierten des Zentrums und den abhängigen der Peripherie – als sich gegenseitig bedingend und als Teile des Weltsystems an, welches sich in diesen Teilen permanent reproduziert. Vor diesem Hintergrund liegt Amins Forschungsinteresse in der Erarbeitung der Unterschiede der beiden "Kapitalismen". Zu diesem Zweck untergliedert Amin die jeweiligen Ökonomien in vier unterschiedliche Sektoren: den Exportsektor, den Sektor des Massenkonsums, den Sektor des Luxusgüterkonsums und den Sektor der Kapitalgüter. Diese Einteilung lässt sich wie folgt veranschaulichen:

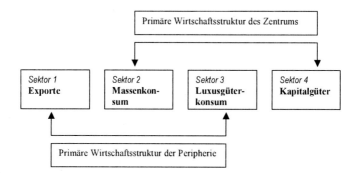

Abbildung 3: Amins Modell des Zentrums- und Peripheriekapitalismus

Die für das Funktionieren des Zentrumskapitalismus wichtige Verbindung besteht zwischen dem Sektor des Massenkonsums *(Sektor 2)* und dem der Kapitalgüter *(Sektor 4)*, das heißt, dass es eine enge Beziehung zwischen der Nachfrage und dem Lohnniveau gibt. Dadurch ergeben sich nach Amins Auffassung die Bedingungen für einen sich selbst reproduzierenden und vergrößernden Kapitalismus, da ein gewisses Lohnniveau für die Nachfrage und somit den Profit sorgt. Diesem Kapitalismus in "Reinform" stellt Amin den peripheren Kapitalismus gegenüber, der sich durch eine nach außen gerichtete Produktionsstruktur auszeichnet, die sowohl im Exportsektor *(Sektor 1)* als auch der Produktion von Luxusgütern *(Sektor 3)* für die "parasitären" sozialen Klassen wurzelt:

"Die Peripherie erfüllt nur eine marginale, untergeordnete und begrenzte Funktion. Diese Dynamik führt zu einer wachsenden Polarisierung des Reichtums zugunsten des Zentrums. Dennoch entsteht auf einem gewissen Niveau der Ausdehnung des Exportsektors ein Binnenmarkt. Auf ihm werden, anders als auf dem Markt des Zentrums, Luxusprodukte statt Mas-

senverbrauchsgüter gefragt. (...) Zudem erfordert die Durchsetzung niedriger Arbeitseinkom-
men die Stärkung parasitärer lokaler sozialer Schichten, die die Funktion von Transmissions-
riemen erfüllen: Großgrundbesitzer, Kulaken, Kompradorbourgeoisie, Staatsbürokratie usw.
Der Binnenmarkt entsteht vor allem durch die Nachfrage dieser sozialen Schichten nach Lu-
xusprodukten. Dieses periphere Modell von Akkumulation und ökonomischer und sozialer
Entwicklung ist also durch eine spezifische Verknüpfung – Exportsektor/Luxusgüterver-
brauch – gekennzeichnet." (Amin 1975: 154)

Somit liegt nach Amins Überzeugung der Hauptunterschied zwischen den Ländern des Zentrums und der Peripherie in dem in der Peripherie anzutreffenden
von außen induzierten Kapitalismus:

"Die Entwicklung des Kapitalismus in der Peripherie bleibt außengerichtet, nämlich auf den
äußeren Markt gestützt: Sie führt deshalb nicht zu einer vollständigen Entfaltung der kapitalistischen Produktionsweise in der Peripherie." (Amin 1975: 160)

Die Akteure dieser Entwicklung sind Investoren aus den Zentrumsökonomien,
die aufgrund der niedrigeren Produktionskosten in den Exportsektor der peripheren Ökonomien investieren und ihren daraus generierten Profit in die Zentrumsökonomien fließen lassen. Ausgehend von der Annahme gleicher Produktivitätsgewinne in den Ökonomien des Zentrums und der Peripherie, verortet Amin
den entscheidenden Unterschied zwischen beiden in dem Angebot an billiger
Arbeitskraft in der Peripherie. Während die Gewerkschaften des Zentrums in der
Lage seien, Gesellschaftsverträge abzuschließen, um nach Möglichkeit Vollbeschäftigung zu gewährleisten und den Produktivitätssteigerungen angemessene
Löhne zu erhalten, würden die Löhne im Exportsektor der Peripherie aufgrund
des Zusammenspiels ökonomischer, sozialer und politischer Faktoren auf nied-
rigem Niveau stagnieren. Durch das niedrige Lohnniveau der peripheren Ökonomien erklärt sich nach Amins Überzeugung das ungleiche Tauschverhältnis
zwischen Zentrum und Peripherie. Zudem schadet es dem einheimischen Markt
für Massenkonsumgüter, da aufgrund der niedrigen Löhne keine ausreichende
Nachfrage zustande kommen kann und demzufolge vorrangig für den Export
produziert wird. Zugleich ergibt sich daraus eine relativ große Nachfrage für
sogenannte Luxuskonsumgüter im Vergleich zu der Massenkonsumgüternach-
frage. Verantwortlich für diese Entwicklung ist laut Amin ein Zusammenspiel
verschiedener Faktoren: So würden niedrige Löhne für die Arbeiter im Exportsektor und Teile von Profiten aus ausländischen Investitionen für die "parasitären" sozialen Klassen diese Wirtschaftsstruktur weiterhin verfestigen. Der aus
dem Exportsektor generierte Profit für die lokalen Eliten würde aufgrund des
kulturellen Imperialismus zum größten Teil in den Konsum von Luxusgütern
münden. Laut Amin manifestiert sich die besondere Wirtschaftsstruktur der Peripherie sowohl in ihren Importen von Luxusgütern als auch in ihrer einheimischen Produktion. Letztere sei im Rahmen der importsubstituierenden Industrialisierungsstrategie nicht durch die Produktion von Massenkonsumgütern, sondern Luxuskonsumgütern gekennzeichnet. Dadurch würden sowohl Kapital als
auch gut ausgebildete Arbeitskräfte dem Massenkonsumsektor entzogen und
Sektoren wie die Landwirtschaft stagnieren. Diese Entwicklung ist nicht nur extern bedingt und auch nicht nur auf den Export- und den Luxusgüterkonsumsek-

tor bezogen, sondern reproduziert sich selbst, indem die Rückständigkeit bestimmter Sektoren wie der Landwirtschaft den Exportsektor begünstigt und dessen niedriges Lohnniveau nicht in Frage stellt. Die mit niedrigen Löhnen und fehlendem Arbeitsplatzangebot einhergehende Massenarmut reproduziert wiederum das niedrige Lohnniveau und die niedrige Nachfrage nach Massenkonsumgütern.

Zusammenfassend handelt es sich beim peripheren Kapitalismus nach Amins Überzeugung um ein von außen zwar induziertes, aber sich selbst reproduzierendes System, welches im Exportsektor und in der Nachfrage nach Luxuskonsumgütern fußt. In Anlehnung an Sheila Smith (1982a) lassen sich folgende politische Schlussfolgerungen aus Amins Arbeiten ziehen: (1) Periphere Ökonomien haben keinen Handlungsspielraum im Rahmen des Weltkapitalismus. (2) Nur ein klarer Bruch mit dem kapitalistischen Weltsystem kann die Voraussetzungen für eine echte Entwicklung schaffen. (3) Die Arbeiterklasse des Zentrums profitiert von der Ausbeutung der Peripherie, was in ihrer in politischer und ideologischer Hinsicht pro-imperialistisch ausgerichteten Bewegung zum Ausdruck kommt. (4) Der wichtigste Interessenskonflikt ist geographischer Art und besteht zwischen Ländern des Zentrums und der Peripherie (Smith, S. 1982a: 10).

Der Ausweg aus diesem Dilemma lautet für Amin – und darin unterscheidet er sich nicht von seinen neomarxistischen Kollegen – Abkoppelung von der imperialistischen Weltökonomie und Einschlagen eines sozialistischen Entwicklungsweges:

"Für die Peripherie besteht in Wirklichkeit folgende Alternative: abhängige Entwicklung oder selbstzentrierte Entwicklung, die dann im Vergleich zum Entwicklungsweg der heute entwickelten Länder anders sein muß. Man findet hier das Gesetz der ungleichen Entwicklung der Kulturen: Die Peripherie kann das kapitalistische Modell nicht einholen, sie ist gezwungen, es zu überholen. Sie muß nämlich das kapitalistische Modell der Allokation von Ressourcen grundlegend revidieren und die Regeln der Rentabilität ablehnen. (...) Es ist nicht zufällig, dass jeder ernsthafte Versuch der Peripherie, sich aus der politischen Abhängigkeit des Zentrums zu befreien, zu Konflikten führt, die zeigen, dass eine sozialistische Perspektive notwendig ist." (Amin 1975: 304 f)

Kritik an Samir Amins Modell der ungleichen Entwicklung

Auch Amin ist mit seiner Theorie der ungleichen Entwicklung dem typischen Schwarz-Weiß-Schema der neomarxistischen Theoriebildung verfallen: Unterentwicklung wird von ihm lediglich als Folge des Kontakts der peripheren Ökonomien zu denen des Zentrums beschrieben. Der Erklärungsgehalt seiner Theorie ist laut Jonathan Schiffer – insbesondere aufgrund des Versuchs der Berücksichtigung der internen Klassenstrukturen der Peripherie sowie des umfangreichen Datenmaterials – jedoch vergleichsweise "impressive and provides any would-be critic with a sense of foreboding" (Schiffer 1981: 518). Diese Einschätzung ist für Schiffer jedoch nur im Vergleich zu anderen neomarxistischen Theorien gültig, denn in seiner Überprüfung der empirischen Grundlagen von

Amins Analyse kommt Schiffer zu dem Schluss, dass sich Amins Aussagen über die sektoralen Besonderheiten der peripheren Ökonomien, sprich: die primäre Relevanz der Verknüpfung des Export- mit dem Luxuskonsumgütersektor, nicht aufrecht erhalten lassen. Schiffer hat anhand des Datenmaterials verschiedener internationaler Organisationen (VN, Weltbank, ILO etc.) die Entwicklung der peripheren Ökonomien in der Nachkriegszeit mit Amins Ergebnissen abgeglichen und folgert daraus:

"(...) Amin is wrong in just about every aspect of his approach to the development of capitalism in LDCs. Most fundamentally, the international spread of capitalism did not limit itself to a narrow luxury goods market – either in the form of initial exports to the LDCs or, once initiated, import substitution industries within these countries. The major market was – and still remains – that for mass consumer non-durables, and Amin's 'export sector – luxury goods sector' axis is a figment of his (admittedly fertile) imagination. Rather than being a fetter on LDC capitalist development, the sustained industrial growth of the 1950s and 1960s was overwhelmingly based on a *broad* expansion of the home market." (Schiffer 1981: 532)

In die gleiche Richtung wie Schiffers Kritik zielt die Untersuchung von John Wells zur brasilianischen Ökonomie: Wells stellt fest, dass die Erzeugnisse der brasilianischen Wirtschaft in den siebziger Jahren keineswegs nur für den Export oder die Konsumbedürfnisse der oberen Klasse produziert wurden, sondern vorrangig für den Massenkonsum bestimmt waren (Wells 1977). Dessen ungeachtet können jedoch nach Ansicht von Amin in den peripheren Ökonomien nur die von ihm benannten Merkmale eines sogenannten gestörten Kapitalismus auftauchen – im Gegensatz zum sogenannten reinen Kapitalismus der Zentren:

"Während im Zentrum Wachstum Entwicklung, d.h. wirtschaftliche Integration ist, ist Wachstum in der Peripherie nicht Entwicklung, sondern Desartikulation; Wachstum ist nur "Entwicklung der Unterentwicklung"." (Amin 1975: 233)

Im Hinblick auf seine Theorie des ungleichen Tauschs ließe sich allerdings konstatieren, dass sich – trotz ähnlicher Produktivitätsgrade – auch große Einkommensunterschiede innerhalb der Kategorien Zentrum und Peripherie finden lassen und demzufolge auch hier von ungleichem Tausch gesprochen werden müsste. Smith (1980) weist in diesem Zusammenhang auf eine weitere Ungereimtheit in Amins Theorie hin: Einerseits definiert Amin den ungleichen Tausch über Einkommensunterschiede, die größer als Produktivitätsunterschiede sind, und andererseits beschwört er das gemeinsame Interesse des Weltproletariats und streitet eine mögliche Nutznießerrolle des Zentrumsproletariats aus dem ungleichen Tausch ab. Wie lassen sich jedoch diese beiden Pole vereinbaren? Amin begründet die höheren Löhne im Zentrum wiederum mit einer verbesserten Produktivität, aber diese hatte er jedoch zuvor als gleichrangig zwischen Zentrum und Peripherie definiert, um daraufhin den ungleichen Tausch aufzubauen. Somit lässt sich diesbezüglich mit Smith feststellen:

"Amin's dilemma is thus solved by a contradiction." (Smith, S. 1980: 16)

Abgesehen von diesen inneren Widersprüchen ist bereits die Einteilung in zwei sich gegenseitig bedingende Kapitalismen fragwürdig, da sie die Existenz einen reinen Kapitalismus bzw. einer reinen kapitalistischen Produktionsweise suggeriert[66]. Damit bewegt sich Amins Theorie in analytischer Nähe zu den Modernisierungstheorien mit dem Unterschied, dass er nicht deren Optimismus bezüglich der potentiellen Entwicklung der unterentwickelten Länder teilt. Der den Modernisierungstheorien inhärente Dualismus findet sich auch in Amins Analyse wieder, wenn er von zwei Kapitalismen spricht[67]. Zudem negiert er mit dieser Einteilung die Relevanz der Unterschiede der jeweiligen Nationalökonomien und sieht darin nur kleine Abweichungen innerhalb des übergeordneten Schemas Zentrum – Peripherie[68]. Insbesondere die von Amin als abhängig angesehene (Unter-)Entwicklung der Peripherie impliziert eine übergeordnete Gemeinsamkeit, der gegenüber alle Unterschiede als zweitrangig eingestuft werden. Der Hauptfeind ist somit aus Sicht der Peripherie der Imperialismus, und Amins Analyse erweist sich als sehr einseitig, wenn er jegliche gesellschaftliche Kämpfe in der Peripherie als antiimperialistisch und im Umkehrschluss gleich als prosozialistisch einstuft[69]. Damit zeichnet er ein sehr eindimensionales Gut-Böse-Klischee und blendet die innergesellschaftlichen Interessenskonflikte aus. Aus

---

[66] Vasant Kaiwar bemerkt in diesem Zusammenhang: "Amin states that capitalism cannot satisfy the consumption needs of all the people of the peripheries. Can it really do so in the centre? Indeed, it seems, the geographic alliance of capitalists and workers in the West that sustained the high wages and high growth of the post-World War II period is coming unstuck." (Kaiwar 1991: 76) Und auch Smith kritisiert Amins Kapitalismusdefinitionen: "If Amin's view of 'standard capitalism' is one of regular, steady, even progress, then all capitalisms of the centre are 'distorted', and the yardstick by which peripheral capitalism is judged is an abstract, utopian one." (Smith, S. 1982a: 13)

[67] Henry Bernstein stellt allgemein zu den dualistischen Grundlagen der Unterentwicklungstheorien fest: "The way in which underdevelopment is constituted as an object of theory replicates the circularity of the modernization models, and is likewise expressed in a series of conceptual polarities: developed/underdeveloped, centre/periphery, autocentric growth/extraverted growth, domination/dependence. Underdevelopment is posed as a unitary process with uniform causes and uniform effects, which is why underdevelopment theory is unable to produce a differentiated history of capital. The essential continuity suggested yields a linear history of the reproduction of underdevelopment, established through a 'verificationist' accumulation of the facts of exploitation and oppression." (Bernstein 1979: 94)

[68] So lautet beispielsweise die Kritik von Nigel Disney an Amins Einteilung: "(...) Amin's antinomy of center and periphery leaves unanswered important questions about divisions within these two spheres. (...) But the divisions within the center and the periphery are almost as important as those between them, but Amin scarcely discusses these divisions. Clearly, there is no problem with locating the US or Great Britain within the center, or Haiti or Mauretania within the periphery. But what about countries such as Portugal, Greece, Argentina and Brazil? Politically Portugal and Greece have never been colonies. Yet economically, the similarity between the four countries is more striking than their dissimilarity. Argentina and Portugal both have significant latifundia. The development of capitalist industry within both is limited and backward. Yet the development of capitalism within Greece, Portugal, Argentina and Brazil is much greater than in many of the African and Latin American countries Amin discusses. Equally, their industrialization is imperialist dominated, but it is important to analyze why certain countries, particularly in Latin America, have developed some form of significant capitalist industrialization while others have not." (Disney 1977: 126)

[69] Smith verwehrt sich gegen Amins einfache Klischees: "Without denying the evils of imperialism and exploitation in poor countries, Amin's argument is the crudest kind of Third Worldism, and rests on the notion that people who are poor, non-Western and super-exploited by imperialism will not exploit each other. (...) For example, the Tamil tea estate workers in Sri Lanka are worse off since nationalisation, this issue cannot be analysed by reference to imperialism, but requires an analysis of internal class structures. Furthermore, Amin's position provides a basis for the suppression of working class and socialist organizations in LDCs, under the guise of nationalistic anti-imperialism." (Smith, S. 1982a: 17)

dieser Sichtweise folgt, dass jegliche nationalistische Bewegung – versehen mit einem entsprechenden antiimperialistischen Vokabular – als progressiv und befreiend gilt, solange sie sich geographisch gesehen in der Peripherie befindet. Demzufolge verwundert es nicht, dass Amin das Regime des Pol Pot in Kambodscha begrüßte[70], welches aus seiner Sicht einen weiteren antiimperialistischen Bonus zu verzeichnen hatte: Kambodscha koppelte sich unter den Roten Khmer weitgehend vom Weltmarkt ab.

Damit bleibt abschließend noch die auch von Amin propagierte neomarxistische Empfehlung zur Abkoppelung vom Weltmarkt zu diskutieren, denn

"So long as the underdeveloped country continues to be integrated in the world market, it remains helpless (...) the possibilities of local accumulation are nil." (Amin 1974: 131)

Diese Forderung ist jedoch sowohl unsinnig als auch unpraktikabel, denn – wie bereits an anderer Stelle erwähnt – ist es den meisten Ländern aufgrund ihrer Größe und ihrer natürlichen Ressourcen gar nicht möglich, autark zu wirtschaften. Zudem lassen die internationalen wirtschaftlichen und auch finanziellen Verflechtungen und Abhängigkeiten diese Option gar nicht zu. Und inwieweit sie wünschenswert ist, muss bezweifelt werden, denn unter den wenigen Ländern, die sich weitgehend vom Weltmarkt abgekoppelt hatten (beziehungsweise abgekoppelt wurden...), lässt sich keine verbesserte ökonomische Situation konstatieren. So hat beispielsweise die Abschottungspolitik Albaniens zur Zeit der Ost-West-Systemkonkurrenz zu einer drastischen Verschlechterung der Versorgungslage der Bevölkerung und einer Verstärkung völkisch-nationalistischer Tendenzen geführt[71]. Der Ruf nach Abkoppelung hängt somit eng mit populistisch-nationalistischen Ideologien zusammen, wie auch Nigel Harris in seinem Buch "National Liberation" (1990) zum Ausdruck bringt: Harris zeigt, dass viele linke Bewegungen nationalistischer orientiert waren als ihre bürgerlichen Genenparts (Vgl. Harris 1990: 166 ff & 189ff). Auch das bereits erwähnte Beispiel Kambodscha unter Pol Pot macht deutlich, dass die Bevölkerung nicht freiwillig für Abkoppelung und eine diktatorische Umwälzung ihrer Gesellschaft votiert hat. Mit der ökonomischen Abschottung ging auch die politische einher, die schließlich zu den eklatanten Menschenrechtsverletzungen geführt hat. Kaiwar betont in diesem Zusammenhang, dass Amin sich auch zu Beginn der neunziger Jahre noch nicht vollkommen von seiner damaligen Begeisterung für die kambodschanische Revolution losgesagt hat:

"In earlier times, Amin had pegged his hopes on the Pol Potist revolution in Cambodia. (...) Now, sobered by events, but as yet unwilling to criticize Pol Potism for its Fascistic excesses, Amin quietly shifts the centers of anti-capitalist rebellions to the gathering revolts "against the

---

[70] Amin schreibt dazu: "Being better Marxists, they (the Khmer Rouge, Anm. d. Verf.) realized that their country was neither China nor Vietnam. They formed a peasant army, united those who had been divided first by the old Khmer kingdoms and then by imperialism, weakened the enemy by depriving them of the support of the workers and the dispossessed as well as the patriotic sections of the petty bourgeoisie, undermined their army of repression, and finally won. The lesson in revolutionary strategy they have given us is doubtless the most relevant one for most of the countries in Africa." (Amin 1977: 152)

[71] Vgl. von Kohl (1998: 111 ff); zum albanisch-völkischen Nationalismus am Beispiel der UCK im Kosovo vgl. Küntzel (2000: 53 ff)

system" from the Philippines to Korea and Brazil, passing trough Iran and the Arab world. (...) One wonders if the struggles of the workers of these countries are in favor of delinking. I would say overwhelmingly not – by and large, they are demands for greater internal democracy, perhaps even greater workers' control over the means of production, but as I understand them, they neither repudiate a connection with the world market nor, for the moment at least, with capitalism. Particularly, in Brazil, South Korea and the Arab World, such a delinking would be a complete disaster, and will be resisted by the workers themselves." (Kaiwar 1991: 76)

Abgesehen von diesen "freiwilligen" Formen der Abkoppelung gibt Kaiwar zu bedenken, dass sich Länder wie Nicaragua unter den Sandinisten und Kuba unter seinem Diktator Fidel Castro unfreiwillig von einem Teil des Weltmarktes abgekoppelt haben, indem sie seitens der USA mit Sanktionen bedacht wurden beziehungsweise weiterhin werden (Kaiwar 1991: 77).

2.5   Weltsystemtheorie

Die Ursprünge der Weltsystemtheorie reichen weit zurück und umfassen neben anderen die Arbeiten von Friedrich List (1982) und Wladimir I. Lenin (1947). Als der erste, explizit als solcher benannte Weltsystemtheoretiker, gilt gemeinhin der Franzose Fernand Braudel[72], der in seiner Veröffentlichung "Das Mittelmeer und die mediterrane Welt in der Epoche Philipp II" (1949, hier: 1990) die Idee der Existenz einer einzigen Weltökonomie fortführte. Braudel gehörte zur zweiten Generation der mit der französischen Zeitschrift *Annales: économies, sociétiés, civilisations* assoziierten Schule von Historikern.[73] *Annales* war 1929 von Lucien Febvre und Marc Bloch aus Protest gegen die konventionelle Geschichtswissenschaft, die sie als isoliert und unrealistisch betrachteten, ge-

---

[72] Der aus dem Nordosten Frankreichs stammende Fernand Braudel (1902 – 1985) hat in Paris Geschichte studiert und im Anschluss an sein Studium zehn Jahre als Lehrer in der damaligen Kolonie Algerien gearbeitet. Später hat er in Brasilien gelebt, wo er drei Jahre als Dozent an der Universität von São Paulo gelehrt hat. 1937 ist er nach Frankreich zurückgekehrt und hat an der *École Pratique des Hautes Études* gearbeitet und wurde zum Schüler von Lucien Febvre (1878 – 1956), einem Mitbegründer des *Annales*-Schule. 1939 trat er der französischen Armee bei und geriet in deutsche Kriegsgefangenschaft. Während seiner fünfjährigen Gefangenschaft hat er sein Buch über das Mittelmeer (Braudel 1990) als Doktorarbeit geschrieben: "Nur mein Gedächtnis erlaubte mir diese *Tour de force* (Hervorh. im Orig.). Wäre es nicht in der Gefangenschaft entstanden, ich hätte mit Sicherheit ein völlig anderes Buch geschrieben." (Braudel 1985: 50). Nach dem Tod von Febvre wurde Braudel 1956 zum Präsidenten der *VIe section de l'École pratique des hautes études* sowie zum Professor am *Collège de France* ernannt. 1959 gründete er mit Hilfe der Ford Foundation die Bibliothek sowie das Forschungszentrum *Maison des sciences de l'homme* in Paris. 1973 wurde Braudel emeritiert (Vgl. Braudel 1985; Hufton 1986).

[73] Peter Burke beschreibt die verschiedenen Phasen der *Annales*-Schule wie folgt: "The movement associated with the journal can be divided into three phases. In the first phase (to about 1945), it was small, radical and subversive. After the Second World War, however, the rebels took over the historical establishment. (...) A third phase in the history of the movement opened in 1968 (...). Braudel reacted to the political crisis by deciding to take a back seat and confiding the journal to younger men, (...). The 1980s saw a fragmentation of the former school, which has in any case been so influential in France that it has lost its distinctiveness. It is now a 'school' only for its foreign admirers and its domestic critics, who continue to reproach it for underestimating the importance of political events." (Burke 1996: 22)

gründet worden, um das Fach neu zu verorten (Burke 1996: 21). Mit Hilfe der komparativen Methode begannen sie, Unterschiede und Ähnlichkeiten innerhalb einer großen Zeitspanne zwischen verschiedenen Gesellschaften zu erforschen. Davon ausgehend bildeten sich folgende thematische Schwerpunkte innerhalb der *Annales*-Schule heraus: Geschichte verstanden als Sozialgeschichte, insbesondere bezogen auf die materiellen Bedingungen der Mehrheit der Bevölkerung; Betonung der strukturellen Faktoren oder der relativen Konstanten innerhalb von Geschichte; Bezug auf den sogenannten langen Zeitraum als Terminus der sozialwissenschaftlichen Forschung und schließlich die Auseinandersetzung mit den Verflechtungen zwischen Ökonomie, Gesellschaft und Kultur (Vgl. Peet 1991: 49).

Wenngleich die *Annales*-Historiker sich auch mit marxistischer Theorie auseinander setzten und Parallelen insbesondere hinsichtlich der den Strukturen zugeschriebenen Relevanz zu den Marxisten aufwiesen, so bestand der bedeutende Unterschied zwischen ihnen jedoch darin, dass innerhalb des *Annales*-Kreises die Geographie und weniger die Ökonomie im Vordergrund stand.[74] Diese Schwerpunktsetzung wird insbesondere in dem bereits erwähnten Werk von Braudel über das Mittelmeer deutlich.

Braudel war einige Jahre (1957 – 1968) als Herausgeber von *Annales* tätig gewesen und ist jedoch in erster Linie durch die Studie über das Mittelmeer bekannt geworden. In dieser Arbeit ging es Braudel nicht um eine Analyse der spanischen Außenpolitik des sechzehnten Jahrhunderts, sondern ausgehend von seiner auch für spätere Arbeiten kennzeichnenden "notorischen Drei-Stockwerk-Architektonik" (Honegger 1977b: 22) betrachtete Braudel die damalige Mittelmeerregion aus einer neuen Perspektive. So gliederten sich seine Untersuchungen in folgende drei grundlegende Einheiten der historischen Zeit auf: 1) Strukturen und *lange Dauer*; 2) Konjunkturen und *Zeiten mittlerer Reichweite*; 3) Ereignisse und *kurze Zeit* (Vgl. Honegger 1977b: 22). Ereignisse definierte er als kurze Zeitabläufe, die die Individuen und ihre jeweiligen Beschäftigungen betreffen. Es kann es sich um große, also historisch relevante, aber auch um gewöhnliche Vorfälle des Alltagslebens handeln (Braudel 1977: 51). Die Konjunkturen seien dagegen von mittlerer Länge/Reichweite und währten etwa von fünf bis zu fünfzig Jahren. Als Beispiele für Konjunkturen benennt Braudel zyklische Bewegungen von Preisen, aber auch von Löhnen sowie demographische, technische oder soziale Veränderungen. Ebenso zählt er politische Institutionen, das jeweilige geistige Leben, und die Zivilisation zu den *Konjunkturen* (Braudel 1977: 54). Sie ereignen sich nicht kurzfristig, da sie – wie ihr Name schon sagt – das Resultat verschiedener Einflüsse und Bedingungen sind. Strukturen sind demgegenüber von noch längerer Reichweite, sie umfassen Geschichte innerhalb eines längeren Zeitraumes. Es ist nötig, mehrere Jahrhunderte zu überbli-

---

[74] Jonathan I. Israel schreibt diesbezüglich: "Despite Braudel's insistence on material factors as the determinants of social change, and his readiness to borrow concepts from Marx, including the term capitalism which figures prominently in his later work, Braudel's system, like the work of the Annales School more generally, is in essence quite outside the Marxist tradition in that it allocates no central role to class conflict." (Israel 1996: 57)

cken, um Wandlungsprozesse zu erkennen und benennen zu können. Da der Wandel so langsam vor sich geht, erscheinen die zu untersuchenden Strukturen als stillstehend und nicht als sich langsam entfaltende Prozesse des Wandels: "Innerhalb der verschiedenen Zeiten der Geschichte zeigen sich die langen Zeitabläufe als eine störende, schwierige, oft unbekannte Größe. Sie als Kern unseres Faches anzunehmen, wird kein einfaches Spiel sein, keine der üblichen Erweiterungen der Untersuchungen und der historischen Neugier. Es wird sich auch nicht um eine Wahl handeln, deren einziger Gewinner sie wäre. Sie anzuerkennen, bedeutet für den Historiker, sich in eine Änderung des Stils, der Haltung, in eine Umwälzung des Denkens und eine neue Auffassung des Sozialen zu schicken, d.h. sich mit einer verlangsamten Zeit, die manchmal fast an der Grenze von Bewegung überhaupt steht, vertraut zu machen." (Braudel 1977: 58)

Diese drei Einheiten der historischen Zeit haben für Braudel eine jeweils unterschiedliche Bedeutung. Da sein Ziel darin bestand, sich gegen die Ereignisbezogenheit der Geschichtsschreibung zu positionieren, sind die Strukturen sein wichtigstes Untersuchungselement. Demgegenüber misst er den Ereignissen die niedrigste Bedeutung bei. So werden die Strukturen bei Braudel zum entscheidenden Untersuchungsgegenstand. Sie stellen langfristige Prozesse dar, die alleinig entscheidend für die Geschichte angesehen werden. Demnach gleichen sie "Gehäuse(n) der langen Dauer, in denen Menschen, Gefangenen gleich, festsitzen" (Honegger 1977b: 24). Mit der Fokussierung auf Strukturen werden die historischen Akteure von Braudel entpersonalisiert und abstrakte Größen oder bestimmte geographische Beschaffenheiten aufgewertet. In seinem Buch über das Mittelmeer spricht Braudel demnach in personalisierter Form vom Mittelmeer, von einer *Sie*. Die Geographie nimmt somit bei Braudel eine ähnliche Rolle ein wie die Ökonomie bei Marx. Der Hauptkritikpunkt an Braudels Arbeiten bezog sich demnach auf seinen geographischen Determinismus. Des Weiteren stellte Braudels holistische Sichtweise auf die Geschichte eine typische kontinentaleuropäische Herangehensweise dar, so dass ihm insbesondere seitens der angelsächsischen Empiristen Kritik wiederfuhr. Positiv rezipiert wurden Braudels weltsystemische Arbeiten hingegen von Wissenschaftlern mit einem marxistischen und insbesondere neomarxistischen Hintergrund.

In diesem Sinne bilden die von Braudel betriebenen historischen Untersuchungen zu Strukturen des Wandels eine der Grundlagen für die Arbeiten des – insbesondere in entwicklungstheoretischen Kreisen – wohl bekanntesten zeitgenössischen Weltsystemtheoretikers: Immanuel Wallerstein.

Profitstreben als Motor der Weltökonomie – Wallersteins Weltsystemmodell

Mit der Herausgabe der dreibändigen Studie "The Modern World System" (1. Band: 1974a) trug der US-amerikanische Soziologe Immanuel Wallerstein[75] dazu bei, weltsystemtheoretische Vorstellungen explizit als entwicklungstheoretische zu verstehen. Während Braudel sich vorrangig mit Europa beschäftigt hatte, stand für Wallerstein der Trikont im Vordergrund seiner weltsystemischen Überlegungen. Die Wallersteinsche Weltsystemtheorie fußte neben den *Annales*-Einflüssen zudem auf den bereits diskutierten unterentwicklungstheoretischen Vorstellungen der Dependenztheoretiker.

Die primäre Untersuchungseinheit ist für Wallerstein das Weltsystem, worunter er die vereinte globale kapitalistische Ökonomie versteht. Diese unterteilt er wiederum in Subsysteme, die sich in konzentrischen Kreisen um das Zentrum des Weltsystems bewegen. Ein Weltsystem muss nicht zwangsläufig den gesamten Globus umfassen, es ist laut Wallerstein definiert als "a unit with a single division of labor and multiple cultural systems" (Wallerstein 1979: 5). Länder oder Subsysteme werden innerhalb des Weltsystems entweder dem Zentrum, der Semiperipherie oder der Peripherie zugeteilt[76], wobei erstere die industriell-entwickelten und letztere die "unterentwickelten" Staaten darstellen. Die jeweiligen Subsysteme sind über Handelsbeziehungen miteinander verknüpft. Hinter dem Begriff des Weltsystems steht der Weltmarkt, in dem weltweite Handelsbeziehungen ausschlaggebend für die jeweilige Stellung der Nationalstaaten im Weltsystem sind. "Production for profit in a market" (Wallerstein 1974b: 399) ist laut Wallerstein das primäre Merkmal des weltweiten Kapitalismus, und da-

---

[75] Der Soziologe Immanuel Wallerstein wurde 1930 in New York geboren. Er promovierte 1959 an der Columbia University und war seit seiner Studienzeit in diversen politischen Bewegungen aktiv. Angeregt durch seine Forschungsaufenthalte in Afrika sowie seine Kontakte zu jungen afrikanischen Politikern, lag sein Forschungsschwerpunkt von 1955 bis 1970 hauptsächlich im Bereich der Kolonialgeschichte Afrikas. Seit 1958 war er als Dozent an der Columbia University tätig und begann seine Untersuchungseinheit vom Nationalstaat zum Weltsystem zu verschieben. Er ging 1971 an die McGill University in Montreal und veröffentlichte 1974 erstmalig seine 1971 erstellten Forschungsergebnisse zum Weltsystem im ersten Band von *The Modern World-System*. Diese Veröffentlichung fiel auf ein geteiltes Echo: Während er einerseits Preise und Lobeshymnen erhielt, so wurde auch starke Kritik an seiner holistischen Sichtweise geübt. Seit 1976 ist er Distinguished Professor of Sociology an der State University of New York (SUNY) in Binghamton gewesen. Er war dort bis zu seiner Emeritierung Direktor des von ihm gegründeten *Fernand Braudel Center for the Study of Economies, Historical Systems, and Civilizations* (Vgl. Lentini 1998).

[76] Diese Einteilung teilt Wallerstein mit dem norwegischen Friedensforscher Johan Galtung sowie dem lateinamerikanischen Dependenztheoretiker Ruy Mauro Marini, die ebenfalls Semiperipherien als Vermittlungsinstanz zwischen Zentrums- und Peripherienationen ansehen. Semiperipherien werden von Galtung als "go-between nations" und von Marini als "subimperial states" bezeichnet (Vgl. Wallerstein 1979: 68). Galtung charakterisiert die "go-betweens" wie folgt: "It (the go-between nation, Anm. d. Verf.) would simply be located in between Centre and Periphery where the degree of processing of its export products is concerned. Moreover, such go-between nations would serve as an intermediate layer between the extreme Centre and the extreme Periphery in a feudal interaction structure. (...) In another version of the same conception the go-between nation would be one cycle behind the Centre as to technology but one cycle ahead of the Periphery; (...)." (Galtung 1972: 129)

mit steht die Zirkulation des Kapitals im Vordergrund. Der aus ihr generierte Profit ist das Resultat des ungleichen Handels zwischen den Ländern/Regionen.

Wie in Abbildung 4 deutlich wird, sieht Wallerstein das Wachstum des kapitalistischen Weltsystems durch zwei Komponenten gekennzeichnet: einerseits die Entwicklung des Zentrums und andererseits die Unterentwicklung der Peripherie. Beide Prozesse bedingen sich gegenseitig über die Arten der Arbeitskontrolle.

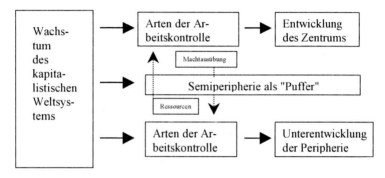

Abbildung 4: Wallersteins Weltsystemmodell (Vgl. Brenner 1977)

So ist das Zentrum innerhalb des kapitalistischen Weltsystems in der Position der Machtausübung, wohingegen die Peripherie als Lieferant von Ressourcen an das Zentrum fungiert. Die Semiperipherie dient der Abfederung politischer Spannungen, sie stellt sozusagen die Pufferzone zwischen Zentrum und Peripherie dar, in den Worten von Wallerstein:

"(...), one might make a good case that the world-economy as an economy would function every bit as well without a semiperipherie. But it would be far less *politically* stable, for it would mean a polarized world-system. The existence of the third category means precisely that the upper stratum is not faced with the *unified* opposition of all the others because the middle stratum is both exploited and exploiter." (Wallerstein 2000: 201)

Das kapitalistische Weltsystem existiert nach Wallersteins Überzeugung mindestens seit dem fünfzehnten Jahrhundert und eventuell auch schon seit dem dreizehnten Jahrhundert, als es bereits eine internationale Ökonomie gab, in welche alle Länder mit Geldwirtschaft eingegliedert waren. Das Aufkommen der europäischen Weltökonomie während des "langen" sechzehnten Jahrhunderts (1450 – 1640) wurde nach Wallersteins Überzeugung durch ein historisches Zusammentreffen verschiedener Einflussfaktoren ermöglicht. So kamen zu der bereits lange währenden Krise des Feudalismus eine zyklische Krise und Veränderungen der klimatischen Bedingungen hinzu, die lediglich durch eine geographische Ausdehnung der Arbeitsteilung gemeistert werden konnten. Mit den überseeischen "Entdeckungen" durch die europäischen Mächte, ging die geographischen Ausweitung einher. Auch ein Ansteigen der Bevölkerungszahlen war zu verzeichnen sowie höhere Preise (Wallerstein 2000: 202). Des Weiteren entwickelten sich unterschiedliche Methoden der Arbeitskontrolle, die sich für die jeweiligen lokalen und produktionsspezifischen Faktoren eigneten. Die potentiellen Zentrumsstaaten der europäischen Weltökonomie begannen sich im Wettstreit möglichst schnell zu bürokratisieren, ihr eigenes Heer aufzubauen, ihre Kultur zu vereinheitlichen und ihre Wirtschaft zu diversifizieren. Die nordwesteuropäischen Staaten erwiesen sich als die erfolgreichsten bei diesen Unternehmungen und rückten damit ins Zentrum des kapitalistischen Weltsystems, wodurch die iberischen Staaten und die Stadtstaaten Norditaliens auf das Stadium der Semiperipherien verdrängt wurden (Wallerstein 2000: 203). Den zweiten entscheidenden Zeitraum für die Etablierung einer europäischen Weltökonomie datiert Wallerstein von 1650 bis 1730, denn

"It was the system-wide recession of 1650 – 1730 that consolidated the European world-economy and opened stage two of the modern world-economy. For the recession forced retrenchment, and the decline in relative surplus allowed room for only one core state to survive. The mode of struggle was imperialism...In this struggle England first ousted the Netherlands from its commercial primacy and then resisted successfully France's attempt to catch up. As England began to speed up the process of industrialization after 1760, there was one last attempt of those capitalist forces located in France to break the imminent British hegemony. This attempt was expressed first in the French Revolution's replacement of the cadres of the regime and then in Napoleon's continental blockade. But it failed." (Wallerstein 2000: 203)

Mit der Etablierung Großbritanniens als Zentrum der Weltökonomie beginnt das dritte Stadium der kapitalistischen Weltökonomie, das sich eher durch einen industriellen als agrarischen Kapitalismus auszeichnete. Die industrielle Produktion nimmt einen immer größeren Anteil am Welthandel und am weltweiten Bruttosozialprodukt ein. Dadurch ist es zu Veränderungen im Weltsystem gekommen, und zwar zuallererst zur geographischen Ausweitung der europäischen Weltökonomie auf den *gesamten* Globus. Wallerstein führt diese Entwicklung teils auf die technische Durchführbarkeit in der militärischen und ökonomischen Beherrschung des gesamten Globus durch die europäischen Mächte – und insbesondere Großbritannien – zurück, denen es gelungen war, ihre militärische Ausrüstung und Transportmöglichkeiten (Schifffahrt) technisch zu verbessern. Zudem erforderte die industrielle Produktion die Erschließung neuer Rohstoffvorkommen, da die einheimischen nicht mehr ausreichten. Wallerstein gibt zu bedenken, dass die Suche nach neuen Absatzmöglichkeiten nicht der entscheidende Grund für die geographische Expansion gewesen sei, da diese bereits innerhalb der alten Handelsgrenzen noch nicht voll ausgeschöpft gewesen seien (Wallerstein 2000: 203). Die Konsequenzen der europäischen Expansion skizziert Wallerstein wie folgt:

"The geographic expansion of the European world-economy meant the elimination of other world-systems as well as the absorption of the remaining minisystems. The most important world-system up to then outside of the European world-economy, Russia, entered in semiperipheral status, the consequence of the strength of its state machinery (including its army) and the degree of industrialization already achieved in the eighteenth century. The independences in the Latin American countries did nothing to change their peripheral status. They merely eliminated the last vestiges of Spain's semiperipheral role and ended pockets of non-involvement in the world-economy in the interior of Latin America. Asia and Africa were absorbed into the periphery in the nineteenth century, although Japan, because of the combination of the strength of its state machinery, the poverty of its resource base (which led to a certain disinterest on the part of world capitalist forces), and its geographic remoteness from the core areas, was able quickly to graduate into semiperipheral status... ." (Wallerstein 2000: 203)

In der Phase des industriellen Kapitalismus begann Großbritannien als das Zentrum erstmalig industriell gefertigte Produkte gegen landwirtschaftliche Produkte aus den Peripherien auszutauschen. In dem Zeitraum von 1815 bis 1873 agierte Großbritannien als "workshop of the world" (Wallerstein 2000: 204) und versorgte selbst die semiperipheren Länder (Frankreich, Deutschland, Belgien, USA), die bereits diverse eigene Industrien aufgebaut hatten, zu einem großen Teil mit seinen industriell gefertigten Produkten.

Den Beginn des vierten Stadiums des kapitalistischen Weltsystems sieht Wallerstein in der russischen Revolution vom Oktober 1917. Er wertet diese Revolution als Ausdruck einer Semiperipherie, deren internes Gleichgewicht durch den seit dem späten neunzehnten Jahrhundert beginnenden Abstieg in Richtung einer Peripherie gestört war. Mittels der Revolution sei es einer Gruppe von Staatsmanagern gelungen, diesen Abstiegstrend durch einen merkantilistischen Teilrückzug aus der Weltökonomie zu stoppen[77] – mit dem folgenden Resultat:

"At the end of the Second World War, Russia was reinstated as a very strong member of the semiperiphery and could begin to seek full core status." (Wallerstein 2000: 205)

Als Resultat des Zweiten Weltkrieges wurden auch die USA für den Zeitraum von 1945 – 1965 zum Zentrum der Weltökonomie – vergleichbar mit Großbritanniens führender Position in der ersten Hälfte des neunzehnten Jahrhunderts. Die US-amerikanischen Wachstumszahlen waren laut Wallerstein "spectacular" (Wallerstein 2000: 205) und machten neue Absatzmärkte nötig, die allerdings bedingt durch den Kalten Krieg nur begrenzt zur Verfügung standen. Somit sieht Wallerstein im Marshall-Plan den Wiederaufbau von US-amerikanischen Absatzmärkten. Zudem wurde Lateinamerika zum "reserve of US investment" (Wallerstein 2000: 205), dabei hatten die USA ein Interesse an der Dekolonialisierung des südlichen Teils von Asien, des Nahen Ostens und Afrikas, denn

"(...), this was necessary in order to reduce the share of the surplus taken by the western European intermediaries, (...). But also, these countries had to be decolonised in order to mobilize productive potential in a way that had never been achieved in the colonial era. Colonial rule after all had been an *inferior* mode of relationship of core and periphery, one occasioned by the strenuous late-nineteenth-century conflict among industrial states but one no longer desirable from the point of view of the new hegemonic power." (Wallerstein 2000: 205)

---

[77] Wallerstein erachtet demnach die Russische Revolution als Resultat der weltwirtschaftlichen Zwänge. Ebenso erklärt er sich die sowjetische repressive Politik gegenüber inneren und äußeren Feinden. Auf die Tautologie seiner Argumentation wird im Rahmen der Kritik näher eingegangen (Vgl. Imbusch 1990: 125).

Die staatliche Hegemonie der USA ist jedoch seit 1965 gesunken und hat damit den Handlungsspielraum insbesondere der multinationalen Unternehmen erhöht, da sie nun gegen die staatlichen Bürokratien und ihrem teilweisen Nachgeben gegenüber den Forderungen der Gewerkschaften zu Felde ziehen können. Zur Zeit der Ost-West-Systemkonkurrenz teilte Wallerstein die UdSSR und die USA in die gemeinsame Kategorie "Zentrum" ein. Ländern wie Kuba oder Angola, die versuchten eigene sozialistische Wege zu beschreiten, können nach Wallersteins Theorie zwar ökonomische Erfolge erzielen, bleiben aber strukturell dem Zentrum untergeordnet und damit Teil des kapitalistischen Weltsystems.[78] Sie können lediglich in die Kategorie Semiperipherie aufsteigen, denn nach Wallersteins Modell ist eine Veränderung der Verhältnisse nur weltweit und nicht im nationalen Alleingang möglich. Somit ist alles, was in den Subsystemen passiert, nur über die gesamte Struktur des Weltsystems erklärbar. Und in diesem Sinne sind für Wallerstein beispielsweise Befreiungsbewegungen das Resultat der strukturellen Gegensätze der kapitalistischen Weltökonomie (Wallerstein 1975: 26). Wallerstein sieht in den externen Kräften die Verursacher für das, was in den Subsystemen passiert. Demnach sind auch innergesellschaftliche Klassenkämpfe und –strukturen von außen determiniert, wobei die Stellung des jeweiligen Nationalstaats im Weltsystem entscheidend ist.

Heutzutage sind laut Wallerstein ausnahmslos alle Länder in das kapitalistische Weltsystem eingebunden:

"There are no socialist systems in the world economy any more than there are feudal systems because there is only *one* world system. It is a world economy and it is by definition capitalist in form. Socialism involves the creation of a new kind of *world*-system, neither a redistributive world-empire nor a capitalist world-economy but a socialist world-government. I don't see this projection as being in the least utopian but I also don't feel its institution is imminent. It will be the outcome of a long struggle in forms that may be familiar and perhaps in very few forms, that will take place in *all* the areas of the world-economy (…)." (Wallerstein 2000: 207)

Ausgehend von seinen historischen Untersuchungen hat Wallerstein sein zu Beginn dieses Kapitels dargestelltes Weltsystemmodell entwickelt, welches – wie sich gezeigt hat – starke Ähnlichkeiten mit dem dependenztheoretischen Ansatz von Frank besitzt[79], da beide von folgenden Prämissen ausgehen:

1.   metropolitane kapitalistische Ökonomien dringen in "natürliche", also vorkapitalistische, Ökonomien ein und eignen sich deren Mehrwert an;

---

[78] So schreibt Wallerstein, dass die Einrichtung einer sozialistischen Produktionsweise in einem Land, wie beispielsweise Angola, unmöglich sei, denn "(...) there is presently only one world-economy. It must be transformed from a capitalist mode to a socialist mode. This has not yet happened." (Wallerstein 1977: 106)

[79] Andere Parallelen, insbesondere im Hinblick auf die in Franks Unterentwicklungstheorie nicht vorgesehene Semiperipherie, hat das Wallersteinsche Modell u.a. zu den Arbeiten von Galtung und Marini. Im Folgenden werden jedoch die Unterschiede zu dem im Rahmen der Untersuchung bereits diskutierten Modell von Frank im Mittelpunkt stehen. Weitere Informationen zu Galtung finden sich bei Hoogvelt (1982: 192 f) sowie in Galtungs Aufsätzen (Galtung 1967, 1972).

2.   dieser Vorgang liegt in dem internen Widerspruch des kapitalistischen Zentrums begründet, welches unter mangelnder Nachfrage leidet;
3.   durch diesen Vorgang wird die Peripherie/werden die peripheren Länder quasi automatisch Teil des kapitalistischen Systems und unterliegen einem Unterentwicklungsprozess – sowohl in ökonomischer als auch politischer und sozialer Hinsicht (Vgl. Corbridge 1986: 34).

Die Unterschiede zwischen Franks und Wallersteins Analyse sind vor dem Hintergrund ihrer Gemeinsamkeiten nicht substantieller Art und lassen sich wie folgt resümieren:

1.   Frank spricht von lediglich zwei sozialen Systemen im globalen Kontext: dem kapitalistischen und dem "natürlichen", wohingegen Wallerstein drei soziale Systeme ausmacht: die Mini-Systeme (geschlossene lokale Ökonomien), die Weltmächte (Empires) und die eindeutig als kapitalistisch zu klassifizierende Weltökonomie;
2.   der zweite Unterschied betrifft die Einteilung in Zentrum und Peripherie, die bei Wallerstein um die Semiperipherie erweitert wird;
3.   und schließlich lassen sich Unterschiede in der Klassenanalyse ausmachen: "Wallerstein is more explicit than Frank in rejecting the classically Marxian view of capitalism as a system based on the production and reproduction of free wage labour." (Corbridge 1986: 35). Anthony Brewer stellt sich in diesem Zusammenhang die Frage, was bei Wallerstein noch von den marxistischen Kategorien "Produktionsverhältnisse" und Klassen übrig geblieben sei, denn dem Weltsystemmodell Wallersteins zufolge ist jede Person, die für den Markt produziert, um Profit zu erlangen, bereits Kapitalist (Brewer 1980: 167).

Ausgehend von den genannten Gemeinsamkeiten finden sich auch in der im Folgenden zu diskutierenden Kritik an dem Wallersteinschen Modell Parallelen zu Franks Ansatz.

Kritik am Weltsystemansatz – "the latest guru to radical development geography"[80] und sein "homo oeconomicus"

Der Wallersteinsche Ausgangspunkt, wonach das Weltsystem als Ganzes analysiert werden muss, wird laut Brewer kaum auf Widerstand stoßen, aber

"(...), what he (Wallerstein, Anm. d. Verf.) offers beyond this seems to me to amount to little more than a series of definitions and phrases together with a mass of detailed material that often seems to have little connection with his overall generalisations. What is lacking is a level of theory that would connect the two." (Brewer 1980: 167)

Somit erscheint Wallersteins Anspruch der Erklärung des Weltsystems wie eine Schablone, in welche die historischen Exkursionen über seine Entstehung einge-

---

[80] Ausdruck von Stuart Corbridge (1986: 34) über die Rezeption von Immanuel Wallerstein.

passt werden, was Wallerstein allerdings nur bedingt gelingen kann wie Reinhard Meyers in seinem Aufsatz "Klio und Kalliope – oder: realhistorische und mythische Elemente in der Erklärung des Imperialismus und der internationalen Abhängigkeit" (1987a) im Rückgriff auf wirtschaftshistorische Forschungen deutlich macht:

"Es scheint, als ob die Rolle der Peripherie im Kontext der westeuropäischen Industrialisierungsgeschichte doch marginaler ist, als man es in Kenntnis der Annahmen Wallersteins und mancher Dependenztheoretiker vermuten möchte. Vor allem wäre der zwanghaft-hinreichende Konnex zwischen Profiten aus dem Handel mit der Peripherie, metropolitaner Kapitalakkumulation und Industrialisierung in Abrede zu stellen: Besäße er nämlich die ihm zugeschriebene Geltung, müssten sich die Niederlande als Kolonialhändler par excellence schon *vor* Großbritannien industrialisiert haben – von Portugal und Spanien, vom genuesisch-venezianischen Norditalien oder gar den hansischen Gebieten Norddeutschlands ganz zu schweigen." (Meyers 1987a: 7)

Meyers führt an verschiedenen Beispielen aus, dass sich wirtschaftshistorisch betrachtet kein nennenswerter Kausalzusammenhang zwischen der Entwicklung Europas und der Unterentwicklung des Trikonts konstatieren lässt[81]. Die sowohl von Frank als auch Wallerstein beschworenen zwei Seiten derselben Medaille Ent- und Unterentwicklung ergeben demzufolge kein einfaches Nullsummenspiel. Auch Brenner weist mit seiner marxistischen Kritik an den neomarxistischen Prämissen Wallersteins in eine ähnliche Richtung, indem er Wallerstein vorwirft, seinen Weltsystemansatz auf zwei grundlegenden Prämissen aufgebaut zu haben, die nicht haltbar seien: 1. Wallerstein definiert Kapitalismus als profitorientierten Handel für den (Welt-)Markt und blendet Klassenkonflikte aus, wodurch sein Modell sich lediglich auf einen ahistorischen Kern des "homo oeconomicus" reduzieren lässt[82] und auch qualitative Fortschritte, sprich: Produktivitätsgewinne, nicht erwähnt werden, da sie nicht in das Bild des Nullsummenspiels von Entwicklung aufgrund von Unterentwicklung passen; 2. Indem Wallerstein Unterentwicklung in der Peripherie als Folge von Entwicklung im Zentrum beschreibt, bedeutet für ihn im Umkehrschluss, dass die Entwicklung des Zentrums die Folge der Unterentwicklung der Peripherie verkörpert. Brenner widerspricht diesem simplen Kausalzusammenhang, indem er die kapitalistische ökonomische Entwicklung als eine Funktion beschreibt, die die Tendenz besitzt, Kapital mittels Innovation zu akkumulieren. Sie ist dabei eingebettet in eine historisch entwickelte Struktur von Klassenbeziehungen, die auf "freier" Lohnar-

---

[81] So schreibt Meyers beispielsweise über die Rolle kolonialer Rohstoffe während der Industrialisierung Nordwesteuropas: "Dem Werte der eingesetzten Rohstoffe nach war die entwickelte Welt 1913 zu etwa 96 – 98% Selbstversorger; allein der Überschuß der Kohle und Öl*exporte* über die per saldo verbleibenden Rohmaterial*importe* betrug volumenmäßig etwa das Fünffache!" (Meyers 1987a: 9)

[82] Brenner bemerkt über diesen individualistischen Kern des Wallersteinschen Modells, der zwar eine moralische, aber keine substantielle Gradwanderung zu seinem modernisierungstheoretischen Pendant darstellt: "It can immediately be seen that, (...), Wallerstein takes it for granted that 'profit maximization' and (implicitly) 'competition on the market' will lead to the accumulation of capital and innovation. Not surprisingly too, Wallerstein, (...), falls back in this regard upon the subjective motivations of the exploiting classes, in the face of the market, as if the need or desire to increase their surplus will automatically lead to the increase in production, and even the improvement of the forces of production." (Brenner 1977: 55)

beit basieren (Brenner 1977: 60 f). Wallersteins und auch Franks Modell liegt jedoch ein sehr ungenauer Kapitalismusbegriff zugrunde, so dass nach ihrer Logik, wie Laclau (1971) gezeigt hat[83], Kapitalismus – definiert als Handel, um Profit zu machen – bereits zur Zeit des Römischen Reiches anzutreffen war. Demgegenüber hebt Brenner folgende Merkmale kapitalistischer Produktionsweise hervor, die mögliche Profite aus dem Handel in "Entwicklung" umzusetzen vermögen:

"(...): 'production for profit via exchange' will have the systematic effect of accumulation and the development of the productive forces only when it expresses certain specific social relations of production, namely a system of free wage labour, where labour power is a commodity. Only where labour has been separated from possession of the means of production, and where labourers have been emancipated from any direct relation of domination (such as slavery or serfdom), are both capital and labour power 'free' to make *possible* their combination at the highest possible level of technology." (Brenner 1977: 32)

Diese Charakteristika einer kapitalistischen Produktionsweise und der damit verbundenen Entwicklungsaussichten erscheinen vor dem Hintergrund der europäischen Geschichte zuzutreffen. So hebt Corbridge (1986) hervor, dass England, beziehungsweise die in England dominierende Klasse von Kapitalisten, im achtzehnten und neunzehnten Jahrhundert einen Teil seines Reichtums aus seinen Kolonien bezog, um damit teilweise die industrielle Revolution zu finanzieren. Demgegenüber verfuhren die vorkapitalistischen Mächte Osteuropas und der iberischen Halbinsel auf eine eher "unproduktive" Weise mit dem ihnen zur Verfügung stehenden beziehungsweise angeeigneten Reichtum, da sie nicht gezwungen waren zu verkaufen, um kaufen zu können, und zu kaufen, um überleben zu können und ihre Arbeitskraft zu reproduzieren und schließlich zu expandieren und sich technisch weiter zu entwickeln (Vgl. Brenner 1977: 32). Sie investierten in "usury, in conspicuous consumption, and in the Second Serfdom" (Corbridge 1986: 42). Somit vermögen Profite aus den Kolonien und/oder ein ungleicher Tausch zwar von Vorteil für die Zentrumsnationen sein, aber sie führen nicht automatisch zu einer kapitalistischen Entwicklung. Für die Kapitalakkumulation in den Zentrumsnationen ist vielmehr deren Produktionsweise ausschlaggebend und nicht der von Wallerstein behauptete Mehrwertabfluss aus dem Trikont, denn

"(...) the exploitation of the periphery is only one result of the supposed crisis of profitability in the core. Of equal, if not greater, importance is a continuous drive to greater productivity and technological change in the metropolis." (Corbridge 1986: 42)

Sowohl Wallerstein als auch Frank und Baran haben sich mit ihren neomarxistischen Arbeiten von der teilweise sehr orthodox vorgetragenen marxistischen Überzeugung vom kommenden Zusammenbruch des kapitalistischen Systems als Resultat dessen innerer Widersprüchlichkeiten verabschiedet und ihre Aufmerksamkeit auf eine abstraktere Ebene konzentriert: Sie reden nicht mehr von inneren Widersprüchen des Kapitalismus, sondern sehen ihn eher aus einer moralischen als aus einer analytischen Sichtweise als unfähig an, die Bedürfnisse

---

[83] Siehe Kritik an Franks Modell, Kapitel I/2.4.4.

der Menschheit zu befriedigen. Ausgehend von dieser moralischen Kritik, versuchen sie auch eine analytische zu entwickeln, die jedoch die oben referierten inneren Widersprüche – weniger des Weltsystems als ihrer selbst – hervorgebracht hat, wie Anne Phillips (1977) prägnant resümiert:

"Having defined its task as that of 'providing' the inability of capitalism to solve the problems of mankind, underdevelopment theory has limited itself to establishing that ideal development cannot occur under capitalism. In pursuit of this objective it cannot perceive or fully analyse what *is* occurring (Hervorh. im Orig.)." (Phillips 1977: 19)

3   (Neo-)Populismus

Neben den Modernisierungs- und Dependenztheorien ist eine weitere entwicklungstheoretische Schule von Bedeutung: die neopopulistische. Wie bereits in der Einleitung angesprochen wurde, lässt sich die neopopulistische Entwicklungstheorie vorrangig als moralische Kapitalismuskritik beschreiben: So werden ausgehend von dem Ziel der Gerechtigkeit innergesellschaftliche Missstände angeprangert. Nicht selten erinnert neopopulistische Rhetorik an marxistisches und/oder neomarxistisches Vokabular, aber sie versteht sich selbst als "dritten Weg" zwischen Kapitalismus und Sozialismus. Zudem wird der Kapitalismus nicht als System, sondern lediglich in seinen negativen Auswüchsen angeprangert, ohne eine Analyse seiner inneren Widersprüche zu geben. Aus (neo-)populistischer Sicht wird Ungleichheit als das größte aller sozialen Übel aufgefasst, welches einer theoretischen Erklärung und Vorschlägen zu seiner Beseitigung bedarf (Byres 1979: 238). Insbesondere die Einteilung in Stadt- und Landbevölkerung als gesellschaftliches Konfliktpaar gilt als Grundlage (neo-)populistischen Denkens, das zudem "an almost mystical faith in the mass of people" (Byres 1979: 238) besitzt. Mit den Menschen ist die Landbevölkerung gemeint und insbesondere die kleinbäuerliche, die oftmals in einem romantisch anmutenden Bild von Naturverbundenheit, Ehrlichkeit und Einfachheit erscheint.

Der Neopopulismus entwickelte sich nach der Russischen Revolution aus dem Populismus und stellte sich nicht länger nur gegen den Kapitalismus, sondern gegen jegliche große Unternehmungen. Insbesondere der Staat wurde zur Zielscheibe neopopulistischer Kritik erklärt, da sie ihn moralisch nicht länger als höherstehend gegenüber den privaten Kapitalinteressen erachtete. Einer der einflussreichsten Vertreter dieser Denkrichtung war der Russe Aleksandr Chayanov (1925), der sich dafür aussprach, die bäuerliche Produktion nicht länger aus rein ideologischen Gründen zu verdammen. Bauern waren für ihn keine Kapitalisten, wenngleich einige Bauern reicher waren als andere und auch Kleinbauern als Arbeiter beschäftigten. Die landwirtschaftliche Produktion hatte laut Chayanov nichts mit dem Kapitalismus zu tun. Somit sah er es als möglich an, eine sozialistische Gesellschaft auf der Grundlage von kleinbäuerlichen Familienbetrieben und unterschiedlichen kooperativen Einrichtungen aufzubauen. Chayanovs Überlegungen lag seine Theorie über das Gleichgewicht zwischen Konsum und Arbeit zugrunde. Seine Grundannahme besteht darin, das eigentliche Produktionsziel innerhalb der bäuerlichen Gesellschaft in der Versorgung der Familie mit einem Mindestlebensstandard zu sehen. Somit seien bäuerliche Familienbetriebe zugleich Einheiten von Produktion und Konsum, auch wenn sie teilweise für den Markt produzieren würden. Ihr eigentliches Interesse galt laut Chayanov jedoch dem Gebrauchswert der Güter. Demzufolge produzierten sie nur soviel, wie sie selbst benötigten, dass heißt, sobald die Konsumbedürfnisse der Familie gestillt waren, wurde weniger hart gearbeitet. Die Arbeitsintensität hing nach Chayanovs Auffassung mit der Anzahl der zu versorgenden Familienmitglieder zusammen. Je mehr Familienmitglieder arbeitsfähig waren, desto weniger Arbeit musste von den einzelnen Mitgliedern geleistet werden.

Chayanovs Überlegungen lag die Situation im ländlichen Russland um 1920 zugrunde, wo die Bauern mit dem Problem der Landknappheit und der fehlenden alternativen Erwerbsmöglichkeiten konfrontiert waren. Ohne diese äußeren Bedingungen macht sein Modell wenig Sinn, was Chayanov auch bewusst war. Aber unter den genannten Bedingungen bestand der Kern seiner Überlegungen darin, dass das ökonomische Verhalten der bäuerlichen Haushalte in erster Linie darin bestand, ein minimales Konsum- oder Einkommensniveau zu erreichen. Um dieses Ziel zu erreichen, würden Bauern gegebenenfalls härter auf ihren Höfen arbeiten oder auch mehr Land pachten und dort zusätzliche Arbeitskräfte beschäftigen. Damit seien sie allerdings nach Chayanovs Auffassung keine Kapitalisten, denn die Ausweitung ihrer landwirtschaftlichen Produktion und das Beschäftigen von Arbeitern sei nur vorläufig, sprich: solange nicht genügend Familienmitglieder im arbeitsfähigen Alter sind. Nach dieser Logik gab es auch keine reichen und armen Bauern, denn die jeweilige Größe des Landes entsprach den Anforderungen der Familiengröße.[84]

Die von Chayanov vertretene neopopulistische Denkrichtung hat in den sechziger/siebziger Jahren des zwanzigsten Jahrhunderts durch die Unabhängigkeit und die beginnende Industrialisierung vieler afrikanischer und asiatischer Länder erneut an Aufschwung gewonnen. Das herausragende Beispiel für neopopulistisch inspirierte Politik liefert die von Julius Nyereres Ujamaa[85]-Philosophie inspirierte Arusha-Erklärung von 1967. Darin wurde Kapitalismus zum Hauptfeind tansanischer Politik erklärt und es wurde begonnen, den sogenannten traditionellen afrikanischen Sozialismus wiederzubeleben, den Nyerere wie folgt charakterisierte:

"Both the 'rich' and the 'poor' individual were completely secure in African society. Natural catastrophe brought famine, but it brought famine to everybody – 'poor' or 'rich'. Nobody starved, either of food or of human dignity, because he lacked personal wealth; he could depend on the wealth possessed by the community of which he was a member. That was socialism. That *is* socialism (Hervorh. im Orig.)." (Nyerere 1968: 3 f)

Unter der Präsidentschaft Nyereres wurden die Ujamaa-Dörfer errichtet, in welchen die vorkolonialen Strukturen wiederbelebt werden sollten. Mit der Förderung der ländlichen Gebiete sollte einerseits ihrer Benachteiligung entgegenge-

---

[84] Die Angaben zu Chayanov stammen aus dem Internet: >http://www.les1.man.ac.uk/multimedia/theory10.htm<.
[85] Ujamaa ist Swahili und bedeutet wörtlich "Familienschaft." (New Internationalist 1998: 189)

wirkt werden und andererseits die landwirtschaftliche Produktion angekurbelt werden. Die neuangelegten Dörfer sollten zu einer effizienteren Produktion und zu verbesserten sozialen Diensten beitragen (Vgl. Blomström/Hettne 1984: 145 f). Um diese Strukturänderungen umsetzen zu können, wurden zahlreiche staatliche und halbstaatliche Institutionen eingerichtet, denen die Landbevölkerung allerdings ablehnend gegenüberstand. Die mangelnde Akzeptanz von Nyereres Ein-Parteien-Regime sowie die sich während der Strukturanpassungsphase verschärfende ökonomische Krise des Landes haben jedoch trotz der Erfolge im Gesundheits- und Erziehungswesen nicht zu grundlegenden Verbesserungen führen können (Nohlen 1998: 725).

Die anhand dieser beiden Beispiele demonstrierte im neopopulistischen Denken dominierende Stellung des Landes gegenüber der Stadt ist innerhalb entwicklungstheoretischer Diskussionen zumeist mit einem Namen verknüpft: Michael Lipton. Wenngleich sich der Brite Lipton nicht in der Tradition neopopulistischen Denkens verortet, so bildet seine Urban Bias-These dennoch die Zuspitzung des neopopulistischen Stadt-Land-Themas.

Ebenfalls in der populistischen Tradition stehend sind die Arbeiten von E.F. Schumacher, insbesondere seine Monographie "Small is Beautiful. Economics as if People Mattered" (1973), da er viele der typisch populistischen moralischen Einwände gegenüber der Industrialisierung in das Zentrum seiner Argumentation stellt. Bevor jedoch die "Schönheit des Kleinen" zur Diskussion gestellt wird, soll das Stadt-Land-Thema von Lipton thematisiert werden.

3.1   Michael Liptons Urban Bias–Theorie

Gleich zu Beginn seines Hauptwerkes "Why Poor People Stay Poor" (1977) macht Michael Lipton klar, worin für ihn der primäre Untersuchungsgegenstand für die Erklärung von (Unter-)Entwicklungsprozessen liegt:
"The most important class conflict in the poor countries of the world today is not between labour and capital (Marxist view, Anm. d. Verf.). Nor is it between foreign and national interests (neo-Marxist view, Anm. d. Verf.). It is between the rural classes and the urban classes." (Lipton 1977: 13)

Damit erteilt er sogleich eine explizite Absage an die bisher diskutierten modernisierungskritischen Ansätze, die seiner Ansicht nach von falschen Gegensatzpaaren ausgehen. Lipton ist der Überzeugung, dass der primäre Gegensatz zur Erklärung von Unterentwicklungsprozessen zwischen Land- und Stadtbevölkerung zu finden ist, sprich: im Urban Bias von Ökonomie und Politik.

Seit 1945 habe laut Lipton bereits ein Entwicklungsprozess in den sogenannten unterentwickelten Ländern stattgefunden, der sich in einem steigenden Pro-Kopf-Einkommen, erhöhter Produktivität und einem veränderten Konsumniveau niedergeschlagen habe. Parallel dazu lebt jedoch ein großer Teil der Dritte-Welt-Bevölkerung – insbesondere die untersten vierzig Prozent auf der Einkommensskala – in Armut. Die auch im Trikont stattfindende Entwicklung sei nicht – wie von modernisierungstheoretischer Seite behauptet – bis zu allen Bevölkerungsschichten hinuntergetröpfelt, denn die überwiegend ländliche Bevölkerung der Entwicklungsländer habe von den Entwicklungsprozessen keineswegs profitiert (Lipton 1977: 70). Das Wohlstandsgefälle zwischen Stadt und Land sei weitaus größer als während der Industrialisierungsphase Europas und Nordamerikas und verhindert nach Liptons Überzeugung, dass auch die ärmste Bevölkerung von Wachstums- und Entwicklungsprozessen profitieren kann:

"The accelerated growth of the now rich world took place with 35 to 60 per cent of its people already outside agriculture, and averaging only one and a quarter to twice the income per person of the farming community; but today's poor countries, with only 10 to 35 per cent of their peoples outside agriculture, endow them with an advantage of three to ten times (…). Even in the West, the outlook for mass consumption would have been bleak, had it depended on a shrinking urban-rural gap; for it took a century of growth before that gap began to shrink. In today's South this gap is (1) initially much larger, (2) a much more important component of total inequality, (3) supported by much more pro-urban balance of ideologies and political forces, (4) not shrinking, (5) not being made significantly less important by townward migration. All these factors militate against the 'automatic' conversion of development into mass welfare along the lines familiar in yesterday's West." (Lipton 1977: 40)

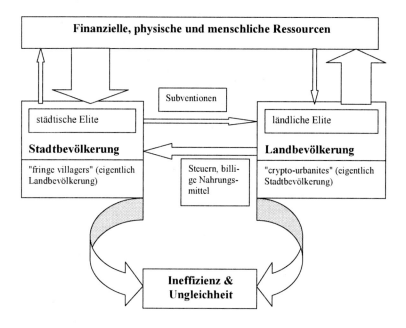

Abbildung 5: Liptons Urban Bias-Modell

Wie Abbildung 5 verdeutlicht, sieht Lipton in der Land- und der Stadtbevölkerung jeweils weitestgehend homogene Interessensgruppen (Lipton 1977: 68). Lediglich die "fringe villagers" und die "crypto-urbanites" fallen aus der rein geographischen Unterscheidung heraus. Erstere gehören laut Lipton "eigentlich" zur Landbevölkerung und befinden sich nur zeitweilig als Hilfsarbeiter in den städtischen Gebieten, werden aber in Zukunft wieder auf dem Lande leben. Aus der Stadtbevölkerung rekrutieren sich die gesellschaftlichen Entscheidungsträger wie Politiker und Verwaltungsbeamte, die die Ressourcen des Landes primär den städtischen Gebieten zukommen lassen und zu diesem Zwecke die ländliche Elite, also die reichen Bauern, mit Subventionen von potentiellem politischen Protest für die Belange der Landbevölkerung abhalten.

Lipton plädiert für eine bessere Ressourcenverteilung zwischen städtischen und ländlichen Gebieten in Entwicklungsländern, um dem Urban Bias entgegen zu wirken. Um mögliche Unklarheiten des Begriffs Urban Bias bereits im Vorfeld zu begegnen und diesen präzise und überprüfbar zu machen, hat Lipton zwei Kriterien für die Beurteilung der Verteilungspolitik eines Entwicklungslandes aufgestellt: Effizienz und Gleichheit (Lipton 1977: 44 f). Die effizienteste Ressourcenverteilung ist laut Lipton dann gegeben, wenn die gesamte Produktionsleistung nicht durch eine Neuverteilung der Ressourcen erhöht werden kann[86]. Und von der gerechtesten Verteilung kann dann gesprochen werden, wenn das gesamtgesellschaftliche Wohlfahrtsniveau nicht durch eine Neuverteilung der Einkommen verbessert werden kann[87]. Da diese beiden Kriterien jedoch auch im Widerstreit zueinander stehen – "(...), the most efficient policy is seldom the fairest" (Lipton 1977: 45) – betont Lipton, dass real existierende Verteilungspolitik sowohl weit von maximaler Effizienz als auch maximaler Gleichheit entfernt sei und demzufolge jegliche Verteilungspolitik zugunsten ländlicher Gebiete sowohl die dortige Produktivität als auch Gleichheit vergrößern wird. In der Praxis sieht Lipton jedoch seine wie folgt formulierte These bestätigt:

"The *urban bias hypothesis* is (...) that 'developing' polities are so structured as to provide rural people with inefficiency *and* unfairly few resources." (Lipton 1977: 46)

Somit ergibt sich die Frage, welche Akteure verantwortlich für das von Lipton konstatierte Ungleichgewicht zwischen Stadt und Land in Entwicklungsländern sind, oder um es mit einem seiner bildhaften Beispiele auszudrücken: Wer hat den Würfel zum Sechser-Würfel manipuliert (Lipton 1977: 44)? Liptons Ant-

---

[86] In Anlehnung an Alfredo Pareto liefert Lipton folgende Definition von Effizienz: "Pareto suggested a minimum condition for efficiency: a system is efficient only if it cannot produce its present bundle of outputs with less of any of its inputs (by rearranging the way in which inputs are combined among two or more lines of production and/or by improving the technique in any line of production) (...). To make Pareto's condition *sufficient* for efficiency, we strengthen it as follows: the allocation of resources is efficient if and only if it is impossible to increase total national output by shifting one or more resources among product lines, and/or by improving the technique in one or more product lines. (...) With the weak Pareto condition, we could look only for ways of raising some outputs that did not reduce other outputs. With this stronger condition, we can also look for ways to increase some outputs even if we thereby reduce other outputs, provided the value of the increase is greater than the value of the reduction." (Lipton 1977: 49)

[87] "Little need to be said about the 'norm' or 'true' of equity, not because such a norm is easy to define – far from it! – but because urban bias away from equity is fairly easy to demonstrate for *any* plausible norm. (...) Any 'equity norm' must imply – among other things, perhaps – distributing long-run income so as to maximise welfare." (Lipton 1977: 53)

wort lautet, dass ein Konglomerat verschiedener innergesellschaftlicher Interessen zum Urban Bias führe, da

1. die städtischen Interessen die konzentriertesten, artikuliertesten und stärksten seien und sie
2. in der Lage seien, Ressourcen weniger nach Effizienz- und Gleichheitskriterien zu verteilen, sondern für städtische Gebiete zu beanspruchen, wobei ihnen
3. die Regierungen zur Hilfe kommen, die oftmals selber lediglich städtische Interessen vertreten beziehungsweise dazu neigen, städtische Gebiete zu bevorzugen (Lipton 1977: 48).

Dem vagen Akteur der städtischen Interessen stellt Lipton somit den klar umrissenen Akteur "Regierung" zur Seite. Verbirgt sich dahinter eine Absage an regierungsstaatliche Politik, die doch offensichtlich laut Lipton per definitionem "urban biased" ist. Oder gibt es eine Hintertür für mögliche Reformen? Lipton plädiert für letzteres und öffnet gleich drei mögliche Hintertüren für eine veränderte Regierungspolitik:

1. Ressourcen könnten von weniger produktiven zu produktiveren Tätigkeiten umgeschichtet werden. Anstelle des Baus von Luxushäusern sollten Dämme oder Fabriken gebaut werden. Anstatt großzügige Bankette abzuhalten, sollten schwache und hungrige Arbeiter versorgt werden.
2. Ressourcen könnten in jedem erdenklichen Bereich besser genutzt werden.
3. Ressourcen könnten mit Hilfe ausländischer Anleihen oder interstaatlicher Zuschüsse erhöht werden. (Lipton 1977: 49)

Demzufolge gibt es nach Liptons Überzeugung zahlreiche Wege mit Hilfe staatlicher Steuer- und Ausgabenpolitik sowie durch Verteilungspolitik und Anleihen zur Entwicklung – auch der ländlichen Gebiete – beizutragen, denn "(...) clearly some of these governmental activities contribute to development." (Lipton 1977: 49). Lipton sieht den Staat nicht als reine Interessensvertretung der aus seiner Sicht in den Entwicklungsgesellschaften vorherrschenden städtischen Gruppen, sondern als *einen* Austragungsort des Konfliktes zwischen Stadt und Land. Somit bringt eine Schwächung des Staates, beispielsweise durch Strukturanpassungsprogramme, keineswegs eine Verminderung des Urban Bias mit sich, da selbiger sich sowohl im Staat als auch im Markt sowie in der Zivilgesellschaft niederschlage (Lipton 1993: 244). Urban Bias ist für Lipton sozusagen ein Querschnittsproblem der Entwicklungsgesellschaften und kein vorrangig staatliches Problem.[88]

---

[88] Lipton stellt hierzu fest: "In almost all LDCs, taxable capacity per person is much more in the richer (and more unequal) cities than in the villages. Yet governments seek to run states by 'taxing' (in the broadest sense) mainly the villagers. This has to be because states, even if run by wholly self-interested persons, partly reflect the balance of power, including rural-urban and intra-urban power.

Aber was macht neben dem Staat/der Regierung den erstgenannten Akteur, die städtische Interessensgemeinschaft, aus? Lipton betont, dass sich – abgesehen von wenigen Ausnahmen[89] – eine klare Linie zwischen städtischen und ländlichen Gebieten ziehen lasse, da die arme Bevölkerung nicht in der Lage sei, große Arbeitsanfahrten zu bezahlen und demzufolge auch am Ort ihres Arbeitsplatzes leben würde (Lipton 1977: 57). Wo mehr als zehntausend Menschen leben, deren Tätigkeiten nicht mit dem landwirtschaftlichen Sektor verknüpft sind, beginnt laut Lipton ein städtisches Gebiet. Und die Bewohner von städtischen Slums klassifiziert Lipton als "rural-based persons trying to get urban jobs" (Lipton 1977: 58), die somit nicht zu der städtischen Interessensgemeinschaft zu zählen seien, wie Lipton an anderer Stelle näher ausführt:

"One sees a mass of urban jobless, but they are often in reality *fringe villagers*, waiting until penury forces them back to the land and meanwhile living on casual work – or on their rural relatives. They hang around the city slums more in temporary hope than in expectation of work." (Lipton 1977: 66)

In Abgrenzung zur marxistischen Theorie betont Lipton, dass der grundlegende Interessenskonflikt nicht zwischen Kapital und Arbeit, sondern zwischen Kapital und Land, Bauern und Stadtmenschen, Dörflern (samt der *fringe villagers*) und der städtisch-industriellen Elite von Arbeitgebern und Proletariern sowie den Nutznießern von teuren und denen von billigen Nahrungsmitteln zu finden sei (Lipton 1977: 67). Die städtische Interessensgemeinschaft ist demzufolge eine relativ homogene Gruppe, wenngleich sie unterschiedliche soziale Klassen umfasst. Unter der Rubrik "Urban Bias as a State of Mind" (Lipton 1977: 63) führt Lipton verschiedene Gründe für die Entstehung dieser anti-ländlichen Ansichten an. So sei der Drang nach Modernisierung in Entwicklungsländern an dem westlichen industriellen Modell orientiert und die Landwirtschaft wird als traditionaler und rückständiger Sektor nicht als förderungswürdig erachtet (Lipton 1977: 65). Zudem hätten Planer und Politiker eine Abneigung gegen Feldstudien in ländlichen Gebieten, wo sie sich wohlmöglich die Hände schmutzig machen könnten (Lipton 1977: 65). Und schließlich würden sie es als einfacher erachten, industrielle Großprojekte in Angriff zu nehmen, als auf dem Lande mit einer Vielzahl von Kleinbauern zu verhandeln (Lipton 1977: 65).

Zudem schlägt sich der Interessensgegensatz zwischen Stadt- und Landbevölkerung besonders eklatant in den Nahrungsmittelpreisen nieder. Die Regierungen würden sich – ganz im Sinne der Stadtbevölkerung – für ein Sinken der Nahrungsmittelpreise stark machen und damit den Urban Bias weiter zementie-

---

There is no reason to believe that this balance of power should in theory, or does in practice, produce systematically more UB (Urban Bias, Anm. d. Verf.) when mediated through a strong state and weakened markets, than through strong markets and a weak state; or through state power, than through market power." (Lipton 1993: 243 f)

[89] Als Ausnahmen benennt Lipton: "(...) regions where part-time farming and townward commuting are made possible by cheap and highly developed transport systems, as in the Wet Zone, Sri Lanka; semi-developed Third World city-states with considerable small-scale horticulture, such as Singapore; areas of almost continuous rural settlement with many markets and administrative centres, such as Kerala in southern India." (Lipton 1977: 57)

ren. Quer durch alle Schichten zeichne sich die Stadtbevölkerung auch in diesem Punkt durch eine einheitliche Interessenslage aus:

"The urban employer wants food to be cheap, so that his workforce will be well fed and productive. The urban employee wants cheap food too; it makes whatever wages he can extract from the boss go further." (Lipton 1977: 67)

Demgegenüber sei das Interesse der Landbevölkerung gegen sinkende Nahrungsmittelpreise ebenso einheitlich, da laut Lipton alle ländlichen Bewohner von höheren Preisen profitieren würden: Wenn die Bauern höhere Preise erzielen, würden auch die Handwerker mehr Nachfrage erfahren und die wohlhabenderen Bauern seien in der Lage, mehr Anleihen zu vergeben beziehungsweise auch mehr zu investieren. Und schließlich würden auch die *fringe villagers* profitieren, sobald ihre ländliche Verwandtschaft höhere Preise für ihre Produkte erzielt und damit eine höhere finanzielle Unterstützung aufbringen kann (Lipton 1977: 67). Lipton geht somit davon aus, dass Einkommensgewinne in ländlichen Gemeinschaften zirkulieren würden und damit allen zugute kommen:

"The big farmer, when he gets a good price for his output, can buy a new seed drill from the village carpenter, who goes more often to the barber and laundryman, who place more orders with the village tailor and blacksmith. When food becomes cheap, this sort of circulation of income is transferred from the village to the city, because it is in the city that the urban worker will spend most of the money he need no longer use to buy food." (Lipton 1977: 68)

Demzufolge kommt Lipton zu dem Schluss, dass eine andere Ressourcenverteilung zugunsten der ländlichen Regionen in Entwicklungsländern bereits innerhalb eines kurzen Zeitraumes zu sinkender Armut führen werde (Lipton 1977: 71).

Um seine Urban Bias-These gegenüber anderen Ansätzen zur Erklärung von Armut trotz Entwicklung hervorzuheben, geht Lipton auf ihre Erklärungsangebote ein und – wie könnte es anders sein – stuft sie als zweitrangig, wenn nicht gar als unbedeutend ein:

1. Männlicher Chauvinismus und Rassismus sind für Lipton keine alternativen Erklärungsmuster für Armut, da die Gegensätze Mann-Frau und Weiß-Schwarz seiner Auffassung nach immer marginaler werden würden, insbesondere in städtischen Gebieten, wenngleich auch nicht in ländlichen.
2. Kapitalismus ist nicht das Hauptproblem, da Sozialismus beziehungsweise fehlender Sozialismus in Entwicklungsländern keinen Unterschied im Hinblick auf die Disparitäten zwischen Stadt und Land macht. Als positive Beispiele für sinkende Disparitäten zwischen Stadt und Land benennt Lipton u.a. China, Taiwan, Malawi, Tansania, Guyana und Kuba.
3. Auch dependenztheoretische sowie marktliberale Erklärungen greifen laut Lipton zu kurz, wenngleich er letzteren eine leichte positive Wirkung hinsichtlich der Einkommensgewinne zuschreibt: "Lack of economic 'openness' may well help to cause developmental inefficiency and inequity, but is itself largely an effect of urban bias, not an alternative explanation to it. (...), the impact of autarky or liberalism on the poor has been decomposed

into the effect on growth and on its distribution. Statistical tests, however, revealed no impact of differential 'openness' on overall, or urban-rural, income distribution." (Lipton 1977: 82)

4. Und schließlich spricht sich Lipton gegen das Vorurteil aus, dass Armut von den Armen selbst verursacht sei, beispielsweise durch eine hohe Geburtenrate oder Faulheit. Die höheren Geburtenraten würden sozusagen als Kompensation für höhere Sterberaten unter den Armen fungieren. Auch Faulheit sei kein generelles Merkmal der ländlichen Bevölkerung. Lethargie könne jedoch durch Krankheit und schlechte Ernährung hervorgerufen werden. (Lipton 1977: 82 ff)

Somit sieht Lipton seine Urban Bias-These als bestmögliche Erklärung für das Wohlstandsgefälle in Entwicklungsländern an. Die von ihm selbst benannte Rolle des Sozialwissenschaftlers – "to describe and analyse the interplay of human actions to produce social outcomes" (Lipton 1977: 328) – hat er damit bereits erfüllt. Daneben sollten Sozialwissenschaftler seiner Ansicht nach jedoch auch aufzeigen, welche Änderungen vorgenommen werden müssen, um akzeptablere Ergebnisse zu erzielen. Für seine Untersuchung betont er:

"(...), what is needed is simple: a much larger share of all sorts of developmental resource – savings, aid, brains, dollars, administrators – for rural areas and agriculturists; and, within these, concentration of resources on the poor, weak and efficient, not on those whose main socio-economic 'virtue' is to transfer their spare food or savings to benefit the urban sector." (Lipton 1977: 328)

Aber wie sollen diese Empfehlungen nach Ansicht von Lipton umgesetzt werden? Entweder mit Überzeugungsarbeit oder auf revolutionärem Wege lautet seine Antwort. Mit Hilfe der ersteren Option hätten sogar einige Diktatoren erkannt, dass eine Verbesserung des ländlichen Sektors für das gesamte Land positive Auswirkungen habe (Lipton 1977: 328 f). Im Hinblick auf den revolutionären Weg verbiete es sich für Liptons aus der Stellung des Sozialwissenschaftlers heraus konkrete Ratschläge zu geben, denn

"How to make revolutions, how to ensure that they benefit the rural poor – social scientists neither know these things, nor have the right to sacrifice human life to their ignorance. If they are concerned with relieving mass rural poverty, therefore, they should refrain from advising, or otherwise assisting, such countries." (Lipton 1977: 329)

Für die wahrscheinlich überwiegende Mehrheit der Entwicklungsländer gebe es jedoch auch ohne eine Revolution die Möglichkeit, politische Veränderungen zugunsten der Landbevölkerung herbeizuführen und damit zur Effizienz und Gleichheit des gesamten Landes beizutragen. Lipton benennt in diesem Zusammenhang verschiedene Akteure, denen er die im Folgenden kurz beschriebenen Rollen zuweist:

1) Bauernbewegungen

Die Kleinbauern sollten sich mit den Großbauern gegen die Macht der städtischen Interessen engagieren und nicht gegeneinander kämpfen. Sie sollten sich bei Problemen wie der Landverteilung nicht gegeneinander ausspielen lassen, sondern mit Hilfe von Bildungsangeboten von außen über das Grundübel, den Urban Bias, aufgeklärt werden.[90]

2) Arbeiterbewegungen

Die Gewerkschaften der städtischen Regionen nehmen zwar normalerweise sogenannte konservative Positionen ein, wenn sie sich lediglich für die Rechte der Arbeiter einsetzen, aber sie sind laut Lipton auch in der Lage, ihre Klientel auszudehnen und damit eine sogenannte expansionistische Position einzunehmen, indem sie auch die Interessen der ländlichen Arbeiter vertreten und sich damit auf langsam wachsende Einkommen einlassen. Im Gegenzug profitieren sie von den steigenden Mitgliederzahlen – "an expanding army rather than a walled garrison" (Lipton 1977: 334).

3) Städtische Geschäftsleute

Lipton betont: "(...) rural direct investment, or lending to rural undertakings, can in most poor countries be very profitable, both socially and to the firm (...)" (Lipton 1977: 336). Trotz dieser Tatsache würden die städtischen Unternehmer, die in einem typischen armen Land rund achtzig Prozent des wirtschaftlichen Kapitals besäßen, kaum in die Entwicklung der ländlichen Regionen investieren. Dieses nach Liptons Logik irrationale Verhalten sei auf den Urban Bias zurückzuführen, dem mit einer verstärkten Aufklärungsarbeit entgegnet werden müsse: So sollten Banken und ländliche Finanzkooperativen über die Sicherheit und die zu erwartenden Gewinne von Investitionen in ländliche Regionen berichten:

"(...), in general, urban business could be advised: devote less of your political pressure to securing incentives for urban activities, and more to removing the disincentives – and the barriers (risk, lack of information and slowness of realised returns) – impeding you from undertaking rural activities." (Lipton 1977: 338)

4) Politiker und Planer

Bei Politikern und Planern handelt es sich nach Liptons Überzeugung um keine einheitliche Gruppe, da viele von ihnen – sei es aufgrund idealistischer Ideen oder des längerfristigen Eigeninteresses – auf der Suche nach Wegen aus dem Urban Bias bisheriger Politik und Planung seien (Lipton 1977: 338). Einen Hauptgrund für den Urban Bias des Staatsapparates sieht Lipton in der Entfremdung der städtischen Eliten von den ländlichen Massen, die mittels einer veränderten Politik überwunden werden sollte, indem beispielsweise finanzielle Anreize für Verwaltungsstellen in ländlichen Gebieten gewährt werden könnten (Lipton 1977: 340 ff).

---

[90] Lipton hebt dabei hervor: "The question of 'spontaneity versus outside education' in political movements is old and complex. However, there are special reasons why outside education may be needed to make rural people in a country aware of (and organised against) urban bias. They tend to be isolated and dispersed, the pressures of the rural rich against each group of rural poor are local and immediate, while the urban exploitation of the whole rural sector (of which these pressures are often a consequence) is national, remote, and often subtle. (...) Sympathetic townspeople will (...) help the villager to understand the forces that keep him poor, and that create a common rural interest in counteracting them. (...) and will seek to help, without paternalism (...)." (Lipton 1977: 332 f)

5) Hilfsorganisationen

Entwicklungshilfe sollte speziell in ländliche Projekte fließen und dort insbesondere in Projekte, von denen die arme Landbevölkerung profitiert. Dazu seien keine gigantischen neuen Projekte vonnöten, sondern bereits bestehende müssten besser ausgerüstet und ausgeführt werden (Lipton 1977: 347 ff).

Mit diesen Maßnahmen, die sich unter dem Stichwort "Bewusstseinsänderung zugunsten ländlicher Regionen" subsumieren lassen, schließt Lipton seine Urban Bias-Studie, die in ihrem radikalen Regionalismus viel Zündstoff für kritische Diskussionen gegeben hat und gibt.

"Urban Bias: A Myth?" – Kritik an Liptons Theorie

"(...) what one is seeking is not *some* evidence but *the* evidence (...)" (Byres 1979: 216) stellt Byres im Hinblick auf Liptons drittes Kapitel "Urban Bias: Some Evidence" (Lipton 1977: 145 ff) fest, in welchem Lipton anhand verschiedener Länderbeispiele seine These zu untermauern versucht. Er benennt von den damaligen als unterentwickelt klassifizierten hundert Ländern sechzig als Beispiele für die verschiedenen Ausformungen des Urban Bias. Dabei verfährt er jedoch sehr schlaglichtartig und erwähnt viele Länder nur am Rande. Ihre Geschichte, Gesellschaftsstruktur sowie ihre aktuelle Entwicklung berücksichtigt Lipton jedoch nicht, so dass eine Überprüfung seiner Urban Bias-These schwer fällt. Und indem er die historischen Wurzeln des von ihm postulierten Urban Bias nicht näher erforscht, bleibt im Dunkeln, warum die von ihm als positive Beispiele zitierten Länder (China, Kuba, Tansania, Taiwan, Malaysia) einen so niedrigen beziehungsweise gar keinen Urban Bias aufweisen. Wieso ergreift er hier nicht die Chance, strukturelle Unterschiede zwischen den von ihm benannten Ländern mit und ohne Urban Bias auszumachen? Lipton folgert aus den Länderunterschieden im Hinblick auf seine Urban Bias-These lediglich, dass Faktoren wie das Wirtschaftssystem, die koloniale Vergangenheit sowie neokoloniale Gegenwart keine bedeutende Rolle spielen, da die Positivbeispiele eine sehr unterschiedliche Geschichte aufweisen (Lipton 1977. 78 ff). Mit diesem Hinwegfegen ökonomischer und historischer Unterschiede beweist Lipton eine sehr oberflächliche Herangehensweise im Hinblick auf die Erklärung von Unterentwicklung.

Lipton begründet seine Urban Bias-Theorie mit einer Reihe von empirischen Befunden und seiner daraus erfolgten Interpretation. So sei beispielsweise im Hinblick auf sein Gleichheitspostulat eine bessere Ressourcenverteilung innerhalb des ländlichen im Vergleich zum städtischen Raum zu erkennen (Vgl. Lipton 1977: 17 & 54). Diese Beobachtung fußt auf einer Untersuchung von Montek S. Ahluwalia über Verteilungsgerechtigkeit in zehn Entwicklungsländern, von denen sieben die These belegen würden (Lipton 1977: 167). Byres gibt zu bedenken, dass die Studie von Ahluwalia nicht nur aufgrund ihres begrenzten Umfangs ungeeignet für die Bestätigung von Liptons These sei:

"What, in fact, do the Ahluwalia data show (granting that they are accurate)? I fear that inspection of the relevant table, (...), tells a story significantly different to Lipton's. One wonders why, indeed, he does not present the table himself, since the evidence in question is so very important. On the measure suggested, a quick inspection of (Ahuwalia's, Anm. d. Verf.) Table (...) reveals Lipton's assertion to be valid for *six* and not seven of the countries listed: not an unimportant slip, since one out of ten, after all, represents 10 per cent. More than that, however, more careful examination shows a *significant* divergence between rural and urban distribution in only three of those six (India, Pakistan, and Colombia). For the other three (Chile, Honduras, and Mexico) the difference is not significant and is, indeed, within the range of statistical error. In two others the urban distribution is more equal, one significantly so (Thailand) and one insignificantly so (Panama); and in the remaining two (Tunisia and Venezuela) it seems to be identical. Three out of ten is not, I think, a reasonable proportion upon which to base such an important generalisation." (Byres 1979: 219)

Angesichts dieses schwachen empirischen Befundes bezüglich eines der Kernstücke von Liptons Urban Bias-These zeigt sich, dass es sich bei Liptons Aussagen über eine größere Verteilungsgerechtigkeit innerhalb des ländlichen Sektors eher um eine neopopulistische *Annahme* als eine empirisch stichhaltige These handelt. Aber selbst wenn die Zahlen Lipton Recht geben würden, ist eine darauf aufgebaute Theorie in der Gefahr, statisch und ahistorisch zu werden, da ohne eine Berücksichtigung der politischen und wirtschaftlichen Rahmenbedingungen und ihrer sich auch verändernden Dynamik keine zukünftige Entwicklung abgelesen werden kann. Die Erfahrungen der sogenannten "Grünen Revolution" in Entwicklungsländern haben gezeigt, wie schnell durch eine derartige Agrarpolitik Änderungen auch in der Verteilungsgerechtigkeit hervorgerufen werden können; und zwar zum Nachteil von armen Bauern und landlosen Arbeitern, wohingegen reiche Bauer und Landbesitzer von der "Grünen Revolution" profitiert haben (Vgl. Byres 1979: 220). Demzufolge bedeutet eine Investition in ländliche Gebiete nicht per definitionem eine verbesserte Verteilungsgerechtigkeit – im Hinblick auf das Beispiel würde sich hier schon eher die gegenteilige Behauptung anbieten. Aber nichtsdestotrotz vertritt Lipton einen radikalen Regionalismus und verortet den primären Interessenskonflikt in Entwicklungsländern zwischen Stadt und Land. Diese geographische Gegenüberstellung ist sehr reduktionistisch, auch wenn Lipton versucht, Abweichungen von dieser klaren Dichotomie mit seinen "fringe villagers" und "crypto-urbanites" zu erfassen. Damit werden seine Definitionen jedoch ungenau und erscheinen als willkürlich, denn wieso sollten Bewohner urbaner Gebiete, die in ferner Zukunft wieder in ihre ländliche Heimatregion zurückkehren möchten, keine "wahren" Städter, sondern lediglich "fringe villagers" sein? Auch an anderer Stelle zeigt die vermeintliche Homogenität der Interessensgruppen Brüche: Die städtischen Interessen könnten kaum ohne eine Kollaboration mit Teilen der ländlichen Bevölkerung ihre Dominanz bewahren, wie Lipton selbst betont. Er sieht die "big farmers", die "rural elite", als Kollaborateure der städtischen Interessen an und verwischt damit seinen ursprünglichen Interessenskonflikt, wie auch seine folgende Aussage deutlich macht:

"The traditional village economy, society and polity are almost always internally unequal, exploitative and far from idyllic: these features are likely to reassert themselves soon after the initial enthusiasms of a communal revival have evaporated." (Lipton 1977: 22)

Derartige Zugeständnisse an intra-regionale Interessenskonflikte halten Lipton
jedoch nicht von der kontinuierlichen Beschwörung der Homogenität seiner Interessensgruppen ab, was Byres wie folgt kommentiert:

"The idea of a single class in the countryside begins to strain one's credulity to breaking
point." (Byres 1979: 234)

Lipton versucht jedoch diesen argumentativen Spagat so weit wie möglich zu
vermeiden, so dass – wie könnte es anders sein – die Darstellung homogener
Interessensgruppen überwiegt. Anhand seiner Diskussion um Nahrungsmittelpreise tritt der Spagat jedoch wieder zutage: Einerseits sieht Lipton eine Interessensharmonie zwischen den Landbewohnern und andererseits spricht er davon,
dass die arme Landbevölkerung zu den Konsumenten von Nahrungsmitteln zu
zählen sei und demzufolge kurzfristig betrachtet Nachteile durch höhere Preise
hat (Lipton 1977: 67). Byres betont, dass Liptons Einteilung in städtische und
ländliche Interessen an der Realität vorbei gehe, denn

"Differentiation is proceeding apace, and with it polarisation along class lines and increasing
immiserisation: with a class of kulaks growing immensely in power, a poor peasantry cut off
from the fruits of technical advance and the advantages of favourable terms of trade (high
food prices), and rising numbers of landless labourers for the most part unable to find wage
employment either in agriculture (partly because of a push towards mechanisation) or in industry (which fails to grow partly because of unfavourable terms of trade)." (Byres 1979: 235)

Wenngleich die ökonomischen Unterschiede – wie beispielsweise der Einkommen – zwischen städtischen und ländlichen Gebieten im Durchschnitt groß sind,
sind doch die durchschnittlichen Wohlstandsunterschiede weitaus geringer –
insbesondere zwischen reichen Dörfern und Städten (Vgl. Shepperdson 1979:
4), aber die Unterschiede innerhalb der jeweiligen Gruppen sind größer. Die
ländlichen Eliten sind keineswegs – wie Lipton behauptet – einfach nur von den
städtischen Interessensgruppen "gekauft" worden und demzufolge passive Stell-
vertreter städtischer Interessen, sondern haben aktiv ihre Klassendominanz und
die damit verbundene politische Kontrolle forciert. So hebt Byres hervor, dass in
Ländern wie Indien und Brasilien eine Situation "of naked hostility between
capital and labor, of stagnating real wages, of brutal repression of strikes"
(Byres 1979: 236) anzutreffen sei. Vor diesem Hintergrund würde Liptons Urban Bias-These lediglich von dem Klassenkampf zwischen Arbeit und Kapital in
Entwicklungsländern ablenken (Byres 1979: 236). Auch Liptons Staatsverständ-
nis ist widersprüchlich: Einerseits sieht Lipton im Staatsapparat nur die herrschenden städtischen Klasseninteressen verkörpert und andererseits billigt er
dem Staat einen Lernprozess zu. Demzufolge benennt er sowohl den revolutionären als auch den erzieherischen Ausweg.

3.2   "Small is Beautiful" – Schumachers Ansatz

Während der siebziger Jahre gehörte Schumachers[91] Buch "Small is Beautiful –
A Study of Economics as if People Mattered" (1973) laut Gavin Kitching zu einem der einflussreichsten und meistgelesensten Bücher (Kitching 1989: 92). Die
Popularität seines dreihundert Seiten umfassenden Werkes liegt sicherlich in
dem weiten thematischen Bogen begründet, den Schumacher schlägt: So setzt er
sich unter anderem mit der Energie- als auch der ökologischen Krise auseinander, appelliert an die Ökonomie, die Landwirtschaft als auch die Energievor-
kommen in ihrer Einzigartigkeit zu respektieren, beschreibt den Wegfall der "intermediate technology" und plädiert für eine neue Art des Wirtschaftens, die
buddhistische. In seinen Ideen spiegelt sich sowohl populistisches als auch neo-
populistisches Denken wider, wie im Folgenden zu zeigen sein wird.

Im Vergleich zu Lipton ist Schumacher nicht um eine (scheinbare) Wert-
neutralität bemüht, wie er unumwunden zugibt, denn

"We jolly well have to have the courage to dream if we want to survive and give our children
a chance of survival." (Schumacher 1973: 142)

Somit tritt bei Schumacher die moralische und soziale Kritik an der Industrialisierung auch in der Wortwahl stärker zutage als bei Lipton.

Schumachers Ausgangspunkt bildet die ökologische Krise, die sich für ihn
insbesondere in den immer knapper werdenden natürlichen Ressourcen manifestiert. Die Ursache für die ökologische Krise verortet er in den herrschenden ökonomischen Ideen der modernen Gesellschaften, die er wie folgt beschreibt: Der
Mensch soll die Natur beherrschen und ausbeuten, es gibt keine Grenzen des
Wachstums und der Entwicklung, der Markt steht im gesellschaftlichen Mittelpunkt und die Ökonomie dient der Befriedigung von Konsumbedürfnissen.
Schumacher sieht die herrschende Ökonomie mit ihrer materialistischen Sichtweise als unfähig an, die großen sozialen und ökologischen Probleme lösen zu
können. So schreibt er beispielsweise über die Arbeit:

"There is universal agreement that a fundamental source of wealth is human labour. Now, the
modern economist has been brought up to consider 'labour' or work as little more than a necessary evil. (...) it is (...) simply an item of cost, to be reduced to a minimum if it cannot be
eliminated altogether, say, by automation." (Schumacher 1973: 49)

Diese Sichtweise kontrastiert Schumacher mit der buddhistischen:

"The Buddhist point of view takes the function of work to be at least threefold: to give a man
a chance to utilise and develop his faculties; to enable him to overcome his ego-centredness
by joining with other people in a common task; and to bring forth the goods and services
needed for a becoming existence. (...) It is clear, therefore, that Buddhist economics must be
very different from the economics of modern materialism, since the Buddhist sees the essence
of civilisation not in a multiplication of wants but in the purification of human character.
Character, at the same time, is formed primarily by a man's work. And work, properly con-

---

[91] Ernst Friedrich Schumacher (1911 – 1977) war ein aus Deutschland stammender britischer Ökonom. Basierend auf seinen Erfahrungen in Indien, Myanmar (Birma) und Sri Lanka hat er verstärkt die
westliche Wachstumsökonomie kritisiert und an einer buddhistischen Ökonomie gearbeitet (Vgl.
Mendis 1994: 195).

ducted in conditions of human dignity and freedom, blesses those who do it and equally their products." (Schumacher 1973: 49 f)

Schumacher plädiert vor diesem Hintergrund für ein Sinken der Produktivität in den Industrieländern, um zu mehr physischer Arbeit zu gelangen, die die moderne Technologie den Menschen geraubt habe:

"(...) modern technology has deprived man of the kind of work that he enjoys most, creative, useful work with hands and brains, and given him plenty of work of a fragmented kind, most of which he does not enjoy at all." (Schumacher 1973: 140)

Mit dieser Technikkritik reiht sich Schumacher in die alte populistische Tradition ein. Ebenso verhält es sich mit seiner Kritik an der "almost universal idolatry of gigantism" (Schumacher 1973: 60), die er bereits im Titel seiner Monographie "Small is beautiful" kontrastiert. Laut Schumacher führe die Vergötterung des Gigantischen, die sich vorrangig auf die moderne Technologie in den Bereichen "Transport" und "Kommunikation" beziehe, in den Industrieländern zu einer Bindungslosigkeit der Menschen. Diese sei insbesondere in größeren Ländern zu beobachten, wo eine Mehrzahl von bindungslosen Menschen keinen Platz in der Gesellschaft finden könnten. Aus dieser Situation ergebe sich Kriminalität, Entfremdung, Stress und sozialer Zusammenbruch. In den Entwicklungsländern führe diese Situation zur Landflucht, einer enormen Arbeitslosigkeit und aufgrund der Vernachlässigung der Landwirtschaft zu drohenden Hungersnöten. Daraus ergebe sich politische Instabilität, der nicht mit Massenproduktion, sondern nur mit Beteiligung der Massen an der Produktion entgegnet werden könne. In diesem Punkt bezieht sich Schumacher explizit auf Mahatma Gandhi und spricht sich – ebenso wie seine populistischen Vordenker – gegen eine zu starke Technisierung der Produktion aus:

"The system of *mass production*, based on sophisticated, highly capital-intensive, high-energy-input dependent, and human labour-saving technology, presupposes that you are already rich, for a great deal of capital investment is needed to establish one single workplace. The system of *production by the masses* mobilises the priceless resources which are possessed by all human beings, their clever brains and skilful hands, and *supports them with first-class tools*. The technology of *mass production* is inherently violent, ecologically damaging, self-defeating in terms of non-renewable resources, and stultifying for the human person. The technology of *production by the masses*, making use of the best of modern knowledge and experience, is conducive to decentralisation, compatible with the laws of ecology, gentle in its use of scarce resources, and designed to serve the human person instead of making him the servant of machines (Hervorh. im Orig.)." (Schumacher 1973: 143)

Schumacher plädiert für einen Wandel der technologischen Entwicklung hin zu den eigentlichen Bedürfnissen der Menschen und – da der Mensch klein sei – sei auch "das Kleine" schön. Bereits diese Wortwahl macht deutlich, dass es Schumacher nicht um eine Analyse bestehender Probleme geht, sondern um eine teils populistische, teils neopopulistische Beleuchtung moderner Probleme. Er argumentiert somit immer ausgehend vom Menschen, der sich in die Gruppe der Armen und der Reichen aufspalte, was wiederum – und darin kommt er Lipton nahe – auf die Ungleichheiten zwischen Stadt und Land zurückzuführen sei. Während Lipton jedoch anhand der Kriterien Effizienz und Gleichheit den Versuch unternimmt, seine Urban Bias – Theorie analytisch zu untermauern, bleibt Schumacher bei einer moralischen Kritik des Status quo stehen, die teilweise stark romantisierend hinsichtlich des Landlebens anmutet:

"The city has become the universal magnet, while rural life has lost its savour. Yet it remains an unalterable truth that, just as a sound mind depends on a sound body, so the health of the cities depends on the health of the rural areas. The cities, with all their wealth, are merely secondary producers, while primary production, the precondition of all economic life, takes place in the countryside. The prevailing lack of balance, based on the age-old exploitation of countryman and raw material producer, today threatens all countries throughout the world, the rich even more than the poor. To restore a proper balance between city and rural life is perhaps the greatest task in front of modern man. It is not simply a matter of raising agricultural yields so as to avoid world hunger. There is no answer to the evils of mass unemployment and mass migration into cities, unless the whole level of rural life can be raised, and this requires the development of an agro-industrial culture, so that each district, each community, can offer a colourful variety of occupations to its members." (Schumacher 1973: 190)

Dennoch lässt sich Schumacher nicht einfach nur in die Kategorie "populistisch" einordnen, sondern zeigt ebenso neopopulistische Züge, indem er zwar die technologischen Großprojekte verdammt, aber sich dennoch für den "sinnvollen" Einsatz moderner Wissenschaft und Technologie ausspricht, was er mit "intermediate technology" umschreibt. Darunter versteht Schumacher eine Technologie, die zwar produktiver ist als die indigene der Entwicklungsländer, aber zudem auch nicht so ausgefeilt und kapitalintensiv wie die der Industrieländer. Somit verkörpert sie ein "Mittelding" zwischen der "ein Pfund- und der tausend Pfund-Technologie":

"Let us call it – again symbolically speaking – a £100-technology." (Schumacher 1973: 167)

Mit Hilfe der "intermediate technology" ließen sich laut Schumacher in den Entwicklungsländern binnen kurzer Zeit bereits viele Arbeitsplätze schaffen, da diese Technologie an die Gegebenheiten der Entwicklungsländer angepasst sei und keine hochqualifizierten Arbeitskräfte benötige (Schumacher 1973: 168). Wenn Schumacher von Entwicklungsländern spricht, meint er hier insbesondere die ländlichen Gebiete, die er – wie Lipton – als vernachlässigt von der Entwicklungshilfe aber auch der jeweiligen staatlichen Politik ansieht. Solange keine angepassten Technologien in den ländlichen Gebieten vorhanden seien, werde es dort Arbeitslosigkeit, Armut und die daraus resultierende Landflucht geben.

Schumachers antikapitalistische Kritik ist eine moralische Kritik an den Verhaltensweisen "der Geschäftsmänner". So stehe der Profit im Zentrum der westlichen Geschäftswelt und ihres Marktes:

"The strength of the idea of private enterprise lies in its terrifying simplicity. It suggests that the totality of life can be reduced to one aspect – profits. The businessman, as a private individual, may still be interested in other aspects of life – perhaps even in goodness, truth and beauty – but *as a businessman* he concerns himself only with profits. In this respect, the idea of private enterprise fits exactly into the idea of The Market, which, (...), I called 'the institutionalisation of individualism and non-responsibility'. Equally, it fits perfectly into the modern trend towards total quantification at the expense of the appreciation of qualitative differences; for private enterprise is not concerned with what it produces but only with what it gains from production." (Schumacher 1973: 238)

Auch diese Sichtweise kontrastiert Schumacher mit seiner Vision von der buddhistischen Ökonomie, die er als "einfach" und "gewaltfrei" sowie an den "wahren" Interessen der Menschen ausgerichtet beschreibt. In ihr sieht Schumacher
das idealistische Gegenstück zur materialistischen, konsumorientierten westlichen Ökonomie. Während der westlich materialistische Mensch primär an dem
Erwerb von immer mehr Gütern interessiert sei, stehe für den buddhistisch geprägten Menschen die "Befreiung" (liberation) im Lebensmittelpunkt (Schumacher 1973: 52). Dieser romantisierende und personalisierende Antikapitalismus
durchzieht Schumachers Monographie wie ein roter Faden. Ebenso wie bei Lipton findet sich auch hier das neopopulistische Stadt-Land-Thema wieder: So beschreibt Schumacher die insbesondere in den USA zunehmenden urbanen Gebiete als "megalopolis" (Schumacher 1973: 61), die er keineswegs für wünschenswert erachtet:

"If this (megalopolitan areas, Anm. d. Verf.) is somebody's conception of the future of the
United States, it is hardly a future worth having. But whether we like it or not, this is the result of people having become footloose; it is the result of that marvellous mobility of labour
which economists treasure above all else." (Schumacher 1973: 62)

Diesen subjektiven Schreckensvorstellungen könne mit den Einsichten der
buddhistischen Ökonomie entgegnet werden, die sowohl die materielle Absicherung der Menschen als auch deren religiöse und spirituelle Bedürfnisse im Blick
habe. Zudem würde sie die ökologische Komponente von Entwicklung berücksichtigen, indem sie auf "lokale" Entwicklung setze. Mit dem Modewort "lokal",
welches im Rahmen der neuen Entwicklungsansätze ausführlich diskutiert werden soll, verweist Schumacher auf die von ihm so vielgepriesenen Entwick-
lungspotenziale kleiner ländlicher Gebiete oder Regionen, die sich nach buddhistischer Logik autark versorgen würden, denn

"From the point of view of Buddhist economics, (...), production from local resources for
local needs is the most rational way of economic life, while dependence on imports from afar
and the consequent need to produce for export to unknown and distant peoples is highly un-
economic and justifiable only in exceptional cases and on a small scale." (Schumacher 1973:
53 f)

Wie bereits erwähnt, gründet Schumacher seine neopopulistischen Vorstellungen nicht – wie Lipton – nur auf rein ökonomischen Überlegungen, sondern
auch auf spirituellen. Mit letzteren möchte er nach eigenem Bekunden die vorherrschende materialistische Philosophie herausfordern. Eine besondere Bedeutung kommt dabei der Erziehung zu, die laut Schumacher nicht darin bestehen
sollte nur ein bestimmtes anwendbares Wissen zu erlernen, sondern primär der
Frage nachgehen sollte, wie man am besten leben könne (Schumacher 1973:
73). Der Kern von Erziehung liegt für Schumacher darin, dass sie Werte vermittelt, die keine bloßen Regeln und Behauptungen darstellen, sondern vielmehr
Ideen mit denen man denken könne (Schumacher 1973: 73). In Schumachers
Worten:

"When people ask for education they normally mean something more than mere training,
something more than mere knowledge of facts, and something more than mere diversion.
Maybe they cannot themselves formulate precisely what they are looking for; but I think what

they are really looking for is ideas that would make the world, and their own lives, intelligible to them. When a thing is intelligible you have a sense of participation; when a thing is unintelligible you have a sense of estrangement." (Schumacher 1973: 75)

Um der Entfremdung der Menschen entgegen zu wirken, müssten sie einen Lebenssinn finden. Die Werte sollen dabei helfen, die richtige Wahl zu treffen. Die Naturwissenschaften werden nach Schumachers Ansicht den Bedürfnissen der Menschen jedoch nicht gerecht, da sie lediglich auf die Vermittlung von Know How beschränkt seien. Selbiges treffe auf die Geistes- und Sozialwissenschaften zu. So würden weiterhin die folgenden sechs einflussreichsten Ideen des neunzehnten Jahrhunderts das Denken bestimmen: die Evolution, das Überleben der Stärkeren (Survival of the fittest) und der Wettbewerb, der ökonomische Materialismus, die Freudschen Ideen zum Unterbewusstsein, der Relativismus und der Positivismus (Schumacher 1973: 79 f). Diese Idee haben den Anspruch auf Universalität gemein und reproduzieren dadurch eine Form der Metaphysik:

"The leading ideas of the nineteenth century, which claimed to do away with metaphysics, are themselves a bad, vicious, life-destroying type of metaphysics. We are suffering from them as from a fatal disease." (Schumacher 1973: 82)

Demgegenüber plädiert Schumacher für eine Erziehung, die sich diesen "life-destroying ideas inherited from the nineteenth century" (Schumacher 1973: 84) verweigert und folgendes beachtet:

"Whether the subjects taught are subjects of science or of the humanities, if the teaching does not lead to a clarification of metaphysics, that is to say, of our fundamental convictions, it cannot educate a man and, consequently, cannot be of real value to society." (Schumacher 1973: 84)

Diese neue Metaphysik soll dazu beitragen, den Menschen zu seinem eigenen Zentrum zurückzuführen, welches sich dort befindet,

"(...) where he has to create for himself an orderly system of ideas about himself and the world, which can regulate the direction of his various strivings." (Schumacher 1973: 86)

Um zu diesem Zentrum zu gelangen, sei es wichtig, eine bestimmte Wertehierarchie zu akzeptieren, die man nicht mit den oben erwähnten Ideen des neunzehnten Jahrhunderts erkennen könne. Erst wenn man die hierarchische Struktur der verschiedenen Bedeutungsebenen erkannt habe, sei man in der Lage, auch Gegensätze in Einklang zu bringen. Zu diesem Zweck benötige man kein logisches Denken (sic!), sondern könne sich getrost auf höhere Kräfte wie Schönheit, Wahrheit und Liebe berufen. So stellt Schumacher sich beispielsweise die rhetorische Frage nach der Vereinbarkeit von Freiheit und Disziplin innerhalb der Erziehung. Und die Antwort lautet:

"Countless mothers and teachers, in fact, do it, but no one can write down a solution. They do it by bringing into the situation a force that belongs to a higher level where opposites are transcended – the power of love." (Schumacher 1973: 87 f)

So sei Erziehung dazu da, eine Ethik zu vermitteln, um Richtiges von Falschem trennen zu können und Handlungsmöglichkeiten aufzeigen zu können. Schumacher spricht in seinen Ausführungen zwar immer die gesamte Menschheit an, hebt aber – neben den bereits erwähnten Müttern und Erziehern – auch die Ökonomen als Akteure hervor. Sie alle sollen dazu beitragen, dass mehr zielgerichtet als zweckorientiert gehandelt wird, damit das Leben weitaus stärker spirituell als materiell bestimmt ist.

Kritik an Schumachers (Neo-)Populismus

"(...), it might be said that this is a romantic, a utopian, vision." (Schumacher 1973: 142)

Diese Einschätzung Schumachers bezüglich potentieller Kritik an seinem Ruf nach einer weniger produktiveren Ökonomie und einem veränderten Verständnis von Arbeit lässt sich auch auf die anderen in "Small is beautiful" behandelten Themenbereiche übertragen, trifft aber in erster Linie auf seine Wortwahl zu. Im Vergleich zu Lipton aber auch zu allen anderen diskutierten Entwicklungstheoretikern, fällt zuallererst Schumachers Sprache auf, die Gavin Kitching (1989) trefflich wie folgt charakterisiert:

"The prose is powerful and direct, the ideas are simply expressed, technical elaboration, even of economic ideas, is kept to an absolute minimum." (Kitching 1989: 96)

In "Small is beautiful" dominiert ein ethisch und politisch wertendes Vokabular, welches auch die ökonomischen und technologischen Ausführungen beherrscht, so dass in der obigen Darstellung vermehrt auf Originalzitate zurückgegriffen werden musste. Mit dieser Sprache grenzt sich Schumacher bewusst vom Gros der entwicklungstheoretischen Arbeiten ab und reflektiert darin bereits seine eigenen Vorschläge bezüglich einer "besseren Welt", die nur mittels des Appells an die spirituellen und emotionalen Fähigkeiten der Menschen verwirklicht werden könne und in der Rationalität eine eher untergeordnete Rolle spielt. Somit analysiert Schumacher kaum, sondern sieht seine primäre Aufgabe darin, moralische Kritik zu üben und damit ein möglichst großes Spektrum an Menschen zu erreichen. Seine Ausführungen stehen – wie bereits im Hinblick auf das Stadt-Land-Thema gezeigt wurde – in der populistischen Tradition und stellen somit keine originären neuen Erkenntnisse dar. Kitching weist zudem darauf hin, dass Schumachers Vorstellungen bezüglich der Fragmentierung der menschlichen Persönlichkeit und seine Kritik an der Arbeit in der Tradition von Robert Owen, den Utopischen Sozialisten, Simonde de Sismondi und Pierre-Joseph Proudhon stehen (Kitching 1989: 97)[92]. Während Lipton sich bemühte, nicht direkt mit der

---

[92] "(...), for Robert Owen or the Ricardian socialists, a major aim, perhaps the prime aim, of their schemes was to place a barrier in the way of industrialization and of the rapid growth of industrial cities swollen with a new propertyless proletariat. They wanted to preserve a pre-industrial world of peasants and small-scale artisans from the destruction and depersonalization which was thought to be inherent in proletarianization and an enforced existence in urban factory and slum." (Kitching 1989: 99). Der Franzose Simonde de Sismondi (1773 – 1842) zählte ebenfalls zu einem der ersten Kritiker der Industrialisierung. Er empfahl den weniger entwickelten Ländern Europas, nicht auf den Weg der Industrialisierung zu setzen, sondern auf die von ihm als quasi-naturgegeben angesehenen kleinen Besitzstände und die damit verbundene Produktion im kleinen Rahmen. Diese Ideen wurden später von dem Anarchisten Pierre-Joseph Proudhon (1809 – 1865) aufgegriffen (Vgl. Gerry 1987: 104 f).

populistischen Denktradition in Verbindung gebracht zu werden, bezieht sich Schumacher an mehreren Stellen explizit auf seine intellektuellen Vorgänger, wobei er insbesondere Mahatma Gandhi hervorhebt.

Schumachers neopopulistischer Entwicklungsansatz hat es nicht versäumt eine Analyse von Entwicklungsproblemen zu bieten, sondern ist dazu nicht in der Lage, da ihm ein sehr oberflächliches Verständnis des Kapitalismus zugrunde liegt. Seine gesamten Ausführungen beziehen sich darauf, bestimmte Erscheinungsformen des Kapitalismus ethisch zu verdammen und jeweils punktuelle "Gegenentwürfe" – insbesondere in Form der buddhistischen Ökonomie – zu liefern. Indem Schumacher das Hauptproblem von (Unter)Entwicklungsprozessen als ein kulturell-spirituelles beschreibt, projiziert er die von ihm als negativ beschriebenen Eigenschaften westlicher Gesellschaften in ihrer positiven Umkehrung in eine buddhistische Ökonomie hinein. Da die von ihm angepriesene buddhistische Ökonomie jedoch keinen empirischen oder materialistischen Bezugspunkt darstellt, handelt es sich bei seinen Überlegungen lediglich um romantisch-verklärende Fiktionen. In diesen Überlegungen schwingt eine Suche nach ursprünglichen und "wahren" Gemeinschaftsformen mit, die Schumacher im Buddhismus gefunden zu haben glaubt und die von seinen Nachfolgern in den neunziger Jahren in indigenen Gemeinschaften des Trikonts gesehen werden. Schumacher bleibt jedoch theoretisch und benennt keine bestimmten Regionen, in denen dieser spezifische Antikapitalismus buddhistischer Ausprägung bereits praktiziert wird.

Mit seiner Ablehnung weiterer Produktivitätssteigerungen und seinem Ruf nach einem Rückgängigmachen bereits erfolgter, bleibt Schumacher unfähig zu erklären, wie die Entwicklungsländer mittels dieser Maßnahmen zu einem verbesserten Lebensstandard kommen können. Seine Vorstellungen vom einfachen Lebensstil muten vor dem Hintergrund der Lebensrealität der Bevölkerungsmehrheit des Trikonts eher zynisch an. Insgesamt gesehen erscheinen Schumachers Ausführungen als das Produkt eines zivilisationsmüden Ökonomen, der im nicht-westlichen, in diesem Fall im Buddhismus, die Alternative zu dem von ihm kritisierten westlichen Entwicklungsmodell sieht. Schumacher betrachtet die buddhistische Philosophie dabei völlig losgelöst von ihrem historischen Kontext und bedient sich lediglich jener Elemente des Buddhismus, die seiner oberflächlichen Kritik an der kapitalistischen Entwicklung dienlich sind. Zudem stellt sich die Frage, wieso das primäre Problem kapitalistischer Entwicklung in der Größe zu verorten sei. Warum ist der Kapitalismus im Kleinen, sprich: in ländlichen überschaubaren Einheiten, "schön"? Und auch der Kardinalfehler der Unterentwicklungstheorien findet sich in diesem Zusammenhang bei Schumacher wieder: die Präsentation des Profitstrebens "der Geschäftsmänner" als originäres Merkmal kapitalistischer Entwicklung (Vgl. Schumacher 1973: 238). Mit dieser Sichtweise wird der Kapitalismus wiederum auf eine Erscheinungsform verkürzt, und "die Geschäftsmänner" dienen der Personalisierung gesamtgesellschaftlicher Verhältnisse.

Schumacher vermag zwar mit seinen Vorstellungen über die "intermediate technology" Ansatzpunkte für eine veränderte Entwicklungspolitik liefern, aber als Entwicklungstheorie bieten seine Ausführungen keine überzeugenden Erklärungsansätze und auch keinen praktikablen alternativen Entwicklungsweg.

4   Marxistische Entwicklungstheorie

Die schärfsten Kritiker neomarxistischen Denkens kamen aus der marxistischen Denkschule. Wie bereits in Kapitel I/2.2 gezeigt wurde, gab es in den siebziger/achtziger Jahren Diskussionen über die theoretischen Wurzeln der Unterentwicklungstheorien, die überwiegend unter dem Begriff Neomarxismus zusammengefasst wurden. Marxistische Kritiker sahen darin oftmals einen Etikettenschwindel, da sie in den Unterentwicklungstheorien – abgesehen von einigen dem Marxismus entlehnten Worthülsen[93] – nichts Marxistisches entdecken konnten. Da sich ausgehend von einer marxistischen Position jedoch nur in Ansätzen ein eigener entwicklungstheoretischer Strang entwickelt hat, wurde diesen Positionen auch kaum Aufmerksamkeit zuteil. Und weil die relativ umfangreiche marxistische Kritik aus dem herkömmlichen Entwicklungstheorieschema externe versus interne Entwicklungshindernisse, rechts versus links, Entwicklung versus Unterentwicklung etc. herausfällt, ist sie umso interessanter für die Auseinandersetzung mit den analytischen Schwächen der Dependenztheorien, die zu den Hauptursachen der später zu diskutierenden entwicklungstheoretischen Krise zu zählen sind. Somit ist es das Anliegen des vorliegenden Kapitels sowohl die marxistischen Entwicklungsansätze als auch die marxistischen Kritikansätze darzustellen und auch ihre Schwächen zu diskutieren. Bei diesem Unterfangen lassen sich zwei marxistische Argumentationsstränge innerhalb der entwicklungstheoretischen Debatte ausmachen. So gibt es die als traditionell marxistisch zu bezeichnenden Positionen von Autoren wie Bill Warren (1973; 1980), Henry Bernstein (1979), Anne Phillips (1977), John Taylor (1974), John Weeks/Elizabeth Dore (1979) sowie Colin Leys (1977). Die genannten Autoren vertreten zwar keine einheitliche entwicklungstheoretische Position, gehen aber von der gemeinsamen marxistischen Grundprämisse aus, dass dem Kapitalismus Entwicklungspotentiale innewohnen und Unterentwicklung kein passender Begriff für Entwicklungsprozesse ist, die auch im Trikont stattfinden. Zudem betonen sie die Relevanz einer Klassenanalyse, die ihrer Ansicht nach innerhalb der Unterentwicklungstheorien fälschlicherweise nur als Fortsatz externer Abhängigkeitsverhältnisse betrachtet wird.

---

[93] So bemerkt beispielsweise Colin Leys (1977) über marxistische Begrifflichkeiten innerhalb der Unterentwicklungstheorien: "(...) the 'marxification' of radical structuralism, or 'left' UDT (Underdevelopment Theory, Anm. d. Verf.), does not rescue radical structuralism from its dilemma, for the basic reason that it has been built up through successive revisions of bourgeois economics, and like a Russian doll, the final outer layer has essentially the same shape as the innermost one. It is an analysis whose central concepts and problematic are ultimately still those of bourgeois social science, especially bourgeois economics, in spite of the fact that it uses *words* which denote the concepts of historical materialism; i.e. it understands the relations of production and exploitation in the third world in a way which still idealises and mystifies them." (Leys 1977: 98)

Eine weitere marxistisch inspirierte Kritik an den Unterentwicklungstheorien stellen die entwicklungstheoretischen Arbeiten über die sogenannte "Artikulation der Produktionsweisen" dar, die aus der französischen Anthropologie stammen und deren Hauptvertreter Pierre-Philippe Rey (1973, 1979, 1982) und Giovanni Arrighi (1973a, 1973b, 1973c, 1999) sind. Aus dieser Position heraus wird die Idee der Abhängigkeit kritisiert und eine alternative Erklärung für Unterentwicklung in Anlehnung an die Arbeiten von Rosa Luxemburg angeboten. So wird zwar einerseits die erstgenannte marxistische Position über die Entwicklungspotentiale des Kapitalismus aufrecht erhalten, aber ökonomische Probleme des Trikonts als Resultat der Fortdauer anderer, nicht-kapitalistischer Produktionsweisen verstanden.

Im Folgenden ist den Arbeiten des schottischen Kommunisten Bill Warren ein eigenes Unterkapitel gewidmet, da Warren im größten Umfang versucht hat, die Unterentwicklungstheorien aus einer marxistischen Position zu kritisieren und eigene Erklärungsmuster für die Entwicklung des Trikonts geliefert hat. Im Anschluss daran werden die thematischen Schwerpunkte der marxistischen Kritik anderer Autoren diskutiert. Zuvor soll jedoch ein Einblick in den zweiten marxistischen Diskussionsstrang, die Debatte um die Artikulation der Produktionsweisen, gegeben werden.

4.1 Die marxistische Diskussion um Produktionsweisen

Im Rahmen der Kritik an Franks Metropolen-Satelliten-Modell ist bereits auf die von Laclau (1971) initiierte Kritik hinsichtlich der im Trikont vorzufindenden unterschiedlichen Produktionsweisen eingegangen worden. So hatte Laclau Franks grundlegende Prämisse von der weltweiten Präsenz des Kapitalismus als gleichbedeutend mit der Präsenz der kapitalistischen Produktionsweise in Frage gestellt. Laclau hob hervor, dass sich im Trikont neben der kapitalistischen auch andere Produktionsweisen – wie etwa die feudale – finden lassen und Frank von einem sehr vagen Kapitalismusverständnis ausgeht:

"Did the structural conditions of capitalism exist in 16th-century Europe when, according to Frank, the process of capitalist domination started in Latin America? Could we consider free labour to be the rule then? By no means. Feudal dependence and urban handicrafts remained the basic forms of productive activity. The existence of a powerful commercial class which greatly enlarged its stock of capital through overseas trade did not in the least modify the decisive fact that this capital was accumulated by the absorption of an economic surplus produced through labour relationships very different from those of free labour." (Laclau 1971: 28)

Franks Hauptproblem besteht demzufolge nach Ansicht von Laclau in der fehlenden Differenzierung zwischen Kapital und Kapitalismus, die es Frank erlaubt, den Kapitalismus bis ins sechzehnte Jahrhundert hinein bereits weltweit zu verorten. Kapitalismus zeichnet sich jedoch durch eine bestimmte Produktionsweise, die kapitalistische, aus, die Laclau wie folgt charakterisiert:

"We understand by 'mode of production' an integrated complex of social productive forces and relations linked to a determinate type of ownership of the means of production. (...) We therefore designate as a mode of production the logical and mutually co-ordinated articulation of: 1. a determinate type of ownership of the means of production; 2. a determinate form of appropriation of the economic surplus; 3. a determinate degree of development of the division of labour; 4. a determinate level of development of the productive forces. (...) In the capitalist mode of production, the economic surplus is also subject to private appropriation, but as distinct from feudalism, ownership of the means of production is severed from ownership of labour-power into a commodity, and with this the birth of the wage-relation." (Laclau 1971: 33 f)

Zeitgleich mit der Kritik von Laclau und dem ihr zugrundeliegenden Konzept der Produktionsweisen haben Rey und Arrighi entwicklungstheoretische Studien ausgehend von dem Konzept unterschiedlicher Produktionsweisen und ihrer jeweiligen Verknüpfung betrieben. Geographisch bezogen sie sich in ihren Fallstudien auf den afrikanischen Kontinent mit dem Ziel, die politische Situation einzelner Länder anhand der Untersuchung von Klassenkonflikten und –allianzen, die unter dem Einfluss des Kapitalismus (sowohl des aus- als auch inländischen) entstanden sind, zu analysieren. In diesem Zusammenhang haben sie von der "Artikulation der Produktionsweisen" gesprochen, womit die Art der Interaktion verschiedener Produktionsweisen und die daraus resultierenden Bedingungen hinsichtlich einer kapitalistischen Entwicklung gemeint sind.[94] Entscheidend ist insbesondere die Beziehung zwischen der kapitalistischen und den nicht-kapitalistischen Produktionsformen, womit ihre "Artikulation" gemeint ist.

Da Rey und Arrighi zwar den gleichen entwicklungstheoretischen Ansatz gewählt haben, aber zu unterschiedlichen Schlussfolgerungen gelangen, werden sie im Folgenden getrennt betrachtet.

4.1.1 Rey

Ähnlich wie bei dem noch zu diskutierenden Warren findet sich auch bei Rey eine formalisierte Sicht auf die verschiedenen Produktionsweisen. So geht er zwar davon aus, dass im Trikont verschiedene Produktionsweisen gleichzeitig existieren, aber auf Dauer lediglich einer Produktionsweise Platz machen würden, und zwar der kapitalistischen. Rey setzt sich von der dependenztheoretischen Prämisse ab, wonach der Kapitalismus verantwortlich für Unterentwicklung im Trikont sei, da die Kapitalisten ein ureigenstes Interesse an der kapitalistischen Entwicklung des Trikonts haben würden (Vgl. Rey 1982: vii). Rey bezieht sich auf die aus marxistischer Sicht dem Kapitalismus zugrundeliegende Gesetzmäßigkeit, andere Produktionsweisen zu zerstören:

---

[94] Der Begriff der "Artikulation" ist in diesem Zusammenhang auf die französischen Philosophen Louis Althusser und Etienne Balibar zurückzuführen. Sie hatten Marx aus einer strukturalistischen Perspektive gelesen und davon ausgehend "Artikulation" wie folgt verstanden: "(...) 'articulation' is used as an anatomical metaphor to indicate relations of linkage and effectivity between different levels of all sorts of things. (...) the notion of 'articulation of modes of production' is not found in Althusser or Balibar. Its recent popularity must therefore be traced more proximately, in the work of a writer who while clearly influenced by Althusser has made important contributions of his own: Pierre-Philippe Rey." (Foster-Carter 1978: 54)

"Capitalism everywhere attempts to destroy all modes of production and all previous relations of production, and to substitute its own mode and its own relations for them." (Rey 1982: vi)

Vor diesem Hintergrund fordert er:

"Thus we must cease to reproach capitalism for the only crime that it has not committed and that it does not know how to commit, constrained as it is to constantly expand its own scale of reproduction. We must get used to the idea that the bourgeoisie burns with a desire to develop the "underdeveloped" countries." (Rey 1982: xi)

Die Entwicklungsunterschiede innerhalb des Trikonts erklären sich demnach für Rey aus der jeweiligen Interaktion der verschiedenen Produktionsweisen mit der kapitalistischen. Bevor die kapitalistische Produktionsweise die anderen vollständig ersetzt hat, vergeht laut Rey ein langer Übergangszeitraum, der aus seiner Sicht jedoch den Normalzustand verkörpert, da selten eine Produktionsweise vollkommen dominant sei. Somit analysierte Rey insbesondere auch diese "Übergangsphasen", die durch sich gegenseitig konkurrierende und auch beeinflussende Produktionsweisen gekennzeichnet sind. Da sich die konkurrierenden Produktionsweisen immer wieder reproduzieren müssen, müssen ihre Reproduktionsbedingungen kompatibel sein. Im Laufe der Übergangsphase schwankt das Gleichgewicht zwischen den verschiedenen Produktionsweisen, und Rey bezeichnet diesen Prozess als Artikulation der Produktionsweisen (Vgl. Dupré/Rey 1973: 153 ff). Rey setzt sich jedoch nicht nur im Allgemeinen mit Produktionsweisen und ihrer Artikulation auseinander, sondern insbesondere mit der kapitalistischen und ihrer Ausdehnung bzw. wachsenden Dominanz über andere Produktionsweisen. Da die kapitalistische Produktionsweise aus seiner Sicht überall die gleichen Charakteristika und Effekte aufweise, müssen die Entwicklungsunterschiede in den anderen Produktionsweisen und ihrer jeweiligen Artikulation mit der kapitalistischen liegen. Die Bedingung für die Dominanz der kapitalistischen Produktionsweise ist laut Rey das Vorhandensein einer Klasse von freien Arbeitern. Das heißt bezogen auf die Artikulation der Produktionsweisen, dass immer mehr Menschen in der kapitalistischen Produktion und weniger in anderen Produktionsformen beschäftigt sein müssen, um schließlich die anderen Produktionsformen vollends überwinden zu können. Da der Kapitalismus jedoch im Bereich der Landwirtschaft im Trikont kaum präsent ist und hier insbesondere in der Produktion von Grundnahrungsmitteln, müssen für die Arbeiter in der kapitalistischen Produktion Möglichkeiten zur zusätzlichen Subsistenzwirtschaft aufrecht erhalten werden, denn

"(...), the pre-capitalist modes that existed (in the Third World, Anm. d. Verf.) differed from feudalism in that they did not evolve naturally in such a way as to meet the needs of capitalism, and capitalist relations of production could not arise from within. These areas could (and did) engage in *exchange*, through the medium of merchant capital, and were thus drawn into the world market, but the effect of exchange was to reinforce the hold of the pre-capitalist ruling class and reinforce the resistance of these societies to the implantation of capitalist relations of production." (Brewer 1980: 186)

Dieses Kernstück seiner Argumentation hat Rey detailliert auf die Situation in der Republik Kongo bezogen[95].

Rey versucht nachzuweisen, dass es in den von ihm untersuchten Gebieten innerhalb der heutigen Republik Kongo eine familiäre Produktionsweise ("lineage mode of production") gegeben habe, die bis zur Einführung der kapitalistischen dominant war. Die Geschichte der untersuchten Regionen kann laut Rey nur verstanden werden, wenn beide Produktionsweisen und ihre Interaktion untersucht werden. Die familiäre Produktionsweise ist durch zwei Klassen gekennzeichnet: Oberhäupter (oder Ältere) und ihre Abhängigen (oder Junioren). Jedem Oberhaupt untersteht eine Gruppe von Abhängigen, von denen einige aufgrund von faktischen oder zugeschriebenen Verwandtschaftsverhältnissen bestimmte Positionen innehaben. In Zusammenschlüssen unterschiedlicher Größe betreiben die Bewohner der Region Subsistenzwirtschaft. Ein entscheidendes Merkmal dieser Produktionsweise ist der Austausch von Sklaven zwischen verschiedenen Gruppen (Rey 1979: 48 ff). Diese Form der Sklaverei ist jedoch nicht gleichzusetzen mit der Sklaverei in den amerikanischen Plantagen, da die Sklaven unter den jeweiligen Gruppen nur dann getauscht wurden, wenn ein Sklave ein Verbrechen begangen hatte. Zudem bestand für die Sklaven die Möglichkeit, als gleichberechtigt in einer sozialen Gruppe anerkannt zu werden. Brewer hebt in diesem Zusammenhang die folgende These von Rey hervor:

"Rey argues that this 'circulation of men' together with the 'circulation of women' (as wives) functioned to redistribute population from overpopulated to underpopulated groups, in a society in which population was the main resource." (Brewer 1980: 193)

Mittels des Sklavenhandels kam es zur Interaktion zwischen der familiären und der kapitalistischen Produktionsweise, und laut Rey haben sich die Produktionsformen in diesem Punkt als durchaus kompatibel erwiesen. So diente der Sklavenhandel mit den europäischen Mächten dem Erwerb neuer Produkte und hielt zudem die alten Produktionsstrukturen weiterhin aufrecht. Als der Sklavenhandel nachließ, begannen europäische Händler Produkte wie Eisen, Kautschuk etc. zu kaufen, die bis dato typische Subsistenzprodukte gewesen waren. Mit der französischen Kolonialherrschaft ging der Versuch einher, die Produktion dieser Erzeugnisse zu rationalisieren, indem bestimmte An- bzw. Abbaugebiete unter die Kontrolle von Handelsgesellschaften gestellt wurden. Diese Kolonialpolitik zeigte allerdings nicht den erwünschten Erfolg, da die alte Produktionsweise weiterhin existierte. Sobald beispielsweise die Oberhäupter genügend europäische Prestigeprodukte angehäuft hatten, hörten sie auch auf, die Kolonialmacht mit den Exportprodukten zu beliefern. Daraufhin kam es zur Implementierung der kolonialen Produktionsweise (1920 – 1934), die von der Kolonialmacht gewaltsam durchgesetzt wurde, indem die Subsistenzwirtschaft durch die Einführung der Geldwirtschaft weitgehend zerstört wurde und damit begonnen wurde, den Kongo mit dem Bau der Kongo-Ozean-Eisenbahnlinie zu erschließen. Bei diesem Unterfangen sind fünfzehn- bis zwanzigtausend Menschen, die gewalt-

---

[95] Brewer bemerkt zu Reys Fallstudie: "It (the case study, Anm. d. Verf.) can have few equals in its combination of rigorous and creative Marxist theory with detailed study of a pre-capitalist society and of its penetration by capitalism." (Brewer 1980: 192)

sam zum Bau gezwungen wurden, ums Leben gekommen. Rey schreibt über die gewaltsame Einführung der kolonialen Produktionsweise:

"In the beginning, after the failure of the concessionary companies, a 'subsistence' society only exchanging with commercial capital to meet its needs for prestige goods. Afterwards, in the period from 1934 (or even 1932) to to-day, 'free' sale of labour power (…) and continually growing sale of products. This is because, during the period of construction of the (Congo-Ocean) railway, workers who had lived in the self sufficient subsistence economy became simultaneously wage earners and buyers; while the men who remained in the villages and above all the women became sellers of provisions. The unity of the producers and consumers was broken. (…) During a first stage workers on the one hand, products on the other were obtained by force, because the society did not know what to do with the money that was forced on it in 'payment' (…) But soon enough the situation was reversed and money became the intermediary, not only for goods, but also for (…) the bride price." (Rey, zitiert nach der Übersetzung von Brewer 1980: 195)[96]

Die traditionelle familiäre Produktionsweise wurde damit zerstört. Die Oberhäupter wurden in die Kolonialverwaltung aufgenommen und alte Rivalitäten zwischen Stämmen und Familienbünden tauchten wieder auf. Die während dieses Zeitraumes entstehende indigene Bourgeoisie und auch die spätere politische Führungsschicht der unabhängigen Republik Kongo rekrutierten sich nach Reys Angaben aus den gleichen gesellschaftlichen Gruppen, die den Sklavenhandel kontrolliert und von ihm profitiert hatten, "a 'comprador' group with centuries of experience in acting as intermediaries between capitalism and native society" (Brewer 1980: 196).

Der kolonialen folgte die neokoloniale Periode, in welcher die kapitalistische Produktionsweise weiterhin dominiert, insbesondere mittels Investitionen internationalen Finanzkapitals in den Exportsektor. Während der Kolonialzeit waren bereits die Rahmenbedingungen für eine dominierende kapitalistische Produktionsweise geschaffen worden, aber daraus hatte sich keine Klasse von Kapitalisten entwickelt. Durch die Transformation der familiären Produktionsweise waren jedoch eine Vielzahl billiger Arbeitskräfte für den Exportsektor vorhanden. Der einheimische Markt war hingegen für die kapitalistische Produktionsweise unbedeutend und diente vorrangig der Nahrungsmittelversorgung und damit der Reproduktion der billigen Arbeitskräfte. Politisch gesehen war die unabhängige Republik Kongo weiterhin durch Stammesinteressen bestimmt, die laut Rey durch die Industrieländer Unterstützung erfahren würden, da sie lediglich an der Aneignung des Mehrwerts und nicht an der vollen Implementierung einer kapitalistischen Demokratie interessiert seien. Somit seien ihnen gewisse "vorkapitalistische" Elemente gerade recht. Diese Schlussfolgerung klingt nach Neomarxismus und insbesondere Franks Theorie, wie auch Brewer hervorhebt:

"We thus arrive, by a completely different route, at rather similar *political* conclusions to those of Frank. Pre-capitalist forms of exploitation are maintained by capitalism and stand or fall with it. Capitalist expansion will not remove the burden of these 'archaic forms' except at a snail's pace. The revolutionary struggle must confront capitalism head on, and must not compromise itself by limiting its assault either to pre-capitalist abuses or to foreign capital

---

[96] Das Originalzitat stammt aus *Colonialisme, néo-colonialisme et transition au capitalisme* (1973) von Rey. Es liegt keine deutsche oder englische Übersetzung dieser Monographie vor.

alone. Only a socialist revolution can remove the double burdens that the workers of underdeveloped countries suffer, and the victory of the revolution will sweep away pre-capitalist forms as well as the capitalist mode of production." (Brewer 1980: 198)

Die von Rey für das Fallbeispiel Kongo beschriebene koloniale Produktionsweise lässt sich aus dem von ihm beanspruchten marxistischen Vorgehen in Frage stellen. Wenn eine Produktionsweise durch bestimmte Produktionsbeziehungen zwischen verschiedenen Klassen gekennzeichnet ist, wie Rey erklärt hat, dann ist unklar, welche Klassen in der kolonialen Produktionsweise im Widerstreit zueinander stehen. Wie Brewer richtig bemerkt, hat die koloniale Verwaltung sich nicht selbst reproduziert, sondern gewaltsam die Bedingungen für die Dominanz des Kapitalismus produziert (Brewer 1980: 200 f). Überzeugender wäre es, wenn Rey nicht von einer kolonialen Produktionsweise, sondern der Artikulation von kapitalistischer und familiärer Produktionsweise sprechen würde, da sich einerseits keine einheitliche Klasse benennen lässt, die von der erzwungenen Arbeit profitiert hat, andererseits diese Phase nicht als eine permanente vorgesehen war, sondern nur als Übergang in eine kapitalistische Produktionsweise.

Da Rey das Fallbeispiel Kongo-Brazzaville als Folie für den Trikont im Allgemeinen ansieht, muss angemerkt werden, dass nicht alle afrikanischen Gesellschaften trotz des amerikanischen Sklavenhandels ihre soziale und ökonomische Struktur aufrecht erhalten konnten, wie Amin (1976: 319) gezeigt hat.

4.1.2 Arrighi

Auch Arrighi hat sich mit dem Kapitalismus in Afrika auseinander gesetzt und dabei den Schwerpunkt auf die zeitgenössische Politik gelegt. Sein Hauptaugenmerk galt den Ländern südlich der Sahara, die er aufgrund ihrer unterschiedlichen Geschichte in die dem tropischen und die dem südlichen Afrika zugehörige einteilte. Seinen Analysen lag die Artikulation der indigenen mit der kapitalistischen Produktionsweise zugrunde.

Arrighi beschreibt die indigenen Gesellschaften Afrikas südlich der Sahara wie folgt:

"The vast majority of the population of tropical Africa consists of independent producers (...). Individuals can customarily acquire land for homestead and farms through tribal or kinship rights. Only comparatively rarely is land acquired or disposed of through purchase or sale, (...). Market exchanges were (...) peripheral, (...)." (Arrighi/Saul 1973b: 13 f)

"(...), in most countries of tropical Africa feudal elements, landowning classes, and national bourgeoisies are either nonexistent or not sufficiently significant, politically and/or economically, to constitute the power base of the state." (Arrighi 1973a: 141)

Diese indigene Landbevölkerung hat laut Arrighi positiv auf die Einführung von Märkten reagiert, zum einen, indem sie selbst begannen Güter für den Markt zu produzieren und zum anderen, indem sie Lohnarbeit verrichteten. Somit betont Brewer, dass Arrighi – im Gegensatz zu Rey – die indigene Produktionsweise nicht als Hinderungsgrund für eine kapitalistische Entwicklung erachtet (Brewer 1980: 202). Arrighi verortet das Entwicklungsproblem des tropischen Afrikas in dem Versagen der kapitalistischen Entwicklung, die Nachfrage nach Arbeitskraft und nach den Produkten der nicht-kapitalistischen Landwirtschaft zu gewährleisten. So sei diese Region dadurch gekennzeichnet, dass die kapitalistische nur in sehr begrenztem Umfang die nicht-kapitalistischen Produktionsformen ersetzt habe. Zu Beginn der kapitalistischen Entwicklung habe es zwar eine große Nachfrage nach ungelernten Arbeitskräften gegeben, der auch nachgekommen wurde, aber insbesondere in Form von Arbeitsmigranten, die nicht als Proletariat bezeichnet werden könnten, da sie weiterhin auch in der nicht-kapitalistischen Subsistenzproduktion verwurzelt waren. Somit gab es zwar eine kapitalistische Produktionsweise, aber ohne eine Klasse von Proletariern (Vgl. Arrighi 1973a: 125 ff). Im Zuge der Einführung kapitalintensiverer Produktionsmethoden durch internationale Konzerne wurden weniger, aber ausgebildete Arbeitskräfte benötigt. Um ausgebildete Arbeitskräfte vollkommen in die kapitalistische Produktion einzubinden, sie also von der nicht-kapitalistischen Produktion zu lösen, wurden ihnen höhere Löhne gezahlt. Zeitgleich entstand im aus der Kolonialzeit stammenden Staatsapparat der nun unabhängigen Länder eine Elite von Staatsdienern, die ebenfalls relativ gut entlohnt wurde. Diese beiden Gruppen stellen für Arrighi die "Arbeiteraristokratie" dar. Diese Arbeiteraristokratie bildet die politische Grundlage der Staaten des tropischen Afrikas, da es laut Arrighi keine einflussreiche indigene Bourgeoisie und auch keine Klasse von Landbesitzern gebe (Vgl. Arrighi 1973a: 141 f). Demzufolge ist staatliche Politik darauf ausgerichtet, möglichst hohe Löhne zu gewährleisten, was sich in der Förderung kapitalintensiver Produktionsmethoden niederschlägt. Somit kam es Arrighi zufolge zum "Wachstum ohne Entwicklung": Der relativ kleine moderne Sektor bot kaum Beschäftigungsmöglichkeiten und kaufte wenig aus dem traditionalen Sektor, da die relativ gut bezahlte Arbeiterschaft überwiegend Produkte aus dem modernen und dem Importsektor konsumierte. Die Kombination von einer großen Nachfrage nach Importgütern und dem Fehlen eines ausgeprägten Kapitalgütersektors führte zu Zahlungsbilanzproblemen, die wiederum das Wachstum des Kapitalgütersektors behinderten und die mangelnde Nachfrage nach Gütern aus dem nicht-kapitalistischen Sektor verschärften. Dort konnte sich demzufolge auch keine Klasse von reichen Bauern herausbilden, die für Lohnarbeit sorgen könnte (Arrighi 1973a: 122 f).

Demgegenüber habe es im südlichen Afrika bereits frühzeitig in größerem Umfang eine kapitalistische Durchdringung der Gesellschaften gegeben. Dahinter standen die Entdeckung von großen Mineralvorkommen und die europäischen Siedlerkolonien, welche schließlich eine Bourgeoisie herausbildeten. Arrighi bezieht sich bei seinen Untersuchungen zum südlichen Afrika vorrangig auf Rhodesien, das heutige Zimbabwe (Vgl. Arrighi 1973b, 1973c). Zu Beginn der kolonial-kapitalistischen Durchdringung erwies es sich dort als schwierig, genügend Arbeitskräfte für die Minen zu rekrutieren, da die Löhne unter den Einkünften der Produzenten von landwirtschaftlichen Erzeugnissen lagen. Die Bevölkerung lebte von der Subsistenzwirtschaft und zu einem geringen Teil von

den Einnahmen aus dem Verkauf ihres Überschusses. Die britische Kolonialmacht begann daraufhin mit der Vertreibung der Landbevölkerung, um sie in die
Lohnarbeit zu zwingen. Da jedoch gleichzeitig die Nahrungsmittelversorgung –
insbesondere für die Minenarbeiter – gewährleistet werden musste, wurde ein
Großteil der Bauern zwar enteignet, aber in halb-feudalen Ausbeutungsstruktu-
ren weiterhin in der Landwirtschaft beschäftigt. Durch die Erhebung von Mieten
und Steuern wurde die Bevölkerung in die Geldwirtschaft gezwungen und damit
sowohl zum Verkauf ihrer Arbeitskraft als auch ihrer landwirtschaftlichen Produkte genötigt. Zudem wurden Arbeiter aus benachbarten Staaten – insbesondere aus Sambia – in den Minen beschäftigt. Während dieses Zeitraumes verbesserten die Bauern ihre Produktionskapazitäten und entwickelten auch neue Konsummuster, die sie in steigendem Maße abhängig von der Geldwirtschaft machten. Und den europäischen Siedlern gelang es, vermehrt Kontrolle über die
fruchtbarsten Anbaugebiete zu bekommen. Dadurch waren sie in der Lage, die
Preise zu drücken. Diese Situation wurde durch die Krise von 1921 – 1923 weiter verschärft, als die Preise für landwirtschaftliche Erzeugnisse nochmals deutlich absanken und die indigene Bevölkerung zum Proletariat wurde (Arrighi
1973b: 206). Nun waren sie gezwungen, ihre Arbeitskraft zu verkaufen, um ü-
berleben zu können und in dieser Alternativlosigkeit unterschieden sie sich vom
Gros der Bevölkerung des tropischen Afrikas. Durch die noch vorhandenen begrenzten Möglichkeiten zur Subsistenzwirtschaft wurde der Arbeitslohn lediglich auf dem Niveau der Reproduktion des einzelnen Arbeiters belassen, da der
Rest der Familie sich subsistent ernähren konnte.

Somit macht Arrighi die Fortdauer der vorkapitalistischen Landwirtschaft
verantwortlich für die langsame Ausbreitung des Kapitalismus im südlichen Afrika. Im tropischen Afrika führt nach seiner Auffassung die Existenz einer Arbeiteraristokratie zu einem Wachstum ohne Entwicklung.

Während sich die Arbeiten von Rey und Arrighi aus einer marxistischen Sicht
heraus mit der Mikroebene der Produktionsweisen beschäftigen, ist es das Anliegen von Warren, komplett mit dem Abhängigkeitsgedanken zu brechen, der
innerhalb der Diskussion um die verschiedenen Produktionsweisen weiterhin
präsent ist.

4.2 Bill Warren[97] – "Pioneer of Orthodox Marxist Development Theory"

"Imperialism: Pioneer of Capitalism" lautete Warrens 1980 erstmalig veröffent-
lichtes Buch, in welchem Warren nicht Adam Smith, sondern Lenin "auf den
Kopf stellte", indem er den Imperialismus als den Wegbereiter für eine kapitalistische Entwicklung im Trikont ausmacht. Demgegenüber verkörperte der Impe-

---

[97] Bill Warren (1935 – 1978) war Dozent für Ökonomie an der School of Oriental and African Studies,
University of London. Zudem war er Mitglied der britischen kommunistischen Partei, deren Politik
ihm allerdings zunehmend missfiel und die er daraufhin 1974 verließ.

rialismus für Lenin das Endstadium eines überkommenen, dahinsiechenden kapitalistischen Zeitalters (siehe Exkurs, S. 121 f).

In Anlehnung an die Debatten um dependenztheoretisches Denken waren Warrens Arbeiten drei Zielen gewidmet. So setzte er sich erstens mit den Schriften von Marx zum Kapitalismus und zum Kolonialismus auseinander, um zu den marxistischen Wurzeln zu gelangen. Zweitens war er bemüht, eigene Überlegungen zur Imperialismustheorie beizusteuern. Und drittens wollte er Erklärungsmuster für die ökonomische Entwicklung des Trikonts im Zeitraum von 1960 bis 1975 liefern. Im Hinblick auf erstere Unternehmung kam Warren zu dem bereits erwähnten Schluss, dass

"(...) the bulk of current Marxist analyses of and propaganda about imperialism actually reverse the views of the founders of Marxism, who held that the expansion of capitalism into pre-capitalist areas of the world was desirable and progressive; moreover, the reversal is generally effected in apparent ignorance of the fact." (Warren 1980: 3)

Laut Warren zeichnet sich der Kapitalismus – im Gegensatz zu allen früheren Gesellschaftsformen – durch seine Fähigkeit zur Selbstreproduzierung und seinen raschen technologischen Wandel aus (Warren 1980: 12). Hinter dieser Entwicklung steht nach Warrens Überzeugung die voranschreitende Unterordnung der Produktion unter die Bedürfnisse des Marktes, und daraus resultierend habe sich eine immer komplexer werdende gesellschaftliche Arbeitsteilung herausgebildet. Die verstärkte Produktion für den Markt führte zu einer Polarisierung zwischen Erfolgreichen und weniger Erfolgreichen und einer relativen und absoluten Neuverteilung der Ressourcen. Daraus entstand eine Klasse von Kapitalbesitzern, die lediglich für den Markt produzieren und die Produktionsmittel besitzen, während dem Gros der Bevölkerung der Zugang zu den Produktionsmitteln versperrt blieb und sie dadurch gezwungen waren, ihre Arbeitskraft als Ware auf dem Markt zu verkaufen. Warren hebt zwei entscheidende Aspekte dieses neuen kumulativen Charakters der ökonomischen Entwicklung hervor: Erstens sei die Produktion nach marktwirtschaftlicher Logik nicht mehr an die Grenzen der existierenden effektiven Nachfrage gebunden und zweitens hätten durch den Verlust des Eigentums bzw. der Kontrolle über die Produkte der primären Produzenten die technische Basis und die Rahmenbedingungen für die Fabrik und auch die Maschinenindustrie geschaffen werden können (Warren 1980: 13). Die bahnbrechende neue Errungenschaft des Kapitalismus bestand laut Warren in der Freisetzung der *individualistischen Kräfte*, der individuellen Kreativität, die in den vorkapitalistischen Gesellschaften unterdrückt worden seien, sowie in der Freisetzung des ökonomischen Potenzials der breitangelegten *produktiven Kooperation*, die im Fabrikwesen ihren Ausdruck findet. Das Zusammenspiel dieser beiden Faktoren war die notwendige Bedingung für den kumulativen Charakter des ökonomischen und technologischen Wandels, welcher durch die industrielle Revolution eingeleitet wurde (Warren 1980: 17). Durch die Anreize des Marktes und die steigende technische Komplexität sei die Dynamik der kapitalistischen Produktionsweise in Gang gesetzt worden. Warren betont, dass weder die organisierte Kooperation noch die individuelle (im Wettbewerb stehende) ökonomische Initiative neu waren, aber durch ihre explosive Verschmelzung im kapitalistischen Fabrikwesen einen nie dagewesenen, kontinuierlichen Schwung hervorbrachten. Zudem hebt Warren hervor, dass beide Tendenzen nicht im Widerspruch zueinander stehen, sondern vielmehr in ihrem Zusammenspiel die Grundlage für kapitalistische Entwicklung liefern. So seien sie sowohl für die Entwicklung von Großbritannien im neunzehnten Jahrhundert als auch für die Entwicklung der heutigen Entwicklungsländer wichtig, denn

"The decisive advance in man's mastery over nature wrought by industrial capitalism thus required the domination of the cooperative dimension of factory production by the competitive, individualistic decision-making businessman. The objective conditions that required this predominance of individualism in a coercive form were historically specific and did not imply a timeless superiority of private enterprise over public ownership, or competition over planning. These conditions were, in the most basic sense, those of limited culture, including low levels of technique and the need for many centres of creativity when the organizational and technological interconnections of society were still relatively undeveloped. These conditions still pertain in much of the Third World. The view that capitalism can no longer fulfil any positive function in these countries therefore has no prima facie justification." (Warren 1980: 18)

Die materiellen Errungenschaften des Kapitalismus lassen sich laut Warren nicht von ihren moralischen und kulturellen Folgen trennen. So kritisiert Warren die auch unter Marxisten weitverbreitete Auffassung, dass die materiellen Errungenschaften des Kapitalismus mit enormem menschlichen Leid einhergingen. So würden beispielsweise oftmals der Niedergang des Kunsthandwerks, der ästhetische und moralische Untergang vorkapitalistischer Gemeinschaften sowie die Entpersönlichung der menschlichen Beziehungen durch die Geldwirtschaft kritisiert werden. Dabei würden diese Kritiker eher unter die Rubrik Neopopulismus als Marxismus fallen, da sie den progressiven Charakter kapitalistischer Entwicklung negieren würden. Eine antikapitalistische Ideologie impliziert für Warren somit nicht per se eine sozialistische Ideologie, und eine moralische Kapitalismuskritik muss nicht zwangsläufig eine sozialistische Kritik sein:

"An anti-capitalist ideology can be backward-looking, reactionary, or both. In principle a socialist ideology can only be forward-looking in that it builds on and does not attempt to negate the achievements of capitalism." (Warren 1980: 20)

Zudem betont Warren, dass es ahistorisch sei, mit den moralischen Wertmaßstäben wie Gleichheit, Recht, Großzügigkeit, Unabhängigkeit des Geistes und Verstandes, der politischen Demokratie etc. den Kapitalismus zu kritisieren, da diese Wertmaßstäbe nicht das Produkt eines erwachenden Klassenbewusstseins der Arbeiter und somit den Vorgeschmack einer sozialistischen Gesellschaftsordnung darstellen würden, sondern bereits sehr früh in der Kulturgeschichte des Kapitalismus entstanden seien (Warren 1980: 21). Auch die Möglichkeit der wirklichen moralischen Wahl, die zwar nie vollkommen abwesend innerhalb der Menschheitsgeschichte gewesen sei, würde immer weiter anwachsen, je mehr die Menschen bewusst ihr eigenes Schicksal kontrollieren können, indem sie sich vom bleiernen Gewicht der Natur befreien könnten. Mit der Kontrolle über die Natur seien zwar nicht zwangsläufig höherstehende moralische Entscheidungen verbunden, aber dadurch seien die moralischen Wahlmöglichkeiten erweitert worden (Warren 1980: 22). Die mit dem Kapitalismus einhergehende

Akkumulation von Gegenständen impliziere selbstverständlich noch keinen kulturellen oder moralischen Fortschritt, aber damit verbunden sei das Erlernen neuer Techniken, Fähigkeiten, Vergnügungen etc.. Somit hebt Warren hervor:

"The desire for change for its own sake may be regarded as a 'divine spark' or as a sign of superficial folly, but if both the ability to make more effective choices and the option constantly to explore new worlds are regarded as desirable, then the fundamentally progressive moral and cultural character of capitalism cannot be doubted." (Warren 1980: 22)

Vor diesem Hintergrund lehnt Warren es ab, die ökonomische Seite des Kapitalismus von seiner moralischen zu trennen. Es sei zwar keine gradlinige Verbindung zwischen dem ökonomischen und dem moralischen Fortschritt innerhalb des Kapitalismus zu konstatieren, aber die Komplexität dieser Verknüpfung könne nicht über ihren positiven Gehalt hinwegtäuschen (Warren 1980: 25). In diesem Sinne verwehrt sich Warren dagegen, einen großen Unterschied zwischen bürgerlicher und sozialistischer Moral aufzumachen, da dieser unbedeutend sei im Vergleich zur Moral der vorkapitalistischen Gesellschaften. Aus seiner Sicht wird es eine große kulturelle Kontinuität zwischen den liberal kapitalistischen und den potentiellen sozialistischen Gesellschaften geben (Warren 1980: 24). Durch den Kapitalismus werden sowohl die objektiven Bedingungen für den Sozialismus geschaffen als auch die subjektiven Instrumente für die Überwindung des Kapitalismus, und zwar durch die Entstehung des Proletariats (Warren 1980: 25). Somit sieht Warren auch eine politische Kontinuität zwischen Kapitalismus und Sozialismus gegeben, was er insbesondere damit begründet, dass die bürgerliche Demokratie des Kapitalismus das Übungsfeld für das Proletariat als die zukünftige politische Klasse darstellt. Im Falle des vorrevolutionären Russlands sei das politische Übungsfeld von zu kurzer Präsenz gewesen, so dass Warren folgert:

"The Russian revolution of October 1917 fully justified, in its contradictory outcome, classical Marxism's view of the historical role of capitalism as the bridge to socialism." (Warren 1980: 39)

Sowohl Marx als auch Engels hätten die Einführung des Kapitalismus in vorkapitalistische Gesellschaften begrüßt. So schrieb Marx über die revolutionäre Wirkung des Kolonialismus in Asien:

"The question is, can mankind fulfil its destiny without a fundamental revolution in the social state of Asia? If not, whatever may have been the crimes of England she was the unconscious tool of history in bringing about the revolution." (Marx 1968: 89)

In die gleiche Richtung zielen auch die Aussagen von Friedrich Engels, der die französische Kolonialherrschaft in Algerien als "important and fortunate fact for the progress of civilisation" (Engels 1968: 43) begrüßte. Des Weiteren hob er hervor:

"(...), the conquest of Algeria is an important and fortunate fact for the progress of civilization. (...) All these nations of free barbarians look very proud, noble and glorious at a distance, but only come near them and you will find that they, as well as the more civilized nations, are ruled by the lust of gain, and only employ ruder and more cruel means. And after all, the modern *bourgeois* (Hervorh. im Orig.), with civilization, industry, order, and at least relative enlightenment following him, is preferable to the feudal lord or to the marauding robber, with the barbarian state of society to which they belong." (Engels 1968: 43)

Und auch Lenin sei laut Warren nicht gegen die Industrialisierung des vorrevolutionären Russlands mittels des ausländischen Kapitals gewesen, wohingegen heutige liberale Linke jedoch von Neokolonialismus sprechen würden (Warren 1980: 45). Warren schließt sich der Position Lenins an und betont die Bedeutung der Schwerindustrie in Russland für die Entstehung der revolutionären Klasse. Demzufolge resümiert er, dass Marx, Engels und Lenin Kapitalismus als fortschrittlich gegenüber allen früheren Zivilisationsformen ansahen, entweder im Hinblick auf Kolonialismus (Bsp. Indien und Algerien) oder auch Neokolonialismus (Bsp. Russland). Aus dieser für Warren durchaus logischen und nachvollziehbaren Argumentation sei jedoch auch ein seltsames Paradoxon hervorgegangen: Lenins Imperialismuspamphlet. Warren sieht darin einen Bruch mit bisherigem marxistischem Denken, in seinen Worten:

"The tail wags the dog. It is now not the character of capitalism that determines the progressiveness (or otherwise) of imperialism, but the character of imperialism that determines the reactionary character of capitalism." (Warren 1980: 47)

Exkurs: Lenins Imperialismuspamphlet[98]

Lenin hatte in seinem 1916 verfassten Pamphlet "Imperialismus: Das höchste Stadium des Kapitalismus" (hier: 1947) versucht zu erklären, wieso es zum Ersten Weltkrieg gekommen war und warum das europäische Proletariat den Internationalismus zugunsten ihres jeweiligen Nationalismus hatte fallen gelassen. Seine Antwort auf beide Fragestellungen lautete: das Aufkommen des Monopolkapitalismus ist als Ursache für beide Phänomene zu verstehen. Unter Monopolkapitalismus verstand Lenin das verschwindende, pathologische Endstadium des Kapitalismus, welches durch die zunehmende Konkurrenz zur Bildung von Monopolen geführt hatte. Den Imperialismus Europas sah er als Teil des Monopolkapitalismus: Nach Lenins Ansicht profitierte auch das europäische Proletariat von der Ausbeutung der Kolonien. Lenin sprach dem Kapitalismus jegliche Progressivität ab – sowohl bezogen auf die entwickelten als auch "unterentwickelten" Länder. Die Ursache des Imperialismus verortete Lenin im Kapitalexport, der aus Sicht der entwickelten Länder nötig sei, um ihre Kapitalüberschüsse abzubauen. Zudem sah er den Imperialismus als Konsequenz der kapitalistischen Aufteilung der Welt in Kolonien und Einflusssphären der führenden kapitalistischen Mächte an. Er betonte:

"Der Imperialismus erwuchs als Weiterentwicklung und direkte Fortsetzung der Grundeigenschaften des Kapitalismus überhaupt. Zum kapitalistischen Imperialismus aber wurde der Kapitalismus erst dann, als auf einer bestimmten, sehr hohen Entwicklungsstufe einige seiner Grundzüge sich in ihr Gegenteil umzuwandeln begannen und durchweg Formen einer Über-

---

[98] Brewer schreibt über die Bedeutung von Lenins Pamphlet: "(...), *Imperialism, the Highest Stage of Capitalism*, is the most famous Marxist work on imperialism. It was, for me, a surprising discovery that it makes little or no contribution to the development of a theory of imperialism. Its theoretical content is slight and derives from Hilferding, Bukharin and Hobson. This should not, perhaps, be a surprise. The work is a pamphlet (and Lenin describes it as such in his preface) not a substantial book, it is subtitled 'A Popular Outline', (...). To argue that the work contains no important theoretical innovations is not, therefore, a criticism of Lenin, but of the orthodox Marxist tradition which has turned the work into a sacred text." (Brewer 1980: 108)

gangsperiode vom Kapitalismus zu einer höheren gesellschaftlich-wirtschaftlichen Ordnung sich herausbildeten und sichtbar wurden. Ökonomisch ist das Grundlegende in diesem Prozeß die Ablösung der freien kapitalistischen Konkurrenz durch die kapitalistischen Monopole. (...) Wäre eine möglichst kurze Definition des Imperialismus erforderlich, so müßte man sagen, daß der Imperialismus das monopolistische Stadium des Kapitalismus ist." (Lenin 1947: 71)

Lenin war davon überzeugt, dass der dem Monopolkapitalismus inhärente Konkurrenzkampf der imperialistischen Mächte zwangsläufig zum Krieg führt und somit auch zum Ersten Weltkrieg geführt hat (Vgl. Lenin 1947: 5 ff). Die durch die Monopolposition der imperialistischen Mächte generierten Profite versetzen die Kapitalistenklasse in die Lage, ihr Proletariat beziehungsweise einen Teil ihres Proletariats, eine sogenannte Arbeiteraristokratie, mittels höherer Löhne zu "bestechen". Dieser Teil der Arbeiterklasse würde sich laut Lenin opportunistisch und national-chauvinistisch verhalten und sei damit von seiner revolutionären und auch internationalen Rolle entfremdet (Vgl. Fetscher 1987: 71). Lenin folgerte aus diesen Überlegungen, dass sich der Klassenkampf von der nationalen auf die internationale Ebene verschiebe und ganze Kolonien und halbkoloniale Gebiete "proletarisiere" und sie somit zu Verbündeten des revolutionären Teils der Arbeiterklasse machen würde. Nach seiner Auffassung kann es innerhalb des Weltkapitalismus auch in kapitalistisch rückständigen Ländern zur sozialistischen Revolution kommen, denn es gibt nur zwei Möglichkeiten für die internationale Arbeiterklasse: entweder mit dem imperialistischen Kapitalismus unterzugehen oder ihn durch eine Revolution zu beseitigen (Vgl. Lenin 1947: 86 f).

Warren sieht in Lenins Imperialismustheorie lediglich den Versuch, eine bürgerliche antiimperialistische Propaganda zu starten, um dem Sicherheitsbedürfnis der damaligen Sowjetunion nachzukommen (Warren 1980: 8).

Nach dem Zweiten Weltkrieg und insbesondere während der sechziger Jahre haben sich laut Warren neben dem offiziellen kommunistischen Standpunkt verschiedene unabhängige marxistische Imperialismusanalysen herausgebildet. Ihnen war gemeinsam, dass sie Imperialismus nicht nur als Bremse für die Modernisierung erachteten, sondern insbesondere als Hinderungsgrund für die Weiterentwicklung der Gesellschaft sowie die Beseitigung der Armut ansahen (Warren 1980: 110). Die Gründe für die Popularität der Gleichsetzung von Imperialismus und Kapitalismus sieht Warren in den radikalisierten Intellektuellen im Westen, die sich im Umfeld der sozialwissenschaftlichen Fakultäten und internationalen Entwicklungsorganisationen bewegten. Zudem sei ein verstärkter Nationalismus in der Dritten Welt entstanden, dessen ideologische Grundlage der Antiimperialismus bildete. Diese ideologische Grundlage wurzelt laut Warren in der Fiktion der Unterentwicklung und der mit ihr komplementär verbundenen Fiktion des Neokolonialismus:

"This conception depends for its ideological dominance on Third World nationalism, and on the populist leftism that has increasingly marked the Western intelligentsia and the left in general since the Second World War. Its specific doctrines have been extrapolated from the Leninist theory of imperialism with the assistance of that portion of the professional intelligentsia concerned with economic development, whose occupational location has placed them in the cross-fire of Western leftism and Third World nationalism." (Warren 1980: 112 f)

Warren ist demgegenüber der Überzeugung, dass sich der Begriff "Unterentwicklung" keiner objektiven Gegebenheit zuordnen lässt. Es gibt nach seiner
Auffassung keinen Beweis dafür, dass es irgendeinen Prozess von Unterentwicklung innerhalb der modernen Zeit gegeben habe, insbesondere auch nicht
seitdem die westliche Welt im Trikont intervenierte und ihn teilweise koloniali-
sierte. Das Gegenteil der Unterentwicklungsthese sei seit der englischen industriellen Revolution eingetreten: ein nie zuvor da gewesener Entwicklungsprozess, der mittels des Imperialismus auch die Länder des Trikonts ergriffen habe
(Warren 1980: 113). Warren stellt fest, dass die Bezeichnung "Unterentwicklung" für Länder des Trikonts oftmals entweder in Relation zu den Industrieländern verwandt wird oder für Massenarbeitslosigkeit, chronische Unterbeschäftigung, Slums, Landknappheit etc. steht (Warren 1980: 113). Diese Probleme
hängen nach Warrens Überzeugung jedoch nicht mit der imperialistischen Politik der Westmächte zusammen, sondern sind primär das Resultat des Bevölkerungswachstums im Trikont, welches auf die durch den Imperialismus verbesserte Gesundheitsversorgung und die verbesserten hygienischen Bedingungen
zurückzuführen sei. Warren bewertet demzufolge den Kolonialismus als in dreierlei Hinsicht positiv: Erstens habe er zu einer verbesserten Gesundheitsversorgung geführt, zweitens habe er die Versorgung mit einer Reihe von Konsumgütern gewährleistet und drittens habe er zu verbesserten Bildungsmöglichkeiten
beigetragen.

Warren betont, dass durch den Imperialismus sowohl technische, institutionelle und kulturelle Errungenschaften als auch ihre revolutionären Früchte
weltweit Verbreitung fanden und somit archaische Produktionsweisen langsam
verschwinden würden. In diesem Sinne hebt er hervor, dass nicht von Abhängigkeit und Unterentwicklung in ärmeren Ländern gesprochen werden könne. Er
räumt zwar ein, dass es während der Kolonialherrschaft Machtmissbrauch und
Fehlentwicklungen gegeben habe, aber durch die politische Unabhängigkeit
könne nicht länger von Neokolonialismus gesprochen werden, da der Grad der
ökonomischen Abhängigkeit der Länder des Trikonts seit ihrer jeweiligen Unabhängigkeit stetig gesunken sei. Warren bemisst den Grad der ökonomischen
Abhängigkeit anhand von drei Kriterien: 1. dem Verhältnis des ausländischen
zum inländischen Vermögen, wobei Warren insbesondere die direkt nach den
Unabhängigkeitserklärungen erfolgten Verstaatlichungen berücksichtigt; 2. dem
Strukturwandel hinsichtlich des Zahlungsbilanzgleichgewichts, der durch die
Diversifizierung der Produktion weg von der Monokultur erfolgt ist; 3. den Veränderungen der Produktionsstrukturen des einheimischen Marktes. Er betont,
dass "all the normal indicators of "dependence" point to increasingly non-
subordinate economic relations between poor and rich countries" (Warren 1980:
23). Damit seien die Diversifizierung des Handels, die Kontrolle über ausländisches Kapital, der Strukturwandel und das Zahlungsbilanzgleichgewicht gemeint. Lediglich eine technologische Abhängigkeit sei weiterhin vorhanden, a-
ber diese würde in absehbarer Zeit durch den Erwerb der Technologien ebenfalls
verschwinden. Durch Nationalisierungen von Unternehmen und anderen wirtschaftspolitische Maßnahmen der Entwicklungsländer sei deren Handlungsspiel-

raum im Hinblick auf die Schaffung von Arbeitsplätzen demonstriert worden. Laut Warrens Theorie und seinem empirischen Material sind Welthandelsbeziehungen für alle beteiligten Staaten mit Wohlfahrtsgewinnen verbunden und widersprechen damit den dependenztheoretischen Überlegungen:

"(...), contrary to widespread populist-liberal opinion, the Third World has not been marked by stagnation, relative or absolute, in the postwar period. On the contrary, significant progress in material welfare and the development of the productive forces has been made, in an acceleration of prewar trends. (...) The period since the Second World War has seen titanic strides forward in the establishment, consolidation, and growth of capitalism in the Third World, with corresponding advances in material welfare and the expansion of the productive forces. Development has been highly uneven, as is entirely characteristic of capitalism (and perhaps of every type of human progress); many countries were still afflicted by significant remnants of subsistence after the war, whilst others, such as Argentina and Uruguay, were already mainly capitalist." (Warren 1980: 252)

Zusammenfassend hebt Warren hervor, dass es zwar Unterschiede in der Entwicklung von Ländern und Regionen gibt, aber (kapitalistische) Entwicklung überall möglich ist beziehungsweise bereits vorhanden ist. Da Warren sehr früh gestorben ist, hat er den letzten Teil seines Buches über die praktischen politischen Implikationen seiner Überlegungen für die Arbeiterkämpfe im Trikont nicht mehr verfassen können. So kann über seine politischen Schlussfolgerungen nur spekuliert werden. Die Kritik bezieht sich insofern primär auf seinen theoretischen Beitrag zur Debatte um (Unter-)Entwicklung.

Kritik an Warrens marxistischem Entwicklungsansatz

Nach Ansicht von David Booth gebührt Warren ein wichtiger Platz innerhalb der modernen Entwicklungsdebatte, die fälschlicherweise zu stark auf das Gegensatzpaar Modernisierungs- versus Dependenz- beziehungsweise Unterentwicklungstheorien bezogen wurde, denn

"Warren has provided what is arguably the most thorough and courageous critique of the dependency Marxist viewpoint." (Booth 1985: 765)[99]

Insbesondere Warrens Kritik an dem Konzept der "Unterentwicklung" und dem ihr zugrundeliegenden (Un-)Verständnis von Kapitalismus hat einen wichtigen Beitrag zur entwicklungstheoretischen Diskussion in den siebziger/achtziger Jahren geleistet. Zudem ist es Warren ausgehend von seiner Kritik an dem Leninschen Imperialismuspamphlet gelungen, auf die hinter den Unterentwicklungstheorien stehenden politischen Interessen aufmerksam zu machen. So seien diese Theorien seitens westlicher Neomarxisten in Zeiten wachsender nationalistischer Politik im Trikont positiv rezipiert worden, um die Probleme der Trikontländer als primäres Resultat von Imperialismus und Neokolonialismus darzustellen. Wie Warren folgerichtig hervorhebt, wurden dadurch interne Klassenunter-

---

[99] Dennoch wurde beziehungsweise wird Warrens Position kaum rezipiert. So wird die Dependenzkritik von Warren in vielen entwicklungstheoretischen Büchern, wie beispielsweise bei Preston (2000) oder Roberts/Hite (2000), gar nicht erwähnt.

schiede ausgeblendet und Entwicklungsprozesse innerhalb des Trikonts nicht in
die Analyse miteinbezogen:

"(...), the domination of working-class movements in the Third World by populist nationalism
has been reinforced by the ideological outlook of 'neo-colonialism', which tends to divert and
dampen internal class struggles by orienting discontent towards external alleged enemies."
(Warren 1980: 185)

Warren hat zwar mit seiner Kritik einige Kernprobleme der Unterentwicklungstheorien herausarbeiten können, ist aber teilweise in seinen eigenen Analysen
ebenso schematisch vorgegangen wie die von ihm kritisierten Entwicklungstheoretiker. Seine evolutionäre Sichtweise hat Seers (1979a) dazu veranlasst von
"The Congruence of Marxism and Other Neoclassical Doctrines" zu sprechen.
Inwieweit ist Warren seinem Anspruch gerecht geworden, eine marxistische
Analyse zu liefern?

Warren stimmt mit Marx überein, wenn er in seinen Ausführungen zum
Kapitalismus diesen als wünschenswert, insbesondere auch im Hinblick auf seine weltweite Verbreitung mittels des Imperialismus, beschreibt. Der entscheidende Unterschied zwischen Warren und Marx besteht jedoch darin, dass Warren sich kein dialektisches Geschichtsbild zueigen gemacht hat. Die kontinentaleuropäische Dialektik der Hegeltradition ist dem Briten Warren fremd. Er gehört
demnach nicht zu den Anglo-Hegelianern, sondern steht eher der angelsächsischen empirisch-analytischen Tradition nahe. Im Gegensatz zu Warren, der den
Kapitalismus per se als progressiv beschreibt, hatte Marx progressive Elemente
im Kapitalismus nur in Relation zu früheren Gesellschaftsformen (klassische
Gesellschaft, Feudalismus) ausgemacht. Progressiv war der Kapitalismus für
Marx hinsichtlich seines enormen Zuwachses an Produktivität. Somit ernannte
Marx auch die Bourgeoisie zur revolutionären Klasse, da sie den Kapitalismus
gesellschaftlich und wirtschaftlich gegen den Feudalismus durchgesetzt hätte.
Warren argumentiert jedoch nicht dialektisch und geht stattdessen von einer
zweistufigen moralischen Entwicklung im Kapitalismus aus, indem das Gesetz
des Dschungels Schritt für Schritt der freien Entfaltung des Individualismus
Platz machen würde. Demzufolge lässt sich Warrens Anspruch, eine "reine"
marxistische Lehre zu vertreten, aufgrund der genannten Widersprüche nicht
ganz aufrecht erhalten.

Ein weiterer Kritikpunkt an Warrens Ansatz liegt in seiner ausschließli-
chen Fixierung auf die ökonomische Sphäre und den daraus abgeleiteten Verall-
gemeinerungen über den Kapitalismus im Trikont, den er als sich stetig entfaltende kapitalistische Produktionsweise beschreibt. Aus dieser Sichtweise ergeben sich verschiedene Probleme. So gibt Warren zwar zu, dass es Unterschiede
in der Entwicklung des Trikonts in den fünfziger/sechziger Jahren gegeben habe, aber er misst ihnen keine analytische Bedeutung bei. Ungleiche Entwicklungen sind für ihn lediglich ein allgemeines Charakteristikum kapitalistischer Gesellschaften:

"The period since the Second World War has seen titanic strides forward in the establishment,
consolidation, and growth of capitalism in the Third World. Development has been highly
uneven, as is entirely characteristic of capitalism (and perhaps of every type of human progress): (...)." (Warren 1980: 252)

Mit dieser Position beweist Warren einen ausgesprochenen Optimismus hinsichtlich kapitalistischer Entwicklung im Trikont und ließe sich demzufolge leicht mit seinen modernisierungstheoretischen Kollegen verwechseln. So erwähnt er in seiner Darstellung der Einkommensentwicklung im Trikont zwar die enormen Unterschiede zwischen Ländern, die eine ähnliche ökonomische Wachstumsrate aufweisen, aber er hält dennoch an seiner These fest, dass sich kapitalistische Entwicklung auf Dauer überall als progressiv erweisen werde (Vgl. Warren 1980: 199 ff). Mit seiner Fixierung auf die ökonomische Sphäre kommen bei Warren die Rolle der nationalstaatlichen Politik und auch die Rolle internationaler Institutionen zu kurz. So erwähnt er zwar länderspezifische Einkommensunterschiede, aber setzt diese nicht in den Zusammenhang zu der jeweiligen nationalstaatlichen Politik. Booth bemerkt dazu:

"Obviously, there are various both positive and negative features of the Third World development experience that can be said to be inherent in capitalist (if not all) development. But equally clearly, there are achievements and failures that must be laid squarely at the door of governments and their policies. Warren recognizes this but is most unwilling to accept its implications. (...) so the discussion of policy errors appears merely as a gloss on the main theme, an illustration of the silliness of failing to recognize capitalist development when it occurs (...)." (Booth 1985: 766)

Als Folgen der Ausblendung nationaler und internationaler Politik sind Warrens Auffassungen hinsichtlich des Kolonialismus und seiner Folgen sowie seine einseitige Auseinandersetzung mit dem Thema Nationalismus im Trikont zu verstehen. Für Warren sind Kolonialismus und Nationalismus lediglich untergeordnete Themen im Hinblick auf den Kapitalismus und seine Dynamik. Seine positive Bezugnahme auf den Kolonialismus erinnert an die Arbeiten vom rechten Spektrum der Modernisierungstheorien, wie beispielsweise die von Lord P.T. Bauer. Warren entlarvt zwar zu Recht ahistorische Sichtweisen vieler Unterentwicklungstheoretiker über die ökonomischen Implikationen des Kolonialismus, aber wartet selbst mit einer ahistorischen Rechtfertigung kolonialer Politik auf, so dass gefragt werden muss "why independence movements should have arisen at all" (Booth 1985: 767). Aus seinem engen ökonomistischen Winkel setzt er sich somit nicht mit dem kolonialen Rassismus auseinander, der in Afrika Enteignungen, Diskriminierungen und Sklavenarbeit zur Folge hatte. Vor dem Hintergrund seiner positiven Darstellung des Kolonialismus überrascht es, dass er die Dekolonialisierung ebenso begrüßt:

"Political independence must be counted among the major achievements of the countries of the Third World. Paradoxically, failure to recognize the magnitude of this achievement – a failure symbolized by the popularity of 'neo-colonialist' and 'dependence' theories – has itself fostered a psychological slavery to the past, characterized by international beggary, moral hypocrisy, and the use of foreign scapegoats to excuse domestic failures." (Warren 1980: 171)

So bescheinigt er den postkolonialen Staaten Erfolge im Hinblick auf die Diversifizierung des Binnenmarktes, der größeren politischen Kontrolle über ausländische Firmen etc. (Warren 1980: 170 ff). Wenngleich Warren die unabhängigen Staaten des Trikonts hinsichtlich ihrer ökonomischen Rolle begrüßt, so ist seine Position insgesamt jedoch nicht nationalistisch und steht damit im Gegensatz zum leninistischen Antiimperialismus. Damit trägt er im positiven Sinne zur Kritik an dem vereinfachten ökonomischen Ausbeutungsschema, wie es u.a. von Frank und Wallerstein vertreten wird, bei.

4.3   Weitere marxistische Kritik

Die Kritik weiterer marxistischer Autoren[100] an unterentwicklungstheoretischem Denken lässt sich unter den folgenden Themenschwerpunkten zusammenfassen: (1) die Nähe der Unterentwicklungs- zu den Modernisierungstheorien; (2) die inneren Widersprüche der Unterentwicklungstheorien und ihre fehlenden empirischen Belege; (3) ihr unzulängliches Kapitalismusverständnis; (4) ihr latenter Nationalismus.

Im Hinblick auf ersteren Punkt hebt Colin Leys hervor, dass der Hauptstrang der Unterentwicklungstheorien – angefangen bei der Kritik an der internationalen Handelstheorie durch die ECLA – eine Serie von Revisionen orthodoxer (beziehungsweise bürgerlicher) ökonomischer Analyse darstellte. Im Rahmen des strukturalistischen Ansatzes der ECLA sei davon ausgegangen worden, dass die als strukturell definierten Entwicklungsprobleme mittels einer veränderten nationalstaatlichen Politik beseitigt werden könnten (Leys 1977: 97). Als jedoch die Politik der importsubstituierten Industrialisierung nicht den gewünschten Erfolg zeitigte und zudem die Entwicklungsprobleme noch verschärfte, wurden weitere strukturelle Hindernisse ausgemacht, weshalb Leys von einem *radikalen Strukturalismus* spricht:

"The main stream of UDT (Underdevelopment Theory, Anm. d. Verf.) can (...) be seen as eventuating in *radical structuralism* – i.e. as a structuralist analysis of the obstacles to capitalist development in the third world in which progressively more and more of what were originally seen as means to structural change – international manufacturing companies, third world governments and the interests they mostly represent, etc. – come to be seen as yet further structures which themselves need to be changed." (Leys 1977: 97)

Das Hauptproblem des Strukturalismus sieht Leys darin, dass die anvisierten Lösungen immer auch Teil der Problemdefinition sind. So würde beispielsweise Gunnar Myrdal, der zwar kein Unterentwicklungstheoretiker, aber ein sozialdemokratischer Strukturalist sei, die Hauptursachen von Armut bei den jeweiligen Regierungen und internationalen Organisationen begründet sehen und von selbigen Lösungen erwarten. Wie die Ursachen von Armut jedoch zu Lösungen werden, bleibt im Dunkeln und verdeutlicht für Leys den utopischen Gehalt strukturalistischen Denkens (Leys 1977: 97). Unterentwicklungstheorien zeichnen sich laut Leys demgegenüber durch das "'marxifying' (of) radical structuralism" (Leys 1977: 98) aus: Die Lösung der (Unter-)Entwicklungsprobleme wird nicht länger im ökonomischen Nationalismus, sondern im Sozialismus gesucht, und utopische Vorschläge zu radikalen Strukturreformen weichen dem revolutionären Kampf. Der politische Ruf nach Sozialismus und Revolution

---

[100] Es handelt sich u.a. um folgende Autoren: Henry Bernstein (1979), Colin Leys (1977), Anne Phillips (1977), John Taylor (1974), John Weeks/Elizabeth Dore (1979).

verbunden mit der strukturalistischen Analyse innerhalb der Dependenz- beziehungsweise Unterentwicklungstheorien wird von Leys als genauso utopisch eingestuft wie die politischen Reformvorschläge aus dem strukturalistischen Lager,
da weder die Klassenkräfte für die potentielle Revolution noch die gesellschaftlichen Bedingungen des revolutionären Kampfes benannt werden. Zudem mangelt es den Unterentwicklungstheorien an einer

"(...) 'socialist' solution, since a socialist solution must itself be disclosed by the interests and
capacities of the revolutionary forces and their strategy, which have not been identified at all.
(...) The converse of this, of course, is that the 'marxism' of the most Marxist of UD (underdevelopment theory, Anm. d. Verf.) theorists becomes utopian." (Leys 1977: 98)

Die von den Unterentwicklungstheorien benutzten Gegensatzpaare – ent-
wickelt/unterentwickelt, Zentrum/Peripherie, dominant/abhängig etc. – stellen
laut Leys in erster Linie polemische Umkehrungen modernisierungstheoretischer Dichotomien – traditional/modern, reich/arm, fortschrittlich/rückständig
etc. – dar und sind somit analytisch gesehen gleichermaßen unbrauchbar. So
umfasse der Begriff "unterentwickelt" derartig unterschiedliche Länder wie Indien, Brasilien, Haiti und Tansania und zeuge damit von einem sehr dünnen empirischen Boden (Leys 1977: 95). Ebenso wie ihre modernisierungstheoretischen
Widersacher sind die Unterentwicklungstheorien zu ökonomistisch, um eine
Analyse von (Unter-)Entwicklungsprozessen liefern zu können, denn sie blenden entweder die Themen Politik, Ideologie und soziale Klassen weitestgehend
aus oder behandeln sie nur als Fortsatz der Ökonomie und stellen Unterentwicklung im Trikont als etwas Unausweichliches dar (Leys 1977: 95).

Bernstein betont zudem, dass die Unterentwicklungstheorien in sich widersprüchlich seien:

"Underdevelopment theory cannot have it both ways. If the field of analysis is world economy, if the centre needs the periphery for modes of exploitation that off-set the tendency of
the rate of profit to fall, if the circuit of capital in general is realized on the international plane,
then there is *no* capitalist formation whose development can be regionally autonomous, self-
generating or self-perpetuating. 'Development' cannot be conceptualised by its self-centred
nature and lack of dependence, nor 'underdevelopment' by its dependence and lack of autonomy." (Bernstein 1979: 92)

Innerhalb der Unterentwicklungstheorien wird somit der Fehler begangen,
zwischen einer – wie auch immer ausgeformten – normalen und anormalen kapitalistischen (Unter-)Entwicklung zu unterscheiden. Letztere wird zudem vom
Gros der Dependenztheoretiker ausschließlich als Resultat des Abhängigkeits-
verhältnisses der Trikontländer zu den industriellen Metropolen verstanden.
Booth zeigt anhand der Untersuchung von Franks Metropolen-Satelliten-Modell,
dass bereits die Franksche (Unter-)Entwicklungsdefinition – wonach Entwicklung "self-sustaining" und "autonomous" zu sein hat – seine These bedingt, der-
zufolge die Entwicklungschancen dann am größten seien, je schwächer die Verbindung zwischen den Satelliten und Metropolen sei. Vor diesem Hintergrund
entpuppt sich Franks empirische Beweisführung als purer Tautologismus (Booth

1985: 763)[101]. In eine ähnliche Richtung weist die Kritik von Jay R. Mandle (1980b) an der fehlenden empirischen Beweisführung innerhalb der Unterentwicklungstheorien: Mandle beklagt ebenfalls die schwache Definition von Ent- und Unterentwicklung, denn

"(...) in the work of these scholars (Baran, Frank, et. al., Anm. d. Verf.) the definitional clarity which Marx brought to the question of the expansion of the productive forces of society – the process of economic development – has been lost." (Mandle 1980b: 868)

So würden laut Mandle die Dependenztheoretiker einfach von der Grundannahme ausgehen, dass im Trikont keine nennenswerten Entwicklungsprozesse stattfinden, ohne dafür empirische Belege zu liefern (Mandle 1980b: 868 f). Mandle betont, dass es empirischer Untersuchungen über die Entwicklung der Produktionskräfte bedarf, um Aussagen bezüglich des Entwicklungsstandes eines Landes machen zu können. Er gibt dabei zu bedenken, dass die Erweiterung der Produktionskräfte nicht per se gleichgesetzt werden darf mit Wohlfahrtsgewinnen, da ein Zuwachs an Produktionskräften lediglich das Potential für Wohlfahrtsgewinne beinhaltet, aber nicht deren Garant darstellt (Mandle 1980b: 869 f).

Im Hinblick auf die Definition von Kapitalismus im Rahmen neomarxistischer Entwicklungstheorie ist bereits mehrfach darauf verwiesen worden, dass definitorische Unklarheiten überwiegen (Vgl. Brenner 1977; Laclau 1971), wie insbesondere in der Kritik an Frank als auch Wallerstein zum Ausdruck gekommen ist. So wird Kapitalismus als das Grundübel ausgemacht, welches sich vorrangig durch die Produktion für den (Welt-)Markt mit dem Ziel der Profitmaximierung auszeichnet. Bernstein gibt zu bedenken, dass hinter dieser Sichtweise eine idealistische Konzeption steckt, die Kapitalismus als das Produkt der Kalkulationen und Taten von ökonomischen Subjekten, von individuellen Akteuren, begreift, die über den Markt miteinander verknüpft sind (Bernstein 1979: 85). Dieses Kapitalismusverständnis blendet seiner Ansicht nach die kapitalistische Produktionsweise als auch ihre sozialen Produktionsverhältnisse aus und erfasst somit aus marxistischer Sicht nicht den Wesensinhalt des Kapitalismus, sondern nur einige äußere Erscheinungsformen, die auch auf andere Produktionsweisen zutreffen können. Zudem ist es für die Marxisten erstaunlich, wie wenig sich die Unterentwicklungstheoretiker mit der Analyse der industriellen Zentren, der Metropolen, beschäftigt haben, obwohl sie hier die Ursachen von Unterentwicklung verorten. Die Industrieländer werden in den Unterentwicklungstheorien zumeist als autonom und "self-sustaining" beschrieben, also in einem Vokabular, das auch von Modernisierungstheoretikern wie beispielsweise Rostow verwandt wird (Bernstein 1979: 85).

Im Hinblick auf die Arbeiten von Baran und Frank weist Taylor (1974) zudem darauf hin, dass Unterentwicklung teleologisch gebraucht wird, indem die Gegenwart nur in Relation zu dem potentiellen Status der Gesellschaft erklärt wird:

---

[101] Vgl. auch die Kritik von Smith (1980) an Amin, die in die gleiche Richtung zielt.

"The various 'phenomena' of the 'present' are all 'explained' on the basis of whether they do, or do not, contribute to the attainment of this 'potential' state. Although this argument is of some initial value, in the sense that it *indicates* very broadly the type of *economic* structure that *could* exist in the absence of imperialist penetration, its teleological axioms provide us with very little basis for *explaining the existence of the present itself*, or the future possible directions of change of the present, which is, of course, *the* fundamental question." (Taylor, J. 1974: 8)

Diese analytischen Schwächen lassen sich laut Bernstein mit (neo-)populistischen Argumentationsmustern vergleichen. So würden die Unterentwicklungstheoretiker zwar die dem Kapitalismus inhärenten Widersprüche wahrnehmen und damit in Opposition zu dem "blinden" Fortschrittsoptimismus der Modernisierungstheoretiker stehen, aber ihre "good wishes" (Bernstein 1979: 97) hätten analytisch nicht weitergeführt. Zudem berge die Vermischung von bürgerlicher und materialistischer Theorie durch die Unterentwicklungstheorien die Möglichkeit zur ideologischen Modernisierung modernisierungstheoretischen Denkens in sich. Bernstein verweist in diesem Zusammenhang auf die ideologische Flexibilität von internationalen Organisationen wie der Weltbank, die sich beispielsweise als Reaktion auf neomarxistische Kritik mit den Federn Armutsbekämpfung und Grundbedürfnisstrategie schmücken würden. Für Bernstein steht fest:

"The only theory able to inform the struggles of the proletariat and other exploited classes throughout the world is that of historical materialism, which is itself the site of a continuous struggle to maintain its integrity and hence its effectiveness." (Bernstein 1979: 97)

Von Phillips (1977) und Banaji (1983) werden die Unterentwicklungstheorien zudem in Verbindung zu "Third-Worldist" und "nationalist" geprägter Politik gesehen. Erstere äußert sich laut Phillips in der Annahme, dass der Prozess der Kapitalakkumulation in den industriellen Zentren relativ ungestört verlaufe, aber in den Trikontländern zu Unterentwicklung und Widersprüchen führe (Phillips 1977: 9). So würde beispielsweise Amin das zentrale Problem des Kapitalismus in seinem *Ungleichgewicht* zwischen Kapital und Arbeit verorten und nicht in deren *Gegensätzlichkeit*. Demzufolge sieht Amin die sozialen Marktwirtschaften der Nachkriegszeit als quasi widerspruchsfreien Raum:

"The important thesis (of Amin, Anm. d. Verf.) (...) is that this development of the role of the state, and especially the management of consumption through the social contract, has made possible a non-contradictory, self-generating process of development in the centres. Class struggle and crisis can be managed out of existence – for the time being at least. The sole remaining contradiction which capitalism cannot and will not resolve is that between itself and development on a world scale." (Phillips 1977: 10)

Hinter dieser Sichtweise steckt nach Ansicht von Phillips der dependenztheoretische Versuch, Kapitalismuskritik im Wissen um die "Erfolge" des Kapitalismus in den Zentrumsnationen zu üben. So erklärt sich auch die Ausgangsfrage der Dependenztheorien, warum es im Trikont keinen autozentrierten Kapitalismus, also keine Entwicklung, gebe. Phillips betont, dass eine derartige Fragestellung nicht weiterführt, da lediglich eine potentielle Entwicklung thematisiert wird, um zu zeigen, dass sie innerhalb der kapitalistischen Logik nicht erreichbar sei. Auch hier ist problematisch, dass die Entwicklung innerhalb der Industrienationen als relativ autozentriert präsentiert wird. Damit verdecken die Dependenztheoretiker jedoch auch die in den industriellen Zentren präsenten Krisen und Klassengegensätze (Phillips 1977: 10). Vor diesem Hintergrund sieht Phillips das größte Problem in den politischen Konsequenzen unterentwicklungstheoretischer Ideen: So hätten diese Entwicklungstheorien unkritisch die Vorstellung von der sogenannten nationalen Entwicklung zum Ziel, wodurch die Frage der Klassenkonflikte beiseite geschoben werden würde. Das Thema Klassengegensätze tauche innerhalb der unterentwicklungstheoretischen Debatte lediglich auf, um einen Begründungszusammenhang aufzuzeigen, weshalb der Kapitalismus im Trikont keine Entwicklung hervorbringen kann:

"Having defined its task as that of 'proving' the inability of capitalism to solve the problems of mankind, underdevelopment theory has limited itself to establish that ideal development cannot occur under capitalism. In pursuit of this objective it cannot perceive or fully analyse what *is* occuring." (Phillips 1977: 19)

Auch Banaji (1983) kritisiert die Fixierung der Unterentwicklungstheorien auf den nationalen Kapitalismus – beziehungsweise dessen Entwicklungspotentiale – und die damit zusammenhängende Strategie der nationalen Abkoppelung vom Weltmarkt als Ausweg aus der Unterentwicklung. Er sieht darin einen "isolationist state capitalism" (Banaji 1983: 109), der nichts mit den revolutionären Interessen der Arbeiterklasse zu tun habe, die zu allen Zeiten mit dem Weltmarkt und seiner zukünftigen Entwicklung verknüpft seien. In eine ähnliche Richtung zielt die Kritik von Mandle (1980b): Er betont, dass Entwicklungsprozesse im Trikont nur dann in Gang gesetzt werden können, wenn die Staaten bereit sind Souveränitätsverluste hinzunehmen. Zudem gehe kapitalistische Entwicklung mit Einkommensungleichheit und Arbeitslosigkeit einher, aber eben auch mit einer Revolution der Produktivkräfte, die Entwicklung ermögliche. Mandle resümiert dieses Dilemma wie folgt:

"The problem in capitalist development is not so much an insufficiency of development but rather the harmful social requirements of successful capitalist development." (Mandle 1980b: 875)

Nach Ansicht von Mandle sind somit bestimmte negative Effekte integraler Bestandteil von kapitalistischer Entwicklung. Damit widerspricht er dem Entwicklungsbegriff der Dependenztheoretiker, wonach diese nur autozentriert möglich sei. Aus dieser marxistischen Sichtweise bedeutet Unterentwicklung, soweit der Begriff verwandt wird, nicht, dass ein Land ausgebeutet wird, sondern dass es *nicht genügend* ausgebeutet wird. Das dependenztheoretische Ideal der autozentrierten (nationalen) Entwicklung beleuchtet Gavin Kitching (1989) noch aus einer anderen Perspektive kritisch, indem er auf die Nähe von dependenztheoretischem zu populistischem Denken hinweist. Beide Theoriestränge sind der Überzeugung, dass eine kapitalistische Industrialisierung in den "latestarting nations" nicht möglich sei und verorten die Ursachen von Ausbeutung und Ungleichheit tendenziell eher im Zusammenhang mit den internationalen Austauschbeziehungen. So hätte populistische Entwicklungstheorie den Dependenztheoretikern das Konzept des "ungleichen Handels" vermacht, welches letztere in eine mathematische ökonomische Theorie gekleidet hätten, die sich jedoch weniger auf den nationalen als den internationalen Handel beziehe (Kitching 1989: 175). Die Unterschiede zwischen populistischer und dependenztheoretischer Sichtweise liegen laut Kitching darin, dass die Mehrheit der Dependenztheoretiker sich für Industrialisierung ausspricht und eine autonome ökonomische Situation der Trikontländer anstrebt, um den anvisierten Industrialisierungsprozess voranzutreiben. Zudem würden weder Frank noch Amin oder Cardoso bäuerliches Leben romantisieren und idealisieren, wie es sowohl in populistischem als auch neopopulistischem Entwicklungsdenken üblich sei. Auch seien sie nicht der Überzeugung, dass Entwicklung überwiegend beziehungsweise vollständig von der Landwirtschaft ausgehe. Umgekehrt verwehren sich (Neo-)-Populisten gegen die Vorstellungen vom "Mehrwertabfluss" und "ungleichen Tausch" (Kitching 1989: 176). Eine der deutlichsten Verknüpfungen zwischen populistischem und dependenztheoretischem Denken liefert Nyerere. In seiner Ujamaa-Vision findet sich eine Kombination von anti-städtischem, pro-ländlichem und dependenztheoretischem Denken verknüpft mit einem "small is beautiful"- Romantizismus (Kitching 1989: 176). Und last but not least kritisieren marxistische Autoren das Sozialismusverständnis der Dependenztheoretiker, das sie als utopisch ansehen und damit ebenfalls in die Nähe zum Populismus verorten. Wie bereits erwähnt, sieht Leys die dependenztheoretische Aufforderung zum Aufbau des Sozialismus als ebenso utopisch an wie die strukturalistischen Appelle an die staatliche Politik, da jeweils gesellschaftliche Kräfteverhältnisse wie Klassenkonflikte ausgeblendet würden. Eine potentielle sozialistische Revolution lasse sich aus marxistischer Sicht jedoch nur mittels einer Identifizierung der Interessen und Kapazitäten der revolutionären Kräfte und ihrer Strategie ausmachen, die bislang jedoch noch auf sich warten lasse (Leys 1977: 98). Somit tritt Sozialismus im dependenztheoretischen Denken lediglich als Ideologie auf, der – im Gegensatz zum Kapitalismus – zugesprochen wird, Unterentwicklungsprobleme lösen zu können:

"Socialism has become then, something which is 'chosen' for its superiority over capitalism, rather than an outcome dictated by the balance of class forces and the dynamic of class struggle. The arguments centre on why it is necessary, not on whether it is immediately possible. And consequently, detailed analyses of the nature and focus of existing class struggles are few and far between, while analyses of the relationships between national and international capital are in abundant supply." (Phillips 1977: 20)

5   Überblick über moderne Entwicklungstheorien

Die dargestellten und diskutierten vier großen entwicklungstheoretischen Stränge lassen sich nicht in das klassische Schema interne versus externe Entwicklungshindernisse einpassen, sondern haben gezeigt, dass diese Art der Differenzierung nicht der Komplexität der entwicklungstheoretischen Schulen gerecht wird. So wird oftmals unzulässig die entwicklungstheoretische Debatte auf die modernisierungs- versus dependenztheoretischen Schulen beschränkt. Im Fol-

genden sollen die hier tabellarisch dargestellten Entwicklungstheorien noch einmal in ihren jeweiligen Kernaussagen zusammengefasst und kontrastiert werden.

Die in den fünfziger und sechziger Jahren entstandenen Wachstums- und
Modernisierungstheorien stammen von Ökonomen, die sehr stark von keynesianischen Ideen beeinflusst waren, wie insbesondere im Hinblick auf ihre dem
Staat zugeschriebene Rolle deutlich geworden ist sowie in ihrer Auswahl der
wichtigsten Akteure im Entwicklungsprozess. So räumen sie Entwicklungsexperten, Planern, Ökonomen und Investoren die bedeutendste Rolle im Entwicklungsprozess ein. In diesen Akteuren sahen sie die Helfer beziehungsweise Un-
terstützer des kapitalistischen Entwicklungsprozesses, der sich am Vorbild der
Industrieländer zu orientieren hatte. Durch die insbesondere in Europa – und in
geringerem Ausmaß in Nordamerika – vorherrschende soziale Marktwirtschaft
mit ihrer fordistischen Produktion und ihrem Wohlfahrtsstaat, sah sich die entstehende explizit als solche ausgewiesene Entwicklungspolitik als Interventions-
instrument im Sinne der Unterstützung nationalstaatlicher Aufgaben.

Hinter der modernisierungs- und wachstumstheoretischen Zuversicht im
Hinblick auf die Entwicklungschancen der Trikontländer standen jedoch auch
eindeutige politische Interessen seitens der westlichen Staaten, die in Zeiten der
Ost-West-Systemkonkurrenz etwas gegen die potentielle Ausweitung der Einflusssphäre der kommunistischen Mächte unternehmen wollten, die besonders
explizit bei Rostow Erwähnung finden. Vor diesem Hintergrund dienten die
technokratischen Entwicklungstheorien insbesondere als handlungsleitende Re-
zepte für internationale Entwicklungspolitik. Die Zuversicht hinsichtlich der ö-
konomischen Verbesserung der Situation im Trikont begann jedoch bereits gegen Ende der fünfziger Jahre nachzulassen, da sich kaum entwicklungspolitische
Erfolge einstellten. Entwicklungsplaner mussten feststellen, dass die bloße Bereitstellung von Kapital und Technologie nicht den erwünschten Erfolg zeitigte.
Der Sprung von der Agrar- in die Industriegesellschaft, der in Europa auf endogenen Gründen basiert hatte und im Sinne von Weber eher das zufällige Neben-
produkt einer religiösen Lebensweise darstellte, ließ sich nicht exogen in wenigen Jahren mittels sogenannter Entwicklungshilfe bewerkstelligen. Aber die politische Notwendigkeit, Entwicklung möglichst schnell herbeiführen zu wollen
und demnach auch theoretisch erklären zu müssen, überwog gegenüber dieser
Erkenntnis. In diesem Sinne bediente man sich modernisierungstheoretischer
Erkenntnisse über die traditionale Struktur der Entwicklungsländer und legte
nun das Augenmerk verstärkt auf die sozialen, kulturellen und politischen
Wandlungsprozesse, die ein Entwicklungsland auf dem Weg zum Industrieland
zu vollziehen habe. So hatte beispielsweise Lewis schon 1954 darauf hingewiesen, dass das Entwicklungsproblem vorrangig in der fehlenden Bildung innerhalb der Entwicklungsländer liege. Diese modernisierungstheoretischen Kennt-
nisse wiesen somit über den engen ökonomischen Interventionsraum hinaus,
blieben jedoch hinsichtlich ihres entwicklungspolitischen Einflusses eher marginal.

Tabelle 1: Die vier entwicklungstheoretischen Schulen: ausgewählte Vertreter während der sechziger bis achtziger Jahre

Entwicklungstheorie	Problemdefinition	Untersuchungs-gegenstand	Entwicklungs-prinzip	Wichtigste Akteure	Rolle des Staates
1a) Wachstum					
Harrod-Domar	Zu niedrige Einkommensrate in EL, um ökonomisches Wachstum zu gewährleisten	Ersparnisse und Investitionen in EL	Nachholende kapitalistische Entwicklung	Investoren	Sorgt für Infrastruktur, greift aber nicht regulierend in die Wirtschaft ein
Chenery	Zu kleiner industrieller Sektor in EL	"basic development processes" in EL	Graduelle Diversifizierung und Verbesserung der industriellen Produktion	Entwicklungsexperten	Unterstützt Entwicklungsprozess
1b) Modernisierung					
Rostow	Traditionale Gesellschaftsstruktur in EL, Dominanz der Landwirtschaft	Ökonomie und Gesellschaft der EL	Lineare fünfstufige Entwicklung von der traditionalen Gesellschaft zum "age of high mass-consumption"	Ökonomen und Planer (nationale und internationale Eliten)	Garant für die Rahmenbedingungen der Etablierung kommerzieller Märkte => Aufbau eines Steuer- und Finanzsystems
Lewis	Fehlende Bildung in EL => fehlendes "Humankapital"	Beziehung zwischen landwirtschaftlichem und industriellem Sektor in EL	Universeller Kapitalismus	Sparer, Investoren und Kapitalisten	Steuert Entwicklungsprozess
2a) Unterentwicklung					
Baran	Mehrwertabfluss von Süd nach Nord	Weltweiter Monopolkapitalismus	Abkoppelung und Sozialismus	Bevölkerung des Trikonts	Abhängig von den IL
ECLA	Kapitalmangel in EL durch ungleiche ToT	Strukturelle Ungleichheit zwischen IL und EL	Importsubstituierende Industrialisierung	Regierung der EL	Hat entscheidende Bedeutung für den Entwicklungsprozess: koordiniert Industrialisierungsprogramme
Furtado/Sunkel	Interessensharmonie zwischen Oligarchien der EL und Unternehmen aus den IL	Soziale Strukturen in den EL	Struktureller Prozess der Ausweitung neuer Technologien	Staaten der EL, Koalition zwischen Teilen der Mittelklasse und armer Bevölkerung	Soll Wirtschaft restrukturieren und intraregionalen Handel intensivieren

Cardoso/Faletto	Externe und interne Faktoren verantwortlich für Unterentwicklung in EL	Interne Klassenstrukturen der EL und kapitalistisches Weltsystem	Abhängige Entwicklung möglich in EL	Klassen in EL, internationale Organisationen	Ist zwar abhängig von IL, besitzt aber Handlungsspielräume; fungiert als Austragungsort für Klassenkonflikte
Frank	Entwicklung der IL ist komplementär mit Unterentwicklung der EL verbunden	Metropolen und Satelliten	Abkoppelung und Sozialismus	Arme Bevölkerungsmehrheit des Trikonts	Marionette der IL ("Lumpenbourgeoisie")
Amin	Abhängige Entwicklung in EL	Kapitalistisches Weltsystem: Zentrum und Peripherie	Abkoppelung und Sozialismus	Bevölkerung des Trikonts	Soll gegen Imperialismus der IL kämpfen
2b) Weltsystem					
Wallerstein	"Haupt-Kapitalakkumulierende" zwingen den Peripheriegebieten den "ungleichen Tausch" auf => zunehmende Polarisierung	Kapitalistisches Weltsystem seit dem 16. Jahrhundert: Zentrum, Semiperipherie und Peripherie	Sozialistische Weltregierung ("Sozialismus in einem Land" nicht möglich)	Proletariat ("Lohnarbeiter") des Trikonts	Behindert lediglich das "freie" Funktionieren des kapitalistischen Marktes, um Gewinnaussichten bestimmter gesellschaftlicher Gruppen zu verbessern
3) (Neo-)Populismus					
Lipton	Benachteiligung des Landes gegenüber der Stadt: Urban Bias	Effizienz und Gleichheit im Hinblick auf Stadt-Land-Unterschiede	Bessere Ressourcenverteilung zwischen Stadt und Land in EL	Bauern, Entwicklungsplaner	Soll politisch dem Urban Bias entgegenwirken, Ressourcen besser verteilen
Schumacher	Fehlende Ethik, Materialismus statt Spiritualität, menschenfeindliche Großprojekte	Ökonomie, Ökologie	Buddhistische Ökonomie => Spiritualität und Qualität sollten im Vordergrund der Ökonomie stehen	Die gesamte Menschheit, insbesondere Ökonomen, Erzieher und Mütter	Soll Rahmenbedingungen für Implementierung der buddhistischen Ökonomie schaffen
4) Marxismus					
Rey/Arrighi	Interaktion der nicht-kapitalistischen mit der kapitalistischen Produktionsweise in EL	Produktionsweisen	Ausweitung der kapitalistischen Produktionsweise	Klassen	Ethnische Interessen dominieren die Politik afrikanischer Staaten
Warren	Fehlender Kapitalismus in EL	Imperialismus und Kapitalismus	Kapitalismus und dann Sozialismus	Klassen	Unabhängigkeit der EL eröffnet ihren Staaten große ökonomische Handlungsspielräume

So wurde zwar unter anderem seitens der US-amerikanischen Entwicklungspolitik damit begonnen, technische Unterstützung sowie Ausbildungsprogramme bereitzustellen, aber weitreichendere entwicklungspolitische Maßnahmen, basierend auf modernisierungstheoretischen Kenntnissen, blieben aus.

Hulme und Turner betonen im Hinblick auf die engen personellen Verflechtungen zwischen den westlichen Staaten und den Entwicklungsforschern: "Destabilising nationalist and revolutionary movements in the context of decolonisation gave greater urgency and larger resources to the academic (development, Anm. d. Verf.) task. Given this environment, where the specifications of the academic task were determined by political, military, administrative and business elites in the United States, it is not surprising that modernisation theory commenced with and maintained a conservative, pro-capitalist ideological framework." (Hulme/Turner 1990: 34)

Die Dominanz technokratischen Entwicklungsdenkens wurde Ende der sechziger beziehungsweise Anfang der siebziger Jahre auf der entwicklungstheoretischen Ebene in die Defensive gedrängt, blieb aber entwicklungspolitisch bestimmend. Das vorherrschende entwicklungstheoretische Paradigma waren nun die Unterentwicklungstheorien, die sich aus strukturalistischen, dependenztheoretischen und weltsystemtheoretischen Arbeiten zusammensetzten. Eine der ersten unterentwicklungstheoretischen Arbeiten stammte aus den USA, Barans "The Political Economy of Growth" (1957). Im Mittelpunkt dieser Untersuchung stand bereits der für das Unterentwicklungsdenken typische postulierte Mehrwertabfluss von "Süd" nach "Nord". Damit zeigte auch Baran, dass seine entwicklungstheoretische Arbeit nicht zur marxistischen Schule gezählt werden konnte, wenngleich ihm dies von modernisierungstheoretischer Seite vorgeworfen wurde. Indem Baran Kapitalismus jedoch in erster Linie als Handelskapitalismus beschreibt, erweist er sich – ähnlich dem Gros seiner unterentwicklungstheoretischen Nachfolger – als analytisch gesehen den (neo-)populistischen Entwicklungstheorien nahestehend. So war er zwar – was angesichts der in den USA und anderen westlichen Ländern vorherrschenden entwicklungstheoretischen Überzeugungen bereits einen nicht zu unterschätzenden Fortschritt darstellte – in der Lage, moralische Kritik an den Nord-Süd-Beziehungen zu üben, verblieb jedoch mit seinen Erklärungsmustern im technokratischen Kapitalismusverständnis gefangen, wenn auch aus einem anderen Blickwinkel. In abgemilderter Form vertrat auch die ECLA eine unterentwicklungstheoretische Position, allerdings mit starken strukturalistischen Einflüssen und einem Vokabular, welches weniger marxistisch anmutete als das von Baran. So hatte Raúl Prebisch, der damalige Exekutivsekretär der ECLA, bereits zu Beginn der fünfziger Jahre darauf hingewiesen, dass sich die Terms of Trade zuungunsten der Entwicklungsländer entwickelten. Der daraus resultierende Kapitalmangel in den Entwicklungsländern sei als Ursache der dortigen Unterentwicklung zu verstehen. Im Gegensatz zu den Modernisierungstheorien richtete die frühe ECLA unter Prebisch ihren Blick nicht allein in die Entwicklungsländer, sondern sah diese aufgrund des ungleichen Handels bereits als Peripherien gegenüber den entwickelten Zentren. Vor diesem Hintergrund sahen ECLA-Funktionäre in den jeweiligen lateinamerikanischen Staaten die Akteure für die Veränderung dieser ungleichen Beziehungen. Mit der Strategie der importsubstituierenden Industrialisierung mittels staatlicher Regulierung wurde die modernisierungstheoretisch inspirierte Entwicklungspolitik nicht nur theoretisch, sondern auch praktisch in Lateinamerika ins Abseits gedrängt. Wie gezeigt worden ist, blieben die ökonomischen Erfolge dieser Politik jedoch aus, da die für den Aufbau eigener Industrien benötigten Investitionen und Techniken zu neuen Abhängigkeiten Lateinamerikas gegenüber den Industrieländern führten. Diese Situation beinhaltet entwicklungstheoretisch betrachtet die Wiederaufnahme dessen, was Baran bereits begonnen hatte, das dependenztheoretische Denken:

"In Latin America, the rapid growth of import substitution industries in the early 1950s gave rise to a strong increase in the imports of investment goods. (...) This turn to a positive attitude to foreign investments proved important as it provoked a theoretical opposition which was later on termed dependency theory." (Skarstein 1997: 43)

Die erste dependenztheoretische Radikalisierung der ECLA-Position findet sich in den Arbeiten von Furtado und Sunkel, die aufgrund ihres "unrevolutionären" Vokabulars nach Überzeugung einiger rhetorischer Revolutionäre dem bürgerlichen Lager der Dependenztheorien zuzurechnen seien (Vgl. Leys 1996. 12). Nichtsdestotrotz machten sie mit ihren Arbeiten (Vgl. Sunkels Modell des globalen Dualismus, Kapitel I/2.4.2) auf die Interessensgegensätze innerhalb der Entwicklungsländer aufmerksam, die innerhalb der ECLA-Analysen keine Beachtung gefunden hatten. Sie sahen eine Interessensharmonie zwischen den Oligarchien der Entwicklungsländer mit den Unternehmen aus den Industrieländern, aber keineswegs einen Interessensgegensatz zwischen den Teilen der Bevölkerung – sowohl der Industrie- als auch der Entwicklungsländer, die sich laut Sunkels Modell im Bereich der Peripherie des transnationalen Kapitalismus befinden.

Ebenfalls strukturalistisch beeinflusst waren die Arbeiten von Cardoso und Faletto, in welchen sie sich aber auch sowohl von marxistischer sowie neomarxistischer Entwicklungstheorie beeinflusst zeigten. So gingen sie dependenztheoretisch gesehen davon aus, dass die Entwicklungsländer als Teil der kapitalistischen Weltökonomie zwar abhängig von den industriellen Zentren seien, aber dennoch Handlungsspielräume besitzen. Letztere variierten laut Cardoso und Faletto je nach den länderspezifischen Gegebenheiten, da das kapitalistische Weltsystem einen bestimmten Ausdruck in den jeweiligen internen Strukturen, insbesondere den Klassenstrukturen, findet. So hatte Cardoso die Klassenstrukturen und –allianzen Brasiliens beschrieben, die zu bestimmten wirtschaftspolitischen Maßnahmen wie beispielsweise der importsubstituierenden Industrialisierung geführt hatten. Für Frank waren die gesellschaftlichen Strukturen des Trikonts jedoch kein eigenständiges Untersuchungsobjekt mehr, sondern lediglich das Resultat des kapitalistischen Weltsystems. Laut Frank stellten sie Satelliten der industriellen Metropolen – allen voran der USA – dar. Ihr Pendant zur bürgerlichen Klasse der Metropolen war nach Franks Überzeugung das "Lumpenproletariat", eine gesellschaftlich einflussreiche Klasse, die die Interessen der Metropole vertritt. Das kapitalistische Weltsystem bildete für Frank ein Nullsummenspiel: Entwicklung in den Metropolen implizierte Unterentwicklung in den Satelliten. Somit sah er im Umkehrschluss die kapitalistischen Errungenschaften der Industrieländer als Resultat der Ausbeutung des Trikonts. Auch Amin und Wallerstein unterscheiden sich in diesem Punkt nicht von Frank. Amin kontrastierte den autozentrierten Kapitalismus des Zentrums mit dem abhängigen der Peripherie, wobei er in Letzterem nur mittels einer Abkoppelung vom Weltmarkt und dem Aufbau einer sozialistischen Gesellschaftsordnung Entwicklungschancen erblickte. Wallerstein baut seinen Weltsystemansatz auf einer ähnlichen Problemdefinition wie Frank und Amin auf: So sind für ihn ebenfalls das ungleiche Tauschverhältnis zwischen den "Haupt-Kapitalakkumulierenden", also den Industrieländern, und den peripheren Ländern des Südens für die weltweit zunehmende Polarisierung zwischen Arm und Reich verantwortlich. Der ungleiche Tausch ist das Charakteristikum des kapitalistischen Weltsystems, welches laut Wallerstein bereits seit dem sechzehnten Jahrhundert existiert. Er plädiert allerdings nicht für eine Abkoppelung der Trikontländer vom Weltmarkt, sondern für die Errichtung einer sozialistischen Weltregierung, da aus seiner Sicht Sozialismus in einem Land nicht möglich sei.

Die Kritik der Unterentwicklungstheoretiker und auch Wallersteins richtete sich somit gegen das offizielle technokratische Entwicklungsdenken, welches sie als ahistorisch und unkritisch ansahen. Ihrer Ansicht nach war der westliche Entwicklungsdiskurs zu sehr an staatlicher Politik orientiert, wohingegen sie in der armen Bevölkerungsmehrheit des Trikonts den Hauptakteur sahen. Dieser Ansatz beziehungsweise das unterentwicklungstheoretische Denken im Allgemeinen – nicht nur hinsichtlich der akademischen Auseinandersetzungen – war insbesondere im Trikont weit verbreitet, wie Björn Beckman im Hinblick auf Afrika zu Beginn der achtziger Jahre deutlich macht:

"Academics may have contributed in articulating it (the underdevelopment position, Anm. d. Verf.) but the tremendous diffusion of its perspective can only be understood as a response to specific historical experiences and the development of social forces at the world level, including the realities of colonialism and neo-colonialism, the rise of socialist countries and armed liberation struggles. It is not a specific political line with a uniform theoretical basis. It is a position held by millions of anti-imperialist militants most of whom may never have heard of or read the works of Andre Gunder Frank or Samir Amin." (Beckman 1981: 10)

Die unterentwicklungstheoretische Vorstellung von der Unmöglichkeit der "Entwicklung" des Trikonts im Rahmen des kapitalistischen Weltsystems, blendete jedoch aus, wer denn diejenige soziale Klasse sein sollte, die "Entwicklung" dann autonom herbeiführen könnte. So hatten sich in der Mehrzahl der Entwicklungsländer weder nationale Bourgeoisien noch Arbeiterklassen herausgebildet, die nach marxistischer Vorstellung als Akteure auf dem Weg zu einer sozialistischen Gesellschaft fungieren könnten. An diesem Punkt zeigt sich, dass es unangemessen ist, die Unterentwicklungstheorien als neomarxistisch zu bezeichnen, da sie nicht besonders viel mit marxistischer Theorie gemein haben. So wies auch Geoffrey Kay (1975) darauf hin, dass der Unterentwicklungsthese von der Ausbeutung der Peripherien durch die Zentren lediglich eine vage Vorstellung von Ausbeutung zugrunde liege. Demgegenüber hatte Marx eine klare Vorstellung von Ausbeutung, welche sich für ihn darin manifestierte, dass die Kapitalbesitzer sich den durch die Arbeiter generierten Mehrwert aneigneten.

Demzufolge ist die Ausbeutung dann am größten, wenn der angeeignete Mehrwert am höchsten ausfällt, was eine hohe Kapitalintensität erfordert. Kay folgert
daraus, dass das eigentliche Problem des Trikonts nicht darin liege, dass er ausgebeutet werde, sondern dass es nicht genügend Ausbeutung im marxistischen
Sinne gebe:

"The radical critics of orthodox development theory were so keen to prove the ideological
point that underdevelopment was the product of capitalist exploitation, that they let the crucial
issue pass them by: capital created underdevelopment not because it exploited the underdeveloped world, but because it did not exploit it enough." (Kay, G. 1975: x)

In die gleiche Richtung zielte die marxistische Kritik von Warren, der in den
Unterentwicklungstheorien nur bürgerliche antiimperialistische Propaganda sah
und in diesem Sinne von der "underdevelopment fiction" (Warren 1980: 8)
sprach. Warrens Entwicklungskritik verdeutlicht, dass die Unterentwicklungstheorien sich stärker aus populistischen als aus marxistischen Quellen speisten.
Anhand eines reichhaltigen empirischen Materials wies Warren nach, dass die
Modernisierung der Trikontländer voran schritt. Demzufolge liest sich sein "Imperialism –Pioneer of Capitalism" (1980) teilweise wie ein wachstumstheoreti-
scher Text.

Dem marxistischen Entwicklungsdenken ist es insgesamt gesehen gelungen, eine materialistische Kritik an dependenztheoretischem Denken zu üben
und selbiges als umgekehrte Modernisierungstheorie zu entlarven. Leys (1996)
weist hinsichtlich der Arbeitssituation der marxistisch orientierten Entwicklungstheoretiker darauf hin, dass die klassischen Marxisten wie Warren, Arrighi,
Kay u.a. vielfach marginale Positionen innerhalb des nordamerikanischen und
europäischen akademischen Lebens innehatten, wodurch sie auch weniger mit
den westlichen sozialen Bewegungen in Kontakt kamen und oftmals – nach der
Beendigung akademischer Aufträge an Universitäten des Trikonts – auch den
Kontakt zu den jeweiligen Ländern verloren. Zudem haben während der siebziger Jahre kaum Marxisten für entwicklungspolitische Organisationen gearbeitet,
so dass sie insgesamt gesehen kaum in den entwicklungstheoretischen und entwicklungspolitischen Mainstream integriert waren. Trotz der damit verbundenen
Nachteile für marxistische Entwicklungsforschung, hebt Leys positiv hervor:

"(...), it did enable them to make a trenchant critique of the eclecticism, populism and practical ambiguity of dependency theory: now for the first time 'development theory' of the post-
war variety was squarely confronted from the perspective of the historical tradition of development theory derived from Hegel and Marx." (Leys 1996: 15)

Andererseits lag das problematische an dem marxistischen Entwicklungsdenken
darin, dass es innerhalb der Dritten Welt nur wenige Menschen gab, für die die
politische und moralische Perspektive der marxistischen Entwicklungsansätze
kurzfristig Sinn machte. Der marxistischen Analyse lag eine langfristige Sichtweise zugrunde und somit bot sie keine direkten Politikvorschläge, um die
Situation in den Entwicklungsländern verbessern zu können.

Demgegenüber waren die neopopulistischen Entwicklungstheorien weitaus "praktischer" orientiert, jedenfalls ihrem Anliegen nach. Wie bereits ihre
ideengeschichtlichen Vorläufer, die Populisten, lassen sich auch die Neopopulis-

ten innerhalb der entwicklungstheoretischen Debatte als "industrialisierungskritisch" bezeichnen. So stimmen Populismus und Neopopulismus in ihrem Plädoyer für überschaubare Produktionsstätten und gegen industrielle und sonstige
Produktion im großen Maßstabe überein[102]. Der in Russland und Osteuropa nach
dem Ersten Weltkrieg entstandene Neopopulismus wurde insbesondere von
Chayanov geprägt. Thematisch stehen innerhalb des entwicklungstheoretischen
Neopopulismus die bäuerliche Ökonomie und die landwirtschaftliche Entwicklung im Mittelpunkt, wie insbesondere an Liptons Urban Bias–These deutlich
geworden ist. Lipton hat versucht seine Kritik am Urban Bias von Politik und
Ökonomie in Entwicklungsländern wissenschaftlich zu untermauern, indem er
viele empirische Beweise für seine These zusammengetragen hat und moralische Bewertungen nur selten vornimmt. Letzteres kann von Schumacher jedoch
keineswegs behauptet werden, seine neopopulistischen Abhandlungen über die
Weltprobleme im Allgemeinen und die Entwicklungsprobleme des Trikonts im
Besonderen zeichnen sich durch ihre explizit moralisierende Form aus. In diesen
Beispielen modernen entwicklungstheoretischen Denkens ist der industrialisie-
rungskritische Kern der populistischen Denktradition sowie seine Abneigung
gegenüber Großprojekten weiter entfaltet worden. Auch die dominierenden Themen Gleichheit und Ungleichheit, an denen Lipton und Schumacher sich orientieren, entspringen der populistischen Denkrichtung. Ebenso verhält es sich mit
dem Thema "Verteilungsgerechtigkeit" und dem Wunsch nach einer Zukunft
ohne Armut, mit Einkommensgleichheit basierend auf kleinen Besitztümern
(Vgl. Kitching 1989: 99). Schumacher verweist mit seinen Vorschlägen hinsichtlich einer buddhistischen Ökonomie und seinen moralischen Appellen bereits sehr stark auf die Argumentationsmuster sogenannter neuerer entwicklungstheoretischer Ansätze (Ökofeminismus, Postdevelopmentalism etc.), die in
Kapitel III behandelt werden sollen. Sowohl Schumacher als auch Lipton entstammen entwicklungspolitischen Institutionen und reflektieren in ihren Arbeiten somit auch die Erfahrungen, die sie als Entwicklungsplaner bzw. –berater
gewonnen haben. Insofern dürfte es weder überraschen, dass sie primär an konkreten Verbesserungen für entwicklungspolitische Praxis interessiert sind, noch
dass sie den Rahmen ihrer Arbeit, das kapitalistische Wirtschaftssystem, nicht
prinzipiell in Frage stellen. Und marxistische Entwicklungstheoretiker würden
hinzufügen: "...und analysieren können". Wie bereits erwähnt, wird es interessant sein, inwieweit die neopopulistischen Argumentationsmuster in den selbst-
ernannten neueren Debatten heute eine vorrangige Rolle spielen, ohne dass sie
sich explizit dieser entwicklungstheoretischen Schule zuzurechnen würden. Je-

---

[102] Kitching betont in diesem Zusammenhang: "(...), both populism and neo-populism have a common
obsession at the root of their critique of industrialization and large-scale concentrated production – the
theme of equality and inequality. For both populists and neo-populists, the prime failing of industrialization is that it massively exacerbates relative inequalities in society, inequalities between individuals and social groups, between town and countryside, between region and region, and between nation
and nation. And, conversely, the prime appeal of their utopia – a world of individual small-scale enterprise located in small town and village – is that it is a world of approximately equal 'small men' and
small enterprises, competing against each other to be sure, but in a way which is moderated and re-
strained by community and co-operative links, both formal and informal. It is a world of equality and
community, but not of collectivism or state control." (Kitching 1989: 22)

denfalls sah Lipton in den siebziger Jahren seinen damaligen "neuen" Ansatz nicht als neopopulistisch an.

Im Rahmen des Vergleichs der vier entwicklungstheoretischen Schulen fällt zudem die analytische Nähe zwischen Unterentwicklungstheorien und neopopulistischen Theorien auf, so dass es zutreffender wäre nicht von neomarxistisch, sondern von (neo-)populistisch inspiriertem Unterentwicklungsdenken zu sprechen. Dabei unterscheiden sich beide Schulen zwar in ihrem Vokabular – welches bei den Unterentwicklungstheorien viele marxistische Anleihen aufweist und bei den Neopopulisten eher eine technokratische und ethische Form annimmt – und auch in ihren Untersuchungsgegenständen, aber ihre Analyse weist Parallelen auf. Beide Schulen üben eine moralische Kritik am Kapitalismus und verstehen selbigen – vergleichbar mit der technokratischen Schule – primär als Handelskapitalismus. Damit zusammenhängend muss hervorgehoben werden, dass das Konzept des ungleichen Tauschs innerhalb der Unterentwicklungstheorien der populistischen Denktradition entstammt. Die Unterentwicklungstheoretiker haben dieses Konzept teils mit mathematisch-ökonomischen Formeln versehen und beziehen es vorrangig auf die internationale als auf die nationale Ebene. Zudem teilen sie die Auffassung, dass eine nachholende kapitalistische Industrialisierung in den Ländern des Trikonts unter den gegebenen Bedingungen nicht möglich sei. Aus (neo-)populistischer Sicht ist eine nachholende Industrialisierung jedoch auch nicht wünschenswert, wohingegen die Unterentwicklungstheoretiker keineswegs industrialisierungskritisch sind, aber nur einer eigenständigen, also einer "unabhängigen", Industrialisierung Realisierungschancen einräumen. Die bei Lipton und Schumacher anzutreffende Idealisierung und teilweise Romantisierung der ländlichen Regionen findet sich innerhalb der Unterentwicklungstheorien jedoch nicht.

Es ist bereits im Rahmen der Kritik an den verschiedenen Unterentwicklungstheoretikern darauf hingewiesen worden, dass Unterentwicklungstheorien sich auf dem gleichen analytischen Boden befinden wie ihre erklärten Gegner, die Technokraten. Die Unterschiede liegen in der moralischen Bewertung von Entwicklungs- und Unterentwicklungsprozessen. Wenngleich diese moralische Kritik zu begrüßen ist, so muss darauf verwiesen werden, dass sie in diesem Fall, analytisch gesehen, keine Neuerungen gebracht hat[103]. Das Gleiche trifft auf die neopopulistischen Entwicklungstheorien zu, die eine moralische Kapitalismuskritik mittels ihres Verweises auf Ungleichheiten wie beispielsweise zwischen Stadt und Land üben. Während Liptons Lösungsvorschläge sich eher an techno-

---

[103] An dieser Stelle sei darauf verwiesen, dass diese Erkenntnis – trotz der noch im Einzelnen zu durchleuchtenden Debatte um die entwicklungstheoretische Krise – nicht besonders weit verbreitet ist. Im Hinblick auf den theologischen Zweig der Dependenztheorien – die Befreiungstheologie – herrscht weiterhin der Mythos vor, dass die Dependenztheorien marxistisch seien und eine – abgesehen von einigen Unstimmigkeiten – passende Analyse hinsichtlich der lateinamerikanischen Situation liefern würden. Interessant ist in diesem Zusammenhang bei einem Blick in verschiedenste befreiungstheologische Publikationen, dass es rege Auseinandersetzungen um den Marxismus-Vorwurf seitens der Amtskirche gegenüber ihren befreiungstheologischen "Ausweichlern" gegeben hat und gibt, die unter anderem auf dem gemeinsamen Irrtum fußen, die dependenztheoretischen Anleihen innerhalb der Befreiungstheologie seien marxistisch.

kratischen Mustern orientieren, verweist die von Schumacher angepriesene Buddhistische Ökonomie bereits auf "AnOther Development", also die alternativen Entwicklungsansätze der achtziger/neunziger Jahre.

II   Die entwicklungstheoretische Krise

Seit Ende der siebziger/Anfang der achtziger Jahre wird "Entwicklungstheorie" mit "Krise" assoziiert. Im Zuge der vielfach thematisierten entwicklungstheoretischen Krise wurden insbesondere die technokratischen Entwicklungstheorien und die Unterentwicklungstheorien für nicht länger angemessen erklärt, und es wurde vermehrt vom Scheitern dieser Theorien gesprochen. Wie das vorherige Kapitel gezeigt hat, reflektierten die Entwicklungstheorien der Nachkriegszeit zu einem nicht geringen Teil die jeweiligen Interessen verschiedener entwicklungspolitischer Akteure: So standen die technokratischen Entwicklungstheorien für den Keynesianismus innerhalb der aus den Industrieländern stammenden entwicklungspolitischen Institutionen, während Unterentwicklungstheoretiker sich vorrangig aus den Ländern des Trikonts rekrutierten und sich größtenteils als Teil des nationalen Befreiungskampfes von (neo-)kolonialer Herrschaft verstanden. Indem die unterentwicklungstheoretischen Ideen auch vermehrt von Vertretern der westlichen Entwicklungsorganisationen positiv rezipiert wurden, gewannen diese innerhalb des entwicklungstheoretischen Diskurses die Oberhand. Ihre "Revolution" war jedoch relativ kurzlebig und wurde durch den neoliberalen Gegenreformismus[104] abgelöst, der in diesem Kapitel näher beleuchtet werden soll. Einhergehend mit dem Gegenreformismus begann die entwicklungstheoretische Krise, die den Erklärungsgehalt von Entwicklungstheorien anzweifelte. Vor diesem Hintergrund stellt sich die Frage, was von welcher entwicklungspolitischen und –theoretischen Position unter der "Krise" verstanden wird. Denn angesichts der Tatsache, dass im vorangegangenen Kapitel gezeigt wurde, welcher Kritik die jeweiligen Entwicklungstheorien ausgesetzt waren, erscheint fraglich, wieso die Krise – betrachtet als ein wissenschaftsimmanentes Problem – erst Ende der siebziger Jahre eingesetzt haben soll.

Demzufolge lassen sich zwei Perspektiven trennen, aus denen von der entwicklungstheoretischen Krise gesprochen wurde bzw. wird. Zum einen kann die Krise als wissenschaftsimmanentes Problem betrachtet werden und zum anderen als Resultat realer Veränderungen hinsichtlich ihres Untersuchungsgegenstandes. Da jedoch besser von Untersuchungsgegenständen gesprochen werden müsste, wie das vorherige Kapitel gezeigt hat, kann letztere Perspektive hinsichtlich der entwicklungstheoretischen Krise auch als das Resultat veränderter (welt-)wirtschaftlicher und –politischer Rahmenbedingungen aufgefasst werden. Vereinfacht gesagt: Die entwicklungstheoretische Krise ist das Resultat von internen Problemen der Theorien einerseits und externen Veränderungen andererseits. Die zuvor dargelegten Mängel der einzelnen entwicklungstheoretischen Schulen waren jedoch keineswegs ursächlich für den neoliberalen Gegenreformismus, der Ende der siebziger/Anfang der achtziger Jahre die entwicklungstheoretische Oberhand gewann. Hier spielen vielmehr materielle, weniger ideelle Gründe eine ursächliche Rolle, denn die entwicklungstheoretischen Unzulänglichkeiten der neoliberalen Schule fallen keineswegs geringer aus als die

---

[104] Insbesondere von Toye (1993) ist in diesem Zusammenhang der Begriff "counter-revolution" geprägt worden.

ihrer Kontrahenten. Im Zuge der weltwirtschaftlichen und –politischen Umbrüche entsprachen die von neoliberalen Entwicklungstheoretikern artikulierten Vorstellungen über den Markt den neuen internationalen Kräfteverhältnissen, wie im Folgenden zu zeigen sein wird.

Zudem beruhte der Erfolg des Neoliberalismus laut John Toye (1993: 143) zu einem nicht unerheblichen Teil auf der Tatsache, dass sie thematisierten, was ihre technokratischen Kollegen zwar wussten, aber oftmals geflissentlich verschwiegen, um sowohl die Partner in den Entwicklungsländern als auch die entwicklungspolitischen Institutionen nicht der Kritik auszusetzen. Es handelt sich um das Problem, dass die jeweiligen Partner, also die Regierungen der Entwicklungsländer, keineswegs immer an der Umsetzung der entwicklungspolitischen Zielsetzungen interessiert waren beziehungsweise sind.[105] Wie im Folgenden zu zeigen sein wird, wurde die zu großen Teilen berechtigte Kritik an dem öffentlichen Sektor und der regierungsstaatlichen Politik des Gros der Entwicklungsländer von neoliberaler Seite zum Frontalangriff auf jegliche Form staatlicher Politik umgemünzt. Wie sich derartige Prämissen mit realen Beispielen staatlich gelenkter nachholender Entwicklung, insbesondere der vielzitierten "kleinen Tigerstaaten", vertragen, soll ebenfalls thematisiert werden.

Die weltökonomischen Veränderungen, die für die entwicklungstheoretische Krise ausschlaggebend waren, hatten bereits in den sechziger Jahren begonnen und zielten auf "a truly unified capitalist economy" (Leys 1996: 19). Die neoliberale Kritik an den bis dato – eher akademisch als real – einflussreichen Entwicklungstheorien überzeugte somit weniger durch neue Erkenntnisse als durch neue weltwirtschaftliche Gegebenheiten, wie im Folgenden gezeigt werden soll.

---

[105] Toye gibt diesbezüglich zu bedenken: "It is that rather few development economists forty years ago actually believed that the state in developing countries was concerned unreservedly to maximize social welfare. Quite a lot of economic work is technical and requires no particular view of the state. The assumption of the benevolent state, when it appeared without qualification, was usually more a matter either of pure diplomacy or of a 'reformist hope'. It is vital to recall that the development economists of that time were largely foreigners to the developing countries, where they operated with either explicit or implicit sponsorship of their home governments. They wanted to assist their adopted country in their capacity as professional 'improvers', but not to get entangled with local politics. As professional economists seeking to promote reforms, they assumed the existence of certain institutions and attitudes, as it were trying to coax them into life while aware that they were often not in fact there. *Saying* that they were not there in public would, however, have been easily interpreted as a political act. The benevolent state assumption in developing countries was thus a convenient myth for those in a false position, not their firm belief. Many felt morally uncomfortable in their inability to explore openly the reasons for their professional frustation, but most of these loyally respected the diplomatic imperative." (Toye 1993: 143)

1   Wissenschaftsimmanente Krisenursachen

1.1   Der Gegenreformismus: von Hard- zu "Softlinern"[106]

Die entwicklungstheoretische Krise läutete nicht nur das Ende der Dominanz
unterentwicklungstheoretischen Denkens ein, sondern konfrontierte auch die
technokratischen Entwicklungstheorien mit der neoliberalen Infragestellung ihres keynesianischen Interventionismus. Bereits während der siebziger Jahre hatten die Ideen neoliberaler Think Tanks zunehmend Gehör in den konservativen
nordamerikanischen und europäischen politischen Parteien gefunden, die Ende
der siebziger/Anfang der achtziger Jahre wieder in den USA, Großbritannien
und der BRD an die Regierungsmacht gelangt waren. Ihr politischer Erfolg ver-
half anti-keynesianischen Ideen auch im akademischen Bereich zu neuem Aufschwung. Laut Toye (1993) war der britische Ökonom Harry Johnson[107] die
Schlüsselfigur des neoliberalen counter-reformism. Johnson vertrat die folgende
Auffassung:

"New ideas win a public and professional hearing, not on their scientific merits, but on
whether or not they promise a solution to important problems that the established orthodoxy
has proved itself incapable of solving." (Johnson, H.G. 1971b: 12)

Somit führte Johnson den Erfolg von Keynes in den dreißiger Jahren auf sein
Versprechen, die Massenarbeitslosigkeit beseitigen zu können, zurück und nicht
auf seine wissenschaftlichen Erkenntnisse. Der gegen den Keynesianismus gerichtete Gegenreformismus verfährt jedoch nach dem gleichen Muster, indem
neoliberale Ökonomen verkünden, sie besäßen den Schlüssel zur Lösung wirtschaftlicher Krisen, insbesondere hinsichtlich einer beschleunigten Inflation. Die
grundlegende neoliberale Kritik richtet sich gegen die Skepsis der Keynesianer
gegenüber dem "(interventions-)freien" Funktionieren des Kapitalismus, die
Johnson auch innerhalb der entwicklungspolitischen Institutionen vorzufinden
glaubte. Entwicklungspolitiker besaßen nach Johnsons Überzeugung ähnliche
Ressentiments gegen das freie Funktionieren des Kapitalismus wie Keynes während der dreißiger Jahre. So würden sie die Industrialisierung und nationale
Selbstversorgung als entwicklungspolitische Ziele begreifen und zu diesem
Zweck auf ökonomisches Planen setzen. In diesen entwicklungspolitischen Prämissen sieht Johnson die Ursache der Entwicklungsprobleme begründet, die sich
unter anderem in unbedachten und unproduktiven Investitionen in Industriepro-
jekte innerhalb der entkolonialisierten Länder niedergeschlagen hätten. Zudem
würde im Zuge der Etablierung ökonomischer Planungsstäbe in den Entwick-

---

[106] Wie in der Einleitung bereits erwähnt wurde, wird der Begriff Gegenreformismus im Rahmen der
vorliegenden Untersuchung gegenüber dem Begriff der "Gegenrevolution" bevorzugt, da sich der
Neoliberalismus in Relation zum Technokratismus nicht als "revolutionär" erwiesen hat.

[107] Toye schreibt über Johnson: "The late Professor Harry Johnson is a central figure in the story of the
development counter-revolution. He was a technically proficient economist who specialized in monetary theory. He held chairs at both Chicago and the London School of Economics. As well as developing the free-market ideas of Chicago with formal elegance, he conducted a personal crusade against
the influence of Fabianism (said to be entrenched in LSE in the 1930s despite Hayek, Robbins and
Paish) on post-war British economics." (Toye 1993: 45)

lungsländern ein Nährboden für Korruption geschaffen werden. Auch die Zahlungsbilanzprobleme vieler Entwicklungsländer lassen sich laut Johnson auf ökonomischen Interventionismus – im Falle Lateinamerikas die Strategie der importsubstituierenden Industrialisierung – zurückführen. Die Legitimation für den entwicklungspolitischen Keynesianismus stecke nach Johnsons Überzeugung im Harrod-Domar-Modell:

"(...) the Harrod-Domar equation – while not of Keynes's own coining, (is) (...) essentially Keynesian both by direct discipleship and by intellectual affinity with the concentration on fixed capital investment as the prime economic mover in *The General Theory.*" (Johnson/Johnson 1978: 232)

Dieser Einschätzung widerspricht Toye und betont, dass das Harrod-Domar-Modell Differenzen zu Keynes enthält[108] und auch keine große entwicklungspolitische Relevanz besitzen könne, da es zwar auf ein politisches Problem – die Notwendigkeit der Kontrolle der Sparquote – hinweise, aber keine Lösungsvorschläge liefere (Toye 1993: 52).

Zudem wirft Johnson keynesianisch beeinflussten (Entwicklungs-)Politikern vor, dass sie die Möglichkeiten, die der technische Fortschritt bieten würde, missachteten. Insbesondere das keynesianische Konzept der "verdeckten Arbeitslosigkeit" würde zu der Ansicht führen, dass die Arbeitslosen in den Entwicklungsländern lediglich in die Ökonomie integriert werden müssten, um Entwicklungserfolge zu erzielen. Demgegenüber sieht Johnson in dem Phänomen der "verdeckten Arbeitslosigkeit" in Anlehnung an die Arbeiten des neoklassischen Ökonomen Theodore W. Schultz (1964)[109] lediglich ein Zeichen für die niedrige Produktivität der Technologie in Entwicklungsländern (Johnson/Johnson 1978: 229 f). Wenn somit Lewis von the "vast sea of unemployment" gesprochen hat, übersieht er damit nach Auffassung der Gegenreformisten, dass die ländliche Bevölkerung – gemessen am niedrigen Produktivitätsgrad ihrer Technologien – durchaus effizient wirtschaften würde. Nach dieser Vorstellung müsse der technologische Wandel im Mittelpunkt entwicklungspolitischer Bemühungen stehen. Die Erfahrungen der Grünen Revolution haben jedoch gezeigt, dass ein technologischer Wandel sich nur dann vollziehen kann, wenn andere entwicklungsrelevante Faktoren – wie beispielsweise Investitionen in den Bildungssektor – berücksichtigt werden. Und zu diesem Zweck ist wiederum Kapital notwendig, denn

"Capital formation and technical change are not alternatives, they are complementary." (Toye 1993: 53)

---

[108] So gibt Toye diesbezüglich zu bedenken: "While agreeing that no economist can be held responsible for the intellectual production of his disciples, does Keynes's fascination with fixed capital formation mean that the defects of the Harrod-Domar model are rightly seen as part of the Keynesian inheritance? (...) Fixed capital formation plays approximately the same role in Keynesian macroeconomics as the weather plays in agricultural economics. It is indeed recognized as important. But it is hard to forecast, and there is nothing much one can do about it. Compared with the forces affecting the production of wealth, according to Keynes, 'even the weather is only moderately uncertain' (...)." (Toye 1993: 50 f)

[109] Schultz (1964) vertrat die Auffassung, dass die Bauern effizient seien hinsichtlich der ihnen zur Verfügung stehenden Technologien und dass das Phänomen der "verdeckten Arbeitslosigkeit" lediglich ein Zeichen für den niedrigen Produktivitätsgrad dieser Technologien darstelle.

Ein weiterer Vorwurf von Johnson gegen den Keynesianismus lautete, dass das Problem der unternehmerischen Anreize nicht berücksichtigt werde (Johnson/Johnson 1978: 232). Auch hier widerspricht Toye und betont, dass insbesondere durch die größere Rolle, die Keynes dem Staat hinsichtlich der Bereitstellung von bestimmten Rahmenbedingungen für Investitionsentscheidungen bemesse, unternehmerische Entscheidungen risikoärmer seien und damit dauerhaft zur Stabilisierung der Wirtschaft beitragen würden (Toye 1993: 54). Von Johnson und seinen Mitstreitern wurde ihre Kritik an Keynes, die – wie Toye eindringlich gezeigt hat[110] – auf einem sehr selektiven und den Kontext ausblendendem Verständnis der Arbeiten von Keynes beruht, häufig mit Kritik am entwicklungstheoretischen Keynesianismus gleichgesetzt. Die Entwicklungstheorien der fünfziger und sechziger Jahre sowie die damit verbundenen Entwicklungsstrategien lassen sich jedoch lediglich als keynesianisch beeinflusst beschreiben und können nicht mit den Überlegungen von Keynes während der dreißiger Jahre hinsichtlich der Entwicklung des Kapitalismus in Nordamerika und Europa gleichgesetzt werden[111]. Trotz dieser argumentativen Unstimmigkeiten gelang es den Gegenreformisten um Johnson[112], sich Mitte der achtziger Jahre die entwicklungstheoretische und –politische Hegemonie erstritten zu haben. Fortan bestimmte ihr neoliberales Gedankengut die Politik der internationalen Entwicklungsorganisationen. Die Essenz dieses neoliberalen Entwicklungsansatzes liegt in der starken Betonung positiver Markteffekte, der Relativierung der Relevanz von Kapitalhilfe zugunsten der Förderung des "Humankapitals" und der Verdammung der als kontraproduktiv betrachteten Effekte staatlicher Wirtschaftspolitik (Toye 1993: 69). Demzufolge wird bemängelt, dass der Staatsapparat innerhalb der Entwicklungsländer zu "aufgebläht" sei und zu sehr in die Wirtschaft interveniere, wodurch deren Effizienz erheblich beeinträchtigt würde. Nach dieser Logik liegt auch bereits die Lösung der referierten Probleme auf der (unsichtbaren) Hand: Es bedarf seitens der Industrieländer einer unmissverständlichen Forderung an die Regierungen des Trikonts, *ihre* Politik zu ändern.

---

[110] Vgl. insbesondere den Abschnitt "Keynes on Soviet Development Strategie" (Toye 1993: 55 ff)

[111] "As far as the counter-revolution in development economics was concerned, the link between the theories and policies of the 1950s and 1960s and Keynes was extremely tenuous. It proved quite difficult to show that their overthrow was logically or historically related to *his* overthrow – which was the grand banner for a general move to the political right." (Toye 1993: 62 f)

[112] Neben Johnson waren im entwicklungstheoretischen Bereich P.T. (Lord) Bauer, Deepak Lal, Bela Balassa und Ian Little die führenden Köpfe des Gegenreformismus.

1.1.1 "Wie man aus Kamelen Autos macht"[113] – Bauer als "bête noire"[114] bzw. Wegbereiter des Gegenreformismus

Diese neoliberalen Vorstellungen über Entwicklungspolitik sind in ihrer Anfangsphase eng mit dem Namen einer ihrer bekanntesten Protagonisten, Lord
Peter T. Bauer[115], verbunden gewesen. Bauer hatte mit seinen Angriffen auf die
technokratischen Entwicklungstheorien und die davon beeinflusste Entwicklungspolitik den Weg für die Gegenreformisten geebnet, deren führende Köpfe –
Lal, Little und Balassa – eine weitaus diplomatischere Kritik an bis dato vorherrschenden entwicklungstheoretischen und -politischen Vorstellungen übten.[116]

Bauer hatte 1959 – basierend auf seinen Erfahrungen in Indien während
der fünfziger Jahre – für die United Enterprise Association einen entwicklungspolitischen Bericht verfasst: "United States Aid and Indian Economic Development" (Bauer 1959). In dieser Veröffentlichung zieht Bauer ausgehend von der
indischen Situation allgemeine Schlüsse über die Rolle des Staates in Entwicklungsländern, ohne jedoch positiv Bezug auf die Staatsaufgaben zu nehmen. So
macht er deutlich, dass staatliche Einmischung in kommerzielle und industrielle
Bereiche für ihn zwangsläufig einen Anstieg totalitaristischer Bestrebungen bedeutet (Bauer 1959: 97). Die Verringerung dieser Gefahr sei laut Bauer das direkte Ziel US-amerikanischer Politik. Demzufolge sieht er mittels einer Verkleinerung des indischen öffentlichen Sektors sowohl die entwicklungspolitischen
Interessen Indiens als auch die außen- und innenpolitischen Interessen der USA
erfüllt (Bauer 1959: 95 ff). Bauers Einschätzung der Rolle des Staates hinsichtlich der Entwicklungsprozesse des Trikonts liegen drei Fragestellungen zugrunde: (1) Woher kommt der für das Wirtschaftswachstum notwendige unternehme-

---

[113] Hier handelt es sich um eine Anspielung auf Bauers Beobachtungen bezüglich einer Koexistenz
moderner und traditionaler Elemente im Mittleren Osten: "You stand close against the wall to avoid
these instruments of modern life (large American cars, Anm. d. Verf.) – but you also have to be careful to avoid the camel which may follow them." (Bauer 1957: 56)

[114] Diese Charakterisierung Bauers findet sich bei Meghnad Desai: "Peter Bauer has been for many
years the *bête noire* of all those who wish to promote aid to the Third World. This has not daunted but
rather sustained him through the 1950s and 1960s when he fancied himself as a voice in the wilder-
ness. Now of course with the Right resurgence and the Thatcher-Reagan experiments, the climate has
changed. Peter Bauer's hour has arrived." (Desai 1982: 291)

[115] Der 1915 als Sohn eines Buchmachers in Budapest geborene Lord Peter T. Bauer kam 1934 nach
Großbritannien, um in Cambridge Ökonomie zu studieren. Er blieb nach Abschluss des Studiums in
Großbritannien und hat u.a. an der *Cambridge University* sowie an der *London School of Economics
(LSE)* politische Ökonomie gelehrt. Er war ein Vertreter des klassischen Liberalismus und ist insbe-
sondere durch seine vehemente Kritik an der Entwicklungshilfe bekannt geworden. Er starb im Mai
2002.

[116] Dabei war Bauer in den fünfziger und sechziger Jahren, wie Desai zu bedenken gibt, auf wenig
dezidierte Kritik gestoßen: "Through the 1950s and 1960s Peter Bauer's writings frequently aroused
anger, if not apoplexy, but little reasoned criticism. He was ignored, dismissed, but not answered. (...)
This lack of criticism has led to the impression that in some way Peter Bauer's views are unassailable
and that his opponents are forced to ignore them. Since he writes with great vigour and style, and
keeps to the same theme through many years, readers may conclude that he has disarmed his critics.
But, as we have seen in the case of Milton Friedman, while infinite repetition wins influence, it does
not necessarily vouch for the truth of the principles so repeatedly asserted." (Desai 1982: 291)

rische Geist ? (Bauer 1959: 11 ff); (2) Wie können die Ersparnisse auf ein höheres Niveau gebracht werden, um ein verbessertes Wirtschaftswachstum zuzulassen? (Bauer 1959: 24 ff); (3) Welche Relevanz besitzt der Faktor Einkommensverteilung für den Wachstumsprozess? (Bauer 1981: 12 f).

Hinsichtlich der ersten Frage stellt Bauer fest, dass eine Verstaatlichung von Unternehmen nicht automatisch dazu führe, dass es mehr Unternehmer und auch mehr unternehmerischen Geist gebe. Demgegenüber finden sich jedoch verschiedene historische Beispiele, in denen mittels staatlicher Intervention und/ oder Kontrolle über strategisch wichtige ökonomische Sektoren die Qualität und Quantität der Unternehmen verbessert wurde.[117] Doch laut Bauer würden verstaatlichte Unternehmen in den Entwicklungsländern insbesondere aufgrund ihrer unternehmerischen Mängel unnötige Verluste machen. Aus dieser Beobachtung folgert er, dass Privatisierungen notwendig seien. Warum Privatisierungen besser für die Volkswirtschaften in Entwicklungsländern sein sollen, bleibt jedoch ungeklärt. Stattdessen müsste im Einzelfall geklärt werden, welche Sektoren in staatlicher und welche in privater Hand sein sollten.

Hinsichtlich der Frage der Erhöhung von Ersparnissen geht Bauer – wie viele andere Ökonomen – davon aus, dass private Investoren oftmals weniger investieren als sie idealerweise könnten. Dennoch spricht Bauer sich dagegen aus, dass staatlicherseits bessere Rahmenbedingungen für Investitionsentscheidungen geschaffen werden, da er eine staatliche Intervention in die Ökonomie nicht nur als überflüssig erachtet, sondern zudem als einen gefährlichen Schritt in Richtung Totalitarismus (Vgl. Bauer 1959: 85, 96 f, 103 f).

Die Einkommensverteilung bedarf nach Bauers Überzeugung ebenfalls keiner staatlichen Regulierung, denn

"The policy termed redistribution benefits some people by confiscating part of the incomes of others. The beneficiaries may be poor, but this is by no means always so. Major beneficiaries of redistribution include its advocates, organizers and administrators, notably politicians and civil servants, who are not among the poor." (Bauer 1981: 13)

Demzufolge hält Bauer eine staatliche Umverteilungspolitik sowohl für moralisch falsch als auch für ökonomisch kontraproduktiv.

Bauer setzt sich zudem mit der Frage nach dem Gleichgewicht zwischen physischem und humanem Kapital auseinander und stellt fest, dass die Akkumulation von physischem Kapital in Entwicklungsländern kaum zur Verbesserung ihrer ökonomischen Situation beiträgt. Er gründet seine Position auf in den sechziger Jahren durchgeführten Untersuchungen über Wachstumsprozesse in entwickelten Ländern. Ihre Verfasser waren davon ausgegangen, dass Investitionen in physisches Kapital nicht automatisch in ein steigendes Nationaleinkommen mündeten. Aus ihrer Sicht sei ein steigendes Nationaleinkommen auf zwei Faktoren zurückzuführen: einerseits auf die Aufstockung des physischen Kapi-

---

[117] So geschehen beispielsweise in Japan während der "Meiji Restoration" und kurz danach: "Under the Meiji Emperor, from 1868 – 1912, Japan tried to modernize, learn from the West, and develop both its economy and its military. (...) The Japanese government invested (...) heavily in industry, infrastructure, and the military, and many industries were nationalized (...)." Internet: > http://unr. edu/ homepage/ elliottp/EC403Japan.html<

tals und andererseits auf eine steigende Zahl von Arbeitskräften. Nachdem sie die empirischen Daten hinsichtlich dieser Annahmen untersucht hatten, kamen sie jedoch zu dem Schluss, dass beide Faktoren zusammengenommen nicht erklären konnten, wieso es in den betroffenen Ländern derartig hohe wirtschaftliche Wachstumsraten gegeben hatte. Demzufolge gingen sie davon aus, dass ein weiterer Faktor für das Wirtschaftswachstum von Bedeutung sein müsse, den sie den "residual", den übrigbleibenden, Faktor nannten. Auf diesen verbleibenden Faktor nimmt Bauer zwei Jahrzehnte später Bezug und konstatiert zudem, dass physisches Kapital – im Vergleich zu dem verbleibenden Faktor – keine große Relevanz hinsichtlich des Wirtschaftswachstums besitze (Vgl. Bauer 1981: 99 ff). Bauers erklärtes Ziel bestand nun in der Spezifizierung des verbleibenden Faktors, wobei er zwei Komponenten dieses Faktors auszumachen glaubte: 1. Investitionen in Humankapital und 2. ethnisch bedingte philosophische, soziale und ökonomische Einstellungen und Verhaltensweisen (Vgl. Bauer 1976: 74 ff).

Insbesondere die Betonung des zweiten Faktors ist für Bauers Analysen charakteristisch: So seien die ethnisch bedingten Verhaltensweisen im Hinblick auf ihre Auswirkungen auf die Ökonomie jeweils mit relativen Stärken beziehungsweise Schwächen ausgestattet. Demzufolge erklärt der Faktor "ethnische Zugehörigkeit" für Bauer sowohl wirtschaftliche Erfolge als auch Misserfolge, so dass ethnische Zuschreibungen als quasi-natürlich erscheinen und ökonomische Probleme somit auch. In diesem Sinne schreibt Bauer über Afrika:

"African backwardness amidst ample natural resources is only one conspicuous example of the fact that material progress depends on personal qualities, social institutions and mores, and political arrangements which make for endeavour and achievement, and not simply physical resources." (Bauer 1981: 194 f)

Derartige Überlegungen sieht Bauer auch hinsichtlich anderer Teile des Trikonts bestätigt, so beispielsweise durch seine empirischen Vergleiche von malaysischen, indischen und chinesischen Kautschukzapfern aus dem Jahre 1946, die ein unterschiedliches Leistungsniveau aufgedeckt hätten (Vgl. Bauer 1947: 81 ff). Diese statistisch eher unbedeutenden "Belege" Bauers sind allerdings angesichts Bauers weitreichender These von der Relevanz ethnischer Zugehörigkeit für die Ökonomie nicht überzeugend.[118] Peter Kilby kam im Rahmen einer Überprüfung derartiger Fallstudien über unternehmerische Eigenschaften zu dem Schluss, dass sich kein Kausalzusammenhang zwischen Ethnizität und ökonomischer Leistung feststellen lasse, da sich beide Zuschreibungen nicht in einer "reinen" Form vorfinden lassen. Kilby gibt zu bedenken, dass individuelle ökonomische Leistungen nicht losgelöst von den sie umgebenden Strukturen, die von Ungerechtigkeit, Ungleichheit, Vetternwirtschaft, Monopolisierung und Diskriminierung gekennzeichnet sind, betrachtet werden können (Kilby 1983:

---

[118] In diesem Zusammenhang sei auf eine wunderbar passende Fußnotenbemerkung bei Toye verwiesen: "There certainly does seem to be something about the topic of entrepreneurship that sends people reaching for their ethnic or cultural stereotypes. Sir Keith Joseph, who acknowledges Bauer's influence on him (...), claimed, while addressing a public meeting in Swansea, to see some connection between South Wales' economic malaise and the fact that the Welsh language had no word for 'entrepreneurs'. Fortunately, someone in the audience had the wit to shout back: 'What is the English word?'." (Toye 1993: 91)

109 ff). Die Welt existiert eben nicht aus den von Bauer beschworenen kleinen Produzenten, die sich primär hinsichtlich ihrer (ihnen von Wissenschaftlern wie Bauer zugeschriebenen) ethnischen Zugehörigkeit unterscheiden. Bezeichnenderweise vermeidet Bauer politische Schlüsse aus seinem Ansatz zu ziehen, die jedoch seiner argumentativen Logik folgend auf der Hand liegen: Diejenigen Menschen, die durch ihre ethnische Zugehörigkeit nicht prädestiniert für "harte Arbeit", "Risikobereitschaft" usw. sind, sind wie geschaffen für niedere Tätigkeiten und die damit verbundene Ausbeutung durch diejenigen, die durch ethnische Zugehörigkeit typische "unternehmerische" Eigenschaften aufzuweisen haben[119].

Die historischen Vorläufer des neoliberalen Gegenreformismus liegen in nostalgischen und rückwärtsgewandten Vorstellungen von einem (interventions-)freien Markt. Diese Theoretiker waren in Großbritannien als auch anderswo während des neunzehnten Jahrhunderts bereits mit staatlicher Eingriffen in und Kontrollen über die Ökonomie konfrontiert. Somit benötigte Bauer eine sehr gute Weitsicht – allerdings rückwärtsgewandt, um von dem sich selbst zum Besten regulierenden freien Markt fabulieren zu können. Er übersieht damit zwar den Zusammenhang zwischen kapitalistischer Produktionsweise und staatlicher Intervention und versetzt sich somit in eine merkantilistische Epoche zurück, aber diese Erkenntnis schmälerte nicht den Erfolg der Gegenreformisten. Ihre Kernaussage bestand in diesem Mythos des "freien" Marktes, dessen reibungsloses Funktionieren lediglich durch staatliche Interventionen gestört werde. Somit richtete sich die Kritik der Gegenreformisten vorrangig gegen den Wohlfahrtsstaat, der sich als soziales Korrektiv zum Marktgeschehen versteht. Bauer entrüstet sich über die wohlfahrtsstaatliche Kritik am freien Markt:

"Whatever insights may be gained from the theory of welfare economics, in fact the literature has been used largely as a collection of sticks with which to beat the market system. The critics who propose replacing the market system by political decisions rarely address themselves to such crucial matters as the concentration of economic powering political hands, the implications of restriction of choice, the objectives of politicians and administrators, and the quality and extent of knowledge in a society and of its methods of transmission." (Bauer 1984: 28)

Demzufolge handelt es sich bei dem Verhältnis zwischen Markt und Politik hinsichtlich der Ökonomie um ein Nullsummenspiel, wobei allein ersterer Bauers Sympathien besitzt. Dennoch muss sogar Bauer zugeben, dass er bestimmte staatliche Funktionen für unabdingbar hält:

"Criticism of central planning or of the policies pursued in its name must not obscure the importance of the essential tasks of government. The adequate performance of these tasks is indeed helpful to the effective operation of the market, if not necessary for it. The tasks include the successful conduct of external affairs, notably the defence of the country, and also the preservation and encouragement of external commercial contacts; the maintenance of public security; the effective administration of the monetary and fiscal system; the promotion of a

---

[119] Interessanterweise finden sich – natürlich in ihrer positiven Umkehrung gemachte – Zuschreibungen ethnischer Art auch in vielen "linken" entwicklungspolitischen Ansätzen, wie in Kapitel III/6 gezeigt werden wird. So wird dem neoliberalen homo oeconomicus oftmals eine Art "homo ecologicus" gegenübergestellt.

suitable institutional framework for the activities of individuals; and the provision of basic health and education services and of basic communications." (Bauer 1984: 28)

Diese Vorstellungen über die Staatsaufgaben sind charakteristisch für die Gegenreformisten. Dabei wird jedoch nicht aufgezeigt, welche konkreten entwicklungspolitischen Konsequenzen sich daraus ergeben. So lehnt Bauer einerseits staatspolitische Interventionen in die Ökonomie ab, würde aber andererseits sicherlich die Politikanweisungen supranationaler Organisationen wie der Weltbank und/oder des IWF hinsichtlich der Strukturanpassungen befürworten.

Neben seiner Aversion gegenüber staatlichen Eingriffen in die Ökonomie, wandte sich Bauer gegen Entwicklungshilfe und galt damit laut Desai als "*bête noire* of all those who wish to promote aid to the Third World" (Desai 1982: 291). Ebenso wie der Unterentwicklungstheoretiker Frank bedient sich auch Bauer des Vergleichs der zwei Seiten einer Münze, um seinen Vorstellungen Ausdruck zu verleihen:

"The concept of the Third World or the South and the policy of official aid are inseparable. They are two sides of the same coin. The Third World is the creation of foreign aid: without foreign aid there is no Third World. The concept of an underdeveloped world eventually to become the Third World was invented after the Second World War. It did not exist before then. From its inception, the unifying characteristic has been that the Third World is in practice the aggregate of countries whose governments demand and receive Western aid. In all other ways the unity or uniformity is pure fiction." (Bauer 1981: 87)

Nach Ansicht von Bauer habe die Entwicklungshilfe dazu geführt, das ökonomische Leben in der Dritten Welt zu politisieren.

Mit diesen Ideen gehörte Bauern zu den Wegbereitern des offiziellen Gegenreformismus innerhalb der Entwicklungstheorien als auch innerhalb der Entwicklungspolitik.

1.1.2 Lal und der offizielle Gegenreformismus

"The Poverty of Development Economics" (Lal 2000) lautete der Bericht, den Deepak Lal[120] 1983 für das britische Institute of Economic Affairs (IEA)[121] verfasst hatte und mit dem der "offizielle" Gegenreformismus eingeläutet wurde. Geradezu enthusiastisch wurden Lals Ideen von *The Times* und dem *Economic*

---

[120] Der aus Indien stammende britische Ökonom Deepak Lal (geb. 1940) ist derzeitig Professor für *International Development Studies* an der *University of California/Los Angeles*. Er hat an verschiedenen Universitäten gelehrt und war als Berater für diverse Entwicklungsinstitutionen tätig, so beispielsweise für die "Indian Planning Commission" als auch für die ILO, die UNCTAD, die OECD und weitere Institutionen. Des Weiteren hat er zu Beginn der achtziger Jahre als *Economic Adviser* für die Weltbank gearbeitet.

[121] Dieses Institut bestand seit den fünfziger Jahren und setzte sich aus Unternehmern, Akademikern und Politikern zusammen, die ihre ideologische Sichtweise des Marktes in der Gesellschaft verbreiten wollten. Das IEA hatte bereits 1969 den Aufsatz "Money in Boom and Slump" von Prof. Alan Walters veröffentlicht, in welchem Walters sich für den Monetarismus ausspricht. Walters wurde später zum speziellen ökonomischen Berater von Margaret Thatcher ernannt (Vgl. Toye 1993: 93).

Journal, welches vom IEA herausgegeben wird, rezipiert. So lobte Walter Elkan im *Economic Journal* Lals Überlegungen als

"(...) a major contribution to the literature on the problems facing Third World countries. (...) Lal's short book is perhaps the most comprehensive and powerful statement of the liberal position on development to have appeared." (Elkan 1984: 1006)

Innerhalb eines relativ kurzen Zeitraumes wurden Lals Überlegungen auch zum Gemeingut internationaler Entwicklungsorganisationen und Konferenzen. Auf einem Treffen der Asiatischen Entwicklungsbank (ADB) 1985 stellte der US-amerikanische Delegierte erstmalig klar, dass die US-Regierung nicht länger von der Existenz der Disziplin "Entwicklungsökonomie" überzeugt sei. Damit veränderte sich nicht nur die Rhetorik auf den internationalen Konferenzen, sondern auch die entwicklungspolitische Praxis der USA, die der größte Geber war, folgte nun neuen Prämissen. Fortan sollten politische Verhandlungen mit Entwicklungsländern dazu dienen, an diese die Prinzipien des "freien Marktes" heranzutragen, mit deren Hilfe ein stetiges ökonomisches Wachstum möglich sei, wenn sich der Staat aus der Wirtschaft heraushalten würde (Vgl. Toye 1993: 94).

Um den Erfolg des Gegenreformismus verstehen zu können ist es – neben der Berücksichtigung der veränderten politischen Rahmenbedingungen – wichtig zu fragen, worin die Unterschiede zwischen Bauers and Lals Vorstellungen über Entwicklungstheorie und –politik liegen. Lals Ideen stellen im Großen und Ganzen eine verwässerte Version von Bauers klaren Worten dar. Wenn man Bauer als neoliberalen "Hardliner" tituliert, träfe auf Lal sicherlich die Bezeichnung "Softliner" zu. Es lassen sich insbesondere zwei Veränderungen feststellen, die Lals Position von Bauers unterscheiden: zum einen hinsichtlich der Bewertung von Entwicklungshilfe und zum anderen hinsichtlich ihrer Einschätzung der Wohlfahrts-Ökonomie.

Bauers vehemente Ablehnung von Entwicklungshilfe bot keinen entwicklungspolitischen Anknüpfungspunkt. So waren aus seiner Sicht Entwicklungsökonomen durch den Kontakt mit Entwicklungshilfe und den dazugehörigen Organisationen korrumpiert und demnach aufgrund ihrer beruflichen Stellung immun gegen eine kritische Hinterfragung von Entwicklungshilfe. Da diese Organisationen jedoch einen integralen Bestandteil der Entwicklungszusammenarbeit darstellen, können sich auch neoliberale Ökonomen nicht vollkommen konfrontativ geben. Um neoliberales Gedankengut zu verbreiten, setzte Bauer auf die falsche Marketingstrategie, denn nicht die Ablehnung und Verteufelung, sondern das Lob der Entwicklungshilfe boten diesen Ideen die Chance, sich zu verbreiten. Lal hatte diese Notwendigkeit erkannt und lobte die Entwicklungshilfe als treibende Kraft für den Fortschritt und die Entwicklung des Trikonts. Zudem hatte Lal erkannt, dass die Nehmerländer mit Hilfe der Entwicklungshilfe auch zu einer veränderten Wirtschaftspolitik gebracht werden könnten.

Die Wohlfahrts-Ökonomie war für Bauer ebenso abzulehnen wie Entwicklungshilfe, da darunter sowohl die Marktkräfte als auch das Preissystem zu leiden hätten. Demgegenüber spricht sich Lal explizit für die Wohlfahrts-Ökonomie aus und sieht darin eine wichtige Möglichkeit zur Erteilung ökonomischer Ratschläge an die Entwicklungsländer.[122] Somit erwiesen sich Lals Ideen als weitaus realistischer orientiert und konnten damit dem Gegenreformismus zum akademischen und politischen Durchbruch verhelfen.[123] Lals Eintreten für die Entwicklungspolitik lässt sich unter anderem damit erklären, dass er selber aus Indien stammt und für diverse Entwicklungsorganisationen tätig gewesen ist, während der aus Ungarn stammende Bauer ein Anhänger des klassischen Liberalismus war.[124]

Lals neoliberale Kritik an den technokratischen Entwicklungstheorien bezieht sich insbesondere auf zwei Punkte. Erstens ist er bemüht, bestimmte "theoretische Kuriositäten" einzelner Entwicklungstheoretiker zu widerlegen, die sich auf die Bereiche des Handels, der Waren, des ausländischen Kapitals, der Industrialisierung und der Planung für eine Neuverteilung mit ökonomischem Wachstum beziehen. Zweitens stellte er seine empirischen Ergebnisse über Indiens Wirtschaftspolitik der südkoreanischen gegenüber. Laut Lal habe Südkorea mittels einer korrekten – also neoliberalen – Wirtschaftspolitik in Form von Handelsliberalisierungen, Berücksichtigung betriebswirtschaftlicher Effizienz und der Absage an staatliche Kontrolle sein rasantes ökonomisches Wachstum erreichen können (Vgl. Toye 1993: 95). Indien sei hingegen aufgrund seiner staatlich gesteuerten Wirtschaftspolitik ein Beispiel für das Scheitern technokratischer Entwicklungskonzepte.[125] Somit macht Lal analytische Fehler der für staatliche Steuerung plädierenden Entwicklungsökonomie für die Unterentwicklung der Länder verantwortlich, die diesen wirtschaftspolitischen Ratschlägen folgen würden. Das primäre Problem sieht Lal in der Vernachlässigung der Wohlfahrts-Ökonomie und der damit verbundenen Falschinterpretation des Theorem des Zweitbesten[126] (Lal 2000: 10 ff). Was besagt das Theorem des Zweitbesten bzw. wie wurde es von Lal interpretiert?

---

[122] So bemerkt Lal über die Notwendigkeit der Wohlfahrts-Ökonomie: "The final intellectual strand in the making of development economics was a neglect of the one branch of economic theory which provides the logic to assess the desirability of alternative economic policies, namely, welfare economics. This was due partly to its rejection of much of micro-economics, and partly to what was seen as the inherently limited applicability of conventional welfare economics, (…)." (Lal 2000: 10)

[123] Lals abgeschwächte neoliberale Version von Bauer war jedoch nicht ganz widerspruchsfrei. Es war Lal zwar einigermaßen gelungen, aus dem ideologischen Neoliberalismus Bauers einen eher technischen zu machen, aber diese Position musste nun der Skepsis und der Kritik der Entwicklungsökonomen standhalten können.

[124] Toye bemerkt über die Unterschiede zwischen dem ökonomischen Liberalismus von Lal und Bauer: "These (Lal's ideas, Anm. d. Verf.) are the accents of Benthamite utilitarianism, not the continental libertarianism of Bauer." (Toye 1993: 95)

[125] "An example can be cited from India – a country which has made serious efforts to implement Soviet-style planning in its industrial sector. Whilst working for the Indian Planning Commission in 1974, the author thought to provide a crude estimate of the likely direct and indirect demand for oil resulting from different rates of growth of GDP. With the development of the indigenous fertiliser industry, one of the more important uses of oil was in producing fertilisers. The available input-output table led to a gross under-estimate of the direct and indirect demand for oil generation by agriculture because the oil input into fertiliser production was based on data obtained at a time when India had no oil-based fertiliser plants! It would be pointless to cite the various irrationalities of industrial policy which planning without prices in India and many other countries has entailed." (Lal 2000: 76)

[126] Der englische Originalbegriff lautet "theorem of the second best".

Das Theorem des Zweitbesten bezieht sich auf die Annahme der Wohlfahrts-Ökonomie vom allgemeinen Gleichgewicht. Hinter der Idee des allgemeinen Gleichgewichts steckt ein deskriptives Modell über diejenigen Umstände,
die es ermöglichen, dass sich alle Märkte in dem optimalen Zustand der Übereinstimmung von Angebot und Nachfrage befinden. Da die einzelnen Märkte
einer Ökonomie miteinander verknüpft sind, wirkt sich eine Verzerrung des optimalen Gleichgewichts innerhalb des einen auch auf die anderen Märkte aus.
Das Theorem des Zweitbesten – entwickelt von den Ökonomen Lipsey und Lancaster – stellte erstmalig 1957 die wirtschaftspolitische Relevanz der Wohlfahrts-Ökonomie in Frage. Sie argumentierten, dass es in der Realität immer
mehrere "Verzerrungen" innerhalb einer Ökonomie gebe, so dass die Beseitigung der einen Verzerrung[127] nicht automatisch zu Wohlfahrtsgewinnen führen
würde (Lipsey/Lancaster 1956/57). Bis dahin galt die Politikempfehlung seitens
der Ökonomie staatliche Interventionen in die Ökonomie zu drosseln, was automatisch positive volkswirtschaftliche Effekte nach sich ziehen würde. Das
Theorem des Zweitbesten machte darauf aufmerksam, dass die postulierten
Wohlfahrtssteigerungen der Wohlfahrts-Ökonomie sich erst dann einstellen
könnten, wenn alle Verzerrungen, also alle wirtschaftspolitischen Eingriffe, beseitigt seien. Hinsichtlich der Beseitigung einzelner Verzerrungen ließe sich jedoch kein Kausalzusammenhang zu potentiellen Wohlfahrtssteigerungen nach-
weisen. So könnten sie auch das Gegenteil, eine verstärkte Ineffizienz, hervorrufen[128]. Lal hält diese Schlussfolgerungen aus dem Theorem des Zweitbesten für
"unglücklich" (Lal 2000: 15) und beharrt darauf, dass eben auch positive
Schlussfolgerungen hinsichtlich sinkender staatlicher Interventionen gezogen
werden können.[129] Mit dieser Kritik beweist Lal jedoch nicht, dass sinkende
staatliche Interventionen einen Wohlfahrtseffekt haben.[130] Sein Vorwurf gegenüber den Entwicklungsökonomen, die Wohlfahrts-Ökonomie fälschlicherweise
missachtet zu haben, ist unangemessen. Entwicklungsökonomen haben die ent-

---

[127] Mit den Verzerrungen ist nichts anderes gemeint als staatliche Eingriffe in die Ökonomie, wie beispielsweise die Subventionierung bestimmter Nahrungsmittel.

[128] Da es in jeder Ökonomie eine Reihe von staatlichen Eingriffen gibt, kann davon ausgegangen werden, dass sie sich auch gegenseitig beeinflussen beziehungsweise auch neutralisieren. Sobald nun eine
staatliche Form der Regulierung wegfällt, würde auch der Neutralisierungseffekt verschwinden und
eine erhöhte Ineffizienz könnte die Folge sein.

[129] Lal stellt diesbezüglich fest: "An early theoretical contribution by Lipsey and Lancaster correctly
argued that, in an imperfect economy, the restoration of some of the conditions which would exist
under perfect competition would not necessarily result in an improvement in welfare. This insight was
unfortunately taken to mean that there was no way in which the effects on economic welfare of alternative piecemeal policies to improve the working of the price mechanism or to alter the distribution of
income could be judged. Many took it to imply that, since every economy is imperfect, welfare economics (and by implication microeconomics) was irrelevant in the design of public policy." (Lal 2000:
15)

[130] Lal dreht die Argumentation lediglich um, wenn er wie folgt argumentiert: "It would be absurd,
however, to jump to the conclusion that, because *laissez-faire* may be inefficient and inequitable, any
form of government intervention thereby entails a welfare improvement. For transactions costs are
also incurred in acquiring, processing and transmitting the relevant information to design public policies, as well as in enforcing compliance. There may consequently be as many instances of 'bureaucratic failure' as of 'market failure', making it impossible to attain a Pareto-efficient outcome." (Lal
2000: 14)

wicklungspolitische Rolle, die die Wohlfahrts-Ökonomie laut Lal spielen könnte, nicht einfach missachtet. Sie haben vielmehr erkannt, dass der entwicklungspolitische Nutzen der Wohlfahrts-Ökonomie gleich null ist.[131]

1.1.3 Der Gegenreformismus in der internationalen Handelstheorie

Der neoliberale Gegenreformismus innerhalb der internationalen Handelstheorie ist insbesondere mit den Arbeiten des ungarischen Ökonomen Bela Balassa[132] verknüpft. Während Balassas Arbeiten noch in den siebziger Jahren zum technokratischen Mainstream zu zählen waren[133], so gehörten diese seit Beginn der achtziger Jahre zu dem "neuen", dem neoliberalen Mainstream. Seitdem vertritt Balassa (1982) die Auffassung, dass nicht eine verbesserte interventionistische Wirtschaftspolitik in den Entwicklungsländern notwendig sei, um der sich verschlechternden ökonomischen Situation entgegen zu wirken. Es sollten vielmehr die Märkte die Möglichkeit bekommen, freier agieren zu können, um so weniger von ihrer "neutralen" Position weggelenkt zu werden. Somit sprach sich Balassa lediglich für minimale staatliche Interventionen in den einheimischen Markt des jeweiligen Entwicklungslandes aus, um Bedingungen für die Selbstregulierung der Märkte nach dem Vorbild des allgemeinen Gleichgewichts zu schaffen (Balassa 1982: 9). In diesem Zusammenhang sind die zuvor erwähnten Annahmen hinsichtlich des Theorems des Zweitbesten von Bedeutung. So werden die Verzerrungen des Marktes normalerweise auf zwei Ursachen zurückgeführt: einerseits auf wirtschaftspolitische Maßnahmen beziehungsweise Interventionen und andererseits auf endogene Einflüsse (wie beispielsweise die häufig anzutreffenden modernisierungstheoretischen Vorstellungen über die Entwicklungsländer, die arm an Kapital seien, kaum unternehmerischen Geist besäßen, sehr bäuerlich geprägt seien etc.). Um die zuvor dargelegten Einwände des Theorems des Zweitbesten herunterzuspielen, ist Balassa gezwungen, alle Marktverzerrungen als wirtschaftspolitische Resultate darzustellen. Damit manövriert er sich als neoliberaler Entwicklungsökonom jedoch auch in einen Widerspruch hinein, denn aus gegenreformistischer Sicht hat der jeweilige nationale industrielle Sek-

---

[131] Nichtsdestotrotz wird die Wohlfahrts-Ökonomie von einigen Entwicklungsökonomen als hilfreich erachtet. In der entwicklungspolitischen Praxis schlägt sie sich in der Social Cost-Benefit Analysis (SCBA) nieder, die insbesondere auf die Arbeit von Little und Mirrlees (1974) zurückzuführen ist. So wird die SCBA u.a. dazu genutzt, Investitionsentscheidungen hinsichtlich der Förderung von Entwicklungsprojekten zu treffen.

[132] Bela Balassa (1928 – 1991) hat als Professor für Politische Ökonomie an der John Hopkins University sowie als Berater für die Weltbank gearbeitet.

[133] So hatte Balassa – anknüpfend an die Ideen seiner Kollegen Ian Little, Tibor Scitovsky und Maurice Scott (1970) – im Jahr 1971 über die Möglichkeiten einer verbesserten Wirtschaftspolitik geschrieben. Balassa rief die Entwicklungsländer auf, ihre Handelspolitik zu reformieren, um diese effizienter zu gestalten. Seine damalige interventionistische Position erinnert an die strukturalistischen Vorstellungen der ECLA unter Prebisch: Balassa schlug vor, landwirtschaftliche Exporte der Entwicklungsländer zu besteuern und die im Anfangsstadium befindlichen Industrien mittels Subventionen zu schützen, bis sie wettbewerbsfähig seien. Zudem sprach er sich dafür aus mit Hilfe von Subventionen zum Export industrieller Güter beizutragen (Balassa 1971: 178 ff).

tor seine bestimmten "economies of scale" und damit bereits endogene Markt-verzerrungen vorzuweisen, die nicht wirtschaftspolitisch bedingt sind.

Mit empirischen Studien bemühten sich die Gegenreformisten derartige theoretische Ungereimtheiten zu übertünchen. Insbesondere die Weltentwick-lungsberichte der Weltbank übernahmen diese Aufgabe: So wurde beispielswei-se im Weltentwicklungsbericht von 1983 die These vertreten, dass sich anhand empirischer Untersuchungen ein Kausalzusammenhang zwischen der Intensität staatlicher Regulierung und der schlechten wirtschaftlichen Wachstumsrate bei einunddreißig Ländern während der siebziger Jahre konstatieren lasse (Weltbank 1983: 69 ff). Die in der Studie untersuchten Länder weisen sehr unterschiedliche sozioökonomische Eigenschaften auf, so dass sie eine "ausgewogene" Aus-wahl[134] darstellen, aber die jeweiligen sozialen und politischen Strukturen wer-den nicht in die Analyse miteinbezogen. Mittels dieser Methode kann man bei-spielsweise ein bestimmtes landwirtschaftlich dominiertes und exportorientiertes Land, in dem die Preisverzerrungen sich primär auf den landwirtschaftlichen Sektor beziehen, einfach mit einem anderen, relativ industriell entwickelten und ebenfalls exportorientierten Land vergleichen, dessen Haupteinnahmequelle der Abbau von Rohstoffen darstellt. Ein solches Land hätte demzufolge gerade in diesem Bereich Preisverzerrungen aufzuweisen. Sobald demnach sowohl der Kontext, also die sozioökonomischen Rahmenbedingungen, als auch die Art der Preisverzerrungen nicht berücksichtigt werden, erweisen sich derartige Studien wie der Weltentwicklungsbericht von 1983 als nicht geeignet, um (wirtschafts-)-politisch handlungsleitend wirken zu können.[135] Es müsste mindestens eine *Ge-wichtung* der jeweiligen Preisverzerrungen innerhalb dieser empirischen Unter-suchung vorgenommen werden, um die unterschiedlichen Länder überhaupt *vergleichen* zu können. Aber selbst wenn man diesen Aspekt vernachlässigt, be-gründet die vorliegende Studie nicht die gegenreformistische These, dass staatli-che Interventionen in die Ökonomie sich wachstumshemmend auswirken. Denn lediglich für ein Drittel der in der Studie untersuchten Länder ließe sich, wenn man denn bereits das eine "Auge" vor den theoretischen und methodologischen Unzulänglichkeiten der Studie geschlossen hat, diese Annahme rechtfertigen. Offen bleibt nun allerdings die Frage, welche Faktoren in den übrigen Zweidrit-teln der Länder mit Wachstumsraten ausschlaggebend für ihre ökonomischen Erfolge waren, wenn es nicht der vielgepriesene quasi interventionsfreie Markt ist?[136] Wenn man nun noch "ein Auge zudrückt" und immer noch nicht an der Beweiskräftigkeit der Studie zweifelt, bleibt dennoch ein letzter Kritikpunkt hinzuzufügen: Die von gegenreformistischer Seite, sowohl in dieser Studie als

---

[134] Es handelt sich u.a. um Malawi, Thailand, Jugoslawien, Uruguay und Nigeria (Weltbank 1983: 70).

[135] Toye stellt bezüglich der Unzulänglichkeiten des neoliberalen Gegenreformismus fest: "Unless the policy-maker has a clear understanding of the way in which state power is being used to further a process of physical and human capital accumulation in the particular context in which policy is being guided, he or she cannot predict at all how a wholesale shift to government non-intervention will af-fect that growth process." (Toye 1993: 109)

[136] Hier zeigt sich, dass die Studie eher *ideo*logischen als logischen Prämissen verpflichtet ist, denn wie ließe sich sonst erklären, dass diejenigen Faktoren, die Bauer als "residual" bezeichnet hatte und ebenfalls nicht für einflussreich ansah, sich zwar zu zwei Dritteln als bedeutsam erwiesen haben, aber nicht der Versuch unternommen wurde, sie näher zu spezifizieren.

auch in anderen Beiträgen, geäußerte Überzeugung, dass ökonomisch erfolgreiche Länder mit einer hohen Wachstumsrate kaum unter staatlichen Interventionen zu "leiden" hätten, hält der Realität in vielen Fällen nicht stand. So haben beispielsweise David Evans und Parvin Alizadeh in ihrer Untersuchung "Trade, Industrialization, and the Visible Hand" (1984) gezeigt, dass das neoliberale Paradebeispiel für Entwicklung, Chile, seinen Erfolg keineswegs einer interventionsfreie Ökonomie verdankt. Das Gegenteil ist der Fall: Die chilenische Wirtschaft ist zu einem hohen Grad preisverzerrt[137].

Auch die ökonomische Erfolgsgeschichte der asiatischen "Tiger" wird seitens der Gegenreformisten stets mit neoliberaler Wirtschaftspolitik assoziiert, wie Littles Einschätzung der Gründe für Südkoreas Wirtschaftswachstum verdeutlicht:

"The major lesson is that the labour-intensive, export-oriented policies, which amounted to almost free-trade conditions for exporters, were the prime cause of an extremely rapid and labour-intensive industrialisation which revolutionised in a decade the lives of more than fifty million people, including the poorest among them." (Little, zitiert nach Lal 2000: 45 f)

Die neoliberale Inanspruchnahme von Südkoreas Wirtschaftserfolg lässt sich keineswegs rechtfertigen, wenn man der Frage auf den Grund geht, wie marktliberal Südkorea war. So wurden die Industriezweige, die zur Zeit der japanischen Kolonialherrschaft aufgebaut worden waren, nach dem Zweiten Weltkrieg verstaatlicht.[138] Die staatlichen wirtschaftspolitischen Kontrollen und Steuerungen waren beispielsweise im Vergleich zum Großbritannien der Nachkriegszeit weitaus größer und gingen sogar soweit, dass die Regierung das führende Management aller großen Unternehmen, sowohl der staatlichen aber auch der privaten (!), autorisierte und bestätigte. Zudem hat die südkoreanische Regierung enorme Kredite für exportorientierte Industriezweige bereitgestellt, die keinen bestimmten Richtlinien unterlagen, sondern seitens der Regierung eher willkürlich ausgegeben wurden. Dabei hat die Regierung in hohem Maße Preiskontrollen implementiert, wovon sowohl die bereits verstaatlichten Sektoren als auch privatwirtschaftliche betroffen waren. Demzufolge lässt sich die gegenreformistische These von dem geringen Staatsinterventionismus keineswegs aufrecht erhalten. Auch Lal kann sich dieser Erkenntnis nicht vollkommen verschließen und versucht sich dieses Einwandes mittels eines analytischen Schachzugs zu entledigen: Die staatliche Steuerungspolitik Südkoreas sei vorhanden – aber lediglich

---

[137] In Anlehnung an den Weltentwicklungsbericht von 1983 kritisierten Evans und Alizadeh die dortige Einschätzung der ökonomischen Situation in Chile: "(...) on foreign exchange distortions, it would appear to be quite inconsistent to argue that Chile experienced a high degree of distortion on the grounds that there was a high distortion at the beginning of the 1970s and high fluctuations after an initial adjustment. The fact that there was a radical change from high protection and therefore high distortion of manufactures prices to low protection in 1974 did not prevent a classification of low protection for the whole period, and there appears no good reason not to use the same judgement for the foreign exchange market. The conclusion is reinforced by the observation that for the latter part of the decade the fluctuation in the average real exchange rate was only about six per cent, which is not very high when compared, for example, to Bangladesh during the same years which is given a low foreign exchange distortion index." (Evans/Alizadeh 1984: 45)

[138] Dabei handelte es sich insbesondere um die Energiewirtschaft und die Tabakindustrie.

punktuell.[139] Es stellt sich die Frage, ob Lal et al. die südkoreanische Wirtschaftspolitik nicht lediglich sehr *punktuell betrachtet* haben, denn eine derartig interventionistische Politik wäre, falls sie nicht in Südkorea, sondern in einem Land wie beispielsweise Großbritannien praktiziert würde, sicherlich von neoliberaler Seite als Form sowjetischer Planwirtschaft diffamiert worden.

Die große wirtschaftspolitische Bedeutung des südkoreanischen Staates lässt sich bis zum Jahr 1951 zurückverfolgen, denn zu diesem Zeitpunkt begannen die USA Südkorea zehn Jahre lang mittels ökonomischer und militärischer Hilfe zu protegieren.[140] Im Anschluss daran wurde Südkorea angehalten, sich weitere Geber zu suchen und die für das ökonomische Wachstum notwendigen internen Ersparnisse aufzubauen. Somit begann Südkorea in den frühen sechziger Jahren ökonomische Reformen zu implementieren, um auch für andere Geberländer attraktiv zu sein. Ebenfalls stellte die Weltbank Südkorea Darlehen zur Verfügung bis Südkoreas Ökonomie genügend eigene Ersparnisse aufweisen konnte. Der südkoreanische Staat spielte bei der sich entwickelnden wirtschaftlichen Selbstständigkeit in zweierlei Hinsicht eine nicht unwichtige Rolle. Zum einen, indem er eine sehr protektionistische Wirtschaftspolitik betrieb[141] und zum anderen, indem er die koreanische Arbeiterschaft kontrollierte. Letzteres sollte sicherstellen, dass die Löhne nicht eine bestimmte Höhe überschreiten und auch die Sozialausgaben[142] nicht besonders hoch ausfallen, damit die aus der steigenden Produktivität generierten Gewinne größtenteils wieder in produktive Bereiche investiert werden können. Die staatliche Kontrollpolitik drückte sich in der Einschränkung der Gewerkschaftsarbeit, der studentischen Politik und der politischen Opposition aus. Trotz dieser offensichtlich sehr starken wirtschaftspolitischen Rolle des Staates für den Erfolg der "kleinen Tiger", bediente der entwicklungstheoretische Gegenreformismus unbeirrt den Mythos vom neoliberalen Erfolgsrezept, welches die kleinen Tiger in die Tat umgesetzt hätten. Diese Mythenbildung war und ist nötig, um den Entwicklungsländern einigermaßen glaubhaft die Strukturanpassungsprogramme zu verkaufen. Sie werden im Rah-

---

[139] Im englischen Wortlaut heißt es dazu bei Lal wie folgt: "Most countries, however, including the East Asian success stories – apart from Hong Kong – retain *dirigiste* spots in their trade policies, and few have seriously attempted the full-scale liberalisation that is required." (Lal 2000: 32)

[140] Gleiches trifft im Übrigen auch auf den "kleinen Tiger" Taiwan zu. So gibt Clive Hamilton zu bedenken: "The foundation of the rapid export-oriented growth of the late '60s and '70s in Taiwan and Korea was laid in the '50s – in the transformation of capital into industrial form, in the multiplication of that capital, and in the provision of conditions in which accumulation could take place. The second of the essential agents of this process was the deployment of aid funds provided by the USA. The importance of investment-aid was not so much that it directly bolstered agglomerations of private industrial capital but that it created conditions conducive to accumulation. It did so most bountifully through the promotion of infrastructure and agriculture, and the stimulus it gave to demand. After aid petered out in the mid-'60s its place was soon taken, especially in the early '70s, by foreign commercial loans and direct foreign investment." (Hamilton, C. 1983: 53)

[141] Wie bereits zuvor erwähnt, wurden die einheimischen Industrien von der südkoreanischen Regierung mittels einer protektionistischen Wirtschaftspolitik vor der ausländischen und multinationalen Konkurrenz geschützt.

[142] Dazu zählen u.a. Bildungsausgaben, Gesundheitsausgaben, öffentlicher Transport, Sozialhilfe sowie öffentlicher Wohnungsbau.

men der wissenschaftsexternen Krisenursachen zusammen mit der Schuldenkrise in Kap. II/2.1 betrachtet.

1.2 Mit grünen Punkten punkten – Nachhaltiger Neopopulismus und Entwicklungskrise

Schumacher hatte in "Small is beautiful" ökologische Probleme bereits thematisiert und sie im Rahmen seiner neopopulistischen Kritik an industriellen Großprojekten in den Mittelpunkt seiner entwicklungstheoretischen Vorstellungen gestellt. Die grünen Zeichen der Zeit gewannen jedoch insbesondere durch die Studie "Die Grenzen des Wachstums" von Meadows et al. (1972) an Einfluss in entwicklungstheoretischen und –politischen Debatten und bildeten einen der gewichtigsten Kritikpunkte an technokratischem, unterentwicklungstheoretischem und marxistischem Entwicklungsdenken. Ausgangspunkt ökologischer Kritik an diesen drei entwicklungstheoretischen Schulen bildet die Feststellung, dass ungehindertes ökonomisches Wachstum zum Kollaps führen würde. Einerseits gerieten die auf eine Modernisierung der Trikontländer hinzielenden Theorien in Erklärungsnotstand, da sich im Gros der Länder kaum Entwicklungserfolge einstellten, sondern oftmals eine Verschlechterung der ökonomischen Situation zu beobachten war, andererseits wurde eine Industrialisierung der jeweiligen Gesellschaften aus ökologischen Gründen nicht länger als erstrebenswert erachtet. Wolfgang Sachs betont bezüglich des letzteren Aspektes, dass "die Rennstrecke in die falsche Richtung führt" (Sachs, W. 1994b: 19). Im Folgenden soll es nicht um eine Infragestellung ökologischer Probleme gehen, sondern es soll untersucht werden, inwieweit das unter dem Schlagwort "Nachhaltigkeit" seit den siebziger Jahren kursierende Thema Ökologie im Zusammenhang mit sozialem Wohlstand zur Erosion der nicht-populistischen Entwicklungstheorien beigetragen hat beziehungsweise zu ihrer "*Begrünung*" geführt hat. Dabei soll auch die Frage untersucht werden, welche machtpolitischen Interessen mit der Nachhaltigkeitsthematik verbunden sind. Welche "neueren" Entwicklungsansätze sich aus dieser Thematik ergeben haben, wird in Kapitel III/5 diskutiert werden.

Die bereits erwähnte Studie von Meadows et al. (1972) markiert innerhalb der entwicklungspolitischen Debatte den Beginn der Auseinandersetzung mit weltweiten Umweltproblemen. Meadows et al. machen fünf Trends mit weltweiter Wirkung als Indikatoren der Entwicklung der Erde in ihrem modellhaften Szenario bis 2100 aus: die beschleunigte Industrialisierung, das rapide Bevölkerungswachstum, die weltweite Unterernährung, die Ausbeutung der Rohstoffreserven und die Zerstörung des Lebensraums (Meadows et al. 1972). Ihr Resümee lautet, dass – angenommen die Weltbevölkerung wächst weiter wie bislang, die Nahrungsmittelproduktion und die Ausbeutung der natürlichen Ressourcen bleiben konstant – die sogenannten absoluten Wachstumsgrenzen bis 2100 erreicht seien. Somit riefen Meadows et al. zur ökologischen Umkehr auf, die den von ihnen prognostizierten Kollaps verhindern könnte: eine weitere Menschheitsrevolution, und zwar eine nachhaltige, sei vonnöten.

Im gleichen Jahr als die Meadows et al.-Studie erstmalig veröffentlicht wurde, fand auch die erste Umweltkonferenz der VN in Stockholm statt. Auf dieser Konferenz wurde das United Nations Environment Programme (UNEP) ins Leben gerufen, welches fortan ökologische Belange innerhalb der VN verankerte. Als Reaktion auf die durch die Meadows et al.-Studie in Gang gesetzte Diskussion über die ökologischen Grenzen des Wachstums prägte Maurice Strong, der damalige Exekutivdirektor des UNEP, den Begriff "Ecodevelopment". Die primär auf ökologisches Kosten-Nutzen-Kalkül ausgerichtete Meadows-Studie erfuhr nun eine enge Verknüpfung mit weltweiten sozialen Belangen, die damals unter dem Schlagwort "Grundbedürfnisbefriedigung" diskutiert wurden. Eine etwas esoterisch anmutende Beschreibung dessen, was Ecodevelopment bedeutet, liefert ein bekannter Vertreter dieses Ansatzes, Ignacy Sachs:

"(Ecodevelopment is, Anm. d. Verf.) an approach to development aimed at harmonizing social and economic objectives with ecologically sound management, in a spirit of solidarity with future generations; based on the principle of self-reliance, satisfaction of basic needs, a new symbiosis of man and earth; another kind of qualitative growth, not zero growth, not negative growth." (Sachs, I., zitiert nach Glaeser/Vyasulu 1984: 25)

Also wird nach dieser Logik nicht länger das Ideal der nachholenden, sondern der nachhaltigen Entwicklung angepriesen, welches politisch korrekt im englischen Original *Sustainable Development* lautet. Mathematisch ließe sich das Ganze wie folgt in eine Gleichung pressen: Umwelt- + Sozialverträglichkeit = Nachhaltigkeit. Da erstgenannte Zutat nicht zum Repertoire technokratischer, unterentwicklungstheoretischer und marxistischer Entwicklungstheorien zu zählen war, ging der grüne Punkt zunächst an die Vertreter der neopopulistischen Entwicklungszunft, der daraufhin – wie im späteren Kapitel zu zeigen sein wird – der ein oder die andere "AblegerIn"[143] entwuchsen.

Mit dem Ecodevelopment-Ansatz wurde somit der Weg für Sustainable Development geebnet. Ignacy Sachs hebt in seinen "Guidelines for Ecodevelopment" (Sachs, I. 1976: 48 ff) das Zusammenspiel von sozialen und ökologischen Zielsetzungen hervor: Demzufolge sollten im Trikont die Grundbedürfnisse befriedigt werden, ohne dabei jedoch die westlichen Konsumgewohnheiten zu übernehmen. Zudem sollte im Sinne einer vorausschauenden Solidarität mit zukünftigen Generationen ressourcen- und umweltschonend gewirtschaftet werden, wobei insbesondere Energieeinsparung und der Einsatz alternativer Energiequellen praktiziert werden sollten. Die Partizipation der betroffenen Bevölkerung in den Ecodevelopment-Prozess ist für Ignacy Sachs unabdingbar, wobei das Vertrauen auf die eigene Kraft ("Self-reliance") unter anderem mittels Erziehungsprogrammen gefördert werden sollte (Sachs, I. 1976: 49 f). Der Ecodevelopment-Ansatz war somit weniger entwicklungstheoretisch als –praktisch ausgerichtet und orientierte sich insbesondere an dem für (neo-)populistische Entwicklungsansätze typischen geographischen Raum, und zwar dem ländlichen. Mit seiner industrialisierungskritischen Stoßrichtung und seiner Fixierung auf den ländlichen Raum bildete der Ecodevelopment-Ansatz eine Fortführung

---

[143] Die violetten Blüten finden sich im Ökofeminismus.

von Schumachers "Small is beautiful"-Ideen, wenngleich letzterer eine vergleichsweise moderate Wachstumskritik vertrat. Hinsichtlich seines Antimodernismus gleicht der Ecodevelopment-Ansatz jedoch eher seinen populistischen
Vorläufern, die der industriellen Entwicklung ebenso kritisch gegenüberstanden:

"(...), for Robert Owen and the Ricardian socialists, for Proudhon, even for some of the earlier
Russian populists, a major aim, perhaps the prime aim, of their schemes was to place a barrier
in the way of industrialization and of the rapid growth of industrial cities swollen with a new
propertyless proletariat. They wanted to preserve a pre-industrial world of peasants and small-
scale artisans from the destruction and depersonalisation which was thought to be inherent in
proletarianization and an enforced existence in urban factory and slum." (Kitching 1989: 99)

Der Ecodevelopment-Ansatz gilt jedoch unter diesem Titel heute als bedeutungslos beziehungsweise ist innerhalb des Konzeptes von Sustainable Development aufgegangen (Vgl. Eblinghaus/Stickler 1998: 32). Sustainable Development ist zwar ein sehr weit gefasster Ansatz, der größtenteils weitaus weniger
wachstums- und modernisierungskritisch eingestellt ist, wie im Folgenden zu
zeigen sein wird, aber trotz (oder gerade wegen) dieser Unschärfe hat er sich als
eines der entwicklungspolitischen *buzzwords* der neunziger Jahre erwiesen. Seine Popularität verdankte er dem Brundtland-Bericht[144] "Unsere gemeinsame Zukunft"(Hauff 1987), der 1987 von der World Commission on Environment and
Development (WCED) veröffentlicht wurde und bis heute als Kristallisations-
punkt für die Debatte um Umwelt und Entwicklung gilt. Die innerhalb des
Brundtland-Berichts anzutreffende Definition von Sustainable Development gilt
gemeinhin als die Mainstream-Definition:

"Unter 'dauerhafter Entwicklung' verstehen wir eine Entwicklung, die den Bedürfnissen der
heutigen Generationen entspricht, ohne die Möglichkeiten künftiger Generationen zu gefähr-
den, ihre eigenen Bedürfnisse zu befriedigen und ihren Lebensstil zu wählen. Die Forderung,
diese Entwicklung 'dauerhaft' zu gestalten, gilt für alle Länder und alle Menschen. Die Möglichkeit kommender Generationen, ihre eigenen Bedürfnisse zu befriedigen, ist durch Umweltzerstörung in den Industrieländern ebenso gefährdet wie durch Umweltvernichtung durch
Unterentwicklung in der Dritten Welt." (Hauff 1987: XV)

Aus dieser Logik folgert der Brundtland-Bericht zur Sicherung der Grundbedürfnisse im Sinne der "Wir sitzen alle in einem Boot"-Logik einerseits die
Notwendigkeit sowohl materielle Mindeststandards im Hinblick auf den Trikont
als auch damit harmonisierende Höchststandards für die Industrieländer festle-
gen zu müssen. So wird innerhalb des Berichts insbesondere das Weltbevölke-
rungswachstum als Problem für den Trikont angesehen[145], dem Abhilfe geschaffen werden müsse, andererseits wird die industrielle Umweltverschmutzung der
nördlichen Hemisphäre moniert: Die einen sind zu viele an der Zahl, und die
anderen sind zu "schmutzig". Mit Hilfe von konkreten Vorschlägen, was die
Schonung natürlicher Ressourcen, den Einsatz von Technologien, den Abbau
von Schadstoffen und auch die Verringerung des Weltbevölkerungswachstums
anbelangt, versuchte der Bericht das Thema Ökologie mit sozialer Gerechtigkeit

---

[144] Benannt nach der damaligen Vorsitzenden der WCED: der Norwegerin Gro Harlem Brundtland.
[145] Zur Instrumentalisierung des Faktors "Überbevölkerung" findet sich eine ausführliche Kritik bei
Többe (2000).

und wirtschaftlichem Wohlstand zu verbinden. Mit dieser Thematik stand es rhetorisch in Opposition zu den nicht-(neo-)populistischen Entwicklungsschulen, bot aber aufgrund seiner eher technozentristischen Lösungsangebote insbesondere für technokratische Entwicklungstheorien *Begrünungs*möglichkeiten. In diesem Sinne findet sich der Brundtlandt-Bericht innerhalb umwelt- und entwicklungspolitischer Zuordnungen in der Sektion "ökologische Modernisierung" wieder. Zudem erschien angesichts des Übergewichts des neoliberalen Gegenreformismus das Thema Ökologie in seiner technokratischen Ausprägung verstärkt als rhetorischer Widerpart zur Ideologie des "freien Marktes", die insbesondere in den Ländern mit bereits erfolgter beziehungsweise erwarteter nachholender Entwicklung Kontinentaleuropas und des Trikonts auf wenig Gegenliebe stieß.

Als Gegenpol fungiert der "ökologische Strukturwandel", der nicht an einer Verbesserung der bereits bestehenden Strukturen, sondern an einer Veränderung wenn nicht gar Abschaffung derjenigen Strukturen, die als ursächlich für die ökologische Krise ausgemacht werden, interessiert ist. Während erstere Strategie der Umsetzung von Sustainable Development mit technokratischen Entwicklungsvorstellungen korreliert, lässt sich letztere Strategie in den Bereich (neo-)populistischer Entwicklungsvorstellungen einordnen. Wie auch der bereits diskutierte Ecodevelopment-Ansatz, zeichnet sich die Strategie des ökologischen Strukturwandels durch einen Antimodernismus aus, indem der herkömmliche Entwicklungs- als auch der Fortschrittsbegriff infrage gestellt werden. Diese Strategie wird insbesondere von NROs – sowohl aus dem Norden als auch Süden – vertreten, die in erster Linie eine Form der ökologischen Strukturanpassung von den Industrieländern fordern und auch machtpolitische Ungleichheiten zwischen Nord und Süd stärker ins Blickfeld rücken als es auf offiziellen Umweltkonferenzen geschieht. Demzufolge repräsentieren sie eher die Interessen der Trikontstaaten beziehungsweise die Interessen oppositioneller Gruppen innerhalb dieser Staaten. Damit lassen sie sich perspektivisch den unterentwicklungstheoretischen Autoren zurechnen.

Somit lässt sich festhalten, dass das Thema Ökologie und die wachsende Wahrnehmung ökologischer Probleme in den siebziger Jahren dazu geführt hat, (neo-)populistisches Entwicklungsdenken weiterzuführen, aber auch technokratische Entwicklungsvorstellungen einer ökologischen Erneuerung zu unterziehen. Insbesondere für diese beiden Theoriestränge lässt sich somit eine positive Bilanz aus der Debatte um Umwelt und Entwicklung ziehen. Diese Feststellung soll nun aber keineswegs dazu dienen, diesen entwicklungstheoretischen Schulen auch Kompetenz hinsichtlich der Analyse von Umwelt- und Entwicklungsproblematik zu attestieren. Im Rahmen der Diskussion der neueren entwicklungstheoretischen Ansätze soll die Kritik an den grünen Varianten dieser beiden Entwicklungsstränge dargelegt werden. Vorerst bleiben noch weitere entwicklungstheoretische Krisenphänomene zu diskutieren.

1.3 Postmoderne und Postkolonialismus

Das Aufkommen postmoderner und -kolonialer Ideen innerhalb der Sozialwissenschaften führte auch zur Infragestellung moderner Entwicklungstheorien. Wie im Folgenden zu zeigen sein wird, hat nicht nur die Nachhaltigkeitsdebatte, sondern auch postmodernes und postkoloniales Denken innerhalb der entwicklungstheoretischen Krisendebatte insbesondere (neo-)-populistischem Gedankengut zum Aufschwung verholfen. Bevor jedoch auf die postmodernen Strömungen innerhalb der entwicklungstheoretischen Debatte eingegangen wird, sollen die Merkmale und Differenzierungen postmodernen Denkens innerhalb der Sozialwissenschaften im Allgemeinen beleuchtet werden. Die neueren entwicklungstheoretischen Ansätze, die Ausdruck postmodernen/postkolonialen Denkens sind, werden dann ausführlich in Kapitel III diskutiert werden.

Jegliche Darstellung postmodernen Denkens beginnt mit der einfachen Prämisse, dass es *die* Postmoderne nicht gibt. Dennoch lassen sich drei kulturelle Strömungen ausmachen, die hinter dem Begriff Postmoderne zu finden sind. Dabei handelt es sich erstens um die Kritik an der Einfachheit und dem Funktionalismus der Modernen Kunst, die bereits in den fünfziger Jahren einsetzte; zweitens um die philosophische Kritik am Strukturalismus, die in den siebziger Jahren von den Poststrukturalisten Jacques Derrida, Michel Foucault und Gilles Deleuze formuliert wurde und drittens um die ökonomischen Theorien über postindustrielle Gesellschaften, die von Soziologen wie David Bell und Alain Touraine entwickelt wurden (Vgl. Callinicos 1989: 2 f).

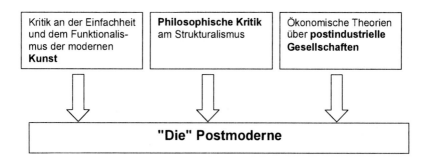

Abbildung 6: Die drei kulturellen Strömungen der Postmoderne (Vgl. Callinicos 1989)

Die geographischen Wurzeln postmodernen Denkens liegen insbesondere in Frankreich und Deutschland, was Edgar Morin dazu veranlasst hat, die Rezeption postmoderner und poststrukturalistischer Ideen in Nordamerika mit dem erfolgreichen Absatz des französischen Beaujolais Weines zu vergleichen, der vom einstigen Billig- zum Kultwein avanciert ist (Morin 1986: 82)[146]. Rosenau weist darauf hin, dass Postmodernismus zwar oftmals als französisches Produkt angesehen werde, obwohl die philosophischen Ursprünge in Deutschland – insbesondere bei Nietzsche und Heidegger – zu finden seien (Rosenau 1992: 12).

Die beschriebenen drei Strömungen des Postmodernismus wurden erstmalig von Jean-François Lyotard in "La Condition Postmoderne – Rapport sur le Savoir" (1979) als *die* Postmoderne miteinander verbunden. Laut Lyotard stellen Postmodernisten die Annahmen des modernen Zeitalters in Frage, insbesondere die Überzeugung, dass sich mittels Rationalität und technischer Innovation Fortschritt und Aufklärung für die gesamte Menschheit erlangen ließen. Aus postmoderner Sicht seien westliche Denker weder in der Lage die Welt zu verstehen, noch Lösungen für ihre Probleme bereitzustellen. Demzufolge werden die großen Theorien der Moderne – insbesondere Liberalismus und Marxismus – als überholt angesehen, da sie nicht länger als Platzhalter der "Wahrheit" fungieren. Aus Sicht der Postmodernisten stellen sie lediglich privilegierte Diskurse dar, die mit ihrer Dominanz andere Sichtweisen verleugnen und zum Schweigen bringen würden. Somit sprechen sie sich gegen (westliche) Großtheorien aus und sehen in der Suche nach den bislang ungehörten Stimmen sowie in der Macht der Sprache(n) und ihrer jeweiligen Beziehung zum Wissen, zum Kontext und zum Raum ihren Untersuchungsgegenstand.

So hat Michel Foucault (1983) betont, dass die "großen Erzählungen", die Großtheorien, aus postmoderner Sicht abzulehnen seien, und stattdessen die unterschiedlichen Machtstrukturen und ihre jeweilige Beziehung zum Wissen und zur Sprache beziehungsweise zum Diskurs untersucht werden müssten. Aus seiner Sicht ist *die* Vernunft eine Fiktion und *die* Wahrheit lediglich ein kleiner Ausschnitt aus einer bestimmten lokalen Sicht auf *die* Realität. Im Diskurs, den Foucault als eine historisch, sozial und institutionell spezifische Struktur von Aussagen, Begriffen, Kategorien und Glaubenssätzen versteht, findet der Streit um die Bedeutungen statt sowie die Festlegung der Machtstrukturen (Marchand/Parpart 1999b: 2). Das Wissen sowie die Bedeutungen werden nach Foucaults Überzeugung nicht nur über das Schreiben weitergegeben, sondern auch über institutionelle Kanäle und soziale Beziehungen. Foucault sieht hierin den Schlüssel für das Verständnis um und die Ausübung von gesellschaftlichen Machtverhältnissen. Die aus Foucaults Sicht falsche Macht des hegemonialen Wissens kann allerdings durch gegen-hegemoniale Diskurse mit alternativen Erklärungen für *die* Realität infrage gestellt werden. Da der/die Einzelne *die* Wahrheit jedoch aufgrund seiner/ihrer Wissensgrenzen und des subjektiven Charakters seiner/ihrer Erfahrungen nicht begreifen kann, setzt sich postmoderne Wissenschaft mit der als zufällig verstandenen Natur des Subjekts auseinan-

---

[146] Rosenau bemerkt erläutert: "Beaujolais Nouveau is what the French used to call a 'junk' wine. It is the freshly pressed grapes of the autumn harvest and used to be drunk only by those who could not afford to purchase the more expensive aged wines. Thanks to French public relations efforts, the international wine market has been convinced that this 'highly desirable' wine is in such short supply that the French government must regulate how much is to be sold to each country and the exact hour and day of the year on which it is to be released. In some countries people stand in line overnight to be among those 'lucky' enough to purchase a few bottles." (Rosenau 1992: 12)

der. Nach Ansicht von Judith Butler erfährt und versteht das individuelle Subjekt das Leben innerhalb eines diskursiven und materiellen Zusammenhangs. Dieser Zusammenhang wird insbesondere durch die Sprache beziehungsweise den Diskurs bestimmt, der zur Erklärung von subjektiven Erfahrungen herangezogen wird. Da das Subjekt als zufällig und konstruiert angesehen wird, sehen Postmodernisten insbesondere in der Macht der Sprache/des Diskurses ihren Untersuchungsgegenstand, mit dessen Hilfe sie zu erkunden suchen, wie Bedeutungen entstehen. Dieser Ausgangspunkt hat dazu geführt, dass sich Postmodernisten um eine Dekonstruktion der Sprache/des Diskurses bemühen, um die jeweilige Konstruiertheit der Bedeutungen sichtbar zu machen. Der französische Philosoph Jacques Derrida zählt zu den wichtigsten Vertretern des Poststrukturalismus und hat sich insbesondere mit der aus seiner Sicht wichtigen Bedeutung von binären Gegensätzen auseinander gesetzt. Die westliche Philosophie ist ihm zufolge durchsetzt von Gegensatzpaaren, wie beispielsweise Wahrheit/Falschheit, Einheit/Vielfalt, Mann/Frau etc.. Der jeweils erstgenannte Begriff wird dabei definiert über den entgegengesetzten und gilt gegenüber diesem als überlegen. Ausgehend von dieser Beobachtung haben Postmodernisten wie Derrida damit begonnen sowohl geschriebene als auch mündlich überlieferte Texte einer kritischen Dekonstruktion zu unterziehen. Diese Untersuchungen haben dazu geführt, die "Differenzen" stärker in den Mittelpunkt postmoderner Forschung zu rücken und die westliche Definitionsmacht auf diesem Wege zu dekonstruieren. Ein Beispiel für den Versuch der Dekonstruktion westlicher Definitionsmacht bilden die Arbeiten des palästinensisch-amerikanischen Literaturprofessors Edward W. Said, dessen Überlegungen im Rahmen der postkolonialen Kritik und der neueren entwicklungstheoretischen Ansätze diskutiert werden sollen.

Vorerst werden die innerhalb der Sozialwissenschaften anzutreffenden postmodernen Ideen dargestellt, auf deren Grundlage schließlich auch die großen Entwicklungstheorien infrage gestellt wurden.

1.3.1 Postmoderne innerhalb der Sozialwissenschaften

Trotz des breiten Spektrums an "Postmodernismen" lässt sich laut Rosenau (1992) innerhalb der Sozialwissenschaften eine analytische Trennlinie zwischen zwei postmodernen Strängen ziehen: dem skeptischen und dem affirmativen. Ersterer sei durch eine pessimistische, negative und düstere Sichtweise geprägt, die das postmoderne Zeitalter als eines der Fragmentierung, der Desintegration, des Unbehagens, der Bedeutungslosigkeit, der Unbestimmtheit, des Fehlens moralischer Wertmaßstäbe sowie des gesellschaftlichen Chaos wahrnehme. Diese Denkrichtung ist von kontinentaleuropäischen Philosophen wie Heidegger und Nietzsche inspiriert und wird neben anderen auch von dem französischen Soziologen Jean Baudrillard (1987, 1996, 2002) vertreten. Angesichts des destruktiven Charakters der Moderne sehen skeptische Postmodernisten das Zeitalter der Postmoderne als finster, grausam, hoffnungslos etc. an, so dass soziale und politische Projekte ihren Sinn verlieren. Die Sinnlosigkeit drückt sich auch in der

Negation jeglichen Anspruchs auf Wahrheit aus. Da es laut skeptischen Postmodernisten keine Wahrheit gibt, bleibt lediglich das Spiel – sowohl der Wörter als auch der Bedeutungen.

Die affirmativen Postmodernisten teilen zwar die Kritik der skeptischen Postmodernisten an der Moderne, aber sie haben einen optimistischen und hoffnungsvollen Blick hinsichtlich des postmodernen Zeitalters, der eher im anglonordamerikanischen als im kontinentaleuropäischen Raum seine Wurzeln hat. Somit sehen sie entweder politischen Aktivismus als positiv an oder aber sie feiern in erster Linie verschiedene visionäre postmoderne soziale Bewegungen als neue Hoffnungsträger. Demzufolge sind sie – im Gegensatz zu den skeptischen Postmodernisten – auch nicht abgeneigt, ethische und normative Aussagen zu treffen, auf deren Grundlage die von ihnen favorisierten neuen sozialen Bewegungen agieren können.

Aus Sicht der skeptischen Postmodernisten lassen sich drei Einwände gegen **das moderne Subjekt** vorbringen. Zuallererst sehen sie das moderne Subjekt als eine bloße Erfindung der Moderne an, als ein Kind der Aufklärung und des Rationalismus (Rosenau 1992: 47). Nachdem die moderne Wissenschaft die Religion ersetzt hätte, habe auch das rationale Individuum, also das moderne Subjekt, Gott ersetzt. Alle modernen Vorstellungen über die Wissenschaft und Politik seien an dem modernen Subjekt orientiert. Demzufolge impliziert die Infragestellung des modernen Subjekts durch die skeptischen Postmodernisten auch eine Absage an die modernen Wissenschafts- und Politikkonzepte (Rosenau 1992: 47).

Zweitens lehnen sie die humanistische Philosophie ab, die allein eine Annäherung an das moderne Subjekt erlaubt. Aus ihrer Sicht sei der Humanismus und mit ihm das moderne Subjekt in vielerlei Hinsicht gescheitert. So sehen sie den Humanismus als einen logozentristischen "meta-narrative" an, der lediglich Antworten liefere, die in nur seinem Bezugsrahmen von Bedeutung seien. Das moderne Subjekt erscheint laut Gianni Vattimo im Zentrum des Humanismus als eine Art Gottesersatz (Vgl. Vattimo 1990: 36 ff). Obwohl der Humanismus angetreten sei, Recht und Gleichheit herbeizuführen, diene er innerhalb der liberalen Gesellschaft dazu, Unrecht und Ungleichheit zu legitimieren (Rosenau 1992: 48). Zudem diene der Humanismus der westlichen Welt zur Rechtfertigung ihrer Überlegenheit und ihres kulturellen Imperialismus (Rosenau 1992: 49). So habe der westliche Humanismus zwar bestimmte Errungenschaften aus der Bildung und der Medizin im Zuge des (Neo-)Kolonialismus in andere Erdteile gebracht, aber diese Importe haben überwiegend dazu geführt, die einheimische Kultur der westlichen anzugleichen und fremde Sprachen anstatt der eigenen schriftlich zu beherrschen. Einhergehend mit dem importierten "Humanismus" habe sich für die "indigene Bevölkerung" ein drastischer Lebenswandel, ein Bevölkerungsrückgang, wachsende Krankheiten und ein gesunkener Stolz hinsichtlich der ethnischen Identität eingestellt (Rosenau 1992: 49).

Und drittens impliziert die Anerkennung eines Subjekts vice versa ein Objekt, doch derartige dichotome Zuschreibungen werden von skeptischen Postmodernisten ebenfalls abgelehnt, da sie als Diskriminierung des "Anderen", des Objekts, gegenüber dem Subjekt gesehen werden. Nach Ansicht der skeptischen Postmodernisten geht ihre Infragestellung des modernen Subjekts einher mit der Kritik an den von ihm/ihr produzierten "meta-narratives", denen ein Anspruch auf allgemeingültige Wahrheit zugrunde liege. Hinter dieser Kritik steckt die Ablehnung der skeptischen Postmodernisten von jeglicher Theorie (Rosenau 1992: 50).

Die Mehrheit der affirmativen Postmodernisten lehnt die Subjektidentität aber nicht vollkommen ab, da diese hinsichtlich der Sichtbarmachung von marginalisierten und aus dem offiziellen Diskurs bis dahin ausgeschlossenen Stimmen sowie der damit verbundenen neuen sozialen Bewegungen durchaus als legitim erachtet wird. Die bislang vorherrschende moderne Subjektidentität wollen sie jedoch nicht affirmieren, sondern erneuern. Das postmoderne Subjekt, welches ihnen vorschwebt, soll mit den Kategorien der Moderne, der Empirie und des Positivismus nicht greifbar sein. Es zeichnet sich durch eine neue "Nicht-Identität" aus, welche sich am täglichen Leben in der Marginalität orientiert (Megill 1985: 203). Die Überlegungen der skeptischen Postmodernisten über die postmoderne Nicht-Identität orientieren sich insbesondere an den Arbeiten von Pierre Bourdieu und Alain Touraine, deren Interesse laut Rosenau jedoch eher aus dem Unmut über die Vernachlässigung des Subjekts innerhalb des Strukturalismus resultiere als aus dem Bestreben, postmoderne Kategorien für ein neues Subjekt zu begründen (Rosenau 1992: 58). Richard Ashley (1987) betont die Notwendigkeit, das postmoderne Subjekt auch als ein politisches zu begreifen, welches sich durch "(...) the precarious balancing and dispersal of plural interpretive elements resulting from the continuing strategic interplay of multiple alien forms" (Ashley 1987: 410) auszeichne.

Hinsichtlich der **modernen Theorie** nehmen die skeptischen Postmodernisten eine ablehnende Haltung ein und stellen fest, dass es neben der dominierenden modernen Theorie eine Reihe von anderen Theorien gäbe, die sich keineswegs hierarchisieren ließen. Das Bestreben, Großtheorien zu bilden, sehen sie insbesondere bei Marxisten, Neokonservativen, Positivisten und Strukturalisten gegeben. Die Postmoderne habe sich demgegenüber aus ihrer Sicht an der von Derrida geprägten "différance" und nicht an großen Theorien zu orientieren. So wird der Begriff "Theorie" seitens der skeptischen Postmodernisten negativ besetzt. Ihre eigene postmoderne *Theorie* wird demzufolge nicht als solche, sondern wie beispielsweise bei Richard Harland als "instantaneous lightning-flashes of paradoxical illumination" (Harland 1987: 3) beschrieben.

Demgegenüber streiten die skeptischen Postmodernisten der Theorie zwar auch den Wahrheitsanspruch ab, aber sie sprechen sich nicht vollkommen gegen Theorie(n) aus. Aus ihrer Sicht stellt postmoderne Theorie etwas Ungeordnetes, Heterogenes und Dezentrales dar, etwas sich permanent Veränderndes und Lokales. Demzufolge ist postmoderne Theorie nach ihrer Überzeugung lediglich im Rahmen ihres jeweiligen Diskurses "wahr" (Rosenau 1992: 83). Affirmative

Postmodernisten sehen ihren Untersuchungsgegenstand insbesondere im "alltäglichen Leben", in der "direkten" Erfahrung von Einzelnen aber auch von Gemeinschaften:

"What they (some affirmative post-modernists, Anm. d. Verf.) produce may reflect a concrete empirical reality, but it is an anti-positivist, anecdotal empiricism that savors detail and reserves a special place for what is unique in each and every life. It has no need for modern history, and its subject, immersed in the everyday, has no autonomous ego. The affirmatives understand everyday life to be intuitive, based on feelings, nearly spiritual in content, an open admission to frivolity." (Rosenau 1992: 83)

Hinter dem Interesse an dem Alltäglichen, dem Lokalen steht bei den affirmativen Postmodernisten auch der politische Anspruch, mit den gewonnenen Erkenntnissen zum sozialen Wandel beizutragen (Rosenau 1992: 84). Damit ist bereits das nächste für die Darstellung postmoderner Positionen innerhalb der Sozialwissenschaften wichtige Thema angesprochen: die Politik.

Für die skeptischen Postmodernisten stellt **das Politische** lediglich eine "Konstruktion" dar, da sie jegliche politische Haltung nur als Ausdruck subjektiver Überzeugungen verstehen. Da sie – wie bereits zuvor gezeigt wurde – den Begriff der "Wahrheit" ablehnen, sehen sie sich außerstande, Kriterien für die Beurteilung von politischen Überzeugungen aufzustellen. Somit existiert für sie auch kein Recht und auch keine Moral, auf deren Grundlage Politik beurteilt werden könnte.[147] Die Arbeit der politischen Parteien jeglicher Couleur als auch politischer Organisationen und neuer sozialer Bewegungen wird nach Maßgabe der skeptischen Postmodernisten pessimistisch beurteilt. So betonen Charles Levin und Arthur Kroker (1984) hinsichtlich Baudrillards Position zur Politik, dass allen diesen politischen Zusammenschlüssen gemein sei "(that they, Anm. d. Verf.) *are acting fully in accordance with the political logic of the system* (Hervorh. im Orig.)." (Levin/Kroker 1984: 15). Da es laut Baudrillard keine Zukunft gebe, erscheint auch jeglicher Kampf für sozialen Wandel als bedeutungslos (Rosenau 1992: 140). Für die extremsten unter den skeptischen Postmodernisten wird der Selbstmord als einziger authentischer politischer Akt gesehen, als ultimativer Ausdruck postmodernen Widerstands.[148] Oder aber sie sehen im Karneval die einzig verbleibende Form der politischen Partizipation zu entkommen:

---

[147] So betont beispielsweise Baudrillard in einem Gespräch über Moral und hinsichtlich des Verzeihens: "Heute habe ich keine Kriterien mehr dafür an der Hand, die mir das Nachdenken darüber ermöglichen, ob das, was die Leute tun, gut oder schlecht ist, die es mir also ermöglichen, ihnen unter Umständen zu verzeihen. Ich kann die Dinge nicht mehr in den Begriffen von Schuld betrachten. Um zu verzeihen, muss man über eine Legitimität verfügen. Man muss über ein Statut verfügen, ansonsten ist das Verzeihen eine Mitleid erheischende Voreingenommenheit, wie das Mitleid, das Mitgefühl, die Solidarität. Diese Werte existieren nicht, sie sind scheinheilig und anmaßend. Worauf beruft man sich, wenn man behauptet, mit jemandem solidarisch zu sein, ihm zu verzeihen, ihm zu helfen? Das ist hart, gegebenenfalls unmenschlich, aber es scheint mir den Gegebenheiten angemessener zu sein. Es gibt keine transzendente, kollektive Hinterwelt mehr, woraus sollte sich also eine Legitimität ableiten? Folglich kann ich niemandem mehr verzeihen. Hierfür gibt es keine moralische Instanz mehr." (Baudrillard 1996: 32).

[148] Ein Beispiel neueren Datums für diese Sichtweise findet sich in Baudrillards Bewertung der Terroranschläge des 11. Septembers 2001: "So wird man allerhand Interpretationen für den terroristischen Akt aufbieten, in Begriffen der Religion, des Martyriums, der Rache oder politischer Strategie. Was

"In their most cheery frame of mind they refuse political participation and celebrate the carnival. Their attraction to death and suicide evokes much the same message however: whatever political scenarios emerge, none is different enough from the status quo to matter to them. Given the history of the twentieth century, that is a powerful and frightening statement." (Rosenau 1992: 143)

Solche extremen postmodernen Positionen bedürfen nicht der Sozialwissenschaften. Lediglich diejenigen skeptischen Postmodernisten, die nicht derart nihilistisch eingestellt sind, sehen unter Umständen im Rahmen eines diskursiven literarischen Winkels innerhalb der Sozialwissenschaften einen Sinn (Rosenau 1992 143 f). Allerdings bleibt fraglich, ob sie damit zu einem Erkenntnisgewinn beitragen, der auch gesellschaftlich von Relevanz sein könnte.

Unter den affirmativen Postmodernisten findet sich ein breiteres Spektrum an politischen Ansichten, die sich schwerlich kategorisieren lassen, da sie sich teilweise auch widersprechen. Nichtsdestotrotz lässt sich festhalten, dass sie – im Gegensatz zu den skeptischen Postmodernisten – auch hinsichtlich der Politik optimistischere Töne anschlagen. Hinsichtlich einiger für die politische Positionierung relevanter Fragen lassen sich jedoch Gemeinsamkeiten erkennen: So lehnen skeptische Postmodernisten die moderne Wissenschaft sowie den modernen Fortschrittsgedanken ab. Zudem sprechen sie sich hinsichtlich der Beurteilung von sozialen Bewegungen gegen sogenannte totalisierende Ideologien aus. Timothy W. Luke betont, dass sich Vertreter dieser postmodernen Strömung als "post-proletarian, postindustrial, post-socialist, post-Marxist, and post-distributional" (Luke 1989: 235) verstehen.

Laut Rosenau lassen sich affirmative Postmodernisten politisch in drei Kategorien unterteilen: in die aktivistischen, in die New-Age- und in die Dritte-Welt-Postmodernisten (Rosenau 1992: 144 ff). Insbesondere letztere Gruppe ist entscheidend für den postmodernen Beitrag zur entwicklungstheoretischen Krise, der dann im Anschluss diskutiert wird. Zuvor soll jedoch noch ein kurzer Überblick über diese drei politischen Strömungen gegeben werden.

Die aktivistischen Postmodernisten kritisieren die repräsentative Demokratie als zu unbeweglich. Sie plädieren stärker für eine Politik der direkten Demokratie, für eine *authentischere* Repräsentation. Richtungsweisende Akteure sind aus

---

verbirgt sich dahinter? Welches Ziel? Welche Schmuggelware? Die geheime Botschaft ist ganz einfach der Selbstmord, der unmögliche Tausch des Todes, die Herausforderung an das System durch die symbolische Gabe des Todes. In gewisser Weise die absolute Waffe. (...) Das ist der Geist des Terrorismus, seine implizite Strategie. Man wird das System in Begriffen von Kräfteverhältnissen nie bekämpfen können. Das System selbst drängt ein (revolutionäres) Imaginäres auf, da es nur dadurch überlebt, dass es unausgesetzt seine Opponenten dazu veranlasst, sich auf seinem realen Territorium zu bekriegen. Daher muss der Kampf in die symbolische Sphäre verlagert werden, in der Regeln der Herausforderung, der Umkehr, der Überbietung herrschen. Der Tod kann nur durch einen gleich- oder höherwertigen Tod beantwortet werden. Das System herausfordern durch eine Gabe, der es nicht gerecht werden kann, außer durch den eigenen Tod und seinen Zusammenbruch. Die terroristische Hypothese heißt, dass sich das System in Beantwortung der vielfachen Herausforderung des Todes und Selbstmordes selbst umbringt. Denn weder das System noch die Macht entgehen der symbolischen Verpflichtung; in dieser Falle liegt die einzige Chance ihrer Katastrophe." (Baudrillard 2002: 19)

ihrer Sicht postmoderne soziale Bewegungen und Projekte (Rosenau 1992: 145), die sich politisch weder der alten noch der neuen Linken zuordnen lassen (Rosenau 1992. 146). Sie wollen sich nicht bestimmten Dogmen unterwerfen, sondern plädieren für Toleranz und politischen Pluralismus (Rosenau 1992: 146). Laut Anthony Giddens grenzen sich affirmative Postmodernisten von dem Ziel der "Emanzipation" der früheren sozialen Bewegungen ab und orientieren sich stattdessen an (dem Begriff der) "life politics", die Giddens auch als "politics of self-actualisation" bezeichnet (Giddens 1990: 156 ff). Dahinter verbirgt sich eine Gemengelage aus Vertraulichkeit, Globalisierung, Selbstverwirklichung und Identität, womit versucht werden soll "to further the possibilities of a fulfilling and satisfying life for all" (Giddens 1990: 156). Rosenau hebt zudem hervor, dass sich die politische Arbeit von affirmativen Postmodernisten oftmals durch punktuelle Zusammenschlüsse verschiedenster Gruppen auszeichne und weniger durch eine klare politische Zielsetzung, wie das folgende Beispiel verdeutlicht:

"(...), in spring of 1988 when the University of California at Irvine permitted a franchise of Carl's Jr. Hamburgers to open on campus, a coalition of women, animal rights groups, Japanese Americans, lesbians, gays, and people with disabilities joined to organize a boycott and picket. The leaflets distributed indicated the diversity of motivations that brought these groups together: each had a different complaint, but they all agreed the Carl's Jr. had to go." (Rosenau 1992: 148)

Von den Sozialwissenschaften erwarten affirmative Postmodernisten ein Engagement für derartige Belange: "It must necessarily be an interventionist, spontaneous, and unpredictable social science." (Rosenau 1992: 148).

Der New-Age-Zweig der affirmativen Postmodernisten ist demgegenüber weniger an politischem Aktivismus als an Selbsterfahrung interessiert. Im Vordergrund des Interesses stehen hier insbesondere Phänomene, die sich außerhalb der modernen Wissenschaft befinden, wie "übernatürliche Erscheinungen", "Reinkarnation", "Mystik", eben "Geisteswissenschaften" in der wortwörtlichen Bedeutung. Auch die bereits im Rahmen der Nachhaltigkeitsdebatte erwähnte Deep Ecology – Bewegung lässt sich diesem postmodernen Zweig zuordnen. Ihre geistigen (sic!) Ursprünge liegen sowohl bei Heidegger als auch in der alten chinesischen Philosophie. Der Physiker Fritjof Capra gilt als einer der bekanntesten Vertreter dieser "Denk"richtung (Capra 1987).[149]

Und schließlich findet sich im Rahmen des affirmativen Postmodernismus der für die vorliegende Untersuchung relevanteste Zweig: die "Third World Affirmative Post-Modernists" (Rosenau 1992: 152). Bereits ein Blick auf die sozialen und politischen Bewegungen innerhalb des Trikonts macht deutlich, dass sich das Label "postmodern" nicht nur auf Erscheinungen in Europa/Nordamerika beschränkt. Insbesondere das der postmodernen Kritik zugrundeliegende Scheitern der Moderne beziehungsweise der modernen Versprechungen trifft sich angesichts des Endes der Ost-West-Systemkonkurrenz mit der innerhalb

---

[149] In seinem Buch "Wendezeit – Bausteine für ein neues Weltbild" (1987) plädiert Capra für ein ökologisches Bewusstsein, das er "Systemweisheit" nennt: "Systemweisheit beruht auf der tiefen Achtung vor der Weisheit der Natur, die sich in völliger Übereinstimmung mit den Einsichten der modernen Ökologie befindet." (Capra 1987: 440).

vieler Befreiungsbewegungen des Trikonts bereits angelegten Rückbesinnung auf die "eigene Tradition", eine eher rückwärtsgewandte Identitätspolitik. Während in Zeiten der Ost-West-Systemkonkurrenz die Nationalstaaten des Trikonts insbesondere machtpolitisch von Bedeutung waren, so stellen sie seit 1989 eine nicht nur ökonomisch, sondern nun auch machtpolitisch sinkende Bedeutung für Europa und Nordamerika dar. Postmodernisten aus dem Trikont sehen somit in westlichen Ideen – verstanden als "die Moderne" – die Ursache für ihre Misere. Im Gegensatz zu den Unterentwicklungstheoretikern liegt ihr Augenmerk dabei nicht in erster Linie auf den ökonomischen "Ideenimporten", sondern vorrangig auf den kulturellen. Nach ihrer Ansicht seien dadurch die authentischen indigenen Kulturen der jeweiligen Regionen beziehungsweise Länder negativ beeinträchtigt und ihrer "Reinheit" beraubt worden (u.a. Rosenau 1992: 153). Ihr Ziel besteht in der Wiederherstellung bestimmter Elemente verlorengegangener kultureller Identität als Gegenpol zum westlichen Wertekanon. Dabei geht die Ablehnung der kulturellen Moderne oftmals einher mit einer Inanspruchnahme der technischen Errungenschaften der Moderne. Diese Erscheinung wird auf der einen Seite ergänzt durch eine Ablehnung westlicher Wahrheitsansprüche, aber auf der anderen Seite ist sie gekennzeichnet durch eine größtenteils unkritische Akzeptanz sogenannter indigener Stimmen. Insbesondere in der Diskussion um den Postkolonialismus werden zwar einerseits kolonialistische Sichtweisen dekonstruiert, andererseits wird ihrem kolonialisierten Gegenpart, den "Indigenen", eine unverfälschtere Sicht zugesprochen – wenn auch meistens nur implizit. Explizit wird die Überlegenheit indigener Stimmen von postmoderner Seite deshalb nicht angepriesen, da sie nach eigenem Bekunden erst einmal bis dato ungehörte Stimmen zu Wort kommen lassen wollen, ohne über selbige ein Urteil zu fällen. Dieses Anliegen mag auf den ersten Blick durchaus ehrenhaft erscheinen, führt aber im Endeffekt zu einem sehr gefährlichen Relativismus, der unter dem Deckmantel des Diskurses über kulturelle Identitäten zur Festschreibung eben dieser Identitäten dient. Anstatt die "Anderen", die "Indigenen" als Individuen zu begreifen, werden sie zu bloßen Statthaltern bestimmter Identitäten, die – da aus dem Trikont kommend – in jedem Fall akzeptiert werden müssten.

Die folgende Tabelle 2 gibt einen Überblick über die zwei postmodernen Stränge innerhalb der Sozialwissenschaften.

	Skeptischer Postmodernismus	Affirmativer Postmodernismus
Philosophische Wurzeln	- kontinentaleuropäische Philosophie => Heidegger, Nietzsche	- anglo-nordamerikanische Tradition
Vertreter	- Ashley (1987), Baudrillard (1987; 1996; 2002), Scherpe (1986/87), Vattimo (1990; 1993) u.a.	- Agger (1990), Bordewich (1988), Frank, M. (1984), Griffin (1988) u.a.
grundlegende Sichtweise auf das postmoderne Zeitalter	- pessimistisch, negativ, düster - Fragmentierung, Desintegration, Unbehagen, Bedeutungslosigkeit, Unbestimmtheit, keine Moral möglich	- Kritik an der Moderne - Postmoderne mit Optimismus und Hoffnung assoziiert, insbesondere hinsichtlich sozialer Bewegungen - Ethik und Normen sind möglich
(modernes) Subjekt	- wird als bloße Erfindung der Moderne betrachtet und deshalb abgelehnt - Absage an moderne Wissenschafts- und Politikkonzepte - Humanismus und modernes Subjekt sind gescheitert - Subjekt impliziert Objekt, Ablehnung derartiger moderner Dichotomien	- Subjektidentität wird nicht vollkommen abgelehnt, muss aber erneuert werden - postmodernes Subjekt zeichnet sich durch "Nicht-Identität" aus, orientiert an gesellschaftlicher Marginalität - postmodernes Subjekt muss auch ein politisches sein
(moderne) Theorie	- Ablehnung von (Groß-)-Theorien - Postmoderne soll sich an "différance" und nicht an großen Theorien orientieren	- Theorie wird nicht vollends abgelehnt, aber deren Anspruch auf universelle Wahrheit - postmoderne Theorie ist heterogen und lokal und nur im jeweiligen Kontext "wahr"
Das Politische	- stellt eine Konstruktion dar - politische Handlungen sind nur Ausdruck von Subjektivität - es gibt kein Recht/keine Moral, um Politik beurteilen zu können - im Extrem wird Suizid als einziger authentischer politischer Akt gesehen, der sich der "Logik des Systems" verweigert	- es gibt drei Kategorien hinsichtlich der politischen Sichtweise: die aktivistischen (soziale Bewegungen, Authentizität), die New-Age-(Selbsterfahrung) und die Dritte-Welt-Postmodernisten (antimodern, Ablehnung des westlichen Entwicklungsgedankens)

Tabelle 2: Überblick über die Unterschiede der skeptischen und affirmativen postmodernen Stränge innerhalb der Sozialwissenschaften (Vgl. Rosenau 1992)

Aber wie haben nun die postmodernen Ideen zur entwicklungstheoretischen Krise beigetragen? Bevor dieser Frage nachgegangen wird, soll der für das Verständnis postmodernen entwicklungstheoretischen Denkens wichtige Zweig des Postkolonialismus dargestellt werden. Postkolonialismus muss als interdisziplinäre Kritik aus dem Trikont am westlichen Rationalismus verstanden werden. Somit ist postkoloniale Kritik an moderner Theorie verwoben mit dem aus den westlichen Metropolen stammenden Postmodernismus und Poststrukturalismus. Wie im Folgenden zu zeigen sein wird, stehen auch hier die Bereiche Kultur und Identität im Mittelpunkt der Kritik, die schließlich auch zu den Hauptkomponenten neuerer entwicklungstheoretischer Ansätze wurden.

1.3.2 "Redefinition of marginality"[150] – Postkolonialismus

Postkoloniale Kritik erstreckt sich über fast alle akademischen Disziplinen und findet sich u.a. in den Sprachwissenschaften, den Literaturwissenschaften, den Geschichtswissenschaften, der Soziologie, der Anthropologie sowie der Geographie wieder. Ihre Vertreter sind Intellektuelle aus den ehemals kolonialisierten Trikontländern, die oftmals jedoch an westlichen Universitäten ausgebildet wurden und auch überwiegend im Westen leben. Ebenso wie nicht von *der* Postmoderne gesprochen werden kann, lässt sich *der* Postkolonialismus nicht als ein klar eingrenzbares Theoriefeld beschreiben. So ist es jedoch das gemeinsame Anliegen all derer, die sich als Postkolonialisten verstehen, den Einfluss des kolonialen Diskurses auf die Bereiche der Subjektbildung, des Wissens und der Macht zu untersuchen (Vgl. Goss 1996: 239). Demzufolge verstehen sie ihre eigene Disziplin auch nicht als etwas Statisches, sondern legen besonderen Wert auf die Differenzen innerhalb der postkolonialen Kritik. Ihr gemeinsamer Ausgangspunkt liegt methodisch auf der Ebene der Diskursanalyse und inhaltlich auf der Sichtbarmachung vorrangig kultureller nicht-westlicher Identitäten. Laut Gyan Prakash (1994) ist es das Anliegen postkolonialer Kritik, das Wissen und die sozialen Identitäten, welche durch den Kolonialismus und die westliche Dominanz geschaffen und vermittelt wurde, radikal in Frage zu stellen (Prakash 1994: 1475). Prakash gibt zu bedenken, dass diejenigen Kritiker des Kolonialismus gescheitert seien, die sich innerhalb des eurozentristischen Diskurses bewegt hätten. So habe beispielsweise der Nationalismus im Trikont westliche Vorstellungen von Vernunft und Fortschritt unhinterfragt übernommen und damit zur Zementierung eurozentristischer (diskursiver) Dominanz beigetragen. Auch innerhalb der Übernahme marxistischer Ansätze im Trikont sieht Prakash die gleiche Problematik, denn der Marxismus sei als Produkt westlicher historischer Erfahrungen nicht übertragbar auf die Verhältnisse innerhalb des Trikonts.

---

[150] Diese Umschreibung des Postkolonialismus findet sich bei Sara Suleri: "Where the term (postcolonialism, Anm. d. Verf.) once referred exclusively to the discursive practices produced by the historical fact of prior colonization in certain geographically specific segments of the world, it is now more of an abstraction available for figurative deployment in any strategic redefinition of marginality." (Suleri 1995: 274)

Eine derartige Übertragung sei lediglich Ausdruck von Eurozentrismus (Prakash 1994: 1475). Demgegenüber zeichnen sich postkoloniale Ansätze durch den Abschied von westlichen Universalisierungsversuchen aus, indem sie sich der Aneignung des Anderen, des Nicht-Europäers, durch den Europäer entgegenstellen und die diskursive Dominanz des Westens über *die Anderen* aufzulösen versuchen. Bei diesem Unterfangen bedienen sie sich jedoch auch westlicher Elemente (wie der westlich-postmodernen "Wissenschaft"). Bill Ashcroft, Gareth Griffiths und Helen Tiffin (1995) zeigen im Hinblick auf die postkoloniale Literatur, dass sie das Resultat eines Austausches zwischen der imperialistischen Kultur und den indigenen kulturellen Praktiken sei. Demzufolge ist der Imperialismus gerade mit Hilfe der Vermischung seiner eigenen mit den *anderen* kulturellen Elementen untergraben worden (Ashcroft et al.1995: 1 f).

Als erster postkolonialer Autor gilt der Psychoanalytiker Frantz Fanon[151], der insbesondere mit seinen Werken "Die Verdammten dieser Erde" (frz. Original 1961, hier: 1981) und "Schwarze Haut, weiße Masken" (frz. Original 1952, hier: 1980) bekannt geworden ist. Fanon hatte zum bewaffneten Kampf gegen die Kolonialherren aufgefordert und den Kolonialisierten die Möglichkeit des revolutionären Sozialismus vor Augen geführt. Der westliche Leser interessierte Fanon dabei nicht, wie Jean-Paul Sartre im Vorwort zum Ausdruck bringt.[152] Fanon ging es zum einen um ein kritisches Studium des Kolonialismus und zum anderen um die damit verknüpften Formen der jeweiligen Subjektwerdung – vorrangig die der Kolonialisierten. Hinsichtlich der Frage nach der Identitätsbildung bezog Fanon sich auf die Arbeiten des französischen strukturalistischen Psychoanalytikers Jacques Lacan, für den die Subjektwerdung im kindlichen Spiegelstadium wurzelt. In diesem Stadium meint das Kind sich im Spiegel zu erkennen und sich somit als "Ich" wahrzunehmen. Laut Lacan handelt es sich bei dem Spiegelbild jedoch um eine Täuschung, eine Fata Morgana. Somit wird die Selbstwerdung zu einem entfremdeten Prozess, der in der ständigen Abwei-

---

[151] Frantz Fanon (1924 – 1961) wurde auf Martinique geboren und hat in Frankreich Philosophie und Medizin studiert. Er hat während des Zweiten Weltkriegs als Partisan gekämpft und ging 1953 als Arzt nach Algerien, wo er sich der Nationalen Befreiungsfront anschloss. Für die provisorische algerische Regierung in Accra fungierte er zeitweilig als Botschafter. (Nohlen 1998: 258 f).

[152] Sartre schreibt: "Wenn dagegen Fanon von Europa sagt, es renne in sein Verderben, so ist er weit davon entfernt, einen Alarmruf auszustoßen: er stellt einfach eine Diagnose. Dieser Arzt sagt weder, dass es keine Rettung gebe – es sind ja schon Wunder passiert -, noch will er ihm Mittel zu seiner Heilung reichen. Er stellt lediglich fest, dass es in Agonie liegt. Und zwar von außen her, aufgrund von Symptomen, die er hat sammeln können. Was die Behandlung angeht: Nein, er hat andere Sorgen im Kopf; ob Europa krepiert oder überlebt, ist ihm egal. Aus diesem Grund ist sein Buch skandalös. Und wenn man dann halb belustigt, halb peinlich berührt stammelt: "Der gibt es uns aber!", dann entgeht einem der eigentliche Kern des Skandals: denn Fanon "gibt" uns überhaupt nichts; sein Werk – so brennend wichtig es für andere ist – bleibt uns gegenüber eiskalt. Es wird oft von uns gesprochen, zu uns niemals." (Sartre 1981: 9). Gegenüber diesen von Sartre geäußerten europäisch-intellektuellen Selbstzweifeln hinsichtlich der "richtigen" Fanon-Rezeption stellt Gellner ernüchternd fest, dass für Algerien der international wenig bekannt gewordene Reformer Ben Badis eine weitaus wichtigere Figur war als Fanon, denn "(...) Fanon was for export only: influential though he no doubt was in the international literary-intellectual scene, he meant nothing to the Algerians themselves (...). The Algerian war, lost on the ground, was won in the arena of international opinion, and here Fanon was invaluable; but he made no contribution to the content of Algerian life or thought. (...) Fanon was an anti-colonialist, but was closer to metaphysics than to the peasantry." (Gellner 1993: 4)

chung des Individuums von sich selbst mündet. Fanon und auch andere Intellektuelle aus dem Trikont haben diese Überlegungen zur Subjektwerdung in eine Kritik an der Selbstgewissheit westlich-rationaler Identität umgeformt. In "Schwarze Haut, Weiße Masken" zeigt Fanon, dass die schwarze Person, der *Andere*, für den weißen Europäer als nicht identifizierbar und ungleich erscheint. Der *Andere* stellt eine Fata Morgana dar, eine Halluzination und kein sich seiner selbst bestätigendes Spiegelbild. Demgegenüber liefern nach Fanons Ansicht die historischen und ökonomischen Realitäten des Kolonialismus eine angemessenere Grundlage für den weißen *Anderen*, um eine besser abgesicherte schwarze Identität zu bestimmen (Vgl. Fanon 1986: 92 ff). Homi Bhabha, der als einer der einflussreichsten neueren postkolonialen Theoretiker gilt, hat Fanon jedoch dafür kritisiert, zu frühzeitig ein einziges *Anderes* des Trikonts dem *Gleichen* der Ersten Welt gegenüberzustellen. Für Bhabha war diese Dichotomie zu undifferenziert, wohingegen laut Peet und Hartwick andere postkoloniale Theoretiker die Einteilung von Fanon als angemessene Darstellung eines grundlegenden globalen Konfliktes verteidigten (Peet/Hartwick 1999: 133). Während Bhabha somit für eine Überwindung des Täter-Opfer-Dualismus innerhalb der postkolonialen Kritik plädierte und das im Folgenden noch zu diskutierende Konzept der Hybridisierung vertritt, lässt sich bei Saids Arbeiten eine dualistische Konzeption erkennen. Said[153] gilt neben Bhabha und der bereits an anderer Stelle erwähnten Spivak als einer der bekanntesten Vertreter des Postkolonialismus.

Der Schwerpunkt von Saids postkolonialer Kritik liegt auf der Diskursanalyse, die sich nach der Herausgabe seines bekanntesten Werkes "Orientalism" (Said 1978) innerhalb der "Postcolonial Studies" konstituiert hat. Die Arbeiten von Fanon oder auch Aimé Césaire[154] (1968) hatten zwar bereits die kolonialen Stereotype radikal in Frage gestellt, aber erst durch Saids Diskursanalyse hinsichtlich der Konstruktion *des* Orients begann die an Foucault angelehnte Diskursanalyse zum integralen Bestandteil postkolonialer Kritik zu werden. Said versucht in "Orientalism" zu zeigen, wie die europäische Literatur *den Orient* konstruiert hat und wie eng die Verbindung zwischen dem Diskurs und der konkreten historischen Form des Kolonialismus ist (Vgl. Grimm 1997a: 39). Zu diesem Zweck hat sich Said auf zwei Definitionen des Orientalismus gestützt: eine historische und eine totalisierende. Bei ersterer bezog er sich auf Foucaults "The Archeology of Knowledge" (1989) und konstatierte:

"Taking the late eighteenth century as a very roughly defined starting point Orientalism can be discussed and analyzed as the corporate institution for dealing with the Orient – dealing with it by making statements about it, authorizing views of it, describing it, by teaching it, settling it, ruling over it: in short, Orientalism as a Western style for dominating, restructuring, and having authority over the Orient. (...) without examining Orientalism as a discourse one cannot possibly understand the enormously systematic discipline by which European culture was able to manage – and even produce – the Orient politically, sociologically, militarily,

---

[153] Edward W. Said (1935 – 2003) wurde in Jerusalem geboren, lebte ab 1948 in Kairo und später in den USA. Er war Professor für Anglistik und Vergleichende Literaturwissenschaft an der Columbia University in New York und unterstützte den palästinensischen "Befreiungskampf". Im Osloer Friedensabkommen von 1993 sah er "ein Instrument der palästinensischen Selbstaufgabe, ein palästinensisches Versailles" (Said 1997: 45).

[154] Der französische Dichter und Dramatiker Aimé Césaire wurde 1913 auf Martinique geboren.

ideologically, scientifically, and imaginatively during the post-Enlightenment period." (Said 1978: 3)

Demzufolge besitzt das Kulturelle nach Ansicht von Said eine relative Autonomie, indem es als konstitutiver Bestandteil sowohl des Kolonialismus als auch Imperialismus fungiert. Der Diskurs wurde somit nicht länger als Ausdruck ökonomischer und politischer Verhältnisse angesehen, sondern als eine der Ursachen von Kolonialismus und Imperialismus. Damit erfuhr der kulturelle Diskurs eine Aufwertung innerhalb der postkolonialen Kritik, die zudem auf Saids zweiter, seiner totalisierenden, Definition des Orientalismus zurückgeht. Said sieht im Orientalismus

"(...) a style of thought based upon an ontological and epistemological distinction made between 'the Orient' and (most of the time) 'the Occident'. (...) *This* Orientalism can accommodate Aeschylus, say, and Victor Hugo, Dante and Karl Marx (Hervorh. im Orig.)." (Said 1978: 2 f)

Mittels dieser Definition setzt Said "Europa", den "Westen" oder auch das "europäische Wissen" mit dem orientalistischen Diskurs gleich. Aus dieser Sicht lässt sich jeglicher westlicher Text als orientalistisch klassifizieren, ungeachtet seiner politischen Positionierung. Sabine Grimm (1997a) hebt hervor, dass Saids umstrittenste These darin bestand, den orientalistischen Diskursen jeglichen Aussagewert hinsichtlich der tatsächlichen Beschaffenheit ihres Objekts in Abrede zu stellen (Grimm 1997a: 40). Mit dieser Aussage manövrierte Said sich in eine Sackgasse, denn an anderer Stelle hatte er betont, der kolonialistische Diskurs über den Orient sei für die koloniale Eroberung, Besetzung und Verwaltung vonnöten gewesen. Diesem Widerspruch versuchte Said mittels der Unterscheidung in einen latenten und einen manifesten Orientalismus zu entgehen (Vgl. Said 1978: 222 ff).

Auch Gayatri Chakravorty Spivak[155] zielt mit ihren Arbeiten in eine ähnliche Richtung wie Said. Aus ihrer Sicht stellt die Geschichte des Kolonialismus einen integralen Bestandteil der westlichen Wissensformen dar. Spivak gilt insbesondere als herausragende Vertreterin der "subaltern studies", die seit den frühen achtziger Jahren die postkolonialen Studien maßgeblich zu bestimmen begannen. Unter "subaltern" sind Marginalisierte hinsichtlich der Klasse, der Kaste, des (sozialen) Geschlechts, der Rasse und der Kultur zu verstehen (Vgl. Guha/Spivak 1988). Für den indischen Theoretiker und Mitbegründer dieses Forschungszweiges, Ranajit Guha, sind es insbesondere die Bauern des Trikonts, die im Zuge der kolonialen Geschichtsschreibung marginalisiert und ihrer Subjektrolle beraubt wurden (Guha 1983: 2 f). Guha begibt sich in seiner Arbeit auf die Suche nach den Ursachen für die Bauernaufstände in Indien und kommt zu dem Schluss, dass ihr Verhalten sich nicht in den westlichen Modellen von Nation und Klasse erklären lasse, sondern sich eher an den Kategorien von "sociality" und Gemeinschaft orientiere. Spivak gibt jedoch zu bedenken, dass Guha

---

[155] Gayatri Chakrabvorty Spivak ist Englischprofessorin an der University of Pittsburgh. Sie ist in Indien geboren und ausgebildet worden und lehrt seit vielen Jahren an US-amerikanischen Universitäten.

zwar andere Kategorien, als die der üblichen wählt, um über "Subalterne" zu schreiben, aber er bleibt aus ihrer Sicht dem westlichen Denken verhaftet, wenn er westliche Überlegungen zur Subjektivität und zum Bewusstsein für seine Analyse der "Subalternen" zugrunde legt. Laut Spivak spiegelt sich hier das Denken der westlichen Aufklärung wider, dem sie ihre Vorstellungen zu den "Subjektpositionen" gegenüberstellt. Spivak zeigt auf, dass der/die "Subalterne" mehrere Subjektpositionen einnimmt, die oftmals im Widerstreit zueinander stehen und Zuschreibungen unterschiedlichster kolonialer Beziehungen darstellen. Demzufolge sei eine subalterne Frau beispielsweise durch drei Unterdrückungsmechanismen bestimmt: Klasse, ethnische Zugehörigkeit und (soziales) Geschlecht. Spivak folgerte daraus: "The subaltern cannot speak." (Spivak 1988: 308). Spivak wendet sich damit – ebenso wie Bhabha (1986) – gegen ein Beibehalten binärer Oppositionen innerhalb des Postkolonialismus und gegen ein romantisierendes Bild der "Subalternen", die als "wahre" oder "unverfälschte" indigene Stimmen präsentiert werden.

Bhabha versucht mit seinem Konzept der "Hybridisierung" sowohl die binären Zuschreibungen Saids als auch Spivaks Prämisse, dass die Subalternen nicht sprechen könnten, zu überwinden. Zudem ist es sein Anliegen, Widerstandsformen gegen Kolonialismus theoretisch zu untermauern. In diesem Sinne versteht Bhabha sein Konzept der Hybridisierung als Sichtbarmachung einer bereits im kolonialen Diskurs angelegten Ambivalenz. Nach seiner Ansicht gründet der koloniale Diskurs stärker auf Angst als auf Arroganz und spiegelt zudem die Widersprüchlichkeit der Kolonialmacht wider. In diesem Sinne plädiert Bhabha für einen Perspektivwechsel, denn die Hybridisierung sei zwar als Resultat kolonialer Macht zu verstehen aber müsse zugleich als Anknüpfungspunkt für die Subversion gegen die herrschenden (diskursiven) Zustände gesehen werden (Vgl. Bhabha 1994: 112).

Somit betont Bhabha auch in seiner Analyse der Mimikry, dass dann, wenn die Kolonialisierten zu "Europäern" werden, diese Ähnlichkeit oder Gleichheit sowohl Gefühle der Vertrautheit als auch der Bedrohung bei den Kolonisatoren hervorrufen würde und damit auch deren Identitäten unterlaufen und eben nicht bestätigen würde. Dadurch findet eine "Hybridisierung" statt, in anderen Worten: eine Aufweichung vormals dichotomer Identitäten und kultureller Zuschreibungen.[156] Der Begriff "Hybridisierung" ist durch Bhabhas Arbeiten zum festen Bestandteil postkolonialer Studien geworden.

---

[156] An dieser Stelle sei auf folgende Überlegungen des Schriftstellers Salman Rushdie verwiesen, der die "Hybridisierung" im Zusammenhang mit der über ihn verhängten Fatwa aufgrund seines Romans "Die Satanischen Verse" gegenüber seinen islamistischen Kritikern wie folgt verteidigt: "Jene, die den Roman heute am heftigsten bekämpfen, sind der Meinung, daß ein Vermengen mit anderen Kulturen unweigerlich die eigene Kultur schwächen und ruinieren muß. Ich bin genau der entgegengesetzten Meinung. Die *Satanischen Verse* feiern die Bastardierung, die Unreinheit, die Mischung, die Verwandlung, die durch neue, unerwartete Kombinationen von Menschen, Kulturen, Ideen, politischen Richtungen, Filmen oder Liedern entsteht. Das Buch erfreut sich am Mischen der Rassen und fürchtet den Absolutismus des Reinen. (...) *Die Satanischen Verse* plädieren für Veränderung durch Fusion, Veränderung durch Vereinigung. Sie sind ein Liebeslied auf unser Bastard-Ich. Während der ganzen Menschheitsgeschichte haben die Apostel der Reinheit, jene, die behaupten, eine hundertprozentige Erklärung zu haben, Verheerendes unter den verwirrten Menschen angerichtet." (Rushdie 1992: 457 f)

Postkolonialismus hat somit in Teilen der Entwicklungspolitik und -theorie den Begriff "Dritte Welt" ersetzt, denn "the notion of the three worlds, (...), flattens heterogeneities, masks contradictions, and elides differences" (Shohat 1992: 101). Wie gezeigt wurde, steht das "Post" für zweierlei Chronologien: zum einen für die zeitliche, also nach dem Kolonialismus und den Befreiungskämpfen des Trikonts und zum anderen für die intellektuelle, also eine neue Sichtweise auf die im Kolonialismus wurzelnden kulturellen Zuschreibungen und Identitäten. Der Abschied von binären Oppositionen und klar abgrenzbaren Identitäten, der durch das Konzept der Hybridität eingeläutet wurde, hat zur Infragestellung auch innergesellschaftlicher Zuschreibungen geführt. Ella Shohat gibt jedoch zu bedenken, dass das Hybriditätskonzept auch zum bloßen Schlagwort werden kann, welches ökonomische Machtstruktur unhinterfragt lasse (Shohat 1992: 108 ff).

1.3.3 Post-Entwicklung?

Innerhalb entwicklungspolitischer und –theoretischer Studien haben sich seit den frühen achtziger Jahren verstärkt postmoderne und –koloniale Stimmen zu Wort gemeldet.[157] Insbesondere in zweierlei Hinsicht haben die bis dato vorherrschenden Entwicklungstheorien aus diesem Spektrum Kritik erfahren: So wurde erstens der herkömmliche Entwicklungsbegriff beziehungsweise Entwicklungsgedanke grundlegend in Frage gestellt, und zweitens wurde davon ausgehend Kritik an der entwicklungspolitischen und –theoretischen Methodik geübt.

Wie innerhalb der Sozialwissenschaften im Allgemeinen, so steht auch hinsichtlich der Entwicklungstheorien die postmoderne Kritik an den großen Theorien, den "meta narratives", im Mittelpunkt. Die postmoderne Kritik an den Entwicklungstheorien stützt sich dabei vorrangig auf den Untersuchungsgegenstand beziehungsweise die Grundlage dieser Disziplin: die Entwicklung bzw. den Entwicklungsbegriff. So proklamiert beispielsweise Wolfgang Sachs in seinem Vorwort des als "polemisches Handbuch zur Entwicklungspolitik" untertitelten Werkes "Wie im Westen so auf Erden" (1993a):

"Die 'Entwicklung' war stets begleitet von Irrtümern, Enttäuschungen, Fehlschlägen und Verbrechen. Inzwischen weiß man: Es hat nicht funktioniert. Außerdem sind die geschichtlichen Bedingungen, die der Idee einst zum Erfolg verhalfen, längst nicht mehr vorhanden – die Entwicklungsvorstellungen sind überholt. Und vor allem: die Hoffnungen und Wünsche, die sie einst beflügelten, sind enttäuscht und erschöpft worden – die Utopie der Entwicklung ist verbraucht." (Sachs, W. 1993b: 8)

---

[157] In diesem Zusammenhang ist als institutionelles Beispiel das Centre for the Study of Developing Societies in Delhi zu nennen, welches von Rajni Kothari gegründet wurde. Zudem finden sich viele der postmodernen entwicklungstheoretischen Diskussionen innerhalb der Zeitschrift *Alternatives* (Vgl. Ashley 1987; DuBois 1991; Lummis 1991; James 1997 u.a.). Innerhalb der Entwicklungspolitik begann in den siebziger und achtziger Jahren ebenfalls eine verstärkte Infragestellung der Legitimation von Entwicklungsprojekten durch liberal und links-liberal eingestellte Entwicklungsexperten. Im deutschsprachigen Raum bildet Brigitte Erlers Abrechnung mit der deutschen Entwicklungszusammenarbeit, "Tödliche Hilfe – Bericht von meiner letzten Dienstreise in Sachen Entwicklungspolitik" (1988), ein anschauliches Beispiel.

Der Abgesang auf die Entwicklung drückt sich im Begriff der "Post Development Era" aus, der von Autoren wie Arturo Escobar und Gustavo Esteva geprägt wurde. In methodischer Hinsicht richtet sich postmoderne Kritik an den großen Entwicklungstheorien insbesondere auf die sprachliche Ebene, indem der Versuch unternommen wird, die modernen Diskurse über Entwicklung zu dekonstruieren. Die entwicklungstheoretischen Schulen werden aus Sicht postmoderner Kritiker als Ausdruck westlicher Macht verstanden. Diese Kritik betrifft insbesondere die technokratische und die marxistische entwicklungstheoretische Schule, da diese Schulen als originär westliche Importprodukte gesehen werden.[158] Demgegenüber werden die Entwicklungsvorstellungen der unterentwicklungstheoretischen und neopopulistischen Schule zwar kritisiert[159] – ebenso wie ihr mehr oder weniger expliziter Anspruch auf Universalität, aber zu beiden Schulen bestehen – wie im Folgenden noch zu zeigen sein wird – große inhaltliche Schnittmengen beziehungsweise Ergänzungen.

Die von Escobar vorgetragene Kritik an dem Entwicklungsdiskurs und der damit verbundenen Macht lehnt sich an die Überlegungen von Foucault zur Macht an. So beschreibt Foucault den Diskurs als "the interplay of the rules that make possible the appearance of objects during a given period of time" (Foucault 1989: 36). Mittels der Diskursanalyse sollen Machtstrukturen sichtbar gemacht werden, die eben diese Diskurse ermöglichen und umgekehrt von ihnen möglich gemacht werden. Foucault hat die Art und Weise untersucht, wie diskursive Ordnungen entstanden sind und bestimmte Formen von Subjektivität "normalisiert" haben, indem sie sich durch die Schaffung des "Anderen" dualistischer Konstruktionen bedient haben. Somit haben die Gesellschaften sich beispielsweise Vorstellungen über das, was "Normalität" im Gegensatz zur "Anormalität" sei, durch bestimmte soziale Praktiken geschaffen (Vgl. Mohan 1997: 315).

Nach Ansicht von Escobar ist der Entwicklungsdiskurs nicht nur eine Ideologie, die relativ wenig mit der realen Welt zu tun habe, und auch keine pure Erfindung der Mächtigen, um von den Wahrheiten abzulenken, sondern:

"To understand development as a discourse, one must look not at the elements (that went into the formulation of development theory, Anm. d. Verf.) themselves but at the system of relations established among them. It is this system that allows the systematic creation of objects,

---

[158] Die folgende Aussage von Marchand und Parpart verdeutlicht diesen Tatbestand: "After all, the development enterprise, whether drawing on liberal or Marxist perspectives, has been largely rooted in Enlightenment thought. The liberal approach to development grew out of the postwar period in the 1940s, when economists and policy makers believed development could be achieved by the simple adoption of Western political and economic systems. The Marxists, while critical of international capital and class structure, never questioned the equation between modernization and development. Both saw development as a fairly straightforward, linear process, in which a nation or people moved from underdevelopment, which was equated with traditional institutions and values, to full development, i.e. modern/rational/industrialized societies based on the Northern model (...). (...) However, development has continued to be seen largely as a logistical problem. Its goal, to make the world modern, i.e. Western, has rarely been in dispute." (Marchand/Parpart 1999b: 11)

[159] So wird insbesondere folgender Kritikpunkt vorgebracht: "This attempt (of the underdevelopment theorists, d. Verf.) to turn modernization on its head soon ran into trouble. (...) a number of scholars on the left have responded to the current impasse in development theory by adopting a post-Marxist approach to development." (Marchand/Parpart 1999b: 12)

concepts, and strategies; it determines what can be thought and said. These relations – established between institutions, socioeconomic processes, forms of knowledge, technological factors, and so on – define the conditions under which objects, concepts, theories, and strategies can be incorporated into the discourse." (Escobar 1995: 40 f)

Sowohl bei Escobar (1995) als auch Esteva (1993) und anderen Autoren des "Wie im Westen so auf Erden" von Sachs (1993a) wird der Entwicklungsdiskurs zeitlich nach dem Zweiten Weltkrieg mit der vielzitierten Rede des US-amerikanischen Präsidenten Truman eingeläutet. Laut Escobar stellt der in Trumans Rede dargestellte Amerikanische Traum von Frieden und einem Leben in Fülle für alle nicht nur eine amerikanische Erfindung dar, sondern ist zudem "the result of the specific historical conjuncture at the end of the Second World War" (Escobar 1995: 4). Mit seiner Diskursanalyse will Escobar die Geschichte dieses Traums nachzeichnen und aufzeigen, wie aus dem Traum im Trikont ein Alptraum wurde. Zudem sieht Escobar nicht nur im Entwicklungsgedanken, sondern auch in der "Dritten Welt" eine westliche Konstruktion, die es zu dekonstruieren gelte (Escobar 1995: 4). Diese Sichtweise unterscheidet sich hinsichtlich ihrer antiimperialistischen Elemente, insbesondere ihrer Kritik an den USA, nicht wesentlich von den Unterentwicklungstheorien. Hinsichtlich der Kritik am Entwicklungsbegriff beziehungsweise den als westlich konnotierten Entwicklungsvorstellungen üben postmoderne Autoren wie Escobar jedoch Kritik am Fortschrittsglauben der Unterentwicklungstheoretiker.

Die folgende Aussage von Esteva macht den Kern dessen deutlich, was postmoderne Autoren unter (Unter-)Entwicklung verstehen:

"Die Unterentwicklung gibt es erst seit jenem 20. Januar 1949. Damals wurden zwei Milliarden Menschen plötzlich unterentwickelt. Für sie war seither alles anders: Sie verloren ihre Eigenheit und vielgestaltige Besonderheit, plötzlich erschienen sie im Zerrspiegel einer fremden Wahrnehmung, einem Spiegel, der sie verkleinerte und in den Hintergrund rückte; die Identitäten der Mehrheit und ihrer mannigfaltigen Formen wurden umgedeutet und einfach über die Leisten einer bestimmten kleinen Minderheit geschlagen. Es war wohl nicht Truman, der den Begriff Unterentwicklung eingeführt hat (...) Doch erst als Truman den Begriff als Symbol für seine politischen Pläne wählte, gewann er Bedeutung und entfaltete eine ungeahnte kolonisatorische Wirkung." (Esteva 1993: 90 f)

Nach dieser "Logik" handelt es sich bei all dem, was gemeinhin Unterentwicklung genannt wird, um eine sprachliche Kolonialisation. Während aus unterentwicklungstheoretischer Sicht in ihrer Frankschen Ausprägung noch von den zwei Seiten ein und derselben Medaille – Ent- und Unterentwicklung – die Rede war, stellten postmoderne Autoren im Zuge der Kritik an herkömmlicher Entwicklungstheorie den gesamten diskursiven Rahmen in Frage: Entwicklung als Konstrukt der Herrschenden, um den Menschen im Trikont den minderwertigen Stempel Unterentwicklung aufzudrücken. Mit der Konsequenz, dass "Entwicklung" – laut Esteva – "(...) vor allem für die Bemühungen (stand, Anm. d. Verf.), sich aus der peinlichen (sic!, Anm. d. Verf.) Situation der Unterentwicklung zu befreien." (Esteva 1993: 91). Esteva bemängelt an den Unterentwicklungstheoretikern, dass diese mit der These von der Unterentwicklung als Produkt der

Entwicklung unkritisch die modernisierungstheoretische Weltsicht übernommen hätten, der sie eigentlich entgegentreten wollten. Damit

"(...) trug ihre (der Unterentwicklungstheoretiker, Anm. d. Verf.) Kritik an der zweideutigen und heuchlerischen Praxis westlicher Vertreter der Entwicklungspolitik dazu bei, den kolonisatorischen Effekt der Entwicklungsmetapher erst recht wirksam werden zu lassen." (Esteva 1993: 98)

Esteva kritisiert mit seinem Post-Entwicklungsansatz zwar primär westliche Definitionsmacht über das, was Entwicklung zu sein habe, aber er greift auch die aus seiner Sicht zu starke Einengung des Entwicklungsbegriffs auf reines Wirtschaftswachstum an. Er verweist in diesem Zusammenhang auf Baran, den er für einen der einflussreichsten linken Entwicklungstheoretiker hält und der Wachstum beziehungsweise Entwicklung lediglich mit der Zunahme der Pro-Kopf-Produktion von materiellen Gütern gleichsetzen würde. Damit sei kein Unterschied zu einem Vertreter des modernisierungstheoretischen Lagers wie etwa Rostow im Hinblick auf die Zielvorstellung vorhanden (Esteva 1993: 99). Laut Esteva hätten sich in den Entwicklungsdekaden zwar Verschiebungen innerhalb des entwicklungstheoretischen Diskurses in Richtung einer stärkeren Berücksichtigung der sozialen und später auch ökologischen Belange ergeben, aber das kontinuierliche Festhalten an westlichen Entwicklungsvorstellungen habe sich nicht geändert.

Auch Serge Latouche (1993) sieht (Unter-)Entwicklung als ein Problem der Definition sowie der Sichtweise. Er dreht den westlichen Entwicklungsspieß um, der von einem "erschreckendem Ethnozentrismus" (Latouche 1993: 209) getragen sei, und empfiehlt:

"Im Geiste eines wahren Universalismus müsste man eigentlich 'Experten' aus den letzten 'primitiven' Regionen der Erde einladen, damit sie diagnostizieren, woran die Menschen in den entwickelten Ländern leiden: Einsamkeit, Niedergeschlagenheit, Streß, Neurosen, Verunsicherung, Gewalttätigkeit usw." (Latouche 1993: 209)

Diese Argumentation erinnert an Elemente aus Schumachers "Small is beautiful"-Ansatz, in welchem er die Buddhistische Ökonomie anpreist. Latouches Vorstellungen sind jedoch wesentlich stärker an populistischer als an neopopulistischer Theorie orientiert, wie im Folgenden noch zu zeigen sein wird.[160]

Festzuhalten bleibt vorerst, dass postmoderne und –koloniale Kritik an den großen entwicklungstheoretischen Schulen sich primär auf eine Dekonstruktion des Entwicklungsgedankens bezieht, der in seiner linearen Form – mit Abstrichen hinsichtlich Schumachers Ansatz – als westliches Importprodukt angesehen wird. Zudem werden die Entwicklungstheorien hinsichtlich ihres universellen Erklärungsanspruchs kritisiert. Aus Sicht postmoderner Entwicklungstheoretiker sind die wichtigsten Akteure auf der lokalen Ebene angesiedelt, wie

---

[160] Die Diskussion um die Wurzeln postmoderner Entwicklungskritik wird im Rahmen der sogenannten neueren Ansätze geführt werden. An dieser Stelle sei jedoch bereits darauf verwiesen, dass Latouche und andere Post-Entwickler sehr industrialisierungskritisch – insbesondere "ausländische" Industrie betreffend – sind, und damit – in Anlehnung an die von Kitching (1989) spezifizierte Definition von Populismus und Neopopulismus – noch hinter Schumachers und demzufolge auch Liptons Neopopulismus zurückfallen.

auch im Rahmen der Diskussion um Postmoderne und Sozialwissenschaften im Allgemeinen aufgezeigt wurde. Deren Wissen wird mit der als westlich abqualifizierten Wissenschaft kontrastiert: Und so stehen dann die *authentischen Stimmen* des Südens den westlichen Sprösslingen des Fortschrittsoptimismus gegenüber. Da die Diversität der lokalen Akteure, insbesondere neuerer sozialer Bewegungen, als wichtig erachtet wird, werden hinsichtlich der Anliegen der sozialen Bewegungen auch keine Hierarchisierungen – geschweige denn Bewertungen – vorgenommen, Stichworte wie "Anderssein" und "Differenz" sind mittels dieser Kritik zur Familie der neuen entwicklungspolitischen *buzzwords* avanciert. Der reaktionäre Gehalt dieser Kritik und der damit verbundenen neuen Entwicklungsansätze wird ausführlich in Kapitel III diskutiert werden. Neben dem neoliberalen Mainstream gehören sie zu den gefeierten Kritikern einer als westlich induziert verstandenen Globalisierung.

Im Folgenden werden die wissenschaftsexternen Krisenursachen unter die Lupe genommen.

2   Wissenschaftsexterne Krisenursachen

2.1   Schuldenkrise und Strukturanpassung

Bevor die Implikationen der Schuldenkrise für die entwicklungstheoretische Debatte beleuchtet werden, sollen kurz zusammenfassend die Ereignisse, die als Ursachen und auch die als Folgen der Schuldenkrise zu verstehen sind, dargestellt werden.[161]

Bereits kurz nach den ersten Ölpreisschocks 1973 liegen die Anfänge der Schuldenkrise: Im Zuge des Anstiegs der Ölpreise fanden sich die von den OPEC-Staaten generierten Gewinne nicht vorrangig in wachsenden Ausgaben wieder, sondern in erhöhten Ersparnissen – insbesondere auf den Konten westlicher Banken, was diese wiederum dazu veranlasste, günstige Kredite an Entwicklungsländer zu vergeben. Während die Industrieländer sich relativ rasch von den Ölpreisschocks erholten, gerieten viele Entwicklungsländer – insbesondere lateinamerikanische – in Zahlungsbilanzprobleme und begannen daraufhin, auf die günstigen unkonditionierten Kredite der Banken zurückzugreifen.[162] Zudem gingen im Zuge der sich verschlechternden ToT die Deviseneinnahmen der Entwicklungsländer zurück, was wiederum zu einer erhöhten Kreditnachfrage

---

[161] Hinsichtlich einer ausführlichen Darstellung der internationalen Verschuldung(skrise) sei insbesondere auf folgende Autoren verwiesen: Schubert (1985), Altvater/Hübner et al. (1987), George (1994).

[162] Tatjana Chahoud (1987) betont, dass der IWF ab 1973 seine Rolle als Kreditgeber immer weiter einbüßte: "Die Existenz leicht zugänglicher Eurodollarkredite, deren Kosten selbst noch unterhalb der der Weltbank-Darlehen lagen, hatte in diesen Jahren zur Folge, dass meist nur noch jene Länder den Gang zum IWF antraten, die über keine privaten Finanzalternativen verfügten. OECD-Statistiken zufolge hatten sich die Netto-Zuflüsse privater Geschäftsbanken im Jahre 1980 gegenüber 1970 verdreifacht (...). Die ursprüngliche Bedeutung des IWF, Länder mit Zahlungsbilanzproblemen über Stützungskredite und strikte Austeritätsprogramme mit dem notwendigen "Gütesiegel" zu versehen und so als Katalysator für private und öffentliche Kreditgeber wirksam zu werden, war brüchig geworden." (Chahoud 1987: 44 f)

führte. Nachdem jedoch auch die USA unter der Reagan-Administration aufgrund ihrer defizitären Haushaltslage[163] in großem Maße auf Kredite zurückgrif-
fen, kam es weltweit zu einem Anstieg der Zinsen:

"Die Hochzinspolitik zog Geld aus der ganzen Welt an und trieb außerdem den Dollarkurs
hoch, der die an den Dollar gebundenen Kredite entsprechend verteuerte. Die realen Zinssätze
waren 1980 – 89 fast sechsmal so hoch (Durchschnitt: 5,85 %) wie in den Jahren 1974 – 79
(0,79 %)." (Nuscheler 1996: 312 f)

Im Zuge des raschen Anstiegs der realen Zinssätze wuchs die Verschuldung der
Entwicklungsländer, die zuvor von den privaten Banken die leichtfertig verge-
benen Kredite in großem Ausmaß angenommen hatten. Das bereits vor dem "offiziellen" Ausbruch der Schuldenkrise[164] vorhandene Problem der Koexistenz
von Handelsbilanzdefiziten der USA als auch vieler Staaten der Dritten Welt
war bis dato von dem Geldfluss seitens der USA in die entsprechenden Länder
überdeckt worden:

"Erst als die US-Banken ihren Geldkapitalexport einschränkten, traten die Widersprüche offen zutage." (Schubert 1985: 121)

Auch die Regierungen der Industrieländer hatten mit der Bereitstellung von
Bürgschaften für Exportkredite nicht nur zur Ankurbelung ihrer Exportwirtschaft, sondern auch zur Schuldenkrise beigetragen (Vgl. Mehmet 1995: 108 f).
Einhergehend mit der Schuldenkrise wurde die sich seit den siebziger Jahren ab-
zeichnende "Hegemoniekrise" der USA eingeläutet, indem die USA ökonomisch
und machtpolitisch an weltweitem Einfluss zugunsten des pazifischen Raums
verloren (Vgl. Meyers 1989: 37)[165]. Somit blieb die Schuldenkrise nicht auf die
Entwicklungsländer beschränkt, sondern trug tendenziell zur Destabilisierung
des internationalen politischen Systems bei, indem sie die weltweite US-amerikanische Hegemonie ökonomisch und damit auch machtpolitisch ins Wanken
brachte (Meyers 1989: 11).

Zudem muss die Schuldenkrise auch als Resultat gescheiterter nachholender nationalstaatlicher Industrialisierung verstanden werden. Die modernisierungstheoretisch beeinflusste Strategie der importsubstituierenden Industrialisierung hatte viele Entwicklungsländer in weitere finanzielle Abhängigkeiten ge-

---

[163] Das US-amerikanische Haushaltsdefizit war in erster Linie die Folge des in den siebziger Jahren
drastisch gestiegenen Verteidigungshaushalts, der von 116,3 Mrd. US-$ im Jahr 1979 auf 252,7 Mrd.
US-$ im Jahr 1985 angewachsen war (Menzel 1987: 88).
[164] Offiziell wird der Beginn der internationalen Schuldenkrise auf den August 1982 datiert, als Mexiko als erstes hochverschuldetes Land seine Insolvenz erklärte.
[165] Menzel (1987) stellt diesbezüglich zusammenfassend fest: "Die weltwirtschaftliche Schwerpunkt-
verlagerung der Wachstumszonen hin zum pazifischen Becken hat auch politische Ursachen und Folgen: Die USA sind mittlerweile nicht bloß zur Schuldnernation geworden, sie sind innerhalb von zwei
Jahren zur *größten* Schuldnernation der Welt geworden, während Japan die USA in der Rolle der
größten Gläubigernation abgelöst hat. Die USA können die Kosten ihrer weltpolitischen Führungsrolle
also nicht mehr allein finanzieren und müssen in sich beschleunigendem Maße nicht mehr nur auf ihre
europäischen Verbündeten, sondern vor allem auf Japan zurückgreifen. Zusammen mit dem wachsenden japanischen rüstungsrelevanten Technologietransfer und der neuen strategischen Aufgabe, die Japan im Nordpazifik gegenüber der Sowjetunion wahrnehmen soll, wird damit deutlich, daß die Allianz
mit Japan neben der NATO zum zweiten tragenden Pfeiler der US-Globalstrategie geworden ist."
(Menzel 1987: 91)

bracht und damit genau das Gegenteil dessen bewirkt, was sie zu verändern angetreten war. Die nachholende Entwicklung war in verschiedenen Ländern des Trikonts – insbesondere Lateinamerikas und Südostasiens – mit einer Militarisierung einhergegangen. Die Militärregimes hatten mit ihrer nach innen gerichteten Repression in den Augen der Banken eine gesellschaftlich "stabilisierende" Funktion, so dass sie ihnen nicht zögerlich Kredite bereitstellten (Vgl. Schubert 1985: 116).

Schließlich liegt die Schuldenkrise auch in der insgesamten Krisenhaftigkeit der Weltwirtschaft begründet, wie sie sich seit 1945 herausgebildet hatte. Die auch als "pax americana" bezeichnete Nachkriegsordnung war durch die Bemühungen der USA, die Weltwirtschaft sowohl unter Zuhilfenahme ökonomischer, politischer, ideologischer und militärischer Maßnahmen reproduktionsfähig zu halten, gekennzeichnet. Zu diesem Zweck war in finanzpolitischer Hinsicht während der Verhandlungen von Bretton Woods 1944 der US-Dollar zur Leitwährung erklärt worden, an der sich fortan die Wechselkurse aller übrigen Währungen zu orientieren hatten. Diese Währungspolitik erlaubte den USA – angesichts knapper Dollarbestände und damit verbundener hoher Austauschwerte zu anderen Währungen – relativ niedrige Importpreise zahlen zu müssen und weltweit an günstige Unternehmensbeteiligungen kommen zu können. Im Zuge der Herausbildung einer sich vergrößernden europäischen und japanischen Konkurrenz auf ökonomischem Gebiet wurde die US-amerikanische Hegemonie jedoch angekratzt. Zudem hatten die enormen Ausgaben für den Vietnamkrieg zur Destabilisierung des Dollars geführt, die schließlich durch die Ölkrise weiter verschärft wurde. Altvater und Hübner schreiben über die Hintergründe der Schuldenkrise:

"Die entwickelten kapitalistischen Länder begannen eine ökonomische Aufholjagd, die Anfang der 70er Jahre, allerdings mit zweifelhaften Erfolgen, vorläufig abgeschlossen war. Hinsichtlich des technischen Niveaus, der Arbeitsproduktivität und des Lebensstandards hatten diese Länder den Anschluss an die USA vollzogen und dabei, was die Wachstumsdynamik anbelangt, auch einige Länder der Dritten Welt mitgezogen. Bei dieser Jagd wurde aber das Institutionensystem von Bretton Woods untergraben und die kapitalistische Weltwirtschaft destabilisiert. Die Schlüsselereignisse finden 1971 und 1973 statt: zunächst die einseitige Aufhebung der Dollareinlösepflicht (Goldkonvertibilität des Dollar) gegen Gold durch die Regierung Nixon und dann die Preisgabe des Systems fester, zugunsten eines Regimes flexibler Wechselkurse." (Altvater/Hübner 1987: 19 f)

Als Resultat der Schuldenkrise wandelten sich IMF und Weltbank von den "lenders of last resort" zu den "lenders of first resort" und somit zu den einzigen Institutionen, die sich in der Lage sahen, die Schulden- und Kreditverhandlungen zwischen den Banken der Industrieländer und den Regierungen der Entwicklungsländer zu führen (Brohman 1996: 144).

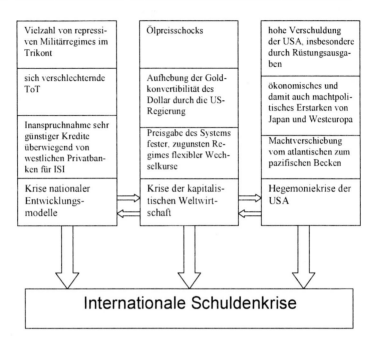

Abbildung 7: Die Hauptgründe für die internationale Schuldenkrise

Während in den siebziger Jahren sich noch viele Entwicklungsländer der Strukturanpassungspolitik von IWF und Weltbank verweigert hatten, so hatte die Schuldenkrise einen Machtzuwachs von IWF und Weltbank gegenüber den Entwicklungsländern bewirkt: In den achtziger Jahren verstummten die vorherigen, auch regierungsstaatlichen Rufe, nach einer neuen Weltwirtschaftsordnung.

Die als das Resultat der Schuldenkrise zu verstehenden Strukturanpassungsprogramme (SAPs) haben ihren institutionellen Vorläufer in dem bereits 1974 vom IWF eingerichteten Extended Facility Fund (EFF), mit dessen Hilfe ökonomische Stabilisierungsprogramme in von Finanzproblemen heimgesuchten Ländern überwacht werden sollten (Vgl. Brohman 1996: 133). Das Gros der Entwicklungsländer kam jedoch erstmalig in Kontakt mit Strukturanpassungsprogrammen, als 1979 das Sectoral Adjustment Loans (SECALs) eingerichtet wurde und die Weltbank 1980 mit der Vergabe von Structural Adjustment Loans (SALs) begann. Die Kooperation zwischen IWF und Weltbank bei der Vergabe von konditionierten Krediten mündete dann 1985 in der Errichtung der Structural Adjustment Facility (SAF) (Vgl. Brohman 1993: 133). Damit schmolzen die zuvor eher auf kurzfristige Stabilisierungsmaßnahmen ausgerichtete Politik des IWF[166] mit der bis dato auf längerfristige Anpassungen und Projektbewilligung ausgerichtete Politik der Weltbank in der gemeinsamen Strukturanpassungspolitik zusammen, die rasch zum Gegenmittel gegen die destabilisierende Wirkung der Schuldenkrise avancierte. Mittels der neoliberalen Umstrukturierung ihrer Nationalökonomien sollten die Entwicklungsländer die Bedingungen für ihre Kreditwürdigkeit schaffen. Von den SAPs waren fast alle Entwicklungsländer betroffen: So waren bereits 1983 zwei Drittel der lateinamerikanischen Staaten den Vorgaben der SAPs verpflichtet, und diese Zahl weitete sich in den folgenden Jahren weiter aus (Pastor 1989: 90). Ähnliches lässt sich über die SAPs auf dem afrikanischen Kontinent feststellen, wo bis Mitte der achtziger Jahre zwei Drittel der Länder von direkten und viele andere von indirekten Formen der SAPs betroffen waren (Vgl. Landell-Mills et al. 1989).

Die sozusagen "erste Generation" von SAPs des IWF und der Weltbank beinhaltete den gleichen Maßnahmenkatalog für alle betroffenen Länder. Während die SAPs des IWF vorrangig auf die Senkung der Nachfrage in den jeweiligen Ländern zielten, hatten die SAPs der Weltbank primär die Ankurbelung des Angebots und die Steigerung der Produktivität zum Ziel. Demzufolge werden die Hauptursachen der ökonomischen Entwicklungsprobleme im Bereich der Ressourcenallokation der Trikontländer ausgemacht. Diesen wird eine falsche regierungsstaatliche Wirtschafts- und Sozialpolitik angelastet, insbesondere hinsichtlich eines zu expansiven öffentlichen Sektors sowie direkter wirtschaftspolitischer Steuerungsmechanismen und Subventionen (Vgl. Elson 1991: 41). Beiden Institutionen liegt das gemeinsame Interesse nach einer Abschaffung direkter Wirtschaftskontrollen und Subventionen sowie der Verkleinerung des öffentlichen Sektors zugrunde. Zu diesem Zweck griffen sie in den SAPs auf folgenden Maßnahmenkatalog zurück: So wurde eine Abwertung der Währung und eine Beschränkung der Bankkredite sowie der öffentlichen Verschuldung gefordert. Zudem sollten die Preissubventionen abgeschafft und insgesamt die Steuern gesenkt werden. Schließlich beinhalteten die SAPs die Aufforderung an die jeweiligen Regierungen, die nominalen Löhne nicht ansteigen zu lassen (Pastor 1987: 250). Zahlreiche Studien haben gezeigt, welche verheerenden Folgen die SAPs besonders für die ärmeren Bevölkerungsschichten in den betroffenen Ländern hatten. Insbesondere die Gesundheits-, Ernährungs- und Bildungssituation hat in den jeweiligen Ländern enorme Einbußen gehabt. So schreiben Richard Longhurst et al. (1988) beispielsweise über die Situation in Sierra Leone, wo 1986 "the boldest structural adjustment programme ever pursued in Sierra Leone" (Longhurst et al. 1988: 25) implementiert wurde, dass sich der Konsumerpreisindex in Freetown für die unteren Einkommensgruppen zwischen Juni 1986 und März 1987 um zweihundertdreizehn Prozent erhöht hatte. Zudem verringerten sich auch die realen Löhne sehr stark, was einen Anstieg von Armut und Unterernährung zur Folge hatte (Longhurst et al. 1988: 27).

---

[166] Der IWF galt in der Nachkriegszeit als internationaler "lender of last resort" (Moffit 1983: 124), indem er kurzfristige finanzielle Hilfe für Länder mit Zahlungsbilanzproblemen bereitstellte. Diese Hilfe war jedoch bereits an die Bedingung zur Verfolgung von ökonomischen Stabilisierungsprogrammen geknüpft.

Bernstein (1990) hat sich ebenfalls eingehend mit der Strukturanpassungspolitik von IWF und Weltbank in Subsahara-Afrika auseinandergesetzt und betont, dass die einzelnen Elemente der Strukturanpassungspolitik nichts Neues seien, sondern lediglich in ihrer Verdichtung ein Novum darstellen:

"It (structural adjustment, Anm. d. Verf.) constitutes a 'new line' in the comprehensiveness, ideological aggression, and conditionality of its strategic agenda of 'reform', made possible by the accelerating fragility – external and internal – of African economies and states (...)." (Bernstein 1990: 24)

Das Scheitern technokratischer Entwicklungstheorien vor dem Hintergrund der internationalen Schuldenkrise

Wie in Kapitel I gezeigt wurde, gilt die Einteilung in sogenannte "traditionale" und "moderne" Länder/Regionen als Grundlage sowohl wachstums- als auch modernisierungstheoretischer Entwicklungsmodelle. Technokratische Entwicklungstheoretiker waren davon ausgegangen, dass der Übergang von traditionalen zu modernen Gesellschaften im Trikont mittels Investitionen insbesondere in den industriellen Sektor möglich sei. Der Verdienst der Unterentwicklungstheorien war es dann in den siebziger Jahren auf die unzulängliche Verkürzung der Entwicklungsprobleme auf innergesellschaftliche Faktoren aufmerksam gemacht zu haben, wenngleich die Vertreter dieser Theorierichtung – wie insbesondere die marxistische Kritik deutlich gemacht hat – den technokratischen Theoriekomplex lediglich umdrehten und im Weltmarkt und den Nord-Süd-Beziehungen *den* Grund für Unterentwicklung im Trikont sahen.

Die Schuldenkrise hat insbesondere zur Erosion technokratischer Entwicklungstheorien beigetragen, deren Vertreter davon ausgegangen waren, dass die Staatsverschuldung im Trikont den nötigen Investitionsschub für eine nachholende kapitalistische Entwicklung nach dem Vorbild der fordistischen Wohlfahrtsstaaten möglich machen würde. Hinter diesen Vorstellungen steckten die Erfahrungen derjenigen Industrieländer, die in der zweiten Hälfte des neunzehnten Jahrhunderts eine nachholende staatskapitalistische Entwicklung durchgemacht hatten. Das Rostowsche fünfstufige Modell liefert einen anschaulichen Beweis für die klaren linearen Vorstellungen der technokratischen Entwicklungstheoretiker. Zudem schienen aus technokratischer Sicht die Erfolge des Marshall-Plans für Westeuropa die Annahme zu bestätigen, dass mittels Kapitalzufluss eine Modernisierung der betreffenden Gesellschaften möglich sei. Wolfgang Hein und Theo Mutter (1987) betonen, dass diese technokratische Sichtweise im Gros der lateinamerikanischen Staaten zu einer Wirtschaftspolitik geführt habe, in welcher dem Staatsapparat die aktive, modernisierungsfördernde Rolle zufiel. Wie in Tabelle 1 (Kapitel I/5) deutlich zum Ausdruck gekommen ist, betonen die Technokraten von Harrod und Domar bis zu Lewis die vorrangige Stellung des Staates im Entwicklungsprozess, der ihrer Überzeugung nach sowohl ein funktionierendes Steuer- und Finanzsystem (Rostow) aufbauen als auch die nötige Infrastruktur für die Etablierung eines industriellen Sektors (Harrod-Domar) bereitstellen sollte. Die an diesen Vorstellungen orientierten als

auch sehr stark von der Idee der importsubstituierenden Industrialisierung beeinflussten wirtschaftspolitischen Maßnahmenkataloge hatten zudem zum Ziel gehabt, die ökonomische und politische Vorrangstellung der jeweiligen Agraroli-
garchien zu schwächen (Hein/Mutter 1987: 119). So wurden in vielen Ländern
Lateinamerikas staatliche Unternehmen ins Leben gerufen und subventionierte
Kredite zur Verfügung gestellt, um eine materielle und soziale Infrastruktur aufzubauen. Indem die nationalen Währungen systematisch überbewertet wurden,
gelang es zwar, eine Verbilligung der Importe zu erreichen, aber Exporte wurden durch diese Politik verteuert und diejenigen Rohstoffexporte mit fixierten
Weltmarktpreisen begannen zu stagnieren. Diese wirtschaftspolitischen Strategien riefen sowohl Defizite im Bereich der internen Finanzierung als auch im
Bereich der auswärtigen Wirtschaftsbeziehungen hervor. Mittels der Entwicklungszusammenarbeit sollten diese Finanzprobleme gemeistert werden, wobei
davon ausgegangen wurde, dass die jeweiligen Staaten nach der erfolgten Modernisierung in die Lage versetzt sein würden, bereitgestellte Kredite zurückzu-
zahlen (Hein/Mutter 1987: 119).

Hein und Mutter resümieren die Ergebnisse der nachholenden staatskapi-
talistischen Modernisierungsprozesse im Trikont wie folgt:

"Dieser Modernisierungsprozeß "gelang" allerdings fast überall in der heutigen Dritten Welt
nur sehr unvollständig; "strukturelle Heterogenität" zwischen meist recht kleinen modernen
Sektoren sowie ausgedehnten gesellschaftlichen Bereichen, die noch im wesentlichen traditionell geprägt sind, jedoch ihre eigene Dynamik verloren haben; große regionale Disparitäten
und extrem ungleiche Verteilungen von Einkommen und Besitz sowie die Marginalisierung
großer Teile der Bevölkerung sind die typischen Kennzeichen. (...) Die defizitäre Struktur
dieses Entwicklungstyps fixiert eine strukturelle Abhängigkeit von ausländischer Finanzierung und führt – falls diese Finanzierung in Frage gestellt wird, sei es aufgrund politischer
Motivationen, sei es aufgrund einer weltwirtschaftlichen Krise – zum raschen Kollaps dieser
Strategie." (Hein/Mutter 1987: 120)

Der rasche Kollaps dieser Strategie ist spätestens mit der Schuldenkrise eingetreten. Wie dargelegt wurde, lässt sich die Schuldenkrise jedoch nicht als alleiniges Resultat technokratischer Wirtschafts- und Entwicklungspolitik sehen wie
die neoliberalen Gegenreformisten es tun. Dennoch muss festgehalten werden,
dass die technokratische Entwicklungsstrategie unter den gegebenen weltwirtschaftlichen und –politischen Bedingungen angesichts der sich bereits in den
siebziger Jahren anbahnenden Schuldenkrise eher zur Verfestigung als zur Ni-
vellierung internationaler und intranationaler Ungleichheiten beigetragen hat. Ihr
unterentwicklungstheoretischer Gegenpol bot mit "Abkoppelung und Sozialismus" keine praktikable Alternative.

2.2   Die Tigerstaaten – Industrialisierungserfolge im Trikont

In einem engen Zusammenhang mit dem bereits diskutierten neoliberalen Gegenreformismus steht der ökonomische Erfolg der sogenannten südostasiatischen Tigerstaaten, Hong Kong, Singapur, Taiwan und Südkorea. So sind sowohl das Gros der technokratischen Entwicklungstheorien als auch insbesondere

die Unterentwicklungstheorien durch die rasanten ökonomischen Erfolge der südostasiatischen Tigerstaaten in einen Erklärungsnotstand geraten.[167] Die technokratischen Entwicklungstheorien hatten vorrangig in einer importsubstituierenden Industrialisierungsstrategie die Lösung für die Entwicklungsländer gesehen und sahen sich im Falle der Tigerstaaten mit erfolgreichen exportorientierten Ökonomien konfrontiert. Wie bereits in Kapitel II/1.1 verdeutlicht wurde, verbuchten die neoliberalen Entwicklungstheoretiker die Erfolgsgeschichten der Tigerstaaten als Bestätigung ihrer Entwicklungsvorstellungen. Aus ihrer Sicht legitimieren die Tigerstaaten ihre Präferenz für eine exportorientierte Industrialisierungsstrategie (EOI). Diese Sichtweise steht jedoch in vielen im Folgenden zu zeigenden Punkten nicht im Einklang mit den Hintergründen der südostasiatischen Erfolgsgeschichten. Den größten Schaden erfuhren jedoch die Unterentwicklungstheorien durch den Aufstieg der Tigerstaaten, indem ihre grundlegende These von der Unmöglichkeit erfolgreicher Entwicklung im Trikont widerlegt wurde.[168] Während sie davon ausgegangen waren, dass sich eine starke Weltmarktanbindung als entwicklungshemmend auswirkt und sich die strukturelle Ungleichheit zwischen Industrie- und Entwicklungsländern nicht umkehren lasse, war es den Tigerstaaten nicht nur gelungen, zu hohen Wachstumsraten zu gelangen, sondern zudem relativ gute Erfolge im Bereich der sozialen Entwicklung erzielt zu haben.[169]

Im Folgenden sollen die Hintergründe des ökonomischen Aufstiegs der Tigerstaaten anhand des südkoreanischen Beispiels beleuchtet werden. Zudem wird die Entwicklung der Tigerstaaten mit derjenigen Lateinamerikas verglichen, um zu untersuchen, inwieweit die oftmals zu findende Zuordnung der importsubstituierenden Industrialisierungsstrategie (ISI) mit Lateinamerika und der EOI mit Südostasien angemessen ist. Im Anschluss daran werden die entwicklungstheoretischen Konsequenzen beleuchtet, die die Erfolge der Tigerstaaten nach sich gezogen haben.

---

[167] Alice H. Amsden (1990) bemerkt diesbezüglich: "Dependency theories of economic development, (...), have been unable to explain East Asia's rapid growth, predicting instead underdevelopment as a consequence of international trade and foreign indebtedness; yet exports have been pivotal in the rapid economic expansion of all the East Asian countries, and Korea's economy has also been highly leveraged on international loans. Nor have market theories of economic growth demonstrated greater explanatory power." (Amsden 1990: 5 f)

[168] Im Rahmen seiner marxistischen Kritik an den Unterentwicklungstheorien hatte Warren (1973) bereits zu Beginn der siebziger Jahre auf die Industrialisierungserfolge im Trikont aufmerksam gemacht. Er verwies darauf, dass die industriellen Wachstumserfolge im Trikont während der ersten zwei Dekaden der Nachkriegszeit historisch betrachtet bemerkenswert seien und die Wachstumsraten höher als in den Industrieländern waren. So habe beispielsweise die Wachstumsrate im Bereich der industriellen Verarbeitung von 1951 bis 1969 in Brasilien 7,8 Prozent, in Sambia 13,8 Prozent und in Südkorea 16,9 Prozent betragen (Warren 1973: 6).

[169] So schreibt Chris Edwards (1994) beispielsweise diesbezüglich über Südkorea: "(...), South Korea's spectacular growth record has been backed up by a considerable improvement in living standards. South Korea's average per capita income in 1988 of US$ 3 600 was less than a fifth of that in the USA. But on average, a South Korean born in 1960 could expect to live to the age of 53 whereas one born in 1988 could expect to live to 70, only six years less than in the USA. Almost all South Korean children go through elementary school. Over a third of South Koreans of the relevant age group receive some higher education compared with 60% in the USA and only 22% in the UK. Furthermore income distribution in South Korea is more equal than in most LDCs." (Edwards, C. 1994: 97)

Im Hinblick auf die entwicklungstheoretisch sehr unterschiedliche Rezeption des ökonomischen Erfolgs der Tigerstaaten soll nun zuerst ein Rückblick auf die neuere Geschichte des Tigerstaates Südkorea erfolgen.[170] Der geschichtliche Rückblick ist deshalb bedeutsam, weil er zeigt, dass sich die Tigerstaaten nicht quasi "über Nacht" industrialisiert haben, sondern im Zuge des gesamten zwanzigsten Jahrhunderts.

2.2.1 Entwicklungsgeschichte der Tigerstaaten – Das Beispiel Südkorea

Korea ist vor der japanischen Kolonialisierung, die 1910 einsetzte, von halbfeudalen Großgrundbesitzern beherrscht gewesen, die den Großteil der landwirtschaftlichen Erträge für sich beanspruchten.[171] Im Zuge der Kolonialisierung änderten sich diese Gesellschaftsstrukturen insbesondere durch die von den Japanern durchgeführten Reformen innerhalb der Landwirtschaft. So setzte Japan mit dem Ziel der landwirtschaftlichen Ertragssteigerung landwirtschaftliche Verbände und Kooperativen ein, um neues Saatgut effektiver anbauen zu können (Vgl. Grabowski 1994a: 305). Vor diesem Hintergrund wuchs nicht nur die landwirtschaftliche Wachstumsrate, sondern auch im Bereich der Infrastruktur (Straßenbau, Eisenbahnverbindungen, Häfen) verzeichnete Korea deutliche Investitionen durch die japanische Kolonialmacht. Somit trug die Kolonialzeit dazu bei, die Grundlage für zukünftiges Wachstum im Bereich der landwirtschaftlichen Produktivität gelegt zu haben.[172] Die modernisierenden Einflüsse Japans waren begleitet von politischer Repression und einer Verarmung insbesondere der ländlichen Bevölkerung durch die koloniale Steuerpolitik (Vgl. Edwards, C. 1994: 102 f).

Nach dem Zweiten Weltkrieg endete Koreas Kolonialstatus und das Land wurde in zwei Distrikte geteilt, die jeweils der Kontrolle der Sowjetunion sowie der USA unterstanden. Nach einem dreijährigen Bürgerkrieg zwischen dem nördlichen und dem südlichen Distrikt wurde schließlich 1953 eine von den USA unterstützte Zivilregierung in Südkorea aufgebaut.

---

[170] Die Tigerstaaten Singapur und Hong Kong werden aufgrund der nötigen Begrenzung des vorliegenden Kapitels nicht ausführlich behandelt, zumal sie als Stadtstaaten eine Sonderposition unter den Ländern des Trikonts einnehmen, die sich nicht direkt mit derjenigen von Flächenstaaten vergleichen lässt. Auf Taiwan wird ebenfalls nur punktuell eingegangen, da eine ausführliche Darstellung den Rahmen des vorliegenden Kapitels sprengen würde.

[171] Bevor Korea zur japanischen Kolonie wurde, herrschte in Korea bereits seit 1392 die Yi Dynastie, unter der die koreanische Gesellschaft von ländlicher Armut und Rückständigkeit geprägt gewesen ist (Kiely 1998a: 99).

[172] Auch Taiwan wurde nach dem Zweiten Weltkrieg unabhängig und es kam – ebenso wie in Südkorea – zu umfassenden Landreformen. In Folge dessen erhöhte sich die Einkommensgleichheit im ländlichen Raum beider Länder, und staatliche Investitionen trugen zur Steigerung der landwirtschaftlichen Produktivität bei. Es bildete sich jeweils ein großer Binnenmarkt für einfache Güter wie beispielsweise Textilien heraus und die Regierungen begannen, eine importsubstituierende Wirtschaftspolitik zu betreiben. Im Falle der taiwanesischen Textilindustrie wurden in diesem Zusammenhang Zölle sowie quantitative Einfuhrbeschränkungen für Garn sowie textile Fertigwaren eingeführt und zudem der Zugang zu den Rohstoffen kontrolliert. Mittels dieser Politik gelang es Taiwan bereits 1958 zu einem Nettoexporteur von Textilen aufgestiegen zu sein (Wade 1990: 79).

Südkorea begann sich von der einstigen armen und kriegsgeschädigten Kolonie Japans zu einem bedeutenden Produktionsstandort und Exporteur von verarbeiteten Gütern zu entwickeln. Insbesondere in dreierlei Hinsicht hatte das Ende des Koreakriegs Auswirkungen auf die Industrialisierung Südkoreas: 1. durch die Landreform, 2. durch den wachsenden Nationalismus und 3. durch US-amerikanische Hilfe. Bereits 1953 führte die von den USA gestützte südkoreanische Regierung eine Landreform durch, die den Pachtbesitz verbot und die Bauern zu Landeigentümern machte. Durch die Landreform wurden die früheren Landbesitzer genötigt, sich im kommerziellen sowie im industriellen Sektor zu betätigen, da ihnen ihre bisherige Einnahmequelle, die Verpachtung, nicht mehr zur Verfügung stand. Somit erhielt die industrielle Entwicklung Auftrieb, die zudem seitens des Staates durch Einnahmen aus der Landwirtschaft gefördert wurde. Die ToT zwischen Landwirtschaft und Industrie wurden demnach bereits in den sechziger Jahren durch den südkoreanischen Staat zugunsten des industriellen Sektors beeinflusst. In Folge dessen erhöhte sich die Landflucht und das Arbeitskräfteangebot für den industriellen Sektor wuchs (Hamilton, C. 1986: 43). Der wachsende Nationalismus und die Militarisierung Südkoreas standen im Zeichen des Kalten Krieges und dienten der Abgrenzung gegenüber dem kommunistischen Norden. Der kommunistischen Gefahr versuchte Südkorea durch eine erfolgreiche ökonomische Entwicklung zu entgehen, die von 1953 bis 1958 durch eine Strategie der ISI forciert wurde. So wurden große private Unternehmen mittels aktiver Unterstützung seitens des Staates ins Leben gerufen (Vgl. Amsden 1989: 39 ff). Chris Edwards (1994) weist darauf hin, dass bereits in den fünfziger Jahren nicht nur die Leichtindustrie, sondern insbesondere die Schwerindustrie wuchs, was auf die staatlichen Investitionen in diesen Bereich zurückgeführt werden kann (Edwards, C. 1994: 107). Im politischen Bereich mündete der staatliche Antikommunismus unter dem Präsidenten Syngman Rhee in einer repressiven Politik, die in den Jahren 1948 und 1949 dazu führte, dass 90.000 Menschen subversiver Tätigkeiten beschuldigt und verhaftet wurden (Edwards, C. 1994: 105). Neben der staatlichen Kontrolle über die Gewerkschaften, lag auch die Verteilung des ehemals japanischen Besitzes in den Händen des Staates. Die Güter kamen politisch Loyalen zu gute, die fortan die besitzende Klasse in Südkorea verkörperten und enge Beziehungen zum politischen Establishment pflegten (Kiely 1998a: 100 f).

Als Bollwerk gegen den nordkoreanischen Kommunismus zählte Südkorea seit den fünfziger Jahren zu den Hauptempfängern US-amerikanischer (Entwicklungs-)Hilfe. Diese Gelder können nicht in einen direkten Kausalzusammenhang mit der Industrialisierung Südkoreas gebracht werden, aber sie trugen zu einem nicht unerheblichen Teil zum Aufbau der nötigen Infrastruktur für die Industrialisierung bei.[173] Nachdem die US-amerikanische Hilfe gegen Ende der fünfziger Jahre nachließ, verschlechterte sich auch die ökonomische Situation und die damalig seitens des Staates praktizierte Strategie der ISI sah sich ähnli-

---

[173] So erhielt Südkorea zwischen 1946 und 1978 fast sechs Billionen Dollar an US-amerikanischer ökonomischer Hilfe. Im Vergleich dazu erhielten im gleichen Zeitraum die Länder des gesamten afrikanischen Kontinents 6,89 Billionen Dollar an US-Hilfe (Kiely 1998a: 101).

chen Problemen gegenüber, wie sie andere Länder mit der ISI erlebten.[174] Die sich verschlechternde ökonomische Situation führte zu sozialen Unruhen und mündete im Mai 1961 in einem Militärputsch unter General Park Chung Hee. Als Resultat des Putsches wurde die Zentralisierung der Staatsmacht weiter vorangetrieben und die politische Opposition unterdrückt. Unter der Präsidentschaft Parks erlebte Südkorea ein enormes ökonomisches Wachstum, welches durch einen Anstieg des Exports von verarbeiteten Gütern gekennzeichnet war.[175] Das Bruttosozialprodukt war von 1,2 Billionen US-Dollar am Ende des Koreakriegs auf 1,8 Billionen US-Dollar zur Machtübernahme Parks gestiegen und befand sich 1979 bei 61,8 Billionen US-Dollar. Im Jahr 1988 lag es bereits bei 164 Billionen US-Dollar (Mason 1997: 395). Diese vergleichsweise hohen Wachstumsraten gingen einher mit gezielten staatlichen Interventionen, in den Worten von Mike Mason: "dirigisme ruled" (Mason 1997: 395). So hatte Park bereits kurz nach seiner Machtübernahme das Bankwesen verstaatlicht, um die einheimischen Zinssätze sowie ausländische Anleihen kontrollieren zu können. Zudem wurden strenge staatliche Preiskontrollen erlassen und die Kapitalflucht unter Strafe – bis hin zur Todesstrafe – gestellt (Amsden 1989: 17).[176] Des Weiteren wurden von der Regierung die legalen Monopolbildungen unterstützt, die von großen industriellen Konglomeraten, den sogenannten *Chaebols*, ausgingen.[177] Das südkoreanische Wirtschaftswachstum war begleitet von repressiven Maßnahmen gegen die Industriearbeiter, deren illegale Streiks oftmals brutal niedergeschlagen wurden (Vgl. Bello/Rosenfeld 1990: 34 f). Gegen Ende der siebziger Jahre kam es zu ökonomischen Problemen und in Folge dessen zu sozialen Unruhen, auf die die Regierung mit weiterer Repression reagierte. Die politischen Differenzen zwischen Präsident Park und dem Chef der südkoreanischen CIA, Kim Jae Kyu, führten 1979 zur Ermordung Parks durch Kim und zur Errichtung einer Militärregierung. Es folgten eine Reihe von Streiks und Studentendemonstrationen, in denen die Rückkehr zur Demokratie gefordert wurde (Edwards, C. 1994: 121). Im Mai 1980 kam es jedoch zu einem weiteren Militärputsch, diesmal unter General Chun Doo Hwan. In Folge dessen spitzten sich die innenpolitischen Auseinandersetzungen erneut zu:

---

[174] Es handelte sich insbesondere um die folgenden Probleme: ein begrenzter einheimischer Markt, zu geringe Exporte im Bereich verarbeiteter Güter sowie eine immer noch zu starke Abhängigkeit von Importen (Kiely 1998a: 101).

[175] Während die Hauptexportgüter Südkoreas 1961 aus Roherzen, Eisenerz, Fisch, roher Seide, Gemüse und Schweinen bestanden hatten, sah die Zusammensetzung der Hauptexportgüter in 1976 gänzlich anders aus: Bekleidung, Schuhe, Stoffe, elektronische Geräte, Sperrholz sowie Telekommunikationsausrüstungen (Hart-Landsberg 1993: 59)

[176] Mason bemerkt über die Verankerung des südkoreanischen Protektionismus im Alltagsleben: "(...) protectionism was everywhere; it became so exalted that in the 1960s the smoking of foreign cigarettes was regarded as being unpatriotic." (Mason 1997: 395)

[177] Kiely (1998a) schreibt hierzu: "(...), the (South Korean, Anm. d. Verf.) state continued to play an active role in the promotion of industrial development. It continued to subsidize industries, and plan national development strategies in alliance with the chaebols. This was carried out through institutions like the Economic Planning Board, the Ministry of Trade and Industry, the Economic Secretariat and the Ministry of Finance. The state used these organizations to direct national planning, regulate foreign borrowing, control some prices, directly invest in some sectors, and promote exports and control imports." (Kiely 1998a: 102)

"Demonstrations against martial law were brutally suppressed especially in the area in the south-west dominated by the opposition leader Kim Dae Jung, with hundreds of people being killed in May 1980 in what is known as the Kwangju massacre. Following the massacre, Kim Dae Jung was sentenced to death, but after pressure from overseas, the sentence was commuted and Kim deported to the USA." (Edwards, C. 1994: 121)

Die politische Krise hing mit der sich verschlechternden ökonomischen Situation zusammen. So war 1979 das Exportvolumen gefallen und die externen ToT zwischen 1979 und 1980 um 13 Prozent gesunken, was auf die drastisch gestiegenen Ölpreise zurückzuführen war (Edwards, C. 1994: 121). Der in den Jahren 1976 bis 1979 erlebte ökonomische Boom hatte zu einer Drosselung der staatlichen Ausgaben geführt und mündete 1980 in Kombination mit dem Rückgang der Exporte in einer Rezession. Das BSP fiel erstmalig seit dem Ende des Koreakrieges, und zwar um 5 Prozent. Die ökonomische Rezession Südkoreas hing zudem mit dem Rückgang der Wachstumsraten der reichen Industrieländer zusammen. Südkorea erholte sich jedoch ziemlich schnell von der Rezession und verzeichnete bereits zwischen 1981 und 1984 trotz der weltwirtschaftlichen Rezession eine durchschnittliche jährliche Wachstumsrate von 7 Prozent. Somit entwickelte sich Südkorea entgegen der negativen weltwirtschaftlichen Trends:

"Even in 1982 when the volume of world trade in manufactures declined by 1.2%, South Korea managed an increase in national income of more than 6%. By 1984 the current account deficit had been reduced to US$ 1.4 billion and the inflation rate had been reduced to under 4%. And between 1981 and 1984, real wages rose by 5% a year." (Edwards, C. 1994: 121)

Ein Grund für diese Entwicklung lag in der Überbewertung des US-Dollars zu Beginn der achtziger Jahre, woraufhin Südkoreas Exportprodukte in den USA wettbewerbsfähiger wurden und die Exportrate wachsen ließen. Parallel dazu kurbelte die südkoreanische Regierung die Importe zurück und ersetzte die zurückgehenden privaten Investitionen durch eine erhöhte staatliche Nachfrage. Des Weiteren unterstützte die Regierung Firmen, die während der ökonomischen Krise zu sogenannten "lame ducks" geworden waren (Kiely 1998a: 104). Die dadurch entstehenden Staatsausgaben wurden vorrangig über ausländische Darlehen finanziert, die 1983 dazu führten, dass Südkorea ein Sparprogramm mit dem IWF vereinbarte. In Folge dessen wurden die Staatsausgaben gekürzt und die in den siebziger Jahren eingeführten Preiskontrollen für landwirtschaftliche Produkte gelockert. Sowohl der Handels- als auch der Finanzsektor wurden seit Ende der siebziger Jahre liberalisiert (Edwards,C. 1994: 122). Im Bereich des Finanzsektors führten die Liberalisierungsmaßnahmen paradoxerweise zu einer erhöhten Monopolisierung, da die *Chaboels* große Teile des nun privatisierten Bankwesens aufgekauft hatten. Amsden (1989) bemerkt über dieses Phänomen:

"*Liberalization, therefore, contributed to a rise, not to a decline, in economic concentration* (Hervorh. im Orig.). Nor should this have been unexpected. It is difficult to achieve equity through market forces in the presence of large agglomerations of economic power." (Amsden 1989: 136)

So waren bis zur Mitte der achtziger Jahre die zehn mächtigsten *Chaebols* für fast 70 Prozent des BSP verantwortlich (Amsden 1989: 136).

In den achtziger Jahren begannen südkoreanische Schuh- und Textilfirmen aufgrund des billigeren Arbeitskräfteangebots in Ländern wie Thailand, Malaysia, Indonesien und den Philippinen zu investieren. Südkoreas komparativer Vorteil hatte sich somit vom Anbieter billiger ungebildeter Arbeitskräfte zum Anbieter billiger ausgebildeter Arbeitskräfte gewandelt (Edwards, C. 1994: 122). Südkorea war zu einem entwickelten Land geworden:

"Pohang was producing highly competitive steel, the car industry was penetrating foreign markets and the electronics industry was increasingly developing its own technology." (Edwards, C. 1994: 122)

Auch die Löhne verzeichneten in den achtziger Jahren einen rasanten Anstieg, wenngleich die durchschnittliche Arbeitszeit von 56 Wochenstunden weiterhin zu den weltweit höchsten gehörte (Edwards, C. 1994: 123). Mitte der achtziger Jahre wuchsen die Unruhen innerhalb der Arbeiterschaft und führten zur Gründung einer Reihe von unabhängigen Gewerkschaften. Im Zuge dieser Entwicklung wurde die politische Liberalisierung des Landes vorangetrieben, die im Jahr 1992 erstmalig in direkten Präsidentschaftswahlen mündete (Berry/Kiely 1993: 594).

Vor dem Hintergrund dieser Entwicklungsgeschichte, sollen nun die Unterschiede zu den lateinamerikanischen Schwellenländern erörtert werden. Dabei steht die eingangs erwähnte Frage im Vordergrund, ob Lateinamerikas Entwicklungsweg durch die Strategie der ISI und Südostasiens durch die Strategie der EOI gekennzeichnet ist.

2.2.2 Vergleich der lateinamerikanischen und südostasiatischen NICs

"There has been a fair amount of nonsense written that suggests that the East Asian economies owe their success to their export orientation, while the failure of the Latin American economies is to be imputed to their import-substitution strategies." (Dietz 1992: 376)

Wie das Beispiel Südkorea gezeigt hat, ist es unzutreffend, lediglich die EOI-Strategie für den ökonomischen Erfolg dieses Landes verantwortlich zu machen. Sowohl Südkorea als auch die anderen Tigerstaaten weisen Phasen der ISI als auch der EOI auf. Demzufolge bezieht sich die in neoliberalen Kreisen vorzufindende Ansicht, die EOI sei ausschlaggebend für die Entwicklung der Tigerstaaten gewesen, lediglich auf einen Ausschnitt der Entwicklungsgeschichte dieser Staaten. Die Ausblendung der ISI-Phasen innerhalb der Tigerstaaten ist der Analyse der Entwicklungserfolge nicht dienlich. Ebenso ist es gefährlich, aus der Analyse der südostasiatischen Entwicklungswege – ohne eine Berücksichtigung der länderspezifischen politischen und historischen Gegebenheiten – allgemeingültige Schlüsse über *die* Erfolgsrezepte für Entwicklungsländer zu ziehen. Vor dem Hintergrund des südkoreanischen Beispiels sollen im Folgenden die Entwicklungswege der Tigerstaaten mit denjenigen Lateinamerikas verglichen werden, um die Unterschiede zu beleuchten und vor diesem Hintergrund schließlich die Unzulänglichkeiten wenn nicht gar das Scheitern der Entwicklungstheorien zu diskutieren.

Wie die Darstellung des südkoreanischen Entwicklungsweges gezeigt hat, spielte der Staat eine bedeutende Rolle für die erfolgreiche Industrialisierung. Der Unterschied zwischen den Tigerstaaten und Lateinamerika kann demnach nicht darin gesucht werden, ob es staatliche Interventionen gegeben hat oder nicht, sondern welcher Natur diese Interventionen waren.

Da jedoch rein ökonomische Erklärungen unzureichend sind, um den Erfolg der Tigerstaaten zu verstehen, sollen im Folgenden in Anlehnung an Kiely (1994: 154) drei wichtige Unterschiede zwischen den Tigerstaaten und Lateinamerika behandelt werden, um die Hintergründe ihrer Erfolgsgeschichte näher zu beleuchten. Es handelt sich um

1)   die Geopolitik zur Zeit des Kalten Krieges,
2)   Landreformen,
3)   das Verhältnis zwischen Staat und Zivilgesellschaft.

Die geostrategische Position der Tigerstaaten war zur Zeit des Kalten Krieges von besonderer Bedeutung für den Westen und insbesondere die USA. Wie bereits an dem Beispiel Südkorea gezeigt wurde, flossen in der Nachkriegszeit reichlich US-amerikanische Entwicklungshilfegelder in diese Region, um sie gegen ihre kommunistischen Nachbarn zu wappnen. Wenngleich die finanzielle Hilfe für die Tigerstaaten weitaus über derjenigen für Lateinamerika lag, begründet dieser Unterschied zwar nicht die südostasiatischen Wachstumsraten, aber diese Finanzhilfen haben es den Tigerstaaten erleichtert, eine funktionierende Infrastruktur aufzubauen. Des Weiteren heben Bello und Rosenfeld hervor, dass die Finanzhilfe im Falle Südkoreas in den fünfziger Jahren zur Deckung von fünf Sechsteln des damaligen Handelsbilanzdefizits beigetragen hat (Bello/Rosenfeld 1990: 4).

Wichtiger als die geostrategische Relevanz Südostasiens im Vergleich zu Lateinamerika ist jedoch der Unterschied im Bereich der Landreformen. Während Taiwan und Südkorea die beschriebenen Landreformen durchgemacht hatten und im Zuge dessen die in anderen Teilen des Trikonts weiterhin anzutreffende Klasse des ländlichen Großgrundbesitzes beseitigt hatten, hatte es in einigen lateinamerikanischen Ländern zwar Landreformen gegeben, aber ohne die Privilegien des Großgrundbesitzes grundlegend anzutasten. So ist die Klasse der ländlichen Großgrundbesitzer in Lateinamerika weiterhin eine bedeutende politische Größe, die staatliche Entscheidungen beeinflusst.[178] Demgegenüber waren die Tigerstaaten in der Lage, bereits relativ frühzeitig, autonomer, also ohne die Beeinflussung alteingesessener Klassen, zu agieren. Mittels dieses Unterschieds

---

[178] Rhys Jenkins (1991a) hebt in diesem Zusammenhang hervor: "Of the three Latin American NICs (Argentina, Brazil and Mexico, d. Verf.), only Mexico has had a significant land reform, but after Cardenas this faltered and a new landed elite emerged. As a result, the agrarian structure in all three countries was dominated by large landlords. (...) Thus whereas landlords were effectively destroyed as a class in East Asia, removing a potential obstacle to industrialization they continue to exercise significant political influence in the Latin American countries." (Jenkins 1991a: 207 f)

lassen sich die Unterschiede in der Qualität der staatlichen Interventionen zwischen den NICs Lateinamerikas und Südostasiens erklären, denn

"It is not the quantity of government intervention and planning that matters but its quality. (...) The quality of government intervention and planning is less a product of the educational levels of government officials than of the independence of these officials and their political masters from sectional influences." (Hamilton, C. 1987: 1254)

In einem engen Zusammenhang mit diesem Unterschied steht die Beziehung zwischen Staat und Zivilgesellschaft, die in den Tigerstaaten bereits seit den fünfziger Jahren durch die relative Autonomie des Staates gekennzeichnet war. Wie soeben gezeigt wurde, ist die in den Tigerstaaten anzutreffende frühzeitig erfolgte Zerschlagung der ländlichen Großgrundbesitzerklasse von besonderer Bedeutung für die Handlungsfähigkeit des Staates gewesen, wohingegen die NICs Lateinamerikas in ihre politischen Entscheidungen die Interessen des ländlichen Großgrundbesitzes einbinden mussten. Eine weitere Interessensgruppe, deren politischer Einfluss in Lateinamerika größer war als in den Tigerstaaten, ist die Klasse der Industriellen. Da die taiwanesische als auch die koreanische Industrie bis 1945 in den Händen der Japaner lag, konnte sich bis zu diesem Zeitpunkt keine einheimische Klasse von Industriellen herausbilden. Demgegenüber hatte sich in Lateinamerika bereits seit dem Beginn des zwanzigsten Jahrhunderts eine Industriellenklasse herausgebildet, deren ökonomische Interessen von den populistischen Regimes in Argentinien, Brasilien und Mexiko bevorzugt berücksichtigt wurden. Mit der Unabhängigkeit der Tigerstaaten fiel ein Großteil des vormals japanischen Industriebesitzes in die Hände des jeweiligen Staates, und es begann sich eine Klasse von Industriellen herauszubilden. Da selbige jedoch relativ jung war, konnte sie keinen großen politischen Einfluss aufweisen, was die relative Autonomie des Staates stärkte. Das Pendant zur Industriellenklasse, die Arbeiterklasse, entspricht der jeweiligen Position der Industriellenklasse in beiden Regionen. Wie bereits im Rahmen der südkoreanischen Entwicklungsgeschichte erwähnt wurde, war die dortige Industrialisierung durch "politically quiescent labour movements" (Jenkins 1991a: 209) gekennzeichnet. Dieses Phänomen trifft auch auf die anderen Tigerstaaten zu, während die lateinamerikanischen NICs eine "more organized and militant working class" (Jenkins 1991a: 209) aufzuweisen hatten. Jenkins (1991a) weist darauf hin, dass sich, basierend auf Statistiken der ILO für den Zeitraum von 1964 – 1972, gravierende Unterschiede in der Häufigkeit von Streiks zwischen beiden Regionen erkennen lassen. So war selbst zu der Zeit der argentinischen Militärherrschaft die Anzahl der Streiktage drei mal höher als zur gleichen Zeit in Südkorea. Im Vergleich zu Taiwan lag die Anzahl der argentinischen Streiktage sogar fünfzehn mal höher (Jenkins 1991a: 210). Die Gründe für diese Unterschiede sowie auch den geringeren gewerkschaftlichen Organisationsgrad der Arbeiter innerhalb der Tigerstaaten sind unter anderem in der staatlichen Repression gegen Streiks und der größeren staatlichen Kontrolle über die Gewerkschaften zu finden. Zudem hat die in Taiwan vorherrschende Kleinindustrie und ihre Ansiedelung in ländlichen Gebieten dazu beigetragen, dass die Industriearbeiterschaft kein zahlenmäßig starkes Zentrum hatte, was deren Organisationsmöglichkeiten beeinträchtigt hat (Jenkins 1991a: 211). Jenkins stellt zusammenfassend fest:

"(...), the state in South Korea and particularly in Taiwan was able to ignore the interest of labour in formulating and implementing economic policy. In Latin America, this could only be said of the military regime in Brazil in the first ten or fifteen years of its rule." (Jenkins 1991a: 212)

Vor dem Hintergrund der in den Tigerstaaten anzutreffenden relativen Unabhängigkeit des Staates von den gesellschaftlichen Interessensgruppen soll nun der Frage nachgegangen werden, worin sich die staatlichen Interventionen zwischen den NICs Lateinamerikas und Südostasiens unterscheiden.

Laut Jenkins (1991a) liegt der Unterschied zwischen den Erfolgen der südostasiatischen Tigerstaaten und der Entwicklung Lateinamerikas in der Effektivität der staatlichen Interventionen begründet. Er benennt vier für die Tigerstaaten charakteristische wirtschaftspolitische Unterschiede zu Lateinamerika (Jenkins 1991a: 199):

1) Flexibilität
2) Selektivität
3) Kohärenz
4) Vorrang staatlicher Förderung statt Regulierung

Die Flexibilität der südostasiatischen staatlichen Interventionen drückt sich insbesondere in ihrer Bereitschaft zum wirtschaftspolitischen Kurswechsel aus, falls die vorherige Strategie nicht erfolgversprechend zu werden scheint. So hatte Südkorea beispielsweise in den sechziger Jahren auf die Realisierung der Pläne für den Bau einer Automobilfirma verzichtet, nachdem die Kosten als zu hoch erachtet wurden (Luedde-Neurath 1986: 54). Ebenso wurden in den frühen achtziger Jahren Projekte im Bereich der Schwerindustrie angesichts wachsender ökonomischer Schwierigkeiten zurückgestellt (Jenkins 1991a: 199). In Lateinamerika finden sich laut Jenkins (1991a) jedoch zahlreiche Beispiele von "government policies continuing to support industries despite substantial foreign exchange costs and inefficiency" (Jenkins 1991a: 199).

Die südostasiatische Wirtschaftspolitik zeichnete sich des Weiteren durch eine sehr selektive Förderung bestimmter Wirtschaftszweige und Firmen aus. Demgegenüber wurden in Lateinamerika oftmals Verbrauchsgüter staatlich gefördert (Jenkins 1991a: 199 f).

Aufgrund der relativen Autonomie des Staates waren die Tigerstaaten in der Lage, einen hohen Grad an Kohärenz in ihren wirtschaftspolitischen Maßnahmen zu erzielen. Nach Ansicht von John D. Macomber (1987) seien die politischen Strategien in Lateinamerika jedoch oftmals kaum aufeinander abgestimmt wenn nicht gar gegensätzlich gewesen (Macomber 1987: 478).[179]

---

[179] Macomber (1987) bemerkt über die Unterschiede zwischen Ostasien und Lateinamerika hinsichtlich der Implementierung staatlicher Wirtschaftspolitik: "(...), in Latin America, although the goal is ostensibly the same, to strengthen the national economy, the management of the policy is completely different, beginning with the involvement of numerous institutions, each with their own objec-

Ein weiterer Unterschied in der Wirtschaftspolitik der beiden Regionen liegt darin, dass die Tigerstaaten vorrangig auf die Förderung von privaten Unternehmen gesetzt haben, während in Lateinamerika eine Regulierung privater Unternehmen dominierte. Die Regierungen der Tigerstaaten haben sich zumeist gegen Bürgschaften für Firmen ausgesprochen, die in wirtschaftliche Schwierigkeiten geraten waren (Jenkins 1991a: 200), wohingegen die lateinamerikanischen Regierungen oftmals unter dem politischen Druck Arbeitsplätze zu erhalten Firmen vor dem Bankrott gerettet haben (Balassa et al. 1986: 137).

Angesichts der hier referierten Differenzen zwischen den südostasiatischen und den lateinamerikanischen NICs ist deutlich geworden, dass die relative Autonomie des Staates der südostasiatischen NICs die Grundlage für die erfolgreiche Implementierung der jeweiligen wirtschaftspolitischen Maßnahmen war.[180] So steht die eingangs erwähnte Gegenüberstellung von ISI in Lateinamerika und EOI in Südostasien nicht nur nicht in Einklang mit der Entwicklungsgeschichte der Tigerstaaten, sondern geht an der grundlegenden Problematik der Effektivität der jeweiligen staatlichen Interventionen vorbei. Vor dem Hintergrund der Entwicklungsgeschichte der Tigerstaaten sowie des Vergleichs zwischen Südostasien und Lateinamerika sollen im Folgenden die Konsequenzen aufgezeigt werden, die die erfolgreiche Entwicklung der Tigerstaaten für die Entwicklungstheorien nach sich gezogen hat.

2.2.3 Das Scheitern der (Unter-)Entwicklungstheorien angesichts der südostasiatischen Entwicklungserfolge

"The East Asian experience clearly contradicts the caricature of dependency theory which purports to argue that stagnation and exclusion will follow in proportion to the extent of international connections; (…)." (Evans, P. 1987: 220)
Die unterentwicklungstheoretische Reaktion auf die Widerlegung ihrer Annahmen bezog sich zumeist auf die moralische Ebene: Da es sich bei den Tigerstaaten um autoritär regierte Länder handelte, könne dem dortigen Wirtschaftswachstum nichts Gutes abgewonnen werden. Die moralische Kritik an autoritären Regimes ist berechtigt, ersetzt jedoch keine entwicklungstheoretische Erklä-

---

tive. The centralized governmental structures of the East Asian countries enable them to change course as required to meet market forces in ways that the more independent bureaucracies of Latin America cannot do. The lesson seems clear. If a country is going to be interventionist, then it needs to be able to manage the implementation of the policy, as well as take the initial decision to intervene." (Macomber 1987: 478)

[180] Diese Beobachtung bedeutet jedoch nicht, dass die relative Autonomie des Staates etwas Statisches ist und im Falle der Tigerstaaten überall in der gleichen Intensität anzutreffen ist. Jenkins (1991a) stellt hierzu fest: "The degree of state autonomy appears to have been higher in Taiwan than in South Korea, and the growing importance of the *chaebols* in Korea and the predominance of small-scale industry in Taiwan have served to intensify this difference. The difference in industrial structure, and the greater level of mobilization of workers in South Korea before 1960, also contributed to greater pressure on the state from below than in Taiwan. Developments in South Korea in the 1980s suggest that the very success of the state in promoting industrialization is reducing its relative autonomy." (Jenkins 1991a: 224)

rung für die enormen Wachstumsraten vormaliger "Satellitenstaaten", um einen Begriff aus dem Frankschen Vokabular zu benutzen.[181] Die moralische Kritik war vielmehr ein Versuch der Unterentwicklungstheoretiker, von dem Scheitern ihrer Prämissen abzulenken. So sprach Andre Gunder Frank (1982) angesichts der Industrialisierungserfolge der Tigerstaaten davon, dass sich die dortigen – auf dem Export von verarbeiteten Gütern basierenden – Wachstumsraten keineswegs signifikant von dem "old raw materials export-led growth that underdeveloped the Third World in the first place" (Frank, A.G. 1982: 23) unterscheiden würden. Derartige sprachliche Verzerrungen als Reaktion auf empirische Widerlegungen der Unterentwicklungstheorien konnten selbige jedoch nicht aus ihrer entwicklungstheoretischen Sackgasse befreien. Lediglich die von Cardoso und Faletto vertretene Variante der Unterentwicklungstheorie hatte Entwicklungsprozesse im Trikont als möglich erachtet, wohingegen insbesondere die von Frank und Amin vertretene unterentwicklungstheoretische Ausrichtung nun offenkundig diskreditiert worden war. Frank beharrte jedoch weiterhin auf dem Konzept der Unterentwicklung, dem strukturellen Gegensatz zwischen Zentrum und Peripherie, und war überrascht über diejenigen, die aus einer linken Position behaupteten, dass Kapitalismus und Entwicklung in der Peripherie kein prinzipielles Gegensatzpaar darstellen würden (Frank, A.G. 1984: 252 f). Ein weiterer Vertreter der unterentwicklungstheoretischen Zunft sah ebenfalls in den Entwicklungserfolgen der Tigerstaaten keine Widerlegung seiner Vorstellungen, und zwar Wallerstein. Wie in Kapitel I/2.5 gezeigt wurde, hatte Wallerstein der unterentwicklungstheoretischen Dichotomie Zentrum versus Peripherie eine weitere Kategorie, die Semiperipherie, hinzugefügt. Mittels dieser Kategorie war es Wallerstein *innerhalb* seiner Theorie möglich, den Aufstieg der Tigerstaaten als Übergang von der Peripherie zur Semiperipherie zu verarbeiten. Diese Kategorisierung ist jedoch keineswegs in der Lage zu erklären, *wieso* die Tigerstaaten sich entwickelt haben, geschweige denn Aussagen über das Entwicklungspotential anderer Länder der "Peripherie" zu treffen. Zudem geht Wallerstein von einem weltwirtschaftlichen Nullsummenspiel aus, wonach Entwicklung in einem Land Unterentwicklung in einem anderen bedeutet (Wallerstein 1979: 73). Auf die diesbezüglichen Kritikpunkte ist bereits an anderer Stelle ausführlich eingegangen worden (Vgl. Kapitel I/2.4 & I/2.5). Neben den genannten Problemen des Weltsystemansatzes verdeutlicht die theoretische Resistenz dieses Ansatzes im Hinblick auf die Tigerstaaten, dass der Weltsystemansatz nicht falsifizierbar ist und demnach auch keinen Erkenntnisgewinn bezüglich der Determinanten von Entwicklungsprozessen im Trikont bringen kann. Der vorrangige Zweck dieses auch weiterhin in einigen entwicklungspolitischen Publikationen als hilfreich erwähnten Ansatzes besteht offensichtlich darin, den Bereich der sogenannten radikalen Entwicklungstheorie beziehungsweise einen Teil der

---

[181] Kiely (1998a) bemerkt folgerichtig: "Certainly, South Korean and Taiwanese industrialization processes have occurred in the context of political repression, environmental destruction, working-class exploitation and female oppression, but these factors *alone* cannot explain their success (Hervorh. im Orig.). Other cases have experienced these processes too, but have not been successful, either in terms of economic growth or social development."(Kiely 1998a: 141)

Unterentwicklungstheorien aus ideologischen Gründen zu bewahren, um der Tatsache zu entgehen, dass es derzeit keine als kohärent zu bezeichnende "radikale" Entwicklungstheorie gibt. Wie im Folgenden anhand der Untersuchung der sogenannten neueren Entwicklungsansätze zu zeigen sein wird, sind unterentwicklungstheoretische Entwicklungsvorstellungen dennoch weiterhin ein fester Bestandteil im entwicklungstheoretischen Denken, wenngleich sie auch nicht immer als solche deklariert werden.

Hinsichtlich der Entwicklungserfolge der NICs hat sich basierend auf unterentwicklungstheoretischen Vorstellungen ein Zweig dieser Denkrichtung gebildet, der die Theorie einer neuen internationalen Arbeitsteilung vertritt. Die bekanntesten Vertreter dieses Ansatzes sind Folker Fröbel, Jürgen Heinrichs und Otto Kreye (1977; 1978). Die eingangs erwähnte moralische Kritik an den Entwicklungserfolgen der NICs bildet den Kern ihrer Argumentation. So vertreten sie die Auffassung, dass der Aufstieg der NICs zu einer neuen internationalen Arbeitsteilung (NIDL)[182] basierend auf einer erhöhten Abhängigkeit geführt habe (Fröbel/Heinrichs/Kreye 1977: 20 ff). Aus ihrer Sicht diene die NIDL lediglich den Interessen der westlichen Welt, die bei Frank "das Zentrum" heißt. Die Entwicklung innerhalb der Peripherie könne somit nie "genuin" sein, sondern immer nur in Abhängigkeit zum Westen erfolgen (Fröbel/Heinrichs/Kreye 1977: 61 ff). Die Vorstellungen zur NIDL reichen bis in die sechziger/siebziger Jahre zurück, als ihrer Analyse nach die hohen Löhne innerhalb der Zentrumsnationen dazu führten, dass die Profite sanken und westliche Firmen damit begannen, sich aufgrund des billigeren Arbeitskräfteangebots in peripheren Ländern anzusiedeln. Während demnach Arbeiter im Trikont zu Billiglöhnen produzieren, profitierten die im Rahmen der NIDL als post-industriell beschriebenen Industrieländer von den niedrigen Preisen. Laut Frank handelt es sich bei der NIDL um eine "super-exploitation" (Frank, A.G. 1981a: 53), die oftmals in Freihandelszonen praktiziert werde.[183] Nach Überzeugung von Frank stellt die NIDL lediglich das Produkt der veränderten Bedürfnisse des globalen Kapitals dar. Nach dieser funktionalen Sichtweise kann es im Trikont keine "autonome" kapitalistische Entwicklung geben, selbige bleibt demnach in der Peripherie immer abhängig von den industriellen Zentren und deren Bedürfnissen verpflichtet (Vgl. Frank, A.G. 1981a: 230 ff; Hart-Landsberg 1984: 181 ff). Auf die Problematik, "Abhängigkeit" per se als etwas Negatives zu definieren, ist an anderer Stelle bereits eingegangen worden (Vgl. Kapitel I/2.4). Bevor jedoch die Frankschen Rettungsversuche für die Unterentwicklungstheorien der Kritik unterzogen werden, soll auf die in Kapitel II/1.1 bereits dargestellte neoliberale Entwicklungstheorie

---

[182] NIDL steht für die englische Bezeichnung "New International Division of Labour".

[183] Frank (1981a) schreibt über die "superexploitation": "Superexploitation takes many forms. In the first place, capital does not pay the worker a wage allowing the reproduction of his or her labor power, which sometimes takes place within the so-called noncapitalist sector. (...) In the case of economies like South Korea, Hong Kong, and others, and especially in the free production zones, which specialize in textiles and electronic components, work is primarily done by women between the ages of fourteen and twenty-four, who come from the countryside and who, after working for a short time, are thrown out of the productive process again. Superexploitation also takes place where there is an intensification of productive labor through extremely long work schedules. (...) Finally, superexploitation can be seen in the decline of real wages." (Frank, A.G. 1981a: 60 f)

und ihre Vereinnahmung der ökonomischen Erfolgsgeschichten Südostasiens eingegangen werden. Wie zu zeigen sein wird, gibt es hinsichtlich der Analyse einige Gemeinsamkeiten zwischen den unterentwicklungstheoretischen Wieder-belebungsversuchen und dem neoliberalen Erstarken. Diese Beobachtung sollte jedoch nicht verwundern, da bereits in Kapitel I/4 darauf verwiesen wurde, dass unterentwicklungstheoretisches Denken eine Art von "Adam Smith im Kopf-stand" darstellt.

Aus der Sicht der neoliberalen Entwicklungstheoretiker beruht der Erfolg der südostasiatischen Tigerstaaten auf drei miteinander verbundenen Faktoren:

1)   begrenzte staatliche Interventionen in die Ökonomie
2)   ein niedriger Grad an Preisverzerrungen innerhalb der Ökono-
      mie
3)   eine nach außen orientierte Strategie der Exportförderung (Vgl.
      Balassa et al. 1986: 45 ff).

Unter dem erstgenannten Punkt verstehen die Gegenreformisten u.a. die Beseiti-gung von staatlichen Subventionen an die Industrie sowie die Abschaffung von Mindestlöhnen und Preiskontrollen. Daraus ergebe sich in Verbindung mit ei-nem realistischen Wechselkurs ein niedriger Grad an Preisverzerrungen, auf den Investoren und Verbraucher positiv reagieren würden. Demzufolge sehen die Gegenreformisten einen engen Zusammenhang zwischen einem niedrigen Grad an Preisverzerrungen und einem hohen Grad an ökonomischem Wachstum (Vgl. World Bank 1983: 60 ff). Des Weiteren erlaube die Strategie der EOI der Regie-rung, diejenigen Güter zu importieren, in welchen das Land keine komparativen Kostenvorteile besitzt und im Gegenzug die einheimischen Güter mit komparati-ven Kostenvorteilen zu exportieren.

     Die EOI wird von den Gegenreformisten insbesondere im Vergleich zu der aus ihrer Sicht ineffizienten ISI gelobt. Es wird von den Gegenreformisten zwar zur Kenntnis genommen, dass viele Länder des Trikonts auch ohne eine EOI-Strategie Industrialisierungsprozesse in Gang gesetzt haben, aber selbige werden als ineffizient und kurzlebig betrachtet. So würde in Ländern mit einer ISI-Strategie der staatliche Protektionismus gegenüber der einheimischen Indus-trie dazu führen, teure Produkte zu subventionieren, die schließlich von den Konsumenten bezahlt werden müssten. Im Zuge dieses Protektionismus würden oftmals auch Importe limitiert und der Finanzmarkt kontrolliert werden. Diese staatlichen Eingriffe in das Marktgeschehen würden kontraproduktiv sein und eher "spekulative" als "produktive" ökonomische Tätigkeiten befördern (Vgl. World Bank 1985: 37 ff).

Trotz der unterschiedlichen Ausrichtung sowie der gegensätzlichen Präferenz für die ISI bzw. die Abkoppelung einerseits und die EOI andererseits, weisen unterentwicklungstheoretische und neoliberale Erklärungsversuche für den Auf-stieg der südostasiatischen NICs eine grundlegende Gemeinsamkeit auf: Sie erklären die Entwicklungserfolge aus einer funktionalen Logik heraus, und zwar den Bedürfnissen des Marktes bzw. seiner "Kontrolleure", der westlichen Industrieländer. Der Unterschied liegt – wie bereits im Rahmen der Kritik an den Unterentwicklungstheorien gezeigt wurde – in der *Bewertung* dieser funktionalen Logik. Für die neoliberalen Entwicklungstheoretiker haben die NICs von den komparativen Kostenvorteilen insbesondere im Bereich des billigen Arbeitskräfteangebots profitiert, während Frank et al. die gleiche Vorstellung in einem gänzlich anderen Vokabular zum Besten geben. Laut ihrer Überzeugung, sei die Ausbeutung der billigen Arbeitskraft *der* Grund für den ökonomischen Aufstieg der NICs gewesen. Amsden (1990) kommentiert diese Gemeinsamkeit wie folgt:

"The terminology is different, but the emphasis on a new international division of labour as an explanation of economic development is quite similar." (Amsden 1990: 19)

Wie Amsden (1990), aber auch Kiely (1994) und Jenkins (1987) im Rückgriff auf empirisches Material hinsichtlich der Bedeutung von TNCs für die NICs aufzeigen, halten unterentwicklungstheoretische Vorstellungen der Realität nicht stand. So war die reale Bedeutung ausländischer Direktinvestitionen aber auch der Anteil der TNCs innerhalb der Entwicklungsländer in den sechziger bis achtziger Jahren so gering, dass sich aus diesen Komponenten keine schlüssige Theorie konstruieren ließ. Laut Jenkins ist der Anteil globaler ausländischer Direktinvestitionen im Bereich der verarbeitenden Industrie in den Entwicklungsländern zwischen 1960 und den frühen achtziger Jahren gefallen, wohingegen der Anteil ausländischer Direktinvestitionen im Bereich der verarbeitenden Industrie zwischen den Industrieländer gestiegen ist (Jenkins 1987: 13). Während demnach die unterentwicklungstheoretischen Verfechter einer NIDL genau diesen Zeitraum im Visier ihrer Überlegungen haben, sprechen die Tatsachen jedoch eine andere Sprache. David M. Gordon (1988) verweist auf einen weiteren empirischen Widerspruch zu den Annahmen der Vertreter der NIDL: So habe der Anteil der verarbeitenden Industrie in den Entwicklungsländern 1984 13,9 Prozent an der globalen verarbeitenden Industrieproduktion betragen, was zwar gegenüber den 12,2 Prozent aus dem Jahr 1966 einen Anstieg bedeutete, aber unter dem Anteil von 1948 mit 14 Prozent lag (Gordon 1988: 33). Des Weiteren betont Amsden (1990) bezüglich des Stellenwerts der TNCs für die Wachstumsraten der NICs:

"Foreign investment in the *maquiladoras* (Hervorh. im Orig.) occupies centre stage in analyses of the international division of labour, which is widely regarded as the spur to economic development. In reality, labour-intensive export activity by multinational firms has usually been too modest in any one developing country to serve as the basis for extensive growth." (Amsden 1990: 20)

Demnach führen die Verfechter der NIDL den unterentwicklungstheoretischen Fehler fort, die Entwicklungs- oder Unterentwicklungsprozesse im Trikont lediglich als Reaktion auf die Bedürfnisse der Industrieländer zu begreifen. Wie die Darstellung der Entwicklungsgeschichte Südkoreas gezeigt hat, war insbesondere die staatliche Wirtschaftspolitik der wichtigste Faktor für die erfolgreiche Entwicklung. In dieser Beobachtung liegt auch der wichtigste Kritikpunkt an der neoliberalen Entwicklungstheorie, deren Vertreter lediglich einen Ausschnitt aus der Entwicklungsgeschichte der Tigerstaaten beleuchten, und zwar die Phase der verstärkten EOI, um daraus ihre Präferenz für einen möglichst interventionsfreien Markt zu legitimieren. Die neoliberalen Entwicklungstheoretiker negieren den in den Tigerstaaten anzutreffenden engen Zusammenhang zwischen Importsubstituierung und Exportorientierung. Indem sie letztere im Rahmen der Strukturanpassung als Entwicklungsstrategie verabreichen, muss dem in diesem Zusammenhang oftmals erfolgten Vorwurf der Nichtberücksichtigung der jeweils lokalen Gegebenheiten des Entwicklungslandes hinzugefügt werden, dass sich keine überzeugenden Länderbeispiele anführen lassen, in welchen lediglich eine exportorientierte Politik Entwicklungserfolge nach sich gezogen hat.[184] Da die neoliberalen Entwicklungstheoretiker – im Gegensatz zum Gros der Unterentwicklungstheoretiker – jedoch auch empirische Befunde zur Kenntnis nehmen, lautet ihre Position hinsichtlich des nachweislich hohen Grades an staatlicher Intervention, dass der ökonomische Aufstieg der Tigerstaaten *trotz* der Interventionen stattgefunden habe (Lal 2000: 46).[185] Wie die Darstellung von Südkoreas Entwicklungsgeschichte verdeutlicht hat, hat der Staat die Entwicklung des Landes entscheidend gelenkt, so beispielsweise im Bereich der Exportförderung:

"(...) the export promotion that neo-liberals are so quick to support was only made possible by strategic state intervention. If the South Korean state had left the economy to 'market forces', then loss-making exports would not have taken place." (Kiely 1994: 142)

Zudem war der Anteil der Staatsausgaben am BSP in den Tigerstaaten keineswegs niedriger als in Lateinamerika, sondern in einigen Fällen sogar höher.[186] Gleiches trifft auf den Anteil öffentlicher Unternehmen am gesamten Investitionsaufkommen zu (Jenkins 1991b: 48). Die staatlichen Interventionen in die Wirtschaft gingen innerhalb der Tigerstaaten oftmals über das "normale" Maß

---

[184] Dietz (1992) betont ebenfalls, dass eine bloße Exportorientierung nicht ausreiche, um zu Entwicklungserfolgen zu gelangen. Als Beispiel benennt er Puerto Rico, das während der fünfziger Jahre oftmals als Beispiel für eine erfolgreiche exportorientierte Entwicklung angepriesen wurde. In den siebziger Jahren war die exportorientierte Entwicklungsstrategie jedoch an ihre Grenzen gelangt und begann als Wachstumsquelle zu versiegen. Die einfache neoliberale Gleichung, dass Exportorientierung Wachstum bedeutet, korreliert demzufolge oftmals mit den länderspezifischen Unterschieden in der Umsetzung der Strategie der EOI aber auch mit der ökonomischen Vorgeschichte des jeweiligen Landes. Im Gegensatz zu den lateinamerikanischen Staaten ist es laut Dietz den Tigerstaaten gelungen, sogenannte strategische Wendepunkte rechtzeitig zu erkennen. So sei beispielsweise in Puerto Rico der Fehler gemacht worden, die Strategie der EOI sehr statisch zu handhaben, indem lediglich die Zielvorgabe der Gewinnung von Arbeitsplätzen im Vordergrund stand und die flexible Anpassung an die jeweiligen Bedingungen des Weltmarktes nicht ausreichend berücksichtigt wurden (Vgl. Dietz 1992: 376 f).

[185] Lal (2000) bestreitet die entwicklungsfördernde Rolle des Staates in Südkorea wie folgt: "(...), it could be argued that (the South Korean, Anm. d. Verf.) success has been achieved *despite* intervention (Hervorh. im Orig.). Thus the change in trade policies in the early 1960s from favouring import substitution to broad neutrality between import substitution and exporting – considered to have been a major reason for Korea's subsequent success – entailed the introduction of interventionist export incentives to counteract the effects of import controls which, though undesirable from their inception, were not (and have not been) entirely removed." (Lal 2000: 46)

[186] So betrug, basierend auf Weltbankreporten, nach Angabe von Jenkins (1991b) der Anteil der Staatsausgaben am BSP im Jahr 1986 in Südkorea 18 Prozent und in Taiwan 25 Prozent, während selbiger Anteil in Kolumbien bei 15 Prozent und in Uruguay bei 25 Prozent lag (Jenkins 1991b: 48).

hinaus, so dass Datta-Chaudhuri bezüglich Südkorea sogar zu folgendem Urteil kommt:

"No State, outside the Socialist bloc, ever came anywhere near this measure of control over the economy's investable resources." (Datta-Chaudhuri 1981: 56)

Ebenso wie die bedeutende Rolle des Staates im Entwicklungsprozess der Tigerstaaten von den neoliberalen Entwicklungstheoretikern negiert wird, sehen auch die Unterentwicklungstheoretiker der NIDL in den Staaten des Trikonts keine bedeutenden Akteure. Aus ihrer Sicht ist die jeweilige Politik der Trikontstaaten nur das Resultat globaler kapitalistischer Notwendigkeiten. Wie auch die vorgestellten Unterentwicklungstheorien sowie der Weltsystemansatz, gehen die Vertreter der NIDL davon aus, dass im Trikont keine "richtige" kapitalistische Entwicklung stattfinden könne. So fand sich beispielsweise bei dem von der Relevanz der Unterentwicklungstheorien überzeugten Ökonomen Martin Hart-Landsberg[187] die Auffassung, dass Südkoreas Entwicklungserfolge durch seine starke Abhängigkeit von ausländischem Kapital und Technologie sowie seine Exporte in die Industrieländer geschmälert werde (Vgl. Hart-Landsberg 1984: 185 ff). Wie bereits mehrfach betont wurde, sind auch die Industrieländer "abhängig". Diese Tatsache lässt sich kaum vermeiden und ihre negative Wertung entspringt eher ideologischen denn logischen Erwägungen, denn gerade diejenigen Länder mit dem niedrigsten Grad von "Abhängigkeit" weisen oftmals auch einen ähnlich niedrigen Grad an ökonomischer Entwicklung auf. An anderer Stelle wurde diesbezüglich bereits auf die Beispiele Albanien und Kuba verwiesen.

Die Industrialisierungserfolge der Tigerstaaten haben zwar die unterentwicklungstheoretischen Prämissen untergraben bzw. widerlegt, aber dennoch ist das ideologische Potential dieser Ideen stark genug gewesen, um sich weiterhin in einigen der im Folgenden zu diskutierenden "neueren" Entwicklungsansätze zu manifestieren. Innerhalb der Regulationsschule werden die soeben diskutierten Kritikpunkte der NIDL wieder auftauchen. Demgegenüber findet sich eine positive Einschätzung der internationalen "Abhängigkeitsverhältnisse" und insbesondere der MNCs in einem anderen "neueren" Entwicklungsansatz, und zwar dem postimperialistischen.

3   Zusammenfassung

Die soeben referierten wissenschaftsimmanenten und wissenschaftsexternen Krisenursachen haben gezeigt, dass die Infragestellung des Erklärungsgehalts der Großtheorien nicht nur deren Reichweite betrifft, sondern auch ihre thematischen Schwachpunkte sowie ihr fehlendes empirisches Fundament. Da die entwicklungstheoretische Forschung sehr stark an entwicklungspolitische Erwar-

---

[187] Martin Hart-Landsberg ist Professor für Ökonomie und Direktor des Instituts für Ostasiatische Studien am Lewis and Clark College in Portland/Oregon. Seine Homepage lautet: >http://www.lclark. edu/~marty/<.

tungen gebunden ist, hat das Erstarken des neoliberalen Gegenreformismus gezeigt, wie sehr die jeweilige entwicklungstheoretische Dominanz als das Resultat institutioneller Dominanz verstanden werden muss. Die innerwissenschaftli-
chen Auseinandersetzungen um die genannten Krisenphänomene können jedoch
nicht ausschließlich dem Aufkommen des Gegenreformismus angelastet werden.
Das mit dem Ende der Ost-West-Systemkonkurrenz einhergehende Infragestel-
len marxistischer aber auch sogenannter neomarxistischer bzw. unterentwicklungstheoretischer Theorien hat eine Verwirrung bei den sich als kritisch wenn
nicht gar radikal verstehenden Entwicklungsforschern hinterlassen. Mit dem Zusammenbruch des real existierenden Sozialismus einerseits und den sich seit
Beginn der achtziger Jahre andererseits nicht länger zu leugnenden Entwicklungserfolgen sogenannter "Satellitenstaaten" haben insbesondere die Unterentwicklungstheorien Erosionen erlitten, die einige der vormaligen Unterentwicklungstheoretiker ins technokratische Lager wechseln ließen. Wie im Rahmen der
neueren Ansätze zu zeigen sein wird, spielt das unterentwicklungstheoretische
Denken weiterhin eine nicht zu unterschätzende Rolle. So ist es auch in antimodernen Entwicklungsvorstellungen zu finden, die als das Resultat postmoderner
Ideen innerhalb der Sozialwissenschaften zu verstehen sind.

Wie gezeigt wurde, zeichnen sich die dominanten neoliberalen Entwicklungsvorstellungen durch eine universalistische und vorrangig ökonomische
Sichtweise aus. Ihre Schwäche besteht darin, dass sie die länderspezifischen
Rahmenbedingungen ausblenden und ein sehr statisches Verständnis von den
erforderlichen Maßnahmen für eine erfolgreiche kapitalistische Entwicklung
haben. Wie im Rahmen vieler Fallbeispiele innerhalb der Entwicklungsforschung gezeigt wurde, haben diese, sich in der Strukturanpassungspolitik manifestierenden Vorstellungen, nicht die erhofften Erfolge gezeigt, sondern oftmals
zu einer Verschlechterung der jeweiligen ökonomischen Situation beigetragen.
So teilen die neoliberalen Entwicklungstheoretiker mit den Unterentwicklungstheoretikern den Fehler, länderspezifische Unterschiede auszublenden und überall die gleichen Politikempfehlungen zu machen sowie ungeachtet ihrer negativen Folgen an ihnen festzuhalten. So wurde den Strukturanpassungsprogrammen zwar ein "menschliches Gesicht" verpasst, aber das ökonomische Programm beibehalten. Gleiches trifft auf die unterentwicklungstheoretischen Politikempfehlungen zu, die trotz ihrer nachweislich sowohl ökonomisch als auch
politisch negativen Auswirkungen weiterhin als Alternative angesehen werden.
Im Rahmen der Diskussion der neueren Entwicklungsansätze wird zu zeigen
sein, ob aus den unterentwicklungstheoretischen Fehlern gelernt wurde.

Wie aus der Darstellung der wissenschaftsimmanenten und wissenschaftsexternen Krisenursachen deutlich geworden ist, betrifft die Krise die folgenden
miteinander verknüpften Probleme der Entwicklungstheorie:

1) ihre evolutionäre Sichtweise,
2) ihr teilweise dogmatischer Funktionalismus,
3) ihre Unfähigkeit, politische und ökonomische Veränderungen zu erklären.

Sowohl die technokratischen als auch die unterentwicklungstheoretischen und marxistischen Entwicklungsforscher hatten ein klares Verständnis davon, welche Stadien auf dem Weg zu ihrem jeweiligen Entwicklungsziel zu durchlaufen seien. Sie sind demnach weniger von den konkreten Realitäten innerhalb der Trikontländer ausgegangen, sondern von der aus ihrer jeweiligen Sicht anzustrebenden Norm. Während für den Modernisierungstheoretiker Rostow die moderne kapitalistische Gesellschaft das zu erreichende Entwicklungsziel verkörperte, strebten die Unterentwicklungstheoretiker eine moderne sozialistische Gesellschaft an. Letztere war auch das Ziel marxistischer Autoren, die allerdings bezüglich des Entwicklungsweges sowie der Analyse von Entwicklungsproblemen mit den Unterentwicklungstheoretikern nicht übereinstimmten. Sie waren davon überzeugt, dass zuallererst eine kapitalistische Gesellschaft vonnöten sei, um die Bedingungen für eine sozialistische bzw. kommunistische zu schaffen. Demzufolge ergaben sich die von Frank beklagten Übereinstimmungen zwischen technokratischen und marxistischen Entwicklungsvorstellungen, die die Wegstrecke zu einer kapitalistischen Gesellschaft teilten, von der aus die marxistischen Entwicklungstheoretiker dann die nächste Stufe, die kommunistische Gesellschaft, erklimmen wollten. In diesem Sinne waren die marxistischen Entwicklungstheoretiker – wie Menzel (2001) folgerichtig bemerkt – in Teilen ihrer Zielvorgabe Modernisierungstheoretiker.[188] Sie vertraten einen wissenschaftlichen Sozialismus, indem sie historizistisch argumentierten und in den jeweiligen Klassenkonstellationen den Entwicklungsstand eines Landes ablasen. Demgegenüber waren die Unterentwicklungstheoretiker eher utopische Sozialisten, da sie ihre Norm in den Vordergrund stellten und damit aus der Sicht der Marxisten unwissenschaftlich vorgingen. Wie bereits mehrfach erwähnt, entspringen die normativen Vorstellungen der Unterentwicklungstheoretiker nicht der marxistischen sondern der (neo-)populistischen Ideenwelt.[189] Die Entwicklungswege der südostasiatischen NICs haben jedoch gezeigt, dass weder das technokratische noch das unterentwicklungstheoretische Entwicklungsmodell sehr realitätsnah sind.

Wie insbesondere in Kapitel I/5 deutlich wurde, weisen die Großtheorien eine funktionale Sichtweise auf, das heißt: Sie neigen dazu, Ursache und Wirkung durcheinander zu bringen und damit die Realität ihrer jeweiligen Theorie

---

[188] Menzel (2001) bemerkt in diesem Zusammenhang: "Der Freihandel würde (laut Marx, Anm. d. Verf.) die weltweite Ausdehnung des Kapitalismus fördern, damit auch die soziale Frage dramatisieren und so den Boden bereiten für die proletarische Weltrevolution." (Menzel 2001: 20)

[189] Ideengeschichtlich sind marxistische und populistische Theorien jedoch miteinander verwandt, da beide hegelianisch geprägt sind. So weist Gellner (1985) darauf hin, dass jedes "philosophische Baby", welches lebend geboren werde, entweder ein kleiner Hegelianer oder Positivist sei (Gellner 1985: 4). Die Vertiefung der ideengeschichtlichen Hintergründe der Entwicklungsschulen weist jedoch über den Rahmen der vorliegenden Untersuchung hinaus, wenngleich sie sicherlich zur Erhellung der erkenntnistheoretischen Probleme der Entwicklungstheorien beitragen könnte.

anzupassen. Dieses Problem hängt mit dem soeben angesprochenen normativen Charakter ihrer Entwicklungsvorstellungen zusammen, der entweder die Modernisierung oder den Sozialismus vor Augen hat. Der Charakter einer Großtheorie in Kombination mit einem normativen Ziel ließ demnach wenig Raum, entwicklungsrelevante Phänomene nicht funktional zu erfassen, sondern lud aufgrund des hohen Abstraktionsgrades der Theorien geradezu dazu ein. Zudem standen beide dominanten Entwicklungstheorien, also die technokratischen und die unterentwicklungstheoretischen, jeweils im Dienste politischer Akteure. Das soll nicht heißen, dass sie lediglich ideologische Funktionen erfüllten, aber die jeweils an sie geknüpften politischen Erwartungen haben auch ihre Forschung beeinflusst. Wie besonders anschaulich in der Reaktion der Unterentwicklungstheoretiker auf die Industrialisierungserfolge der Tigerstaaten deutlich wurde, war ihre Argumentation ein Spiel mit Ursache und Wirkung. So wurde vor der Kenntnisnahme von Industrialisierungserfolgen im Trikont gesagt, dass eine erfolgreiche Entwicklung in den Trikontländern nicht möglich sei solange selbige Teil des Weltmarktes und damit der internationalen kapitalistischen Ausbeutung seien. Die Reaktion auf real existierende Entwicklungserfolge im Trikont lautete, dass diese sich wiederum nur aus den Bedürfnissen des Weltsystems erklären ließen, die die NIDL erforderlich gemacht habe. Auf den Punkt gebracht besagen die unterentwicklungstheoretischen Ausführungen folgendes: Alles, was geschieht, ist das Resultat der Erfordernisse des kapitalistischen Weltsystems. Der Wallersteinsche "Trick" mit der theoretischen Errichtung von Semiperipherien konnte zudem diejenigen aufatmen lassen, die eine Kluft zwischen den Unterentwicklungstheorien und der Realität erkannt hatten, aber mittels der "Semiperipherie" selbige wenigstens in ihrer Vorstellungswelt überbrücken konnten. Der Dogmatismus der Unterentwicklungstheorien findet sich demnach in dem Kern ihrer Vorstellungen, und zwar der soeben beschriebenen Annahme, dass alles, was geschieht, der funktionalen Logik des weltweiten Kapitalismus entspricht. Booth hat diese Sichtweise treffend als "system-teleology" bezeichnet (Booth 1993: 51).

Die Funktionalität und der Dogmatismus der Großtheorien – und hier insbesondere der Unterentwicklungstheorien – haben dazu geführt, dass weltpolitische und –ökonomische Veränderungen nicht ausreichend von den Entwicklungstheorien verarbeitet wurden. So hat Toye (1993) darauf verwiesen, dass der Dominanz des Neoliberalismus innerhalb der Entwicklungspolitik seitens der Entwicklungstheoretiker zu wenig Aufmerksamkeit zuteil wurde. Eine vernünftige Kritik an der Strukturanpassungspolitik kann demnach nicht aus denjenigen Entwicklungstheorien erwachsen, die vorrangig strukturalistisch argumentieren. Insbesondere die Unterentwicklungstheorien haben mit der Ausblendung endogener Entwicklungshindernisse keine entwicklungs*politische* Alternative zu den SAPs liefern können, ganz zu schweigen von vernünftigen entwicklungs*theoretischen* Alternativen. Somit fand die Debatte um die SAPs zwischen technokratisch argumentierenden Entwicklungsökonomen wie Toye und neoliberalen Ökonomen wie denjenigen in Kapitel II/1.1 diskutierten (Lal, Little und Balassa) statt.

Die mit dem Ende der Ost-West-Systemkonkurrenz einhergehende Infragestellung sozialistischer Entwicklungsvorstellungen hat schließlich dazu geführt, dass postmoderne Vorstellungen Zulauf bekommen haben. Ihre Infragestellung der "Metanarrative", Liberalismus und Sozialismus, ermöglichte denjenigen, die dem Sozialismus abgeschworen hatten, eine neue ideologische Heimat zu finden bei gleichzeitiger Beibehaltung einer kritischen Haltung gegenüber dem Liberalismus. Die im nächsten Kapitel zu diskutierenden neuen Entwicklungsansätze werden zeigen, inwieweit und in welcher Form sich unterentwicklungstheoretisches Denken in postmoderne Ansätze hinübergerettet hat.

III   "Neuere" entwicklungstheoretische Ansätze

Wie im Rahmen der soeben diskutierten entwicklungstheoretischen Krise deutlich geworden ist, haben sich, ausgehend von der Kritik an den bis dahin dominanten entwicklungstheoretischen Schulen, sogenannte "neuere Ansätze" entwickelt. Die ausgewählten neueren Ansätze, die in diesem Kapitel behandelt werden, stammen – wie bereits in der Einleitung betont wurde – aus der Diskussion innerhalb der angelsächsischen Disziplin *Development Studies*. Neben den im Rahmen dieser Untersuchung vorgestellten neueren Entwicklungsansätzen gibt es weitere, die nicht berücksichtigt werden konnten, da sie den räumlichen Rahmen der vorliegenden Untersuchung sprengen würden. Dem thematischen Rahmen wurde mit der Auswahl der Neuansätze jedoch Rechnung getragen (Vgl. Schuurman 1994b: 2). Die in der Einleitung erwähnten vier unterschiedlichen Gruppen von Neuansätzen lagen der vorliegenden Auswahl zugrunde. Als erster "Neuansatz" wird im Folgenden ein "theorielastiger" Ansatz, und zwar der Regulationsansatz, untersucht. Es folgen der neue methodologische Ansatz von Norman Long sowie "Theorien mittlerer Reichweite" mit ihren thematischen Neuheiten und schließlich antimoderne Ansätze.

1   Regulationsansatz

Seit Beginn der siebziger Jahre formuliert die französische Regulationsschule ihre Vorstellungen über ökonomische Entwicklung[190]. Den Ausgangspunkt für regulationstheoretische Forschungsarbeiten bildeten die mit der Weltwirtschaftskrise verbundenen Interpretationsprobleme. Die für den entwicklungstheoretischen Bereich bekanntesten Vertreter sind Alain Lipietz und Michel Aglietta. Sie versuchen mit ihren Arbeiten die Akkumulationstheorie von Marx mit der Akkumulationsgeschichte der Industrieländer zu verknüpfen. Somit ist es ihr Anliegen, sowohl einen ahistorischen Ökonomismus, wonach sich die kapitalistische Entwicklung innerhalb eines homogenen sozialen Raums auf prinzipiell gleiche Weise einstellt[191], und auch einen unökonomischen Historizismus, der zwischen der allgemeinen Wert- und Akkumulationstheorie und den unterschiedlichen nationalen Akkumulationsgeschichten keine Brüche sieht, zu vermeiden (Vgl. Hurtienne 1986: 69). Nach Ansicht der Regulationisten mangelte es an einer theoretischen Erklärung der spezifischen Bedingungen, welche die

---

[190] Das deutschsprachige Pendant ist als "Postfordismusansatz" von Joachim Hirsch et al. bekannt.

[191] Diese Kritik richtete sich insbesondere an den marxistischen Strukturalismus Althusserscher Prägung, der aus Sicht der Regulationisten keinen Bezug zu den jeweils konkreten nationalstaatlichen Entwicklungswegen aufwies. Hurtienne bemerkt dazu: "Der marxistische Strukturalismus um Althusser konzentrierte sich auf die Ebene der allgemeinen epistemologischen Probleme der marxistischen Theorie (Erkenntnisobjekte versus reale Objekte, Produktionsweise versus Gesellschaftsformation) und die allgemeinen Formen der Reproduktion kapitalistischer Verhältnisse, indem er die relativ autonomen ökonomischen, politisch-juristischen und ideologischen Instanzen miteinander verknüpfte, ohne jedoch eine Vermittlung zur 'konkreten' Entwicklungs- und Krisengeschichte des Kapitalismus herstellen zu wollen (...)." (Hurtienne 1988: 186)

kapitalistische Entwicklung in der Nachkriegszeit ermöglichten, und auch an einer Untersuchung der strukturellen Gründe der Weltwirtschaftskrise. Ihr Anliegen besteht darin, diese theoretische Lücke zu füllen. Ihren primären Untersuchungsgegenstand verorten sie zu diesem Zweck in den Veränderungen der Lohnverhältnisse und Lebensbedingungen der Lohnabhängigen. Geographisch betrachtet liegt ihr vorrangiges Augenmerk zwar auf der Entwicklungsgeschichte der Industrieländer, aber nichtsdestotrotz lieferten sie mit ihren Untersuchungen die im Folgenden zu diskutierenden entwicklungstheoretischen Denkanstösse für die Situation der Entwicklungsländer. Thomas Hurtienne weist jedoch zu recht darauf hin, dass das entwicklungstheoretische Erklärungspotential hinsichtlich der Dritte-Welt-Länder eine weitere Vertiefung benötigt (Hurtienne 1988: 184). Auch wenn Lipietz in diesem Zusammenhang von einer "schematischen Freske" spricht, so haben regulationstheoretische Arbeiten dennoch – wenn auch nur in Ansätzen – ihre Überlegungen in die entwicklungstheoretische Debatte einfließen lassen.

Lipietz und Aglietta gehen davon aus, dass sich gewisse Regeln im Entwicklungsprozess mittels der historisch komparativen Forschung ermitteln lassen. Lipietz warnt in seinem Artikel "Imperialism or the beast of the apocalypse" (1984) jedoch davor, dabei deduktiv von angenommenen Regeln auszugehen, die ihrerseits aus universellen Konzepten wie Imperialismus oder Abhängigkeit resultieren:

"Have not we, ourselves, with all our conceptualizations, generalizations and dogmatism, invented beasts of the Apocalypse from whose characteristics we have tried to deduce the future development of concrete history? Thus, in the sixties, we predicted that the immutable laws of imperialism would inevitably increase the gap between nations and polarize wealth on one side and poverty on the other. Thereby, we deduced the inevitable succession of stages of development and underdevelopment. Did we not also predict the impossibility of industrial development in dominated countries?" (Lipietz 1984: 83)

Lipietz und Aglietta haben zusammen mit weiteren französischen Kollegen[192] die ökonomische Entwicklung vor dem Hintergrund zweier Konzepte betrachtet: dem des Akkumulationsregimes und dem der Regulierungsweise. Ersteres steht für die Art und Weise, wie ein wirtschaftliches Produkt zwischen Konsum und Akkumulation aufgeteilt wird. Das Akkumulationsregime hängt mit einer bestimmten Form der Regulierung zusammen, die Normen, Werte und Gesetze, also internalisierte Regeln, festlegt, um bestimmte soziale Elemente im individuellen Verhalten zu integrieren: einer Regulierungsweise (Lipietz 1984: 85 f). Im Gegensatz zu marxistischer Theorie und insbesondere der Grundannahme einiger Unterentwicklungstheorien, dass es ein kapitalistisches Weltsystem gebe, differenziert die Regulationsschule zwischen verschiedenen Akkumulationsregimen und Regulierungsweisen, indem sie die nationale Ebene als ihren Untersuchungsort bestimmt und historisch-komparativ vorgeht. Ein in einem be-

---

[192] Lipietz verweist auf Robert Boyer und Jacques Mistral sowie das französische staatliche Forschungsinstitut CEPREMAP (Centre d'Études Prospectives d'Économie Mathématique Appliquées à la Planification) (Lipietz 1984: 106).

stimmten Zeitraum vorherrschendes Akkumulationsregime und seine Regulierungsweise bilden laut Regulationsschule eine "Entwicklungsweise". Lipietz betont, dass das Zusammenspiel zwischen einem Akkumulationsregime und einer Regulierungsweise nicht bedeutet "(...) that 'when it works, it must have been designed for that purpose' (...)" (Lipietz 1984: 87). Demzufolge wäre es unsinnig zu behaupten, dass beispielsweise soziale Sicherungssysteme zum Zwecke des reibungslosen Funktionierens der Massenproduktion erfunden wurden. Demgegenüber erklärt sich für Lipietz ein relativ stabiles Zusammenspiel eines bestimmten Akkumulationsregimes mit einer bestimmten Regulierungsweise aus der Tatsache, dass diese Kombination zeitweilig in der Lage war, ohne Krisen zur gesellschaftlichen Reproduktion beigetragen zu haben (Lipietz 1984: 87). In diesem Zusammenhang wehrt sich Lipietz sowohl gegen das vorherrschende neoliberale Paradigma als auch gegen die Grundannahmen der Unterentwicklungstheoretiker. Während aus Sicht ersterer die internationale Arbeitsteilung als Resultat einer imaginären Weltkonferenz erscheint, auf welcher die jeweiligen Ländervertreter sich nach der genauen Festlegung der jeweiligen Produktivitätsvorteile zufrieden mit der ihnen zugedachten Spezialisierung auf bestimmte Wirtschaftszweige geben, haben letztere ein zu funktionales internationales Ausbeutungsverhältnis zum Ausgangpunkt ihrer entwicklungstheoretischen Überlegungen erkoren. Demgegenüber betont Lipietz, dass die jeweilige nationalstaatliche kapitalistische Entwicklung vorrangig das Resultat innergesellschaftlicher Klassenkonflikte sei, die zu jeweils spezifischen Akkumulationsregimen und durch den Staat abgesicherte Regulationsweisen geführt haben (Lipietz 1984: 89). Somit knüpften die entwicklungstheoretischen Überlegungen der Regulationisten an die von marxistischer Seite vorgetragene Kritik an den Unterentwicklungstheorien an, wonach neben einem unklaren Kapitalismusverständnis insbesondere die innergesellschaftlichen Klassenkonflikte fälschlicherweise nur als Fortsatz externer Abhängigkeiten gesehen wurden. Lipietz betont, dass die Untersuchungsebene aus regulationstheoretischer Sicht innerhalb der jeweiligen Gesellschaften liege, was jedoch nicht bedeute, internationale beziehungsweise externe Faktoren in ihrer Bedeutung für die Entwicklung eines Landes unberücksichtigt zu lassen:

"What we must do then is to study each social formation determining the successive stages of its regime of accumulation and mode of regulation and carry out a concrete analysis of its development and crisis, in which external factors may or may not have played an important role. This is done all the time for countries in the centre but not for those of the periphery which is still treated as a single homogeneous reality, even though it displays such a wide variety of situations. The characteristics of the periphery are still usually treated as mere *consequences* of the demands of the centre." (Lipietz 1984: 89)

Lipietz spricht sich somit klar gegen globale Erklärungsmuster für (Unter-)Entwicklung aus. Aus seiner Sicht gilt es, sich von Konzepten wie beispielsweise der Idee einer Internationalen Arbeitsteilung zu trennen. Derartige Konzepte hätten dazu geführt, Länder wie Argentinien und die Republik Westindien in eine Gruppe der Rohstoffexporteure zu stecken. Diese Kategorisierung hält Lipietz nicht nur für grobschlächtig, sondern auch aufgrund der Ausblendung gesellschaftlicher Strukturen für unzulässig. Hinsichtlich der Beurteilung von sozialen Klassen sei es nicht möglich, eine Demarkationslinie zwischen Nationen auf der Grundlage ihrer Positionierung innerhalb der Internationalen Beziehungen heranzuziehen (Lipietz 1984: 94).[193] Lipietz plädiert dafür, verstärkt die Situation einzelner Länder zum Untersuchungsgegenstand zu machen, indem die jeweiligen Produktionsstrukturen, die Lohnverhältnisse, die jeweiligen Akkumulationssysteme untersucht werden. Um die Situation der Entwicklungsländer beurteilen zu können, ist es aus regulationstheoretischer Perspektive nötig, die Entwicklungslinien der Industrieländer nachzuzeichnen.

Nach Ansicht der Regulationisten lassen sich im Entwicklungsprozess kapitalistischer Gesellschaften drei Entwicklungsweisen unterscheiden: Die erste ist geprägt von einer Kapitalausweitung, ohne dass sich die organische Kapitalzusammensetzung nennenswert erhöht. Industrielle Grund- und Infrastrukturen entstehen, welche Handwerk und kleine Gewerbetreibende verdrängen und immer mehr Menschen in Lohnarbeitsverhältnisse zwingen. Da die Produktion von Produktionsmitteln gegenüber der von Konsumgütern überwiegt und die Löhne niedrig sind, bezieht die Mehrheit der Bevölkerung ihre reproduktionsnotwendigen Leistungen nach wie vor aus dem nicht-kapitalistischen Sektor, beispielsweise aus familiärer Subsistenzproduktion. Es handelt sich somit um ein "dominant extensives Akkumulationsregime ohne Massenkonsum" (Vgl. Hurtienne 1986: 72 ff). Die zweite Entwicklungsphase beschreibt Aglietta als ein dominant intensives Akkumulationsregime[194], welches ebenfalls durch fehlenden Massenkonsum gekennzeichnet ist. Die Akkumulation vollzieht sich nun vor allem durch Kapitalvertiefung, womit Fortschritte in der Arbeitsproduktivität gemeint sind (Vgl. Aglietta 1979: 71f, 113 ff). Die dritte Entwicklungsweise wird im Fordismus verortet, der als

"(...) ein historisch spezifischer, gesellschaftsformierender sozialer Kompromiss zwischen Lohnarbeit und Kapital bezeichnet (wird), in dem die Prozesse der Kapitalverwertung und der kapitalfraktionellen Konkurrenz auf die Kooperation mit der Arbeiterklasse gestützt oder durch ihren Widerstand mediatisiert sind (...)." (Demirovic 1992: 129)

Der Fordismus zeichnet sich laut Regulationsschule durch Massenproduktion, Konsum standardisierter Güter, einen enormen Zuwachs an Arbeitsproduktivität, basierend auf der Arbeitsteilung zwischen Management und Arbeiterschaft, sowie den keynesianischen Wohlfahrtsstaat aus (Liepitz 1984: 86). Die Regulationsschule diagnostizierte verschiedene Krisenerscheinungen im fordistischen

---

[193] Lipietz betont an dieser Stelle, dass es sicherlich Länder gibt, die den unterentwicklungstheoretischen Vorstellungen von Zentrum oder Peripherie *par excellence* entsprechen, oder aufgrund politischer und/oder ökonomischer Erwägungen sich zu Ländergruppen, wie beispielsweise der OPEC oder der Gruppe der 77, zusammengetan hätten, aber diese Klassifizierung stellt aus seiner Sicht keine geeignete Grundlage für die Analyse von (Unter-)Entwicklungsprozessen dar (Lipietz 1984: 94).

[194] Mit dem Begriff des dominant intensiven Akkumulationsregimes ohne Massenkonsum lässt sich die Entwicklung Frankreichs und Deutschlands zwischen den beiden Weltkriegen sowie der USA vom Ende des 19. bis in die dreißiger Jahre des 20. Jahrhunderts fassen, als in Reaktion auf die Weltwirtschaftskrise der New Deal der Roosevelt-Administration das Zeitalter des keynesianischen Wohlfahrtsstaates und der fordistischen Entwicklungsweise einläutete.

Modell, die laut Hirsch auf Störungen im Zusammenspiel von Akkumulationsregime und Regulierungsweise zurückzuführen sind (Hirsch 1993: 207). Mit
Beginn der "mikroindustriellen Revolution" wird vom Postfordismus gesprochen, der sich durch flexiblere Formen der Arbeitsorganisation ("lean production"), zunehmende Globalisierung des Kapitals, veränderte Staatlichkeit (Deregulierung, Sozialabbau) und der Diskussion um internationale Regimebildung
sowie "Zivilgesellschaft" auszeichnet (Vgl. Eblinghaus/Stickler 1998: 174).

In Anlehnung an Hurtienne (1986: 88) lassen sich drei zentrale Erkenntnisse aus der Entwicklungsgeschichte der Industrieländer für entwicklungstheoretische Überlegungen hinsichtlich des Trikonts festhalten.

Erstens muss der sogenannte "autozentrierte" Kapitalismus der Industrieländer aus regulationstheoretischer Sicht als das Resultat einer langen Industrialisierungsgeschichte verstanden werden. Zweitens war während der Aufbaupha-
se von Industrie- und Infrastruktur die dualistische Wirtschaftsstruktur sowohl
durch hohe außenpolitische Belastungen (Imperialismus, Aufrüstung) als auch
durch innenpolitische Veränderungen (Strukturwandel, Demokratisierung) gefährdet. Diese Spannungen wurden mittels der Etablierung einer demokratischen
Verhandlungsmacht der Lohnabhängigen innerhalb der in der Nachkriegszeit
sich konstituierenden wohlfahrtstaatlichen Errungenschaften überdeckt. Und
drittens ist mit der Erosion des fordistischen Wohlfahrtsstaatsmodells in den Industrieländern (Stichwort: neoliberale Deregulierung) auch dessen Vorbildfunk-
tion für die Entwicklungsländer infrage gestellt worden.

Wie sehen vor diesem Hintergrund die regulationstheoretischen Erkenntnisse über die Entwicklungsländer aus?

Lipietz sieht innerhalb der Entwicklungsländer zwei typische Entwicklungsstrategien gegeben: die "bloody taylorization" und den "peripheral fordism" (Lipietz
1984: 100 f). Erstere beschreibt er wie folgt:

"This involves the relocation of well defined and limited segments of branch circuits to States
which had a very high rate of exploitation (wages, duration and pace of work) and the reex-
port of goods mainly to the centre." (Lipietz 1984: 100)

Diese Strategie findet sich beispielsweise in den Freihandelszonen sowie in
Hong Kong und Singapur wieder und bezieht sich vorrangig auf die Bereiche
der Textil- und der Elektroindustrien. Die Arbeitsplätze innerhalb dieser Industriezweige beschreibt Lipietz als "*taylorized* but not highly mechanised" (Lipietz
1984: 100). Überwiegend Frauen zählten zu den dort Beschäftigten, da sie –
aufgrund ihrer Unterordnung innerhalb der patriarchalen Strukturen im Allgemeinen – als weniger kritisch gegenüber der dort ausgeübten Repression galten.
Diese Entwicklungsstrategie erwies sich laut Lipietz jedoch als ziemlich fragil,
da es sehr häufig zu sozialen Spannungen kam, die schließlich dazu führten,
dass die herrschenden lokalen Klassen Zugeständnisse bei den Lohnforderungen
machen mussten und daraufhin nach ausgefeilteren Methoden der sozialen Regulation suchten. Zudem führten die Billiglohnsektoren des Trikonts zu sektoralen und regionalen Krisen in den Industrieländern, die daraufhin zu protektionis-

tischen Maßnahmen griffen.[195] Diese Entwicklungen hatten in einigen Ländern des Trikonts die Übernahme eines neuen Akkumulationssystems, des peripheren Fordismus, zur Folge.

Der periphere Fordismus kann laut Lipietz entweder als Resultat der Strategie der importsubstituierenden Industrialisierung auftreten oder auch das Ergebnis eines Exportsubstitutionsprogramms wie beispielsweise der "bloody taylorization" darstellen. Er entstand während der siebziger Jahre in einigen Ländern des Trikonts aufgrund eines Zusammentreffens von selbstständigem einheimischem Kapital, relativ zahlreichen städtischen Mittelklassen und einer langsam entstehenden ausgebildeten Arbeiterklasse. Lipietz unterstreicht den politischen Charakter des peripheren Fordismus, der auch als Ergebnis interner Klassenkonflikte verstanden werden müsse, in deren Folge die herkömmlichen dominierenden Klassen die Macht über die staatliche Autorität verloren.[196] Es handelt sich dahingehend um ein fordistisches Wirtschaftssystem, bei dem eine intensive Kapitalakkumulation stattfindet, verbunden mit einer Marktausweitung. Das "Periphere" dieses Fordismus liegt darin begründet, dass im Rahmen der weltweiten Verteilung von produktiven Wirtschaftszweigen, Arbeitsplätzen und einer auf Facharbeit (insbesondere dem Ingenieurswesen) basierenden Produktion diese fordistischen Trikontländer eine – wenn überhaupt – untergeordnete Rolle spielten (Lipietz 1984: 101). Zudem sei das Wachstum der weltweiten Nachfrage nach dauerhaften (*durable*) Gütern zwar antizipiert, aber nicht auf nationalstaatlicher Ebene institutionell reguliert worden (Lipietz 1984: 102). Lipietz gibt zu bedenken, dass unter dem Begriff des peripheren Fordismus verschiedenste Akkumulationsregime gefasst werden können, aber folgende Eingrenzung sei wichtig:

"Nevertheless, one must restrict the use of peripheral fordism to the countries where the expansion of the local market (for manufactured goods) played a real part in the national system of accumulation. This stresses the fact that South Korea, which is still described sometimes as a workshop-state (which it was between 1962 and 1972) with bloody taylorisation in relocated segments of labour-intensive industries, has long since left that stage." (Lipietz 1984: 102)

Mit dem Aufkommen des peripheren Fordismus und auch der finanzkräftigen OPEC-Staaten haben sich die Unterschiede zwischen den Entwicklungsländern noch weiter vergrößert. Lipietz weist in diesem Zusammenhang darauf hin, dass das Nord-Süd-Gefälle sich verstärkt in ein Süd-Süd-Gefälle gewandelt habe. In diesem Sinne sei die alte internationale Arbeitsteilung wiederbelebt worden – nun allerdings *innerhalb* des Trikonts (Lipietz 1984: 102). Demzufolge lassen sich aus regulationstheoretischer Sicht die Entwicklungswege der Trikontländer

---

[195] Lipietz benennt ein Beispiel aus der Textilindustrie: "(...) the Multi-Fibre Agreements which had originally been meant to organise access of central markets to exports from the countries controlled by the multinationals, the third time round became a barrier to these exports (...)! One can measure here the superficiality of the functionalist analysis and the very relative strength of the supposedly satanic multinationals." (Lipietz 1984: 101)

[196] Als Länderbeispiele führt Lipietz Korea, Mexiko, Brasilien, das *Opus Dei*-Spanien und Polen unter Gierek an (Lipietz 1984: 101).

nicht auf ein einheitliches Entwicklungsprofil reduzieren (Vgl. Hurtienne 1986: 105).

Kritik am Regulationsansatz

Es fällt auf, dass die Regulationisten ähnliche methodologische Fehler begehen wie ihre unterentwicklungstheoretischen Vorgänger. Insbesondere die Unterscheidung zwischen einem in den Industrieländern anzutreffenden Fordismus und einem peripheren Fordismus im Trikont lässt sich mit Amins Zweiteilung in eine autozentrierte (Industrieländer) und eine abhängige (Entwicklungsländer) Entwicklung vergleichen. Mit dieser schematischen Einteilung werden zwei Fehler begangen. So wird erstens ein "reiner" Fordismus beziehungsweise eine "reine" Form der Entwicklung in den als homogen betrachteten Industrieländern gesehen, wohingegen aufgrund der internationalen Abhängigkeitsverhältnisse im Trikont nur ein "peripherer Fordismus" entstehen könne. Wie bereits im Rahmen der Kritik an den Unterentwicklungstheorien hervorgehoben wurde, sagt die Abhängigkeit eines Landes an ausländisches Kapital nichts über seinen Entwicklungsstand aus. Auch viele Industrieländer stützen sich auf ausländisches Kapital und ausländische Technologie und können demzufolge nicht als "unabhängig" betrachtet werden. Zudem widerspricht beispielsweise der ökonomische Aufstieg Südkoreas der These, dass ökonomische Abhängigkeiten Entwicklung behindern. Zweitens wird mit dem Konzept des peripheren Fordismus nicht erklärt, *weshalb* in Entwicklungsländern fordistische Strukturen entstanden sind.

Des Weiteren zeugt die Regulationsschule von einem ähnlichen funktionellen Kapitalismusverständnis wie es in unterentwicklungstheoretischen Arbeiten zu finden war: Die Regulationsweise ergibt sich aus den Erfordernissen des Kapitals beziehungsweise des Akkumulationsregimes. Nach dieser Logik sind jegliche soziale Phänomene aus der Struktur der Kapitallogik quasi "ablesbar", das heißt: Sie sind unabhängig vom Verhalten der jeweiligen Akteure. Dieses statische Kapitalismusverständnis lässt demnach keinen Raum für soziale Phänomene, die sich nicht in der Logik des jeweils dominanten Akkumulationsregimes bewegen. Wie Kiely (1994) in diesem Zusammenhang zutreffend bemerkt, lassen sich soziale Interessenskonflikte nicht aus einer funktionalen Kapitallogik ablesen. Handelsliberalisierungen können auch ein Resultat sozialer Kämpfe darstellen und müssen nicht immer der "Logik des Kapitals" entsprechen (Kiely 1994: 144).

Der von den Regulationstheoretikern vertretene Strukturalismus vermittelt den Eindruck, dass lediglich ein "richtiges" Akkumulationsregime, unterstützt von der passenden Regulierungsweise, in den Ländern des Trikonts in Erscheinung treten müsste, um Entwicklung zu gewährleisten. Diese funktionale Sichtweise zeigt Parallelen zu Rostows Modernisierungstheorie (Vgl. Leys 1986: 318). In diesem Sinne wiederholt der regulationstheoretische Entwicklungsansatz die methodologischen Probleme der alten entwicklungstheoretischen Schulen und führt damit in ähnliche Sackgassen, wenn wiederum die Struktur über die jeweilige Vermittlung ("agency") sowie die Industrie- über die Entwicklungsländer gestellt werden (Vgl. Kiely 1994: 146).

2   "Development theory from below"[197]? – Der akteursorientierte Entwicklungsansatz

Ebenfalls unterhalb der herkömmlichen entwicklungstheoretischen Makroebene ist der Akteursansatz angesiedelt: Sein Ausgangspunkt ist die Beziehung zwischen Meso- und Mikroebene[198], die in den Großtheorien kaum Beachtung fand. Einer der bekanntesten Vertreter dieses Ansatzes ist der Soziologe und Anthropologe Norman Long[199]. Long sieht seinen Ansatz sowohl als Antwort auf die gescheiterten Unterentwicklungstheorien als auch auf die aus seiner Sicht unzulängliche postmoderne Entwicklungskritik.

Der Akteursansatz bildet nach Longs Überzeugung den Gegenpunkt zur strukturalistischen Analyse der Unterentwicklungstheorien. Dieser Ansatz versucht, das Handeln von Akteuren zu beschreiben, indem entwicklungspolitische Zielgruppen nicht als homogene Einheit aufgefasst werden, sondern als durch divergierende Interessen sich auszeichnende Akteure. Akteure können dabei sowohl Individuen als auch Gruppen oder Organisationen sein. Ihr Akteursstatus resultiert aus ihrer von außen als solcher wahrgenommenen einheitlichen Interessenslage. Im Rahmen dieses Ansatzes wird davon ausgegangen, dass Menschen dazu in der Lage sind, auf soziale Erfahrungen aktiv zu reagieren und somit im Rahmen des ihnen verfügbaren Wissens als bewusst und kompetent agierende soziale Akteure angesehen werden können. Ihr Handeln wird vor dem Hintergrund der jeweiligen Kultur und Situation als *rational* verstanden.[200] Zudem geht der akteursorientierte Entwicklungsansatz davon aus, dass Entwick-

---

[197] Vgl. Long 1990: 13

[198] Die Mesoebene ist die zentrale, regionale und kommunale Ebene, auf der sich kommunale Regierungen, Verbände, Gewerkschaften, private Organisationen sowie private und öffentliche Institutionen befinden. Unter der Mikroebene wird u.a. die Ebene der Produzenten, des Handels, also der individuellen Akteure verstanden.

[199] Prof. Dr. Norman Long lehrt am Fachbereich "Rural Development Sociology" an der Universität Wageningen/Niederlande. Seine entwicklungspolitischen Feldforschungen reichen von Zentralafrika (Schwerpunkt: Sambia) bis nach Lateinamerika (Peru, Mexiko, Zentralamerika).

[200] Neubert bemerkt erläuternd zum Rationalitätsbegriff innerhalb des akteursorientierten Entwicklungsansatzes: "Die (...) Rationalität reicht über die des Kosten-Nutzen-maximierenden "homo oeconomicus" hinaus. Rationalität wird beim akteursorientierten Ansatz verstanden als das Abwägen sehr unterschiedlicher (mehrdimensionaler) Optionen, Verpflichtungen und Zwänge. Die jeweilige Handlungsrationalität ist der Schlüssel zum Verhalten der Akteure. Ein Ziel des akteursorientierten Ansatzes ist es, diese kontextspezifische Handlungsrationalität, die Entscheidungsgründe und die zugrunde liegenden Präferenzen, Ziele und Zwecke zu bestimmen. Ein Beispiel: Ein lokaler Händler wird möglicherweise einem Kunden trotz hoher Schulden weiterhin Kredit geben, auch wenn keine Chance auf Rückzahlung besteht. Er erleidet einen ökonomischen Verlust und verhält sich ökonomisch irrational. Er sichert sich aber auf diese Weise die Anerkennung in der lokalen Gemeinschaft. Händler ohne direkte Einbindung in das lokale Beziehungsgeflecht, wie zugewanderte Minderheiten (Chinesen, Libanesen, Inder), sind weniger in soziale Verpflichtungen eingebunden und deshalb oftmals ökonomisch erfolgreicher (...)." (Neubert 2001: 216)

lungsprozesse vorrangig durch *individuelles* Handeln bestimmt sind (Vgl. Neubert 2001: 216).

Den Untersuchungsgegenstand bilden demzufolge die auf der Mikroebene anzutreffenden jeweiligen Akteure, die zwar durch die sie umgebenden Strukturen beeinträchtigt und beeinflusst seien, aber Long hält es für "(...) theoretically unsatisfactory to base one's analysis on the concept of external determination." (Long 1990: 6). Alle Formen der äußeren Intervention würden schließlich in die Lebenswelt der Akteure münden – sowohl der individuellen als auch der von sozialen Gruppen, so dass die Frage für Long im Vordergrund steht, wie und warum sich die Akteure zu den jeweiligen Entwicklungsproblemen so und nicht anders verhalten (Vgl. Long 1990: 6).

Long betont, dass akteursorientierte Entwicklungsansätze bereits in den späten sechziger und frühen siebziger Jahren in der Soziologie und Anthropologie von Bedeutung gewesen seien, dann aber im Zuge des Erstarkens unterentwicklungstheoretischer, sprich: strukturalistischer, Ideen verdrängt worden seien (Long 1990: 6)[201]. Auch Long war bereits zu Beginn der siebziger Jahre zusammen mit seinem Kollegen Bryan R. Roberts zu dem Ergebnis gekommen, dass bei gleichbleibenden strukturellen Bedingungen und externen Einflüssen das Verhalten der Akteure im Entwicklungsprozess stark variieren kann (Vgl. Long/ Roberts 1978). Seine Ergebnisse gründen auf Beobachtungen in Peru und Mexiko. Er folgerte aus diesen Beobachtungen jedoch nicht, dass das Akteursverhalten vollkommen losgelöst von den äußeren Bedingungen sei, sondern dass es eine jeweilige Wechselwirkung zwischen Mikro- und Mesoebene geben müsse. Diese Auffassung widersprach der weitverbreiteten Annahme, dass das Akteursverhalten vorrangig als Reaktion auf die Einflüsse aus der Mesoebene zu verstehen sei.

Demzufolge werden innerhalb des Akteursansatzes soziale Akteure nicht einfach als "entkörperte" soziale Kategorien betrachtet, die auf Klassifikationen wie beispielsweise der Klassenzugehörigkeit beruhen. Zudem werden sie nicht als passive Empfänger externer Interventionen gesehen, sondern als aktive Teilnehmende innerhalb des Entwicklungsprozesses, die sich sowohl im Austausch

---

[201] Die damaligen akteursorientierten Entwicklungsansätze seien zudem oftmals problematisch gewesen, da sie eine Reihe von Unzulänglichkeiten aufwiesen: "(...), it is necessary to underline the shortcomings of several kinds of actor-oriented approach promoted in the 1960s and 1970s, especially by anthropologists (...). In an attempt to combat simple culturalist and structuralist views of social change, these studies concentrated upon the innovative behaviour of entrepreneurs and economic brokers, on individual decision-making processes or on the ways in which individuals mobilised resources through the building of social networks. Yet many such studies fell short because of a tendency to adopt a voluntaristic view of decision-making and transactional strategies which gave insufficient attention to examining how individual choices were shaped by larger frames of meaning and action (...). And some studies foundered by adopting an extreme form of methodological individualism that sought to explain social behaviour primarily in terms of individual motivations, intentions and interests. Another brand of actor-oriented research (especially prevalent among political scientists and economists, (...)) is that which uses a generalized model of rational choice based on a limited number of axioms, such as the maximization of preferences or utility. While the above types of actor analysis tend to treat social life and especially social change as essentially reducible to the constitutive actions of individuals, the rational choice approach proposes a 'universal' model (...)." (Long 1990: 7)

mit anderen lokalen Akteuren als auch Institutionen befinden (Long 1990: 6 f).
Long stellt in diesem Zusammenhang fest:

"The different patterns of social organization that emerge result from the interactions, negotia-
tions, and social struggles that take place between the several kinds of actor. These latter include not only those present in given face-to-face encounters but also those who are absent
but who nevertheless influence the situation, affecting actions and outcomes." (Long 1990: 7)

Der Kerngedanke des akteursorientierten Entwicklungsansatzes besteht
somit darin, den jeweiligen Akteuren die Fähigkeit zuzuschreiben, soziale Erfahrungen vorantreiben zu können und selbst unter den extremsten Formen des
Zwangs Wege zu finden, um mit diesen Situationen umgehen zu können (Long
1990: 8). Long betont, dass die Entwicklungsforschung die Aufgabe habe, verschiedene Akteursstrategien auszumachen und zu klassifizieren, indem auch die
Bedingungen, unter denen sie entstehen, als auch ihre Lebensfähigkeit und Effektivität hinsichtlich der Problemlösung beleuchtet werden (Long 1990: 10).

Im Hinblick auf seine Entwicklungsforschungen in Peru und Sambia während der siebziger Jahre hebt Long hervor, dass diese Erfahrungen seine Hinwendung zu einem akteursorientierten Entwicklungsdenken bewirkt hätten. Als
Sozialanthropologe war er anfänglich bei seiner Suche nach theoretischen Erklärungsmustern für die von ihm auf der Mikroebene angestellten Forschungen auf
die Dependenztheorien gestoßen. Diese erwiesen sich für ihn jedoch als realitätsfern, da er die in den Dependenztheorien anzutreffenden hierarchischen Aus-
beutungsketten während seiner Forschungen nicht bestätigen konnte. Longs
Feldforschung führte ihn schließlich auf der Suche nach theoretischen Erklärungsmustern zu den französischen Regulationisten. Er hebt hervor, dass das
Attraktive dieses Entwicklungsansatzes für ihn darin begründet lag, die Existenz
nicht-kapitalistischer Produktions- und Organisationsstrukturen nicht zu leug-
nen, so wie es bei den Unterentwicklungstheorien der Fall war. Allerdings würden diese entwicklungstheoretischen Ideen die Autonomie und Kohärenz der
verschiedenen Produktionsweisen überbewerten. Zudem würde die Frage unbe-
antwortet bleiben, wieso unter strukturell gleichen Umständen verschiedene
Handlungsweisen zu beobachten seien:

"(...): why for example, did some villages or groups within a village become closely integrated into the mining sector and others not? And why did some become more differentiated
or more diversified than others?" (Long 1990: 12)

Long zog aus diesen Beobachtungen über theoretische Unzulänglichkeiten innerhalb der unterentwicklungstheoretischen und marxistischen Schulen den
Schluss, dass die wichtigste entwicklungstheoretische Herausforderung darin
besteht, zu erklären, wie die unterschiedlichsten Akteursverhalten sowohl innerhalb der gesamten kapitalistischen Ökonomie als auch auf den Ebenen der
Haushalte oder auch der Familien zustande kommen. Demzufolge sei ein Entwicklungsansatz vonnöten, der die Relevanz der Analyse des Beziehungsge-
flechts verschiedener Arbeitsprozesse – auch der nicht-kapitalistischen – innerhalb des kapitalistischen Systems zum Ausgangspunkt mache (Long 1990: 12).

Ausgehend von seinen Fallstudien hebt Long hervor, dass sich ein komplexes Geflecht von Strategien der unterschiedlichen Akteure herauskristallisieren lasse, welches zur Weiterentwicklung des jeweiligen regionalen Raums geführt habe. Demzufolge laufen entwicklungstheoretische Modelle, die primär von externen Abhängigkeitsverhältnissen oder auch ökonomischen Stufenmodellen ausgehen, ins Leere (Long 1990: 15). Vor diesem Hintergrund zieht Long die folgenden drei Schlüsse hinsichtlich soziologischer oder auch historischer Studien über sozialen Wandel:

1)   Es müssen die Wege berücksichtigt werden mittels derer die unterschiedlichen sozialen Akteure neue Lebenssituationen meistern und interpretieren.

2)   Es muss analysiert werden, wie bestimmte Gruppen oder auch Einzelpersonen versuchen sich Freiräume zu schaffen, um ihre eigenen "Projekte", die unter Umständen in Opposition zur offiziellen Projektpolitik oder zu regierungsstaatlicher Politik stehen, zu realisieren.

3)   Es muss versucht werden aufzuzeigen, wie diese organisatorischen, strategischen und interpretativen Prozesse die allgemeinen Machtstrukturen und das soziale Verhalten beeinflussen und umgekehrt von ihnen beeinflusst werden (Long 1990: 15).

Hinter den Akteuren dieses Entwicklungsansatzes verbergen sich in der entwicklungspolitischen Praxis zumeist Bauern und Landarbeiter sowie die verschiedenen Entwicklungsorganisationen, mit denen sie im Kontakt stehen.[202] Im Gegensatz zu der üblichen Entwicklungspraxis, die primär von zwei Akteuren, den aktiven Entwicklungsexperten und den passiven Entwicklungshilfeempfängern, ausgeht, betont der akteursorientierte Entwicklungsansatz die Unterschiede innerhalb letzterer Gruppe und versucht zudem, die in der Entwicklungspraxis gängige Dichotomie "aktiv – passiv" aufzuweichen. Der Verweis auf die unterschiedlichen Akteure innerhalb der zumeist nur als "Zielgruppe" definierten "einheimischen Bevölkerung" geht einher mit der Feststellung, dass jegliche Entwicklungspolitik beziehungsweise jegliches Entwicklungsprojekt potentiell Konflikte zwischen den Akteuren auslösen kann (Vgl. Neubert 2001: 218). Der akteursorientierte Entwicklungsansatz kann die Konflikte zwar nicht lösen, aber durch das Offenlegen der Interessensdivergenzen zumindest zur möglichen Lösung beitragen.

Zusammenfassend lassen sich in Anlehnung an Preston (2000) drei Hauptargumentationsstränge innerhalb des akteursorientierten Entwicklungsansatzes charakterisieren, die sich gegen die alte entwicklungstheoretische Orthodoxie wenden: Erstens müsse die Entwicklungsforschung mehr Augenmerk auf

---

[202] Preston bemerkt dazu: "The world of rural farming and development is seen by these development theorists (of the actor-oriented approach, Anm. d. Verf.) to comprise a complex series of exchanges between those who are labelled farmers, peasants, petty-traders, agricultural-extension workers, aid groups, and state-planners. The development theorist is seen by those propounding the actor-oriented approach to be one more agent in the complex exchanges underway." (Preston 2000: 303)

die Mikroebene und die sozialen Prozesse legen. Zweitens wird der Forderung nach entwicklungspolitischer Intervention "von oben" eine Absage erteilt und eine Neustrukturierung bisheriger entwicklungspolitischer Praxis mit ihren Planungsstäben gefordert, indem die Zielgruppen als Akteure ernst genommen werden. Und drittens plädiert dieser Ansatz für eine verstärkte theoretische Auseinandersetzung mit der Mikroebene mittels der Auflösung der strikten Trennung zwischen "structure" and "agency" (der Struktur und ihrer sich jeweils unterschiedlich manifestierenden Wirkungsweise). Insbesondere die Wirkungsweise von Entwicklungspolitik müsse stärker theoretisiert werden (Preston 2000: 302).

Kritik am akteursorientierten Entwicklungsansatz

Der akteursorientierte Entwicklungsansatz lässt sich schwerlich mit den vier entwicklungstheoretischen Schulen vergleichen, da er mit seiner Fokussierung auf die Mikro- und Mesoebene eher in den entwicklungspolitischen als –theoretischen Bereich fällt. Die seit Beginn der achtziger Jahre zu beobachtende Abwendung von den Großtheorien hat zu einer stärkeren Hinwendung zu praxisbezogeneren Entwicklungsansätzen geführt.

Mittels des akteursorientierten Entwicklungsansatzes ist es möglich, im Rahmen von entwicklungspolitischer Feldforschung, Entwicklungsprozesse und die damit zusammenhängenden Interessensdivergenzen der Akteure zu analysieren. Als problematisch an der Akteursorientierung wird allerdings sowohl von Neubert (2001) als auch Slater (1990) hervorgehoben, dass Long et al. das Handeln der Akteure lediglich aufgrund von Rationalitätskriterien beurteilen. Wie gezeigt wurde, geht es den Vertretern dieses Ansatzes nicht um ein ausschließlich ökonomisches Verständnis von Rationalität, aber dennoch blenden sie auch mit ihrem weiter gefassten Rationalitätsbegriff die nicht rationalisierbaren Elemente im Akteursverhalten aus. Somit erfassen sie nicht alle Aspekte, die für das Akteursverhalten ausschlaggebend sind, sondern tendieren dazu, menschliches Handeln einer "Hyperrationalisierung" (Neubert 2001: 218) zu unterziehen.

Zudem bemerkt Neubert kritisch, dass aufgrund der innerhalb dieses Ansatzes vorzufindenden Fokussierung auf Handlungen von Akteuren die Gefahr besteht, strukturelle Probleme, die zu bestimmten Zwängen und Handlungsbeschränkungen führen, auszublenden (Neubert 2001: 218). Im Gegensatz zu anderen auf der entwicklungspolitischen Mikroebene angesiedelten Ansätzen wie beispielsweise der rationalen Wahl ("rational choice") oder der neuen Institutionenökonomie quantifiziert der akteursorientierte Entwicklungsansatz die generierten Ergebnisse nicht, sondern beschäftigt sich vorrangig mit dem "Hineindenken" in die Akteure und ist nicht an einer Kalkulation von Kosten und Nutzen interessiert. Trotz dieses hermeneutischen Elements kann der akteursorientierte Entwicklungsansatz hilfreich für die entwicklungspolitische Praxis sein und die Möglichkeit bieten, sowohl den Anwendungsbezug von empirischen Studien zu fördern als auch entwicklungspolitisches Handeln besser auf das jeweilige soziale Feld abzustimmen (Vgl. Neubert 2001: 219). Alberto Arce, Georg Frerks et al. heben an Longs akteursorientiertem Entwicklungsansatz dessen aus ihrer Sicht positiv zu bewertende Ethik hervor:

"Long's actor-oriented approach has not just analytical power, it has imprinted on generations of his students the necessity to respect people's agency and dignity in development sociology." (Arce/Frerks et al. 2001: 488)

Diese Einschätzung mag innerhalb der Logik des akteursorientierten Ansatzes zwar zutreffen, aber eine grundlegende Kritik an diesem Ansatz muss außerhalb der von Long vorgetragenen Ideen zur Verbesserung der Entwicklungspolitik[203] ansetzen. Wenngleich Long nicht müde wird zu betonen, dass die Untersuchung von Strukturen innerhalb derer die Akteure agieren, von Bedeutung sei[204], so fließen diese dennoch nicht in seine entwicklungspolitische Analyse ein. Zudem zeugt das Vokabular der Vertreter dieses Ansatzes von einer scheinbaren "Neutralität": So geht es insbesondere um "multiple realities" (Long/Long 1992: 271), das "everyday life" (Long/Long 1992: 272), die "different lifeworlds" (Long/Long 1992: 273) und "the voices, practical knowledge and strategies of local actors" (Long/Long 1992: 275). Dieses Bemühen um ein möglichst "neutrales" entwicklungspolitisches Interventionsmittel beziehungsweise um eine "ausgewogene" Analyse von Interessensdivergenzen ist jedoch auf einen interpretativen Rahmen angewiesen, der allerdings in den Arbeiten von Long nicht näher spezifiziert wird. Während innerhalb der unterentwicklungstheoretischen Entwicklungsvorstellungen die "Option für die Armen (des Trikonts)" im Vordergrund steht und ihre marxistischen Kritiker in der Kategorie "Klasse" den primären Untersuchungsgegenstand verorten, so hebt der akteursorientierte Entwicklungsansatz die Pluralität der Akteure hervor ohne explizit Präferenzen zu benennen. Mit der Fokussierung auf die Mikroebene und dem Vorrang der ländlichen Fallstudien rückt Longs Ansatz in die Nähe (neo-)populistischer Entwicklungsvorstellungen. Die für (neo-)populistische Entwicklungsvorstellungen charakteristische Vorrangstellung der ländlichen Bevölkerung findet sich bei Long jedoch nur implizit: Sie zeigt sich im "rural bias" hinsichtlich seiner Projektauswahl.

Abschließend lässt sich feststellen, dass der Schwachpunkt des Akteursansatzes seine mangelnde Reichweite bleibt, während seine Stärke in der intensiven Auseinandersetzung mit der oft vernachlässigten Mikroebene liegt.

---

[203] So hebt auch Preston positiv an Longs Ansatz hervor: "(...), one might say that the strength of the work of the actor-oriented approach derives from the detail of fieldwork exercises and the rigour with which these materials are subject to reflexive criticism. In the case of Long the expectation seems to be of a better development studies."(Preston 2000: 303)

[204] Long schreibt beispielsweise: "Although we (the contributors of his Volume, Anm. d. Verf.) do not spell out fully in any of the chapters the necessity of analysing the large and disturbing questions of Third World poverty and the role of international capital in the increasing differentiation and marginalization of the poorer rural and urban sectors (...), we would not wish to deny these evident inequalities. Our viewpoint is that there is no way in which these can simply be explained (or rather, explained away!) by reference to structural determinants, dominant power formations or ideological irrationalities. Instead, they must be examined through the identification of the precise sets of social interests, actor strategies, justifications and value commitments of those parties locked into these battles for survival and for political space." (Long/Long 1992: 271)

3 Postimperialismus

Ebenfalls akteursorientiert ist der entwicklungstheoretische Ansatz zum "Postimperialismus"[205], dessen Hauptvertreter David G. Becker und Richard L. Sklar[206] sind. Bei diesem Ansatz handelt es sich um keine neue entwicklungstheoretische Großtheorie, sondern in erster Linie um neue Überlegungen hinsichtlich der sozialen und politischen Organisation des internationalen Kapitalismus. Der postimperialistische Entwicklungsansatz setzt sich kritisch mit dem unterentwicklungstheoretischen Erbe auseinander, ist aber nicht als Reaktion auf das Scheitern dieser Theorien zu verstehen. So betonen Becker und Sklar, dass ihr Ansatz sich vorrangig aus zwei Quellen speist: den frühen Analysen über "corporate power" innerhalb der westlichen Welt sowie den Untersuchungen von Klassenformationen im Trikont (Becker/Sklar 1987a: ix).

Aus postimperialistischer Sicht werden politische Macht und soziale Kontrolle als Mittel zur Erringung von Entwicklung betrachtet, wobei beide verstärkt von einer sich neu konstituierten transnationalen Klasse – der sogenannten "corporate international bourgeoisie" – ausgeübt werden. Diese Klasse agiert überwiegend – aber nicht ausschließlich – durch transnationale Konzerne/Unternehmen (TNCs). Demzufolge ist es nach Ansicht der Postimperialisten nötig, eine Klassenanalyse zu betreiben, die sich an der Frage der Macht orientiert und die transnationalen Klassenbildungsprozesse verfolgt. Damit ließe sich herausfinden, wie Macht und soziale Kontrolle Entwicklungsprozesse auslösen beziehungsweise beeinflussen können (Vgl. Becker 1999a: 39).

Vor diesem Hintergrund werden TNCs innerhalb des postimperialistischen Entwicklungsansatzes sowohl als politische als auch ökonomische Institutionen analysiert. Becker und Sklar betonen, dass TNCs deshalb als politische Institutionen betrachtet werden müssten, da sie mittels ihrer Organisationsprinzipien und ihrer sozialen Kontrolle eine direkte Beziehung zu modernen Demokratiekonzepten hätten (Vgl. Becker/Sklar 1999b: 2 f). Aus ihrer Sicht mangelt es innerhalb der Internationalen Beziehungen (IB) sowie der Politischen Ökonomie an Untersuchungen über die Funktionsweise der TNCs (Becker/Sklar 1999b: 3). Laut Becker bietet sich der postimperialistische Ansatz auch als Alternative zu den herkömmlichen Theorien über die IB an, da sich die Klassenanalyse sowie der vorrangige Untersuchungsgegenstand, die TNCs, nicht nur auf die Entwicklungs- sondern auch die Industrieländer beziehen. Das Desinte-

---

[205] Becker und Sklar schreiben über die Bezeichnung ihres entwicklungstheoretischen Ansatzes: "The theory of postimperialism was formulated with reference to research on the impact of transnational enterprise in Africa and Latin America. We are not entirely comfortable with our use of the overworked prefix "post-" to name an idea about historical change. Yet we have not been able to shake the term "postimperialism" because it describes what we mean precisely: an end to the era in which some nations dominate others. To be sure, we do not live in a postimperialist world at the present time. But that condition, we believe, is now within reach as a result of trends that are unlikely to be reserved." (Becker/Sklar 1999b: 2)

[206] David G. Becker ist als "Associate Professor of Government" am Dartmouth College tätig, und Richard L. Sklar ist "Professor Emeritus of Political Science" an der University of California in Los Angeles (Vgl. Becker/Sklar 1999a: 395 & 397 sowie speziell zu Sklar: http://www.bol.ucla. edu/ ~rsklar/).

resse gegenüber postimperialistischen Vorstellungen seitens der Disziplin der IB sieht Becker in Anlehnung an Sklar durch zwei Faktoren begründet. Erstens herrsche in dieser Disziplin eine tiefe ideologische Abneigung gegen die Kategorien Klasse und Klassenmacht vor, die laut Becker nicht unbegründet sei, aber der durch verstärkte empirische Belege für die Relevanz einer postimperialistischen Klassenanalyse begegnet werden müsse. Und zweitens sei es den Postimperialisten bis dato nicht gelungen, systematische Untersuchungen über die Beziehungen zwischen den internationalen Blöcken anzustellen (Becker 1999a: 39).[207] Die Frage nach dem Stellenwert des Postimperialismus für die IB weist jedoch über die für die vorliegende Untersuchung relevante Frage nach dem entwicklungstheoretischen Nutzen des Postimperialismus hinaus. Eine Annäherung an Postimperialismus und IB bietet Beckers Aufsatz "Postimperialism and Realism in Theories of International Relations" (Becker 1999a). Festzuhalten bleibt in diesem Zusammenhang, dass die Vertreter postimperialistischen Denkens ihren Untersuchungsgegenstand nicht in den Staaten verorten, sondern in internationalen (aber auch *intra*nationalen) Klassenformationsprozessen. Damit scheren sie aus dem Raster der herkömmlichen Entwicklungstheorien aber auch der IB-Theorien aus.

Becker und Sklar sehen ihren Ansatz in der Tradition der Arbeiten von Adolf Augustus Berle, Jr.[208], den sie als "pioneering theorist of corporate power" (Becker/Sklar 1999b: 2) bezeichnen. Berle zweifelte in seinen Arbeiten die innerhalb der Politikwissenschaft übliche Trennung zwischen ökonomischer und politischer Macht an und sah in den Unternehmen (business corporation, bei Berle: corporation) "essentially, a nonstatist political institution" (Berle 1954: 60). Diese Sichtweise wurde laut Becker und Sklar in den siebziger Jahren von Politikwissenschaftlern der sogenannten Neuen Linken weitergeführt und hat auch in den neunziger Jahren zu einer verstärkten Auseinandersetzung mit der Rolle der TNCs geführt (Becker/Sklar 1999b: 3). Dennoch mangelt es nach Auffassung der Postimperialisten insbesondere innerhalb der Politikwissenschaft an Analysen über die TNCs. Nur sehr wenige Politikwissenschaftler würden die inneren Strukturen der TNCs kennen und seien in der Lage, deren diplomatische Funktionen und transnationale Beziehungen zu erfassen. Da die TNCs jedoch den wichtigsten Untersuchungsgegenstand aus Sicht der Postimperialisten darstellen, um transnationale Klassenformationsprozesse zu analysieren, sehen sie ihre vorrangige Aufgabe darin, diese Forschungslücken zu schließen.

---

[207] Und drittens ließe sich die Sprache hinzufügen, die sehr viele marxistische und unterentwicklungstheoretische Anleihen aufweist und somit auf "bürgerliche" IB-Theoretiker abschreckend wirken muss.

[208] Adolf Augustus Berle, Jr., (1895 – 1971) war ein nordamerikanischer Ökonom, Jurist und Regierungsvertreter. Er ist insbesondere als Gründungsmitglied des "Brain Trust", einer Gruppe von akademischen Beratern des Präsidenten Franklin D. Roosevelt, bekannt geworden. Berle war von 1927 bis 1964 Professor für Körperschaftsrecht an der Columbia University und hat zudem in den Jahren 1938 bis 1944 als "assistant secretary of state" für Lateinamerika gearbeitet. 1945/46 war er als US-Botschafter in Brasilien tätig. Die Liberale Partei wurde 1944 unter seiner Mithilfe gegründet, und Berle galt lange Zeit als ihr führender Vertreter. Vgl. >http://www.libarts.ucok.edu/history/faculty/roberson/course/1493/supplements/chp24/Adolf%20Augustus%20Berle--economist.htm<.

Aus postimperialistischer Sicht wird die im unterentwicklungstheoretischen Denken verankerte Vorstellung, dass TNCs lediglich als Ausbeuter des Trikonts fungieren, abgelehnt. Becker sieht darin – trotz der unterentwicklungstheoretischen Klassenrhetorik – lediglich eine populistische Position (Becker 1987b: 207). So würde das Verhalten der TNCs an den idealistischen Vorstellungen von sozialer Verantwortung gemessen werden, was Becker wie folgt kommentiert:

"As we know from the history of North American social criticism, populist muckraking performs an important service by exposing abuses of corporate power. We also know, however, that such muckraking is incapable of the more radical critique that consists in analysing the institutional character of the corporation and its role in the system of class domination." (Becker 1987b: 207)

Demgegenüber ist es das Anliegen der postimperialistischen Theoretiker, anstelle eines "Wunschdenkens" über das Verhalten von TNCs deren Klassenposition zu analysieren. Obwohl die TNCs weder die Klassenstruktur noch das Entwicklungsmodell des jeweiligen Landes bestimmen würden, seien die politischen Folgen ihrer Präsenz erheblich (Becker 1987b: 207). Sie sind jedoch überwiegend von langfristiger Natur: So beschreibt Becker, dass sich durch die Präsenz der TNCs die lokalen und transnationalen Klassenformationsprozesse verändern würden. Seinen Analysen zufolge findet eine Transformation oder aber ein Austausch der dominierenden Klassen sowie eine allgemeine Neukonstituierung der Klassenverhältnisse statt. So ist aus Sicht der Postimperialisten die Existenz einer globalen Ökonomie allgemein anerkannt, während die Vorstellung von einer globalen politischen Ordnung zwar teilweise noch kontrovers diskutiert werde, aber größtenteils Zustimmung hervorrufe. Anders verhält es sich jedoch mit der Vorstellung von einer globalen Gesellschaft, die weitgehend auf Widerstand stößt. Becker und Sklar sehen im Rahmen ihres postimperialistischen Ansatzes eine globale Gesellschaft im Entstehen, die nach ihrer Überzeugung hinsichtlich ihrer Klassen analysiert werden muss. Dabei stehen insbesondere die transnationalen Klassenformationen im Vordergrund, die sich aus den vermehrten – auf gemeinsamen Interessen basierenden – Zusammenschlüssen einzelner nationaler sozialer Klassen ergeben. Vor diesem Hintergrund wird in postimperialistischen Arbeiten der Begriff der "Bourgeoisie" benutzt, um die jeweils dominierende Klasse zu bezeichnen. Damit erweitern sie die im Rahmen marxistischer Ansätze vorherrschende Definition von "Bourgeoisie":

"Since all countries, virtually without exception at the present time, are developing on the basis of capitalist economic institutions, the concept of a worldwide bourgeoisie, including the dominant classes of countries still governed by Communists, may be more acceptable today than it has been in the past." (Becker/Sklar 1999b: 3 f)

Ebenfalls im Unterschied zu neomarxistischen beziehungsweise unterentwicklungstheoretischen Arbeiten liegt das primäre Augenmerk des postimperialistischen Ansatzes nicht auf den unteren beziehungsweise den unterdrückten Klassen, sondern auf der (transnationalen) Bourgeoisie. Der postimperialistische Ansatz sieht somit in seinen Studien zur internationalen Politik vorrangig die Klassen als seinen Untersuchungsgegenstand an und nicht den Staat oder das System. Der diesem Ansatz zugrundeliegende Klassenbegriff unterscheidet sich allerdings von dem marxistischen darin, dass er Klassenverhältnisse in erster Linie als Ausdruck von Machtverhältnissen und nicht von Produktionsverhältnissen begreift (Becker/Sklar 1999b: 4). Becker und Sklar begründen diesen Unterschied damit, dass in vorindustriellen Gesellschaften als auch in Gesellschaften mit beginnender Industrialisierung das öffentliche Verwaltungs- sowie das Erziehungswesen stärkeren Einfluss auf die Klassenkonstellation der jeweiligen Gesellschaft hätten als die Produktionsstrukturen. Aber auch in den "postindustriellen" Gesellschaften seien im Zuge des Computerzeitalters die vormals industriellen Produktionsverhältnisse in den Hintergrund gerückt. Von vorrangiger Bedeutung für den sozialen Status innerhalb dieser Gesellschaften seien nun die Verfügbarkeit über Wissen sowie organisatorische Fähigkeiten (Becker/Sklar 1999b: 4). Aber das Augenmerk der Postimperialisten liegt weniger auf den nationalen Klassenkonstellationen als auf der zunehmenden Herausbildung einer transnationalen, also globalen, Bourgeoisie. Diese internationale Klasse stellt das Ergebnis eines Zusammenwachsens der jeweils dominanten nationalen Klassen dar und wird von Becker und Sklar als "unmistakable harbinger of a global society" (Becker/Sklar 1999b: 4) betrachtet.

Diese internationale Bourgeoisie ist laut Sklar bestrebt ihre Macht weltweit auszudehnen und sich zu reproduzieren. Nach Ansicht der Postimperialisten wird gerade durch dieses Bestreben eine lokale Klassendominanz bewirkt, die sich oftmals positiv auf die Entwicklung des jeweiligen Landes auswirke (Vgl. Quinn 1999: 219). Die weltweit dominierende Klasse wird von Sklar als "corporate international bourgeoisie" bezeichnet. Sie steht, wie in Abbildung 8 (siehe S. 229) zu sehen ist, an der Spitze auch der in den Industrieländern angesiedelten bis dato noch weitaus größeren "corporate bourgeoisie". Vertreter der "corporate international bourgeoisie" finden sich in allen Entwicklungsländern, die ausländische Direktinvestitionen bekommen. Es handelt sich dabei um die Manager von Tochterunternehmen von TNCs. Daneben gibt es auch eine lokale dominierende Klasse, die "managerial bourgeoisie"[209]. Zu dieser Klasse zählen sowohl die Vertreter der einheimischen "corporate international bourgeoisie" als auch alle anderen gesellschaftlichen Eliten, die hohe Einkommen und/oder einen hohen gesellschaftlichen Status aufzuweisen haben und demzufolge über politische Macht und soziale Kontrollmöglichkeiten verfügen (Vgl. Quinn 1999: 220). Ihnen ist es gelungen, die nationale Bourgeoisie zu überholen: "In effect, the managerial bourgeoisie is the ruling stratum of the national bourgeoisie." (Sklar 1987: 30). Der Klassenzusammenhalt der "managerial bourgeoisie" ergibt sich aus postimperialistischer Sicht durch das gemeinsame Interesse an der Ausübung von Macht und sozialer Kontrolle. Der in Abbildung 8 zu sehende "corporate international sector of managerial bourgeoisie" bildet als "Schnittmenge"

---

[209] Sklar (1987) schreibt über diese Klasse: "Whereas the benefit/cost calculation, upon which a finding of "economic" imperialism depends, does not directly bear upon the bases and exercise of power, the issue of managerial authority is directly and indubitably pertinent to the study of corporate power. Managers exercise authority. But the heralds of managerial autonomy misperceived the evolving relationship between management and ownership-interest as a case of divorcement." (Sklar 1987: 25)

der in den Industrieländern beheimatenden "corporate bourgeoisie" und der im Trikont vorzufindenden "managerial bourgeoisie" die obere Schicht letzterer:

"As such, the leading element of the managerial bourgeoisie consists of those who manage and direct large-scale enterprises that were originally established by foreigners under colonial rule but that underwent nationalization and managerial indigenisation after independence." (Quinn 1999: 220)

Die Beziehungen zwischen den lokalen Vertretern der "corporate international bourgeoisie" und der restlichen "managerial bourgeoisie" sind nach Überzeugung der Postimperialisten im Allgemeinen kooperativ, wenngleich die Ideologie und Weltanschauung ersterer kosmopolitisch und diejenige letzterer nationalistisch geprägt sei (Becker/Sklar 1987b: 9). Ihre Interessenskongruenz besteht darin, dass die Industrieländer den Zugang zu Märkten und Produktionsfaktoren in den Entwicklungsländern anstreben, während die Entwicklungsländer[210] sich mittels der Öffnung gegenüber den TNCs eine verstärkte Industrialisierung erwarten (Vgl. Frieden 1987: 179 f).[211]

Der erwähnte Interessensgegensatz wird nach Ansicht der Postimperialisten jedoch durch die sogenannte "corporate doctrine of domicile"[212] (Vgl. Sklar 1976: 82 – 88, 1987: 29; Quinn 1999: 221) entschärft,

"(...), which affirms that the subsidiaries of transnational corporations will conform in good faith to the policies and requirements of host countries." (Sklar 1999: 17).

Das ideologische Konzept der "doctrine of domicile" stellt eine bestimmte Manifestation der durch den Kapitalismus bedingten Trennung der politischen von der ökonomischen Sphäre dar (Sklar 1987: 425). Laut dieser Doktrin gibt es keinen angeborenen Antagonismus zwischen den globalen (und ökonomischen) Interessen von TNCs und den lokalen (und überwiegend politischen) nationalen Bestrebungen der Entwicklungsländer. Im postimperialistischen Jargon wird ein derartiges Verhalten als "good corporate citizenship" bezeichnet. Demzufolge verhält sich jede Tochterfirma der TNCs in Übereinstimmung mit der teils von ihrer Sichtweise zwar divergierenden beziehungsweise in Konflikt stehenden jeweiligen staatlichen Politik. Mittels dieser Anpassung an die lokalen Gegeben-

---

[210] Gemeint sind hier insbesondere die jeweiligen Staatsapparate und die privaten Sektoren (Vgl. Frieden 1987: 179 f).

[211] Becker (1987a) bemerkt über die korporative internationale Bourgeoisie: "(...) (They) are united by mutual interests transcending those expressed through the states whose passports they happen to carry; they are true cosmopolitans." (Becker 1987a: 51). Nichtsdestotrotz betont Sklar, dass es zu verstärkten ideologischen Spannungen zwischen der Doktrin des Liberalismus, die seitens der korporativen Bourgeoisie vertreten werde, und dem paternalistischen Autoritarismus der einheimischen Management-Bourgeoisie kommen kann (Sklar 1987: 32).

[212] Die "doctrine of domicile" setzt sich laut Stander und Becker (1990) aus drei Aspekten zusammen: (1) Die Ideologie der modernen Bourgeoisie zeichne sich durch moralische Werte aus, die auf einer breiten gesellschaftlichen Basis gründen würden. (2) Das Verhalten der transnationalen Oligarchie sei auf ihrer Vorstellung vom Allgemeinwohl aufgebaut: marktwirtschaftliche Regulation, beiderseitige Preisabsprachen etc. (3) Die interne Struktur der TNCs sei so aufgebaut, dass eine gute Beziehung zwischen TNCs und der respektiven Gesellschaft gewährleistet sei (Stander III/Becker 1990: 199 f).

heiten lassen sich jedoch die übergeordneten ökonomischen Ziele der TNCs unterstützen (Vgl. Sklar 1987: 29).[213]

Die "managerial bourgeoisie" wird von Sklar als autonom gegenüber den transnationalen und aus den industriellen Metropolen stammenden sozialen Kräften gesehen. Diese Sichtweise steht in Opposition zu den Unterentwicklungstheorien, die in den jeweiligen Bourgeoisien des Trikonts nur "comprador classes" erblicken, deren "Hintermänner" in den industriellen Metropolen zu finden seien. Becker und Sklar sind sich einig, dass die "managerial bourgeoisie" durch ihre Verbindung zum internationalen Kapitalismus im jeweiligen Land ökonomische Entwicklung forciert. Aber hinsichtlich Frage, ob die "managerial bourgeoisie" sich positiv auf die politische Demokratisierung auswirkt beziehungsweise zu selbiger beiträgt, bleiben Becker und Sklar ambivalent. Wie bereits erwähnt, bemängeln sie an dieser Klasse deren nationalistische Haltung:

"The local wing of the managerial bourgeoisie is intensely and parochially nationalistic, although the intensity and parochialism of the corporate national variant are tempered somewhat by the effects of a closer involvement with transnational cosmopolitanism. Managerialbourgeois nationalism in "third world" countries often takes a populist form whereby national leaders proclaim the political unity of the whole people and repress dissent in the name of defense against the threat of foreign domination." (Becker/Sklar 1987b: 8)

Nach Einschätzung von Becker und Sklar tritt der Nationalismus der "managerial bourgeoisie" im Trikont oftmals in populistischer Form auf: Nationale Führungspersönlichkeiten verkünden die politische Einheit des gesamten Volkes und unterdrücken jegliche abweichende Meinung im Namen der nationalen Verteidigung gegen die Bedrohung durch ausländische Kräfte. Die TNCs seien hingegen gleichgültig und nicht etwa antagonistisch gegenüber demokratischen Regierungsformen. Sie wollen lediglich den Zugang zu den Ressourcen und Märkten, ein stabiles ökonomisches Umfeld und den Vorteil geringer Lohnkosten. Becker stellt in diesem Zusammenhang fest:

"Their (the transnationals', Anm. d. Verf.) behaviour indicates that, whatever the ideological predilections of their representatives on the scene, they have rarely acted as if they believed that a particular set of (presumably, 'orthodox') economic policies were necessary to achieve stability. In Chile, monetarist orthodoxy has not attracted much new foreign investment but instead has deindustrialised the economy. On the other hand, transnational corporations have invested heavily in Argentina, Brazil, Mexico, and Peru despite their economic interventionism, expansionary policies, and, in Peru's case, implementation of far-reaching property and social reforms." (Becker 1984: 423)

---

[213] In diesem Zusammenhang sei auf das von Sklar (1987) beschriebene Beispiel eines TNC in Sambia verwiesen: "Corporate policies (...) are described in my study of multinational mining companies that operate in the several states of central and southern Africa. (...), I have observed that South African and American controlled mining corporations domiciled in the Republic of Zambia complied faithfully with Zambian national policies of economic disengagement from the white-ruled states of southern Africa even before the Zambian Government acquired majority ownership of those companies in 1970. They did so at considerable cost to themselves and despite the fact that the Zambian policies in question were largely inconsistent with economic values and policies espoused by the directors of the parent companies in South Africa and the United States. On the other hand, these companies made no apparent concession to the Zambian point of view in implementing their policies of equally good corporate citizenship on the part of subsidiaries in other states, including the white-dominated states of southern Africa." (Sklar 1987: 29)

Mit dem Fokus auf die Klassenkonstellationen wollen die Postimperialisten folgenden Aspekt deutlich machen:

"(…), the fate of the bourgeoisie – corporate and managerial – will probably be determined by domestic struggles, not by anti-imperialist struggles that pit insurgent nations against foreign powers." (Sklar 1987: 32)

Demzufolge sehen sie die weltweiten Machtverhältnisse verstärkt durch Klassengegensätze und weniger durch nationale Gegensätze bestimmt. Und die Hauptakteure bilden die TNCs, indem sie zum Aufkommen der soeben dargestellten internationalen Bourgeoisie geführt haben beziehungsweise führen. Neben der Bourgeoisie ist auch das Proletariat beziehungsweise die untergeordnete Klasse (siehe Abbildung 8) Veränderungsprozessen unterworfen. Im Zuge der verstärkten Herausbildung von TNCs entsteht eine neue Arbeiterklasse, die Becker als "technologically literate, industrially disciplined, and organizationally strong" (Becker 1987a: 54) charakterisiert. Becker stellt zudem fest:

"Unlike the violence-prone protoproletariat, easily manipulated by populist demagoguery, that it is replacing, the new working class has a certain economic stake in the social order and considerable confidence in its ability to wring concessions from the state and the dominant class." (Becker 1987a: 54)

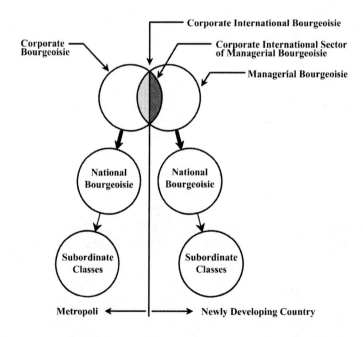

Abbildung 8: Struktur der weltweiten korporativen und Management-Bourgeoisien (Vgl. Sklar 1987: 31)

Ein weiteres wichtiges Element des akteursorientierten Entwicklungsansatzes besteht darin, mittels empirischer Erkenntnisse den Theorien über kapitalistischen Imperialismus zu widersprechen. So sei eine wachsende Divergenz zwischen nationalen Interessen und den Interessen der dominierenden Klasse der Industrieländer festzustellen. Daneben lasse sich eine wachsende Interessenskongruenz zwischen den nationalen Interessen und denjenigen der dominierenden Klassen in Entwicklungsländern erkennen. Diese Erkenntnisse stehen in Opposition zu der unterentwicklungstheoretischen Überzeugung, dass die Industrieländer mit Hilfe des Kapitalismus die Entwicklungsländer ausbeuten und deren Klassenverhältnisse bestimmen würden. Demgegenüber sehen Becker und Sklar mittels der empirischen Befunde die These bestätigt, wonach transnationale Unternehmen weltweit zu einer gerechteren Entwicklung zwischen Ländern und Regionen beitragen. Insgesamt gesehen reduzieren sie die ungleiche Verteilung von Reichtum und Macht zwischen den Nationen. Für Becker und Sklar steht fest:

"Everywhere, this form of enterprise (TNCs, Anm. d. Verf.) is acknowledged to be the most efficient means in existence for organizing the provision of capital, technology, and developmental skills." (Becker/Sklar 1999b: 5)

Nichtsdestotrotz betonen sie, dass diese positive Einschätzung nicht gleichbedeutend sei mit einer Zustimmung zu jeglicher transnationaler Unternehmensführung beziehungsweise -politik. Postimperialistische Theoretiker sind in diesem Zusammenhang dazu aufgerufen, Verhaltensmaßregeln für transnationale Unternehmen zu formulieren, die bestimmten ethischen Grundregeln genügen (Becker/Sklar 1999b: 5).[214]

Wie bereits erwähnt und anhand der Vorstellung der Kernelemente postimperialistischen Denkens deutlich wurde, steht dieser Ansatz insbesondere zum unterentwicklungstheoretischen Denken in Opposition. Becker und Sklar heben hervor, dass die These der "Entwicklung der Unterentwicklung" nicht haltbar sei, da die Unterentwicklungstheoretiker nicht in der Lage seien, Entwicklungsprozesse im Trikont in ihre Analyse einzubeziehen. Leys betont in diesem Zusammenhang hinsichtlich der Situation in Afrika:

"(...) *some* oft what is happening under dependent development is, after all, still development: painful, wasteful, and ruthless, like early capitalism everywhere, but development nonetheless. (...) In the suffering of the masses – not just from famines and wars, but also from forced migration, cultural deprivation, humiliation, extortion, and insecurity – there is also a certain potential for advance. The failure to recognize and grapple with this renders dependency theory misleading and hence impotent in relation to those areas where the advance has occurred." (Leys 1982a: 105)

---

[214] Becker und Sklar (1999b) heben diesbezüglich hervor: "The vaunted ability of corporations to harmonize their policies with those of host governments is not incompatible with predatory behavior, often perpetrated in collusion with corrupt and oppressive local authorities. Absent the appearance, as well as the substance, of socially responsible corporate conduct, aggrieved people will cry out against the perceived threat of imperialism as well as against injustice. Postimperialist thinkers are, therefore, challenged by the need to formulate and implement codes of responsible conduct for transnational corporations." (Becker/Sklar 1999b: 5)

Der Postimperialismus-Ansatz baut auf der Erkenntnis auf, dass Imperialismus im Zuge veränderter weltpolitischer und –ökonomischer Rahmenbedingungen nicht länger von herausragender Bedeutung sei.[215] Becker und Sklar wenden sich somit auch gegen die unterentwicklungstheoretischen Ideen von Cardoso und Faletto, die davon ausgegangen waren, dass sich die Entwicklungsländer zwar industrialisieren könnten, aber dennoch in einem strukturellen Abhängigkeitsverhältnis zu den Metropolen, den Industrieländern, verhaftet blieben. Diese Abhängigkeit manifestiere sich laut Cardoso (1972) in der Macht der TNCs auf dem Weltmarkt, der sich die Dritte-Welt-Länder unterordnen müssten und die für die TNCs auch Entscheidungsmacht im Hinblick auf internationale Vereinbarungen bedeute. Becker und Sklar (1987b) werfen Cardoso vor, die Kapazitäten der industrialisierenden Dritte-Welt-Länder bezüglich neuer technischer Innovationen zu unterschätzen. Seine politische Forderung nach Abkoppelung weisen sie als unrealistisch zurück. Demgegenüber vertreten sie die Auffassung, dass der internationale Kapitalismus nicht per se imperialistisch sei. Die TNCs würden den Dritte-Welt-Ländern Zugang zu Kapital, Märkten und Technologien eröffnen (Becker/Sklar 1987b: 6).

Im Gegensatz zu den Unterentwicklungstheorien liegt der Untersuchungsgegenstand aus postimperialistischer Sicht in den Klassenformationen und ihren jeweiligen Verbindungen zu den TNCs. Demgegenüber hätten die Unterentwicklungstheorien laut Becker Nationalismus an die Stelle von Klassenanalyse gesetzt (Becker 1987a: 54). Becker (1984) sieht in der dependenztheoretischen Klassenrhetorik – wie sie insbesondere von Frank vertreten wurde – keine Marxsche Dialektik, da in unterentwicklungstheoretischen Arbeiten die Gegensätze vorrangig national beziehungsweise regional bestimmt sind.[216] Demzufolge gibt es innerhalb der Unterentwicklungstheorien auch keine von der abhängigen Entwicklung beziehungsweise Unterentwicklung hervorgebrachten gegnerischen Kräfte, die in der Lage sind, langfristig gesehen, den Status der Unterentwicklung zu überkommen. Somit kann es nach diesen Vorstellungen erst dann eine *wahre* Entwicklung geben, wenn sowohl auf nationaler als auch internationaler Ebene ein klarer Bruch mit dem Kapitalismus stattgefunden hat. Becker verweist auf das in diesem Kontext zutage tretende Dilemma der Unterentwicklungstheorien:

"But such a break cannot come at the hands of a majoritarian, class-conscious, radically internationalist working class – Marx's revolutionary proletariat – inasmuch as 'dependent development' precludes its emergence. As a result, the needed revolution is confined to a Leninist scenario: a radical movement of national liberation on a multiclass foundation, led by an intellectual elite claiming the right to 'represent' the working class without consulting it. After sixty-five years, progressives ought to have lost remaining illusions about Leninism; its undeni-

---

[215] Die Postimperialisten stellen nicht in Abrede, dass es weiterhin Imperialismus gibt, aber sie versuchen nachzuweisen, dass selbiger insbesondere aus ökonomischer beziehungsweise spätkapitalistischer Sicht an Bedeutung verliert. Al Szymanski hatte bereits in seinem 1977 erschienenen Aufsatz "Capital Accumulation on a World Scale and the Necessity of Imperialism" eine ähnliche Argumentation verfolgt (Szymanski 1977).

[216] "(...), all forms of *dependencista* analysis, based as they are on territorial delineations (whether conceived as individual nations or as 'core' and 'periphery'), are institutional despite the use that they make of class-analytical rhetoric." (Becker 1984: 426)

able accomplishments in the realm of distributional equity are more than offset by its second-rate industrialisation performance and its stultifying elitism, which, together, diminish the scope of freedom rather than enlarging it." (Becker 1984: 417 f)

Somit besteht ein großer Widerspruch innerhalb der unterentwicklungstheoretischen Analyse darin, dass zwar das Vorhandensein einer potentiell revolutionären gesellschaftlichen Klasse postuliert wird, aber diese Behauptung keine Beweisführung erfährt. Becker betont, dass sich Armut und Marginalisierung alleine nicht als "revolutionsfördernd" erwiesen hätten (Becker 1984: 418). Nach Ansicht von Becker hat sich selbst in denjenigen Ländern, die revolutionäre gesellschaftliche Kräfte besitzen, ein autoritärer Sozialismus entwickelt, der keineswegs besser sei als autoritäre kapitalistische Regimes.[217] Becker plädiert für eine stärker empirisch ausgerichtete Klassenanalyse, um aktuelle Möglichkeiten und Grenzen sozialer Wandlungsprozesse einschätzen zu können (Becker 1984: 418). Aus unterentwicklungstheoretischer Sicht muss bereits die postimperialistische These, dass TNCs in den jeweiligen Ländern des Trikonts zu deren ökonomischer Entwicklung beitragen, auf moralische Entrüstung stoßen. Die Postimperialisten erscheinen aus dieser Perspektive als Fürsprecher des internationalen Kapitalismus. Derartige Anklagen gegen den postimperialistischen Entwicklungsansatz resultieren nach Beckers Überzeugung aus der undialektischen Weltsicht der Unterentwicklungstheoretiker. Trotz einer progressiv anmutenden Rhetorik sehen die Postimperialisten gerade in den Unterentwicklungstheorien eine regressive Kapitalismuskritik[218], die ausschließlich moralisch argumentiere und damit weniger die Interessen der Armen als die Interessen der jeweiligen lokal dominierenden Klassen mittels ihrer nationalistischen Argumentation festige, denn:
"An order that can tolerate moral criticism advances a claim to eventual self-perfection." (Becker 1984: 430)

Damit erweisen die Unterentwicklungstheoretiker den national dominierenden Klassen einen "yeoman service":
"By plausibly attributing the present economic difficulties to an international economy that no Latin American government, alone, can hope to alter, it (*dependencismo*, Anm. d. Verf.) en-

---

[217] Becker (1984) klassifizierte in den achtziger Jahren die lateinamerikanischen Staaten wie folgt: Kolumbien, Costa Rica, Mexiko und Venezuela wurden von ihm als kapitalistische Demokratien beschrieben. Argentinien, Brasilien, die Dominikanische Republik, Panama und Peru sah er auf dem Weg vom autoritären Regime zur kapitalistischen Demokratie. In Chile und Uruguay herrschten weiterhin militärisch-autoritäre Regimes, die jedoch von immer mehr Kräften unter Druck geraten seien – insbesondere der Bourgeoisie und der Mittelklasse. Kapitalistische, autoritäre Regime, dominiert von traditionalen, entwicklungsfeindlichen Oligarchien fanden sich laut Becker in El Salvador, Guatemala, Haiti und Paraguay. Kuba und Nicaragua beschrieb Becker als autoritär-sozialistische Länder, und Bolivien, Ecuador sowie Honduras seien zerbrechliche und unbeständige kapitalistische Demokratien, die auf rückständigen sozioökonomischen Fundamenten aufgebaut worden seien (Becker 1984: 419).
[218] Aus ideologiekritischer Sicht ergeben sich ungeahnte "Wahlverwandtschaften", denn "(...) *dependencismo* is not alone in acting as an ideological prop for a social order quite different from what its teachings seem to advocate. North American evangelical Christian fundamentalism performs a similar service when it puts forth its moral critique of oligopoly power, corporate internationalism, and some aspects of mass consumer society, and when it posits a Utopian alternative: a return to an individualist, market-capitalist, patriotic society." (Becker 1984: 431)

ables the local dominant classes to avoid being held responsible for them." (Becker 1984: 430)

Vor diesem Hintergrund bleibt zu diskutieren, inwieweit der postimperialistische Entwicklungsansatz in der Lage ist, über eine derartig regressive Kapitalismuskritik hinauszuweisen und sich somit auch gegen eine weitere Neuauflage (neo-)populistischer Entwicklungsvorstellungen zu positionieren.

Kritik am Postimperialismus-Ansatz

Sowohl aus technokratischer als auch unterentwicklungstheoretischer Perspektive muss der postimperialistische Entwicklungsansatz als "irritierend" erscheinen. Vertreter ersterer Theorierichtung werden die im Zentrum dieses Ansatzes angesiedelte Klassenanalyse befremdlich finden, während für Unterentwicklungstheoretiker eine gewisse Klassenrhetorik zwar zum Bestandteil ihrer Theorien gehört, aber lediglich als untergeordnetes Element vor dem Hintergrund der postulierten *inter*nationalen Abhängigkeits- und Ungerechtigkeitsverhältnisse. Zudem werden sie sich nicht mit der von den Postimperialisten als für den Entwicklungsprozess positiv zu bewertenden Rolle der TNCs abfinden. Vertretern (neo-)populistischen Gedankenguts wird dieser Ansatz ebenfalls nicht zusagen, da ihnen – wie ihren unterentwicklungstheoretischen Kollegen – die TNCs und die mit ihnen zusammenhängenden industriellen Großprojekte nicht als entwicklungsfördernde Akteure erscheinen, sondern im Gegenteil als Zerstörer von Subsistenzwirtschaft und Vollstrecker eines sich weiter vertiefenden Urban Bias. Wie verschiedene Verweise auf die Arbeiten von Warren seitens der Postimperialisten[219] verdeutlichen, aber auch aus ihrer Sichtweise hinsichtlich kapitalistischer Entwicklungsprozesse im Trikont hervorgeht, zeigt ihr Ansatz die meisten Affinitäten zur marxistischen Entwicklungsschule. Wie dargestellt wurde, bestehen auch zu dieser Schule Differenzen. Insbesondere in der Frage der Natur der Klassengegensätze fallen der von Warren et al. vertretene marxistische und der postimperialistische Entwicklungsansatz auseinander: Während erstere "Klassen" primär durch Produktionsverhältnisse bestimmt sehen, steht für letztere die Frage der politischen Macht und sozialen Kontrolle als Kriterium für die Klassenformation im Trikont im Vordergrund. Auf den ersten Blick mag es sich bei dieser Kategorisierung um keine unbedingten Gegensätze handeln, aber hinter dieser Kategorisierung steht ein unterschiedliches Verständnis über die Funktionsweise des Kapitalismus. So scheinen Becker und Sklar die Vertreter von Klassen als bewusste Akteure zu sehen, die nicht primär durch objektive kapita-

---

[219] So findet sich beispielsweise die folgende Aussage bei Becker (1987a): "As Bill Warren saw some time ago, the facts in question include the rapid industrialization, under transnational corporate auspices, of many developing countries and the coincident spread of capitalist relations of production. In Latin America as a whole, activities belonging to the modern capitalist sector (...) have become the linchpins of the economy; in addition to the stimulus they provide to other sectors, they now account directly for over one-third of gross domestic product." (Becker 1987a: 44) Vgl. auch Becker 1984: 415.

listische Verhältnisse hindurch agieren, sondern deren Verhalten durch ein sub-
jektives Interesse geprägt ist. So schreiben sie beispielsweise über die "managerial bourgeoisie":

> "(...); managerial bourgeoisie is not an occupational or functional concept. It is a socially
> comprehensive category, (...). It is a *class* because its members, despite the diversity of their
> parochial interests, share a common situation of socio-economic privilege and a common
> class interest in the relations of political power and social control that are intrinsic to the capi-
> talist mode of production." (Becker/Sklar 1987b: 7)

Die Klassenanalyse der Postimperialisten ist zudem sehr stark empirisch ausgerichtet: Becker und Sklar haben ihr Klassenmodell – wie es in Abbildung 8 (siehe S. 229) zu sehen ist – aus ihren Fallstudien entwickelt. Demzufolge lassen
sich die Überlegungen der Postimperialisten auch nicht als eine neue Entwicklungstheorie verstehen, sondern als einen neuen Ansatz aus dem sich eine Entwicklungstheorie ergeben könnte. Hinsichtlich ihrer Forschungsergebnisse muss
positiv vermerkt werden, dass sie zur Dekonstruktion unterentwicklungstheoretischer Vorstellungen beigetragen haben und mit ihrer Klassenanalyse die in diesen
Theorien übliche Trennung von (negativ bewerteter) Fremdherrschaft und (positiv bewerteter) nationaler Selbstbestimmung in Frage gestellt haben. Damit haben sie sich auch von den in unterentwicklungstheoretischen Ideen oftmals präsenten "Allmachtsvorstellungen" hinsichtlich der industriellen Metropolen und
insbesondere *der* Metropole, den USA, verabschiedet. So ist es den Postimperialisten gelungen zu zeigen, dass ausländische Direktinvestitionen kein neokoloni-
ales Abhängigkeitsverhältnis begründen müssen, sondern ihr entwicklungspolitischer Nutzen von der jeweils lokalen Klassenstruktur abhängt. Wie Becker
hinsichtlich des marxistischen Anteils postimperialistischer Vorstellungen betont, besteht der große Unterschied zu unterentwicklungstheoretischen Vorstellungen darin, dass die Bedingungen für eine progressive Praxis seitens der Postimperialisten im Vordergrund stehen.[220] Gerade angesichts des verstärkten Aufkommens (neo-)populistischer Entwicklungsvorstellungen, die – wie bereits dargestellt wurde und in den im Folgenden noch zu diskutierenden "neuen" Ansätzen gezeigt werden wird – im Gegenzug eher als "regressiv" denn als "progressiv" bezeichnet werden müssen, halten die Postimperialisten an der marxistischen Fortschrittsidee fest:

> "Postimperialism shares the Marxian perspective that theories of development are to be
> judged in large part according to their contribution to a progressive praxis. It insists that such
> a praxis must work toward the attainment and perfection of democracy *in addition to* eco-
> nomic equality; and that all forms of democracy are intrinsically more favourable in the long
> run for popular-class interests than is any form of authoritarianism." (Becker 1987a: 55)

In Anknüpfung an diese Aussage von Becker muss hervorgehoben werden, dass
der postimperialistische Entwicklungsansatz die Frage offen lässt, ob die nationale Bourgeoisie eher als pro-demokratisch oder als autoritär zu bezeichnen sei.

---

[220] In diesem Zusammenhang gibt Becker zu bedenken: "It is its commitment to realism that causes
postimperialist thought to reject Leninism and populism's unidimensional caricatures of corporate
power, along with the reactionary naturalism and romanticism that animates much postmodernist political writing." (Becker 1999b: 341 f)

Jeff Frieden betont, dass diese Frage insbesondere für die nationale "managerial"- und "corporate"-Verkörperung dieser Klasse von Bedeutung sei (Frieden 1987: 185). So schreibt Becker dahingehend zwar, dass aus seiner Sicht autoritäre Regimes auf dem Rückzug sind und sich eine positive Wechselbeziehung zwischen ausländischen Direktinvestitionen und der Entwicklung einer kapitalistischen Demokratie konstatieren lasse. Aber sowohl Becker als auch Sklar beziehen sich bei ihren Aussagen zur Demokratie lediglich auf die Ergebnisse ihrer jeweiligen Fallstudien. Frieden hebt hervor, dass die den postimperialistischen Arbeiten zugrundeliegenden Fallstudien größtenteils aus dem Bergbausektor stammen und demzufolge nicht als repräsentativ für *die* TNCs angesehen werden können.[221] Zwischen den unterschiedlichen Sektoren, in denen TNCs im Trikont aktiv sind, lassen sich laut Frieden große Unterschiede hinsichtlich ihrer Beziehung zu den respektiven nationalen Bourgeoisien erkennen (Frieden 1987: 187). Frieden plädiert vor diesem Hintergrund für eine Ausweitung der dem postimperialistischen Ansatz zugrunde liegenden Fallstudien, wobei insbesondere die Sektoren verarbeitende Industrie, Finanzgewerbe und Dienstleistungen hinsichtlich der Wechselwirkung zwischen dort angesiedelten TNCs und Klassenstrukturen untersucht werden müssten (Frieden 1987: 188). Neben der Frage nach den Sektoren der Fallstudien, weist Frieden auf die aus seiner Sicht zu enge geographische Auswahl derselben hin. So beziehen sich die Arbeiten von Becker und Sklar überwiegend auf ihre in Sambia und Peru erzielten Forschungsergebnisse, was Frieden wie folgt kommentiert:

"Both countries (Zambia and Peru, Anm. d. Verf.), apart from being unusually dependent upon copper exports, are somewhat unrepresentative even of their respective regions – not to speak of their enormous differences from East Asian LDCs." (Frieden 1987: 188)

Diese Einschätzung von Frieden muss insbesondere im Hinblick auf die 1999 von Becker und Sklar herausgegebenen Anthologie "Postimperialism and World Politics" (Becker/Sklar 1999a) relativiert werden. Die dort im Sinne des Postimperialismus diskutierten Fallstudien beziehen sich unter anderem auf Osteuropa, Kuba und Mexiko und beweisen, dass sich die postimperialistische Klassenanalyse auch hinsichtlich der Beurteilungen der dortigen Entwicklungsfragen als hilfreich erwiesen hat.

Der postimperialistische Entwicklungsansatz vermag jedoch damit zusammenhängende weiterführende entwicklungstheoretische Probleme, die das internationale ökonomische System betreffen, nicht zu erklären. So betont Becker:

---

[221] Frieden bemerkt in diesem Zusammenhang: "The first concern (of the postimperialism approach, Anm. d. Verf.) should be to achieve greater sectorial diversification in the cases studied. Virtually all the specific studies relied upon to launch and project the postimperialism approach revolve around the mining industry. But conclusions drawn from studies of the mining sector may not be applicable to other industries. Mining is a very peculiar industry. (...) Foreign mining investment has characteristics that make it inherently more subject to national policies in the host country than foreign investment in most other industries. Mining activities generally demand very large investments, are of considerable size, and are tied to a particular geographic location; they require government backing to ensure the availability of supporting infrastructure such as water, electric power, and transportation to and from port cities; and they are peculiarly visible in the usually isolated areas where they are concentrated." (Frieden 1987: 186 f)

"(...) the current international division of labor is not forever fixed; although world capitalist development is uneven, some 'third world' countries may one day attain metropolitan status (and some present metropoles may decay to 'peripheral' status) without contravening the fundaments of the international order." (Becker 1987a: 54)

Welche ökonomischen Faktoren für die Veränderung der internationalen Arbeitsteilung ausschlaggebend sind, bleibt jedoch unklar, da sich der postimperialistische Entwicklungsansatz vorrangig auf die politische Ebene der beschriebenen Klassenstrukturen beschränkt. Hier wäre es für die Weiterentwicklung des Postimperialismus hilfreich, ökonomische und insbesondere weltwirtschaftliche Probleme stärker in die Analyse einzubeziehen. Ein weiterer Schwachpunkt dieses Ansatzes besteht darin, dass er keine entwicklungspolitischen Anknüpfungspunkte aufzeigt. Dieser Mangel beruht auf den marxistischen Anleihen innerhalb des Postimperialismus und deren Ablehnung von staatlicher Politik.

4   Von "Add Women and Stir" bis zu "Ecofeminism" – Feministische Entwicklungskritik

Hinsichtlich der feministischen Entwicklungskritik ergibt sich im Rahmen der vorliegenden Untersuchung die Frage, welchen *neuen* Beitrag sie für die entwicklungstheoretische Debatte geleistet hat. Feministische Entwicklungskritik bildet keine eigene entwicklungstheoretische Schule, sondern verkörpert ein breites ideologisches Spektrum. Zum Zwecke der Strukturierung dieses Spektrums wird die feministische Entwicklungskritik im Folgenden in zwei Kategorien eingeteilt, die sich – wie zu zeigen sein wird – teilweise an die herkömmlichen entwicklungstheoretischen Schulen anlehnen: die liberale und die strukturalistische Entwicklungskritik. Da die feministische Theorie einen eigenständigen Wissenschaftszweig darstellt, handelt es sich bei der feministischen Entwicklungskritik nur um einen begrenzten Ausschnitt aus dieser Theorierichtung. Die im Rahmen der entwicklungstheoretischen Krise in Kapitel II/1 diskutierten Probleme der "großen" Entwicklungstheorien betreffen auch die Disziplin feministische Theorie. Insbesondere die postmoderne Kritik hat Einzug in die feministische Theorie gehalten und zu ähnlichen wissenschaftstheoretischen Diskussionen geführt. So wurden die Grundlagen oder Fundamente feministischer Theorie(n) – von der Politikwissenschaftlerin Judith Grant als "Core Concepts"[222] bezeichnet – aus postmoderner Sicht insbesondere hinsichtlich ihrer Universalität hinterfragt. Im Gegensatz zu der entwicklungstheoretischen Krisendebatte kam es innerhalb der feministischen Theoriedebatte jedoch bereits vor den postmodernen Kritiken zu einer grundlegenden Debatte um die Kernkonzepte feministischer Theorie: Schwarze Feministinnen kritisierten feministi-

---

[222] Grant macht drei Kernelemente – "Core Concepts" – feministischer Theoriebildung aus: "Frau", "Erfahrung" und "Politik des Privaten" ("personal politics") (Grant, J. 1993: 4).

sche Theorie als "weißen Mittelschichts-Feminismus", der nicht fähig sei, sich mit (seinem) Rassismus auseinander zu setzen.[223]

Im Folgenden sollen zusammenfassend die für das Verständnis feministischer Entwicklungskritik relevanten Aspekte feministischer Theorie im Allgemeinen beleuchtet werden, um dann die entwicklungstheoretische Relevanz der feministischen Entwicklungsansätze zu diskutieren.

Heutige feministische Theorie geht auf die zweite Welle des Feminismus[224], die Frauenbewegung der späten sechziger/frühen siebziger Jahre, zurück. Sie resultiert aus zwei frauenpolitischen Erkenntnissen: Feministinnen erkannten, dass die linken Bewegungen nicht in der Lage waren, sich mit dem Thema Sexismus zu befassen und es zu ihrem politischen Anliegen zu machen. Somit begannen sie ihre eigenen Überlegungen zum Thema Sexismus zu diskutieren und niederzuschreiben. Sie setzten sich insbesondere damit auseinander, was sie von *der* Linken im Allgemeinen unterschied und wieso *die* Linke sie nicht akzeptieren wollte oder konnte. Heutige radikale aber auch sozialistische feministische Theorie resultiert aus dieser Auseinandersetzung zwischen feministischer und linker Bewegung. Demgegenüber bildete sich die liberale Variante des Feminismus aus staatlichen Frauenorganisationen ohne jedoch ihren Feminismus zu theoretisieren, was Grant darauf zurückführt, dass die liberale Theorie bereits den Aktivismus der liberalen Feministinnen im Bereich von Politik und Recht umfasste:

"The trick for liberal feminists seemed to be simply to get the powerful structures in society to treat women as though they were rational and, therefore, according to the classical liberal definition, human beings." (Grant, J. 1993: 19)

Radikale Feministinnen waren weitaus stärker theoretisch orientiert:

"Radicals, (...), were politicized within the context of social movements attuned to the limits of liberalism and committed to a critique of economic and cultural imperialism. Absent the connection of liberal statism, radical feminists were free to make a much broader criticism of the private/public distinction." (Grant, J. 1993: 19)

Vor dem Hintergrund dieser zwei unterschiedlichen Strömungen haben sich gemeinsame feministische "Nenner" herausgebildet: die Kategorie "Frau" als Grundlage von Feminismus; die Vorstellung, dass es bestimmte weibliche Erfahrungen gibt und dass bis dato als privat Definiertes wie beispielsweise "Hausarbeit" oder "Abtreibung" politisch sei.[225]

---

[223] Die Philosophieprofessorin Elizabeth V. Spelman bietet in "Inessential Woman – Problems of Exclusion in Feminist Thought" (1988) einen sehr guten Überblick über die feministischen Debatten hinsichtlich "Gender and Race" (Vgl. insbesondere Spelman 1988: 114 ff). Vgl. auch Hill Collins 1999.

[224] Die erste Welle des Feminismus wird auf die Mitte des neunzehnten bis hinein in die zwanziger Jahre des zwanzigsten Jahrhunderts datiert, als die damaligen Frauenbewegungen sich für Gleichberechtigung engagierten und es in vielen europäischen Ländern zur Einführung des Frauenwahlrechts kam (Heywood 1999: 60).

[225] Eine eingehende Kritik an diesen feministischen Grundkonzepten findet sich bei Grant (1993): Sie weist darauf hin, dass viele Probleme feministischer Theoriebildung auf die Grundprämissen zurückzuführen sind. Als Beispiel sei die sogenannte "weibliche Erfahrung" genannt: Bestimmte Erfahrun-

Der herausragende Slogan der zweiten Welle des Feminismus lautete "The personal is political". Neben der Einteilung in liberalen, sozialistischen/ marxistischen und radikalen Feminismus findet sich in den meisten Texten zu diesem Thema auch der postmoderne Feminismus als eine weitere Theorierichtung (Vgl. Tong 1994; Bryson 1992). Die im Folgenden zu diskutierende feministische Entwicklungskritik muss vor dem Hintergrund der feministischen Theorie im Allgemeinen betrachtet werden. Im Hinblick auf die liberale feministische Entwicklungskritik lässt sich demzufolge feststellen, dass ihre Entwicklungsvorstellungen weniger in den entwicklungstheoretischen als in den entwicklungspolitischen Bereich fallen. Somit wird sich die Darstellung dieses Entwicklungsansatzes vorrangig an den institutionellen Errungenschaften der liberalen Feministinnen orientieren, wobei auch die Unterschiede zum technokratischen Mainstream deutlich gemacht werden. Die strukturalistisch geprägte feministische Entwicklungskritik speist sich demgegenüber stärker aus der theoretischen Tradition radikalfeministischer und sozialistisch bzw. marxistisch orientierter Feministinnen. Hier stellt sich die Frage, ob und wenn ja welche Elemente der unterentwicklungstheoretischen und der (neo-)populistischen Entwicklungsschulen diesen Entwicklungsansatz geprägt haben. In anderen Worten: Was liefert dieser Ansatz an *Neuem* für die entwicklungstheoretische Debatte, und wo werden altbekannte Sackgassen beschritten? Das *Neue* soll in diesem Zusammenhang nicht per se als progressiv gesehen werden. Auch hier sind (neue) Sackgassen möglich.

4.1   Boserup als Pionierin feministischer Entwicklungskritik

Mit dem Erscheinen von Ester Boserups[226] "Woman's Role in Economic Development" (1970, hier: 1989) wurde die feministische Entwicklungskritik eingeläutet. Boserup hatte in dieser Veröffentlichung erstmalig auf die bis dato "unsichtbare" Rolle von Frauen im Entwicklungsprozess verwiesen und gezeigt,

---

gen von Frauen sind nicht per definitionem feministisch, sondern die Sichtweise, aus der sie *interpretiert* werden, *kann* feministisch sein. Grant plädiert gegen eine Überbetonung feministischer Epistemologie und für *politische* Koalitionen zwischen Feministinnen: "As a result of the emphasis on epistemology, the discussion of power becomes focused on gender-determinist lines, ignoring differences of class, ethnicity, culture, and history. However, the problem goes beyond essentialism and becomes, in fact, one of politics. Insofar as feminism has been overepistemologized, and insofar as that epistemology has been connected to a hopelessly abstract and essentialist category, *political similarities that could be cultivated to help feminists speak across difference are suppressed, while the differences that divide us as women are highlighted by one of the major foundational categories of current feminist theory* (Hervorh. im Orig.). A remedy for some of the problem (...) may be conceptualizing the maintenance of two genders, and subsequently of patriarchal domination, as problems of ideology and politics rather than of epistemology. (...) In the new schema, power and politics would be linked to self-conscious ethical choices rather than being seen as the incidental result of gendered standpoints." (Grant, J. 1993: 123)

[226] Die Dänin Ester Boserup (1910 – 1999) war Ökonomin, Agrar- und Bevölkerungswissenschaftlerin. Sie ist für verschiedene UN-Organisationen – u.a. für die UN Economic Commission for Europe (ECE), die UN Food and Agriculture Organisation (FAO), die International Labour Organisation (ILO) – in Asien und Afrika tätig gewesen (Vgl. Braig 2001).

dass die Sichtbarmachung von Geschlechterverhältnissen sowohl entwicklungstheoretisch als auch entwicklungspolitisch von Bedeutung sei. Mittels ihrer eth-
nologischen und historischen Vergleiche zeigte Boserup auf, dass Frauen zwar
überall für die reproduktiven Tätigkeiten verantwortlich waren, aber ihre produktiven Aufgaben sehr stark variierten. Da herkömmliche Entwicklungsinstitutionen und –projekte Frauen jedoch nur in erstgenannter Funktion wahrnahmen,
blendeten sie den produktiven Teil der Frauenarbeit aus. Laut Boserup war die
jeweilige gesellschaftliche Stellung von Frauen allgemein dort niedriger, wo sie
überwiegend reproduktive Tätigkeiten verrichteten. In der entwicklungspolitischen Praxis bedeutete das Ausblenden der produktiven Tätigkeiten von Frauen,
dass diese nicht in die produktiven Bereiche der Entwicklungsprojekte miteinbezogen wurden. So zeigt Boserup beispielsweise im Hinblick auf die Rolle von
Frauen in der landwirtschaftlichen Produktion, dass Frauen in den meisten Regionen Schwarzafrikas und Teilen Südostasiens aufgrund der dort anzufindenden "female farming systems"[227] einen beträchtlichen Grad an Bewegungsfrei-
heit und eine gewisse ökonomische Unabhängigkeit aufzuweisen hatten. Demgegenüber spricht sie im Hinblick auf Süd- und Westasien von "male farming
systems", die für die dort lebenden Frauen versperrt waren und somit einen geringeren gesellschaftlichen Status nach sich zogen (Boserup 1989: 50). Im Zuge
der Kolonialisierung und der Entwicklungspolitik wurde jedoch – wie Boserup
nachwies – ausschließlich die produktive Rolle von Männern gefördert. Da
Frauen der Zugang zu Ausbildung, Landrechten, Bildung und Technologie verwehrt wurde, verloren sie auch in den genannten Regionen mit "female farming
systems" an Einfluss. Ähnliche Beobachtungen machte Boserup hinsichtlich des
städtischen, des modernen Sektors, wo Frauen kaum vertreten seien, da sie einerseits auf Ablehnung durch die Arbeitgeber stießen und andererseits aufgrund
ihrer eigenen Vorbehalte ohnehin in geringerem Maße als Männer innerhalb dieses Sektors Arbeit suchten. Boserup zeigte somit auf, dass sich im Zuge des Mo-
dernisierungsprozesses in den Ländern des Trikonts zwar Fortschritte für Männer aber kaum für Frauen eingestellt hatten:

"When jobs in modern industry, in modern trade, and in offices are held exclusively or overwhelmingly by men, the productivity, attitude and outlook of men and women begin to di-
verge, just as we found happening when commercial farming replaced subsistence agriculture:
men become familiar with modern equipment and learn to adapt themselves to modern ways
of life, while women continue in the old ways." (Boserup 1989: 139)

Die ökonomische Situation von Frauen hatte sich zudem oftmals verschlechtert,
da sie in ihren traditionellen Beschäftigungen der Konkurrenz durch den modernen Sektor nicht standhalten konnten. Falls Frauen im modernen Sektor beschäftigt waren, so übten sie meist ungelernte und schlecht bezahlte Tätigkeiten aus,
während Männer als Fachkräfte tätig waren (Boserup 1989: 139 f). Boserup folgerte aus der Benachteiligung von Frauen im Entwicklungsprozess der Trikontländer, dass sich die bis dato praktizierte Entwicklungspolitik ändern müsse. So

---

[227] Boserup präzisiert die "female farming systems" wie folgt: "Africa is the region of female farming
par excellence (Hervorh. im Orig.). In many African tribes, nearly all the tasks connected with food
production continue to be left to women." (Boserup 1989: 16)

dürften Frauen von den Entwicklungsplanern nicht länger nur als Zusatzverdie-
nerinnen gesehen werden, sondern als den Männern ebenbürtige Konkurrentin-
nen. Boserup forderte die Gleichstellung von Frauen und Männern im Rahmen
der Entwicklungsplanung und den Abschied von der "Hausfrauisierung":

"It would be foolish to deny the importance in developing countries of more enlightened methods of cooking, more hygienic methods of child care, and so forth, nevertheless there is a
danger that the striving towards making more efficient housewives will make us forget or
condone the utterly feeble efforts to improve women's professional efficiency outside the se-
cluded professions of teaching and nursing." (Boserup 1989: 220 f)

Entsprechend sah Boserup in einer verbesserten Bildung von Frauen den Beginn
einer an Gleichheit orientierten Entwicklungspolitik. Sie übte mit ihren Untersuchungen zwar Kritik an der bisherigen entwicklungspolitischen Praxis, stand
aber der technokratischen Idee der Modernisierung des Trikonts nicht feindlich
gegenüber. Ihre Kritik galt lediglich der geschlechtsspezifischen Ungleichbe-
handlung und richtete sich in erster Linie an entwicklungspolitische Institutionen. Damit entsprachen ihre Vorstellungen der technokratischen Entwicklungsschule. Auch ihr Fokus auf die jeweiligen Gesellschaften des Trikonts korreliert
mit der technokratischen Vorstellung, dass Entwicklungshindernisse vorrangig
endogen zu verorten seien. Im Unterschied zu den in Kapitel I/1 diskutierten
technokratischen Entwicklungsvorstellungen liegt für Boserup der Hauptwiderspruch nicht in dem Spannungsfeld von Tradition und Moderne, sondern im Geschlechterverhältnis begründet.[228] Im Hinblick auf die feministische Theorie
zählt die Arbeit von Boserup zum liberalen Feminismus.

Da Boserups "Women's Role in Economic Development" zu einem Zeitpunkt erschienen war als gerade die zweite Welle des Feminismus begonnen
hatte und die erste Entwicklungsdekade kritisch reflektiert wurde, rief diese
frauenpolitische Entwicklungsstudie großes Interesse hervor (Vgl. Braig 2001).
Die wachsende Kritik an der bis dato "geschlechtsblinden" Entwicklungspolitik,
sowohl aus unterentwicklungstheoretischer als auch feministischer Perspektive,
trug zum Aufbau frauenpolitischer UN-Institutionen bei, die nach dem Slogan
"Add women and stir" dazu führten, dass sich die technokratisch dominierten
Entwicklungsinstitutionen der "Frauenfrage" annahmen. Diese größtenteils institutionalisierte liberale Frauenpolitik soll nachfolgend kritisch beleuchtet werden. Ihr frauenpolitischer Gegenpart wird von strukturalistisch ausgerichteten
Feministinnen dargestellt, deren Positionen im Anschluss daran diskutiert werden sollen.

---

[228] So betonte Boserup: "As long as girls remain under the twofold handicap of a family education
which suppresses their self-confidence and of training facilities in schools and elsewhere which are
inferior to those given to boys, they are bound to be inferior workers who contribute little to the national product despite their hard toil in many traditional tasks of low productivity." (Boserup 1989:
220)

4.2 Liberale feministische Entwicklungskritik

Die Studie von Boserup wird von Naila Kabeer als theoretische Grundlage der Women in Development-Programme (WID) betrachtet. Zusammen mit ähnlich ausgerichteten späteren Studien (u.a. Tinker 1990a) trug sie zur Integration von Frauenpolitik in die Entwicklungspolitik bei.

Bereits 1946 war die UN Commission on the Status of Women gegründet worden, auf deren Drängen schließlich 1972 von der UN-Generalversammlung entschieden wurde, das Jahr 1975 zum ersten Internationalen Frauenjahr zu erklären. Neben dieser Kommission spielte das Vorhandensein der US-amerikanischen Frauenbewegung eine wichtige Rolle für die Etablierung frauenpolitischer Zielsetzungen innerhalb der VN (Vgl. Tinker 1990b: 28).

1975 fand schließlich auch die erste Internationale Frauenkonferenz in Mexico City statt, die ebenso wie das Internationale Frauenjahr thematisch im Zeichen von Gleichheit, Entwicklung und Frieden stand.[229] Im Vorfeld dieser Konferenz hatte sich bereits der Frauen-Kaukasus "Women in Development" (WID) innerhalb der Society for International Development (SID)[230] gegründet: "Like most similar caucuses, SID/WID was formed for both substantive and professional reasons. Professionally, the group wished to increase women's participation in SID meetings and to enhance women's employment opportunities in development agencies. Substantively, its members wished to give visibility to a phenomenon several had observed on recent overseas trips: development seemed to be having an adverse effect on women." (Tinker 1990b: 30)

Für die SID/WID-Gruppe stellte Boserups Arbeit ein wichtiges Zeugnis für die Benachteiligung von Frauen im Entwicklungsprozess dar. Jane Jaquette hebt hervor, dass Boserups Arbeit durch ihre Verknüpfung von Gerechtigkeit (im Hinblick auf das Geschlechterverhältnis) mit Effizienz (im Hinblick auf das ökonomische Potential von Frauen) nicht nur entwicklungstheoretisch, sondern auch entwicklungspolitisch sehr bedeutsam für die SID/WID-Gruppe war (Vgl. Jaquette 1990: 54 ff). Mit dem Argument der Effizienz wollten die WID-Vertreterinnen das bis dahin vorherrschende Bild von Frauen im Trikont als Hausfrauen und Mütter nicht nur normativ, sondern auch ökonomisch in Frage stellen. Ebenso wie Boserup plädierten sie in den siebziger Jahren für die Integration von Frauen in die Entwicklungspolitik. Vor dem Hintergrund der gesellschaftlichen Veränderungen innerhalb der Industrieländer, insbesondere durch das Erstarken der Frauenbewegung, als auch der bis dahin wenig erfolgreichen Entwicklungspolitik, wurde das Thema Frauen und Entwicklung zum Bestand-

---

[229] "Gleichheit" war das vorrangige Thema der UN Commission on the Status of Women, während das Thema "Frieden" insbesondere von Frauen aus dem Ostblock in den Vordergrund gestellt wurde. "Entwicklung" war verstärkt durch Boserups Studie und ihre Rezeption zum internationalen frauenpolitischen Thema geworden (Vgl. Tinker 1990b: 28 f)

[230] "Created in 1957, the Society for International Development (SID) is a unique global network of individuals and institutions concerned with development which is participatory, pluralistic and sustainable. SID has over 3,000 individual members in 125 countries, 55 institutional members and 65 local chapters. It works with more than 100 associations, networks and institutions involving academia, parliamentarians, students, political leaders and development experts, both at local and international levels. This makes SID one of the very few organizations that has a holistic, multidisciplinary and multi-sectorial approach to development and social change." (SID 2002)

teil der internationalen Entwicklungspolitik. Die dominierenden technokratischen Entwicklungstheorien erfuhren mittels dieser Kurskorrektur zwar eine Kritik hinsichtlich ihrer "Geschlechtsblindheit", aber das zugrundeliegende modernisierungstheoretische Entwicklungsmodell stand – wie Anne Marie Goetz betont – nicht in Frage:

"(...), much policy formulation for women has partaken of a liberal feminist faith in the efficacy of the modernization project." (Goetz 1991: 135)

Die WID-Kritik setzte somit vorrangig auf der entwicklungspolitischen Mikroebene an: Die Forscherinnen wiesen anhand von Fallstudien nach, wie sich die jeweiligen Entwicklungsprojekte auf die Situation von Frauen auswirkten. Insbesondere die modernisierungstheoretische Annahme von der Universalität des westlichen Familienmodells, wurde von den Forscherinnen widerlegt. Sie forderten mehr Ressourcen für die Erforschung der jeweils regional und kulturell unterschiedlichen Haushaltsstrukturen und Tätigkeiten von Frauen innerhalb des Trikonts. Nach Ansicht der WID-Vertreterinnen sollten Frauen nicht länger Empfängerinnen von Wohlfahrtsdiensten sein, sondern Erhöherinnen von Effizienz. Sie plädierten für eine Verschiebung vom Wohlfahrts- zum Effizienzansatz oder in den Worten von Jaquette: vom Bedürfnis zum Verdienst ("from need to merit") (Vgl. Jaquette 1990: 56 ff). Die Sozialwissenschaftlerin Barbara Rogers hat in ihrer 1980 erschienenen Studie nicht den Schwerpunkt auf das Thema Gleichheit sondern Effizienz gelegt: Sie hat versucht den Nachweis zu führen, dass sich die Exklusion von Frauen aus dem Entwicklungsprozess für diesen negativ auswirkt. Aus ihrer Sicht könnten es sich Entwicklungsplaner angesichts der ökonomischen Krisen im Trikont nicht länger leisten, die Produktivität von Frauen zu vernachlässigen (Rogers 1980). In den Worten von Kabeer:

"The issue was not so much that women needed development, but that development needed women." (Kabeer 1994: 25)

Mittels des Effizienz-Arguments gelang es den WID-Frauen frauenpolitische Zielsetzungen in die internationale Entwicklungspolitik zu integrieren. In dem Dokument des USAID "Women in Development Aid Policy" steht dieses Argument im Vordergrund:

"The experience of the past ten years tells us that the key issue underlying the women in development concept is ultimately an economic one: misunderstanding of *gender differences, leading to inadequate planning and designing of projects, results in diminishing returns on investment.* Gender, therefore, is a critical category of analysis in AID's work, one, which has not received sufficient attention to date." (USAID 2002)

Mit ihrem reformistischen Ansatz gelang es den WID-Vertreterinnen somit ihre liberalen feministischen Vorstellungen in die dominante technokratische Ideologie einzupassen. Sowohl in UN-Institutionen als auch bilateralen Hilfsorganisationen, der Weltbank und in NROs schlug sich der Einfluss des WID-Ansatzes nieder. So wurde zu Beginn der siebziger Jahre ein "Women in Development – Office" innerhalb des USAID eingerichtet, gefolgt von ähnlichen institutionalisierten Frauenprojekten bei anderen bilateralen Organisationen. Auch die VN begannen diverse Frauenabteilungen und –programme ins Leben zu rufen

(Newland 1991: 124). Kathleen Newland hebt jedoch hervor, dass der politische Einfluss der WID-Vertreterinnen nicht überbewertet werden sollte:

"It would be misleading to portray the Women in Development movement as either powerful (other than in spirit and commitment) or unified. Those active in it remained, for the most part, marginalized within their own societies and institutions, unable to command adequate resources or redirect development policy. This marginality had, however, two positive aspects. First, it encouraged the formation of coalitions with like minded people in other countries, thereby strengthening the transnational character of the movement. Second, it put a brake on the cooptation of WID activists into development establishments still dominated by men and male priorities, which had for decades ignored the interests and needs of women." (Newland 1991: 124)

Mittels der sich etablierenden WID-Politik wurde somit das Thema Sexismus beziehungsweise Frauenunterdrückung auch zu einem entwicklungspolitischen Anliegen. Auf den seit den siebziger Jahren stattfindenden internationalen Frauenkonferenzen dominierten jedoch weniger frauenpolitische als die "üblichen" international strittigen Themen. So wurde auf der Frauenkonferenz von 1975 (Mexico City) vorwiegend über eine Neue Weltwirtschaftsordnung debattiert, während 1985 (Nairobi) antizionistische Positionen im Vordergrund standen. Hier zeigt sich das von Grant beschriebene Grunddilemma des Feminismus: So orientiert sich internationale Frauenpolitik, verkörpert im WID-Ansatz, an "den" Frauen, ohne sich auf originär feministische Positionen zu einigen. Da "die" Frauen als Abgesandte der jeweiligen Regierungen ihre Stimme erheben, spiegeln die UN-Frauenkonferenzen altbekannte internationale Kontroversen wider. Die Berufung auf das Frausein ermöglicht demzufolge auch sowohl rechts- als auch links-reaktionären Frauen bestimmte religiöse und kulturelle Unterdrückungsmechanismen zu rechtfertigen. Zudem wurde oftmals ein als "westlich" und somit "negativ" wenn nicht "neokolonial" angesehener Feminismus von Vertreterinnen des Trikonts scharf kritisiert. Anstatt sich auf gemeinsame feministische Positionen zu verständigen, dominierte eine sich als nicht-paternalistisch generierende Position, die dem jeweiligen ethnischen bzw. nationalen Hintergrund der Frauen ein besonderes Gewicht beimaß. Wenn demnach beispielsweise eine Afrikanerin die weibliche Beschneidung guthieß, dann wurde diese Position oftmals eher unter der Rubrik kulturelle Unterschiede behandelt, anstatt als Affront gegen das universelle Recht auf körperliche Unversehrtheit betrachtet.[231] Kumari Jayawardena bemerkt in diesem Zusammenhang:

"The concept of feminism has been the cause of much confusion in Third World countries. It has variously been alleged by traditionalists, political conservatives and even certain leftists, that feminism is a product of 'decadent' Western capitalism; that it is based on a foreign culture of no relevance to women in the Third World; that it is the ideology of women of the lo-

---

[231] Die Algerierin Khalida Messaoudi schreibt zu diesem Thema: "Wir wünschten, die Völker des Abendlandes lernten wenigstens unsere Geschichte, bevor sie über uns richten. Wir leiden unter der rassistischen Sichtweise, Universalität sei geographischen Grenzen unterworfen und habe nicht überall Gültigkeit. So habe ich im französischen Fernsehen Prozesse gegen Beschneiderinnen gesehen, die ihren afrikanischen Töchtern und Enkelinnen die Klitoris verstümmeln. Da standen doch tatsächlich weiße Männer, Anwälte und Journalisten, die erklärten, das sei nun einmal ihre Kultur. Doch seit wann sind Verletzungen der Menschenrechte und Verbrechen gegen die Menschlichkeit relativ und eine Frage der Kultur?" (Messaoudi 2002: 168)

cal bourgeoisie; and that it alienates or diverts women, from their culture, religion and family responsibilities on the one hand, and from the revolutionary struggles for national liberation and socialism on the other." (Jayawardena 1986: 2)

Die erste internationale von den VN ausgerufene Frauendekade (1976 – 1985) wurde im Rückblick aufgrund der Dominanz nicht-feministischer Themen und der dargelegten Kritik am Feminismus überwiegend als gescheitert betrachtet (Vgl. Newland 1991: 128). Die WID-Vertreterinnen haben auf die Risse innerhalb der internationalen Frauenbewegung mit dem von Caroline Moser entwickelte Konzept der Unterscheidung von praktischen und strategischen Fraueninteressen reagiert. Mit den strategischen Interessen sind laut Moser feministische gemeint, also Interessen, die sich um eine grundlegende Veränderung des Geschlechterverhältnisses bemühen. Demgegenüber beziehen sich praktische Interessen auf die kurzfristige Verbesserung der Situation von Frauen, ohne dabei die Geschlechterhierarchie zu hinterfragen (Vgl. Moser 1991). Mit dieser Einteilung wurde es möglich, die zuvor kontrovers diskutierten unterschiedlichen Auffassungen von Frauenrechten und Feminismus wenigstens theoretisch zu versöhnen bzw. sie nicht als Gegensätze zu betrachten. Damit konnten beispielsweise ungleiche Arbeitsverhältnisse oder religiös motivierte Frauenunterdrückung als "Rahmenbedingungen" toleriert werden, innerhalb derer relative Fortschritte in der Verbesserung der Position von Frauen möglich seien. Das Thema Sexismus trat in den Hintergrund, da es fortan galt, primär die praktischen Interessen von Frauen zu verbessern. Mit dieser Einteilung war sowohl den sexistisch argumentierenden Frauen als auch den männlichen Vorbehalten gegenüber dem WID-Establishment Einhalt geboten worden. Zudem darf nicht übersehen werden, dass der WID-Politik institutionelle Grenzen gesetzt sind. In den männlich dominierten UN-Institutionen wird Frauenpolitik vorrangig instrumentell betrachtet: Sie soll dem Sinken des Bevölkerungswachstums oder dem ökonomischen Wachstum dienen. Das (liberale) feministische Ziel der Abschaffung jeglicher Form von Frauenunterdrückung sowie der Geschlechterhierarchie tritt dabei in den Hintergrund, da es zu sehr an dem Selbstverständnis der westlichen Institutionen rüttelt, aber auch oftmals als eine nicht gerechtfertigte Einmischung in die internen Angelegenheiten, also die kulturellen Unterdrückungsmechanismen, der Entwicklungsländer gesehen wird. Newland beschreibt, wie sich die WID-Politik mit diesen Beschränkungen arrangiert: Entweder wählen WID-Vertreterinnen einen angepassten oder einen separatistischen Weg für ihre Politik. Ersterer wurde bereits beschrieben: WID-Politik setzt sich für eine Verbesserung der Situation von Frauen im Rahmen der gegebenen Strukturen ein, bedient somit deren praktische Interessen. Der separatistische Weg bedeutet, dass sich WID-Politik vorrangig auf Frauen ausrichtet, die aus den traditionellen Familienstrukturen herausfallen. Dabei handelt es sich vornehmlich um alleinstehende Frauen, die faktisch Haushaltsvorstände oder Flüchtlinge sind. Die Verbesserung ihrer Lebensumstände wird oftmals nicht als Bedrohung männlicher Macht empfunden (Vgl. Newland 1991: 131).

Es bleibt festzuhalten, dass die internationale institutionalisierte Frauenpolitik, verkörpert im WID-Ansatz, innerhalb des jeweils dominanten entwick-

lungspolitischen Paradigmas agiert. Sie ist Bestandteil technokratischen Entwicklungsdenkens, wenngleich sie mit der Thematisierung von Frauenrechten
eine neue Komponente in die internationale entwicklungspolitische und –theoretische Diskussion eingebracht hat. Im Sinne von "Add women and stir" ist es
ihr gelungen, zum integralen Bestandteil internationaler Politik zu werden,
wenngleich die beschriebenen Abstriche hinsichtlich der Grundideen liberaler
feministischer Theorie vorgenommen wurden.

Der feministische Gegenpol zu WID bildet die sogenannte strukturalistische Entwicklungskritik, die sich nicht als "Zutat" zum technokratischen Entwicklungsdenken versteht, sondern als dessen Gegenentwurf. Damit werden bereits ihre ideologischen Wurzeln angedeutet: Wie nachfolgend zu zeigen sein
wird, steht sie in der Tradition sowohl unterentwicklungstheoretischer als auch
(neo-)populistischer Entwicklungsvorstellungen.

4.3   Strukturalistische feministische Entwicklungskritik
– Beispiel Ökofeminismus

Wie bereits in dem einleitenden Abschnitt zu diesem Kapitel beschrieben wurde,
sind die strukturalistisch argumentierenden feministischen Entwicklungstheoretikerinnen sowohl von der feministischen Theorie als auch der unterentwicklungstheoretischen Schule beeinflusst. Ihre feministischen Vorstellungen entspringen der sozialistischen/marxistischen sowie der radikalen feministischen
Theorie. Sie verstehen sich auch als Kritikerinnen des WID-Ansatzes, der aus
ihrer Sicht zu stark an dem herrschenden technokratischen und neoliberalen Paradigma orientiert ist. Demgegenüber verstehen sie ihre feministische Entwicklungskritik als radikale Infragestellung des herrschenden Entwicklungsdiskurses.
Innerhalb dieses Ansatzes gibt es wiederum unterschiedliche Akzentuierungen:
So gibt es Entwicklungstheoretikerinnen, die sich sehr stark an den Prämissen
der Unterentwicklungstheorien orientieren[232] und diejenigen, die den Begriff
vom "globalen kapitalistischen Patriarchat" geprägt haben. Da Erstgenannte sich
jedoch eher unter der Rubrik Unterentwicklungstheorien subsumieren lassen und
innerhalb der entwicklungstheoretischen Positionen keine bedeutende Rolle einnehmen, wird sich die folgende Darstellung der strukturalistisch-feministischen
Entwicklungskritik auf die Vertreterinnen der These vom "globalen kapitalistischen Patriarchat" beschränken. Ihre Entwicklungskritik wurde innerhalb der
Entwicklungssoziologie und den *Development Studies* kritisch rezipiert. Wie
originär ihr Beitrag für die entwicklungstheoretische Diskussion ist, wird am
Ende dieses Kapitels diskutiert werden.

Der Anstoß zur These vom globalen kapitalistischen Patriarchat stammt
weder aus der angelsächsischen noch der lateinamerikanischen Welt, sondern

---

[232] Siehe hierzu das Kapitel "Dependency Feminism and the Needs of Capital" bei Kabeer 1999: 46 –
50.

aus Ostwestfalen, genauer gesagt: aus Bielefeld.[233] Bekannt wurde dieser Entwicklungsansatz demnach auch als Bielefelder Subsistenzperspektive oder unter
der Rubrik Ökofeminismus[234]. Zu den bekanntesten Vertreterinnen zählen Maria
Mies, Veronika Bennholdt-Thomsen und Claudia von Werlhof. Ihre Kernthese
ist besonders prägnant mit dem Titel eines Buches von Mies "Frauen, die letzte
Kolonie" zum Ausdruck gebracht. Im Gegensatz zur lateinamerikanischen unterentwicklungstheoretischen Schule sieht die ostwestfälische den Hauptwiderspruch nicht zwischen Industrie- und Entwicklungsländern, sondern zwischen
Männern und Frauen. Diese These wird sowohl ökofeministisch als auch antika-
pitalistisch untermauert.

Grundlage der ökofeministischen Vorstellungen bildet die Annahme, dass
Frauen der Natur näher seien als Männer. Die den Frauen zugeschriebenen Eigenschaften werden von den Ökofeministinnen nicht abgelehnt, sondern lediglich ihre gängige Wertung wird umgekehrt. So wird die Tatsache, dass Frauen
weltweit das Gros der reproduktiven Tätigkeiten leisten, von den Ökofeministinnen nicht deshalb kritisiert, weil Frauen dadurch weniger Zugang zu den produktiven Tätigkeiten haben, sondern weil sie von *dem* Kapitalismus auf eine *unsichtbare* Weise ausgebeutet werden. Ähnlich verhalte es sich mit vielen der

---

[233] Für die Vertreterinnen dieses Ansatzes verweisen Bennholdt-Thomsen und Mies jedoch ausdrücklich auf deren Auslandserfahrungen: "Als wir – Veronika Bennholdt-Thomsen, Maria Mies und Claudia von Werlhof – uns Anfang der siebziger Jahre in der neuen Frauenbewegung engagierten, geschah
dies auf dem Hintergrund unserer langjährigen Erfahrungen, die wir in verschiedenen Ländern des
Südens gemacht hatten: in Indien, Costa Rica/San Salvador, Venezuela und Mexiko." (Bennholdt-
Thomsen/Mies 1997: 14) Zudem legt Mies anhand der Kurzgeschichte aus der Eifel – betitelt "Meine
Mutter und die Sau. Das Leben soll weitergehen." – anschaulich (sic!) dar, wie sie zu der Subsistenzperspektive gefunden hat (Vgl. Bennholdt-Thomsen/Mies 1997: 13 f).
[234] Die Bielefelder Subsistenzperspektive sollte jedoch nicht mit *dem* Ökofeminismus gleichgesetzt
werden, fällt aber in ihrer Argumentation unter die Rubrik Ökofeminismus, die hier kurz umrissen
werden soll.
Innerhalb der westlichen feministischen Theoriediskussion wurde der Begriff "Ökofeminismus" erstmalig zu Beginn der siebziger Jahre des zwanzigsten Jahrhunderts von der Französin Fran-
çoise d'Eaubonne geprägt. Bald darauf kam es zu ersten politischen Zusammenschlüssen unter dem
Label "Ökofeminismus", beispielsweise auf der Konferenz "Women and Life on Earth: Ecofeminism
in the 80s" (Baker 1993: 4). Innerhalb der ökofeministischen Bewegung laufen sowohl Teile der feministischen als auch ökologischen sozialen Bewegungen zusammen. Ökofeminismus ist demnach nicht
nur eine theoretische Strömung innerhalb der feministischen Theorie, sondern auch eine sozio-poli-
tische Bewegung. Carolyn Merchant sieht vier unterschiedliche Ausrichtungen der ökofeministischen
Theorie: die liberale, die kulturelle, die soziale und die sozialistische. Die zwei Hauptrichtungen finden sich im kulturellen und sozialistischen Ökofeminismus. Während der kulturelle Ökofeminismus
aus der Tradition des radikalen Feminismus stammt und sehr essentialistisch argumentiert, finden sich
bei dem sozialistischen eine stärkere Anbindung an soziale Bewegungen sowie ein materialistisch
anmutendes Vokabular in Kombination mit einem abgeschwächten Essentialismus. Trotz dieser Unterschiede muss jedoch festgehalten werden, dass eine essentialistische Sichtweise sowohl hinsichtlich
des "Frauseins" als auch der "Natur" den Kern ökofeministischer Vorstellungen bildet: "An ecofemi-
nist ethic is both a critique of male domination of both women and nature and an attempt to frame an
ethic free of male-gender bias about women and nature." (Karen Warren, zitiert nach Merchant 1992:
185). Im Rahmen der vorliegenden Untersuchung steht der sozialistisch geprägte Ökofeminismus im
Mittelpunkt, da dieser in der Entwicklungssoziologie stärker vertreten ist und das Bindeglied zwischen
westlichen und südlichen ökofeministischen Diskussionen und Bewegungen bildet.
Einen guten Überblick über die in diesem Rahmen nicht weiter zu vertiefende westliche ökofeministische Theorie bieten die Aufsätze von Baker (1993) und Plumwood (1986).

produktiven Tätigkeiten, die Frauen im Trikont verrichten (Vgl. Bennholdt-Thomsen/Mies 1997: 16). Bennholdt-Thomsen und Mies stellen fest:

"Die geschlechtliche und gesellschaftliche Arbeitsteilung, die der patriarchale Industriekapitalismus geschaffen hatte – die Trennung zwischen Erwerbs- und Hausarbeit, "öffentlicher" und "privater" Arbeit, "Produktions-" und "Reproduktionsarbeit" –, war nur durch die "Naturalisierung" des einen Pols dieser Arbeitsteilung möglich – des weiblichen. Das ist der Grund, warum wir die Natur, die Frauen und die ausgebeuteten Länder der Dritten Welt die "Kolonien des Weißen Mannes" genannt haben. Kolonien werden nicht durch Vertrags-, sondern durch Gewaltverhältnisse unterworfen und ausgebeutet. Mit diesem Ansatz war eine Brücke geschlagen von der Frauenfrage sowohl zur Dritte-Welt-Frage wie zur Ökologiebewegung, die seit Anfang der siebziger Jahre an Bedeutung zugenommen hatte (...)." (Bennholdt-Thomsen/Mies 1997: 17)

Das Kapitalismusverständnis der Bielefelderinnen lehnt sich an das der Unterentwicklungs- und Weltsystemtheoretiker an, indem sie Kapitalismus nicht als Produktionsverhältnis verstehen, sondern als Form des ungleichen Handels. Zudem personalisieren sie ihr Kapitalismusverständnis, wenn sie "den weißen Mann" als Urheber von Armut, (Neo-)Kolonialismus und Frauenunterdrückung ausmachen. Mies et al. kritisieren jedoch sowohl die technokratischen als auch die unterentwicklungstheoretischen Vorstellungen von Entwicklung als Modernisierung. Während die Unterentwicklungstheoretiker zwar die Linearität des technokratischen Entwicklungsmodells verwarfen, stand für sie jedoch das Ziel von Entwicklung, verstanden als Industrialisierung, außer Frage. Die Bielefelderinnen passen ihre Schablone vom globalen kapitalistischen Patriarchat den Bereichen "Frauen", "Kolonialismus" und "Weltwirtschaft" an. Im Sinne eines Nullsummenspiels oder auch nach der Theorie von Andre Gunder Frank ("Zwei Seiten derselben Medaille") sehen die Bielefelderinnen Wohlstand und Fortschritt ursächlich verbunden mit Verarmung und Rückschritt (Bennholdt-Thomsen/Mies 1997: 36). Demzufolge gehen sie davon aus, dass der Prozess der Kapitalakkumulation sich nicht auf Produktionsverhältnisse innerhalb kapitalistischer, also industrialisierter, Länder beschränkt, sondern auf eine weltweite Expansion angewiesen ist, denn

"Fortgesetzte Akkumulation ist nur möglich, wenn dauernd weitere Milieus und Gebiete für mehr Arbeitskräfte, mehr Rohstoffe und mehr Märkte erschlossen werden." (Bennholdt-Thomsen/Mies 1997: 36)

Diese Milieus und Gebiete bezeichnen Mies et al. als Kolonien, wobei die Natur, die Frauen, fremde Völker, Gebiete und Kulturen die wichtigsten Kolonien darstellen (Vgl. Bennholdt-Thomsen/Mies 1997: 36). Nach ihrer Überzeugung waren Kolonien dieser Art nicht nur zu Beginn der Industrialisierung notwendig, sondern ihre Ausbeutung ist weiterhin unabdingbar für kapitalistisches Wachstum. In Anlehnung an Marx, der für die Frühphase der Industrialisierung den Begriff der "ursprünglichen Akkumulation" geprägt hat, sprechen die Bielefelderinnen in diesem Zusammenhang von der "fortgesetzten ursprünglichen Akkumulation" (Bennholdt-Thomsen/Mies 1997: 37). Die für die Kolonisierung nötige Gewaltanwendung manifestiert sich für die Bielefelderinnen besonders im Geschlechterverhältnis. Ihrer Ansicht nach gehen Modernisierung und Industrialisierung nicht einher mit dem Niedergang patriarchaler Verhältnisse, sondern sie bauen auf diesen Verhältnissen auf und tragen zu deren Intensivierung bei. Mies et al. bedienen sich zur Veranschaulichung ihrer Ideen des sogenannten "Eisberg-Modells der kapitalistisch-patriarchalen Wirtschaft". Wie in Abbildung 9 (siehe unten) zu sehen ist, teilen sie die Wirtschaft in einen sichtbaren und einen unsichtbaren Teil ein. Erster wird auch Eisberg genannt, während letzterer die "Unterwasserökonomie" verkörpert.

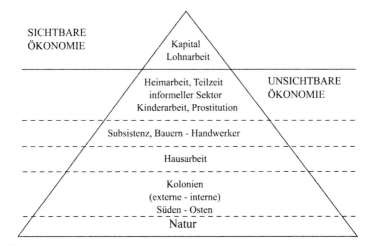

Abbildung 9: "Das Eisberg-Modell der kapitalistisch-patriarchalen Wirtschaft" (Vgl. Bennholdt-Thomsen/Mies 1997: 38)

Die Schichtung innerhalb dieses Modells ergibt sich aus dem jeweiligen Grad der Monetarisierung. Demzufolge gilt die Natur aus Sicht der sichtbaren Ökonomie als "freiestes Gut", da sie am weitesten von der regulären Lohnarbeit und dem Tauschwert Geld entfernt ist. Nach Ansicht der Bielefelderinnen findet kein "trickle-down"-Effekt von der sichtbaren in die unsichtbare Ökonomie statt, sondern

"Das Gegenteil ist richtig: An der Spitze des "Eisbergs" wird immer mehr Reichtum angehäuft, der den verschiedenen Schichten der "Unter-Wasser-Ökonomie" abgepresst wurde und dort dann eben *nicht mehr* vorhanden ist." (Bennholdt-Thomsen/Mies 1997: 39)

Neben den Bielefelderinnen gilt innerhalb der entwicklungstheoretischen Debatte die Inderin Vandana Shiva als *die* "südliche" Vertreterin des (theoretischen) Ökofeminismus. Sie zählt neben Mies zu den im entwicklungstheoretischen Kontext am meisten rezipierten Ökofemistinnen. Shivas bekannteste Monographie lautet "Staying Alive" (1988). Für sie resultiert die voranschreitende Umweltverschmutzung aus einer auf die Städte ausgerichteten westlichen industriellen Wissenschaft und Technologie. Entsprechend sieht Shiva die Mobilisierung von Frauen in ihrer Eigenschaft als "natürliche" Beschützerinnen der Umwelt als emanzipativ an.[235] Ebenso wie die Bielefelderinnen sieht sie die Frauen des Südens eng verbunden mit der Subsistenzproduktion. Auch sie wendet sich nicht nur gegen die kapitalistische Akkumulationslogik, sondern gegen ökonomisches Wachstum allgemein, das sie als westliches Importprodukt ablehnt (Vgl. Shiva 1988: 1). Die Tendenz zur Universalisierung von Wissenschaft und Entwicklung setzt Shiva kongruent mit der Ausbreitung von modernem westlichen Patriarchat. In diesen "westlichen Importprodukten" manifestiert sich ihrer Ansicht nach sowohl Gewalt gegen die Natur als auch gegen indigene Gemeinschaften, Bauern sowie indische Landfrauen.[236] Analog dazu plädiert sie für eine Rückkehr zur Subsistenzwirtschaft, wovon sie sich die Verbesserung der Position der genannten Gruppen verspricht. Einhergehend damit würde sich im ländlichen Indien eine Situation des sozialen Friedens und der ökologischen Harmonie einstellen. Das Rezept von Shiva lautet demzufolge: Zurück zur Natur und zu einem vormodernen Zustand. In diesem Sinne steht der Ökofeminismus – sowohl der Bielefelderinnen als auch Shivas – in der Tradition der (neo-)populistischen Entwicklungsschule. Das "Neo" muss in diesem Zusammenhang jedoch sehr abgeschwächt benutzt werden, denn im Gegensatz zu den in Kapitel I/3 diskutierten Theorien von Lipton und Schumacher findet sich sowohl bei den Bielefelderinnen als auch in Shivas Ansatz eine generelle Ablehnung von Industrialisierung wieder.[237] Die Idealisierung des Ländlichen teilen die ökofeministischen Populistinnen jedoch mit den neopopulistischen Entwicklungstheoretikern.

---

[235] Shiva stellt in diesem Zusammenhang fest: "It is thus not just 'development' which is a source of violence to women and nature. At a deeper level, scientific knowledge, on which the development process is based, is itself a source of violence. Modern reductionist science, like development, turns out to be a patriarchal project, which has excluded women as experts, and has simultaneously excluded ecological and holistic ways of knowing which understand and respect nature's processes and interconnectedness *as science.*" (Shiva 1988: 14 f)

[236] So betont Shiva: "Development was (...) reduced to a continuation of the process of colonisation; it became an extension of the project of wealth creation in modern western patriarchy's economic vision, which was based on the exploitation or exclusion of women (of the west and non-west), on the exploitation and degradation of nature, and on the exploitation and erosion of other cultures. 'Development' could not but entail destruction for women, nature and subjugated cultures, which is why, throughout the Third World, women, peasants and tribals are struggling for liberation from 'development' just as they earlier struggled for liberation from colonialism." (Shiva 1988: 2)

[237] Zur Erinnerung: Lipton als auch Schumacher hatten sich nicht per se gegen Industrialisierung ausgesprochen, sondern lediglich gegen Großprojekte. Ähnlich wie bei den Populisten lehnen die Ökofeministinnen jedoch auch die "Industrialisierung im Kleinen" ab (Vgl. Kapitel I/3). Wie im Folgenden noch zu zeigen sein wird, ließe sich diese Position auch unter den antimodernen Entwicklungsansätzen subsumieren.

Kritik an feministischer Entwicklungskritik

Die hier dargestellten feministischen Entwicklungsansätze haben zwei gegensätzliche und innerhalb der *Development Studies* vieldiskutierte Pole der feministischen Entwicklungskritik gegenübergestellt. Bevor sie der Kritik unterzogen
werden, sollen kurz die bereits erwähnten generellen Probleme feministischer
Theoriebildung beleuchtet werden, da sie die Beurteilung der feministischen
Entwicklungsansätze erleichtern.

Wie bereits im einleitenden Teil zu diesem Kapitel hervorgehoben wurde,
stellen die von Grant als "Core Concepts" herausgearbeiteten Kernelemente feministischer Theoriebildung auch im entwicklungstheoretischen Bereich ein
Problem dar. Nachdem nun sowohl die offizielle liberal-feministische Entwicklungskritik als auch ein oppositioneller Strang, der ökofeministische, dargestellt
wurden, hat sich gezeigt, dass beide Beispiele auf dem gemeinsamen Core Concepts beruhen – wenngleich mit unterschiedlichen Gewichtungen. Wie Grant
überzeugend aufgezeigt hat, verbirgt sich hinter unterschiedlichen feministischen Theorien ein – wie sie es nennt – "fundamental feminism". Dieser gemeinsame feministische "Nenner" fußt auf den bereits erwähnten Core Concepts: 1. der Kategorie "Frau", 2. "Erfahrung" und 3. "personal politics" (Grant,
J. 1993: 4).

Mit der Berufung auf die Kategorie "Frau" haben sich auch die hier dargestellten feministischen Entwicklungsansätze in – wenngleich in unterschiedliche
Richtung weisende – Sackgassen manövriert. So hat der WID-Feminismus – wie
die internationalen Frauenkonferenzen gezeigt haben – weniger eine eigenstän-
dige feministische Sichtweise entwickelt, sondern sich zu stark am "Frausein"
orientiert. Mit diesem Core Concept sind kulturrelativistischen Positionen keine
Grenzen gesetzt.

Auch die Ökofeministinnen beziehen sich auf "die Frauen", die sie im
Kampf gegen das globale kapitalistische Patriarchat (sic!) vereint sehen. Sie un-
terstellen "den Frauen" zudem eine scheinbare Nähe zu "der Natur", die sich im
weiblichen Hang zur Subsistenzwirtschaft manifestiere. Mit diesem feministischen Populismus untergraben sie jegliches politisches Verständnis vom Feminismus. Feminismus wird zur Affirmation bestehender Formen des "Frauseins"
degradiert, die es gegen den gemeinsamen Feind, den "weißen westlichen
Mann", zu verteidigen gilt. Im Hinblick auf das Core Concept der "weiblichen
Erfahrung" zeigt das Beispiel der ökofeministischen Entwicklungskritik deutlich, wie tief verankert dieses Kernelement ist: So werden zahlreiche Beispiele
bemüht, um eine Verknüpfung zwischen weiblichen Erfahrungen und ökologischen Belangen zu konstruieren.

Die im WID-Konzept verkörperte liberal-feministische Entwicklungskritik hat
dazu beigetragen, geschlechtsspezifische Benachteiligung innerhalb der Entwicklungspolitik zu beleuchten und Wege zu ihrer Beseitigung aufzuzeigen.
Wie dargelegt wurde, hat das Konzept der Unterscheidung zwischen strategischen und praktischen Interessen jedoch dazu geführt, den feministischen Gehalt

der WID-Politik zu untergraben. Mit diesem Konzept haben die WID-Vertreterinnen begonnen, sich zu stark an "Fraueninteressen" und weniger an ihren liberalen feministischen Vorstellungen von Geschlechtergleichheit zu orientieren. Mit der Berufung auf praktische Gender-Interessen sind die Differenzen von Frauen stärker in den Vordergrund gerückt worden, die zu den oben genannten Kontroversen – insbesondere auf den internationalen Frauenkonferenzen – geführt haben.

Das Hauptproblem der WID-Entwicklungsvorstellungen ist, dass sie – ebenso wie die technokratischen Entwicklungstheorien im Allgemeinen – Entwicklungsprobleme und Frauenunterdrückung ausschließlich als innergesellschaftliche Probleme wahrnehmen. Demzufolge konzentrieren sich die Bemühungen der WID-Vertreterinnen auch überwiegend auf die entwicklungspolitische Mikroebene. Anne Marie Goetz kritisiert, dass WID-Politik sich zu stark auf reine Frauenprojekte konzentriert, denn

"Separate women's projects have provided planners with alibis to prove their commitment to basic needs without having to deal with the implications of treating women as equal agents in development. Women are still absent from the higher levels of planning. Restricted to a separate realm of women's projects, women's perspectives are kept from being heard at other levels of development. Abstracted from the situated, local level, women's concerns in development seem to evaporate." (Goetz 1991: 139)

Goetz verweist in diesem Zusammenhang auf eine Studie der VN von 1987, in der die Entwicklungsprojekte der VN evaluiert wurden. In vierzig Prozent der Projekte wurden Frauen erwähnt, wobei es sich teilweise um einkommensschaffende Maßnahmen handelte. Zumeist waren die evaluierten Projekte für Frauen jedoch in deren traditionellen Aufgabengebieten angesiedelt. In sechzig Prozent der Projekte erfuhren Frauen jedoch doch keine Berücksichtigung und insbesondere auf der Entscheidungsebene wurden frauenspezifische Belange nicht berücksichtigt (Vgl. Goetz 1991: 140). Das liberal-feministische Ziel der verstärkten Integration von Frauen in den Entwicklungsprozess steht somit im Konflikt mit der WID-Politik, die Frauenpolitik als ein vom Mainstream getrenntes entwicklungspolitisches Anliegen etabliert hat.

Die Kritik gegenüber dem ökofeministischen Entwicklungsansatz betrifft vorrangig ihren regressiven Kern. So hat der Ökofeminismus als Entwicklungsansatz das Ziel, eine radikale Kritik an der herrschenden technokratischen Entwicklungstheorie darzustellen, im Verbund mit den bereits angesprochenen und noch im Einzelnen zu diskutierenden ökologischen und anti- oder postmodernen Entwicklungsansätzen zwar erreicht, aber nicht im progressiven, sondern im *regressiven* Sinne. Die ökofeministischen Entwicklungsvorstellungen orientieren sich an romantisierenden Konzepten von "den Dritte Welt Frauen" aber auch "den Bauern" sowie "den Indigenen" (Vgl. Shiva 1988: 26). Die in diesem Zusammenhang angebotene Problemdefinition ist dem unterentwicklungstheoretischen Vokabular entlehnt: Schuld an der Unterentwicklung sei ein weltweit operierendes kapitalistisches Patriarchat, dem die "Unterdrückten", also die soeben erwähnten Gruppen, nur mittels einer Abkoppelungsstrategie entgehen könnten.

Mies et al. fallen an diesem Punkt jedoch auch noch hinter die Unterentwicklungstheoretiker zurück, wenn sie die Subsistenzperspektive als Lösung für
Entwicklungsprobleme anpreisen. Wie gezeigt wurde, standen die Unterentwicklungstheoretiker der Industrialisierung nicht feindlich gegenüber, aber sie
sollte nach ihrer Überzeugung eine autozentrierte sein, die die Entwicklungsländer dem Zugriff der Industrieländer entziehen würde. Auf die Kritik an dieser
Position soll hier nicht weiter eingegangen werden, sie findet sich in Kapitel
I/2.4. Für Mies et al. wird Industrialisierung jedoch als Hindernis für die Verwirklichung ökofeministischer Entwicklungsvorstellungen betrachtet. Wie
Bennholdt-Thomsen und Mies in "Eine Kuh für Hillary" (1997) deutlich zum
Ausdruck bringen, erachten sie die aus der vorhandenen Not im Trikont gebore-
nen Überlebensstrategien, insbesondere die Subsistenzwirtschaft, als *die* antikapitalistische Alternative.[238] Neu ist an diesem Entwicklungsansatz das feministische Vokabular beziehungsweise die Zusammensetzung von unterentwicklungstheoretischen mit populistischen Vorstellungen. Es lässt sich jedoch unschwer
übersehen, dass es sich – wie bereits erwähnt – bei diesem Entwicklungsansatz
um einen eher populistischen als unterentwicklungstheoretischen handelt. Das
Stadt-Land-Thema ist dominant, und auch die Romantisierung des Ländlichen
verweist auf populistisches Ideengut.[239] Zudem ähnelt der zugrundeliegende Kapitalismusbegriff keineswegs dem marxistischen, sondern ebenfalls dem populistischen: Der Kapitalismus wird nicht als Produktionsverhältnis verstanden,
sondern findet sich personalisiert im "weißen, westlichen Mann", der – ähnlich
wie "die Metropole" in Franks unterentwicklungstheoretischem Metropolen-
Satelliten-Modell – zum Urheber von Unterentwicklung stilisiert wird.

Tom Brass hat in seiner eindrucksvollen Studie "Peasants, Populism and
Postmodernism – The Return of the Agrarian Myth" (2000) darauf verwiesen,
dass der ökofeministische Diskurs von Shiva et al. Parallelen – insbesondere
aufgrund der Fixierung auf die Dichotomie "Stadt – Land" – zu europäischen
populistischen und nationalistischen Ideen sowie zu der indischen Befreiungs-
bewegung um Gandhi aufweist (Brass 2000: 121). Die Stadt beziehungsweise
alles Städtische wird innerhalb des ökofeministischen Diskurses mit negativen
Attributen belegt, wohingegen das Ländliche – verkörpert in "der Subsistenz"
und "den Bauern" – mit positiven Attributen belegt wird. Die Ursache für Unter-

---

[238] In diesem Zusammenhang findet sich die folgende These bei Bennholdt-Thomsen und Mies: "Wir
bleiben hier unten, auf dieser Erde, verbunden mit allen anderen irdischen Wesen. Wir suchen unsere
Freiheit, unser Glück, unseren Reichtum nicht in irgendeiner Transzendenz *jenseits* dieser Subsistenz,
sei es die Theorie, die Religion oder die Geld-Transzendenz, sondern *in* dieser Subsistenz." (Benn-
holdt-Thomsen/Mies 1997: 224)

[239] Eine eher neopopulistische Variante der Verherrlichung des "Kleinen", des "Ländlichen" findet sich
bei Bennholdt-Thomsen und Mies in der Befürwortung der "Regionalisierung". So schreiben sie im
Zusammenhang mit ihrer Version einer "Überlebensökonomie": "Eine solche Gesellschaft/Wirtschaft
wird auf den Prinzipien der *Regionalisierung* (Lokalisierung) und Dezentralisierung beruhen und nicht
mehr auf dem globalen Handel. Nur in einer regionalen Ökonomie können Menschen Verantwortung
für und Kontrolle über gemeinschaftliche Ressourcen, Natur, Arbeitsbedingungen, Nahrung haben.
Regionale Ökonomie verhindert verschwenderische Produktion, denn Produktion und Konsum werden
verbunden sein. ProduzentInnen werden produzieren, was die Menschen der Region brauchen – nicht
für einen anonymen Weltmarkt. KonsumentInnen werden sich für ProduzentInnen verantwortlich füh-
len, denn alle sind ProduzentInnen *und* KonsumentInnen." (Bennholdt-Thomsen/ Mies 1997: 67)

entwicklung liegt nach ökofeministischer Logik in der Abkehr von "der Natur" begründet, die ebenso für "die Frauen" als auch für "die Bauern" steht. Brass hebt am Beispiel von Indien hervor, dass diese Sichtweise zu einer Verwischung von Interessensgegensätzen geführt habe:

"(...) the displacement of a class-differentiated by undifferentiated concept of 'peasant' in the discourse of new farmers' movements, ecofeminism and sections of the left, enables – indeed encourages – the recasting of the now-homogeneous peasantry as a (non-economic) cultural category, and therefore as a bearer of natural/ahistorical characteristics which can in turn form the basis of an eternal/ever-present (folkloric) national identity and thus nationhood." (Brass 2000: 122)

Somit lässt sich in Übereinstimmung mit Brass (Vgl. 2000: 123) feststellen, dass der ökofeministische Entwicklungsansatz weder radikal noch neu ist, sondern sowohl populistische als auch unterentwicklungstheoretische Ideen widerspiegelt. Brass weist zudem auf die enge Verbindung zwischen populistischen und nationalistischen Ideen hin.

Mit ihrer Ablehnung von Fortschritt sowie ihrer Fixierung auf den jeweiligen Standpunkt, von dem aus die Unterdrückten sprechen, haben sich Ökofeministinnen in die ideologische Nähe zu konservativen und/oder rechten politischen Vorstellungen manövriert. Wie bereits in ihrer umgekehrten Wertung herkömmlicher Dichotomien deutlich wurde, stellt der Ökofeminismus nicht die Ungleichheit in Frage, sondern lediglich die Wertung selbiger. Die aufgrund der ökonomischen Probleme sowie der fehlenden einkommensschaffenden Tätigkeiten in großen Teilen des Trikonts – insbesondere Schwarzafrikas – zu beobachtende Wiederbelebung der Subsistenz wird von den Ökofeministinnen nicht als das erachtet, was sie ist: eine Nothilfemaßnahme. Sie wird zum alternativen Wirtschaftsmodell verklärt. Mit dem Verweis auf kulturelle Differenzen zwischen Frauen in Nord und Süd wird nicht der Ruf nach universeller Verbesserung der Situation von Frauen verknüpft, sondern das westliche Entwicklungsmodell wird abgelehnt, da es die "Andersartigkeit" der Dritte-Welt-Frauen nicht anerkennen würde. Mies et al. gehen sogar soweit, die Frauen des Südens und insbesondere die ärmsten unter ihnen als lebende Beispiele eines alternativen Entwicklungsmodells darzustellen. Dieses Entwicklungsmodell besticht durch seine radikale Ablehnung des Entwicklungsgedankens. Während bei Schumacher noch die "Small is beautiful"-Vorstellungen für einen abgeschwächten Glauben an ökonomische Entwicklung standen, finden sich bei Mies et al. die Ablehnung sowohl moderner Technik als auch ökonomischer Entwicklung. Das Verhalten "der Bauern" sowie "der Dritte-Welt-Frauen" als auch "der Indigenen" wird nicht als Resultat bestimmter ökonomischer und politischer Rahmenbedingungen gesehen, sondern es wird als *authentisch* beziehungsweise als *natürlich* angesehen. Jeglicher Fortschrittsgedanke wird mit dem Verweis auf dessen eurozentristischen Ursprung abgelehnt. Mit dieser Position tragen die Ökofeministinnen zum Abgesang auf universelle Vorstellungen von Entwicklung und Emanzipation bei. Ihre scheinbare Progressivität bedeutet im besten Fall die Legitimierung des Status quo und im schlechtesten das Zurücktreten in vormoderne Zustände.

Wie in den noch folgenden Kapiteln zur ökologischen und zur antimodernen Entwicklungskritik ebenfalls zum Ausdruck kommen wird, haben auch diese neueren Entwicklungsansätze die Krise der modernen Entwicklungstheorien größtenteils zum Anlass genommen, das moderne Projekt der Entwicklung, welches – lediglich mit Abstrichen der neopopulistischen Schule – allen "alten" Entwicklungstheorien zu eigen war, in Abrede zu stellen. Die entwicklungspolitischen Konsequenzen des Abschieds vom Entwicklungsgedanken bedeuten einen Rückfall.

Es lässt sich hinsichtlich der feministischen Entwicklungskritik festhalten, dass die hier dargestellten Beispiele – der liberale WID-Feminismus und der Ökofeminismus – keine neuen Entwicklungstheorien darstellen, aber neue Impulse für die entwicklungstheoretische Debatte sowie die Entwicklungspolitik geliefert haben. Wie gezeigt wurde, steht der WID-Feminismus dabei in der technokratischen Entwicklungstradition, während die Ökofeministinnen sich an (neo-)populistische und – in geringerem Maße – an unterentwicklungstheoretische Ideen anlehnen. Zudem ist deutlich geworden, dass beide Entwicklungsansätze die anhand der Core Concepts feministischer Theoriebildung im Allgemeinen vorhandenen wissenschaftstheoretischen Probleme in ihre Entwicklungskritik übertragen haben.

5   Ökologische Entwicklungskritik – "a green wash over business-as-usual"[240] oder ein neues Paradigma?

Wie im Rahmen der Darstellung der entwicklungstheoretischen Krise verdeutlicht wurde, hat die ökologische Entwicklungskritik zu einem nicht unerheblichen Teil zur Infragestellung der modernen Entwicklungstheorien beigetragen. Die Grundlage der ökologischen Entwicklungskritik fußt auf dem bekannten Schlagwort Sustainable Development, das zumeist mit der Definition der Brundtland-Kommission erläutert wird:
"Sustainable development is development that meets the needs of the present without compromising the ability of future generations to meet their own needs." (WCED 1987: 43)

Ebenso wie bei der soeben diskutierten feministischen Entwicklungskritik finden sich im Bereich der ökologischen Entwicklungskritik unterschiedliche Ansätze wieder, die in diesem Fall von technozentristischen bis zu ökozentristischen Vorstellungen reichen. Innerhalb der Literatur zum Thema Umwelt und Entwicklung überwiegt eine analytische Vierteilung hinsichtlich der ökologischen Entwicklungsansätze. So spricht beispielsweise Bas Arts von folgenden Ausrichtungen innerhalb der Sustainable Development-Ansätze: "Business as usual", "Grüne Ökonomie", "Integrale Nachhaltigkeit" und "Antimodernismus" (Arts 1994: 10 ff). Bei Kerry Turner, David Pearce und Ian Bateman findet sich eine ähnliche Einteilung: Sie sprechen von den "cornucopian", "accomodating",

---

[240] Der Ausdruck stammt von Bill Adams (1993: 207).

"communalist" und "deep ecologist" Ansätzen, wobei sie die erstgenannten auch als technozentristisch und die letztgenannten als ökozentristisch bezeichnen (Turner/Pearce/Bateman 1994: 31). Demzufolge kann man nicht von *dem* ökologischen Entwicklungsansatz sprechen. Wie im Folgenden zu zeigen sein wird, handelt es sich bei den vier Strängen der ökologischen Entwicklungskritik eher um ein "Greening" entlang der alten entwicklungstheoretischen Konstellation als um einen originär *neuen* Entwicklungsansatz. Bevor jedoch die unterschiedlichen Schattierungen der ökologischen Entwicklungskritik näher betrachtet werden sollen, empfiehlt sich eine Annäherung an das ihnen zugrunde liegende Konzept des Sustainable Development.

Wörtlich genommen bedeutet Sustainable Development soviel wie eine Entwicklung, die fortgesetzt werden kann – entweder unendlich oder für einen impliziten Zeitraum (Vgl. Lélé1991: 608 f). Der Begriff "sustainability", Nachhaltigkeit, stammt ursprünglich aus der Forstwirtschaft und stand für eine langfristige Ertragssicherung mittels einer bestimmten Methode des Holzeinschlags (Vgl. Arts 1994: 8 f). Innerhalb der Umweltbewegung während der sechziger und siebziger Jahre des zwanzigsten Jahrhunderts tauchte "Nachhaltigkeit" im Rahmen der Diskussion um alternative Energieträger wieder auf. Die Einführung ökologischer Belange in die entwicklungspolitische und –theoretische Diskussion geschah – wie bereits in Rahmen der entwicklungstheoretischen Krise deutlich wurde – insbesondere durch die Studie von Meadows et al. "Grenzen des Wachstums" und durch den Brundtland-Bericht. Bei Hans-Jürgen Harborth findet sich folgende Konkretisierung von nachhaltiger (oder: dauerhafter) Entwicklung, die von zwei Grundprämissen innerhalb dieses Konzepts ausgeht:

"Erstens: Das seit der Nachkriegszeit vorherrschende Modell einer weltweiten Industrialisierung nach dem Produktions- und Konsumtionsmuster der Industrieländer ist – von anderen, z.B. ethnischen und politisch-gesellschaftlichen Kritikpunkten einmal abgesehen – aus ökologischen Gründen nicht realisierbar.

Zweitens: Eine "andere Entwicklung", nicht nur für die Entwicklungsländer, sondern gerade auch für die Industrieländer, ist dringend erforderlich und auch grundsätzlich machbar." (Harborth 1991: 8)

Im Folgenden werden die innerhalb der Nachhaltigkeitsdebatte anzufindenden Entwicklungsansätze der Einfachheit halber in Anlehnung an Turner, Pearce und Bateman (1994: 31) in zwei Kategorien eingeteilt: die technozentristischen und die ökozentristischen. Erstere lassen sich auch als der Mainstream des Sustainable Development – Denkens bezeichnen, während letztere das westliche Entwicklungsmodell radikal in Frage stellen.

5.1 Technozentrismus

Der technozentristische Entwicklungsansatz findet sich in den Verlautbarungen der internationalen Umweltpolitik. Wie im Rahmen von Kapitel II/1.2 deutlich wurde, zeichnete sich seit den siebziger Jahren eine wachsende Kritik – insbesondere aus den Reihen der neuen sozialen Bewegungen – an der fehlenden Berücksichtigung ökologischer Probleme innerhalb der internationalen Politik ab. Der technozentristische Umwelt- und Entwicklungsansatz bildet weniger eine bestimmte theoretische Schule, sondern eine entwicklungs- und umweltpolitische Ausrichtung, die sich in internationalen Umweltkonferenzen und Dokumenten niedergeschlagen hat. Die folgenden drei Dokumente gelten gemeinhin als "landmarks in the sustainable development debate" (Adams, B. 1993: 208):

- "The World Conservation Strategy"
- "Our Common Future" – Der Brundtland-Bericht (dt.: Hauff 1987; engl.: WCED 1987)
- "Caring for the Earth" (IUCN/UNEP/WWF 1991)

Anhand dieser internationalen Dokumente soll nachfolgend der technozentristische Umwelt- und Entwicklungsansatz erörtert werden.

Innerhalb der 1980 veröffentlichten *World Conservation Strategy* (WCS) tauchte das Schlagwort Sustainable Development erstmalig auf. Verfasser der WCS waren die International Union for the Conservation of Nature and Natural Resources (IUCN) sowie das United Nations Environment Programme (UNEP) und der World Wildlife Fund (WWF). Die WCS fußte auf Ideen, die bereits seit mehr als einer Dekade in der IUCN debattiert wurden und stellt ein Konsensdokument hinsichtlich der Diskussion um die jeweilige Gewichtung von Naturschutz und Entwicklung dar. Während die ersten Entwürfe der WCS noch stark an ein "wildlife conservation textbook" (Talbot 1984: 14) erinnerten, versuchte die endgültige Fassung neben dem Naturschutz- auch dem Entwicklungsgedanken Rechnung zu tragen. Hinsichtlich des Naturschutzes enthielt die WCS drei Zielsetzungen:

- Erhaltung grundlegender ökologischer Prozesse
- Erhaltung der Artenvielfalt
- Nachhaltige Nutzung der Ressourcen

Wie Adams hervorhebt, sind diese Zielsetzungen sowohl anthropozentrisch als auch pragmatisch, denn hinter "Erhaltung" wird in der WCS ähnliches verstanden, was im bereits erwähnten Brundtland-Bericht über "Sustainability" steht. So definiert die WCS "Erhaltung" wie folgt:

"(...) the management of human use of the biosphere so that it may yield the greatest sustainable benefit to present generations while maintaining its potential to meet the needs and aspirations of future generations." (WCS, zitiert nach Adams, B. 1993: 209)

Die WCS versuchte, ökologische Belange mit ökonomischen Interessen zu versöhnen, indem Naturschutz nicht als Selbstzweck, sondern auch als sozialer und ökonomischer Fortschritt dargestellt wurde. So diene beispielsweise die Errichtung eines Naturschutzgebietes auch der jeweiligen Ökonomie, da sich aufgrund der Besucher/Touristen neue Einkommensmöglichkeiten in der Region eröffnen würden. Karl Bruckmeier sieht aufgrund der Verknüpfung umwelt- und entwicklungspolitischer Probleme auf globaler Ebene durch die WCS "den Endpunkt klassischen Naturschutzdenkens europäischer Provenienz" (Bruckmeier 1994: 157) gegeben, das bis dato losgelöst vom Entwicklungsgedanken behandelt worden war.

"Our Common Future" lautete der 1987 veröffentlichte Bericht der Weltkommission für Umwelt und Entwicklung (WCED 1987), der ein weiteres wichtiges Dokument im technozentristisch ausgerichteten Sustainable Development – Denken darstellt. "Our Common Future" ist unter der Bezeichnung Brundtland-Bericht bekannt geworden und steht in der Tradition der Brandt-Berichte. In den Brandt-Berichten war bereits das Thema "Umwelt und Entwicklung" behandelt und zu einem *gemeinsamen* Problem von Nord und Süd erklärt worden (Vgl. Brandt 1980, 1983). Wie auch die Brandt-Berichte, ist der Brundtland-Bericht von dem Keynesianismus der Nachkriegszeit geprägt. Sein Ziel bestand darin, den Geist der ersten Umweltkonferenz in Stockholm 1972 wiederzubeleben, indem Umwelt- und Entwicklungsbelange – ganz im Sinne des Begriffes Sustainable Development – als untrennbar miteinander verbunden wurden:

"It is therefore futile to attempt to deal with environmental problems without a broader perspective that encompasses the factors underlying world poverty and international inequality." (WCED 1987: 3)

So wird im Brundtland-Bericht Armut als eine der Hauptursachen aber auch Hauptfolgen globaler Umweltprobleme betrachtet (WCED 1987: 3). Die Idee des Sustainable Development fußt im Brundtland-Bericht auf zwei Säulen: zum einen auf dem Konzept der Grundbedürfnisbefriedigung und dem damit verbundenen Vorrang der Entwicklungshilfe für die Ärmsten und zum anderen auf der Idee der ökologischen Grenzen. Letztere orientieren sich allerdings nicht an der Umwelt, sondern an der Technologie sowie der sozialen Organisation. Damit unterscheidet sich der Brundtland-Bericht von der WCS: Während die WCS ausgehend von Problemen des Ökosystems ökonomische Schlüsse zog, nimmt der Brundtland-Bericht sozioökonomische Probleme zum Anlass für umweltpolitische Forderungen (Vgl. Adams, B. 1993: 211). Aus Sicht der WCS sowie des Brundtland-Berichtes bedeutet Sustainable Development keineswegs eine Absage an ökonomisches Wachstum, sondern es wird zur Bekämpfung der Armut gefordert. Wie bereits erwähnt, wird Armutsbekämpfung nicht nur aus moralischen Gründen von Verfechtern des technozentristisch ausgerichteten ökologischen Entwicklungsansatzes gefordert, sondern ebenso aus ökologischen, da Armut aus ihrer Sicht als Ursache und Folge von Umweltproblemen anzusehen sei.[241] Demzufolge plädiert der Brundtland-Bericht sowohl in Industrie- als auch Entwicklungsländern für ein steigendes Wirtschaftswachstum. Das modernisierungstheoretische Entwicklungsmodell wird somit nicht in Frage gestellt, sondern zudem mit umweltpolitischen Erwägungen legitimiert. Die Frage nach der Vereinbarkeit von ökonomischem Wachstum und ökologischen Belangen wird im Brundtland-Bericht nicht als tiefgreifendes Problem erachtet:

"The Commission's overall assessment is that the international economy must speed up world growth while respecting environmental constraints." (WCED 1987: 89)

Die Frage nach den sogenannten "ceilings", also den ökologischen Grenzen ökonomischen Wachstums, wird im Brundtland-Bericht mit dem Verweis auf umweltfreundlichere technische Innovationen umgangen. Die vom Brundtland-Bericht benannten Kernelemente von Sustainable Development sind ebenso allgemein formuliert, dass sie – wie Sharachchandra M. Lélé betont – den techno-zentristischen Mainstream[242] innerhalb der Sustainable Development-Debatte verkörpern:

1 Wiederbelebung des Wachstums
2 Veränderung der Qualität des Wachstums
3 Grundbedürfnisbefriedigung hinsichtlich Arbeit, Ernährung, Energie, Wasser und Hygiene
4 Sicherstellung einer nachhaltigen Bevölkerungsgröße
5 Bewahrung und Erweiterung der Ressourcen
6 Neuorientierung innerhalb der Technologie und des Risikomanagements
7 Engere Verknüpfung von Umwelt und Wirtschaft bei politischen Entscheidungsprozessen
8 Neuorientierung internationaler ökonomischer Beziehungen
(WCED 1987: 49)

Somit wird dem technokratischen Wachstumsgedanken zwar ein grünes Argument – der "Teufelskreis" von Armut und Umweltverschmutzung – zur Seite gestellt, aber das Entwicklungsprinzip der technokratischen Entwicklungsschule wird nicht in Frage gestellt. Demnach dient dieser Entwicklungsansatz eher dazu, technokratisches Entwicklungsdenken zu modernisieren. Es wird davon ausgegangen, dass Umwelt- und Entwicklungsprobleme sich gegenseitig bedingen

---

[241] So betont der Brundtland-Bericht: "But poverty itself pollutes the environment, creating environmental stress in a different way. Those who are poor and hungry will often destroy their immediate environment in order to survive: They will cut down forests; their livestock will overgraze grasslands; they will overuse marginal land; and in growing numbers they will crowd into congested cities." (WCED 1987: 28)

[242] Zum Mainstream lassen sich in Anlehnung an Lélé u.a. folgende internationale Institutionen zählen: internationale Umweltorganisationen wie der UNEP, IUCN und der WWF, Entwicklungsorganisationen wie die Weltbank, den USAID, die kanadische und schwedische Entwicklungsorganisationen sowie Forschungseinrichtungen wie das World Resources Institute, das Internationale Institut für Umwelt und Entwicklung und das Worldwatch Institut, zudem NROs wie beispielsweise die Global Tomorrow Coalition (GTC) (Vgl. Lélé 1991: 611).

und Umweltschutz auch aus ökonomischen Gründen sinnvoll sei. Ebenso wird ökonomisches Wachstum mit positiven Folgen hinsichtlich des Umweltschutzes assoziiert. Die Vertreter dieses technozentristischen Ansatzes gehen davon aus, dass es eine globale Interessenskongruenz hinsichtlich des Umweltschutzes gebe. Sie liefern mit ihrer Argumentation einen weiteren Begrün(d)ungszusammenhang für Entwicklungspolitik: den Umweltschutz.

Gegenüber dem Mainstream von Sustainable Development sind die ökozentristischen Konzepte von Sustainable Development weitaus weniger im Einklang mit dem westlichen Wachstumsmodell.

5.2 Ökozentrismus

Der ökozentristische Entwicklungsansatz stellt – wie nachfolgend zu zeigen sein wird – eine Fortführung (neo-)populistischer Entwicklungsvorstellungen dar. Dennoch wird gerade diese Variante des Sustainable Development-Denkens oftmals als "neu" gefeiert. Wie Meyers und Waldmann feststellen, zeichnet sich dieser Ansatz durch seinen "*offensiveren* Charakter" im Vergleich zu dem soeben diskutierten technozentristischen aus (Meyers/Waldmann 1998: 295). Im Rahmen einer ökozentristischen Entwicklungskritik wird das westliche Fortschritts- und Wachstumsmodell als *Ursache* ökologischer Probleme angesehen und abgelehnt. Eine besonders anschauliche Variante dessen, was Ökozentrismus bedeutet, liefern Mats Friberg und Björn Hettne in ihrem Beitrag "The Greening of the World – Towards a Non-Deterministic Model of Global Processes" (1985). Friberg und Hettne kontrastieren drei Entwicklungsmodelle: das rote, das blaue und das grüne. Rot steht für "Staat, Sozialismus und Planung"; Blau für "Markt, Liberalismus und Kapitalismus" und Grün steht für *die* Alternative, die De-Modernisierung:

"*The Green road of demodernization* The idea is to withdraw gradually from the modern capitalist world-economy and launch a new, non-modern, non-capitalist development project based on the 'progressive' elements of pre-capitalist social orders and later innovations." (Friberg/Hettne 1985: 235)

Hier wird deutlich, dass der *offensive* Charakter der ökozentristischen Entwicklungskritik zugleich *regressiv* ist. Friberg und Hettne lehnen die der Aufklärung entsprungenen Ideologien – die kapitalistische/liberale als auch die (staats-)sozialistische – mit der Begründung ab, dass beide auf der Idee des Fortschritts fußen. Beide Ideologien plädieren –wengleich mit unterschiedlichen Organisationsstrukturen – für eine Industrialisierung, die jedoch von Friberg und Hettne nicht als erstrebenswert für den Trikont erachtet wird. Im Gegensatz zum technozentristischen Ansatz liegt dem ökozentristischen zudem ein anderes Ökologieverständnis zugrunde, dass den Menschen nicht als Gegenüber, sondern als Teil des Ökosystems begreift. In diesem Sinne plädieren Friberg und Hettne für eine Zivilisationskritik, die die Menschen aus ihrem derzeitigen *unnatürlichen*

Zustand befreit.[243] Unter *unnatürlich* verstehen sie die – sowohl in kapitalistischen als auch sozialistischen Staaten antreffenden – Charakteristika der modernen Industriegesellschaft:

"The Green thinkers believe that the imbalance between the modern large-scale rationalized sector and the non-modern small-scale personalistic sector is one main cause of our troubles. The blame should not be put on capitalism alone but just as much on the nation-state, bureaucratic forms of organization, positivist science, the patriarchate and the urban way of life." (Friberg/Hettne 1985: 231)

Der (neo-)populistische Gehalt dieses Entwicklungsansatzes tritt hier ganz offen zutage, indem der sowohl Entwicklungs- als auch Umweltproblemen zugrunde liegende Konflikt nicht zwischen Tradition und Moderne (Technozentrismus), Industrie- und Entwicklungsländern (Unterentwicklungstheorien) oder Arbeit und Kapital beziehungsweise den Klassen (Marxismus) verortet wird, sondern zwischen Stadt und Land sowie großen und kleinen Wirtschaftssektoren. Im Gegensatz zu den neopopulistischen Entwicklungstheoretikern rekrutiert sich der ökozentristische Entwicklungsansatz stärker aus populistischen Entwicklungsvorstellungen, indem moderne Entwicklungsvorstellungen abgelehnt werden. Arts betont, dass ökozentristisch argumentierende Entwicklungstheoretiker die westliche Kultur – basierend auf Kapital, Wissenschaft und Technologie – zurückweisen. Aus seiner Sicht handelt es sich hierbei um eine "romantisch-traditionelle Perspektive", der es um die "Aufrechterhaltung der ökologischen und kulturellen Vielfalt" (Arts 1994: 20) gehe. Die Idee der Konservierung von Natur wird damit auch auf menschliche Gemeinschaften übertragen, die quasi naturwüchsig zu bestimmten zu beschützenden, konservierenden Kulturen gehören. Kultur wird nicht mit Natur kontrastiert, sondern Kulturen werden zu etwas Natürlichem erklärt. Die in technozentristischen Entwicklungstheorien anzutreffenden Versuche, aus sogenannten traditionalen Gesellschaften moderne zu machen, finden im Ökozentrismus ihre Umkehrung: zurück zu den Wurzeln. In diesem Sinne wird auch die moderne Staatsidee als *unnatürlich* abgelehnt, denn die eigentlichen Akteure finden sich nach ökozentristischer Logik nur in überschaubaren – *natürlichen* – Gemeinschaften:

"From a Green perspective, human beings or small communities of human beings, are the ultimate actors. Most states are, after all, ***artificial*** (Hervorh., d. Verf.) territorial constructions, usually the result of internal colonialism and international wars. The concept of nation-state implies that the territorial boundaries of the state coincide with the boundaries of a cul-

---

[243] Das folgende Zitat erinnert an Ausführungen Schumachers hinsichtlich der Notwendigkeit einer buddhistischen Ökonomie (Vgl. Kapitel I/3.2): "In the poor countries people cry for bread. In the rich countries there is a ***hunger for meaning and identity*** (Hervorh., d. Verf.). The unprecedented material progress during the post-war period has not made people happier. (...) There is a longing for a softer society, a secret desire to drop out, to be free, to begin to live at last. Industrial society thus suppresses our basic non-material needs, especially those for love and belonging, because it is incompatible with viable ***natural*** communities (Hervorh., d. Verf.). The family and the local community started to disintegrate with the advent of industrialism in which more and more people are organized in factories and offices functioning according to impersonal bureaucratic rules. Large-scale enterprises may lead to increased productivity but they also take their toll in terms of depersonalization and anonymity. This shows up in mental diseases, but also in the pathology of normality." (Friberg/Hettne 1985: 219 f)

turally homogeneous nation. This is the exception rather than the rule in a world with about 1500 peoples or nations but only 150 states." (Friberg/Hettne 1985: 221)

Die Frage nach den Akteuren innerhalb dieses ökozentristischen Entwicklungsansatzes ist mit diesem Zitat schon teilweise beantwortet: Der Staat wird nicht
als Akteur betrachtet, sondern die *natürlichen* Gemeinschaften. Friberg und
Hettne konkretisieren die Akteure des grünen Entwicklungsmodells und benennen drei Gruppen von Akteuren, die die Stärke dieses Modells ausmachen würden:

- *Traditionalisten:* Sie wehren sich gegen die Modernisierung, weil sie
  noch Zugang zu nicht-modernen Lebensweisen haben, die sie verteidigen wollen. Ihre Mobilisierung ist als Reaktion auf eine steigende
  Kommerzialisierung, Industrialisierung, Staatenbildung und Professio-
  nalisierung zu verstehen. Ihre positiven Bezugspunkte sind nicht-westliche Zivilisationen und Religionen, alte Nationen und Stämme, lokale
  Gemeinschaften, verwandtschaftliche Gruppen, Bauern und unabhängige Produzenten, informelle Ökonomien, feministische Kulturen etc..
- *Marginalisierte:* Sie finden keinen Platz innerhalb des modernen Sektors. Diese Menschen sind entweder aus dem modernen Sektor ausge-
  stoßen worden oder es wurde ihnen der Zugang verweigert. Somit
  bleibt ihnen lediglich der nicht-moderne Sektor als Alternative. Es
  handelt sich bei dieser Gruppe um Arbeitslose, Zeitarbeiter, Frauen,
  Jugendliche, Ungebildete, Behinderte sowie Fließband-Arbeiter (die
  aufgrund ihrer monotonen Tätigkeiten im psychologischen Sinne marginalisiert sind).
- *Post-Materialisten:* Hier handelt es sich um diejenigen, die auf der Suche nach ihrer eigenen "wahren Natur" das Projekt der Moderne in
  Frage stellen. Sie besitzen die Ressourcen und Möglichkeiten, um ihre
  eigenen alternativen Projekte zu verfolgen. Diese Gruppe setzt sich
  überwiegend aus jungen und gutausgebildeten Töchtern und Söhnen
  der modernen Elite zusammen. Sie frönen immateriellen statt materiellen Werten. (Friberg/Hettne 1985: 235 f)

Friberg und Hettne betonen, dass diese Akteure einer grünen Strategie auf der
Nord-Süd-Achse unterschiedlich stark vertreten seien: So ließen sich die Traditionalisten in den jeweiligen lokalen und globalen Peripherien und die Marginalisierten vorrangig im Mittelfeld zwischen Zentrum und Peripherie wiederfinden, während die Post-Materialisten im Dunstkreis der Zentren anzutreffen seien
(Friberg/Hettne 1985: 236). Diese Akteure verfolgen eine Strategie der "Self-
Reliance" (Eigenständigkeit), die an unterentwicklungstheoretische Vorstellungen von "Abkoppelung" anknüpft und in abgeschwächter Form in der 1974 verabschiedeten Cocoyoc-Erklärung[244] zum Ausdruck kommt. Im Gegensatz zu der

---

[244] Die Cocoyoc-Erklärung war im Oktober 1974 auf einem UNEP/UNCTAD-Symposium in Cocoyo-
oc/Mexiko von einem Wissenschaftler-Gremium veröffentlicht worden. Es war das bis dato erste in-

in dieser Erklärung vorzufindenden "Self-Reliance"-Strategie sehen Friberg und Hettne die grüne Strategie jedoch als wesentlich radikaler und weitreichender an. Sie sei nicht auf die nationalstaatliche Eigenständigkeit fixiert, sondern beziehe auch die lokale und die regionale Ebene mit ein. Im Gegensatz zur roten, der sozialistischen, Strategie der Makro-Revolution "von oben" setzt sich die grüne für den Weg der Mikro-Revolutionen "von unten" ein (Friberg/Hettne 1985: 262). Friberg und Hettne betonen, dass diese Mikro-Revolutionen, also das Verteidigen bestimmter kultureller Werte und nicht-moderner Lebensweisen im Einklang mit der Umwelt, keinem linearen Entwicklungsmodell folgen, sondern sich an der jeweiligen Lebensrealität der genannten Akteure orientieren. Aus ihrer Sicht ist die Prognose des Weltsystemtheoretikers Wallerstein, wonach der weltweite Kapitalismus sich immer weiter ausdehne, unzutreffend. Demgegenüber konstatieren sie:

"The capitalist system will reach its limits of expansion long before all non-capitalist modes of production have vanished from the earth, that is before all producers have become proletarians. Domestic and communal modes of production cannot be abolished without abolishing humanity itself. The social costs of alienation, clientization, crime and mental disorders would simply be unsustainable. It is already obvious that modern welfare states can no longer afford to tackle these problems by the usual method of bureaucratisation." (Friberg/Hettne 1985: 233)

Das grüne Modell wird von Friberg und Hettne auch deshalb als auf dem Vormarsch befindlich betrachtet, weil es insbesondere von der im Trikont besonders zahlreichen ländlichen Bevölkerung im Rahmen der Verteidigung ihrer Lebensgrundlagen als einzig sinnvolle Alternative erscheint (Friberg/Hettne 1985: 234).

Das hier referierte grüne Modell von Friberg und Hettne steht in weiten Teilen in Übereinstimmung mit dem in Kapitel III/4.3 vorgestellten ökofeministischen Entwicklungsmodell. Zudem ergibt sich eine weitere Verknüpfung zu dem noch ausstehenden antimodernen Entwicklungsdenken. Somit lässt sich festhalten, dass die neueren Ansätze zwar neue thematische Akzente in die entwicklungstheoretische Debatte gebracht haben, aber die ideologischen und argumentativen Gemeinsamkeiten sich nach wie vor – über Themengrenzen hinweg – an den "alten" entwicklungstheoretischen Schulen orientieren.

Bevor der letzte und zugleich derzeitig populärste alternative Entwicklungsansatz, der Antimodernismus, diskutiert wird, sollen technozentristisches und ökozentristisches Entwicklungsdenken der Kritik unterzogen werden.

---

ternationale Dokument, in dem für eine alternative Entwicklung plädiert wurde. Es wurde eine Neudefinition des Entwicklungsbegriffs gefordert, die "den Menschen" und nicht "die Dinge" in den Mittelpunkt stelle. Damit zusammenhängend sprach sich der Bericht für eine Strategie der Grundbedürfnisbefriedigung aus, die im Rahmen einer Strategie des Self-Reliance Erfolg versprochen würde (Vgl. Nohlen 1998: 154 f). So betont der Bericht: "We believe that one basic strategy of development will have to be increased: national self-reliance. It does not mean autarchy. It implies mutual benefits from trade and cooperation and a fairer redistribution of resources satisfying the basic needs. It does mean self-confidence, reliance primarily on one's own resources, human and natural, and the capacity of autonomous goal-setting and decision-making. It excludes dependence on outside influences and powers that can be converted into political pressure." (Cocoyoc Declaration, zitiert nach Friberg/Hettne 1985: 222)

5.3   Kritik am grünen Entwicklungsdenken

Ausgangspunkt für grünes Entwicklungsdenken bildeten die Überlegungen zu Sustainable Development, das sich – wie die Darstellung techno- und ökozentristischer Vorstellungen gezeigt hat, als Sammelbegriff für sehr unterschiedliche Entwicklungsvorstellungen erwiesen hat, in den Worten von Adams:

"Sustainable Development is a flag of convenience under which diverse ships sail, and it is this catholic scope that goes a long way to explain its power and popularity as a term in debates about development." (Adams, B. 1993: 218)

Wie die dargestellten Stränge innerhalb der Umwelt- und Entwicklungsdebatte verdeutlicht haben, ist Sustainable Development als ein Querschnittsthema zu verstehen, dass zwar neue Impulse in die entwicklungstheoretische Debatte gebracht hat, aber keineswegs für sich beanspruchen kann, eine neue entwicklungstheoretische Schule zu verkörpern. Die grüne Entwicklungskritik hat – wie gezeigt wurde – technokratischen und (neo-)populistischen Entwicklungsvorstellungen zum Aufschwung verholfen. Im Rahmen der unterentwicklungstheoretischen Vorstellungen spielt die Verknüpfung der Umwelt- mit der Entwicklungsfrage kaum eine Rolle, lediglich an den Schnittstellen von unterentwicklungstheoretischen und (neo-)populistischen Ideen, wie sie in Kapitel III/4.3 hinsichtlich des Ökofeminismus aufgezeigt wurden. Die marxistische Entwicklungskritik spielt für Sustainable Development keine Rolle. Die sich selbst als sozialistisch verstehenden Autoren stehen zumeist in der unterentwicklungstheoretischen Tradition. So hat sich beispielsweise Samir Amin (1985) als Unterentwicklungstheoretiker sehr kritisch mit dem (neo-)populistischen Gehalt der grünen Entwicklungskritik beschäftigt. Auch marxistische Autoren finden sich kaum in der Debatte über Umwelt und Entwicklung, was sich jedoch damit erklären lässt, dass sich – bis auf wenige Ausnahmen[245] – kaum marxistische Entwicklungstheoretiker innerhalb der neueren entwicklungstheoretischen Debatten zu Wort melden.

Wie gezeigt wurde, liegt dem technozentristischen Ansatz die Annahme zugrunde, dass ökonomisches Wachstum nicht im Gegensatz zu ökologischer Nachhaltigkeit steht, sondern ersteres notwendig für letztere sei. Lélé hebt in seiner Diskussion des Sustainable Development-Konzepts hervor, dass es wichtig sei zu klären, was für wen und wie lange nachhaltig erhalten werden solle (Lélé 1991: 615). Er schlägt vor, eine analytische Trennung zwischen ökologischer und sozialer Nachhaltigkeit vorzunehmen. So hat die Darstellung der beiden ökologischen Entwicklungsansätze jedoch gezeigt, dass sowohl aus technozentristischer als auch ökozentristischer Sicht eine scheinbare Einheit von ökologischer und sozialer Nachhaltigkeit postuliert wird. Aus technokratischer Sicht ist die ökologische Nachhaltigkeit nur durch eine soziale erzielbar, wobei lediglich die Qualität des Wirtschaftswachstums geändert werden müsse (Vgl. Lélé

---

[245] Eine Ausnahme bildet der britische Marxist und Herausgeber des "Journal of peasant studies" Tom Brass, der sich aus einer marxistischen Perspektive kritisch mit Populismus und Postmodernismus innerhalb neuerer Entwicklungsansätze beschäftigt. In den Arbeiten von Brass steht jedoch die Kritik im Vordergrund, er erarbeitet keine marxistische Entwicklungstheorie.

1991: 614). Und aus ökozentristischer Sicht ist ökologische Nachhaltigkeit in Übereinstimmung mit sozialer Nachhaltigkeit, da diesem Ansatz ein anderer, ein antimoderner, Entwicklungsbegriff zugrunde liegt, der den Menschen als Teil des Ökosystems begreift. In beiden Modellen gibt es demnach eine Interessenskongruenz zwischen Umwelt und Entwicklung. Der entscheidende Unterschied besteht darin, wodurch Umwelt und Entwicklung definiert werden. Insbesondere die Definition von Entwicklung bildet *den* Unterschied zwischen Techno- und Ökozentrismus: Während die Technozentristen das westliche Fortschrittsmodell befürworten – wenngleich mit den genannten qualitativen Veränderungen – lehnen die Ökozentristen den westlichen Entwicklungsgedanken ab. Auf den ersten Blick handelt es sich bei dieser Gegenüberstellung um den Mainstream einerseits und seine berechtigte alternative Kritik andererseits. Im Folgenden soll nicht der Frage nachgegangen werden, inwieweit das herrschende Entwicklungsmodell im Gegensatz zum Postulat der ökologischen Nachhaltigkeit steht. Diese Frage ist bereits oftmals behandelt worden und wird zumeist mit dem Verweis auf eine etwas ökozentristischere Entwicklungs- und Umweltpolitik beantwortet.[246] Nachfolgend soll der bereits als (neo-)populistisch bezeichnete Ökozentrismus im Vordergrund stehen, da dieser Argumentationsstrang im Rahmen der sich als kritisch zu bezeichnenden Entwicklungsliteratur oftmals als Alternative zum herrschenden Paradigma angepriesen wird. Es wird im Rahmen der Kritik an dem ökozentristischen Entwicklungsansatz die These vertreten, dass der populistische Gehalt dieses Ansatzes Entwicklungs- und Emanzipationsbestrebungen von Menschen im Süden, den vermeintlichen Subjekten dieses Ansatzes, nicht hilft, sondern diese *nachhaltig* behindert.

Wie der Ökofeminismus von Mies, Shiva et al. sieht auch der hier vorgestellte ökozentristische Entwicklungsansatz von Friberg und Hettne das westliche Entwicklungsmodell als Ursache von Umweltzerstörung und Unterentwicklung an. Die Alternative wird in den sogenannten traditionellen Kulturen gesehen, die stärker im Sinne einer "Gemeinschaft" als einer von Privat- und Staatseigentum dominierten Gesellschaft strukturiert seien (Vgl. Arts 1994: 22). Die dem Ökozentrismus zugrundeliegende Romantisierung sogenannter natürlicher Gemeinschaften wurzelt (sic!) weniger im Neopopulismus der siebziger Jahre des zwanzigsten Jahrhunderts, sondern weitaus stärker im Populismus des neunzehnten Jahrhunderts. Von Brass wird der im Ökozentrismus anzufindende "rural bias" als "agrarian myth" bezeichnet. Auch Arts kritisiert, dass die im Ökozentrismus anzutreffende Positivbewertung traditioneller (ländlicher) Gemeinschaften im Widerspruch zum Ideal der Emanzipation stünde, da diese Gemeinschaften größtenteils hierarchisch aufgebaut seien (Arts 1994: 22). Im Gegensatz zu unterentwicklungstheoretischen Vorstellungen (Entwicklungs- vs. Industrieländer) sowie zum Marxismus (Klassengegensätze) stimmen die ökozentristisch argumentierenden Entwicklungstheoretiker mit den Technokraten darin überein, dass sie den Hauptwiderspruch zwischen Tradition und Moderne verorten. Sie nehmen jedoch eine umgekehrte Wertung vor: das Traditionelle wird als das Na-

---

[246] Vgl. beispielsweise: "Der Begriff "Sustainable Development" – Seine Tauglichkeit als Leitfigur zukünftiger Entwicklung" von Meyers und Waldmann (1998) sowie des Weiteren Harborth 1993.

türliche dargestellt. Oftmals findet sich statt Tradition und Moderne die Gegenüberstellung einer Entwicklung von oben und von unten. "Oben" steht dabei für das westliche Fortschrittsmodell, während "Unten" traditionelle Gemeinschaften im Süden und soziale Bewegungen im Norden verkörpert. Diese umgekehrte Wertung erinnert an die ökofeministische Argumentation, die ebenfalls einen konservativen Dualismus durch eine umgekehrte Wertung weiterhin festgeschrieben hat. Die der Aufklärung entsprungenen Vorstellungen über Individualismus und Emanzipation, die sich sowohl in technokratischen als auch marxistischen und unterentwicklungstheoretischen Ideen wiederfinden, werden als eurozentristisch abgelehnt. Armut und ökonomische Rückständigkeit werden im Zuge der Romantisierung dieser "anderen" Kulturen/Gemeinschaften zu alternativen Entwicklungswegen stilisiert. Brass bemerkt dazu:

"Like 'old'/'new' right views about alienation and modernity, the 'new' populism posits the existence of an 'authentic' non-class cultural identity through which the hitherto alienated subject is now able to realize him/herself." (Brass 2000: 211)

Nach ökozentristischer Auffassung werden Entwicklungsvorstellungen "von unten" per definitionem als positiv eingestuft. Dem jeweiligen Standpunkt wird demnach mehr Gewicht eingeräumt als der Frage, inwieweit die "von unten" vertretenen politischen Vorstellungen emanzipativ sind. Derartige Bewertungen werden als eurozentristisch beziehungsweise westlich abgelehnt.[247] Hinter dieser Einstellung verbirgt sich die folgende Kernfrage: Lassen sich allgemeingültige Kriterien – und wenn ja, welche – benennen, um politische Vorstellungen zu bewerten? Diese Frage knüpft an die Debatte innerhalb der Anthropologie zwischen Relativisten und Universalisten an. Sie ist insbesondere deshalb bedeutend für die entwicklungstheoretische Debatte, weil im Zuge der erstarkenden antimodernen beziehungsweise (neo-)populistischen Entwicklungsvorstellungen der moderne Entwicklungsbegriff zur Disposition gestellt wird. Gellner kritisiert den westlichen Relativismus, der oftmals den Fundamentalismus nicht-westlicher Ideen herunterspielt:

"Logically, the religious fundamentalists are of course also in conflict with the relativists, who would devalue their faith with its claim to unique revelation, and reduce it to merely one of many and equally valid 'systems of meaning'. In practice, this confrontation is not so very much in evidence. The fundamentalists notice and despise the lukewarmness and relativism so pervasive in Western society, but they do not take much interest in their philosophical rationale. The relativists in turn direct their attack only at those they castigate as 'positivists', i.e. non-relativists within their own Enlightened tradition, but play down the disagreement which logically separates them from religious fundamentalism. Their attitude is, roughly, that absolutism is to be tolerated, if only it is sufficiently alien culturally. **It is only at home that they do not put up with it** (Hervorh., d. Verf.)." (Gellner 1992: 85)

---

[247] Brass bemerkt in diesem Zusammenhang zutreffend: "Because a view comes 'from below' or has grassroots support, therefore this it is claimed is enough to make it acceptable. Such a position, which postmodernism shares with the 'old' populism and the 'new' right, fails to ask what the *politics* of these grassroots views are. On this 'logic', it would be possible to endorse not only fascism but also genocide and racism." (Brass 2000: 213)

Demgegenüber bezeichnet Gellner seine universalistische Position selbstironisch als "Aufklärungsfundamentalismus". So bestreitet er nicht, dass es eine Reihe von lokalen Kulturen gebe, aber Gellner lehnt den absoluten Wahrheitsanspruch der Kulturen ab. Hinter der Bezeichnung "Aufklärungsfundamentalismus" steht keine fundamentalistische Position hinsichtlich einer – der westlichen – Kultur, sondern das unbedingte Festhalten an den wissenschaftstheoretischen Errungenschaften der Aufklärung. Dieses Problem wird in dem folgenden Kapitel zum Antimodernismus vertieft werden, da der postmoderne Relativismus Bestandteil antimoderner Entwicklungskritik ist. Der ökozentristische wie auch der ökofeministische Entwicklungsansatz lassen sich demzufolge auch unter der Rubrik Antimodernismus gruppieren.

Bevor dieser Ansatz diskutiert wird, bleibt noch ein wichtiger Kritikpunkt am Ökozentrismus zu benennen: die Nähe von ökozentristischen zu faschistischen Vorstellungen. Friberg und Hettne verweisen in ihrem Plädoyer für eine grüne Strategie auf dieses Problem:

"(...), the fascist movements in the 30s started out with some unmistakably Green characteristics. (...) Will the Green movement prepare the ground for a revival of fascism? The potential is certainly there and one should take it into account when designing the Green strategy." (Friberg/Hettne 1985: 226)

Bedauerlicherweise belassen es Friberg und Hettne bei dieser Suggestivfrage. Henry Ashby Turner ist hingegen in seinem 1972 erschienenen Aufsatz "Fascism and Modernization" der Frage nachgegangen, inwieweit der Antimodernismus konstitutiv für den deutschen und italienischen Faschismus war. Turner kommt anhand der Untersuchung nationalsozialistischer Zielsetzungen zu dem Schluss, dass der Antimodernismus eines der herausragenden Merkmale des Nationalsozialismus war, denn

"In their (the German Nazis', Anm. d. Verf.) eyes, modern industrial society was wholly and unavoidably incompatible with what they held to be the only true wellspring of social life: the folk culture. (...) the Nazis sought their models in the past. They looked, to be sure, not to the historic past, but rather to a mythic and eclectic version of the past. What they proposed was an escape from the modern world by means of a desperate backward leap toward a romanticized vision of the harmony, community, simplicity, and order of a world long lost. Their thinking thus seems best characterized as a utopian form of anti-modernism – utopian in the double sense of being a visionary panacea and being unrealisable." (Turner, H.A. 1972: 550)

Im Hinblick auf die von den Nationalsozialisten durchgeführte industrielle Modernisierung hebt Turner hervor, dass diese lediglich ein Mittel zur Erreichung der antimodernen Zielsetzung, der Lebensraumpolitik, war. Auffällig sind – selbst für Vertreter ökozentristischer Entwicklungsvorstellungen wie Friberg und Hettne – die argumentativen Überschneidungen zwischen ökozentristischer und faschistischer Ideologie. Handelt es sich bei ökozentristischen Entwicklungsvorstellungen demzufolge um potentiell faschistische? Wenn man den Antimodernismus als konstitutives Element von beiden Ideologien versteht, dann muss diese Frage bejaht werden. Im Hinblick auf den Ökozentrismus als Entwicklungsansatz bleibt festzuhalten, dass ihre Mischung aus Romantizismus und Relativismus im Hinblick auf lokale Kulturen sowie ihre Biologisierung menschlicher Gemeinschaften (Wurzeln kontra Vernunft), zwar ein durchaus alternatives Entwicklungsmodell verkörpert – aber ein keineswegs emanzipatives.[248] Die Lebensbedingungen der Armen werden sich dadurch nicht verbessern lassen, sondern werden teilweise sogar festgeschrieben. Anstelle eines ökozentristischen Entwicklungsansatz bleibt demgegenüber für einen anthropozentristischen zu plädieren, der den mangelnden Zugang der Mehrheit der im Trikont lebenden Menschen zu den Errungenschaften der Moderne kritisiert und somit eine progressive Kritik übt.

In dem nachfolgend noch zu diskutierenden antimodernen Entwicklungsansatz werden die hier vorbebrachten Kritikpunkte partiell wieder aufgenommen.

5 "Die Unterentwicklung wird durch den Westen bestimmt"[249] – Antimodernismus

"Die Verinnerlichung des **Blicks des Anderen** lässt in den nicht-westlichen Gesellschaften die Notwendigkeit einer Entwicklungsstrategie entstehen. Es handelt sich in gewisser Weise um eine geplante **Verwestlichung** (Hervorh., d. Verf.). Dieses Unterfangen hat schon begonnen, bevor das Wort Entwicklung überhaupt in Mode war. Es geht auf die ersten Anfänge der Fortschritts- und Aufklärungsideologie zurück. Es nennt sich auch *Modernisierung* (Hervorh. im Orig.)." (Latouche 1994: 86)

"Verwestlichung" lautet eines der *buzzwords* antimoderner Entwicklungskritik. Die im Rahmen der entwicklungstheoretischen Krisenphänomene in Kapitel II/ 1.3 dargestellte Postmoderne innerhalb der Sozialwissenschaften hat in Form der bereits angesprochenen "Post-Entwicklungsvorstellungen" auch Einzug in die entwicklungstheoretische Debatte gefunden. Es kursieren eine Reihe von Namen für die antimoderne Entwicklungskritik: So wird von *AnOther Development, Post-Developmentalism* oder auch *Cultural Politics* gesprochen. Im Folgenden sollen nicht die unterschiedlichen Ausrichtungen, die sich hinter diesen Bezeichnungen verbergen, sondern ihre gemeinsamen Kernelemente diskutiert werden. Um einen ersten Einblick in antimodernes Entwicklungsdenken zu geben, seien weitere *buzzwords* genannt: So ist innerhalb dieser Theorierichtung oftmals die Rede von "den Anderen", "den Indigenen", "dem Eurozentrismus", "der Fortschrittsgläubigkeit", "den Wurzeln" beziehungsweise "der Entwurzelung", "dem lokalen Wissen", "der Authentizität", "dem Diskurs" etc.. Einige

---

[248] Turner bemerkt hinsichtlich der faschistischen Gefahr: "For if the essence of what has hitherto been described as fascism should be found to lie in an extreme revolt against the modern industrial world and an attempt to recapture a distant, mythic past, it should be kept in mind that there is no guarantee that such movements may not arise again. It would be indeed unfortunate if, in our vigilance against a rebirth of the familiar forms of what has been thought of as fascism, we should be led to overlook the emergence of new varieties of utopian anti-modernism quite different in appearance from earlier ones." (Turner, H.A. 1972: 564)

[249] Aussage von Latouche 1994: 75. Der Franzose Serge Latouche ist Philosoph, Anthropologe und Ökonom. Er lehrt an den Universitäten von Paris und Lille und ist Mitglied der Vereinigung MAUSS, dem "Mouvement anti-utilitariste dans les sciences sociales", das sich mit der Rolle des Ökonomismus im modernen Denken beschäftigt (Sachs, W. 1993a: 477).

dieser Begrifflichkeiten verweisen bereits auf den Zusammenhang dieses Ansatzes mit dem Ökofeminismus sowie dem Ökozentrismus, die sich – wie noch zu zeigen sein wird – auch unter dem Antimodernismus subsumieren ließen.

Wie bereits in Kapitel II/1.3.2 deutlich wurde, handelt es sich beim Antimodernismus eigentlich nicht um einen *Entwicklungs*ansatz, da die Mehrheit der Vertreter dieser Denkrichtung den Entwicklungsgedanken ablehnt, wie es Gustavo Esteva in dem "Polemischen Handbuch zur Entwicklungspolitik" deutlich zum Ausdruck bringt:

"(...) mit dem Wort "Entwicklung" ist es heute so, dass seine Verwendung das Gegenteil dessen bedeutet, was gemeint ist – aber alle sind verwirrt. Wer diesen heiklen und längst absterbenden Begriff unkritisch benutzt, verlängert nur seine Agonie. Eigentlich ist "Entwicklung" bereits eine unbegrabene Leiche, die gefährlich die Luft verpestet. Es wird Zeit, den Begriff zu entzaubern und mit kaltem Blick zu betrachten." (Esteva 1993: 89)

Die hier angesprochene "Entzauberung" des Entwicklungsbegriffs bildet das Kernelement antimoderner Entwicklungskritik. Hinter der Dekonstruktion des Entwicklungsgedankens stehen folgende antimodernistische Annahmen:

1) Der Entwicklungsgedanke ist ein westliches Importprodukt, das in die Köpfe der Armen des Trikonts implantiert wurde, um selbige zu manipulieren.

2) Westliche Entwicklung hat zum Niedergang indigener Kulturen geführt.

3) Entwicklungshilfe dient lediglich dem westlichen Machterhalt und ist demzufolge abzulehnen.

4) Die Alternative zum westlich induzierten Entwicklungsmodell liegt in der Rückbesinnung auf die eigenen kulturellen Wurzeln der jeweiligen lokalen Gemeinschaft.

Diese Annahmen sollen im Folgenden näher betrachtet werden.

Laut Ivan Illich haben "die Regenmacher der Entwicklungspolitik" weltweit Bedürfnisse geweckt, die aus dem "*homo sapiens*" den "*homo miserabilis*" gemacht haben (Illich 1993: 47). Nach Illichs Überzeugung sei die Idee der "Grundbedürfnisse" die "schlimmste Hinterlassenschaft des Entwicklungsdenkens" (Illich 1993: 47). Ferner beklagt er, dass "Mangel und natürliche Beschränkung" nicht mehr zum modernen Menschsein dazugehören, sondern zum Übel geworden seien, dem mittels Entwicklungspolitik entgegnet werde (Illich 1993: 51). Um den Entwicklungsgedanken im Trikont zu etablieren, fand eine "Kolonisierung der Köpfe" (Esteva 1993: 97) statt, deren Beginn – wie in Kapitel II/1.3.2 bereits angedeutet wurde – seitens der Antimodernisten auf die Rede von Truman vom 24. Juni 1949 datiert wird. So habe Truman erstmalig von Unterentwicklung verstanden als "Armut" und "Rückständigkeit" gesprochen und damit die Unterentwicklung erfunden, die sich fortan nicht nur in den herrschenden Ideologien, den technokratischen Entwicklungstheorien, sondern auch in ihrem "scheinbaren" Gegenpol, den Unterentwicklungstheorien, niedergeschlagen habe. Serge Latouche stellt sich vor dem Hintergrund des westlichen Ideenimports die Frage, wieso sich Menschen im Trikont dadurch manipulieren lassen:

"Es scheint paradox, dass die Steigerung des Lebensstandards gerade den Menschen in der Dritten Welt häufig als Ideal gilt, aber die Erklärung ist einfach: **Als Neubekehrte huldigen sie den Götzen der Moderne mit besonderer Inbrunst** (Hervorh., d. Verf.). Für die entwurzelten Schichten ist höheres Geldeinkommen die einzige Hoffnung, einen neuen sozialen Status zu gewinnen." (Latouche 1993: 211)

Innerhalb der antimodernen Entwicklungskritik herrscht in diesem Zusammenhang die Überzeugung vor, dass durch die Zerschlagung der Subsistenzwirtschaft im Trikont, diese "wurzellose Klasse" von Menschen erzeugt worden sei, die keine traditionellen Bindungen mehr haben, aber ebenso wenig als *homo oeconomicus* Erfolg aufweisen könne. Dennoch würden sie nach dem westlichen Wohlstand trachten und damit westliche Vorstellungen über Fortschritt und Armut affirmieren (Illich 1993: 58). Illich spricht in diesem Zusammenhang von "radical monopolies", die entstehen, wenn Menschen durch neu entstandene Bedürfnisse verarmen. Lummis benennt als Beispiele Kühlschränke und Autos, die zu festen Bestandteilen des Alltags geworden seien, indem *neue* Bedürfnisse geweckt worden seien. Fortan seien diejenigen, die sich weder Kühlschrank noch Auto leisten könnten, zu Armen erklärt worden. Demzufolge werde Armut im Zuge ökonomischer Industrialisierung nicht reduziert, sondern erst erzeugt und zwar in einer endlosen Weise mittels der Schaffung von immer neuen Bedürfnissen (Lummis 1991: 58). In die gleiche Richtung zielt der Aufsatz "Armut" von Majid Rahnema: Die weltweite Armut wird als eine "moderne Erfindung" beschrieben, die durch die Integration des Trikonts in die Weltwirtschaft und die damit verbundene "Ökonomisierung des Lebens" entstanden sei (Rahnema 1993: 22). Auf der Strecke geblieben seien bei dem Versuch der Modernisierung des Trikonts die traditionellen Kulturen, was zur kulturellen "Entwurzelung" geführt habe.

Westliche Entwicklung wird demnach von antimoderner Seite angeklagt, sogenannte indigene Kulturen zerstört zu haben.[250] Es fällt auf, dass Vertreter dieses Entwicklungsansatzes Tradition und Kultur zu quasi-natürlichen Erscheinungen stilisieren und deren oftmals repressiven Charakter teils ausblenden und

---

[250] Bei Latouche heißt es dazu: "Mitten ins Herz getroffen, können die nicht-westlichen Gesellschaften nur ausbluten. (...) Allein diese Präsenz (des Westens, Anm. d. Verf.) ist eine Katastrophe, ohne daß physische Gewalt angewendet wird, ohne daß ein Versuch der Ausplünderung und Ausbeutung gemacht wird. Die Frucht hat einen Wurm. Das durch den heimtückischen und schleichenden Sinnverlust geschaffene Vakuum, das durch die Existenz des Westens entsteht, wird in gewisser Weise durch die westliche Sinngebung ausgefüllt. Diese Substitution ist keine Akkulturation, denn es handelt sich nicht um die Übernahme der Mythen und Werte des Westens mit der raubtierhaften Aggressivität, die das impliziert. Es ist einfacher. Da die verletzte Gesellschaft keine Augen mehr hat, um sich zu sehen, keine Sprache, um sich mitzuteilen, keine Arme, um zu handeln, übernimmt sie den Blick des Anderen, teilt sich in der Sprache des Anderen mit, handelt mit den Armen des Anderen. Ihre Welt ist entzaubert. Das Wort Entzauberung ist hier wörtlich zu nehmen. Was bleibt ihr, wenn ihre Götter tot, ihre Mythen nur noch Fabeln, ihre Taten ohnmächtig und nutzlos sind? Die nicht-westliche Gesellschaft kann sich nur noch in der sinnlosen *Nacktheit* entdecken, die ihr der Westen verordnet hat: sie ist erbärmlich (Hervorh. im Orig.)." (Latouche 1994: 74 f)

teils als "Moral" feiern.[251] Das altbekannte Stadt-Land-Thema populistischer Literatur findet sich auch im Antimodernismus, so beispielsweise, wenn Rahnema über "Armut" nachdenkt:

"Die (moderne, Anm. d. Verf.) Idee der 'Welt als Dorf' bemüht einen Begriff, den sie zerstört. Denn es geht ja gerade darum, die Tausende von Dörfern auszulöschen, deren große Vielfalt den Reichtum und die Einzigartigkeit der Welt ausmachten. In der 'Einen Welt' sollen Tausende **wirklicher, lebendiger Welten** durch eine einzige **'Un-Welt'** ersetzt werden, ein völlig akulturelles, unmoralisches Wirtschaftsunternehmen, das einzig **die Interessen seiner Aktionäre** verfolgt (Hervorh., d. Verf.)." (Rahnema 1993: 33)[252]

Auch Illich beschreibt Entwicklung als einen Prozess, "der die Menschen aus ihren 'Gemeinheiten', den traditionellen kulturellen Gemeinschaften, herauslöst" (Illich 1993: 61). Laut Illich geht Modernisierung mit dem Zerfall kultureller Bindungen einher, die nur noch oberflächlich vorhanden seien.[253] Auffällig ist in diesem Zusammenhang, dass die Antimodernisten zwar um die Dekonstruktion vieler Begrifflichkeiten bemüht sind, aber offensichtlich an der technokratischen Dichotomie zwischen Tradition und Moderne festhalten. So verwundert es auch nicht, dass in dem polemischen Handbuch zur Entwicklungspolitik "Tradition" nicht zur Disposition gestellt wird, handelt es sich doch um *die* antimoderne Alternative zur Moderne. Mit der Feststellung vom Rückgang der Tradition stimmen die Antimodernisten mit den Technokraten überein, die Bewertung dieses Tatbestandes fällt bei ihnen jedoch umgekehrt, also negativ, aus. Latouche betont, dass die Verwestlichung sich nicht auf den ökonomischen Bereich beschränkt, sondern zugleich "Dekulturation" bedeutet. Er versteht unter "Dekulturation" die negative Reaktion auf den Zusammenprall von Kulturen. Demgegenüber sieht er in der "Akkulturation" die positive Reaktion auf den Zusammenprall von Kulturen, denn bei der Akkulturation würden sich die ausgetauschten kulturellen Merkmale im Gleichgewicht befinden. Die Dekulturation bedeutet für ihn jedoch "eine massive einseitige Beeinflussung", die einer Aggression gleichkomme und bis zum Völkermord führen könne (Latouche 1994: 70). Falls es sich nicht um eine physische, sondern kulturelle Aggression handele, spricht Latouche vom "Ethnozid": "Der Ethnozid ist das höchste Stadium der Dekulturation." (Latouche 1994: 70). Ohne den Begriff "Ethnozid" zu benutzen, kritisiert auch Sachs in seinem "Die Eine Welt" (Sachs, W. 1993c) betitelten Aufsatz

---

[251] In den Arbeiten von Gellner werden derartige kulturrelativistische Annahmen überzeugend in Frage gestellt. Hinsichtlich der Frage, was eine *Kultur* ausmache, heißt es beispielsweise bei Gellner (1995b): "A collectivity united in a belief is a culture. That is what the term means. More particularly, a collectivity united in a false belief is a culture. Truths, especially demonstrable truths, are available to all and sundry, and do not define any community of faith. But errors, especially dramatic errors, are culture-specific. They do tend to be the badges of community and loyalty." (Gellner 1995b: 244)

[252] Wie in diesem Zitat deutlich zum Ausdruck kommt, lässt sich der Antikapitalismus der linken Antimodernisten oftmals nicht von dem der rechten Antimodernisten unterscheiden.

[253] Serge Latouche schreibt über den Gegensatz zwischen Kultur und Zivilisation: "Das Projekt "Zivilisation", daß außerhalb der *ländlichen Regionen* (Hervorh. im Orig.) entstanden ist, ist das Projekt der Moderne. Es ist universalistisch; seine Werte sind Wissenschaft, Technik und Fortschritt. Es zerstört die Kulturen und bringt den Wohlstand, indem es die ländlichen Regionen von ihrer Isolation befreit und die Marktgesetze an die Stelle der traditionellen sozialen Beziehungen setzt." (Latouche 1994: 55)

den Niedergang der nicht-westlichen Kulturen. Aus seiner Sicht basiert der Siegeszug des westlichen Modells auf dessen "Wurzellosigkeit":

"Dieses (westliche, Anm. d. Verf.) Wissen trägt keine Spuren seines Ursprungs mehr, nichts weist auf den Ort und den Kontext seiner Entstehung hin; und gerade weil es nirgendwohin gehört, kann es überall eindringen." (Sachs, W. 1993c: 441 f)

Demgegenüber seien die sogenannten indigenen Kulturen an bestimmte Orte und die in ihnen lebenden Menschen gebunden und somit "wehrlos gegenüber einer Denkweise, die keinen Ort hat" (Sachs, W. 1993c: 442).

Entwicklungshilfe wird von den Antimodernisten abgelehnt, da sie lediglich die imperialistischen Interessen des Westens bediene und den armen Bevölkerungsschichten im Trikont eine Bedürftigkeit *unterstelle*. So schreibt beispielsweise Marianne Gronemeyer über "Hilfe" im polemischen Handbuch zur Entwicklungspolitik:

"Moderne Hilfe ist Fluchthilfe. Sie bietet die Möglichkeit – der Ideologie nach jedenfalls –, die Fesseln der je eigenen Kultur abzustreifen und einzuschwenken in den durchorganisierten Hochbetrieb der Welteinheitskultur. SOS, das ist der alte Seenotruf: Save our Souls. (...) Aus dem Notruf der Gefährdeten wird der Schlachtruf der Helfer. Hilfe wird zur Selbstrettung. Der Gegenstand der Rettung ist nicht die Seele, sondern das Seelenloseste schlechthin. SOS: Save our Standards. Hilfe geschieht um der eigenen zivilisatorischen Errungenschaften willen; sie dient der Bestätigung und Absicherung der Standards einer zur Weltgeltung erhobenen Normalität. (...) "Hilfe" bezeichnet dagegen für diejenigen, die ihrer "bedürfen", die Durststrecke, die bis zur Ankunft in der schönen neuen Welt noch zurückzulegen ist. Nicht Rettung aus Not, sondern Zukunftsverheißung ist ihr Metier." (Gronemeyer 1993: 181 f)

Die Ablehnung der Entwicklungshilfe resultiert aus der Absage an den Entwicklungsgedanken und der wiederum dahinterstehenden Ablehnung der Aufklärungsideen. Die Antimodernisten sehen in der Entwicklungshilfe lediglich einen auf westlich kulturellen Vorstellungen basierenden Neokolonialismus am Werk (Vgl. Escobar 1993: 281). Escobar beschreibt die moderne Entwicklungspolitik, wie sie seit den fünfziger Jahren des zwanzigsten Jahrhunderts existiert, als die Erprobung von Planungsmethoden am "sozialen Rohmaterial", der Dritten Welt (Escobar 1993: 281). Die Implementierung der Entwicklungspolitik sei lediglich möglich, weil die Länder des Trikonts "Opfer einer neokolonialistischen Politik der Rohstoffausbeutung sind" (Escobar 1993: 281). Wenngleich die Antimodernisten nicht den Fortschrittsoptimismus der Unterentwicklungstheoretiker teilen, so sind sie sich jedoch in der Beurteilung der Position der "Eliten der Dritten Welt" einig: Es handelt sich nach ihrer Überzeugung um Marionetten, deren Strippen im Westen gezogen werden. Aus Sicht der Antimodernisten haben die Eliten dazu beigetragen, die Lebensweisen im Trikont auf die "Armut" zu reduzieren und "die vielfältigen Traditionen von Wertvorstellungen und die lange Geschichte sozialer Formen und Errungenschaften" zu ignorieren (Escobar 1993: 282 f). Indem die Eliten sich das westliche Fortschrittsideal zu eigen gemacht hätten, seien zudem "vorhandene andere Vorstellungen von sozialem Handeln und von Veränderungen" diskreditiert worden (Escobar 1993: 283).

Die Alternative zum westlich induzierten Entwicklungsmodell liegt nach Ansicht der Antimodernisten in der Rückbesinnung auf die jeweiligen indigenen

Kulturen. Der westlichen Vernunft werden "die Wurzeln" entgegen gestellt. Entsprechend stellt Rahnema fest:

"Mehr denn je scheint es angezeigt, sich in der Auseinandersetzung mit der jeweiligen Realität auf die eigene kulturelle Tradition und ihre schöpferischen Weisheiten zu beziehen." (Rahnema 1993: 36)

Innerhalb der Diskussion um antimoderne Alternativen zum herrschenden Entwicklungsmodell geht es primär um die Verteidigung des sogenannten "Rechts auf Differenz" beziehungsweise um Identitätspolitik. Demzufolge ließe sich der Terminus *Entwicklungs*politik in diesem Kontext angemessener mit *Identitäts*politik übersetzen, denn Entwicklung wird – wie soeben gezeigt wurde – von den Antimodernisten als Verwestlichung abgelehnt. Die Akteure dieser "Zurück-zu-den-Wurzeln-Politik" finden sich innerhalb der weltweiten sozialen Bewegungen sowie insbesondere in der ländlichen Bevölkerung des Trikonts, es sind – im wahrsten Sinne des Wortes – Graswurzelbewegungen. Die Analyse antimoderner Publikationen verdeutlicht, dass es den identitätspolitischen Akteuren nicht um eine alternative Entwicklung, sondern um Alternativen *zur* Entwicklung geht (Vgl. Escobar 1995: 215). Einige der zu Beginn dieses Kapitels genannten antimodernen *buzzwords* betreffen insbesondere deren alternative Identitätspolitik. Die "Wurzeln" wurden bereits erwähnt, hinzu kommen "das lokale Wissen", "die Dekonstruktion" etc.. Es geht im Rahmen der Ersetzung von Entwicklungs- durch Identitätspolitik um die Verwirklichung eines regressiven *Abwicklungs*modells: Vor diesem Hintergrund erscheint beispielsweise die sinkende ökonomische Bedeutung der schwarzafrikanischen Volkswirtschaften nicht als Problem, sondern als Chance, um sich von der Verwestlichung zu lösen. Die lokalen Kulturen werden qua "Lokalsein" positiv bewertet, wie auch innerhalb der ökozentristischen Vorstellungen deutlich wurde. Vor diesem Hintergrund erscheinen moderne Neopopulisten wie Lipton aber auch Schumacher mit seiner "buddhistischen Ökonomie" als unverbesserliche "Westerners", denn aus antimoderner Sicht sind ihre Entwicklungsansätze zu sehr an modernen Entwicklungsvorstellungen sowie dem damit verbundenen Glauben an die Vorteile technischer Errungenschaften orientiert.

Nach Ansicht von Escobar sind es insbesondere die Kritiker entwicklungspolitischer Diskussionen als auch die feministischen Bewegungen, die sich im Rahmen des theoretischen aber auch des praktischen Antimodernismus treffen würden, denn

"Die Zusammenhänge zwischen dem Prinzip der Entwicklung, das seinen Ausdruck im Staat, der Profitwirtschaft, dem Patriarchat und der objektivierenden Funktion von Wissenschaft und Technik findet, und der Marginalisierung der Bevölkerung, ihres Wissens und ihrer Lebensweisen, werden immer genauer begriffen – und zugleich gibt es neue Anstrengungen, Alternativen zu finden." (Escobar 1993: 292)

Die "feministischen Bewegungen", die Escobar vor Augen hat, entstammen dem bereits diskutierten strukturalistischen und insbesondere ökofeministischen Zweig. So bezieht sich Escobar auch ausdrücklich auf Vandana Shiva und betont, wie wichtig die Frauen der Dritten Welt, die Indigenen, die Bauern sowie auch andere Akteure für den Widerstand gegen die Verwestlichung seien (Escobar 1993: 293). Die Alternativen zum Modernismus und Kapitalismus liegen laut Escobar in der kulturellen Differenz begründet, die allein Möglichkeiten alternativer Gesellschaftsmodelle hervorbringen könne (Escobar 1995: 225). Da viele Minderheitenkulturen sich gegenüber den Axiomen der Modernität sowie des Kapitalismus als resistent erwiesen hätten, sieht Escobar in der kulturellen Differenz "one of the key political factors of our times" (Escobar 1995: 225). Die Antimodernisten entwerfen allerdings keine konkreten Alternativen zur Entwicklung, sondern beschränken sich vorrangig auf den diskursiven Rahmen, wie in Kapitel II/1.3 beschrieben wurde, mit dem Verweis auf die von sozialen Bewegungen praktizierte Identitätspolitik. Das Gros der innerhalb der entwicklungstheoretischen Debatte beteiligten nicht-europäischen Antimodernisten stammt aus Lateinamerika und bezieht sich demzufolge positiv auf die dortigen indigenen Kulturen beziehungsweise Minderheiten. Die große Bedeutung, die dem Lokalen im antimodernen Diskurs zugeschrieben wird, korreliert mit der Hervorhebung der kulturellen Differenz in Form von Identitätspolitik. Es geht den Antimodernisten in ihren Entwürfen von Alternativen zur Entwicklung um geographische Neubewertungen. Daraus folgt, dass der Standpunkt der Marginalisierten – insbesondere im Trikont – der Ausgangspunkt für antimoderne Entwicklungskritik sein müsse. Dieser Standpunkt ist jedoch aus antimoderner Sicht nur dann authentisch, wenn die von ihm sprechenden Akteure die Moderne sowie die Verwestlichung ablehnen. Demzufolge ist offenkundig, dass im antimodernen Abwicklungsdiskurs der normative Rahmen vor dem Insistieren auf dem Lokalen kommt. Konkrete entwicklungspolitische beziehungsweise abwicklungspolitische Vorschläge finden sich in den Texten der Antimodernisten nicht. Angesichts der Vielzahl von kulturellen Unterschieden, bleibt alleinig das Antizivilisatorische oder auch Antiwestliche beziehungsweise Antimoderne der Orientierungspunkt für politische Perspektiven jenseits sowohl der herrschenden als auch der alternativen Entwicklungspolitik. Der Kulturrelativismus der Antimodernisten erstreckt sich dabei über alle Kulturen, die unter das Label "nichtwestlich" fallen. Somit lässt sich festhalten, dass die Antimodernisten der entwicklungstheoretischen Debatte eine weitere Dichotomie hinzugefügt haben: Westen versus Nicht-Westen. Diese Dichotomie korreliert teilweise mit dem unterentwicklungstheoretischen Gegensatzpaar von Zentrum und Peripherie, besticht demgegenüber aber durch ihre konsequente rhetorische Ablehnung von Universalismus. Dennoch findet sich im Antimodernismus ein Universalismus wieder, und zwar im negativen Sinne: der universelle Abgesang auf die Errungenschaften von Industrialisierung und Aufklärung. Was das "Neue" an diesem sich als radikal verstehenden *Ab*wicklungsansatz sein soll und worin sein offensichtlich regressiver Kern besteht beziehungsweise welche politischen Konsequenzen er nach sich zieht, wird im Folgenden zu diskutieren sein.

"Vernunft statt Wurzeln" – Kritik am Antimodernismus

Um die Kritik am Antimodernismus nicht "von unten" [254], sondern in diesem Fall "von hinten"[255] aufzurollen, soll der Frage nachgegangen werden, auf welchen ideengeschichtlichen Vorläufern antimoderne Entwicklungskritik beruht. Dabei lassen sich Einflüsse aus den folgenden Bereichen erkennen: der Romantik, dem Populismus, den Unterentwicklungstheorien sowie der Postmoderne. Wie gezeigt wurde, dreht sich der Kern dieser Kritik um "kulturelle Identität" versus westlich verstandener Modernisierung. Gellner hat in seiner Monographie "Nationalismus – Kultur und Macht" (1999) das Gegensatzpaar "Wurzeln" und Vernunft näher beleuchtet und in diesem Zusammenhang auch Erkenntnisse geliefert, die für die vorliegende Bewertung der antimodernen Entwicklungskritik interessant sind. So fällt auf, dass sich das antimodernistische Entwicklungsdenken sehr stark an die Gedanken der Romantik anlehnt und weniger an die Idee der traditionellen Gesellschaft. Den Unterschied zwischen traditioneller Gesellschaft und Romantik erläutert Gellner wie folgt: Während erstere die menschliche Identität aus dem jeweiligen gesellschaftlichen Status ableite, gehe letztere davon aus, dass menschliche Identität aus den Wurzeln erwachse (Gellner 1999: 120). In anderen Worten zeichnet sich dieser Unterschied dadurch aus, dass Menschen im Rahmen romantischer Vorstellungen nach ihren Vorfahren und nicht nach ihrer Religion beziehungsweise ihrer gesellschaftlichen Position beurteilt werden sollten, wie es in traditionellen Gesellschaften üblich war. Im Hinblick auf die antimodernen Entwicklungsvorstellungen lässt sich damit deutlich ihre Nähe zu romantischen Vorstellungen erkennen. Wie gezeigt wurde, verortet dieser Ansatz den Hauptwiderspruch zwischen Westen und Nicht-Westen und wendet sich vorrangig gegen die (kulturelle) Entwurzelung. Damit stehen antimoderne Vorstellungen nicht nur in Opposition zu traditionalen Vorstellungen, sondern auch zu den Ideen der Aufklärung von Vernunft und menschlicher Universalität, denen die Antimodernisten das Gefühl und das Besondere entgegen setzen. Gellner betont in diesem Zusammenhang:

"Während die Vernunft in ihren Vorschriften universell ist (was sie für gültig erklärt, ist für *jeden immer* und *überall* gültig), werden Emotionen bestimmten Gemeinschaften (Kulturen) zugeschrieben; es handelt sich hierbei also um Vereinigungen, die auf der Grundlage gemeinsamen Empfindens zustande kommen und aufrechterhalten werden; dieses Empfinden teilen nur die Mitglieder, nicht jedoch Außenseiter. Das Empfinden hat keine bestimmten Gründe, denn solche Gründe müssten ja, sollten sie überhaupt Gültigkeit besitzen, für *alle* gelten, nicht nur für Mitglieder (Hervorh. im Orig.)." (Gellner 1999: 114)

Genau die von Gellner hier beschriebenen Emotionen bestimmter Gemeinschaften stehen innerhalb der antimodernen Entwicklungskritik im Mittelpunkt ihrer Vorstellungen. Dabei bewerten sie nicht-westliche Kulturen höher als die universellen Ideen der Aufklärung und relativieren damit letztere als rein westliches

---

[254] Wie dargelegt wurde, ist das "von unten" oder das im angelsächsischen Raum gebräuchliche "bottom up" der Ausgangspunkt einer am Standpunkt der jeweiligen Akteure orientierten und sich als alternativ verstehenden Entwicklungs- oder auch Abwicklungstheorie.

[255] Bezogen auf die obige Darstellung des entwicklungstheoretischen Antimodernismus.

Importprodukt. Auffällig ist hierbei, dass die Antimodernisten lediglich nicht-westliche Kulturen als Wegweiser einer alternativen Politik ansehen. Demzufolge sind sie keine "reinen" Relativisten, sondern könnten eher mit der in entwicklungstheoretischen Debatten kursierenden Bezeichnung "Third Worldist" belegt werden. "Third Worldist" steht für eine entwicklungstheoretische Position – wie sie sich im Gros der unterentwicklungstheoretischen Arbeiten wiederfindet, die sich vorrangig über die Einteilung in Industrie- und Entwicklungsländer definiert und mit letzteren – unabhängig von ihrer aktuellen politisch-ideologischen Ausrichtung – sympathisiert. Die "Zurück-zu-den-Wurzeln"-Ideologie der Antimodernisten ist in zweierlei Hinsicht gefährlich. Zum einen wird dadurch ein romantisierendes Bild von der jeweiligen Kultur gezeichnet und zum anderen verfährt dieser Ansatz sehr paternalistisch mit den vermeintlichen Subjekten des Antimodernismus, indem ihnen unterstellt wird, keine Entwicklung beziehungsweise Industrialisierung zu wollen. So wird beispielsweise in Rahnemas Aufsatz zur "Armut" diese zur Tugend erklärt beziehungsweise *ver*klärt. Dort heißt es:

"Man muss die Armut (...) mit neuen Augen sehen. Es scheint an der Zeit, die alte Tradition der freiwilligen Beschränkung wieder zu beleben. Sie könnte individuelle Freiheit bewirken und sie könnte entscheidend dazu beitragen, all die anderen, brutalisierenden Folgen der Armut zu reduzieren." (Rahnema 1993: 39)

Diese Empfehlung klingt eher nach westlich-postmoderner Zivilisationsmüdigkeit und mutet angesichts der unfreiwilligen Armut im Trikont zynisch an. Auch Knippenberg und Schuurman kritisieren den antimodernen Paternalismus, der den Armen des Trikonts ein "falsches Bewusstsein" unterstellt, falls sie westliche Konsumwünsche hegen. Anhand eines Kühlschrankwunsches illustrieren sie diese Kritik:

"Suppose a poor person in the Third World has his or her mind (mistakenly) set on a refrigerator. This person feels a certain anxiety because there is no money to buy the desired object. Several options are open: he/she can try to save money, lend money from the local loan shark, start a revolution in the hope that a socialist government will provide everybody with a refrigerator, steal a refrigerator, etc. Whichever way is chosen, the chances that the refrigerator can be acquired are slim. And even then, if the refrigerator does materialize, there is no electricity to make it function nor food to put inside it. *The Development Dictionary* (dt.: Sachs, W. 1993a, Anm. d. Verf., Hervorh. im Orig.) comes up with a much simpler solution: **forget about the refrigerator. You will be a much happier person!** (Hervorh., d. Verf.)" (Knippenberg/Schuurman 1994: 92 f)

Nach antimodernistischer Logik müssten Entwicklungs- beziehungsweise *Abwicklungs*helfer dahingehend geschult werden, "falsche" Bedürfnisse einzudämmen.

Die weitestgehend unreflektierte Befürwortung von kultureller Identitätspolitik als Gegenpol beziehungsweise Ersatz für offizielle und inoffizielle Entwicklungsstrategien ist – wie im Rahmen des Neopopulismus sowie der entwicklungstheoretischen Krisenphänomene bereits aufgezeigt wurde – nichts Neues. So haben sich bereits populistische Kritiker der Industrialisierung im neunzehnten Jahrhundert, wie die russischen Populisten und Neopopulisten, der Industrialisierung und Verwestlichung entgegen gestellt und die agrarisch vormoderne

Gesellschaft als Alternative zum (Staats-)Kapitalismus angepriesen (Vgl. Kitching 1989: 19 ff). Brass sieht eine weitere Parallele zwischen dem Populismus des neunzehnten und des zwanzigsten Jahrhunderts, und zwar ihre Opposition zum Marxismus, die sich insbesondere in ihrer Negation der Relevanz von Klassenunterschieden, aber auch in der Betonung des Lokalen gegenüber dem Globalen niederschlage (Brass 2000: 148). Diese Vorstellungen lassen sich laut Brass am Ende des zwanzigsten Jahrhunderts als Resultat einer voranschreitenden Globalisierung verstehen, der die Antimodernisten die Lokalisierung entgegen zu setzen versuchen.[256] Bei dieser Lokalisierung steht jedoch nicht die Ökonomie – wie bei den "alten" entwicklungstheoretischen Schulen – sondern die Kultur beziehungsweise die kulturelle Identität im Vordergrund.

Des Weiteren fällt die analytische Nähe antimoderner Entwicklungsvorstellungen zu den Unterentwicklungstheorien auf, wenn Antimodernisten in der Entwicklung(spolitik) das Mittel der westlichen Länder zur Kontrolle des Trikonts ausmachen. (Kiely 1999: 35). Somit unterscheiden sich unterentwicklungstheoretische und antimoderne Positionen zwar hinsichtlich ihrer Einschätzung von Entwicklung sowie hinsichtlich ihres Zieles, aber ihre Analyse zeugt von Gemeinsamkeiten. Es findet sich beispielsweise bei Escobar – ähnlich wie bei den Unterentwicklungstheoretikern – die Überzeugung wieder, dass die Weltbank sowie multinationale Konzerne (MNCs) im Trikont sowohl sehr einflussreich als auch allgegenwärtig seien. Wie die Antimodernisten waren auch die meisten Unterentwicklungstheoretiker davon ausgegangen, dass die Industrieländer sich auf Kosten des Trikonts entwickelt hatten und Entwicklung sowie Unterentwicklung ein Nullsummenspiel zwischen Industrie- und Entwicklungsländern darstellen würden. Insbesondere die marxistische Entwicklungskritik hat – wie in Kapitel I/4 gezeigt wurde – diese unterentwicklungstheoretischen Grundannahmen widerlegt, indem sie darauf hingewiesen hat, dass der Trikont keineswegs die weltwirtschaftlich wichtige Rolle für die Industrieländer besitzt, die ihm seitens der Unterentwicklungstheoretiker zugeschrieben wird. Die weltwirtschaftliche Rolle der Entwicklungsländer war – historisch betrachtet – marginal und der Handel zwischen den Industrieländern von weitaus größerer Bedeutung als der Nord-Süd-Handel (Kiely 1998c: 7). Daneben hebt Kiely hervor, dass nicht der Handel, sondern die Produktionsstrukturen den Ausschlag für eine er-

---

[256] Brass schreibt über die Popularität populistischer Entwicklungsvorstellungen: "The link between the resurgence of populism and the current territorial expansion of capitalism is not difficult to identify. In a context of a globally rampant neo-liberal capitalism, therefore, what is a universalising (economic) process necessarily licenses as its (politico-ideological) antithesis the invocation of the particularistic. Accordingly, throughout the so-called Third World (but by no means confined to it), this process of economic change is experienced ideologically as a cultural de-naturing, or a threat to religion, kinship, family, community, region, and nation. Consequently, in order to preserve all the latter against capitalist development, a rejection of capitalism defines itself against not only the economic aspects of this universalising tendency but also against its accompanying epistemology (the pervasiveness of a western/modern/Enlightenment 'other'). Unsurprisingly, therefore, the specific form of anti-capitalism associated with the current spread of international capitalism manifests itself as a defence of the particular, or that which-is-specific-to-us (the ' "us-ness"-of-"we" ', the capitalist other's 'other')." (Brass 2000: 150)

folgreiche kapitalistische Entwicklung der Kolonialmächte gegeben haben.[257] Zudem widerspricht der rasante ökonomische Aufstieg der südostasiatischen Tigerstaaten der These vom Nullsummenspiel und der strukturellen Abhängigkeit der Entwicklungs- von den Industrieländern. Die Tigerstaaten finden deshalb auch keine Erwähnung in den antimodernen Ansätzen.[258] Die sowohl in unterentwicklungstheoretischen als auch antimodernen Ansätzen anzufindende Einteilung in das "schlechte" ausländische Kapital und die "gute" lokale Ökonomie/ Subsistenz blendet laut Kiely die Tatsache aus, dass ausländisches Kapital in vielen Entwicklungsländern kaum eine Rolle spielt. Zudem werde mittels dieser Zweiteilung nicht erklärt, weshalb lokales Kapital in Entwicklungsländern oftmals zu ähnlichen Effekten wie ausländisches führe (Kiely 1999: 36). So ist beispielsweise der indische Kapitalismus in den achtziger Jahren weitaus nationaler als der kanadische gewesen, aber die Kapitalakkumulation war in Kanada extensiver (Kitching 1987: 36). Kitching hebt hinsichtlich der unterentwicklungstheoretischen Debatte um gutes inländisches und schlechtes ausländisches Kapital hervor:

"What is really wrong with dependent, peripheral capitalism is not that it is dependent or peripheral per se, but that it has not transformed the conditions of existence of the mass of the people in those economies positively. If that is *not* the case, then what is implied is some independent weight being given to dependence per se; that is, it is asserted that 'dependence' within the world capitalist system would be unacceptable even if it were coincident with domestic prosperity (as in Canada, Anm. d. Verf.). Stated in this explicit form, of course, we are dealing simply with nationalist metaphysics, which has little in common with Marxism (Hervorh. im Orig.)." (Kitching 1987: 36)

In methodologischer Hinsicht ist die antimoderne Entwicklungskritik postmodern beeinflusst. So werden die Metanarrative, die Großen Erzählungen, in Frage gestellt und die Relevanz des Diskurses in den Vordergrund gerückt. Wie David Lehmann (1997) zutreffend bemerkt, findet in Escobars "Encountering

---

[257] Kiely (1998c) verweist diesbezüglich auf die Unterschiede zwischen den iberischen Kolonialmächten gegenüber der britischen Kolonialmacht. So seien die iberischen Kolonialmächte überwiegend feudal und agrarisch geprägt geblieben, während Großbritannien sich industrialisiert habe. Der ausschlaggebende Faktor für die Industrialisierung könne demnach nicht im Kolonialbesitz gesehen werden, sondern in den Gesellschafts- und Produktionsstrukturen des jeweiligen Landes (Vgl. Kiely 1998c: 7).

[258] In diesem Zusammenhang bemerkt Jonathan Rigg (1997) über Escobars "Encountering Development" (1995): "There can be little doubt that Escobar wrote his book with the intention that it should be a general statement on the plight of the developing world. (...) And yet there is remarkably little here on East and Southeast Asia, or on the Pacific Rim more widely. The index has no entries for Singapore, Thailand, the Philippines, Laos, Cambodia or Vietnam, makes just a single reference to Indonesia, and three to Malaysia. Even more startling, there are no entries for South Korea, Taiwan, or Hong Kong. Given that it is the economies of Asia which might refute Escobar's sweeping assertion (...) (about massive underdevelopment and impoverishment, untold exploitation and oppression, Anm. d. Verf.), this seems a significant omission. It is all the more surprising when one of the book's constant refrains is the criticism of the development discourse's tendency to paint all people in the developing world in a single shade of 'poor'. Escobar does much the same when he paints all the countries of the developing world in a single shade of (largely Colombian) 'under-developed'. Of course, should he have included a detailed discussion of the Asian economies the main thrust of the book might have had to have been modified. And as the volume appears to be a polemic of the paradigm-shift variety, this would – so to speak – have spoilt the party." (Rigg 1997: 34)

Development" (1995) eine Verschiebung von der unterentwicklungstheoretischen Kritik an Regierungen ("Lumpenbourgeoisie", A.G. Frank) und Kapitalisten hin zur Kritik an den Entwicklungsinstitutionen und –experten statt. Escobar geht es mit seiner antimodernen Kritik jedoch nicht darum, die Ineffizienz dieser Institutionen und Akteure zu beklagen, sondern mittels der an Foucault angelehnten Diskursanalyse deren versteckte Ziele offen zu legen. Aus seiner Sicht haben sie ihre verborgenen Zielsetzungen durchaus effektiv erreicht, und zwar die Kontrolle über den Trikont als auch seine Reglementierung. Lehmann stellt in diesem Zusammenhang die berechtigte Frage: "But is 'discourse analysis' analysis?" (Lehmann 1997: 573). Die vielgepriesene Diskursanalyse entpuppt sich seiner Meinung nach in Escobars Monographie als "a particular sort of style and a sprinkling of the name of Michel Foucault and quotations from his work" (Lehmann 1997: 574). Zudem weist Peet darauf hin, dass die von Escobar aber auch anderen Antimodernisten in Anspruch genommene Diskursanalyse sich oftmals um eine Offenlegung von Macht bemühe, aber dabei mit einer unklaren Definition von Macht hantiere:

"(...), Foucauldian postdevelopmentalists, like Escobar, are interested in the institutions which form and spread development theories, models, and strategies. Even so, the power/knowledge/discourse trilogy still has problems. It is never clear what power is. 'Power' alternates between a Nietzschean power inherent in all human relations, and specific forms of power such as those cohering in the specific institutions investigated by Foucault." (Peet 1997: 80)

Wie in Kapitel II/1.3 gezeigt wurde, ist die Diskursanalyse Bestandteil postmoderner Theorien innerhalb der Sozialwissenschaften. Laut Nederveen Pieterse sehen die Antimodernisten in der Diskursanalyse jedoch nicht nur eine neue sozialwissenschaftliche Methode, sondern gleichfalls eine ideologische Plattform (Nederveen Pieterse 2001: 103). So versuchen die Antimodernisten den entwicklungspolitischen Akteuren, insbesondere Weltbank und IWF sowie den "Entwicklungsexperten", anhand ihrer Rhetorik eine klare interessensgeleitete Politik nachzuweisen, der aus ihrer Sicht nur mit einem neuen diskursiven Rahmen entgegnet werden könne.[259] Demgegenüber lassen sich gerade in den "Diskursen" der Weltbank unterschiedliche Programmatiken erkennen, die von einem eher technokratisch ausgerichteten "Redistribution with Growth" (siebziger Jahre) über neoliberale SAPs (achtziger Jahre) bis zu sozial-liberalen Armutsbekämpfungsprogrammen (neunziger Jahre) reichten (Vgl. Neederveen Pieterse 2001: 104).

Die antimoderne Kritik lässt sich im Hinblick auf die im Rahmen der entwicklungstheoretischen Krisenphänomene in Kapitel II/1.3 diskutierte Postmoderne innerhalb der Sozialwissenschaften in den Mittelbereich von skeptischem und New Age-Postmodernismus einordnen. So teilen beispielsweise die Autoren des "polemischen Handbuchs zur Entwicklungspolitik" mit den skepti-

---

[259] So sieht Escobar (1992) "Entwicklung" lediglich als "fairy tale (...) that promised abundance and happiness for all" (Escobar 1992: 413). Die Dokumente der Weltbank würden alle bis zur Absurdität die gleiche Geschichte erzählen, die dazu geführt habe, dass "Entwicklung" die Realität kolonialisiert habe und auf diesem Wege selbst zur Realität geworden sei (Escobar 1992: 414).

schen Postmodernisten eine apokalyptische Sicht auf die Welt.[260] Daneben finden sich jedoch auch – wie bei den New Age-Postmodernisten – (diskursive) "Hoffnungsschimmer", die zumeist nicht auf einen sozialen Wandel bezogen sind, sondern auf Identitätsfindung und persönlichen Wandel. Wie Knippenberg und Schuurman folgerichtig feststellen, sind diese postmodernen entwicklungstheoretischen Vorstellungen "more relevant for an identity-deficient fraction of the Northern bourgeoisie than for people in the Third World who are engaged in a daily struggle for survival" (Knippenberg/Schuurman 1994: 98).

Wie bereits im Hinblick auf die romantischen Wurzeln des Antimodernismus erwähnt wurde, zeichnet sich dieser Entwicklungsansatz einerseits durch eine relativistische und anti-essentialistische Position aus, aber lediglich bezogen auf den "Nicht-Westen" beziehungsweise auf die Diversivität von Kulturen. Andererseits wird ein sehr essentialistisches Bild vom Westen und insbesondere von "der Entwicklung" gezeichnet. Der kulturellen und widerständigen Differenz wird ein monolithischer Entwicklungsblock entgegenstellt, der unabhängig von Zeit und Raum als westliche Macht den nicht-westlichen Trikont dominiert. Diese Sichtweise impliziert zweierlei: So wird erstens davon ausgegangen, dass Entwicklung überall im Trikont eine einheitlich negative Wirkung besitzt. Und zweitens wird suggeriert, "that the world can be divided into an evil West and a noble South" (Kiely 1999: 38). Im Gegensatz zu der Annahme von der Vereinheitlichung des Trikonts durch die seit den fünfziger Jahren praktizierte Entwicklungspolitik, lassen sich große ökonomische, soziale und kulturelle Unterschiede zwischen den Trikontstaaten erkennen.[261] Während es marxistischen Entwicklungstheoretikern bereits in den siebziger Jahren gelungen war, die unterentwicklungstheoretische These vom westlichen Imperialismus überzeugend zu widerlegen (Vgl. Kapitel I/4.3), bemühen sich die Antimodernisten dessen ungeachtet um die Wiederbelebung der alten unterentwicklungstheoretischen Dichotomie. Mittels des "Third Worldism" der Antimodernisten wird ein romantisches Bild vom Trikont geschaffen, welches Kiely als Form eines "romantic parochialism" (Kiely 1999: 39) kritisiert. Der Kulturrelativismus der Antimodernisten blendet Konflikte innerhalb von lokalen Gemeinschaften aus oder stellt sie als Resultat äußerer, also westlicher, Einflüsse dar. So wird ein Bild vom "guten Indigenen" gezeichnet, das sich auch in den ökofeministischen Entwicklungsvorstellungen im Hinblick auf die "Frauen des Trikonts" wiederfindet. Wie im Rahmen der Kritik am Ökofeminismus bereits hervorgehoben wurde, arbeitet selbige – ebenso die wie nicht-feministische antimoderne Entwicklungskritik – mit einer umgekehrten Wertung altbekannter Dichotomien. Die sich als radikal kritisch verstehenden Antimodernisten sind – ebenso wie die Ökofeministinnen und die Ökofundamentalisten – rückwärtsgewandt und ihre

---

[260] Vgl. Latouche 1993: 211.
[261] Kiely (1999) betont in diesem Zusammenhang: "(...) only the most blindly Eurocentric analyst could argue that Tanzania, South Korea, India and Brazil have become increasingly similar. The last 20 years have seen an increase in the diversity of the so-called Third World, for instance between oil and non-oil producers, the so-called Fourth World, and the rise of the newly industrialising countries." (Kiely 1999: 38)

politischen Vorstellungen erweisen sich als gefährlich für diejenigen, denen sie eine Verbesserung ihrer Situation versprechen, den Armen des Trikonts. Hinsichtlich ihrer Ablehnung von Technologie und Fortschritt finden sich bei den Antimodernisten zwei Argumentationsstränge: So wird die Technologie im Allgemeinen kritisiert als auch die Technologie im Besonderen, nämlich die ausländische. Technologischer Fortschritt wird von einigen Antimodernisten nur unter der Prämisse unterstützt, dass es sich um *indigene* Technologie handeln müsse. Nach dieser Position wäre es beispielsweise nicht vertretbar ein im Westen entwickeltes Präparat gegen Malaria in den Weltgegenden einzusetzen, wo es am dringendsten benötigt wird. Der radikale diskursive Bruch mit dem Entwicklungsgedanken vermag vor diesem Hintergrund eventuell als Identitätspolitik hilfreich für einige nach dem Ende der Ost-West-Systemkonkurrenz nach neuen Paradigmen suchende westliche und nicht-westliche Intellektuelle sein, aber der Abwicklungsgedanke der Antimodernisten eignet sich keineswegs, um die Lebenssituation des Gros der Trikontbevölkerung zu verbessern. Die Antimodernisten würden auf diese Kritik entgegnen, dass die Lebenssituation der Menschen im Trikont mit westlichen Augen verfälscht dargestellt würde und die kulturellen Unterschiede ignoriert würden. Die kulturellen Unterschiede werden jedoch nicht ignoriert, sondern hinsichtlich ihres Beitrags zur menschlichen Emanzipation *bewertet*, und zwar durch die in Anlehnung an Gellner ironisch als "Aufklärungsfundamentalismus" titulierte universalistische Brille. Obwohl es sich, wie die Ausführungen gezeigt haben, auch bei den Antimodernisten um Brillenträger, also keine "reinen" Relativisten handelt, fällt beim Studium antimodernistischer Texte auf, dass die Existenz dieser Brille nicht thematisiert wird. Vor diesem Hintergrund stellt Jonathan Rigg fest:

"The construction of the past to fit an image of our own imagination is not restricted to colonial historians and latter-day developmentalists. It is as much a feature of the post-developmentalists and their agenda. So, when scholars ask for interpretations of development, history and culture to be rooted in, and based on local/indigenous visions and experiences, it is fair to ask 'which local'?" (Rigg 1997: 34 f)

Wie bereits erwähnt wurde, besteht die antimodernistische "Brille" darin, dass Aussagen dann als "authentisch" eingestuft werden, wenn sie geographisch im Nicht-Westen zu verorten sind und keine "westlichen", also modernen, Entwicklungsvorstellungen widerspiegeln.[262] Die Akteure werden von den Antimodernisten in den sozialen Bewegungen verortet, die qua Lokalisierung im Süden sowie qua ihres Widerstandes gegenüber der dominierenden Politik als einzige aufgrund ihrer alltäglichen Kämpfe in der Lage seien, Alternativen zum herrschenden (Entwicklungs-)Modell aufzuzeigen (Vgl. Escobar 1995: 222 ff). Somit folgt aus der antimodernistischen Position ein nicht-westlicher Kulturrelati-

---

[262] Des Weiteren macht Gellner (1995b) darauf aufmerksam, dass die Kulturrelativisten ihrem Relativismus nicht treu bleiben können, weil die Kulturen zumeist nicht relativistisch sind. Daraus folgt: "(...) our ecumenical relativist, eager to respect all systems of truth and value in the interest of not spurning any humans – *humani nihil alienum* (Hervorh. im Orig.) ('nothing relating to man is alien to me') – finds himself committing the very sin he would avoid, at second hand: the cultures he endorses (or very many of them) themselves commit it, so that by endorsing them, he pledges himself to spurning that which they spurn, within or outside their own borders." (Gellner 1995b: 245)

vismus und eine damit verbundene Ignoranz gegenüber repressiven Strukturen innerhalb der nicht-westlichen Kulturen.[263] Eine ähnliche Position hat innerhalb der unterentwicklungstheoretischen Vorstellungen von Samir Amin et al. zur Unterstützung des Pol-Pot-Regimes geführt (Vgl. Kapitel I/2.4.5 sowie Stanton 1987). Die Politik der sozialen Bewegungen wird demnach im Rahmen der antimodernistischen Arbeiten nicht in Frage gestellt, solange sie unter das Label "nicht-westlich" subsumiert werden kann. Für die den antimodernistischen Vorstellungen zugrundeliegende Romantisierung nicht-westlicher Kulturen/sozialer Bewegungen bietet die Chipko-Bewegung[264] ein gutes Beispiel: Sie wird sowohl von Ökofeministinnen als auch Antimodernisten als Beispiel für die Nähe von Dritte-Welt-Frauen zur Natur sowie als Weigerung gegenüber der modernen Entwicklungsideologie dargestellt. Diese Sichtweise verfälscht jedoch sowohl die Zusammensetzung als auch die Zielsetzungen der Chipko-Bewegung. So weisen Subir Sinha, Shubhra Gururani und Brian Greenberg (1997) darauf hin, dass die Chipko-Bewegung politisch sehr heterogen sei[265] und keineswegs für eine rückwärtsgewandte Romantisierung eines vorkolonialen Indien stehe. Den Anstoß für das politische Engagement gegen die Abholzungspolitik hätten die Mitglieder dieser Bewegung nicht aus ihrer natürlichen Nähe zur Natur bekommen, sondern aus dem Bestreben ihre materielle Lebenssituation zu verbessern, die durch Überflutungen bedroht war und durch die Abholzungsprogramme weiter verschlechtert worden wäre. Demnach lag das Engagement für den Erhalt der Waldbestände nicht in einer kulturellen Nähe zur Natur begründet, sondern im ökonomischen Eigeninteresse der dortigen Bevölkerung (Vgl. Sinha/Gururani/ Greenberg 1997: 82 ff).[266]

---

[263] Brass (2000) weist zudem auf die diesbezüglichen Gemeinsamkeiten zwischen populistischen/antimodernistischen und rechten Vorstellungen hin: "In terms of practice, both the fact and the extent of the overlap between the 'new' right and contemporary variants of populism is not difficult to discern. (...) Each endorses existing forms of 'from-below' discourse simply because it is 'from-below', a position which avoids problematizing how and why current ideology circulates among the grassroots and who or what is responsible for its reproduction. (...) For the 'new' right, as for the 'new' populism, the sole criterion for the acceptability of any/every view is that it currently circulates among (and by implication enjoys the support of) the grassroots." (Brass 2000: 199 f)

[264] Die Chipko-Bewegung begann 1974 in Uttar Pradesh, einem Teilstaat Indiens, und wandte sich gegen die unkontrollierte Abholzung der dortigen Waldbestände. "Chipko" ist das hinduistische Wort für "Umarmen/Festhalten" und bezieht sich in diesem Zusammenhang auf die Aktionen von Frauen, die zum Schutz der Waldbestände Bäume umarmten, damit diese nicht gefällt werden konnten (Vgl. New Internationalist 1998: 51 f).

[265] Dieser Hinweis findet sich auch bei Rangan (1996): "The (Chipko, Anm. d. Verf.) protesters were a heterogeneous constituency (...), with multiple political affiliations and even conflicting goals. Some demanded abolition of large-scale extraction by forest contractors, others were for promotion of locally organized forest-labor co-operatives, expanding rights of access and giving more concessions to local communities; yet others demanded a total ban on export of raw materials from the region (...)." (Rangan 1996: 215)

[266] Sinha, Gururani und Greenberg liefern in ihrem Aufsatz "The 'New Traditionalist' Discourse of Indian Environmentalism" (1997) eine überzeugende Kritik an der Romantisierung des vorkolonialen Indiens sowie den antimodernistischen Annahmen der "neuen Traditionalisten", insbesondere der Ökofemistinnen als auch der in diesem Kapitel dargestellten Antimodernisten. Hinsichtlich einer detaillierten Darstellung sowie einer kritischen Auseinandersetzung mit der Romantisierung der Chipko-Bewegung sei auf den Artikel "From Chipko to Uttaranchal – Development, environment, and social protest in the Garhwal Himalayas, India" (1996) von Haripriya Rangan verwiesen.

Der antimodernistische Entwicklungsansatz ist somit "neu" hinsichtlich seiner Zusammenführung verschiedener entwicklungstheoretischer und postmoderner Elemente, aber der "Bruch", den er mit den modernen Entwicklungstheorien vollzogen hat, ist weniger radikal als er oftmals dargestellt wird. Der eigentliche Bruch besteht in seiner postmodernen Ausrichtung, die – wie in Kapitel II/1.3.1 gezeigt wurde – die gesamten Sozialwissenschaften betrifft. Die Kontinuitäten zu den alten entwicklungstheoretischen Schulen bestehen jedoch ebenfalls, insbesondere zur unterentwicklungstheoretischen und zur (neo-)populistischen Entwicklungsschule. Somit spiegelt der antimodernistische Entwicklungsansatz alte entwicklungstheoretische Streitpunkte wider. Das Hauptproblem des antimodernistischen Ansatzes besteht jedoch in seiner Ablehnung der Ideen der Aufklärung und insbesondere in seinem Relativismus gegenüber der Frage der menschlichen Entwicklung und Emanzipation. Damit erweist sich dieser Ansatz für die Entwicklungspolitik als wenig hilfreich und für repressive Regime und Bewegungen im Trikont als willkommener Ersatz für veraltete unterentwicklungstheoretische Vorstellungen vom westlichen Imperialismus.

7   Überblick über "neuere" entwicklungstheoretische Ansätze

Die dargestellten und diskutierten "neueren" Entwicklungsansätze zeigen im tabellarischen Vergleich, wo inhaltliche Gemeinsamkeiten und wo Unterschiede vorherrschen. Insbesondere im Hinblick auf das Entwicklungsprinzip sowie die wichtigsten Akteure fällt eine Neuausrichtung der entwicklungstheoretischen Forschung ins Auge: So beziehen sich das Gros der vorgestellten Entwicklungsansätzen auf ein Entwicklungsprinzip, welches "von unten" auszugehen habe. Die dazugehörigen Akteure finden sich demgemäss in verschiedenen sozialen Bewegungen (Frauen/Ökologie) sowie der ländlichen Bevölkerung und den Indigenen.

Diese Sichtweise knüpft an die (neo-)populistischen Arbeiten von Lipton und Schumacher sowie an Teile der Unterentwicklungstheorien an, in denen sich ebenfalls eine Hervorhebung der besonderen Rolle der Bevölkerung – zumeist der ländlichen – für den Entwicklungsprozess findet. Im Unterschied zu Lipton wird den Entwicklungsorganisationen und -planern jedoch entweder keine wichtige Rolle zuteil oder ihre Präsenz wird negativ bewertet. Diese Negativbewertung findet sich im ökofeministischen, im ökozentristischen sowie im antimodernen Entwicklungsansatz. Während sich diese drei Ansätze zwar durch eine unterschiedliche thematische Schwerpunktsetzung auszeichnen, ist ihnen die Ablehnung des modernen Entwicklungsgedankens und der mit ihm verbundenen Entwicklungspolitik gemein. Die Frage nach der herkömmlichen entwicklungspolitischen Relevanz dieser Ansätze erübrigt sich also.

Tabelle 3: Ausgewählte "neuere" entwicklungstheoretische Ansätze

Entwicklungsansatz	Problemdefinition	Untersuchungsgegenstand	Entwicklungsprinzip	Wichtigste Akteure	Rolle des Staates
1) Regulationsansatz	"bloody taylorization" und peripherer Fordismus	Akkumulationsregime und Regulierungsweisen	Fortschritte als Ergebnis sozialer Kämpfe, kein Fortschrittsglaube	Lohnabhängige, aber auch Frauen- und Umweltbewegungen sowie anti-imperialistische Befreiungsbewegungen	Kümmert sich um die Regulierung des Akkumulationsregimes
2) Akteursansatz	Entwicklungsprobleme in EL, Interessenskonflikte	Akteure auf der entwicklungspolitischen Mikroebene	Entwicklung "von unten"	Bauern, Landarbeiter, Entwicklungsorganisationen	Der Staat ist einer unter mehreren Akteuren innerhalb des Entwicklungsprozesses. Er hat keine herausragende Rolle.
3) Postimperialismus	Mangelnde Analyse des beginnenden post-nationalen und post-imperialistischen Zeitalters	Internationale (sowie auch intranationale) Klassenformationsprozesse	TNCs fördern Entwicklung im Trikont sowie eine gerechtere Ressourcenverteilung weltweit	TNCs, transnationale Bourgeoisie	Die Bedeutung des Nationalstaates sinkt weltweit, während die transnationale Bourgeoisie mächtiger wird.
4) Feministische Kritik					
4a) WID	Benachteiligung von Frauen in EL	Genderverhältnisse	Nachholende Modernisierung	Frauenorganisationen, Entwicklungsplaner, Frauen	Unterstützung bei der Integration von Frauen in den Entwicklungsprozess
4b) Ökofeminismus	Globales kapitalistisches Patriarchat	Frauen im Trikont	Subsistenzwirtschaft	Frauen, Bauern, Indigene	Der Staat beutet Frauen aus und dient lediglich als "Handlanger" der neoliberalen Globalisierung.

Entwicklungsansatz	Problemdefinition	Untersuchungs-gegenstand	Entwicklungsprinzip	Wichtigste Akteure	Rolle des Staates
5) Ökologische Kritik					
5a) Technozentrismus	Fehlende Nachhaltigkeit	Internationale Umwelt- und Entwicklungs-probleme	Nachhaltige Entwicklung	Internationale Institutionen	Implementierung der Umwelt-gesetzgebung, Förderung nach-haltiger Entwicklungsvorhaben
5b) Ökozentrismus	Westliches Fortschritts- und Wachstumsmodell	Ökologie, Kulturen, soziale Bewegungen	De-Modernisierung, Auf-rechterhaltung der ökolo-gischen und kulturellen Vielfalt durch Mikro-Revolutionen "von un-ten", "Self-Reliance"	Traditionalisten, Marginalisierte, Post-Materialisten	Der Staat ist als "künstliche" Einrichtung kein bedeutender Akteur im Gegensatz zu den "natürlichen" Gemeinschaften.
6) Antimodernismus	Verwestlichung, Moder-nisierung	Der Entwicklungs-diskurs, Widerstand	Entwicklung "von unten" bzw. "Abwicklung" der herrschenden Entwick-lungsidee, Identitätspoli-tik	Frauen, Bauern, Indigene	Der Staat sollte "weicher" und weniger monolithisch struk-turiert sein und vormoderne Formen in sich aufnehmen und aktualisieren; er sollte kulturell verwurzelt sein und im Hinter-grund agieren.

Da der alte entwicklungstheoretische Gegensatz zwischen den Blöcken Technokratie einerseits und den kritischen Entwicklungstheorien andererseits nicht
mehr gegeben ist, fungieren seit den neunziger Jahren vermehrt die – ob nun aus
einer feministischen oder einer ökologischen oder einer "ganzheitlichen" Perspektive heraus – antimodernen Entwicklungsansätze als der kritische entwicklungstheoretische Gegenpol. Da sich das sozialistische "Metanarrativ" (postmodern ausgedrückt) "verflüchtigt" hat und kein alternatives in Sicht ist, wird die
Existenz des noch verbleibenden, des liberalen, nun von postmoderner Seite
schärfer attackiert. Die neuere entwicklungstheoretische Literatur spiegelt diese
Erkenntnis deutlich wider: Innerhalb der entwicklungstheoretischen Debatte hat
sich der vormalige Gegensatz zwischen Liberalismus und Sozialismus in Richtung Moderne versus Antimoderne gewandelt. Wie im Rahmen der Darstellung
der entwicklungstheoretischen Krise gezeigt wurde, ist diese Verschiebung auch
in anderen sozialwissenschaftlichen Disziplinen zu beobachten. Von den im
Rahmen dieser Untersuchung vorgestellten Neuanätzen lassen sich lediglich der
WID-Ansatz sowie der ökologische Technozentrismus unter der "alten" Rubrik
Technozentrismus fassen. Diese Ansätze sind thematische Erweiterungen der
technokratischen Entwicklungstheorien, und sie sind institutionell in der interna-
tionalen Entwicklungspolitik verankert. In diesem Rahmen setzen sie sich für
die Berücksichtigung frauenpolitischer sowie umweltpolitischer Belange ein.
Beide Ansätze haben ihren jeweiligen thematisch gleichen Gegenspieler: den
Ökofeminismus und den Ökozentrismus. Wie gezeigt wurde, finden sich sowohl
im Ökofeminismus als auch im Ökozentrismus unterentwicklungstheoretische
Vorstellungen wieder, wie auch David Simon (1997) feststellt:
"While the simplistic and deterministic constructions of the *dependencistas* have long been
discredited, this intellectual legacy remains quite tangible in post- or anti-development and
even some strands of postmodern and postcolonial writings." (Simon 1997: 183)

Im Gegensatz zu den Unterentwicklungstheorien streben diese Neuansätze jedoch keine Industrialisierung für die Entwicklungsländer an, sondern favorisie-
ren die Subsistenzwirtschaft sowie jeweils kulturell spezifische Formen des
Wirtschaftens. Wenn sie sich demnach im Hinblick auf das Entwicklungsziel
sehr deutlich von den Unterentwicklungstheorien unterscheiden, so bedienen sie
sich jedoch hinsichtlich der Analyse von Entwicklungsproblemen unterentwicklungstheoretischer Vorstellungen. Auch sie verorten die Entwicklungsländer in
einem strukturellen Abhängigkeitsverhältnis zu den Industrieländern. Ihre Vorstellungen von Abkoppelung beziehen sich auch auf die als westlich erachteten
Industrialisierungsbestrebungen. Während die Unterentwicklungstheoretiker
hinsichtlich der Frage nach den Akteuren ihres sozialistischen Entwicklungsweges teilweise in einem marxistischen Vokabular argumentierten, also Klassengegensätze als treibende Kräfte für gesellschaftliche Veränderungen ansahen, so
sind die Akteure der antimodernen Neuansätze der (neo-)populistischen Entwicklungstheorie verwandt.
    Der Regulationsansatz nimmt in diesem Zusammenhang eine Zwischen-
position ein: In diesem Ansatz fließen Teile der unterentwicklungstheoretischen,
der marxistischen sowie der (neo-)populistischen Entwicklungsvorstellungen zu-

sammen. So weist das Konzept des peripheren Fordismus die gleichen methodologischen Probleme auf wie die Unterentwicklungstheorien, da es ein ebenso
funktionales Kapitalismusverständnis besitzt. Wie auch Corbridge (1990: 631)
betont, lässt sich der Regulationsansatz innerhalb des unterentwicklungstheoretischen Spektrums in die Nähe von Cardosos und Falettos Entwicklungsvorstellungen einordnen. Diese Nähe ergibt sich aus den marxistischen Elementen innerhalb des Regulationsansatzes. So blendet dieser Ansatz – ebenso wie Cardosos und Falettos – die länderspezifischen Entwicklungswege nicht aus, sondern
differenziert zwischen den jeweiligen Akkumulationsregimen und Regulierungsweisen. Und ebenso wie die marxistischen Entwicklungstheoretiker, sehen die
Regulationisten in der Arbeiterklasse bzw. den Lohnabhängigen einen der wichtigsten Akteure. Mit ihrer Erweiterung des Spektrums an wichtigen Akteuren
auf Frauen- sowie Umweltbewegungen zeigt dieser Ansatz wiederum Parallelen
zum (Neo-)Populismus auf und trifft sich diesbezüglich mit den meisten anderen
neueren Entwicklungsansätzen, die ebenfalls diese Akteure in den Vordergrund
stellen.

Ein weiterer neuerer Entwicklungsansatz mit marxistischen Anleihen ist
der postimperialistische von Becker und Sklar. Wie dargelegt wurde, fällt dieser
Ansatz aus dem Rahmen der "nicht-technozentristischen" Neuansätze heraus, da
er einerseits an dem Entwicklungsziel Industrialisierung festhält und andererseits die Globalisierung als Chance für die Entwicklungsländer ansieht.[267] Mit
dieser Bewertung stimmt er teilweise mit der technokratischen Entwicklungsschule sowie dem Neoliberalismus überein. In seiner Analyse unterscheidet er
sich jedoch von ihnen, da er den Untersuchungsschwerpunkt auf internationale
Klassenformationsprozesse legt. Insbesondere die transnationale Bourgeoisie
steht bei den Postimperialisten im Vordergrund. Mit ihrer These von der "mutu-
ality of interest between politically autonomous countries at different stages of
economic development" (Becker/Sklar 1987b: 6) wenden sie sich gegen den
"Third Worldism", der in den verschiedenen Schattierungen des Antimodernismus weiterhin vorherrscht. Becker und Sklar zeigen in ihren Untersuchungen,
dass die Präsenz der TNCs für die Entwicklungsländer positive ökonomische
Folgen hat und stehen mit ihren diesbezüglichen empirischen Befunden insbesondere in Opposition zu den Unterentwicklungstheoretikern. Wenngleich ihre
an eine marxistische Dialektik angelehnte Analyse die genannten Schwachpunkte aufweist, so hebt sich aber der normative Teil ihrer Entwicklungsvorstellun-

---

[267] Diese Einschätzung teilen sie mit Gavin Kitching, der in "Seeking Social Justice Through Globalization – Escaping a Nationalist Perspective" (2001) den "Third Worldism" insbesondere aufgrund des
ihm inhärenten Nationalismus kritisiert. So schreibt er über den "Third Worldism": "(...) European left
intellectuals with no close involvement (or no involvement at all) with the non-European world tend to
operate with a conception of imperialism that is what I can only call *nationalistic/racial* (Hervorh. im
Orig.) in its fundamental structure. That is, not only do they see the world as divided between rich and
poor *nations* (Hervorh. im Orig.) (with, somehow, everybody in the former involved in "imperialisti-
cally" exploiting or oppressing everybody in the later), they also see all non-European peoples as
somehow *essentially* (Hervorh. im Orig.), uniquely, equally, and unproblematically qualified to speak
about "imperialism", "underdevelopment", and all associated notions. (...) In a word, such intellectuals often treat such people in socially de-contextualized and racially essentialized ways, ways in which
they do not treat fellow Europeans." (Kitching 2001: 303 f)

gen positiv von den neueren Entwicklungsansätzen ab. Becker und Sklar wenden sich gegen eine politische sowie ökonomische Abschottung der Entwicklungsländer und gegen jegliche "Wurzellogik", die insbesondere in den antimodernen Entwicklungsansätzen zu finden ist und politisch betrachtet als rückwärtsgewandt und gefährlich bezeichnet werden muss.

Indem Becker und Sklar neue internationale Klassenformationsprozesse in den Mittelpunkt ihres Ansatzes stellen, weisen sie Parallelen zu dem von Long et al. entwickelten Akteursansatz auf.[268] Longs Augenmerk liegt jedoch nicht auf der internationalen Ebene, sondern auf der entwicklungspolitischen Mikroebene. Der Akteursansatz untersucht die auf dieser Ebene zu findenden divergierenden Interessen der am Entwicklungsprozess beteiligten Akteure, insbesondere der Bauern, Landarbeiter sowie der Entwicklungsorganisationen. Letztere Nennung verweist darauf, dass Long weiterhin an der Relevanz der Entwicklungspolitik festhält, wohingegen die Antimodernisten Entwicklungspolitik als "westliches Importprodukt" ablehnen. Parallelen zu den antimodernen Entwicklungsansätzen weist der Akteursansatz jedoch hinsichtlich der Auswahl seiner Akteure sowie hinsichtlich des von ihm postulierten Entwicklungsprinzips auf. Wenngleich Long ein Verfechter der Entwicklungspolitik ist, so neigt er dazu, die von ihm untersuchten Akteure lediglich in ihrem eigenen (kulturellen) Bezugsrahmen zu betrachten und ihnen darin ein jeweils rationales Verhalten zuzuschreiben.[269] Long verfällt jedoch nicht dem Fehler der Antimodernisten, die Unterentwicklung zu romantisieren und als Gegenentwurf zur industriellen Entwicklung zu präsentieren. Im Gegensatz zu unterentwicklungstheoretischen und technokratischen Entwicklungsvorstellungen geht Long nicht von einem linearen oder evolutionären Entwicklungsweg aus und sieht Entwicklung auch nicht primär durch externe Impulse wie beispielsweise eine bestimmte staatliche Politik oder eine Dynamik innerhalb des Marktgeschehens charakterisiert. Stattdessen stehen bei Long die jeweils akteursspezifischen Aktionen und Reaktionen im Vordergrund der Untersuchung. Die verstärkte Hinwendung innerhalb der entwicklungstheoretischen Forschung zu Fallstudien und damit zur entwicklungspolitischen Mikro- und Mesoebene wurde von einigen Entwicklungsforschern als problematisch erachtet. So schreibt Booth (1993) beispielsweise hierzu:

"We face the danger that social researchers, disillusioned with the old theoretical certainties and perhaps also a little intoxicated by their renewed immersion in an ever-surprising empirical reality, will become very good at producing detailed case studies but rather bad at communicating the general implications of their work to a wider academic audience, not to speak of a wider public of development practitioners. Accelerating the rate at which empirical findings are translated into 'theoretical' formulations is important not just because doing theory is intellectually more satisfying, but because it is only at the theoretical level that research findings achieve a sufficient level of generality to be of interest and relevance to those wider au-

---

[268] Corbridge (1990) hebt diesen Aspekt der post-marxistischen Entwicklungsansätze ebenfalls hervor: "In place of a top-heavy structuralism, there is a new emphasis upon human agency and upon the provisional and highly skilled task of reproducing social relations." (Corbridge 1990: 633)

[269] Mit dieser Art der Rationalisierung von kulturell spezifischen Verhaltensmustern lehnt er sich an das von dem Philosophen Ludwig Wittgenstein geprägte Konzept der "forms of life" an.

diences. If we fail to produce new theories, our claims to relevance and responsibility will begin to appear hollow." (Booth 1993: 59)

Das Problematische ist jedoch weniger die Hinwendung der neueren entwicklungstheoretischen Forschung zu der entwicklungspolitischen Mikro- und Mesoebene, sondern die dieser Forschung zugrundeliegenden erkenntnistheoretischen Prämissen. Ein Verfechter des sich immer stärker abzeichnenden Einflusses relativistischer Vorstellungen auf die Entwicklungstheorie, der niederländische Soziologe Jan Nederveen Pieterse kommt bezüglich der neueren Entwicklungsforschung ebenfalls zu dem Schluss, dass die Hermeneutik sowie die sogenannte Ethnomethodologie an Einfluss gewinnen. Er stellt fest:

"(...), these (new, Anm. der Verf.) orientations all imply a shift in emphasis from structuralist toward institutional and agency-oriented views. This can also be described as a change from deterministic to interpretative views (...) and from materialist and reductionist views to multidimensional and holistic views." (Nederveen Pieterse 2001: 11)

Eine stärkere Einbeziehung der Mikro- und Mesoebene in die Entwicklungstheorie ist insbesondere deshalb wichtig, weil dadurch die entwicklungspolitische Relevanz von entwicklungstheoretischer Forschung gestärkt wird. Einhergehend mit der Wahl der Untersuchungsebene muss jedoch auch die Methodenwahl thematisiert werden. Der den antimodernen Entwicklungsansätzen zugrundeliegende (nicht-westliche)[270] Kulturrelativismus führt de facto dazu, nicht-egalitäre und hierarchische Gesellschaften und Kulturen zu affirmieren. Politisch[271] und moralisch[272] verbietet sich jedoch eine Toleranz gegenüber intoleranten Kulturelementen. Den meisten Entwicklungstheoretikern geht es mit ihrem Kulturrelativismus jedoch um mehr, und zwar einen kognitiven Relativismus. Das bedeutet, dass sie sich von der Idee der universellen Vernunft[273] verabschiedet haben und stattdessen die Entwicklungsprobleme nur innerhalb des kognitiven Rahmens der jeweiligen Kultur betrachten. Wie an anderer Stelle angesprochen wurde, sind Kulturen Gemeinschaften, die in bestimmten Vorstellungen vereint sind. Teile dieser Vorstellungen können auf der Vernunft beruhen und somit kulturunabhängig sein. Aber zumeist ist das Gegenteil der Fall, sprich: die Vorstellungen einer Kultur sind nur von ihren Mitgliedern nachvollziehbar. Der Antimodernismus richtet sich demnach nicht nur gegen die westliche Kultur, sondern insbesondere gegen die kognitive Dominanz der Vernunft, die von den An-

---

[270] Die westliche Kultur bzw. der Westen wird von den Antimodernisten zumeist nicht relativiert, sondern abgelehnt.

[271] Weil ein derartiges Verhalten gefährlich werden kann, so beispielsweise Appeasement gegenüber islamistischen Terrororganisationen.

[272] Weil intolerante Elemente einer Kultur gegen die Gleichheit der Menschen gerichtet sind.

[273] Die sich in diesem Zusammenhang aufdrängende Frage seitens der Kulturrelativisten nach der Legitimation der universellen Vernunft lässt sich nur zirkulär beantworten, also im Rückgriff auf die Vernunft selber. Gellner (1995d) schlägt (augenzwinkernd) vor, sich diesbezüglich an den Absolutheitsanspruch der katholischen Kirche gegenüber den Reformatoren zu erinnern: "(...) der Rationalist kann mit Recht dagegen protestieren, mit den Gläubigen (den diversen Irrationalisten, Anm. d. Verf.) auf eine Stufe gestellt zu werden. Er kann sehr wohl zu ihnen sagen, was die katholische Kirche in vor-ökumenischen Tagen zu den Protestanten zu sagen pflegte – ihr seid viele, wir sind eins." (Gellner 1995d: 208).

timodernisten nicht als universell, sondern als kulturelles Spezifikum des Westens verstanden wird. Wenngleich die Aufklärung und mit ihr die "Entzauberung"[274] der Welt in Europa "zur Welt kam", so ist die ihr entsprungene Vernunft keine *westliche,* sondern eine *menschliche* Fähigkeit. Damit steht sie sowohl in Konkurrenz zu kulturspezifischem Wissen als auch zu religiösen Offenbarungsglauben.

Zusammenfassend lässt sich festhalten, dass die neueren Entwicklungsansätze weiterhin in dem Spannungsverhältnis zwischen technokratischen und unterentwicklungstheoretischen Vorstellungen gefangen sind. Das Erstarken (neo-)populistischer Entwicklungsvorstellungen innerhalb der neueren Ansätze ist insbesondere aufgrund ihres explizit antimodernen Charakters *das Neue* innerhalb der entwicklungstheoretischen Forschung. Wie gezeigt wurde, baut der Antimodernismus wissenschaftstheoretisch betrachtet auf einem Relativismus auf, der durch die Postmoderne geprägt ist. Wie die Auseinandersetzung mit den Entwicklungstheorien Liptons und Schumachers verdeutlicht hat, unterschiedet sich der (Neo-)Populismus der neueren Ansätze insbesondere durch seinen vehementen Antimodernismus und seinen Kulturrelativismus von seinen Vorgängern.

---

[274] Der Terminus "Entzauberung" wurde bekanntlich durch Max Weber geprägt. In neueren entwicklungstheoretischen Publikationen findet sich verstärkt der romantisierende Ruf nach erneuter "Verzauberung" der Welt (Vgl. Munck/O'Hearn 1999).

Schlussfolgerung und Ausblick

"Reading the mass of literature on development that has entered the market during the last 10 to 15 years could make anyone rather confused, not least due the contradictions over time and between various schools of thought." (Närman 1997: 219)

Mit der vorliegende Untersuchung ist der kritisierten Orientierungslosigkeit und Unübersichtlichkeit jüngerer entwicklungstheoretischer Forschung entgegnet worden. Wie eingangs erwähnt, ist es das Ziel dieser Untersuchung, einen systematischen Überblick über die Entwicklungstheorie seit den fünfziger Jahren bis heute zu geben, um die Strukturen innerhalb der Entwicklung der Entwicklungstheorie offen zu legen und auch mögliche Brüche aufzudecken. Den Wendepunkt innerhalb der entwicklungstheoretischen Forschung bildete die entwicklungstheoretische Krise, deren Ursachen bereits auf den Charakter der Neuansätze verwiesen.

Zumeist werden die "alten" Entwicklungstheorien anhand des Gegensatzpaares Modernisierungstheorien versus Dependenztheorien behandelt, und der neueren entwicklungstheoretischen Forschung wird eine niedrigere theoretische Reichweite attestiert. In Anbetracht der Tatsache, dass vielfach ein Theorienrecycling innerhalb der Neuansätze zu beobachten ist, war es jedoch wichtig, ein vollständigeres Bild der "alten" Entwicklungstheorien zu geben, also auch die (neo-)populistische sowie die marxistische Entwicklungstheorie zu berücksichtigen. Mittels der Vierteilung konnte gezeigt werden, dass die derzeitig wieder vorherrschenden unterentwicklungstheoretischen und populistischen Entwicklungsvorstellungen bereits vor dreißig Jahren überzeugend in Frage gestellt wurden. Mit dem Blick zurück verlieren viele der Neuansätze ihren scheinbar innovativen Charakter. So ist beispielsweise die thematische Erweiterung der Entwicklungstheorie um feministische und umweltpolitische Fragestellungen etwas Neues, aber der jeweilige analytische Bezugsrahmen lässt sich mühelos den alten Großtheorien zuordnen. Die Entwicklung der Entwicklungstheorie seit den fünfziger Jahren bis heute hat gezeigt, dass die "Neuansätze" keinen "Bruch" mit den "alten" Entwicklungstheorien vollzogen haben, sondern weiterhin grundlegende Elemente der Großtheorien in sich tragen. Die Unterschiede zwischen den Großtheorien und den Neuansätzen liegen vorrangig in der Reichweite sowie in der thematischen Begrenzung. Der weitestgehende Bruch mit den "alten" Entwicklungstheorien wurde von den antimodernen Entwicklungsansätzen vollzogen, indem sie sowohl das Entwicklungsziel (Industrialisierung) als auch den Entwicklungsgedanken (Fortschritt) radikal in Frage stellen. Nichtsdestotrotz wurzeln ihre Vorstellungen zum Teil in unterentwicklungstheoretischen sowie populistischen Ideen.[275] Das Verständnis der neueren Entwicklungsansätze konnte vor dem Hintergrund der vier Entwicklungsschulen und der entwicklungstheoretischen Krise erleichtert werden. Zudem ist deutlich geworden, dass

---

[275] Der britische Geograph David Simon kommt zu der gleichen Schlussfolgerung: "While the simplistic and deterministic constructions of the *dependencistas* (Hervorh. im Orig.) have long been discredited, this intellectual legacy remains quite tangible in post- or anti-development and even some strands of postmodern and postcolonial writings." (Simon 1997: 183)

auch die Kritik an den alten Entwicklungstheorien auf die Neuansätze übertragen werden kann. Dieses Phänomen lässt sich offensichtlich damit erklären, dass der jeweilige analytische und normative Bezugsrahmen der entwicklungstheoretischen Vorstellungen sich kaum durch die Krise dieser Disziplin hat erschüttern lassen. Lediglich sein jeweiliger Anspruch bzw. seine Reichweite ist bescheidener geworden.

Während auf der entwicklungspolitischen Ebene technokratische und später neoliberale entwicklungstheoretische Vorstellungen dominierten, so gliederte sich die Opposition zu diesen Vorstellungen in drei Lager auf: das unterentwicklungstheoretische, das (neo-)populistische sowie das marxistische. Wie gezeigt wurde, lagen die Theorien jedoch analytisch betrachtet oftmals gar nicht so weit auseinander. Zumeist lag der Unterschied in ihrem normativen Bezugsrahmen. Das beste Beispiel bildet diesbezüglich das gemeinhin als vollkommen gegensätzlich angesehene Paar Technokratie und Unterentwicklungstheorie, die ein ähnliches Kapitalismusverständnis aufweisen, aber zu konträren Wertungen gelangen (Vgl. Kapitel I/5). Ähnliches ließe sich im Hinblick auf die neueren entwicklungstheoretischen Ansätze über den postimperialistischen und den ökofeministischen sagen, da beide sich mit der Relevanz von TNCs beschäftigen. Während die Postimperialisten jedoch die ökonomischen Vorteile der TNCs betonen, werten die Ökofeministinnen die TNCs als Boten des globalen kapitalistischen Patriarchats und lehnen sie somit ab. Da das Gros der entwicklungstheoretischen Forschung aufgrund der engen Verknüpfung zur Entwicklungspolitik normativ ist, ist eine Verständigung darüber, welcher Entwicklungsweg mit welchem Entwicklungsziel einzuschlagen ist, erforderlich. Im Rahmen der alten Entwicklungstheorien war das Entwicklungsziel Industrialisierung – bis auf Teile des (Neo-)Populismus – unumstritten. Es wurde vorrangig um den richtigen bzw. den machbaren Weg gestritten. Mit der Stärkung (neo-)populistischer Entwicklungsvorstellungen als Folge der entwicklungstheoretischen Krise und ihrer explizit antimodernen Ausrichtung ist jedoch nicht nur der Weg, sondern auch das Entwicklungsziel zur Disposition gestellt worden.[276] Die Sackgasse, in die sich ein Teil der entwicklungstheoretischen Forschung damit begeben hat, wurde im Rahmen der Kritik (Vgl. Kapitel III/6) ausführlich diskutiert. An dieser Stelle bleibt hervorzuheben, dass der Antimodernismus und der mit ihm wissenschaftstheoretisch verbundene kognitive Relativismus offensichtlich vorrangig dem Interesse westlicher Forscher an kritischen Alternativen zum entwicklungstheoretischen technokratischen und neoliberalen Mainstream dienen[277], aber we-

---

[276] Trotz der wachsenden Relevanz des Antimodernismus innerhalb der Entwicklungstheorie, werden die damit verbundenen Ansätze in einigen der neueren entwicklungstheoretischen Textbüchern, so beispielsweise bei Preston (2000), nicht erwähnt. Simon bemerkt diesbezüglich: "(...), the relative absence and even silence in the single- and double-authored volumes (on postmodernism and similar paradigms, Anm. d. Verf.) must be a matter for grave concern. (...) There therefore remains an urgent need for more up-to-date development studies texts; (...)." (Simon 1997: 196 f)
[277] Zu diesem Bedürfnis passen die Beobachtungen, die der französische Sozialwissenschaftler Raymond Aron bereits während der fünfziger Jahre in seinem Klassiker "Opium für Intellektuelle – oder Die Sucht nach Weltanschauung" (1957) gemacht hat.

niger den vielbeschworenen Akteuren auf der entwicklungspolitischen Mikroebene, wie auch Anders Närman betont:

"One of the most controversial expressions in relation to development today is modernization.
(...) Some of the problems associated with modernization are that only a few can take full
advantage of it (...) and the sublimation of traditional culture into a global way of thinking
(...). Based on these concepts the western students, in their aspiration to think and react correctly, are surprised by the notion of modernization among the African population. Even a
sense of shock can be found in their discovery that to the rural African development is a modern way of life, with all its material benefits. Our search for an alternative development thinking is met with nothing but mistrust." (Närman 1997: 221)[278]

Neben der Gefahr der Romantisierung von Unterentwicklung innerhalb des Trikonts besteht für die Entwicklungstheorie ein wissenschaftstheoretisches Problem aufgrund des kognitiven Relativismus der Antimodernisten. Mittels der Untersuchung der einzelnen Entwicklungstheorien und Entwicklungsansätze wurde
innerhalb der vorliegenden Untersuchung neben der Systematisierung der Entwicklungstheorie ihr jeweiliger Erklärungsgehalt hinterfragt. Aus der Sicht der
antimodernen Entwicklungsansätze ist diese Vorgehensweise jedoch nicht legitim, da sie die Überprüfbarkeit von Entwicklungstheorien negieren und stattdessen für eine Sichtbarmachung des Standpunktes u.a. mittels der Diskursanalyse
plädieren.[279] Wie dargelegt wurde, sehen sie in der Rationalität und der Vernunft
keine universellen menschlichen Fähigkeiten, sondern lediglich westliche Mittel
zur Unterdrückung von kultureller Vielfalt.[280] Die Kritik soll an dieser Stelle

---

[278] Auch Ian C. Jarvie kommt zu einer ähnlichen Einschätzung wie Närman: "It is the affluent insula-
tion of intellectuals from the harsh realities of the pre-modern world that make their (albeit theoretical)
rejection of modernity possible, but those less privileged are mostly unequivocal about wanting to participate in modernity, and the hold-outs will not last." (Jarvie 1992: 245).

[279] Gellner weist in diesem Zusammenhang auf den auch in der "Kritischen Theorie" der Frankfurter
Schule zu findenden Relativismus hin: "The Frankfurt School resembled the party-bound Marxists in
being much given to explaining-away of the views of its opponents; but there was an interesting difference. The old-fashioned Marxists (e.g. Warren, Anm. d. Verf.) did not oppose the very notion of
objectivity, as such, they merely maintained that their opponents had failed to be *genuinely* (Hervorh.
im Orig.) objective, and merely pretended to observe the norms of scientific objectivity, whilst in reality serving, and being misled by, their own class interests. But real science remained, and was con-
trasted with class-interest-inspired false consciousness. (...) What was distinctive about the Frankfurt-
ers was *a tendency to decry the cult of objective facts as such* (Hervorh., d. Verf.), and not merely its
alleged misapplications. (...) A real, enlightened, *critical* thinker (*à la* Frankfurt) did not waste too
much time, or probably did not waste any time at all, on finding out precisely that *was*: he went
straight to the hidden substance under the surface, the deep features which explained just why that
which *was*, was, and also to the equally deep illumination concerning what *should be*. Unenslaved to
the positivist cult of what *was*, the investigation of which was but a camouflaged ratification of the
status quo, a genuinely critical free spirit found himself in a good position to determine just what it
was that should be, in dialectical opposition to that which merely *was* (Hervorh. im Orig.)." (Gellner
1992: 32 f)

[280] Gellner bemerkt hierzu treffend: "Clarity of style and thought were themselves declared suspect.
Descartes had led to Kipling: not Kipling, therefore not Descartes. (...) Atonement for the sins of
domination is best displayed by laying bare one's soul, and the soul had better be a complex and tor-
mented one, externalising itself in correspondingly tortured prose. The impoverished masses of the
Third World may find consolation in the thought that their erstwhile oppressors and exploiters are
now suffering the agonies of obscurity of style." (Gellner 1995b: 236 f)

nicht im Einzelnen wiederholt werden. Hervorzuheben bleibt, dass der heutige westliche Relativismus die beiden von Gellner beschriebenen Kontrahenten hat: den religiösen, insbesondere islamischen, Fundamentalismus und den "Aufklärungsfundamentalismus" (oder "Aufklärungspuritanismus"). Während ersterer in der religiösen Offenbarung die Wahrheit verortet, sieht letzterer in der *universellen* menschlichen Vernunft *das* Instrument, um sich der Wahrheit *anzunähern*. Der Relativismus führt demnach sowohl wissenschaftstheoretisch als auch entwicklungspolitisch nicht nur in eine Sackgasse, sondern ist zudem auch unfähig, sich dem wachsenden (islamischen) Fundamentalismus entgegenzustellen. Die Ablehnung eines industriellen Entwicklungsweges durch die Antimodernisten ist ein "romantischer Trugschluss" (Vgl. Kiely 1998a: 171), der teilweise den Visionen der Unterentwicklungstheoretiker der siebziger Jahre über die Abkoppelung vom Weltmarkt entlehnt ist. Im Unterschied zu den Unterentwicklungstheorien sprechen sich die Antimodernisten allerdings auch gegen das Entwicklungsziel, die Industrialisierung, aus. In der Realität läuft dieses Entwicklungsmodell darauf hinaus, die relative Knappheit, durch die agrarische bzw. halb-industrialisierte Gesellschaften gekennzeichnet sind, gleichmäßiger zu verteilen, also den Mitgliedern dieser Gesellschaften einen gleichen Anteil an der Armut zu geben. Die Relativierung von menschlichen Bedürfnissen durch die Antimodernisten offenbart ihre romantisierende und paternalistische Haltung gegenüber "den Menschen" im Trikont. Die antiwestliche Haltung, die das Gros der (in liberalen Demokratien lebenden) Relativisten mit den religiösen Fundamentalisten teilt, offenbart eher einen gefährlichen Realitätsverlust als ein alternatives Entwicklungsmodell und stärkt im Trikont diejenigen gesellschaftlichen Kräfte, die gegen die jeweiligen Demokratisierungsbestrebungen kämpfen. In diesem Zusammenhang stellt Mason ernüchtert fest:

"The alternative to Westernization seems bleak. Indians from left to right regard Hindu chauvinism, however modified for the purposes of political expediency, as horrifying. In Iran the heyday of the ayatollahs was marked by incompetence and corruption, in Cambodia Pol Potism was beyond nightmares, and in Algeria the struggle between a ferocious Westernized state apparatus and the terrorism of Islamic reformism has left the majority despairing on the sidelines." (Mason 1997: 461)

Den Realitätsverlust teilen die Antimodernisten mit denjenigen Neoliberalen, die ungeachtet der jeweiligen politischen Voraussetzungen im Trikont für eine Entwicklungspolitik plädieren, deren SAPs zu den beschriebenen Verschärfungen von Entwicklungsproblemen geführt haben (Vgl. Kapitel II/2.1). Vor diesem Hintergrund kann der von Long et al. vertretene Akteursansatz auf der entwicklungspolitischen Ebene hilfreich sein, um eine dem jeweiligen Kontext angemessene Entwicklungs*politik* zu betreiben. Dennoch besteht das strukturelle Entwicklungshindernis in vielen Entwicklungsländern in den jeweiligen gesellschaftlichen und politischen Strukturen. Die internationale Entwicklungspolitik besitzt nicht das Instrumentarium, um diese Strukturen grundlegend zugunsten einer erfolgreichen Entwicklung zu ändern. Der von Ulrich Menzel zu Beginn der neunziger Jahre in die entwicklungstheoretische Diskussion eingebrachte Vorschlag, bestimmte Regionen unter Treuhandschaft zu stellen (Menzel 1992:

211), ist nur begrenzt praktikabel und unterliegt dem Trugschluss, dass die in den westlichen Industrieländern über mehrere Jahrhunderte gewachsenen gesellschaftlichen und politischen Strukturen sich im Trikont von außen implementieren ließen. Entwicklungspolitische Projekte können demnach nur eine innerhalb der jeweiligen Strukturen beschränkte Reichweite haben. Um gesellschaftliche und politische Demokratisierungsprozesse im Trikont zu unterstützen, wäre es zuallererst notwendig, die größtenteils undemokratischen Regime nicht weiterhin durch Militärhilfe zu stabilisieren. Wie das Beispiel Irak verdeutlicht, liegt eine Entmilitarisierung von illiberalen Diktaturen im Trikont auch im Interesse der westlichen Welt. Mit dem Ende der Ost-West-Systemkonkurrenz ist die Einschränkung der Lieferung von Rüstungsgüter an despotische Regimes realistischer geworden, wenngleich sich noch nicht alle Industrieländer, sprich: Rüstungsexporteure, von der (potentiellen) Gefährdung des Weltfriedens durch hochgerüstete Despoten überzeugt zeigen.

Die im Rahmen der vorliegenden Untersuchung gemachten Aussagen über die Entwicklungstheorie sowie die Krise und die Neuansätze lassen sich auch auf andere sozialwissenschaftliche Disziplinen übertragen, da die Probleme von Großtheorien und insbesondere die wissenschaftsimmanenten Krisenursachen kein spezifisch entwicklungstheoretisches Phänomen darstellen. In diesem Sinne wurde die postmoderne Infragestellung des Entwicklungsgedankens im Rahmen der Diskussion der entwicklungstheoretischen Krise auch vor dem Hintergrund des Aufkommens der Postmoderne innerhalb der Sozialwissenschaften im Allgemeinen betrachtet (Vgl. Kapitel II/1.3.1). Die mit der Postmoderne zusammenhängenden wissenschaftstheoretischen aber auch normativen Probleme betreffen die gesamten Sozialwissenschaften. Wenngleich es die genannten Differenzierungen zwischen dem skeptischen und dem affirmativen Postmodernismus gibt, so eint sie dennoch der Abgesang auf die als westlich angesehene Wissenschaftstheorie. In dieser postmodernen "Theorierichtung" liegt neben der ohnehin schon verbreiteten Orientierungslosigkeit keine Lösung, sondern eine Zuspitzung eben dieser Orientierungslosigkeit. Die Toleranz, die von den Relativisten gegenüber anderen Kulturen und ihren jeweiligen Bedeutungssystemen eingefordert wird, stößt jedoch dort an Grenzen, wo sie mit Intoleranz seitens der jeweiligen Kultur konfrontiert wird. Indem der Absolutheitsanspruch der "Anderen" nicht in Frage gestellt wird, wird der Kulturrelativismus zugleich zum Widerspruch in sich selbst, aus dem es keinen Ausweg gibt.[281]

---

[281] Zu diesem "Problem" schreibt Gellner: "The relativists-hermeneutics are really very eager to display their universal, ecumenical tolerance and comprehension of alien cultures. The more alien, the more shocking and disturbing to the philistines, to those whom they deem to be the provincialists of their own society, the better. Very, very much better, for the more shocking the other, the more does this comprehension highlight the superiority of the enlightened hermeneutist within his own society. (...) However, our hermeneutist has to pussyfoot a bit around the fact that those whom he would so eagerly tolerate and understand are not always quite so tolerant themselves. The relativist endorses the absolutism of others, and so his relativism entails an absolutism which also contradicts it. Let us leave him with that problem: there is no way out of it." (Gellner 1992: 74)

Der wichtigste Kritikpunkt am Relativismus betrifft seine Negierung der Universalität der menschlichen Vernunft.[282] Diese Position wird oftmals aufgrund ihres toleranten und differenzierten Charakters angepriesen und im Großen und Ganzen als Erweiterung des sozialwissenschaftlichen Horizonts (Vgl. Rosenau 1992: 184) angesehen. Diese relativistische bzw. *postmoderne* Haltung gegenüber dem Postmodernismus innerhalb der Sozialwissenschaften verdeutlicht die Orientierungslosigkeit dieser Disziplin, die sich nach 1989 auf der Suche nach "neuen" Gegenmodellen zum Liberalismus befindet. Das postmoderne "Talking Verbiage" ist demnach nicht nur ein Problem eines Großteils der neueren Entwicklungsforschung, sondern auch der Sozialwissenschaften im Allgemeinen.[283] Auf der Suche nach Erklärungen aber auch Lösungen für sozialwissenschaftliche Probleme erweist sich der Relativismus keineswegs als hilfreich, denn

"(...) this affection of cognitive equality is indeed nothing but an affection. *The* central *fact about our world is that, for better or worse, a superior, more effective form of cognition does exist* (Hervorh. im Orig.). It was, inevitably, born within the womb of one culture, for anything must begin somewhere; but it is perfectly obvious by now that it is not linked to any one society, culture or tradition, but accessible to all mankind, and, as it happens, it appears that it is implemented most effectively at present within cultures within which it had *not* originated ... (Hervorh. im Orig.)." (Gellner 1995b: 237 f)

Demnach betrifft der Vorwurf der Intoleranz und des Rassismus nicht diejenigen, die an der Universalität der Vernunft festhalten, sondern die Relativisten, die – zumeist aus einer idealistischen Vorstellung von *kultureller* Gleichheit – übersehen, dass (1) die Menschen im Trikont sehr wohl an technologischem Fortschritt teilhaben wollen, dass (2) der (religiöse) Fundamentalismus im Tri-

---

[282] Zu den wenigen kontinentaleuropäischen und insbesondere deutschen Sozialwissenschaftlern, die auf diese Gefahr aufmerksam gemacht haben und sich eingehend mit ihr auseinander setzen, zählt der Göttinger Politikwissenschaftler Bassam Tibi. Er kritisiert den westlichen Kulturrelativismus und die insbesondere in Deutschland weitverbreitete Auffassung, dass der islamische Fundamentalismus lediglich einen ideologischen Zweck für die westliche Welt, und hier vorrangig für die USA, erfülle, um ein neues Feindbild nach 1989 vorweisen zu können (Vgl. Tibi 2001).

[283] Wie Sir Karl R. Popper bereits während des sogenannten Soziologenstreits unterstrich, ist die Opposition zu einer analytisch klaren Sozialwissenschaft vorrangig in den kontinentaleuropäischen Ländern verbreitet: "Many years ago I used to warn my students against the widespread idea that one goes to university in order to learn how to talk, and to write, impressively and incomprehensibly. At the time many students came to university with this ridiculous aim in mind, especially in Germany. And most of those students who (...) enter into an intellectual climate which accepts this kind of valuation (...) are lost. (...)

Thus arose the cult of un-understandability, the cult of impressive and high-sounding language. (...) I suggest that in some of the more ambitious social sciences and philosophies, and especially in Germany, the traditional game, which has largely become the unconscious and unquestioned standard, is to state the utmost trivialities in high-sounding language. (...)

Some of the famous leaders of German sociology (...) are (...) simply talking trivialities in high-sounding language (...) They teach this to their students (...) who do the same. (...) the genuine and general feeling of dissatisfaction which is manifest in their hostility to the society in which they live is, I think, a reflection of their unconscious dissatisfaction with the sterility of their own activities." (Popper, in: Adorno et al. 1976: 294 ff)

kont einen universellen und keinen relativen Wahrheitsanspruch hat und dass es (3) kaum klare kulturelle Grenzen gibt[284].

Über den Rahmen der vorliegenden Untersuchung hinaus weisen diejenigen Fragen, die den folgenden zwei angrenzenden Bereichen zuzuordnen sind: zum einen den philosophischen und erkenntnistheoretischen Grundlagen des entwicklungstheoretischen Denkens und zum anderen den entwicklungspolitischen Strategien. Das Ziel der Untersuchung bestand darin, einen Überblick über das moderne entwicklungstheoretische Denken von den fünfziger Jahren bis heute zu geben und den Erklärungsgehalt der Entwicklungstheorien sowie der Neuansätze zu untersuchen. Es wurden nicht die philosophischen sowie erkenntnistheoretischen Grundlagen der einzelnen entwicklungstheoretischen Denkrichtungen und auch keine konkreten Entwicklungsstrategien untersucht, soweit selbige nicht im Mittelpunkt der jeweiligen Entwicklungstheorie bzw. des jeweiligen Entwicklungsansatzes standen. Diese beiden Bereiche sind sowohl für das Verständnis der Entwicklungstheorie als auch ihrer entwicklungspolitischen Relevanz wichtig. So ist innerhalb der Untersuchung deutlich geworden, dass die Analyse des Ist-Zustandes seitens der Entwicklungstheoretiker bestimmte philosophische Prämissen voraussetzt.

Hier wäre es aufschlussreich, die Disziplin Entwicklungstheorie auf der Folie des ideengeschichtlichen Kontextes zu betrachten. Der von Antimodernisten wie Escobar beschrittene Weg der Dekonstruktion ist – wie die vorliegende Untersuchung aufgezeigt hat – jedoch weniger geeignet, um diese Fragestellung zu behandeln, da Escobar "den Westen" als einen monolithischen Block präsentiert und seine Methode weniger dem Erkenntnisgewinn als der Bestätigung seiner antimodernen Ideologie dient. Einen sinnvollen Ausgangspunkt, um in dieser Richtung weiter zu forschen, bieten hingegen die Arbeiten des britischen Philosophen und Sozialwissenschaftlers Ernest Gellner[285], auf die bereits innerhalb der vorliegenden Untersuchung mehrfach Bezug genommen wurde. Ausgehend von Gellners Feststellung, dass jedes "lebendig geborene philosophische Baby" entweder ein kleiner Hegelianer oder ein kleiner Positivist sei (Gellner 1985: 4), ließe sich die Entwicklungstheorie anhand dieser Zweiteilung beleuchten. Die in den einzelnen Entwicklungstheorien und Entwicklungsansätzen enthaltenen erkenntnistheoretischen Prämissen könnten somit herausgearbeitet werden. Des Weiteren ließen sich auch die philosophischen und erkenntnistheoretischen Kontinuitäten und Brüche zwischen "alter" und "neuer" Entwicklungstheorie verdeutlichen. So könnte beispielsweise untersucht werden, inwieweit anti-

---

[284] "We cannot advise people to do in Rome as the Romans do, when Rome no longer has stable or unique borders." (Gellner 1992: 71)
[285] Ernest Gellner (1925 – 1995) ist an der London School of Economics (LSE) sowie der University of Cambridge als Anthropologieprofessor tätig gewesen. Einen guten Einblick in Gellners Arbeiten bietet die "Gellner Resource Page" unter >http://www.lse.ac.uk/collections/gellner/index.htm<.
Vgl. Gellner 1974, 1976, 1985, 1987, 1992, 1993, 1995a, 1995b, 1995c, 1995d, 1996 sowie des Weiteren: Hall/Jarvie 1992, 1996. Der in Kanada lehrende Soziologe John A. Hall arbeitet zur Zeit an einer Gellner-Biographie, die voraussichtlich 2005/2006 erscheinen wird.

modernes Entwicklungsdenken seine philosophischen Wurzeln innerhalb hegelianischer/marxistischer Dialektik und populistischer Theorie hat.

Der andere Bereich, der an den Gegenstandsbereich der vorliegenden Untersuchung angrenzt, ist die Entwicklungspolitik. So bliebe zu untersuchen, welche konkreten entwicklungspolitischen Strategien sich im Hinblick auf die jeweiligen entwicklungspolitischen Probleme als erfolgreich erwiesen haben und welche entwicklungstheoretischen Schlüsse daraus zu ziehen sind für die aktuelle Debatte innerhalb der Entwicklungstheorie. Wie gezeigt wurde, ist innerhalb der neueren entwicklungstheoretischen Forschung eine verstärkte Hinwendung zu entwicklungspolitischen Problemen festzustellen. Diese Neuausrichtung ist zu begrüßen, wenngleich die Entwicklungspolitik durch das Ende der Ost-West-Systemkonkurrenz und die Zunahme von Nationalismus und Fundamentalismus vor neue *strukturelle* Probleme gestellt worden ist. So weist Menzel auf den voranschreitenden Staatszerfall, die wachsende Zahl von Kriegen und Bürgerkriegen sowie die "wachsende Unklarheit, was in vielen postkolonialen und postsozialistischen Staaten tatsächlich vor sich geht" (Menzel 2003: 31), hin. Vor diesem Hintergrund wird deutlich, dass die Entwicklungspolitik als Teil der Internationalen Beziehungen gesehen werden muss und sich demnach die Entwicklungstheorie auch verstärkt mit sicherheitspolitischen Themen auseinander setzen muss. Das Diskussionspapier von Menzel "Von der Rentenökonomie zur Gewaltökonomie" (2003) beinhaltet bereits die aus der veränderten Weltordnung resultierenden neuen Problemfelder für die Entwicklungspolitik, die über den Gegenstandsbereich der vorliegenden Untersuchung hinausweisen.

So wie die UNO nicht besser sein kann als die Summe ihrer einzelnen Mitglieder, wird auch die Entwicklungstheorie, betrieben von Vertretern der *Development Studies*, nicht besser sein können, als die Summe der einzelnen Forschungsergebnisse. Die Appelle an eine realitätsnahere Forschung sowie an überzeugende Erklärungen für Ent- und Unterentwicklungsprozesse sind zwar im Hinblick auf erstere auf fruchtbaren Boden gefallen, wie die verstärkte Hinwendung zu Fallstudien zeigt, aber im Hinblick auf letzteres scheinen bei vielen Entwicklungsforschern weiterhin (neo-)populistische bzw. unterentwicklungstheoretische Vorstellungen reproduziert zu werden.[286] Es wäre interessant, den

---

[286] Neben den bereits in Kapitel III/6 genannten Beispielen, sind die verschwörungstheoretisch anmutenden Überlegungen Prestons zu den Terroranschlägen vom 11. September 2001 ein weiteres Beispiel für das Festhalten an einem unterentwicklungstheoretisch inspirierten "Third Worldism": "As regards my own reactions, to the attack, (...), the attack was 'blowback'. In the context of US behaviour in East and West Asia post-Saipan, 9/11 was a brutal taste of their own medicine and bombing Afghanistan is simply killing more Asians. (...) 9/11 reveals that their (European, Anm. d. Verf.) long term ally/leader/occupier is (a) a target for Islamists, **as a result of its activities in the Middle East** (Hervorh., d. Verf.); (b) not evidently concerned to think about these matters; (c) contemptuous of the Europeans ('NATO is dead'); and (d) that the British political elite are disposed to act like (or in significant measure, are) colonial subjects of the USA; (...)." (Preston 2002: 9) In dieser Sichtweise treten zwei Elemente der Unterentwicklungstheorie besonders deutlich hervor: einerseits der Antiamerikanismus, wonach dem Zentrum, den USA, ungeachtet des jeweiligen Ereignisses, in diesem Fall eines von Islamisten ausgeführten terroristischen Massenmordes, schon deshalb die ursächliche Ver-

entwicklungstheoretischen Wissenschaftsbetrieb und seine unerschütterliche Weigerung, nachweislich wissenschaftlich nicht haltbare unterentwicklungstheoretische und (neo-)populistische Vorstellungen über globale Zusammenhänge aufzugeben, zu untersuchen.[287] Es stellt sich die Frage, ob diese Vorstellungen u.a. auch deshalb weiterhin verbreitet werden, weil sie einer Nachfrage nach antiimperialistischen Weltbildern folgen, in den Worten von Raymond Aron (1957): der "Sucht nach Weltanschauung". Der kritische Anstrich, den diese Vorstellungen haben, täuscht über die erkenntnistheoretischen Mängel nur deshalb hinweg, weil diese Art der "Kritik" weiterhin zum links-akademischen Mainstream gehört. Er bildet das Pendant zum neoliberalen Mainstream, wenngleich das *Ideal* des freien Handels sicherlich dem in der Tradition von List stehenden nationalstaatlich fixierten Protektionismus vorzuziehen ist.[288] Dieser Vorzug ergibt sich neben den Vorteilen, die Entwicklungsländer ökonomisch von Handelsliberalisierungen u.a. im Agrarsektor hätten, insbesondere auch im Hinblick auf den *politischen* Bereich, wo das Ideal der *(Welt-)Gesellschaft* dem der *Gemeinschaft* vorzuziehen ist. Eine der Voraussetzungen, um politisch an diesen *Idealen* festzuhalten, aber *die* Voraussetzung, um überhaupt vernünftige entwicklungstheoretische Forschung vorantreiben zu können, bildet die Absage an den derzeitig auf dem Vormarsch begriffenen antimodernen Relativismus zugunsten eines "Aufklärungsfundamentalismus".

---

antwortung ('blowback') angelastet wird, weil die Akteure aus dem Trikont stammen. Auch das Zentrum und Satellitenmodell scheint in dieser Sichtweise durch, wenn Großbritannien ein quasi-koloniales Abhängigkeitsverhältnis zu den USA, dem Zentrum, unterstellt wird. Dass das Ende der Taliban-Herrschaft in Afghanistan den dortigen Menschen eine Befreiung gebracht hat, wird offensichtlich von Preston nur deshalb nicht zur Kenntnis genommen, weil ihm der Akteur, die USA, nicht in ein Weltbild passen, wo selbige nur Unheil anrichten. Wenn zudem den nach eigenem Bekunden der Attentäter zugrundeliegenden antiamerikanischen und antisemitischen Motivationen keine Bedeutung beigemessen wird, sondern ein verschwörungstheoretischer "blowback" konstatiert wird, erübrigt sich bereits die Frage nach dem Realitätsgehalt dieser Art von "Forschung".

[287] Hier ist insbesondere die unterentwicklungstheoretische Annahme gemeint, dass sich die Industrieländer aufgrund der Kolonialisierung und später des Neokolonialismus entwickelt hätten. Zur Kritik daran: siehe u.a. Meyers 1987a.

[288] Diese Einschätzung wird von Kitching geteilt: "We need to be intellectually convinced of the desirability of a non-nationalist world, and then we need to act on that desire in order, slowly and gradually, to bring such a world about. And if we are also people who conceive ourselves as being on the left in any sense (...), then we require, in a phrase, a well worked out *antinationalist left politics* (Hervorh. im Orig.). Some of the policy content of such a politics (...) (includes:, d. Verf.) Continual and implacable opposition to economic protectionist demands, wherever and by whomever they are articulated, is obviously a crucial part – perhaps the most important part – of such a politics at the present time. But almost equally important is the insistence that genuinely flexible labor markets require, as a human prerequisite, comprehensive state-financed forms of social protection and welfare. Strong support for at least a basic set of human rights anywhere and everywhere in the world – and a rejection of all defenses of the denial or abuse of human rights that are based on the concept of nationalist "internal affairs" – must also be a central plank of such a politics. (...), tolerance of cultural diversity cannot lead antinationalist left activists to accept, on grounds of cultural exceptionalism, the treatment of some human beings by other human beings which we would not accept ourselves." (Kitching 2001: 317)

Bibliographie

Adams, Bill (1993): Sustainable Development and the Greening of Development Theory, In: Schuurman, Frans J. (Ed.) (1993a), a.a.O., 207 – 222.

Adams, W.M. (1999): Green Development Theory? – Environmentalism and sustainable development, In: Crush, Jonathan (Ed.), a.a.O., 87 – 99.

Adelman, Irma (1961): Theories of Economic Growth and Development, Stanford (California).

Addo, Herb/Amin, Samir/Aseniero, George et al. (1985): Development As Social Transformation – Reflections on the Global Problematique, Boulder (Colorado).

Adorno, Theodor W./Albert, Hans/Dahrendorf, Ralf/Habermas, Jürgen/Pilot, Harald/Popper, Karl R. (1976): The Positivist Dispute in German Sociology, London.

Agarwala, A.N./Singh, S.P. (Ed.) (1979): The Economics of Underdevelopment, Dehli/London.

Agarwala, Ramgopal (1983): Price Distortions and Growth in Developing Countries (World Bank staff working papers; no. 575. Management and development subseries; no. 2), Washington/D.C.

Agger, Ben (1990): The Decline of Discourse – reading, writing and resistance in postmodern capitalism, New York.

Aglietta, Michel (1979): A Theory of Capitalist Regulation. The US Experience, London.

Aguilar, Luis E. (Ed.) (1978a): Marxism in Latin America, Philadelphia.

Ders. (1978b): Introduction, In: Ders. (Ed.) (1978a), a.a.O., 3 – 59.

Alavi, Hamza/Shanin, Teodor (Ed.) (1982): Introduction to the Sociology of "Developing Societies", New York/London.

Alba, Victor (1968): Politics and the Labor Movement in Latin America, Stanford (California).

Altvater, Elmar/Hübner, Kurt (1987): Ursachen und Verlauf der internationalen Schuldenkrise, In: Dies. et al. (Hg.), a.a.O., 14 – 28.

Altvater, Elmar/Hübner, Kurt/Lorentzen, Jochen/Rojas, Raúl (Hg.) (1987): Die Armut der Nationen – Handbuch zur Schuldenkrise von Argentinien bis Zaire, Berlin.

Amin, Samir (1974): Accumulation on a world scale: A critique of the theory of underdevelopment, In: Monthly Review Press, New York.

Ders. (1975): Die ungleiche Entwicklung – Essay über die Gesellschaftsformationen des peripheren Kapitalismus, Hamburg.

Ders. (1976): Unequal Development, Brighton/Sussex.

Ders. (1977): Imperialism and Unequal Development, Brighton.

Ders. (1985): A Propos the 'Green' Movements, In: Addo, Herb et al., a.a.O., 271 – 281.

Amsden, Alice H. (1977): The Division of Labour is Limited by the Type of Market: The Case of the Taiwanese Machine Tool Industry, In: World Development, Vol. 5/No. 3, 217 – 233.

Dies. (1985): The division of labour is limited by the rate of growth of the market: the Taiwan machine tool industry in the 1970s, In: Cambridge Journal of Economics, Vol. 9, 271 – 284.

Dies. (1989): Asia's Next Giant – South Korea and Late Industrialization, New York/Oxford.

Dies. (1990): Third World Industrialization: 'Global Fordism' or a New Model?, In: New Left Review, No. 182 (July/August), 5 – 31.

Apffel Marglin, Frédérique/Marglin, Stephen A. (Ed.) (1990) : Dominating Knowledge – Development, Culture, and Resistance, Oxford.

Dies. (Ed.) (1996): Decolonizing Knowledge – From Development to Dialogue, Oxford.

Arce, Alberto/Frerks, Georg/Hilhorst, Dorothea/Mulder, Pauline (2001): Book Review of Long, Norman (2001): Development sociology – Actor perspectives, London/New York, In: Sociologia Ruralis, Vol. 41/No. 4 (October), 486 – 488.

Aron, Raymond (1957): Opium für Intellektuelle – oder Die Sucht nach Weltanschauung, Köln/Berlin.

Arrighi, Giovanni (1973a): International Corporations, Labor Aristocracies, and Economic Development in Tropical Africa, In: Arrighi, Giovanni/Saul, John S. (1973a), a.a.O., 105 – 151.

Ders. (1973b): Labor Supplies in Historical Perspective: A Study of the Proletarianization of the African Peasantry in Rhodesia, In: Arrighi, Giovanni/Saul, John S. (1973a), a.a.O., 180 – 234.

Ders. (1973c): The Political Economy of Rhodesia, In: Arrighi, Giovanni/Saul, John S. (1973a), a.a.O., 336 – 377.

Ders. (1999): The World According to Andre Gunder Frank, In: Review (Fernand Braudel Center), Vol. 22/No. 3, 327 – 354.

Arrighi, Giovanni/Saul, John S. (1973a): Essays on the Political Economy of Africa, New York/London.

Dies. (1973b): Socialism and Economic Development in Tropical Africa, In: Dies. (1973a), a.a.O., 11 – 43.

Arts, Bas (1994): Nachhaltige Entwicklung – Eine begriffliche Abgrenzung, In: Peripherie, Heft 54 (August), 6 – 27.

Ashcroft, Bill/Griffiths, Gareth/Tiffin, Helen (Ed.) (1995): The Post-Colonial Studies Reader, London/New York.

Ashley, Richard K. (1987): The Geopolitics of Geopolitical Space: Toward a Critical Social Theory of International Politics, In: Alternatives, Vol. XII/No. 4 (October), 403 – 434.

Ashworth, Georgina (Ed.) (1995): A Diplomacy of the Oppressed – New Directions in International Feminism, London/New Jersey.

Attfield, Robin/Wilkins, Barry (Ed.) (1992): International Justice and the Third World – Studies in the Philosophy of Development, London/New York.

Avineri, Shlomo (Ed.) (1968): Karl Marx on Colonialism and Modernization, New York.

Baker, Susan (1993): The Principles and Practice of Ecofeminism: A Review, In: Journal of Gender Studies, Vol. 2/No. 1 (May), 4 – 26.

Balassa, Bela (1971): Trade Policies in Developing Countries, In: The American Economic Review, Vol. 61/No. 2 (May), 178 – 187.

Ders. (1982): Development Strategies in Semi-industrial Economies, Baltimore/London.

Balassa, Bela/Bueno, Gerardo M./Kuczynski, Pedro-Pablo/Simonsen, Mario Henrique (1986): Toward Renewed Economic Growth in Latin America, Mexico City/Rio de Janeiro/Washinghton (D.C.).

Baldwin, Frank (Ed.) (1974): Without Parallel – The American-Korean Relationship Since 1945, New York.

Banaji, Jairus (1983): Gunder Frank in Retreat?, In: Limqueco, Peter/McFarlane, Bruce (Ed.): Neo-Marxist theories of development, London, 97 – 113.

Bandarage, Asoka (1984): Women in Development: Liberalism, Marxism and Marxist-Feminism, In: Development and Change, Vol. 15/No. 4, 495 – 515.

Baran, Paul A. (1973): The Political Economy of Growth, Harmondsworth.

Baran, Paul A./Hobsbawm, Eric J. (1961): The Stages of Economic Growth, In: Kyklos – Internationale Zeitschrift für Sozialwissenschaften, Vol. 14/No. 2, 234 – 242.

Barnett, Tony (1988): Sociology and Development, London.

Barratt Brown, Michael (1995): Models in Political Economy: A Guide to the Arguments, London.

Baudrillard, Jean (1987): Modernity, In: Canadian Journal of Political and Social Theory, Vol. XI/No. 3, 63 – 72.

Ders. (1996): Unmögliche Moral (Gespräch mit Nicole Czechowski), In: Stäblein, Ruthard (Hg.): Moral – Erkundungen über einen strapazierten Begriff, Frankfurt a.M., 28 – 38.

Ders. (2002): Die Globalisierung hat noch nicht gewonnen – Requiem für die Twin Towers oder Hat der Terrorismus einen Sinn?, In: Frankfurter Rundschau vom 2. März (Nr. 52), 19.

Bauer, Peter T. (1947): Malayan Rubber Policies, In: Economica (LSE), Vol. XIV/No. 54 (May), 81 – 107.

Ders. (1957): Economic Analysis and Policy in Underdeveloped Countries, Durham/London.

Ders. (1959): United States Aid and Indian Economic Development, Washington D. C.

Ders. (1976): Dissent on Development, Cambridge (MA).

Ders. (1981): Equality, the Third World and Economic Delusion, Cambridge (MA).

Ders. (1984): Reality and Rhetoric – Studies in the Economics of Development, London.

Becker, David G. (1983): The New Bourgeoisie and the Limits of Dependency: Mining, Class, and Power in "Revolutionary" Peru, Princeton (New Jersey).

Ders. (1984): Development, Democracy and Dependency in Latin America: a post-imperialist view, In: Third World Quarterly, Vol. 6/No. 2 (April), 411 – 431.

Ders. (1987a): Development, Democracy and Dependency in Latin America: A Postimperialist View, In: Becker, David G./Frieden, Jeff et al. (1987), a.a.O., 41 – 62.

Ders. (1987b): Postimperialism: A First Quarterly Report, In: Becker, David G./Frieden, Jeff et al. (1987), a.a.O., 203 – 225.

Ders. (1999a): Postimperialism and Realism in Theories of International Relations, In: Becker, David G./Sklar, Richard L. (Ed.) (1999a), a.a.O., 37 – 73.

Ders. (1999b): Postimperialism: An Annual Report, In: Becker, David G./Sklar, Richard L. (Ed.) (1999a), a.a.O., 337 – 354.

Becker, David G./Frieden, Jeff/Schatz, Sayre P./Sklar, Richard L. (1987): Postimperialism – International Capitalism and Development in the Late Twentieth Century, Boulder/London.

Becker, David G./Sklar, Richard L. (1987a): Preface, In: Becker, David G./Frieden, Jeff et al. (1987), a.a.O, ix – x.

Dies. (1987b): Why Postimperialism?, In: Becker, David G./Frieden, Jeff et al. (1987), a.a.O., 1 – 18.

Dies. (Ed.) (1999a): Postimperialism and World Politics, Westport/London.

Dies. (1999b): Introduction, In: Dies. (Ed.) (1999a), a.a.O., 1 – 10.

Beckman, Björn (1981): Imperialism and the 'National Bourgeoisie', In: Review of African Political Economy, No. 22 (October – December), 5 – 19.

Bello, Walden/Rosenfeld, Stephanie (1990): Dragons in Distress – Asia's Miracle Economies in Crisis, San Francisco.

Benko, Georges/Strohmayer, Ulf (Ed.) (1997): Space and Social Theory – Interpreting Modernity and Postmodernity, Oxford/Malden (MA).

Bennholdt-Thomsen, Voronika/Mies, Maria (1997): Eine Kuh für Hillary – Die Subsistenzperspektive, München.

Berle Jr., Adolf A. (1954): The 20th Century Capitalist Revolution, New York.

Ders. (1960): Power Without Property – A new development in American Political Economy, London.

Berlin, Isaiah (1965a): J.G. Herder, In: Encounter, Vol. XXV/No. 1 (July), 29 – 48.

Ders. (1965b): J.G. Herder (II), In: Encounter, Vol. XXV/No. 2 (August), 42 – 51.

Bernstein, Henry (1971): Modernization Theory and the Sociological Study of Development, In: The Journal of Development Studies, Vol. 7/No. 2 (January), 141 – 160.

Ders. (1979): Sociology of Underdevelopment versus Sociology of Development?, In: Lehmann, David (Ed.), a.a.O., 77 – 106.

Ders. (1982): Industrialization, Development, and Dependence, In: Alavi, Hamza/Shanin, Teodor (Ed.), a.a.O., 218 – 235.

Ders. (1990): Agricultural 'Modernisation' and the Era of Structural Adjustment: Observations on Sub-Saharan Africa, In: The Journal of Peasant Studies, Vol. 18/No. 1 (October), 3 – 35.

Bernstein, Henry/Campbell, Bonnie K. (Ed.) (1985): Contradictions of Accumulation in Africa – Studies in Economy and State, Beverly Hills/London/New Delhi.

Berry, Sebastian/Kiely, Ray (1993): Is There a Future for Korean Democracy?, In: Parliamentary Affairs – A Journal of Comparative Politics, Vol. 46/No. 4 (October), 594 – 604.

Beverley, John/Oviedo, José (Ed.) (1993): The Postmodernism Debate in Latin America, In: A special issue of boundary 2 – an international journal of literature and culture, Vol. 20/No. 3 (Fall).

Bhabha, Homi K (1986): The other question: difference, discrimination and the discourse of colonialism, In: Barker/Hulme et. al., a.a.O, 148 – 172.

Ders. (1994): The Location of Culture, London/New York.

Ders. (1996): Postkoloniale Kritik – Vom Überleben der Kultur, In: Das Argument – Zeitschrift für Philosophie und Sozialwissenschaften, Nr. 215, 345 – 359.

Biswas, Margaret R./Biswas, Asit K. (1982): Environment and Sustained Development in the Third World: A Review of the Past Decade, In: Third World Quarterly, Vol. 4/No. 3 (July), 479 – 491.

Blaschke, Jochen (Hg.) (1983): Perspektiven des Weltsystems – Materialien zu Immanuel Wallerstein, "Das moderne Weltsystem", Frankfurt a.M./New York.

Blomström, Magnus/Hettne, Björn (1984): Development Theory in Transition – The Dependency Debate and Beyond: Third World Responses, London.

Boeckh, Andreas (1985): Dependencia und kapitalistisches Weltsystem, oder: Die Grenzen globaler Entwicklungstheorien, In: Politische Vierteljahresschrift, 26. Jahrgang, Sonderheft 16, 56 – 74.

Ders. (1993): Entwicklungstheorien: Eine Rückschau, In: Nohlen, Dieter/Nuscheler, Franz (Hg.), a.a.O., 110 – 130.

Booth, David (1975): André Gunder Frank: an introduction and an appreciation, In: Oxaal, I./Barnett, T./Booth, D. (Ed.): Beyond the Sociology of Development, London.

Ders. (1985): Marxism and Development Sociology: Interpreting the Impasse, In: World Development, Vol. 13/No. 7, 761 – 787.

Ders. (1993): Development Research: From Impasse to a New Agenda, In: Schuurman, Frans J. (Ed.) (1993a), a.a.O., 49 – 76.

Ders. (Ed.) (1994): Rethinking Social Development – Theory, Research and Practice, Harlow.

Bordewich, Fergus M. (1988): Colorado's Thriving Cults, In: New York Times Magazine, May 1th, 37 – 43.

Boserup, Ester (1989): Women's Role in Economic Development, London.

Boyne, Roy/Rattansi, Ali (Ed.) (1990): Postmodernism and Society, New York.

Braig, Marianne (2001): Ester Boserup (1910 – 1999) – Die ökonomische Rolle der Frauen sichtbar machen, Internet: >http://www.inwent.org/E+Z/1997-2002/ez201-4.htm<.

Brandt, Willy (Ed.) (1980): North-South: A programme for survival – Report of the Independent Commission on International Development Issues, Cambridge (MA).

Ders. (Hg.) (1983): Hilfe in der Weltkrise – Ein Sofortprogramm, Der 2. Bericht der Nord-Süd-Kommission, Reinbek.

Brass, Tom (1995): Old Conservatism in 'New' Clothes, In: The Journal of Peasant Studies, Vol. 22/No. 3 (April), 516 – 540.

Ders. (2000): Peasants, Populism and Postmodernism – The Return of the Agrarian Myth, London.

Braudel, Fernand (1977): Geschichte und Sozialwissenschaften – Die *longue durée*, In: Honegger, Claudia (Hg.) (1977a), a.a.O., 47 – 85.

Ders. (1985): Die Suche nach einer Sprache der Geschichte. Wie ich Historiker wurde, In: Freibeuter, Nr. 24, 45 – 50.

Ders. (1990): Das Mittelmeer und die mediterrane Welt in der Epoche Philipp II, Bd. I – III, Frankfurt a.M.

Brenner, Robert (1977): The Origins of Capitalist Development: A Critique of Neo-Smithian Marxism, In: New Left Review, No. 104, 25 – 92.

Ders. (1983): Das Weltsystem: theoretische und historische Perspektiven, In: Blaschke, Jochen (Hg.), a.a.O., 80 – 111.

Brewer, Anthony (1980): Marxist Theories of Imperialism – A Critical Survey, London/Boston/Henley.

Brindley, Thomas A. (1976): On *Small Is Beautiful*, In: Current Anthropology, Vol. 17/No. 4 (December), 773.

Brohman, John (2000): Popular Development – Rethinking the Theory and Practice of Development, Oxford/Cambridge MA.

Bromley, Simon (1991): The politics of postmodernism, In: Capital and Class, No. 45 (Autumn), 129 – 150.

Bronfen, Elisabeth/Marius, Benjamin (Hg.) (1997): Hybride Kulturen – Beiträge zur anglo-amerikanischen Multikulturalismusdebatte, Tübingen.

Bronfenbrenner, Martin (1966): Paul Baran: An Appreciation, In: Journal of Political Economy, Vol. 74/No. 1 (February), 69 – 71.

Brookfield, Harold (1975): Interdependent Development, London.

Bruce, David C. (1980): The Impact of the United Nations Economic Commission for Latin America: Technocrats as Channels of Influence, In: Inter-American economic affairs, Vol. 33/No. 4 (Spring), 3 – 28.

Bruckmeier, Karl (1994): Strategien globaler Umweltpolitik – "Umwelt und Entwicklung" in den Nord-Süd-Beziehungen, Münster.

Bryson, Valerie (1994): Feminist Political Theory – an introduction, Basingstoke/London.

Bunge, Mario (1998): Social Science under Debate: A Philosophical Perspective, Toronto/Buffalo/London.

Burke, Peter (1996): Annales School, In: Kuper, Adam/Kuper, Jessica (Ed.), a.a.O., 21 f.

Burkett, Paul/Hart-Landsberg, Martin (1998): East Asia and the Crisis of Development Theory, In: Journal of Contemporary Asia, Vol. 28/No. 4, 435 – 456.

Byres, T.J. (1979): Of Neo-Populist Pipe-Dreams: Daedalus in the Third World and the Myth of Urban Bias, In: Journal of Peasant Studies, Vol. 6/No. 2 (Jan.), 210 – 244.

C*alinescu, Matei (1987):* Five Faces of Modernity – Modernism, Avant-Garde, Decadence, Kitsch, Postmodernism, Durham.

Callinicos, Alex (1989): Against Postmodernism – A Marxist Critique, Cambridge.

Capra, Fritjof (1987): Wendezeit – Bausteine für ein neues Weltbild, Stuttgart/München.

Cardoso, Fernando Henrique (1972): Dependency and Development in Latin America, In: New Left Review, No. 74 (July – August), 83 – 95.

Ders. (1979): The Originality of the Copy: The Economic Commission for Latin America and the Idea of Development, In: Hill, Kim Q. (Ed.), a.a.O., 53 – 72.

Cardoso, Fernando Henrique /Faletto, Enzo (1979): Dependency and Development in Latin America, Berkeley/Los Angeles/London.

Carrière, Jean (Ed.) (1979): Industrialisation and the State in Latin America, Amsterdam.

Césaire, Aimé (1968): Über den Kolonialismus, Berlin.

Chahoud, Tatjana (1987): Geschäftsbanken und IWF – Das Imperium schlägt zurück, In: Altvater, Elmar/Hübner, Kurt et al., a.a.O., 44 – 54.

Chenery, Hollis B. (1960): Patterns of Industrial Growth, In: The American Economic Review, Vol. 50/No. 4 (September), 624 – 654.

Ders. (1979): Structural Change and Development Policy, Oxford.

Chenery, Hollis B. et al. (1974): Redistribution with Growth, Oxford/New York.

Chenery, Hollis B./Syrquin, Moises (1975): Patterns of Development, 1950 – 1970, Oxford.

Chilcote, Ronald H. (Ed.) (1999): The Political Economy of Imperialism: Critical Appraisals, Boston/Dordrecht/London.

Chilcote, Ronald H./Johnson, Dale L. (Ed.) (1983): Theories of Development – Mode of Production or Dependency?, Beverly Hills/London/New Delhi.

Chirot, Daniel/Hall, Thomas D. (1982): World-System Theory, In: Annual Review of Sociology, Vol. 8, 81 – 106.

Chowdhry, Geeta (1999): Engendering Development? Women in Development (WID) in International Development Regimes, In: Marchand, Marianne H./Parpart, Jane L. (Ed.), a.a.O., 26 – 41.

Colclough, Christopher/Manor, James (Ed.) (1991): States or Markets – Neo-liberalism and the Development Policy Debate, Oxford.

Collins, Randall (1981): Sociology Since Midcentury – Essays in Theory Cumulation, New York/London/Toronto.

Corbridge, Stuart (1986): Capitalist World Development: A Critique of Radical Development Geography, London.

Ders. (1989): Marxism, Post-Marxism and the Geography of Development, In: Peet, R./Thrift, N. (Ed.): New Models in Geography (Vol. 1), London, 224 – 254.

Ders. (1990): Post-Marxism and Development Studies: Beyond the Impasse, In: World Development, Vol. 18/No. 5, 623 – 639.

Ders. (1998): 'Beneath the Pavement Only Soil': The Poverty of Post-Development (Review Article), In: The Journal of Development Studies, Vol. 34/No. 6 (August), 138 – 148.

Cowen, M.P./Shenton, R.W. (1996): Doctrines of Development, London/New York.

Dies. (1999): The Invention of Development, In: Crush, Jonathan, a.a.O., 27 – 43.

Crush, Jonathan (1999): Power of Development, London/New York.

Datta-Chaudhuri, M. K. (1981): Industrialisation and Foreign Trade: The Development Experiences of South Korea and the Philippines, In: Lee, Eddy (Ed.), a.a.O., 47 – 77.

Davis, Donald Edward (1989): Ecophilosophy – A Field Guide to the Literature, San Pedro.

Demirovic, Alex (1992): Regulation und Hegemonie: Intellektuelle, Wissenspraktiken und Regulation, In: Demirovic, Alex/Krebs, Hans-Peter/Sablowski, Thomas (Hg.): Hegemonie und Staat: Kapitalistische Regulation als Projekt und Prozeß, Münster, 128 – 157.

Desai, Meghnad (1982): Homilies of a Victorian Sage: A Review Article on Peter Bauer, In: Third World Quarterly, Vol. 4/No. 2 (April), 291 – 297.

Deyo, Frederic C. (Ed.) (1987): The Political Economy of New Asian Industrialism, Ithaca/London.

Dickson, Anna K. (1997): Development and International Relations – A Critical Introduction, Cambridge.

Dietz, James L. (1992): Overcoming Underdevelopment: What Has Been Learned from the East Asian and Latin American Experiences?, In: Journal of Economic Issues, Vol. XXVI/No. 2 (June), 373 – 383.

Disney, Nigel (1977): Review of Samir Amin's Accumulation on a World Scale, In: The Insurgent Sociologist, Vol. 7/No. 2 (Spring), 124 – 128.

Dobb, Maurice (1973): Theories of Value and Distribution since Adam Smith – Ideology and Economic Theory, Cambridge.

Domar, Evsey D. (1957): Essays in the Theory of Economic Growth, New York/Oxford.

Dos Santos, Theotonio (1970): The Structure of Dependence, In: American Economic Review, Vol. 60/No. 21 (May), 231 – 236.

DuBois, Marc (1991): The Governance of the Third World: A Foucauldian Perspective on Power Relations in Development, In: Alternatives, Vol. 16/No. 1 (Winter), 1 – 30.

Dupré, Georges/Rey, Pierre-Philippe (1973): Reflections on the pertinence of a theory of the history of exchange, In: Economy and Society, Vol. 2/No. 2 (May), 131 – 163.

Durkheim, Emile (1977): Über die Teilung der sozialen Arbeit, Frankfurt a.M.

Eagleton, Terry (1997): Die Illusionen der Postmoderne – Ein Essay, Stuttgart/Weimar.

Eblinghaus, Helga/Stickler, Achim (1998): Nachhaltigkeit und Macht – Zur Kritik von Sustainable Development, Frankfurt a.M.

Edwards, Chris (1994): Industrialization in South Korea, In: Hewitt, Tom/Johnson, Hazel/ Wield, Dave (Ed.), a.a.O., 97 – 127.

Edwards, Michael (1989): The Irrelevance of Development Studies, In: Third World Quarterly, Vol. 11/No. 1, 116 – 136.

Ders. (1993): How Relevant is Development Studies?, In: Schuurman, Frans J. (Ed.) (1993a), a.a.O., 77 – 92.

Ders. (1994): Rethinking Social Development – The Search for 'Relevance', In: Booth, David (Ed.), a.a.O., 279 – 298.

Elkan, Walter (1984): Review article – *The Poverty of 'Development Economics'* by *Deepak Lal*, In: Economic Journal, Vol. 94/No. 376 (December), 1006 f.

Elsenhans, Hartmut (1985): Der periphere Staat: Zum Stand der entwicklungstheoretischen Diskussion, In: Politische Vierteljahresschrift, 26. Jahrgang, Sonderheft 16, 135 – 156.

Elson, Diane (1991): Structural Adjustment: its effect on women, In: Wallace, Tina/March, Candida (Ed.), a.a.O., 39 – 53.

Emmanuel, A. (1972): Unequal exchange, London.

Engels, Friedrich (1968): French Rule in Algeria (Orig. 22.1.1848, In: *The Northern Star*), In: Avineri, Shlomo (Ed.), a.a.O., 43.

Erler, Brigitte (1988): Tödliche Hilfe – Bericht von meiner letzten Dienstreise in Sachen Entwicklungspolitik, Freiburg i. Br.

Escobar, Arturo (1992): Reflections on 'Development', In: Futures – the journal of forecasting, planning and policy, Vol. 24/No. 5 (June), 411 – 436.

Ders. (1993): Planung, In: Sachs, Wolfgang (Hg.) (1993a), a.a.O., 274 – 297.

Ders. (1995): Encountering Development – The Making and Unmaking of the Third World, Princeton.

Ders. (1999): Imagining a Post-Development Era, In: Crush, Jonathan, a.a.O., 211 – 227.

Eßer, Klaus/Hillebrand, Wolfgang/Messner, Dirk/Meyer-Stamer, Jörg (1995): Systemische Wettbewerbsfähigkeit und Entwicklung, In: Entwicklung & Zusammenarbeit, Jg. 36/Nr. 10, 256 – 260.

Esteva, Gustavo (1993): Entwicklung, In: Sachs, Wolfgang (Hg.) (1993a), a.a.O., 89 – 121.

Evans, David/Alizadeh, Parvin (1984): Trade, Industrialisation, and the Visible Hand, In: The Journal of Development Studies, Vol. 21/No. 1 (October), 22 – 46.

Evans, Peter (1987): Class, State, and Dependence in East Asia: Lessons for Latin Americanists, In: Deyo, Frederic C. (Ed.), a.a.O., 203 – 226.

Fanon, Frantz (1980): Schwarze Haut, weiße Masken, Frankfurt a.M.

Ders. (1981): Die Verdammten dieser Erde, Frankfurt a.M.

Fetscher, Iring (1987): Von Marx zur Sowjetideologie – Darstellung, Kritik und Dokumentation des sowjetischen, jugoslawischen und chinesischen Marxismus, Frankfurt a.M.

Flanders, M. June (1964): The Economics of Prebisch and ECLA: A Comment, In: Economic Development and Cultural Change, Vol. 12/No. 3 (April), 312 – 314.

Flax, Jane (1987): Postmodernism and Gender Relations in Feminist Theory, In: Signs – Journal of Women in Culture and Society, Vol. 12/No. 4, 621 – 643.

Foster-Carter, Aidan (1973): Neo-Marxist Approaches to Development and Underdevelopment, In: Journal of Contemporary Asia, Vol. 3/No. 1, 7 – 33.

Ders. (1976): From Rostow to Gunder Frank: Conflicting Paradigms in the Analysis of Underdevelopment, In: World Development, Vol. 4/No. 3 (March), 167 – 180.

Ders. (1978): The Modes of Production Controversy, In: New Left Review, No. 107 (January/February), 47 – 77.

Foucault, Michel (1983): Der Wille zum Wissen – Sexualität und Wahrheit 1, Frankfurt a.M.

Ders. (1989): The Archaeology of Knowledge, London/New York.

Frank, Andre Gunder (1967): Capitalism and Underdevelopment in Latin America – Historical Studies of Chile and Brazil, New York/London.

Ders. (1969): Latin America: Underdevelopment or Revolution – Essays on the Development of Underdevelopment and the Immediate Enemy, New York/London.

Ders. (1972): Lumpenbourgeoisie: Lumpendevelopment – Dependence, Class, and Politics in Latin America, New York/London.

Ders. (1977): Dependence Is Dead, Long Live Dependence and the Class Struggle: An Answer to Critics, In: World Development, Vol. 5/No. 4, 355 – 370.

Ders. (1981a): Reflections on the World Economic Crisis, New York/London.

Ders. (1981b): Crisis: In the Third World, London.

Ders. (1982): Asia's exclusive models, In: Far Eastern Economic Review, June 25, 22 f.

Ders. (1983b): Crisis and Transformation of Dependency in the World-System, In: Chilcote, Ronald H./Johnson, Dale L. (Ed.) (1983), a.a.O., 181 – 200.

Ders. (1984): Critique and Anti-Critique – Essays on Dependence and Reformism, New York/Philadelphia/Eastbourne (UK).

Frank, Manfred (1984): Was ist Neostrukturalismus?, Frankfurt a.M.

Friberg, Mats/Hettne, Björn (1985): The Greening of the World – Towards a Non-Deterministic Model of Global Processes, In: Addo, Herb et al., a.a.O., 204 – 270.

Frieden, Jeff (1987): International Capital and National Development: Comments in Postimperialism, In: Becker, David G./Frieden, Jeff et al., a.a.O., 179 – 191.

Fröbel, Folker/Heinrichs, Jürgen/Kreye, Otto (1977): Die neue internationale Arbeitsteilung – Strukturelle Arbeitslosigkeit in den Industrieländern und die Industrialisierung der Entwicklungsländer, Reinbek.

Dies. (1978): Die neue internationale Arbeitsteilung: Ursachen, Erscheinungsformen, Auswirkungen, In: Gewerkschaftliche Monatshefte, 29. Jahrgang/Nr. 1 (Januar), 41 – 54.

Furtado, Celso (1965): Diagnosis of the Brazilian Crisis, Berkeley/Los Angeles.

Ders. (1970): Economic Development of Latin America – A Survey from Colonial Times to the Cuban Revolution, Cambridge.

Galtung, Johan (1967): On the Future of the International System, In: Journal of Peace Research, Vol. 4, 305 – 333.

Ders. (1972): A Structural Theory of Imperialism, In: The African Review, Vol. 1/No. 4 (April), 93 – 138.

Ders. (1983): Self-Reliance – Beiträge zu einer alternativen Entwicklungsstrategie, München.

Gellner, Ernest (1974): Legitimation of Belief, Cambridge.

Ders. (1976): Hegel's Last Secrets – From Marx to Expressivism, In: Encounter, Vol. 46/No. 4 (April), 33 – 49.

Ders. (1985): Relativism and the Social Sciences, Cambridge/London/New York.

Ders. (1987): Culture, Identity, and Politics, Cambridge/London/New York.

Ders. (1992): Postmodernism, Reason and Religion, London/New York.

Ders. (1993): The mightier pen? – Edward Said and the double standards of inside-out colonialism (Review Article on Edward W. Said's "Culture and Imperialism"), In: Times Literary Supplement, February 19, 4690: 3 f.

Ders. (1995a): Nationalismus und Moderne, Hamburg.

Ders. (1995b): Anthropology and Politics – Revolutions in the Sacred Grove, Oxford/ Cambridge.

Ders. (1995c): Bedingungen der Freiheit – Die Zivilgesellschaft und ihre Rivalen, Stuttgart.

Ders. (1995d): Descartes & Co. – Von der Vernunft und ihren Feinden, Hamburg.

Ders. (1995e): The Importance of Being Modular, In: Hall, John A. (Ed.) (1995a), a.a.O., 32 – 55.

Ders. (1996): Return of a Native, In: Political Quarterly, Vol. 67/No. 1 (Jan. – March), 4 – 13.

Gendzier, Irene L. (1985): Managing Political Change: Social Scientists and the Third World, Boulder/London.

George, Susan (1994): A Fate Worse Than Debt – A radical analysis of the Third World debt crisis, London/New York.

Gerry, Chris (1987): Developing Economies and the Informal Sector in Historical Perspective, In: The Annals of the American Academy of Political and Social Sciences, No. 493 (September), 100 – 119.

Gerstein, Ira (1977): Theories of the World Economy and Imperialism, In: The Insurgent Sociologist, Vol. 7/No. 2 (Spring), 9 – 22.

Giddens, Anthony (1990): The Consequences of Modernity, Stanford (California).

Gitlin, Todd (1989): Postmodernism: Roots and Politics – What Are They Talking About?, In: Dissent (Winter), 100 – 108.

Glaeser, Bernhard (Ed.) (1984): Ecodevelopment – Concepts, Projects, Strategies, Oxford/New York/Toronto.

Glaeser, Bernhard/Vyasulu, Vinod (1984): The Obsolescence of Ecodevelopment?, In: Glaeser, Bernhard (Ed.), a.a.O., 23 – 36.

Glyn, Andrew/Sutcliffe, Bob (1992): Global but Leaderless? The New Capitalist Order, In: Miliband, Ralph/Panitch, Leo (Ed.): The Socialist Register, London, 76 – 95.

Goetz, Anne Marie (1991): Feminism and the claim to know: contradictions in feminist approaches to women in development, In: Grant, Rebecca/Newland, Kathleen (Ed.), a.a.O., 133 – 157.

Gordon, David M. (1988): The Global Economy: New Edifice or Crumbling Foundations?, In: New Left Review, No. 168 (March/April), 24 – 64.

Goss, Jasper (1996): Postcolonialism: subverting whose empire?, In: Third World Quarterly, Vol. 17/No. 2, 239 – 250.

Grabowski, Richard (1994a): The Failure of Import Substitution: Reality and Myth, In: Journal of Contemporary Asia, Vol. 24/No. 3, 297 – 309.

Ders. (1994b): Urban Bias, Villages and Economic Development, In: European Journal of Development Research, Vol. 6/No. 2 (December), 160 – 181.

Grant, Judith (1993): fundamental feminism – Contesting the Core Concepts of Feminist Theory, New York/London.

Grant, Rebecca/Newland, Kathleen (Ed.) (1991): Gender and International Relations, Bloomington.

Griffin, David Ray (Ed.) (1988): The Reenchantment of Science – Postmodern Proposals, New York.

Grimm, Sabine (1997a): Einfach hybrid! – Kulturkritische Ansätze der Postcolonial Studies (Teil I), In: blätter des iz3w, Nr. 223 (August), 39 – 42.

Dies. (1997b): Nation hybrid – Kulturkritische Ansätze der Postcolonial Studies (Teil II), In: blätter des iz3w, Nr. 224 (Oktober), 37 – 39.

Gronemeyer, Marianne (1993): Hilfe, In: Sachs, Wolfgang (Hg.) (1993a), a.a.O., 170 – 194.

Guha, Ranajit (1983): Elementary Aspects of Peasant Insurgency in Colonial India, Oxford/Bombay.

Guha, Ranajit/Spivak, Gayatri Chakravorty (Ed.) (1988): Selected Subaltern Studies, New York/Oxford.

Hall, John A. (1994): Coercion and Consent: Studies on the modern state, Cambridge/Oxford.

Ders. (Ed.) (1995a): Civil Society – Theory, History, Comparison, Cambridge.

Ders. (1995b): In Search of Civil Society, In: Ders. (Ed.) (1995a), a.a.O., 1 – 31.

Ders. (1996): International Orders, Cambridge/Oxford.

Hall, John A./Jarvie, Ian C. (Ed.) (1992): Transition to Modernity – Essays on power, wealth and belief, Cambridge/New York/Port Chester.

Dies. (1996): The Social Philosophy of Ernest Gellner, Amsterdam/Atlanta (GA).

Hall, Stuart (1992): The West and the rest: discourse and power, In: Hall, Stuart/Gleben, Bram (Ed.), a.a.O., 275- 331.

Hall, Stuart/Gleben, Bram (Ed.) (1992): Formations of Modernity, London.

Hamilton, Clive (1983): Capitalist Industrialisation in East Asia's Four Little Tigers, In: The Journal of Contemporary Asia, Vol. 13/No. 1, 35 – 73.

Ders. (1986): Capitalist Industrialization in Korea, Boulder/London.

Ders. (1987): Can the rest of Asia emulate the NICs?, In: Third World Quarterly, Vol. 9/No. 4 (October), 1225 – 1256.

Harborth, Hans-Jürgen (1991): Dauerhafte Entwicklung statt globaler Selbstzerstörung – Eine Einführung in das Konzept des "Sustainable Development", Berlin.

Ders. (1993): Sustainable Development – Dauerhafte Entwicklung, In: Nohlen, Dieter/ Nuscheler, Franz (Hg.), a.a.O., 231 – 247.

Harland, Richard (1987): Superstructuralism – The Philosophy of Structuralism and Post-Structuralism, London/New York.

Harris, Jonathan M. (1991): Global Institutions and Ecological Crisis, In: World Development, Vol. 19/No. 1, 111 – 122.

Harris, Nigel (1986): The End of the Third World – Newly Industrializing Countries and the Decline of an Ideology, New York.

Ders. (1990): National Liberation, London.

Harrison, David (1988): The Sociology of Modernization and Development, London/Boston/ Sydney.

Harrison, Lawrence E./Huntington, Samuel P. (Ed.) (2000): Culture Matters – How Values Shape Human Progress, New York.

Harrod, Roy (1972): An Essay in Dynamic Theory (1939), In: Ders.: Economic Essays, London/Basingstoke, 254 – 277.

Hart-Landsberg, Martin (1984): Capitalism and Third World Economic Development: A Critical Look at the South Korean "Miracle", In: Review of Radical Political Economics, Vol. 16/Nos. 2 & 3 (summer/fall), 181 – 193.

Ders. (1993): The Rush to Development – Economic Change and Political Struggle in South Korea, New York.

Hauff, Volker (Hg.) (1987): Unsere gemeinsame Zukunft – Der Brundtland-Bericht der Weltkommission für Umwelt und Entwicklung, Greven.

Hein, Wolfgang (1990): Umwelt und Entwicklungstheorie – Ökologische Grenzen der Entwicklung in der Dritten Welt?, In: NORD-SÜD aktuell, Jahrgang IV/Nr. 1, 37 – 52.

Ders. (1998): Unterentwicklung – Krise der Peripherie, Opladen.

Ders. (2000): Andre Gunder Frank (1929 –) – Metropolen, Satelliten und das Weltsystem, In: Entwicklung & Zusammenarbeit, Jg. 41/Nr. 3 (März), 80 – 83.

Hein, Wolfgang/Mutter, Theo (1987): Die entwicklungspolitische Situation, In: Altvater, Elmar/Hübner, Kurt et al., a.a.O., 118 – 127.

Held, David/McGrew, Anthony/Goldblatt, David/Perraton, Jonathan (1999): Global Transformations – Politics, Economics and Culture, Cambridge.

Herrmann, Anne C./Stewart, Abigail J. (Ed.) (1994): Theorizing Feminism – Parallel Trends in the Humanities and Social Sciences, Boulder/San Francisco/Oxford.

Hettne, Björn (1995): Development Theory and the Three Worlds: Towards an International Political Economy of Development, Harlow.

Hewitt, Tom/Johnson, Hazel/Wield, Dave (Ed.) (1994): Industrialization and Development, Oxford.

Heywood, Andrew (1999): Political Theory – An Introduction, New York.

Higgott, Richard A. (1983): Political Development Theory – The Contemporary Debate, New York.

Hill, Kim Q. (Ed.) (1979): Toward a New Strategy for Development – A Rothko Chapel Colloquium, New York/Oxford/Toronto.

Hill Collins, Patricia (1999): Learning from the Outsider Within – The Sociological Signifi-
cance of Black Feminist Thought, In: Hesse-Biber, Sharlane/Gilmartin, Christina/Lydenberg,
Robin (Ed.): Feminist Approaches to Theory and Methodology – an interdisciplinary reader,
Oxford/New York, 155 – 178.

Hirsch, Joachim (1993): Internationale Regulation: Bedingungen von Dominanz, Abhängigkeit und Entwicklung im globalen Kapitalismus, In: Das Argument, 198 (März/April), 195 –
222.

Ders. (1995): Der nationale Wettbewerbsstaat – Staat, Demokratie und Politik im globalen
Kapitalismus, Berlin/Amsterdam.

Hirshman, Mitu (1999): Women and Development: A Critique, In: Marchand, Marianne H./
Parpart, Jane L. (Ed.), a.a.O., 42 – 55.

Hobsbawm, E.J./Ranger, T. (Ed.) (1983): The Invention of Tradition, Cambridge.

Honegger, Claudia (Hg.) (1977a): M. Bloch, F. Braudel, L. Febvre u.a. – Schrift und Materie
der Geschichte – Vorschläge zur systematischen Aneignung historischer Prozesse, Frank-
furt/Main.

Dies. (1977b): Geschichte im Entstehen – Notizen zum Werdegang der *Annales*, In: Dies.
(Hg.) (1977a), a.a.O., 7 – 44.

Hoogvelt, Ankie M. M. (1982): The Third World in Global Development, London/Basings-
toke.

Dies. (1997): Globalisation and the Postcolonial World – The New Political Economy of Development, Basingstoke/London.

Hout, Will (1993): Capitalism and the Third World – Development, Dependence and the
World System, Hants.

Hufton, Olwen (1986): Fernand Braudel, In: Past & Present – a journal of historical studies,
No. 112 (August), 208 – 213.

Hulme, David/Turner, Mark M. (1990): Sociology and Development – Theories, Policies
and Practices, New York.

Hurtienne, Thomas (1986): Fordismus, Entwicklungstheorie und Dritte Welt, In: Peripherie,
Nr. 22/23 (Herbst/Winter), 60 – 110.

Ders. (1988): Entwicklungen und Verwicklungen – methodische und entwicklungstheoretische Probleme des Regulationsansatzes, In: Mahnkopf, Birgit (Hg.), a.a.O., 182 – 224.

Huyssen, Andreas (1984): Mapping the Postmodern, In: New German Critique, No. 33
(Fall), 5 – 52.

Illich, Ivan (1993): Bedürfnisse, In: Sachs, Wolfgang (Hg.) (1993a), a.a.O., 47 – 70.

Imbusch, Peter (1990): 'Das moderne Weltsystem' – Eine Kritik der Weltsystemtheorie Immanuel Wallersteins, Marburg.

Ionescu, Ghiţa/Gellner, Ernest (Ed.) (1969): Populism – Its Meanings and National Characteristics, London.

Israel, Jonathan I. (1996): Braudel, Fernand (1902 – 85), In: Kuper, Adam/Kuper, Jessica
(Ed.), a.a.O., 56 f.

IUCN/UNEP/WWF (1991): Caring for the Earth – A Strategy for Sustainable Living, Gland
(Schweiz).

Jackson, Cecile (1995): Radical Environmental Myths: A Gender Perspective, New Left Review, No. 210 (March/April), 124 – 140.

James, Paul (1997): Postdependency? – The Third World in an Era of Globalism and Late-
Capitalism, In: Alternatives Vol. 22, 205 – 226.

Jameson, Fredric (1984a): The Politics of Theory: Ideological Positions in the Postmodernism Debate, In: New German Critique, No. 33 (Fall), 53 – 65.

Ders. (1984b): Postmodernism, or The Cultural Logic of Late Capitalism, In: New Left Review, No. 146 (July – August), 53 – 92.

Jameson, Kenneth P. (1982): A Critical Examination of "The Patterns of Development", In: The Journal of Development Studies, Vol. 18/No. 4 (July), 431 – 446.

Jaquette, Jane S. (1990): Gender and Justice in Economic Development, In: Tinker, Irene (Ed.) (1990a), a.a.O., 54 – 69.

Jarvie, Ian C. (1992): Gellner's positivism, In: Hall, John A./Jarvie, Ian C. (Ed.), a.a.O., 243 – 257.

Jayawardena, Kumari (1986): Feminism and Nationalism in the Third World, London/New Delhi.

Jenkins, Rhys (1987): Transnational Corporations and Uneven Development: The Internationalization of Capital and the Third World, London/New York.

Ders. (1991a): The Political Economy of Industrialization: A Comparison of Latin American and East Asian Newly Industrializing Countries, In: Development and Change, Vol. 22/No. 2 (April), 197 – 231.

Ders. (1991b): Learning from the Gang: are there Lessons for Latin America from East Asia?, In: Bulletin of Latin American Research, Vol. 10/No. 1, 37 – 54.

Ders. (1994a): Theoretical Perspectives, In: Hewitt, Tom/Johnson, Hazel/Wield, Dave (Ed.), a.a.O., 128 – 166.

Ders. (1994b): (Re-)Interpreting Brazil and South Korea, In: Hewitt, Tom/Johnson, Hazel/ Wield, Dave (Ed.), a.a.O., 167 – 198.

Johnson, Elizabeth S./Johnson, Harry G. (1978): The Shadow of Keynes – Understanding Keynes, Cambridge and Keynesian Economics, Oxford.

Johnson, Harry G. (1971a): A Word to the Third World – A Western Economist's Advice, In: Encounter, Vol. 37/No. 4 (October), 3 – 10.

Ders. (1971b): The Keynesian Revolution and the Monetarist Counter-Revolution, In: The American Economic Review, Vol. 61/No. 2 (May), 1 – 14.

Jones, Kathleen B./Jónasdóttir, Anna G. (Ed.) (1988): The Political Interests of Gender – Developing Theory and Research with a Feminist Face, London/Newbury Park/New Delhi.

Kaabeer, Naila (1999): Reversed Realities – Gender Hierarchies in Development Thought, London/New York.

Kaiwar, Vasant (1991): On Provincialism and "Popular Nationalism": Reflections on Samir Amin's *Eurocentrism*, In: South Asia Bulletin, Vol. XI/Nos. 1 & 2, 69 – 78.

Kay, Cristóbal (1989): Latin American Theories of Development and Underdevelopment, London/New York.

Kay, Geoffrey (1975): Development and Underdevelopment – A Marxist Analysis, London/Basingstoke.

Keynes, John Maynard (1952): The end of laissez faire (1926), In: Ders.: Essays in Persuasion, London, 312 – 322.

Kiely, Ray (1994): Development Theory and Industrialisation: Beyond the Impasse, In: Journal of Contemporary Asia, Vol. 24/No. 2, 133 – 160.

Ders. (1995): Sociology and development – The impasse and beyond, London.

Ders. (1998a): Industrialization and development – A comparative analysis, London/Bristol.

Ders. (1998b): Globalization, Post-Fordism and the Contemporary Context of Development, In: International Sociology, Vol. 13/No. 1 (March), 95 – 115.

Ders. (1998c): Introduction, In: Kiely, Ray/Marfleet, Phil (Ed.) (1998), a.a.O., 1 – 22.

Ders. (1999): The Last Refuge of the Noble Savage? – A Critical Assessment of Post-Development Theory, In: The European Journal of Development Research, Vol. 11/No. 1 (June), 30 – 55.

Kiely, Ray/Marfleet, Phil (Ed.) (1998): Globalisation and the Third World, London/New York.

Kilby, Peter (1983): An Entrepreneurial Problem, In: The American Economic Review, Vol. 73/No. 2 (May), 107 – 111.

Kitching Gavin (1987): The Role of a National Bourgeoisie in the Current Phase of Capitalist Development: Some Reflections, In: Lubeck, Paul M. (Ed.), a.a.O., 27 – 55.

Ders. (1989): Development and Underdevelopment in Historical Perspective – Populism, Nationalism and Industrialization, London/New York.

Ders. (2001): Seeking Social Justice Through Globalization – Escaping a Nationalist Perspective, Pennsylvania.

Knippenberg, Luuk/Schuurman, Frans J. (1994): Blinded by Rainbows: Anti-Modernist and Modernist Deconstructions of Development, In: Schuurman, Frans J. (Ed.) (1994a), a.a.O., 90 – 106.

Käßler, Reinhart (1998): Entwicklung, Münster.

Kohl, Christine von (1998): Albanien, München.

Kolko, Joyce/Kolko, Gabriel (1972): The Limits of Power – The World and United States Foreign Policy, 1945 – 1954, New York/San Francisco/London.

Kothari, Rajni (1993): Growing Amnesia – An Essay on Poverty and the Human Consciousness, New Delhi/London.

Krieger, Joel (1986): Reagan, Thatcher, and the Politics of Decline, New York.

Küntzel, Matthias (2000): Der Weg in den Krieg – Deutschland, die Nato und das Kosovo, Berlin.

Kuper, Adam/Kuper, Jessica (Ed.) (1996): The Social Science Encyclopedia, London/New York.

Laclau(h), Ernesto (1971): Feudalism and Capitalism in Latin America, In: New Left Review, No. 67, 19 – 38.

Lal, Deepak (1995): Eco-fundamentalism, In: International Affairs, Vol. 71/No. 3 (July), 515 – 528.

Ders. (2000): The Poverty of 'Development Economics', Cambridge (MA)/London.

Landell-Mills, Pierre/Agarwala, Ramgopal/Please, Stanley (1989): Sub-Saharan Africa – From Crisis to Sustainable Growth – A Long-Term Perspective Study, Washington D.C (World Bank).

Larrain, Jorge (1983): Marxism and Ideology, London/Basingstoke.

Ders. (1989): Theories of Development – Capitalism, Colonialism and Dependency, Cambridge.

Latouche, Serge (1993): Lebensstandard, In: Sachs, Wolfgang (Hg.) (1993a), a.a.O., 195 – 217.

Ders. (1994): Die Verwestlichung der Welt – Essay über die Bedeutung, den Fortgang und die Grenzen der Zivilisation, Frankfurt a.M.

Lee, Eddy (Ed.) (1981): Export-led Industrialisation and Development, Genf (ILO).

Lee, Raymond L.M. (1994): Global Sociology or "Ghettoized" Knowledges? The Paradox of Sociological Universalization in the Third World, In: The American Sociologist, Vol.25/No. 2 (Summer), 59 – 72.

Lehmann, David (Ed.) (1979): Development Theory – Four Critical Studies, Bournemouth.

Ders. (1997): An Opportunity Lost: Escobar's Deconstruction of Development (Commentary), In: The Journal of Development Studies, Vol. 33/No. 4 (April), 568 – 578.

Lélé, Sharachchandra M. (1991): Sustainable Development : A Critical Review, In : World Development, Vol. 19/No. 6, 607 – 621.

Lenin, Wladimir I. (1947): Der Imperialismus als höchstes Stadium des Kapitalismus, Stuttgart.

Lentini, Orlando (1998): Immanuel Wallerstein – Portrait, In: International Sociology, Vol. 13/No. 1 (March), 135 – 139.

Levin, Charles/Kroker, Arthur (1984): Baudrillard's Challenge, In: Canadian Journal of Political and Social Theory, Vol. 8/Nos. 1 – 2 (Winter/Spring), 5 – 16.

Lewis, William Arthur (1954): Economic Growth with Unlimited Supply of Labour, In: The Manchester School of Economic and Social Studies, Vol. XXII/No. 2 (May), 139 – 191.

Ders. (1985): Racial Conflict and Economic Development, Cambridge (MA)/London.

Leys, Colin (1977): Underdevelopment and Dependency: Critical Notes, In: Journal of Contemporary Asia, Vol. 7/No. 1, 92 – 107.

Ders. (1986): Conflict and Convergence in Development Theory, In: Mommsen, Wolfgang J./Osterhammel, Jürgen (Ed.), a.a.O., 315 – 324.

Ders. (1996): The Rise and Fall of Development Theory, Bloomington/London/Nairobi.

Lieber, Hans-Joachim (Hg.) (1993): Politische Theorien von der Antike bis zur Gegenwart, Bonn.

Lim, Timothy C. (1998): Power, Capitalism, and the Authoritarian State in South Korea, In: Journal of Contemporary Asia, Vol. 28/No. 4, 457 – 483.

Lipietz, Alain (1982a): Towards Global Fordism?, In: New Left Review, No. 132 (March – April), 33 – 47.

Ders. (1982b): Marx or Rostow?, In: New Left Review, No. 132 (March – April), 48 – 58.

Ders. (1984): Imperialism or the Beast of the Apocalypse, In: Capital and Class, No. 22 (Spring), 81 – 109.

Ders. (1998): Nach dem Ende des "Goldenen Zeitalters" – Regulation und Transformation kapitalistischer Gesellschaften, Berlin/Hamburg.

Lipsey, R. G./Lancaster, Kelvin (1956/57): The General Theory of the Second Best, In: The Review of Economic Studies, Vol. XXIV (1)/No. 63, 11 – 32.

Lipton, Michael (1977): Why Poor People Stay Poor – A study of urban bias in world development, London.

Ders. (1984): Urban Bias Revisited, In: Journal of Development Studies, Vol. 20/No. 3 (April), 139 – 166.

Ders. (1993): Urban Bias: Of Consequences, Classes and Causality, In: Journal of Development Studies, Vol. 29/No. 4 (July), 229 – 258.

List, Friedrich (1982): Das nationale System der politischen Ökonomie, Berlin.

Little, I. M. D./Mirrlees, J. A. (1974): Project Appraisal and Planning for Developing Countries, London.

Little, Ian/Scitovsky, Tibor/Scott, Maurice (1970): Industry and Trade in Some Developing Countries – A Comparative Study, London/New York/Toronto.

Long, Norman (1977): An Introduction to the Sociology of Rural Development, London.

Ders. (1990): From Paradigm Lost to Paradigm Regained? The Case for an Actor-oriented Sociology of Development, In: European Review of Latin American and Carribean Studies, No. 49 (Dec.), 3 – 24.

Ders. (1993): Handlung, Struktur und Schnittstelle: Theoretische Reflektionen, In: Bierschenk, Thomas/Elwert, Georg (Hg.), a.a.O., 217 – 248.

Long, Norman/Long, Ann (Ed.) (1992): Battlefields of knowledge – The interlocking of theory and practice in social research and development, London/New York.

Long, Norman/Roberts, Bryan R. (Ed.) (1978): Peasant Cooperation and Capitalist Expansion in Central Peru, Austin (Texas).

Longhurst, Richard/Kamara, Samura/Mensurah, Joseph (1988): Structural Adjustment and Vulnerable Groups in Sierra Leone, In: IDS-Bulletin, Vol. 19/No. 1, 25 – 30.

Love, Joseph L. (1980): Raúl Prebisch and the Origins of the Doctrine of Unequal Exchange, In: Latin American Research Review, Vol. 15/No. 3, 45 – 72.

Lubeck, Paul M. (Ed.) (1987): The African Bourgeoisie – Capitalist Development in Nigeria, Kenya, and the Ivory Coast, Boulder (Colorado).

Luedde-Neurath, Richard (1980): Export Orientation in South Korea: How Helpful is Dependency Thinking to its Analysis?, In: Bulletin of the Institute of Development Studies (IDS) – Sussex, Vol. 12/No. 1 (December), 48 – 55.

Ders. (1986): Import Controls and Export-Oriented Development – A Reassessment of the South Korean Case, Boulder/London.

Luke, Timothy W. (1989): Screens of Power – Ideology, Domination, and Resistance in Informational Society, Urbana/Chicago.

Lummis, C. Douglas (1991): Development Against Democracy, In: Alternatives, Vol. 16/No. 1 (Winter), 31 – 66.

Lyotard, Jean-François (1979): La Condition Postmoderne – Rapport sur le Savoir, Paris.

MacEwan, *Arthur (1990):* Debt and Disorder – International Economic Instability and U.S. Imperial Decline, New York.

MacEwan, Arthur/Tabb, William K. (Ed.) (1989): Instability and Change in the World Economy, New York.

Macomber, John D. (1987): East Asia's Lessons for Latin American Resurgence, In: The World Economy, Vol. 10/No. 4 (Dec.), 469 – 482.

MacRae, Donald (1969): Populism as Ideology, In: Ionescu, Ghiţa/Gellner, Ernest (Ed.), a.a.O., 153 – 165.

Mahnkopf, Birgit (Hg.) (1988): Der gewendete Kapitalismus – Kritische Beiträge zur Theorie der Regulation, Münster.

Mandel, Ernest (1972): Marxistische Wirtschaftstheorie, 1. Band, Frankfurt a.M.

Mandle, Jay R. (1980a): Marxism and the Delayed Onset of Economic Development: A Reinterpretation, In: Journal of Economic Issues, Vol. XIV/No. 3 (September), 735 – 749.

Ders. (1980b): Marxist Analyses and Capitalist Development in the Third World, In: Theory and Society, Vol. 9/No. 6 (Nov.), 865 – 876.

Marchand, Marianne H./Parpart, Jane L. (Ed.) (1999a): Feminism, Postmodernism, Development, London/New York.

Dies. (1999b): An Introduction/Conclusion, In: Dies. (Ed.) (1999a), a.a.O., 1 – 22.

Marglin, Stephen A. (1990): Towards the Decolonization of the Mind, In: Ders. et al., a.a.O., 1 – 28.

Marglin/Stephen A./Schor, Juliet B. (Ed.) (1990): The Golden Age of Capitalism – Reinterpreting the Postwar Experience, Oxford.

Marsh, David/Stoker, Gerry (Ed.) (1995): Theory and Methods in Political Science, Basingstoke/London.

Marx, Karl (1968): The British Rule in India (Orig. 25.6.1853, In: *New York Daily Tribune*), In: Avineri, Shlomo (Ed.), a.a.O., 83 – 89.

Mason, Mike (1997): Development and Disorder – A History of the Third World since 1945, Hanover/London.

McMichael, Philip (1996): Development and Social Change: A Global Perspective, Thousand Oaks, CA.

Meadows, Dennis/Meadows, Donella/Zahn, Erich/Milling, Peter (1972): Die Grenzen des Wachstums – Bericht des Club of Rome zur Lage der Menschheit, Stuttgart.

Meek, Ronald Lindley (1976): Social science and the ignoble savage, Cambridge.

Megill, Allan (1985): Prophets of Extremity – Nietzsche, Heidegger, Foucault, Derrida, Berkeley/Los Angeles/London.

Mehmet, Ozay (1995): Westernizing the Third World – The Eurocentricity of Economic Development Theories, London/New York.

Meier, Gerald M. (Ed.) (1987): Pioneers in Development – Second Series, Oxford.

Meier, Gerald M./Seers, Dudley (Ed.) (1984): Pioneers in Development, Oxford.

Meier, Gerald M./Stiglitz, Joseph E. (Ed.) (2001): Frontiers of Development Economics – The Future Perspective, New York.

Melotti, Umberto (1977): Marx and the Third World, London/Basingstoke.

Mendis, Patrick (1994): Buddhist Economics and Community Development Strategies, In: Community Development Journal, Vol. 29/No. 3 (July), 195 – 202.

Menzel, Ulrich (1987): Eine Machtverlagerung vom atlantischen Zentrum zum pazifischen Becken?, In: Altvater, Elmar/Hübner, Kurt et al., a.a.O., 79 – 91.

Ders. (1992): Das Ende der Dritten Welt und das Scheitern der großen Theorie, Frankfurt a.M.

Ders. (1993a): Geschichte der Entwicklungstheorie – Einführung und systematische Bibliographie, Hamburg.

Ders. (1993b): 40 Jahre Entwicklungsstrategie = 40 Jahre Wachstumsstrategie, In: Nohlen, Dieter/Nuscheler, Franz (Hg.), a.a.O., 131 – 155.

Ders. (1997): Die Krise der Entwicklungspolitik und der hiesige entwicklungspolitische Diskurs, In: Zapotoczky, Klaus/Gruber, Petra C. (Hg.), a.a.O., 98 – 106.

Ders. (1998a): Globalisierung versus Fragmentierung, Frankfurt a.M.

Ders.(1998b): Das Ende der Einen Welt und die Unzulänglichkeit der kleinen Theorien, In: Entwicklung und Zusammenarbeit, Jg. 39, Nr. 2, 45 – 48.

Ders. (2001): Der ferne Rock der Weltrevolution – Nach dem Niedergang des Kommunismus: Karl Marx als Modernisierungstheoretiker gelesen, In: Frankfurter Rundschau, Nr. 264, 13. November, 20.

Ders. (2002): Globalisierung und Entwicklungstheorie, Internet: >http://www.bpb.de/veranstaltungen/ECIES4,0,0,Globalisierung_und_Entwicklungstheorie.html<.

Ders. (2003): Von der Rentenökonomie zur Gewaltökonomie, In: Entwicklung und Zusammenarbeit, Jg. 44/Nr. 1, 31 – 35.

Merquior, José G. (1984): Power and Identity: Politics and Ideology in Latin America, In: Government and Opposition, Vol. 19/No. 2, 239 – 249.

Ders. (1991): The other West: On the historical position of Latin America, In: International Sociology, Vol. 6/No. 2 (June), 149 – 164.

Messaoudi, Khalida (2002): Die Kulturfalle, In: Schwarzer, Alice (Hg.), Die Gotteskrieger und die falsche Toleranz, Köln, 167 – 171.

Meyers, Reinhard (1987a): Klio und Kalliope – oder: realhistorische und mythische Elemente der Erklärung des Imperialismus und der internationalen Abhängigkeit, In: Neue Politische Literatur, Nr. 32, 5 – 22.

Ders. (1987b): Hilfe zur Selbsthilfe oder Hilfe zum Untergang? – Neuere Konzeptionen der Entwicklungspolitik und ihrer Kritiker, In: Beiträge zur Konfliktforschung (3), 17 – 32.

Ders. (1989): Wie viele Schwalben machen einen Sommer? (Re-)Naissance der Internationalen Politischen Ökonomie?, In: Neue politische Literatur, Vol. 34/No. 1, 5 – 41.

Ders. (1998): Schreckgespenst Globalisierung – Mythos oder Realität? – Staat und Politik zwischen Turbokapitalismus und Globalisierungsfalle, In: Eschenburg, Rolf/Dabrowski, Martin (Hg.): Konsequenzen der Globalisierung – Ökonomische Perspektiven für Lateinamerika und Europa, Münster, 343 – 373.

Meyers, Reinhard/Waldmann, Jörg (1998): Der Begriff "Sustainable Development" – Seine Tauglichkeit als Leitfigur zukünftiger Entwicklung, In: Engelhardt, Karl (Hg.): Umwelt und nachhaltige Entwicklung – Ein Beitrag zur Lokalen Agenda 21, Münster/New York/München, 287 – 306.

Mies, Maria (1992): Patriarchat und Kapital. Frauen in der internationalen Arbeitsteilung, Wien.

Mies, Maria/Bennholdt-Thomsen, Veronika/Werlhof, Claudia von (1988): Women: The Last Colony, London/New Jersey.

Moffitt, Michael (1983): The World's Money – International Banking from Bretton Woods to the Brinks of Insolvency, New York.

Mohan, Giles (1997): Developing Differences: Post-structuralism & Political Economy in Contemporary Development Studies, In: Review of African Political Economy, Vol. 24/No. 73 (September), 311 – 328.

Mohanty, Chandra Talpade/Russo, Ann/Torres, Lourdes (Ed.) (1991): Third World Women and the Politics of Feminism, Bloomington/Indianapolis.

Mommsen, Wolfgang J./Osterhammel, Jürgen (Ed.) (1986): Imperialism and After – Continuities and Discontinuities, London/Boston/Sydney.

Moore, David B. (1995): Development Discourse as Hegemony: Towards an Ideological History – 1945-1995, In: Moore, David B./Schmitz, Gerald J. (Ed.), a.a.O., 1 – 53.

Moore, David B./Schmitz, Gerald J. (1995): Debating Development Discourse – Institutional and Popular Perspectives, Basingstoke/London.

Morin, Edgar (1986): Ce qui a changé dans la vie intellectuelle française, In: le débat – histoire, politique, société, no. 40 (mai – septembre), 72 – 84.

Moser, Caroline O. N. (1991): Gender planning in the Third World: meeting practical and strategic needs, In: Grant, Rebecca/Newland, Kathleen (Ed.), a.a.O., 83 – 121.

Mosse, George L. (1964): The Crisis of German Ideology – Intellectual Origins of the Third Reich, New York.

Mouzelis, Nicos (1978): Ideology and Class Politics – a Critique of Ernesto Laclau, In: New Left Review, No. 112 (Nov./Dec.), 45 – 61.

Ders. (1988a): Sociology of Development: Reflections on the Present Crisis, In: Sociology, Vol. 22/No. 1 (February), 23 – 44.

Ders. (1988b): Marxism or Post-Marxism?, In: New Left Review, No. 167 (Jan./Feb.), 107 – 123.

Ders. (1995): Modernity, Late Development and Civil Society, In: Hall, John A. (Ed.) (1995a), a.a.O., 224 – 249.

Müller-Plantenberg, Urs (1995): Vom Werdegang eines Soziologen zum Staatspräsidenten: Fernando Henrique Cardoso, In: PROKLA. Zeitschrift für kritische Sozialwissenschaft, Heft 100, 25. Jg./Nr. 3 (September), 483 – 495.

Munck, Ronaldo (1984): Politics and Dependency in the Third World, London.

Ders. (1999a): Deconstructing Development Discourses: of Impasses, Alternatives and Politics, In: Munck, Ronaldo/O'Hearn, Denis (Ed.), a.a.O., 196 – 210.

Ders. (1999b): Dependency and Imperialism in the New Times: A Latin American Perspective, In: The European Journal of Development Research, Vol. 11/No. 1 (June), 56 – 74.

Munck, Ronaldo/O'Hearn, Denis (Ed.) (1999): Critical Development Theory – contributions to a new paradigm, London/New York.

Närman, Anders (1997): Development Thinking – Bridging the Gap Between Theory and Practice, In: Geografiska Annaler, Vol. 79 B/No. 4, 217 – 225.

Nairn, Tom (1982): Nationalism and "Development", In: Alavi, Hamza/Shanin, Teodor (Ed.), a.a.O., 430 – 434.

Nanda, Meera (1991): Is Modern Science a Western, Patriarchal Myth? – A Critique of the Populist Orthodoxy, In: South Asia Bulletin, Vol. XI/Nos. 1 & 2, 32 – 61.

Dies. (1999): Women and the Third World – Exploring the Dangers of Difference, In: New Politics, Vol. VII/No. 2 (Winter), 101 – 111.

Navarro, Vicente (1982): The Limits of the World Systems Theory in Defining Capitalist and Socialist Formations, In: Science and Society, Vol. 46/No. 1 (Spring), 77 – 90.

Nederveen Pieterse, Jan (1991): Dilemmas of Development Discourse: The Crisis of Developmentalism and the Comparative Method, In: Development and Change, Vol. 22, 5 – 29.

Ders. (1999): Critical Holism and the Tao of Development, In: Munck, Ronaldo/O'Hearn, Denis (Ed.), a.a.O., 63 – 88.

Ders. (2001): Development Theory – Deconstructions/Reconstructions, London/New Delhi.

Nederveen Pieterse, Jan/Parekh, Bhikhu (Ed.) (1995): The decolonisation of imagination – culture, knowledge and power, London/New Jersey.

Nelson, Cary/Grossberg, Lawrence (Ed.) (1988): Marxism and the Interpretation of Culture, Urbana/Chicago.

Neubert, Dieter (2001): Entwicklung unter dem Mikroskop – Der akteursorientierte Ansatz, In: Entwicklung & Zusammenarbeit, Jg. 42/Nr. 7/8 (Juli/August), 216 – 219.

New Internationalist (1998): The A to Z of World Development (Ed. by Wayne Ellwood), Oxford.

Newland, Kathleen (1991): From transnational relationships to international relations: Women in Development and the International Decade for Women, In: Grant, Rebecca/Newland, Kathleen (Ed.), a.a.O., 122 – 132.

Nohlen, Dieter (Hg.) (1998): Lexikon Dritte Welt, Reinbek.

Nohlen, Dieter/Nuscheler, Franz (Hg.) (1993a): Handbuch der Dritten Welt, Grundprobleme – Theorien – Strategien, Band 1, Bonn.

Dies. (1993b): "Ende der Dritten Welt"?, In: Dies. (1993a), a.a.O., 14 – 30.

Nove, Alec (1974): On Reading André Gunder Frank, In: Journal of Development Studies, Vol. 10/Nos. 3 & 4 (April/July), 445 – 455.

Nuscheler, Franz (1996): Lern- und Arbeitsbuch Entwicklungspolitik, Bonn.

Ders.(1998): Warum brauchen wir Entwicklungstheorien?, In: Entwicklung und Zusammenarbeit, Jg. 39, Nr. 11, 284 – 287.

Nussbaum, Martha C. (1992): Human Functioning and Social Justice – In Defense of Aristotelian Essentialism, In: Political Theory, Vol. 20/No. 2 (May), 202 – 246.

Nyerere, Julius Kambarage (1968): Ujamaa. Essays on Socialism, Oxford.

O*'Brien, D. P. (1975):* The Classical Economists, Oxford.

O'Brien, Patrick (1982): European Economic Development: The Contribution of the Periphery, In: The Economic History Review, Vol. 35/No. 1 (February), 1 – 18.

O'Brien, Philip J. (1975): A Critique of Latin American Theories of Dependency, In: Oxaal et al., a.a.O., 7 – 27.

Ogle, George E. (1990): South Korea – Dissent within the Economic Miracle, London/New Jersey.

O'Hearn, Denis (1999): Tigers and Transnational Corporations: Pathways from the Periphery?, In: Munck, Ronaldo/O'Hearn, Denis (Ed.), a.a.O., 113 – 134.

Owen, Robert/Sutcliffe, Bob (Ed.) (1972): Studies in the Theory of Imperialism, London.

P*alma, Gabriel (1978):* Dependency: A Formal Theory of Underdevelopment or a Methodology for the Analysis of Concrete Situations of Underdevelopment?, In: World Development, Vol. 6/Nos. 7/8, 881 – 924.

Parsons, Talcott (1951): The social system, Chicago.

Pastor, Manuel Jr. (1987): The Effects of IMF Programs in the Third World: Debate and Evidence from Latin America, In: World Development, Vol. 15/No. 2, 249 – 262.

Ders. (1989): Latin America, the Debt Crisis, and the International Monetary Fund, In: Latin American Perspectives, Issue 60, Vol. 16/No. 1 (Winter), 79 – 109.

Peet, Richard (1991): Global Capitalism – Theories of Societal Development, London/New York.

Ders. (1997): Social Theory, Postmodernism, and the Critique of Development, In: Benko, Georges/Strohmayer, Ulf (Ed.), a.a.O., 72 – 87.

Peet, Richard/Hartwick, Elaine (1999): Theories of Development, New York/London.

Peet, Richard/Thrift, Nigel (Ed.) (1989a): New Models in geography – The political-economy perspective – Volume I, London/Boston/Sydney.

Dies. (1989b): New Models in geography – The political-economy perspective – Volume II, London/Boston/Sydney

Peet, Richard/Watts, Michael (Ed.) (1996): Liberation Ecologies – Environment, development, social movements, London/New York.

Pepper, David (1984): The Roots of Modern Environmentalism, London/Sidney/Dover.

Petras, James (1978): Critical Perspectives on Imperialism and Social Class in the Third World, New York/London.

Phillips, Anne (1977): The Concept of 'Development', In: Review of African Political Economy, No. 8 (January – April), 7 – 20.

Pile, S./Thrift, N. (1995) (Ed.): Mapping the Subject: Geographies of Cultural Transformation, London.

Plumwood, Val (1986): Ecofeminism: An Overview and Discussion of Positions and Arguments, In: Australasian Journal of Philosophy, Supplement to Vol. 64, 120 – 138.

Prakash, Gyan (1994): Subaltern Studies as Postcolonial Criticism, In: The American Historical Review, Vol. 99/No. 5 (Dec.), 1475 – 1490.

Prebisch, Raúl (1950): The Economic Development of Latin America and its principal problems, New York.

Preston, Peter Wallace (1982): Theories of development, London/Boston/Melbourne.

Ders. (1999): Development Theory: Learning the Lessons and Moving On, In: The European Journal of Development Research, Vol. 11/No. 1 (June), 1 – 29.

Ders. (2000): Development Theory – an introduction, Oxford.

Ders. (2002): 9/11: Making Enemies; Some Uncomfortable Lessons for Europe, *National Europe Centre Paper No. 18* (Paper presented to conference on *The European Union in International Affairs*, National Europe Centre, Australian National University, 3 – 4 July), Internet: >www.anu.edu.au/NEC/preston.pdf<.

Quinn, John J. (1999): The Managerial Bourgeoisie: Capital Accumulation, Development, and Democracy, In: Becker, David G./Sklar, Richard L. (1999a), a.a.O., 219 – 252.

Raffer, Kunibert/Singer, Hans Wolfgang (1996): The Foreign Aid Business – Economic Assistance and Development Co-operation, Cheltenham/Brookfield.

Rahnema, Majid (1988): Power and regenerative processes in micro-spaces, In: International Social Science Journal, Vol. 117 (August), 361 – 375.

Ders. (1993): Armut, In: Sachs, Wolfgang (Hg.) (1993a), a.a.O., 16 – 46.

Rahnema, M./Bawtree, V. (Ed.) (1997): The Post-development Reader, London.

Rangan, Haripriya (1996): From Chipko to Uttaranchal – Development, environment, and social protest in Garhwal Himalayas, India, In: Peet, Richard/Watts, Michael (Ed.), a.a.O., 205 – 226.

Randall, Vicky/Theobald, Robin (1985): Political Change and Underdevelopment – A Critical Introduction to Third World Politics, Durham (North Carolina).

Rathgeber, Eva M. (1990): WID, WAD, GAD: Trends in Research and Practice, In: The Journal of Developing Areas, Vol. 24/No. 4 (July), 489 – 502.

Dies. (1999): Gender and Development in Action, In: Marchand, Marianne H./Parpart, Jane L. (Ed.), a.a,O, 204 – 220.

Ray, David (1973): The Dependency Model of Latin American Underdevelopment – Three Basic Fallacies, In: Journal of Interamerican Studies, Vol. 15/No. 1 (February), 4 – 20.

Redclift, Michael (1987): Sustainable Development – Exploring the Contradictions, London/New York.

Reid, David (1995): Sustainable Development – An Introductory Guide, London.

Rey, Pierre-Philippe (1973): Colonialisme, néo-colonialisme et transition au capitalisme, Paris.

Ders. (1979): Class Contradiction in Lineage Societies, In: Critique of Anthropology, 13 & 14/Vol. 4 (summer), 41 – 60.

Ders. (1982): Class Alliances, In: International Journal of Sociology, Vol. XII/No. 2 (summer), v – xvi & 1 – 120.

Rigg, Jonathan (1997): Southeast Asia – The human landscape of modernization and development, London/New York.

Roberts, J. Timmons/Hite, Amy (Ed.) (2000): From Modernization to Globalization – Perspectives on Development and Social Change, Malden M.A./Oxford.

Rogers, Barbara (1980): The Domestication of Women – Discrimination in Developing Societies, London/New York.

Rosenau, Pauline Marie (1992): Post-Modernism and the Social Sciences   Insights, Inroads, and Intrusions, Princeton.

Rostow, Walter Whitman (1971a): The Stages of Economic Growth – A non-communist manifesto, Cambridge.

Ders. (1971b): Politics and the Stages of Growth, Cambridge.

Ders. (1978): The World Economy: History and Prospects, London/Basingstoke.

Roxborough, Ian (1979): Theories of Underdevelopment, London.

Rubin, I.I. (1979): A History of Economic Thought, London.

Rubinstein, Alvin Z./Smith, Donald B. (1984): Anti-Americanism in the Third World, In: Orbis – A Journal of World Affairs, Vol. 28/No. 3 (Fall), 593 – 614.

Rushdie, Salman (1992): Heimatländer der Phantasie – Essays und Kritiken 1981 – 1991, München.

Rutherford, Jonathan (Ed.) (1990): Identity, Community, Culture, Difference, London.

Sachs, Ignacy (1976): Environment and Styles of Development, In: Matthews, William H. (Ed.): Outer Limits and Human Needs – Resource and environmental issues of development strategies, Uppsala, 41 – 65.

Sachs, Wolfgang (Hg.) (1993a): Wie im Westen so auf Erden – Ein polemisches Handbuch zur Entwicklungspolitik, Hamburg.

Ders. (1993b): Einleitung, In: Sachs, Wolfgang (Hg.) (1993a), a.a.O., 7 – 15.

Ders. (1993c): Die Eine Welt, In: Sachs, Wolfgang (Hg.) (1993a), a.a.O., 429 – 450.

Ders. (Hg.) (1994a): Der Planet als Patient – Über die Widersprüche globaler Umweltpolitik, Berlin/Basel/Boston.

Ders. (1994b): Globale Umweltpolitik im Schatten des Entwicklungsdenkens, In: Ders. (Hg.) (1994a), a.a.O., 15 – 42.

Said, Edward W. (1978): Orientalism, New York.

Ders. (1997): Frieden in Nahost? – Essays über Israel und Palästina, Heidelberg.

Santos, Boaventura de Sousa (1999): On Oppositional Postmodernism, In : Munck, Ronaldo/O'Hearn, Denis (Ed.), a.a.O., 29 – 43.

Sartre, Jean-Paul (1981): Vorwort, In: Fanon, Frantz, a.a.O., 7 – 28.

Sayre, Robert/Löwy, Michael (1984): Figures of Romantic Anti-Capitalism, In: New German Critique, No. 32 (Spring/Summer), 42 – 92.

Scherpe, Klaus R. (1986/87): Dramatization and De-dramatization of "the End": The Apocalyptic Consciousness of Modernity and Post-Modernity, In: Cultural Critique, No. 5 (Winter), 95 – 129.

Schiffer, Jonathan (1981): The Changing Post-war Pattern of Development: The Accumulated Wisdom of Samir Amin, In: World Development, Vol. 9/No. 6 (June), 515 – 537.

Schubert, Alexander (1985): Die internationale Verschuldung – Die Dritte Welt und das transnationale Bankensystem, Frankfurt a.M.

Schultz, Theodore W. (1964): Transforming Traditional Agriculture, New Haven/London.

Schulz, Manfred (Hg.) (1997): Entwicklung – Die Perspektiven der Entwicklungssoziologie, Opladen.

Schumacher, Ernst Friedrich (1973): Small is Beautiful – A Study of Economics as if People Mattered, London.

Schuurman, Frans J. (Ed.) (1993a): Beyond the Impasse – New Directions in Development Theory, London/New Jersey.

Ders. (1993b): Modernity, Post-modernity and the New Social Movements, In: Ders. (1993a), a.a.O., 187 – 206.

Ders. (Ed.) (1994a): Current Issues in Development Studies: Global Aspects of Agency and Structure, Saarbrücken.

Ders. (1994b): Introduction, In: Schuurman, Frans J. (Ed.) (1994a), a.a.O., 1 – 11.

Scott, Catherine V. (1995): Gender and Development – Rethinking Modernization and Dependency Theory, London.

Scott, James C. (1985): Weapons of the Weak – Everyday Forms of Peasant Resistance, New Haven/London.

Seers, Dudley (1979a): The Congruence of Marxism and Other Neoclassical Doctrines, In: Hill, Kim Q. (Ed.) (1979), a.a.O., 1 – 17.

Ders. (1979b): The Meaning of Development (with a postscript), In: Lehmann, David (Ed.), a.a.O., 9 – 30.

Ders. (Ed.) (1981a): Dependency Theory – A Critical Reassessment, London.

Ders. (1981b): Introduction, In: Ders. (Ed.) (1981a), a.a.O.,13 – 19.

Sen, Gita/Grown, Caren (1987): Development, Crises, and Alternative Visions – Third World Women's Perspectives, New York.

Şenses, Fikret (1984): Development Economics at a Crossroad, In: METU (Middle East Technical University) – Studies in Development, Vol. 11/Nos. 1 – 2, 109 – 150.

Shaw, Timothy M. (1995): Globalisation, Regionalisms and the South in the 1990s: Towards a New Political Economy of Development, In: The European Journal of Development Research, Vol. 7/No. 2 (December), 257 – 275.

Shepperdson, Mike (1979): Urban Bias and Rural Poverty – A Review of Michael Lipton's "Why Poor People Stay Poor. A study of urban bias in world development", In: University of Wales – University College of Swansea: Centre for Development Studies – Occasional Paper No. 8.

Shiva, Vandana (1988): Staying Alive – Women, Ecology and Development, London/New Delhi.

Shohat, Ella (1992): Notes on the "Post-Colonial", In: Social Text, No. 31/32, 99 – 113.

SID (Society for International Development) (2002): About SID, Internet: >http://www. sid-int.org<.

Sieberg, Herward (1999): W. Arthur Lewis (1915 – 1991) – Duale Wirtschaft und ein begrenztes Angebot an Arbeitskräften, In: Entwicklung und Zusammenarbeit, Nr. 6 (Juni), 176 – 178.

Simmons, Pam (1992): 'Women in Development' – A Threat to Liberation, In: The Ecologist, Vol. 22/No. 1, 16 – 21.

Simon, David (1997): Development Reconsidered; New Directions in Development Thinking, In: Geografiska Annaler, Vol. 79 B/No. 4, 185 – 201.

Singer, Hans W. (1950): The Distribution of Gains between Investing and Borrowing Countries, In: American Economic Review, Vol. 40 (May), 472 – 499.

Sinha, Subir/Gururani, Shubhra/Greenberg, Brian (1997): The 'New Traditionalist' Discourse of Indian Environmentalism, In: The Journal of Peasant Studies, Vol. 24/No. 3 (April), 65 – 99.

Skarstein, Rune (1997): Development Theory – A Guide to Some Unfashionable Perspectives, Oxford.

Sklair, Leslie (1988): Transcending the Impasse: Metatheory, Theory, and Empirical Research in Sociology of Development and Underdevelopment, In: World Development, Vol. 16/No. 6, 697 – 709.

Ders. (Ed.) (1994): Capitalism and Development, London/New York.

Sklar, Richard L. (1976): Postimperialism – A Class Analysis of Multinational Corporate Expansion, In: Comparative Politics, Vol. 9/No. 1 (October), 75 – 92.

Ders. (1987): Postimperialism: A Class Analysis of Multinational Corporate Expansion, In: Becker, David G./Frieden, Jeff et al., a.a.O., 19 – 40.

Ders. (1999): Postimperialism: Concepts and Implications, In: Becker, David G./Sklar, Richard L.(1999a), a.a.O., 11 – 36.

Sklar, Richard L./Whitaker, C.S. (1991): African Politics and Problems in Development, Boulder/London.

Skocpol, Theda (1977): Wallerstein's World Capitalist System: A Theoretical and Historical Critique, In: American Journal of Sociology, Vol. 82/No.5, 1075 – 1090.

Slater, David (1979): Imperialism and the Limitations on Capitalist Transformation at the Periphery, In: Carrière, Jean (Ed.): Industrialisation and the State in Latin America, Amsterdam, 91 – 125.

Ders. (1990): Fading Paradigms and New Agendas – Crisis and Controversy in Development Studies, In: European Review of Latin American and Carribean Studies, No. 49 (Dec.), 25 – 32.

Ders. (1993): The Political Meanings of Development: In Search of New Horizons, In: Schuurman, Frans J. (Ed.) (1993a), a.a.O., 93 – 112.

Smart, Barry (1993): Postmodernity, London.

Smith, Sheila (1980): The Ideas of Samir Amin: Theory or Tautology?, In: Journal of Development Studies, Vol. 17/No. 1 (October), 5 – 21.

Dies. (1982a): Class Analysis versus World Systems: Critique of Samir Amin's Typology of Under-development, In: Journal of Contemporary Asia, Vol. 12/No. 1, 7 – 18.

Dies. (1982b): Review Article – Stories about the World Economy: the Quest for the Grail, In: Third World Quarterly, Vol. 4/No. 3 (July), 492 – 501.

So, Alvin (1990): Social Change and Development: Modernization, Dependency, and World-System Theories, Newbury Park, CA.

Spelman, Elizabeth V. (1988): Inessential Woman – Problems of Exclusion in Feminist Thought, Boston/MA.

Spivak, Gayatri Chakravorty (1987): In Other Worlds – Essays in Cultural Politics, New York/London.

Dies. (1988): Can the Subaltern Speak?, In: Nelson/Grossberg, a.a.O., 271 – 313.

Spybey, Tony (1992): Social Change, Development and Dependency – Modernity, Colonialism and the Development of the West, Cambridge.

Stander III, Henricus J./Becker, David G. (1990): Postimperialism Revisited: The Venezuelan Wheat Import Controversy of 1986, In: World Development, Vol. 18/No. 2, 197 – 213.

Stanton, Gregory H. (1987): Blue Scarves and Yellow Stars: Classification and Symbolization in the Cambodian Genocide, Internet: >www.genocidewatch.org/bluescarves.htm<.

Staudt, Kathleen (1991): Managing Development: State, Society, and International Contexts, Newbury Park/CA.

Streeten, Paul (1991): Global Prospects in an Interdependent World, In: World Development, Vol. 19/No. 1, 123 – 133.

Streeten, Paul et al. (1981): First Things First: Meeting Basic Human Needs in Developing Countries, New York/Oxford.

Stubbs, Richard/Underhill, Geoffrey R.D. (Ed.) (1994): Political Economy and the Changing Global Order, Basingstoke/London.

Suleri, Sara (1995): Woman Skin Deep – Feminism and the Postcolonial Condition, In: Ashcroft/Griffiths/Tiffen, a.a.O., 273 – 280.

Sunkel, Osvaldo (1969): National Development Policy and External Dependence in Latin America, In: The Journal of Development Studies, Vol. 6/No. 1 (October), 23 – 48.

Sutcliffe, Bob (1999): The Place of Development in Theories of Imperialism and Globalisation, In: Munck, Ronaldo/O'Hearn, Denis (Ed.), a.a.O., 135 – 154.

Sweezy, Paul M. (1966): Nachwort, In: Baran, Paul A., a.a.O., 443 – 446.

Sylvester, Christine (1994): Feminist Theory and International Relations in a Postmodern Era, Cambridge.

Szreter, Simon (1993): The Idea of Demographic Transition and the Study of Fertility Change: A Critical Intellectual History, In: Population and Development Review, Vol. 19/No. 4, December, 659 – 701.

Szymanski, Al (1977): Capital Accumulation on a World Scale and the Necessity of Imperialism, In: The Insurgent Sociologist, Vol. VII/No. 2 (Spring), 35 – 53.

Talbot, Lee M. *(1984):* The World Conservation Strategy, In: Thibodeau, Francis R./Field, Hermann H. (Ed.), a.a.O., 3 – 15.

Taylor, John (1974): Neo-Marxism and Underdevelopment – A Sociological Phantasy, In: Journal of Contemporary Asia, Vol. 4/No. 1, 5 – 23.

Taylor, Peter J. (1996): What's modern about the modern world-system? Introducing ordinary modernity through world hegemony, In: Review of International Political Economy, Vol. 3/No. 2 (Summer), 260 – 286.

Tetzlaff, Rainer (1993): Strukturanpassung – das kontroverse entwicklungspolitische Paradigma in den Nord-Süd-Beziehungen, In: Nohlen, Dieter/Nuscheler, Franz (Hg.), a.a.O., 420 – 445.

Thibodeau, Francis R./Field, Hermann H. (Ed.) (1984): Sustaining Tomorrow – A Strategy for World Conservation and Development, Hanover/London.

Thompson, John B. (1984): Studies in the Theory of Ideology, Berkeley/Los Angeles.

Tibi, Bassam (2001): Krieg der Zivilisationen – Politik und Religion zwischen Vernunft und Fundamentalismus, München.

Tinker, Irene (Ed.) (1990a): Persistent Inequalities – Women and World Development, New York/Oxford.

Dies. (1990b): The Making of a Field: Advocates, Practitioners, and Scholars, In: Dies. (1990a), a.a.O., 27 – 53.

Tinker, Irene/Jaquette, Jane S. (1987): UN Decade for Women : Its Impact and Legacy, In : World Development, Vol. 15/No. 3, 419 – 427.

Todaro, Michael P. (1985): Economic Development in the Third World, New York/London.

Többe, Bianca (2000): Bevölkerung und Entwicklung, Münster/Hamburg/London.

Tong, Rosemarie (1994): Feminist Thought – A Comprehensive Introduction, London.

Touraine, Alain (1988): Modernity and cultural specificities, In: International Social Science Journal, Vol. 40/No. 4 (November), 443 – 457.

Toye, John (1983): The Disparaging of Development Economics, In: The Journal of Development Studies, Vol. 20/No. 1 (October), 87 – 107.

Ders. (1993): Dilemmas of Development, Oxford/Cambridge MA.

Trepl, Ludwig (1987): Geschichte der Ökologie – Vom 17. Jahrhundert bis zur Gegenwart, Frankfurt a.M.

Trinh, T. Minh-ha (1989): Woman, Native, Other: Writing Postcoloniality and Feminism, Bloomington/Indiana.

Truman, Harry S. (1956): Memoiren – Band II – Jahre der Bewährung und des Hoffens (1946 – 1953), Bern.

Tucker, Vincent (Ed.) (1997a): Cultural Perspectives on Development, London/Portland.

Ders. (1997b): Introduction: A Cultural Perspective on Development, In: Tucker, Vincent (1997a), a.a.O., 1 – 21.

Ders. (1999): The Myth of Development: A Critique of a Eurocentric Discourse, In: Munck, Ronaldo/O'Hearn, Denis (Ed.), a.a.O., 1 – 26.

Turner, Henry Ashby Jr. (1972): Fascism and Modernization, In: World Politics – A Quarterly Journal of International Relations, Vol. 24/No. 4 (July), 547 – 564.

Turner, R. Kerry (Ed.) (1993): Sustainable Environmental Economics and Management – Principles and Practice, London/New York.

Turner, R. Kerry/Pearce, David/Bateman, Ian (1994): Environmental Economics – An elementary introduction, New York/London/Toronto.

U*dayagiri, Mridula (1999):* Challenging Modernization: Gender and Development, Postmodern Feminism and Activism, In: Marchand, Marianne H./Parpart, Jane L. (Ed.), a.a.O., 159 – 181.

USAID (2002): Women in Development Aid Policy, Internet: >http://www.usaid.gov/pubs/ads/200/women/womendev.pdf<.

V*alencia, Eduardo (2000a):* Ecuador: Drei Jahrzehnte der Verschuldung und Armut (Arbeitsübersetzung eines unveröffentlichten Manuskripts), Essen.

Ders. (2000b): Die "Dollarisierung": Ein ungewisser und kostspieliger Weg, um aus der Armut in Ecuador herauszukommen (Arbeitsübersetzung eines unveröffentlichten Manuskripts), Essen.

Vandergeest, Peter/Buttel, Frederick H. (1988): Marx, Weber, and Development Sociology, In: World Development, Vol. 16/No. 6, 683 – 695.

Varshney, Ashutosh (1993): Introduction: Urban Bias in Perspective, In: Journal of Development Studies, Vol. 29/No. 4 (July), 3 – 22.

Vattimo, Gianni (1990): Das Ende der Moderne, Stuttgart.

Ders. (1993): The Adventure of Difference – Philosophy after Nietzsche and Heidegger, Baltimore.

W*ade, Robert (1990):* Governing the Market – Economic Theory and the Role of Government in East Asian Industrialization, Princeton (New Jersey).

Wallace, Tina/March, Candida (Ed.) (1991): Changing Perceptions – Writings on Gender and Development, Oxford.

Wallerstein, Immanuel (1974a): The modern world-system: Capitalist agriculture and the origins of the European world-economy in the sixteenth century, Vol. 1, London.

Ders. (1974b): The Rise and Future Demise of the World Capitalist System: Concepts for Comparative Analysis, In: Comparative Studies in Society and History, Vol. 16/No. 4, 387 – 415.

Ders. (Ed.) (1975): World Inequality – Origins and Perspectives on The World System, Montréal.

Ders. (1977): How Do We Know Class Struggle When We See It? – Reply to Ira Gerstein, In: The Insurgent Sociologist, Vol. 7/No. 2 (Spring), 104 – 106.

Ders. (1978a): Preface, In: Kaplan, B.H.(Ed.): Social change in the capitalist world-system, London, 7f.

Ders. (1978b): World-system analysis: Theoretical and interpretive issues, In: Kaplan, B.H. (Ed.): Social change in the capitalist world-system, London.

Ders. (1979): The capitalist world-economy, Cambridge/New York/Paris.

Ders. (1984): The development of the concept of development, In: Collins, R.: Sociological Theory, New York, 102 – 116.

Ders. (1997a): The capitalist world-economy, Cambridge/New York.

Ders. (1997b): Eurocentrism and its Avaters: The Dilemmas of Social Science, In: New Left Review No. 226, 93 – 107.

Ders. (2000): The Rise and Future Demise of the World Capitalist System: Concepts for Comparative Analysis (1979), In: Roberts/Hite, a.a.O., 190 – 209.

Wardell, Mark L./Turner, Stephen P. (Ed.) (1986): Sociological Theory in Transition, Boston/Sydney.

Warren, Bill (1973): Imperialism and Capitalist Industrialisation, In: New Left Review, No. 81 (Sept./Oct.), 3 – 44.

Ders. (1979): The Postwar Economic Experience of the Third World, In: Hill, Kim Q. (Ed.), a.a.O., 144 – 168.

Ders. (1980): Imperialism: Pioneer of Capitalism, London.

Watts, Michael (1999): 'A New Deal in Emotions', In: Crush, Jonathan, a.a.O., 44 – 62.

Waylen, Georgina (1996): Gender in Third World Politics, Boulder.

WCED (World Commission on Environment and Development) (1987): Our Common Future, Oxford/New York.

Weber, Max (1981): Die protestantische Ethik und der Geist des Kapitalismus (1904/05), In: Ders.: Die protestantische Ethik I, Gütersloh, 27 – 277.

Weeks, John/Dore, Elizabeth (1979): International Exchange and the Causes of Backwardness, In: Latin American Perspectives, Issue 21, Vol. 6/No. 2 (Spring), 62 – 87.

Wehler, Hans-Ulrich (1975): Modernisierungstheorie und Geschichte, Göttingen.

Wells, John (1977): The diffusion of durables in Brazil and its implications for recent controversies concerning Brazilian development, In: Cambridge Journal of Economics, Vol. 1/No. 3 (September), 259 – 279.

Welsch, Wolfgang (1997): Unsere postmoderne Moderne, Berlin.

Weltbank (1983): Weltentwicklungsbericht, Washington (DC).

Weyland, Kurt (1996): Neopopulism and Neoliberalism in Latin America: Unexpected Affinities, In: Studies in Comparative International Development, Vol. 31/No. 3 (Fall), 3 – 31.

White, Gordon (Ed.) (1988): Developmental States in East Asia, New York.

Whitworth, Sandra (1994): Theory as Exclusion: Gender and International Political Economy, In: Stubbs, Richard/Underhill, Geoffrey R.D. (Ed.): Political Economy and the Changing Global Order, Basingstoke/London, 116 – 129.

Wiarda, Howard J. (Ed.) (1999): Non-Western Theories of Development – Regional Norms versus Global Trends, Fort Worth/Orlando.

Wieringa, Saskia (1998): Rethinking Gender Planning: A Critical Discussion of the Use of the Concept of Gender, In: Institute of Social Studies The Hague – Working Paper Series No. 279.

Williams, P./Chrisman, L. (Ed.) (1993): Colonial Discourse and Post-colonial Theory, London.

Wistrich, Robert S. (Ed.) (1990): Anti-Zionism and Antisemitism in the Contemporary World, New York.

World Bank (1983): World Development Report 1983, Oxford.

Dies. (1985): World Development Report 1985, Oxford.

Worsley, Peter (1980): One World or Three? A Critique of the World-System Theory of Immanuel Wallerstein, In: Socialist Register, 298 – 338.

Worster, Donald (1994): Nature's Economy – A History of Ecological Ideas, Cambridge/USA.

Wylie, Raymond F. (1983): Book Review – *Equality, the Third World and Economic Delusion by P. T. Bauer,* In: The Journal of Developing Areas, Vol. 18/No. 1 (October), 134 – 136.

Young, Kate (1993): Planning Development with Women – Making a World of Difference, London.

Yúdice, George/Franco, Jean/Flores, Juan (Ed.) (1992): On Edge – The Crisis of Contemporary Latin American Culture, Minneapolis/London.

Zadek, Simon (1993): The Practice of Buddhist Economics? – Another View, In: American Journal of Economics and Sociology, Vol. 52/No. 4 (October), 433 – 445.

Zapotoczky, Klaus/Gruber, Petra C. (Hg.) (1997): Entwicklungstheorien im Widerspruch: Plädoyer für eine Streitkultur in der Entwicklungspolitik, Frankfurt/Main.

Abkürzungsverzeichnis

ADB	Asiatische Entwicklungsbank
BDP	Basic Development Process
CEPAL	Comisión Económica para América Latina y el Caribe (Engl.: ECLA)
ECLA	Economic Commission for Latin America (Span.: CEPAL)
EFF	Extended Facility Fund
EL	Entwicklungsländer
EOI	Exportorientierte Industrialisierung
GDP	Gross Domestic Product
GTC	Global Tomorrow Coalition
IB	Internationale Beziehungen
IEA	Institute of Economic Affairs, London
IL	Industrieländer
ILO	International Labour Organisation
ILPES	Lateinamerikanisches Zentrum für Wirtschafts- und Sozialplanung, Santiago (Chile)
ISI	Importsubstituierende Industrialisierung
IUCN	International Union for the Conservation of Nature and Natural Resources
IWF	Internationaler Währungsfonds
LSE	London School of Economics
MNC	Multinationaler Konzern
NIC	Newly Industrialising Country
NIDL	New International Division of Labour
NRO	Nichtregierungsorganisation
OECD	Organisation for Economic Co-operation and Development (vormals: OEEC)
OEEC	Organisation for European Economic Co-operation (später: OECD)
OPEC	Organisation of Petroleum Exporting Countries
SAF	Structural Adjustment Facility
SAL	Structural Adjustment Loan
SAP	Strukturanpassungsprogramm
SCBA	Social Cost-Benefit Analysis
SECAL	Sectoral Adjustment Loan
SID	Society for International Development
TNC	Transnational Company
ToT	Terms of Trade
UN	United Nations
UNCTAD	United Nations Conference on Trade and Development

UNEP	United Nations Environment Programme
USAID	US Agency for International Development
VN	Vereinte Nationen
WCED	World Commission on Environment and Development
WCS	World Conservation Strategy
WID	Women in Development
WWF	World Wide Fund For Nature
	(bis 1986: World Wildlife Fund)

Abbildungen

Tabellen